Informationstechnologien für die Praxis

Springer
Berlin
Heidelberg
New York
Barcelona
Hongkong
London
Mailand
Paris
Singapur
Tokio

Wolfgang Schulze
Geboren 1967 in Bayreuth. Von 1987 bis 1992 Studium der Informatik an der Friedrich-Alexander-Universität Erlangen-Nürnberg. Nach Abschluß als Diplom-Informatiker 1992 zunächst Software-Entwickler bei Dress Energieoptimierung GmbH (Marktredwitz). Von 1993 bis 1999 wissenschaftlicher Mitarbeiter an der Professur für Datenbanken (Prof. Dr. Klaus Meyer-Wegener) der Fakultät Informatik der Technischen Universität Dresden. Promotionsstipendium der Hanns-Seidel-Stiftung e.V. von 1996 bis 1998. Promotion im Juni 1999. Mitglied der OMG Workflow Working Group sowie Initiator und maßgeblicher Autor des „Request For Proposals (RFP)" für die OMG Workflow Management Facility. Mitherausgeber des Lehrbuchs „Workflow-Management: Entwicklung von Anwendungen und Systemen", das die Erkenntnisse des GI-Arbeitskreises „Modellierung und Ausführung von Workflows" wiedergibt.
Arbeitsschwerpunkte: Architektur von Workflow-Management-Systemen, Verteilte Systeme, insbesondere die OMG Object Management Architecture.
Seit Herbst 1999 Object Technology Consultant bei IONA Technologies, Inc., New York.

Wolfgang Schulze

Workflow-Management für CORBA-basierte Anwendungen

Systematischer Architekturentwurf eines OMG-konformen Workflow-Management-Dienstes

Mit 84 Abbildungen

Springer

Autor
Dr. Wolfgang Schulze
Ascher Straße 37
D-95100 Selb

Reihenherausgeber
Prof. Dr. Stefan Jablonski, Universität Erlangen
Dr. Wolfgang Deiters, Fraunhofer ISST, Dortmund

ISSN 1438-972X
ISBN-13: 978-3-540-66393-5   e-ISBN-13: 978-3-642-59668-1
DOI: 10.1007/978-3-642-59668-1

Die Deutsche Bibliothek – CIP-Einheitsaufnahme

Schulze, Wolfgang: Workflow-Management für CORBA-basierte Anwendungen:
systematischer Architekturentwurf eines OMG-konformen Workflow-Management-
Dienstes / Wolfgang Schulze – Berlin; Heidelberg; New York; Barcelona; Hongkong;
London; Mailand; Paris; Singapur; Tokio: Springer, 2000
(Informationstechnologien für die Praxis)
ISBN-13: 978-3-540-66393-5

Umschlaggestaltung: Künkel + Lopka Werbeagentur, Heidelberg
Satz: Dateien vom Autor
SPIN: 10721399   33/3142 GF – 5 4 3 2 1 0

Vorwort der Herausgeber

Nach vielen Jahren der Skepsis kann das Konzept Workflow-Management als anerkannt betrachtet werden. Gerade im Zuge von Maßnahmen des Business Process Reengineering wird Workflow-Management oft als geeignetes Instrumentarium zur Modellierung und Ausführung von Arbeitsabläufen beziehungsweise Workflows mit dem Ziel der informationstechnischen Unterstützung der Abläufe betrachtet. Verwunderlich ist nur, daß trotz dieser inzwischen positiven Grundeinstellung dem Konzept gegenüber die Zahl der implementierten Workflow-Management-Anwendungen noch weit hinter den Prognosen und Erwartungen zurücksteht. Neben nicht technischen Gründen besteht sicherlich eine Ursache für diese Situation in der noch oftmals unbefriedigenden technischen Ausgestaltung von Workflow-Management-Systemen. Gerade im Bereich der Architektur von Workflow-Management-Systemen werden erhebliche Mängel festgestellt, welche einem effektiven und effizienten Einsatz dieser Technologie noch entgegenstehen.

Der Frage der Architektur von Workflow-Management-Systemen und deren Implementierung widmet sich Herr Dr. Schulze im vorliegenden Buch. Er geht der Ursache vieler Fehlentwicklungen im Bereich Workflow-Management-Systeme auf den Grund und erarbeitet wesentliche Anforderungen an die Implementierung solcher Systeme. Im Mittelpunkt dieses Buchs steht die Konzeption eines universellen, plattformneutralen Workflow-Management-Dienstes. Durch dessen Integration in die Architektur der Object Management Group kann er als immanent offen bezeichnet werden. Das Zusammenbringen mit der Business Object Facility der Object Management Group, einem allgemeingültigen, branchenneutralen Framework für die Erstellung von Geschäftsanwendungen, verspricht eine Integration von prozeßorientierter Anwendungsentwicklung und Workflow-Management.

Wir empfehlen das vorliegende Buch Praktikern, welche die Entwicklung von Workflow-Management-Anwendungen im Sinn haben. Auch wenn sie im Normalfall nicht selbst ein Workflow-Management-System entwickeln werden, dient die vorgestellte Untersuchung dazu, solche Systeme besser zu verstehen. Dies verspricht sowohl mehr Kompetenz und Weitblick bei einer notwendigen Systemauswahl als auch einen effektiveren Einsatz der Technologie Workflow-Management. Darüber hinaus ist dieses Buch interessant für Entwickler, die Anwendungen im Kontext der Object Management Architecture der Object Management Group konzipieren wollen. Sie erhalten einen hervorragenden Einblick in die Verwendung der dort definierten Komponenten. Dieses Buch richtet sich aber auch an den wissenschaftlichen Leserkreis, da Schwachstellen und offene Punkte im Rahmen der Object Management Architecture identifiziert und diskutiert werden.

Erlangen, im September 1999   Dortmund, im September 1999
Stefan Jablonski   Wolfgang Deiters

Vorwort

Es gibt eine große Menge von Veröffentlichungen zum Thema Workflow-Management und eine ständig wachsende Zahl kommerzieller Produkte, die sich mit dem Begriff schmücken. Die prinzipielle Idee sowie Vorteile und Nutzen, die sich durch den Einsatz von Workflow-Management-Technologie erzielen lassen, sind leicht zu vermitteln und überzeugend. Dennoch sind Workflow-Management-Systeme (WFMS) bei weitem nicht so etabliert, wie man das demzufolge erwarten würde. Eine Organisation, die von den Vorteilen eines solchen Systems in vollem Umfang profitieren möchte, muß erheblichen Einführungsaufwand leisten, indem sie es möglichst nahtlos in ihre vorhandene IT-Landschaft integriert. Insgesamt erscheint das Nutzenpotential um so größer, je mehr man eine flächendeckende und enge Durchdringung zuläßt. Die verwirrende Vielfalt von Ansätzen sowohl im kommerziellen als auch im wissenschaftlichen Bereich hält Anwender jedoch bisher davon ab, genau dieses Risiko einzugehen. Auch heute noch herrscht vielfach Unklarheit über die Leistung und die grundlegenden Funktionen von WFMS. Auch gibt es kein allgemein etabliertes Architekturmodell oder Konsens über einen grundlegenden Satz von Modellierungskonstrukten.

Eine Verbesserung dieser unbefriedigenden Situation versprechen Standards, die zumindest grundlegende Konzepte, Begriffe sowie Schnittstellen festschreiben sollen. Dieses Buch gibt einen Überblick über solche Standards, gibt sich aber nicht mit einer reinen Darstellung und Bewertung der jetzigen Situation zufrieden. Statt dessen wird der Anspruch einer umfassenden und grundlegenden Darstellung der Problematik anhand der objektorientierten Konzeption eines vollständigen Workflow-Management-Dienstes verfolgt, der weit über das hinausgeht, was bisherige Systeme leisten. Es wird ein Workflow-Management-Dienst konzipiert, der sich den Designrichtlinien der Object Management Group unterwirft und dadurch eine harmonische Integration mit anderen Architekturkomponenten erlaubt.

Dieses Buch ist in sieben Kapitel gegliedert. Das erste Kapitel gibt eine thematische Einführung und nimmt eine erste Positionierung des zu konzipierenden Workflow-Management-Dienstes vor. Es werden Begriffe und Zusammenhänge vorgestellt, die für das Verständnis der Problemstellung und der Zielsetzung notwendig sind. Das breite inhaltliche Spektrum des Themenbereichs Workflow-Management macht es notwendig, im zweiten Kapitel darauf gesondert einzugehen. Dort werden dem Leser die Grundlagen vor Augen geführt, die zur Motivation von Anforderungen in den weiteren Kapiteln benötigt werden. Insbesondere wird ausführlich auf den Modellierungsgegenstand – kooperative Arbeitsabläufe – eingegangen. Zusammen mit einer Beschreibung der heute üblichen Funktionen von WFMS bildet das zweite Kapitel einen ausführlichen Einblick in den „State-of-the-Art". Das dritte Kapitel führt verteilte Objektverwaltungssysteme ein, deren

Eignung als Implementierungsgrundlage von WFMS Kernthese dieses Buchs ist. Objektverwaltungssysteme wenden auf der feingranularen Ebene einzelner Objektexemplare das Client/Server-Architekturmodell an, dessen kurze Diskussion daher den Anfang des dritten Kapitels bildet. Da die Object Management Architecture als Grundlage für die Konzeption gewählt wurde, nimmt deren Darstellung und Untersuchung breiten Raum ein. Auf der Basis objektorientierter Architekturen wird momentan sowohl in der akademischen Welt als auch bereits in ersten Produkten die Idee autonomer Geschäftsobjekte diskutiert. Was darunter zu verstehen ist, welche Ansätze zu unterscheiden sind und wie gut sich diese Konzepte für eine Integration mit WFMS eignen, wird im abschließenden Teil des dritten Kapitels dargestellt. Der Kern des Buchs findet sich in den Kapiteln 4 und 5. Im vierten Kapitel erfolgt als Grundlage der Konzeption eines verteilten Workflow-Management-Dienstes die Definition eines logischen Ebenenmodells. Als Inhalt der Ebene der Workflow-Metaschemata wird ein geeignetes Workflow-Metaschema herausgearbeitet, bei dem Aspekte der Erweiterbarkeit, die Dienste und die verteilte Ausführung von Workflow-Objekten und die Wiederverwendung von Workflow-Schemata im Mittelpunkt stehen. Eine Umsetzung des entwickelten Ebenenmodells auf der Grundlage der OMA findet sich im fünften Kapitel, das sich mit der Ableitung eines Architekturmodells beschäftigt. Dort werden die Architekturkomponenten, ihre Funktion und deren Zusammenhänge aufgezeigt. Vor- und Nachteile verschiedener Architekturvarianten sowie alternative Realisierungsmöglichkeiten werden ausführlich diskutiert. Diese Ergebnisse und das Architekturmodell sind unabhängig von einer konkreten Implementierung. Die Gültigkeit der in Kapitel 4 und 5 vorgestellten Konzepte und Ideen wurde anhand einer konkreten Implementierung validiert. Die Vorstellung der Ergebnisse und eine Darstellung interessanter Aspekte der Implementierung im Forschungsprojekt Wor-COS bilden das sechste Kapitel. Der Schwerpunkt liegt dort in der Vorstellung ausgewählter Komponenten der Implementierungsarchitektur. Besonders wichtig ist die Darstellung von Perspektiven für künftige Implementierungen, die heute aufgrund der fehlenden Verfügbarkeit bestimmter Objektdienste nicht möglich sind. Das Schlußkapitel bewertet den konzipierten Architekturvorschlag anhand der eingeführten Anforderungen. Auch der implementierte Prototyp wird einer abschließenden Einschätzung unterzogen. Eine Beurteilung momentan verfügbarer Werkzeuge sowie ein Ausblick auf künftige Entwicklungen runden das Buch ab.

Danksagungen

Dieses Buch geht in weiten Teilen auf meine Dissertation zurück, die während meiner Tätigkeit als wissenschaftlicher Mitarbeiter an der Professur für Datenbanken der TU Dresden entstand. Für die Möglichkeit einer umfassenden Erarbeitung der Thematik möchte ich meinem Doktorvater Prof. Dr. Klaus Meyer-Wegener herzlich danken. Von ihm habe ich nicht nur gründliches wissenschaftliches Arbeiten gelernt, sondern auch, scheinbar Etabliertes stets mit dem notwendigen kritischen Abstand zu betrachten. Herrn Prof. Dr. Alexander Schill danke ich für die Übernahme des Zweitgutachtens. Als ausgesprochenen Glücksfall möchte ich es bezeichnen, daß ich Dr. Christoph Bußler als dritten Gutachter gewinnen konnte. Die Hinweise und Beispiele, die er auf der Basis seiner jahrelangen Erfahrung geben konnte, waren für mich von sehr großem Wert.

Von den Mitarbeitern und Angehörigen der Professur möchte ich meinem Kollegen Dr. Markus Böhm besonderen Dank aussprechen. Die zum Teil langwierigen, aber immer konstruktiven Diskussionen mit ihm waren der Qualität meiner Arbeit überaus zuträglich. Dank schulde ich auch allen Studenten, die mit Diplom- und Studienarbeiten im Rahmen des WorCOS-Projekts meine Forschung unterstützt haben. Hervorheben möchte ich Dirk Weise, dessen persönliche Leistung besonders viele Anregungen für meine Arbeit geliefert hat, sowie Uwe Donath, Mike Fischer, Eckhard Malcherek und Charles Thain.

Die Teilnahme an OMG-Konferenzen gab mir die Gelegenheit, die Verfasser vieler Standards sowie andere renommierte Persönlichkeiten kennenzulernen und mit ihnen anregende Diskussionen zu führen. Interessante Anregungen habe ich erhalten von: Bill Cox, Cory Casanave, David Zenie, Fred Cummins, Jeff Sutherland, Jon Siegel, Marc-Thomas Schmidt, Michael Brodie, Peter Herzum, Rainer Kossmann, Robert Shelton, Santanu Paul und Sridhar Iyengar. Besonders bedanken möchte ich mich bei Oliver Sims, der sich für meine Fragen über Geschäftsobjekte viel Zeit genommen hat.

Dank schulde ich auch der Hanns-Seidel-Stiftung e.V., die meine Forschungsarbeit durch ein Promotionsstipendium aus Mitteln des Bundesministeriums für Bildung und Wissenschaft, Forschung und Technologie gefördert hat. Bei *IONA Technologies* bedanke ich mich herzlich für die Bereitstellung von Lizenzen von Orbix im Rahmen ihres Hochschulförderungsprogramms.

Den Herausgebern dieser Reihe, Prof. Dr. Stefan Jablonski und Dr. Wolfgang Deiters, sowie den Mitarbeitern des Springer-Verlags ist dafür zu danken, daß sie mir die Veröffentlichung meiner Gedanken ermöglichten und mich bei der Abwicklung stets freundlich unterstützten.

Dresden, im Oktober 1999 Wolfgang Schulze

Inhaltsverzeichnis

1 Einleitung

Mit der Entwicklung von Workflow-Management-Systemen (WFMS) wird immer noch das gleiche Ziel verfolgt wie mit den Büroautomatisierungssystemen der 80er Jahre [Such83, Ronz85, Hase87, Nier88, Loch88]: Es geht um die Entwicklung komplexer Software-Systeme, die den Arbeitsfluß zwischen verschiedenen Stellen einer Organisation nach den Vorgaben einer Ablaufspezifikation steuern, überwachen und koordinieren. WFMS sind anwendungsneutrale, generische Werkzeuge, die sich überall dort sinnvoll einsetzen lassen, wo geplante, strukturierte und arbeitsteilige Arbeitsabläufe vorzufinden sind. Derartige Arbeitsabläufe sind vor allem aus der industriellen Produktion bekannt, wo Produktionsplanungs- und Steuerungssysteme den Ressourceneinsatz und die operative Koordination von Fertigungsabläufen seit langer Zeit erfolgreich unterstützen [Sche98, S. 76]. Obwohl im Bürobereich z.T. durchaus vergleichbare Aufgabenstellungen bestehen (vgl. [Uthm98]), ist dort eine automatische Steuerung von Arbeitsabläufen bisher eher selten anzutreffen. Die Gründe für den zögerlichen Einsatz von WFMS sind ebenso komplex wie vielfältig, viele sind auch nicht technischer Natur [Goes98]. Dieses Buch konzentriert sich auf Themen wie Offenheit und Architekturkonzeption von WFMS, weil bestehende Ansätze dort aus technischer Sicht besonders große Defizite aufweisen. Zentraler Beitrag dieses Buchs ist die Konzeption eines universellen, plattformneutralen Workflow-Management-Dienstes mit standardisierbaren operationalen Schnittstellen. Dieser Dienst gibt – vergleichbar einem quellcode-basierten *Framework* [Deut89, John97] – grundlegende Modellelemente und Basisschnittstellen vor, die in konkreten Realisierungen von anwendungsspezifischen Komponenten benutzt oder erweitert werden können. Die Idee derart anpassungsfähiger WFMS ist aus anderen Forschungsprojekten bereits bekannt, konnte aber bisher nicht umgesetzt werden, da die notwendige Systemsoftware nicht existierte. Mit der Entstehung interoperabler verteilter Objektverwaltungssysteme steht dieser Weg nunmehr offen.

1.1 Begriffsdefinitionen

Trotz vieler Bemühungen (s. [DIN96] oder [Lawr97, S. 386 f.]) existiert bisher auf dem Gebiet Workflow-Management keine allgemein anerkannte Begriffswelt. Im Arbeitskreis „Modellierung und Ausführung von Workflows" der Gesellschaft für Informatik (GI) wurde der Versuch unternommen, diesen Mangel zu beheben, und ein Glossar definiert [Jabl97a, S. 485 f.]. Dieses Buch vermeidet bewußt die Einführung eigener Begriffe und greift konsequent auf das Glossar des GI-Arbeitskreises zurück. Dieser Abschnitt erläutert kurz die wesentlichen Kernbegriffe.

Auch ohne Einsatz von Rechnersystemen basieren betriebliche Organisations-
formen seit jeher auf der Grundlage arbeitsteiliger Vorgänge. Der Begriff des *Arbeitsvorgangs* bezeichnet ein Geschehen in der Realität und damit die meist mate-
rielle Handhabung eines betrieblichen Geschehnisses [Ortn97a, S. 23]. Im Rahmen eines Arbeitsvorgangs sind von den beteiligten Personen durch Ausführung
einer oder mehrerer Aktivitäten unterschiedliche *Aufgaben* zu erfüllen. Aufgaben
werden als Leistungen [Ober96, S. 15] verstanden, die durch einen *Aufgabenträger* zu erbringen sind. Diese beobachtbaren Arbeitsvorgänge erfolgen zur Umsetzung von *Geschäftsprozessen*. Der Begriff Geschäftsprozeß wird in [Jabl97a] bewußt enger gefaßt als üblich [Fers93, Fast94, Merz95, Leym97] und ist als Bezeichnung für Vorgänge vorbehalten, die die ausführende Organisation „geschäftsmäßig" betreibt [Ortn97a, S. 24]. Die Abrechnung von Reisekosten wird als Beispiel für einen Arbeitsvorgang genannt, der mit dem eigentlichen Geschäftszweck
nicht im direkten Zusammenhang steht. Geschäftsprozesse sind auf einer ähnlich
abstrakten Ebene anzusiedeln wie Unternehmensziele oder -strategien und aufgrund ihrer vielfältigen Aspekte und Komplexität oft schwer greifbar. Nicht selten
trifft man – selbst bei erfolgreichen Unternehmen – die Situation an, daß Geschäftsprozesse zwar benannt werden können, deren tatsächliche Handhabung
aber nirgends explizit niedergelegt ist. Mit Mitteln der *Geschäftsprozeß-Modellierung* [Fers93, Voss96b, Sche98] versucht man, Zusammenhänge und Sachverhalte
zu rekonstruieren und zu dokumentieren. Die entstehenden *Geschäftsprozeß-Modelle* dienen vor allem dem Erkenntnisgewinn und bestenfalls einer Optimierung
der modellierten Geschäftsprozesse. Geschäftsprozeß-Modelle sind aufgrund ihrer
Inhalte und des hohen Abstraktionsniveaus weder dafür vorgesehen noch geeignet,
daraus eine direkte Umsetzung mit Hilfe der Informationstechnologie abzuleiten.
Rechnergestützte Umsetzung von Geschäftsprozessen kann auf vielfältige Weise
geschehen [Böhm96a], die Implementierung von Arbeitsvorgängen durch ein WF-
MS stellt nur eine der möglichen Realisierungsalternativen dar; man bezeichnet
das entstehende Gesamtsystem als *Workflow-Management-Anwendung (WFMA)*.

Zur Unterstützung eines Arbeitsvorgangs durch eine WFMA ist eine Ablaufspezifikation zu erstellen, die zumindest Beschreibungen aller notwendigen Teilaufgaben, deren Reihenfolgebeziehungen und Ausführbarkeitsbedingungen sowie
Angaben dazu enthalten muß, welche Ressourcen während der Ausführung benötigt oder produziert werden. Zur Formulierung einer derartigen Spezifikation, die
als *Workflow-Schema* bezeichnet wird, kommen die spezifischen Modellierungskonstrukte des gewählten WFMS zum Einsatz. Die Menge dieser Konstrukte und
damit die Eigenschaften aller gültigen Workflow-Schemata werden von der *Workflow-Sprache* vorgegeben. Der Workflow-Sprache äquivalent ist das *Workflow-
Metaschema*, das meist implizit in der Implementierung des WFMS enthalten ist.
Jedes Workflow-Schema ist demnach Ausprägung eines Workflow-Metaschemas.
Workflow-Schemata sind, so wie Quellcode in einer bestimmten Programmiersprache, immer Konkreta. Man kann jedoch über Eigenschaften abstrakter Datentypen sinnvoll diskutieren, ohne eine konkrete Programmiersprache zu verwenden.
In ähnlicher Weise kann man über die abstrakte Idee sprechen, die hinter einem
Workflow-Schema steckt. Zu diesem Zweck wird der Begriff *Workflow-Typ*
eingeführt. Der Workflow-Typ ist eine „abstrakte Entität, die auf Zeichenebene in

Form eines Workflow-Schemas repräsentiert wird" [Jabl97a, S. 492]. Man könnte auch sagen, ein Workflow-Typ wird durch ein Workflow-Schema implementiert. Da die Abbildung von Workflow-Typen auf Workflow-Schemata keineswegs eineindeutig ist, können zu einem gegebenen Workflow-Typ unterschiedliche Workflow-Schemata existieren. Wird ein Workflow-Schema zur Unterstützung von konkreten Abläufen herangezogen, erzeugt das WFMS *Workflow-Exemplare*, die gemäß dem Workflow-Schema abgewickelt werden. Der in der deutschsprachigen Literatur zum Thema Objektorientierung leider (s. hierzu [Oest97, S. 35]) häufig verwendete Begriff *Instanz* wird nicht benutzt, da dieser aus der ungenauen Übersetzung des englischen Worts *instance* herrührt. Statt dessen wird durchgehend der korrekte Begriff *Exemplar* verwendet. Dadurch steht der Instanz-Begriff wieder in seiner ursprünglichen Bedeutung zur Verfügung und bezeichnet organisatorisch übergeordnete bzw. juristische Organisationseinheiten.

Eine fundierte Einführung der Begriffe findet sich in [Ortn97a]. Eine Auslegung, Abgrenzung und Darstellung der Zusammenhänge zwischen den Begriffen bietet [Böhm97d]. Weitere Begriffe werden jeweils an passender Stelle eingeführt.

1.2 Problemstellung

Workflow-Management zählt aufgrund seines interdisziplinären Charakters zu den anspruchsvollsten und komplexesten Themengebieten der angewandten Informatik. Die Vielschichtigkeit entsteht, weil letztlich alle Teildisziplinen der Informatik davon betroffen sind. WFMS dürfen nie allein unter technischen Aspekten ihrer eigenen Realisierung betrachtet werden, sondern es sind stets auch Fragen der Anwendbarkeit und der Anpassungsfähigkeit zu betrachten, die sich aus dem Zwang zur Integration mit existierenden, meist heterogenen Software-Systemen ergeben.

Genauso wenig wie bei DBMS läßt sich bei WFMS ein ideales System charakterisieren, das für alle Anwendungsgebiete gleichermaßen tauglich wäre. Zu vielfältig sind die Anforderungen und Einsatzgebiete. Mächtige Modellierungsmittel sowie bestimmte Architekturansätze und Implementierungstechniken sind zwar oft für spezielle Anwendungen vorteilhaft, erweisen sich aber bereits bei geringfügig veränderten Voraussetzungen als nicht praktikabel, gar als hinderlich. Das in diesem Buch vorgelegte Systemkonzept verfolgt daher das Ziel einer größtmöglichen Anpassungsfähigkeit, sowohl was die Inhalte der Modellierung als auch die Umsetzung in eine Implementierung angeht.

WFMS entfalten ihre Leistungsfähigkeit insbesondere in großen Organisationen und bei einer hohen Anzahl gleichartig zu handhabender Workflows. Wir setzen voraus, daß dort vor allem hoher Bedarf für die Unterstützung prozeßorientierter bzw. kausal eindeutig definierter Workflows besteht. Ein Schwerpunkt dieses Buchs liegt daher auf der Beantwortung der Frage, wie sich ein Workflow-Management-Dienst in einer Produktionsumgebung realisieren läßt, in der hohe Performance, ständige Verfügbarkeit und hohe Sicherheit gegen unbefugte Manipulation wichtige Randbedingungen sind. Angestrebte Einsatzgebiete sind vor allem klassische WFMA mit stark strukturierten Vorgängen, bei denen sämtliche Einflußfaktoren für den Ablauf von vornherein bekannt sind. Derartige Anforderungen existieren in der durch Massendatenverarbeitung geprägten Versicherungsbranche [Blas96, GdV96a-d], im Bankgewerbe [Agos93, Schä93, Blah96, Halt96, Schä-96], in Behörden [Ritz93, Rein94, Bald95, Baba95], in der Versorgungs- und Telekommunikationsbranche, aber auch im industriellen Produktionsbereich [Bußl-97b]. Eine anwenderinitiierte Abweichung vom vorgegebenen Ablauf ist in diesen Anwendungsfällen durchweg unerwünscht, z.T. sogar explizit verboten.

Bei der Konzeption von WFMS sowie bei der Integration von Workflow-Management-Funktionalität in den Kontext einer umfangreicheren Software-Architektur gilt es mehrere Problembereiche zu bewältigen:

1. **Mangelhafte Offenheit proprietärer WFMS**: Die hohe Popularität der Workflow-Management-Technologie hat dazu geführt, daß besonders in den erwähnten Branchen kaum ein größeres Software-Entwicklungsprojekt initiiert wird, bei dem sich nicht im Anforderungskatalog die pauschale Forderung nach Unterstützung von Workflow-Management-Funktionen findet. Angesichts des monolithischen Charakters und der geringen Offenheit existierender WFMS [Star-95, Joos97] kann es aber nicht überraschen, daß bisher kaum Fälle dokumentiert sind, in denen WFMS problemlos als Workflow-Komponente in einer größeren Anwendung eingesetzt werden konnten. Statt dessen sind dem Autor neben dem in [Aals96] dokumentierten Fall mindestens drei weitere Entwicklungsprojekte bekannt, in denen nach einer ausführlichen Produktevaluierung der Beschluß gefaßt wurde, die gewünschte Workflow-Management-Funktionalität selbst zu implementieren. Als Gründe für die Untauglichkeit vorhandener Produkte werden unzureichende Erweiterbarkeit sowie mangelnde Integrationsfähigkeit mit bestehenden Diensten genannt [Maur97, S. 6]. Weitere Argumente waren Mißtrauen und mangelnde Erfahrung beim Einsatz zugekaufter Komponenten. Eine derartige Entscheidung ist nicht nur teuer und aufwendig in der Umsetzung, sondern lenkt stark von den eigentlichen Fachproblemen ab.

2. **Keine Wiederverwendung von Workflow-Metamodellen, Entwurfsmustern und Architekturbausteinen**: Trotz vielfältiger Bemühungen (s. Abschn. 5.2.1) existiert bisher keine allgemein anerkannte Grundmenge von Modellelementen, Funktionen und Architekturbausteinen, die allen WFMS gemein wäre. In der Folge sind in der Literatur, und noch mehr in der Praxis, nebulöse und stark unterschiedliche Vorstellungen davon anzutreffen, was Workflow-Management bedeutet und aus welchen Komponenten ein System prinzipiell aufgebaut ist. Wo nur ein oberflächlicher Konsens existiert, entstehen für die Konzeption erhebliche Freiheitsgrade und damit die Gefahr einer subjektiv-unreflektierten Modellierung. Fast in jedem Projekt werden Workflow-Management-Funktionen anders interpretiert, Modellelemente eigenwillig benannt, wichtige Zusammenhänge übersehen und Design-Fehler erneut begangen. Aufwand, Wissen und Erfahrungen, die in die Konzeption existierender Workflow-Metamodelle und in Implementierungen eingeflossen sind, werden nicht genutzt.

3. **Fehlen eines Workflow-Management-Dienstes in der Object Management Architecture (OMA)**: Die Object Management Group hat im Rahmen ihrer Standardisierungstätigkeit eine große Menge von Spezifikationen veröffentlicht, die die Schaffung einer Referenzarchitektur für verteilte Objektverwaltungssysteme (s. Kap. 3) zum Ziel haben. Diese Referenzarchitektur sieht, ne-

ben vielen anderen Komponenten, einen Dienst vor, der Workflow-Management-Funktionen realisiert: die *Workflow Management Facility*. Die besondere Schwierigkeit bei der Konzeption dieser Komponente besteht darin, das Entwurfsprinzip der *Dienstorthogonalität* einzuhalten. Dessen Forderung nach logischer Orthogonalität (s. [Jabl97a, S. 488]) innerhalb der OMA besagt, daß alle Architekturkomponenten unabhängig voneinander sein sollen und keine funktionale Redundanz einführen dürfen. Da diese Grundbedingung in bestehenden Standards für WFMS nicht berücksichtigt wird, sind diese ungeeignet, die gestellten Anforderungen [OMG97b] zu erfüllen.

4. **Fehlende Integration aktueller Konzepte**: Die grundlegenden Ideen heutiger WFMS sind seit den 80er Jahren im wesentlichen unverändert; neue Anforderungen durch aktuelle Entwicklungen werden vielfach nicht zur Kenntnis genommen. Ein Beispiel hierfür ist die Notwendigkeit, Geschäftsobjekte (s. Abschn. 3.4) in die Ausführung von Workflows zu integrieren bzw. Workflows als Geschäftsobjekte aufzufassen. Geht die Vision der OMG in Erfüllung [Gutt95], besteht die Software-Infrastruktur der Zukunft aus Objekten, die diejenigen realen Entitäten oder Konzepte repräsentieren, mit denen ein Unternehmen umgeht. Anwendungen werden durch Zusammensetzen von Standardkomponenten erstellt; Dienste der Geschäftsobjekte werden miteinander zu neuen Funktionalitäten verknüpft. Hierdurch entsteht aber der Bedarf, Geschäftsobjekte während der Ausführung von Workflows anzusprechen. Die Modellierungsgranularität heutiger Workflow-Metamodelle ist dieser Aufgabe nicht gewachsen. Diese sind starr und bieten zumeist nur die Möglichkeit der Ausführung einfacher Applikationen. Komplexe Interaktionen mit Geschäftsobjekten oder das Ansprechen einzelner Geschäftsobjekt-Operationen sind nicht vorgesehen.

5. **Mangelhafte Anpassungsfähigkeit**: Bei der Konzeption von WFMS wird vielfach zu anmaßend vorgegangen. Damit ist gemeint, daß Workflow-Management nie in einer Rolle als untergeordneter Dienst, sondern immer im Mittelpunkt des Interesses gesehen wird. In der Folge wird die Existenz vorhandener Dienste zur Organisations- und Ressourcenverwaltung, aber auch allgemeine Verzeichnisdienste, nicht berücksichtigt, genauso wenig wie der Bedarf, diese zu integrieren. Entsprechend verfügen nur wenige WFMS über Schnittstellen, mit deren Hilfe bestimmte Aspekte oder das Verhalten des Systems konfiguriert oder gar durch eigene Implementierungen ersetzt werden könnte.

6. **Zu geringe Einschätzung des Werts von Workflow-Schemata**: Es ist zu erwarten, daß künftig die Unterstützung immer größerer Anteile von Geschäftsprozessen nicht durch die Entwicklung statischer Anwendungen, sondern durch WFMA erfolgt. Mit einer Ausweitung des WFMS-Einsatzes nimmt die Bedeutung der Workflow-Schemata zu; schließlich wird großer Aufwand in ihre Erstellung investiert, und sie repräsentieren einen erheblichen unternehmerischen Wert. Diesem Umstand tragen heutige WFMS nicht Rechnung, was an zwei Teilproblemen erkennbar ist: Es fehlt sowohl eine Unterstützung für die Wiederverwendung als auch für Fortentwicklung (Evolution) von Workflow-Schemata. Mit jeder Veränderung eines Geschäftsprozeß-Modells kann der Bedarf entstehen, die für dessen Unterstützung erstellten Workflow-Schemata zu modifizieren oder neue Versionen davon zu erzeugen, an denen die notwendigen

Änderungen vorgenommen werden. Aber kaum ein heutiges System widmet dem Aufgabenbereich der Verwaltung von Workflow-Schemata besondere Aufmerksamkeit oder gar eine eigene Architekturkomponente. Bei den meisten WFMS sind nicht einmal Funktionen für die Speicherung und die Ausführung verschiedener Versionen eines Workflow-Schemas vorhanden. Ist dies doch der Fall, ist der gebotene Leistungsumfang spartanisch. Auch fehlen versionsübergreifende Suchmechanismen, sowohl für die Suche nach Workflow-Schemata als für Workflow-Exemplare.

Die vorgestellten Fragestellungen stecken den Ausschnitt des weiten Felds Workflow-Management ab, zu dessen Klärung dieses Buch einen Beitrag leistet. Motiviert durch diese Problemstellung wird im nächsten Abschnitt die Zielsetzung des Buchs konkretisiert.

1.3 Zielsetzung

Wie bereits der Titel des Buchs andeutet, geht es um die Frage, wie sich Workflow-Management-Systeme und -Anwendungen auf der Basis verteilter Objektverwaltungssysteme, und konkret mit CORBA, realisieren lassen. Es wird ein Systemkonzept vorgestellt, bei dem folgende Zielsetzungen beachtet werden:

1. **Konzeption einer dienstebasierten Workflow-Management-Architektur**: In diesem Buch soll ein Architekturmodell entworfen werden, das als konzeptionelles Vorbild für WFMS auf der Grundlage verteilter Objektverwaltungssysteme dienen kann. Ein derartiges Vorbild wird – in Anlehnung an [Schu97g, S. 233] – als *Modell einer abstrakten Komponentenarchitektur* bezeichnet. Einer leichten bzw. leichtgewichtigen Implementierbarkeit wird großes Gewicht beigemessen. Dem Entwickler sind von einem Workflow-Management-Dienst zur Realisierung von WFMA notwendige Funktionen anzubieten, die individuell konfiguriert bzw. erweitert werden können. Dies ist ganz im Sinne von [Böhm96b] und [Schu97f, S. 8 f.], wonach Workflow-Management als erweiterter Middleware-Dienst, ja sogar als fremdbeziehbarer Teledienst eingestuft wird. Gerade dadurch gewinnt Erweiterbarkeit und Anpassungsfähigkeit des Dienstes auf spezielle Belange eine neue Dimension. Mit der Interface Definition Language (IDL) existiert ein standardisiertes Mittel für eine plattform- und programmiersprachenneutrale Beschreibung dieser Dienste. Der Ansatz, auf der Grundlage von CORBA eine Reihe von Basisdiensten zur Verfügung zu stellen, eröffnet die Möglichkeit, die gewünschten Erweiterungen individuell vorzunehmen. Beispiele für derartige Erweiterungen stellt Abschn. 4.5.3 vor.

2. **Integration eines Workflow-Management-Dienstes in die OMA**: Ein weiteres Ziel dieses Buchs ist es, auf der Grundlage existierender OMG-Standards ein Architekturmodell zu gestalten, das als Vorschlag für einen Workflow-Management-Dienst zu verstehen ist, der sich konsistent in die bestehende Referenzarchitektur einfügt. Die Tragfähigkeit wesentlicher Teile dieses Vorschlags soll in einer partiellen Referenzimplementierung nachgewiesen werden. Es ist zu zeigen, wie, aufbauend auf dem Objektmodell der OMG, unter Verwendung

eines Object Request Brokers (ORB) und unter Einsatz von CORBAservices ein verteilter Workflow-Management-Dienst konstruiert werden kann. Die Unterstützung der Bemühungen der OMG verspricht langfristig einen weiteren Nutzen: Wenn die Funktionalitäten eines *Workflow Type Repositories* und eines OMG-konformen *Workflow Enactment Service* ähnlich standardisiert sind, wie dies beispielsweise bei Namensdiensten (s. Kap. 3) der Fall ist, werden die Implementierungen verschiedener Hersteller kombinier- und austauschbar. Dies ist erstrebenswert, denn in der Folge ergibt sich eine größere Unabhängigkeit der Anwender. CORBA und Workflow-Management sprechen vor allem sehr große DV-Anwender an, die stark von einer Integration der beiden Technologien profitieren würden. Allerdings ist damit immer noch nicht ausgeschlossen, daß Hersteller mit dem Ziel einer besseren Alleinstellung ihrer Produkte besondere Erweiterungen implementieren, die über den Standard hinausgehen.

3. **Integration mit Geschäftsobjekten**: Die Trennung zwischen Konzepten des Workflow-Managements und Geschäftsobjekten fällt schwer. Versuche der OMG [OMG98c, OMG98d], auf der Grundlage der *Business Object Facility* ein allgemeingültiges, branchenneutrales Framework für die Erstellung von „Geschäftsanwendungen" zu definieren, zeigen zwar, daß eine sehr enge Beziehung besteht, lassen aber viele Fragen ungeklärt. Ziel eines derartigen Frameworks ist es, auf dessen Grundlage stets wiederkehrende Entwicklungsaufgaben effizienter zu bewältigen. Voraussetzung für den Erfolg ist eine Übereinkunft darüber, welche Modellelemente darin enthalten sein sollen und welche Leistungen diese erbringen. Da Geschäftsanwendungen stets die Unterstützung von Geschäftsprozessen zum Ziel haben, steht außer Frage, daß in einem derartigen Framework auch Workflow-Management seinen Platz haben muß. Aus diesem Grund wird ein Weg gesucht, die Workflow Management Facility und die Business Object Facility zu integrieren. Dies würde in idealer Weise ein Zusammenwachsen herkömmlicher Anwendungsentwicklung und des Einsatzes von Workflow-Management-Technologie ermöglichen. Einmal entwickelte Geschäftsobjekte könnten sowohl in statische Anwendungen als auch in die Ausführung von Workflows eingebunden werden. In diesem Buch soll das Verhältnis von Workflow-Management und Geschäftsobjekten diskutiert und ein Lösungsweg für eine Integration aufgezeigt werden.

4. **Erhöhte Wiederverwendung von Workflow-Schemata**: Wiederverwendbarkeit ist die „Möglichkeit zur Wiederverwendung" [Wede92b, S. 135]. Unter Wiederverwendbarkeit von Workflow-Schemata wird demnach die Möglichkeit verstanden, in einem WFMS bereits vorhandene Workflow-Schemata als Grundlage der Erstellung neuer, komplexerer oder höherwertiger Workflow-Schemata heranziehen zu können. Wird die Identifikation und Berücksichtigung wiederverwendbarer Komponenten fest im Vorgehensmodell des Workflow-Schema-Designs verankert, ergeben sich eine Reihe von Vorteilen, analog zur Wiederverwendung von Software-Bausteinen – ein Themenbereich, der in der Literatur zum Software Engineering bereits hinreichend untersucht ist [Zend95, Appe96, Holl98]. Wird dieses Ziel erreicht, liegt der Nutzen auf der Hand: Ein auf Wiederverwendbarkeit von Workflow-Schemata optimiertes WFMS erfordert geringeren Wartungsaufwand für die Menge der Workflow-

Schemata, da sich durch Wiederverwendung deren Anzahl und Komplexität reduziert. Durch die höhere Redundanzfreiheit müssen Änderungen nur an einer Stelle durchgeführt werden, was einer höheren Qualität der erstellten Workflow-Schemata zugute kommt. Die Verwendung bereits getesteter und bewährter Komponenten vermindert die Kosten und das Risiko einer Neuentwicklung erheblich. Ein höherer Wiederverwendungsgrad verspricht darüber hinaus eine effektivere Erstellung neuer WFMA und damit eine bessere Unterstützung für das Kerngeschäft. Modulare, aus wiederverwendbaren Komponenten aufgebaute, Workflow-Schemata machen es möglich, flexibler auf veränderte fachliche Gegebenheiten zu reagieren. Gelingt es, Workflow-Schema-Designer dahingehend zu motivieren, bereits beim Entwurf auf spätere Wiederverwendbarkeit zu achten („design-for-reuse"), ergibt sich insbesondere die Aussicht, vereinheitlichte Firmenstandards für Arbeitsabläufe zu etablieren. Man kann sogar so weit gehen, daraus eine Ausweitung des Einsatzgebiets für WFMA abzuleiten, denn vergleichbare Produktivität ist mit anderen Entwicklungswerkzeugen nicht zu erreichen – komplexe Projekte werden dadurch überhaupt erst machbar. In diesem Buch soll nach Möglichkeiten gesucht werden, Wiederverwendbarkeit von Workflow-Schemata zu verbessern. Daraus können zwei Teilziele abgeleitet werden: Erstens muß ein Workflow-Metaschema konzipiert werden, das diesen Aspekt explizit berücksichtigt und Modellelemente besitzt, die Wiederverwendbarkeit überhaupt erst möglich machen. Zweitens ist im Architekturmodell eine Komponente vorzusehen, die Mechanismen zum Verwalten und Auffinden vorhandener Workflow-Schemata anbietet.

5. **Skizze eines Dienstes zur Verwaltung von Workflow-Schemata**: Nimmt man die in der Problemstellung aufgezeigte Rolle von Workflow-Schemata ernst, erwächst daraus die Anforderung, für die Erfassung, Speicherung und Manipulation dieser wichtigen Unternehmensressource eine eigene Architekturkomponente vorzusehen. Diese soll nicht nur Unterstützung beim Entwurf neuer und der Verwaltung bestehender Workflow-Schemata bieten, sondern den gesamten Lebenszyklus von Workflow-Schemata begleiten. In diesem Buch sollen Anforderungen an einen Dienst zur Verwaltung von Workflow-Schemata präzisiert und die Nutzungsmöglichkeiten aufgezeigt werden. Ein Schwerpunkt soll auf der Wiederverwendung und der Versionierung von Workflow-Schemata liegen. Wird ein solcher Dienst als einzige Komponente innerhalb einer Organisation verstanden, wo Workflow-Schemata hinterlegt werden, liegt die Vermutung nahe, daß sich dies in der Implementierungsarchitektur niederschlägt und sich ein potentieller Engpaß entwickelt. Dies wäre mit den Grundsätzen der verteilten Objektverwaltung jedoch unvereinbar – insbesondere Skalierbarkeit und hohe Verfügbarkeit ließen sich nicht mehr gewährleisten. Daher soll eine Lösung gesucht werden, die eine verteilte Verwaltung von Workflow-Schemata erlaubt.

Spezielle Aspekte, etwa die Berücksichtigung mobiler Workflow-Teilnehmer, die Integration wissensbasierter Arbeitsplanung oder die Interoperabilität zwischen verschiedenen Systemen sind nicht Gegenstand dieses Buchs und finden bei der anschließenden Konzeption keine direkte Berücksichtigung.

1.4 Ein begleitendes Beispiel

In der Literatur findet sich eine große Menge beispielhafter Anwendungsfälle für WFMS. Dabei werden fast immer Arbeitsablaufmodelle [Kasc97b] für typische Abläufe der gewählten Anwendungswelt dargestellt, z.B. in Form von ereignisgesteuerten Prozeßketten [Sche94b, Kell95]. Neben dem häufig bemühten Standardbeispiel „Abrechnung einer Dienstreise" finden sich Arbeitsabläufe für die Einstellung von Hilfswissenschaftlern [Schu97f], die formale Abwicklung einer Promotion [Bußl98a], die Bearbeitung von Fehlerberichten bei einem Software-Hersteller [Swen97] und die Steuerung von Therapieeinheiten in Kliniken [Han97]. Die geschilderten Arbeitsabläufe sind jedoch in der Regel anonym, stark vereinfacht und beschränken sich auf wenige inhaltliche Aspekte. Vollständige Modelle oder gar solche, die Ergebnis echter Feldstudien sind, finden sich selten:

- Genehmigung von Kreditanträgen der Banca d'Italia [Schä96, S. 135 f.]
- Bearbeitung von Gebührenbescheiden bei der GEZ [Stei97]

Wenngleich es in der Literatur an dokumentierten Beispielen nicht mangelt, so sind deren Inhalte als Schulbeispiel nur begrenzt tauglich, da sie detaillierte Kenntnis der Anwendungswelt erfordern. Um dieses Problem zu umgehen, wurde im WorCOS-Projekt der Arbeitsablauf des Diplomverfahrens der Fakultät Informatik der TU Dresden als Anwendungsbeispiel gewählt. Dessen anschließende Darstellung ist vereinfacht und an ausführliche Analysen in [Malc96, Dona99] angelehnt.

Die Durchführung einer Diplomarbeit ist kein Beispiel für Massenverarbeitung und mag daher nicht auf Anhieb für WFMA als geeignet erscheinen. Dennoch hat sich die Wahl des Beispiels als günstig erwiesen: Zum einen war die Thematik studentischen Mitarbeitern im Projekt bestens vertraut und durch die Prüfungsordnung hinreichend formal untermauert. Zum anderen ist der Arbeitsablauf so komplex, daß sich typische Aufgabenstellungen daran gut aufzeigen lassen. Typisch ist auch, daß dessen Komplexität zu Projektbeginn von allen Beteiligten unterschätzt wurde. Die ursprüngliche Absicht, alle Teilschritte, Zwischenergebnisse, Vor- und Nachbedingungen zu dokumentieren, wurde nach mehreren Monaten aufgegeben. Im weiteren Verlauf dieses Buchs wird das Beispiel immer wieder aufgegriffen.

Der Arbeitsablauf wird in vier Phasen modelliert: In der Initialphase wird die Aufgabenstellung der Diplomarbeit verfaßt, genehmigt und einem studentischen Bearbeiter zugeordnet. Für die zweite Phase, in der der Diplomand die schriftliche Ausarbeitung anfertigt, besteht die strikte Vorgabe einer maximalen Bearbeitungsdauer von sechs Monaten. Es schließt sich die Bewertungsphase an, in der die betreuenden Personen Gutachten für eine Bewertung verfassen. Die Durchführung eines Verteidigungsvortrags und die endgültige Notenvergabe beschließen den Arbeitsablauf. Da nur die administrativen Phasen, und nicht die eigentliche Erstellung der schriftlichen Ausarbeitung, modelliert werden, läßt sich der Ablauf in eine Reihe von Arbeitsschritten unterteilen, die von unterschiedlichen Bearbeitern durchzuführen sind. Zwischen den Arbeitsschritten bestehen komplexe Abhängigkeiten; nicht zuletzt werden viele Dokumente ausgetauscht. Abb. 1-1 zeigt einen Ausschnitt aus dem Arbeitsablaufmodell, formuliert als Aktivitätendiagramm gemäß der UML-Notation (s. [Booc98, S. 257 f.]).

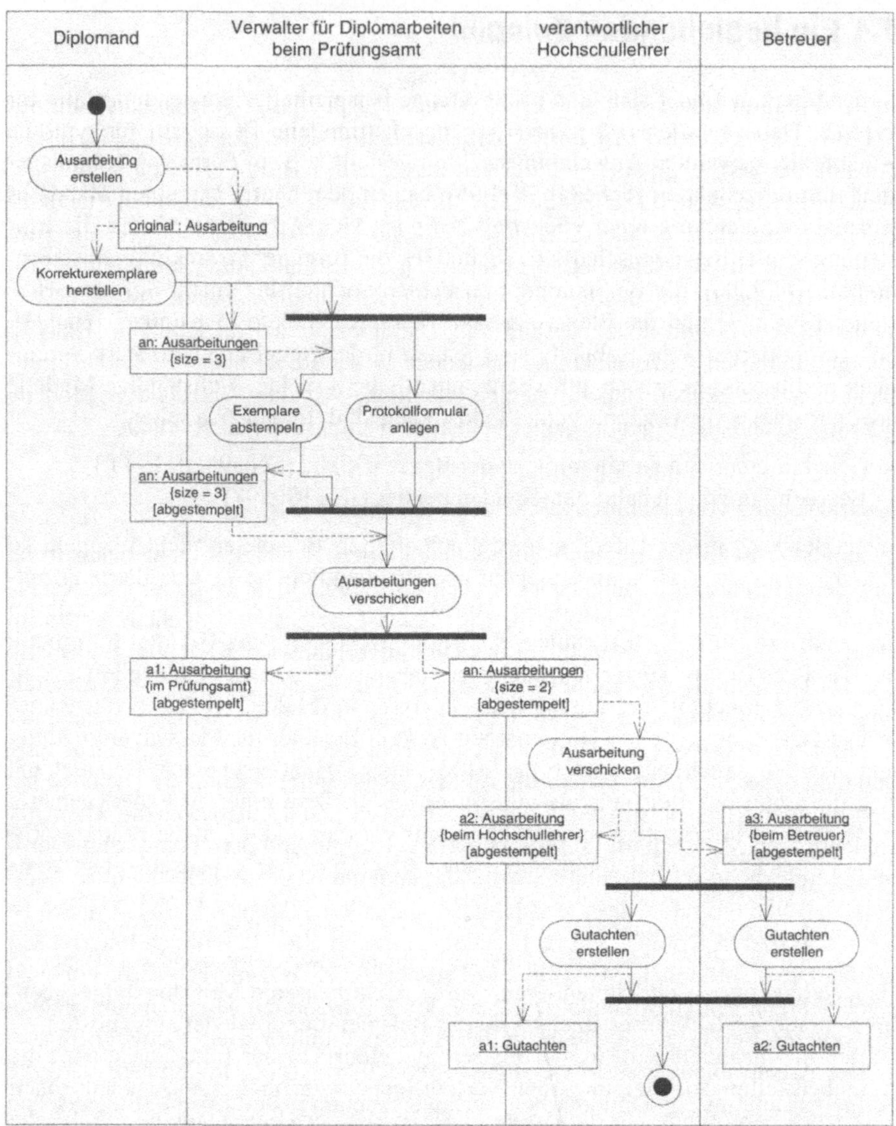

Abb. 1-1:   Ausschnitt des Arbeitsablaufs für das Diplomverfahren der Fakultät Informatik

Viele Details, die für eine Umsetzung durch eine WFMA notwendig sind – etwa die Frage der Integration von Anwendungssystemen – gehen aus Abb. 1-1 nicht hervor. Diese, sowie eine detailliertere Schilderung des Verfahrens, sind aber hier nicht von Bedeutung und für das weitere Verständnis nicht notwendig. Ohnehin sind UML-Aktivitätendiagramme als Mittel zur Notierung von Workflow-Schemata nur bedingt tauglich (s. [Dona99, S. 23 f.]).

1.5 Verwandte Arbeiten

Die hohe Aufmerksamkeit, die das Thema Workflow-Management heute erfährt, hat dazu geführt, daß sich eine ganze Reihe von Forschungsprojekten mit den unterschiedlichsten Spezialaspekten beschäftigt. Die wenigsten Projekte machen jedoch den Versuch, ein *integrierendes Architekturmodell* zu entwerfen und eine hohe Allgemeingültigkeit zu erreichen. In keiner anderen Forschungsarbeit wurde das Ziel gesetzt, eine gute Integration von Workflow-Management und der OMA zu erreichen. An dieser Stelle sollen die inhaltlichen Schwerpunkte und Ziele einer Auswahl derjenigen Forschungsprojekte aufgezählt werden, die im Kontext dieses Buchs besondere Relevanz haben:

- Im *METEOR$_2$*-Projekt der University of Georgia [Kris94, Kris95, Mill96, Shet-96, Mill97, Shet97a, Shet97b, Wora97] werden verschiedene Middleware-Typen (s. Abschn. 3.1) auf ihre Eignung für die Implementierung eines WFMS überprüft. Einer der resultierenden Prototypen, *ORBwork* [Das97], verwendet einen ORB und führt eine Erweiterung der IDL zur Beschreibung von Workflow-Schemata ein. CORBA wird jedoch nur die Rolle eines Hilfsmittels zur Erleichterung der Implementierung zugebilligt. Im Mittelpunkt des Interesses liegt die zuverlässige Ausführung von Workflows und die Suche nach geeigneten Transaktionsmodellen.
- Auch im *Arjuna*-Projekt [Parr95] der University of Newcastle upon Tyne wurde ein WFMS auf Grundlage eines ORB implementiert [Rann97, Rann98]. Der dortige Forschungsschwerpunkt liegt auf technischen Fragestellungen der Zuverlässigkeit und Fehlertoleranz, weniger auf klassischen Workflow-Management-Themen. Ziel war es vor allem, die Tauglichkeit des Arjuna Transaktions-Management-Systems für praxisrelevante Probleme unter Beweis zu stellen.
- Gegenstand des *COSNA*-Projekts [Han97] der Technischen Universität Berlin ist die Beschreibung eines sog. Workflow-Management-Frameworks, für dessen prototypische Realisierung CORBA verwendet wurde. Die Modellierung baut jedoch ohne weitere Abstraktionen direkt auf einem petrinetz-basierten Ansatz auf und ist damit, vor allem was die notwendige Anwendungsnähe angeht, stark eingeschränkt.
- Ziel der Projekte *BPAframe* [Lodd95, Mitt96a, Mitt96b] und *BPAframe2* [Mitt-97a, Mitt97b, Schi98] der Professur für Rechnernetze der TU Dresden war die Implementierung eines agentenbasierten Workflow-Management-Frameworks. Zentraler Forschungsgegenstand war das Thema Skalierbarkeit, weswegen für das Architekturmodell ein stark dezentralisierter Ansatz gewählt wurde. In einer konkreten Konfiguration kann eine beliebige Anzahl autonome Interpreter zur Verfügung stehen, um Workflow-Schemata auszuführen, die in der Sprache AgentScript verfaßt wurden. Die Implementierung des Systems erfolgte auf der Grundlage eines ORB sowie unter Verwendung von CORBAservices.
- Auch im *WASA*-Projekt der Universität Münster [Wesk96, Wesk97, Wesk98a, Wesk98b] kommt ein ORB zum Einsatz. Der Schwerpunkt des Projekts liegt allerdings auf Fragen der Anwendung von WFMS, speziell der Modellierung von Workflows zur Unterstützung naturwissenschaftlicher Experimente.

- Das WFMS *MOBILE* der Universität Erlangen-Nürnberg [Bußl94, Bußl98a, Jabl94a, Jabl96a, Schu94c, Jabl96b, Jabl96c, Schu96d, Schu97f] ist für viele Prinzipien richtungsweisend, sowohl was die Inhalte der Modellierung, als auch die Umsetzung in das Architekturmodell angeht. Bei der Konzeption von MO-BILE wurde großer Wert auf Unabhängigkeit von einer konkreten Middleware-Plattform gelegt; die prototypische Realisierung erfolgte ohne Verwendung objektorientierter Middleware auf der Grundlage von DCE und eines Transaktionsmonitors. Eine Umsetzung auf CORBA wäre durchaus denkbar [Khal97], die damit einhergehende Exposition expliziter operationaler Schnittstellen erfordert in letzter Konsequenz jedoch eine Abkehr vom dynamisch untypisierten Nachrichtenaustausch [Schu97f, S. 153 f.], der ja gerade die wesentliche Grundlage der Plattformneutralität und Flexibilität von MOBILE ist.

Inhaltliche Nähe besteht weiterhin mit den auf die Ausschreibung der Workflow Management Facility [OMG97b] eingereichten Standardisierungsvorschlägen von NORTEL [OMG97f] und des „jFlow"-Konsortiums [Work96c, OMG97g, OMG-98i]. Die Zielsetzung für die dortigen Vorschläge war denen des vorliegenden Buchs ähnlich, was angesichts des Zustandekommens des Anforderungskatalogs (s. [Schu96c, Schu97a, Schu97b, Schu98a]) nicht überrascht. Die Einreichungen decken jedoch nur einen Teil der Anforderungen aus [OMG97b] ab und weisen eine Vielzahl von Defiziten auf (vgl. [Schu97e]) – insbesondere leisten sie keinerlei Architekturentwurf. Eine Vielzahl weiterer Verweise auf andere Projekte findet sich an den jeweils relevanten Stellen. Eine kompakte und aktuelle Zusammenstellung über den Stand der Forschung vermittelt außerdem [Jabl97a].

2 Unterstützung kooperativer Arbeitsabläufe durch Workflow-Management-Anwendungen

Dieses Kapitel gibt eine systematische Einführung in die Nutzung von WFMS. Es wird zunächst die Ausgangslage in Organisationen beschrieben, die diese Systeme zur Unterstützung kooperativer Arbeitsabläufe einsetzen können. Anschließend wird darauf eingegangen, welche sonstigen Software-Werkzeuge für diesen Zweck in Frage kommen und wie diese im Verhältnis zur Workflow-Management-Technologie stehen. Im weiteren Verlauf wird immer wieder auf dieses Kapitel verwiesen, wenn es darum geht, die Notwendigkeit von Funktionen durch anwendungsspezifische Anforderungen zu untermauern. Der mit WFMS bereits vertraute Leser kann das Kapitel allerdings ohne wesentlichen Verlust überspringen.

2.1 Ist-Zustand betrieblicher Anwendungssysteme

Der niedrige Preis von Arbeitsplatzrechnern (PCs) hat dazu geführt, daß diese heute in allen Branchen und organisatorischen Ebenen zur Unterstützung der Büroarbeit eingesetzt werden. Parallel dazu existieren, besonders in größeren Betrieben, vielfach funktionstüchtige Anwendungssysteme auf anderen Rechnerplattformen – oft auf Großrechner-Systemen. Für die erfolgreiche Abwicklung der Geschäftsprozesse möchten die Anwender weder auf die Flexibilität ihrer PCs verzichten, noch kommt eine Ablösung der bewährten Alt-Anwendungen in Frage.

Computergestützte Büroarbeit weist in der Praxis eine Vielzahl von Defiziten auf. Nachfolgende Schilderung zeigt, welche Probleme und Hemmnisse sich aus einem Umfeld ergeben, das durch Fragmentierung, d.h. heterogene Rechner- und Software-Plattformen, und einen – leider nicht selten – unkoordinierten Einsatz von PCs geprägt ist. Die Dualität mit der Schilderung der Ziele, die beim Einsatz von WFMS verfolgt werden (Unterabschn. 2.4.2), ist beabsichtigt.

Unternehmen investieren große Summen, um einzelne Arbeitsplätze gemäß einer funktionalen Spezialisierung optimal auszustatten. Auf die organisatorische Einbettung und auf Schnittstellen zu anderen Arbeitsplätzen wird jedoch oft viel zu wenig geachtet. Empirische Untersuchungen zu diesem Thema sind ernüchternd, denn sie zeigen, daß Investitionen in Informationstechnologie keineswegs immer zu Produktivitätssteigerungen führen [Pill97]. Gründe dafür sind:

- **Mangelhafte Integration in Geschäftsprozesse**: Unabhängig davon, mit welcher Virtuosität ein Mitarbeiter mit „seinem" PC umzugehen weiß, arbeitet er doch in der Regel allein. Gerade dieser Autonomieaspekt hat schließlich zu jener massenhaften Verbreitung von PCs geführt, wie sie heute vorzufinden ist. Der Rechner wird lediglich als Hilfsmittel zur Optimierung der eigenen Tätigkeit verstanden – ob sich durch den Rechnereinsatz Konsequenzen auf die bisherige Handhabung von Abläufen ergeben könnten, wird nicht hinterfragt. Einzelpersonen fehlt oft der notwendige Einblick in den gesamten Arbeitsablauf.

- **Zeit- und Qualitätsverluste durch Medienbrüche**: Nicht immer liegen Dokumente in einer Form vor, die von den beteiligten Anwendungsprogrammen weiterverarbeitet werden kann. So müssen handschriftliche Dokumente z.B. gescannt werden, und selbst elektronische Dokumente liegen oft in Dateiformaten vor, die nicht an jedem Arbeitsplatz verwendet werden können. Im Idealfall ist zwar eine Konvertierungen in ein Format möglich, für das Werkzeuge zu einer Weiterverarbeitung existieren, oft ist dies jedoch mit Qualitätsverlusten verbunden. Eine für Anwender besonders ärgerliche Art von Medienbruch liegt vor, wenn Daten in unterschiedlichen Rechnersystemen vorliegen, zwischen denen kein Datenaustausch möglich ist. In fast allen Fällen führen Medienbrüche zu Mehrfacherfassungen (s. [Fers96, S. 58]) und zu Inkonsistenzen.

- **Verlust zentraler Kontroll- und Steuermöglichkeiten und fehlende Transparenz**: Die Autonomie heutiger Arbeitsplatzrechner hat nicht nur Vorteile mit sich gebracht. Gestiegenes Selbstbewußtsein und hohe Ansprüche der Anwender haben eine Situation herbeigeführt, die IT- und Organisationsabteilungen vor große Schwierigkeiten bei der Verwaltung dieser Arbeitsplatzrechner stellt. Nicht selten wird dem Mitarbeiter vor Ort die Entscheidung überlassen, welche Software-Pakete er beschaffen und einsetzen möchte. Fast immer entscheidet er selbst über die Vergabe von Dateinamen und die Organisation von Verzeichnisstrukturen. Selbst in vernetzten Umgebungen fehlen eine globale Registratur von Dokumenten und einheitliche Richtlinien, wie bestimmte Dinge zu handhaben sind. Diese „Selbstbestimmung" der Anwender führt zu einem massiven Verlust an Transparenz, da es von außen fast unmöglich wird, einen Überblick über die Arbeit (und Arbeitsweise) von Mitarbeitern zu erhalten.

- **Geringer Automatisierungsgrad**: Grafische Benutzerschnittstellen sind von einem aktiven Benutzermodell geprägt, d.h. die Initiative für die Ausführung einzelner Programmfunktionen geht stets vom Anwender aus. Mechanismen für die Automatisierung wiederkehrender Abläufe sind im Gegensatz zu „altmodischen", kommandozeilen-orientierten Benutzerschnittstellen eher schwach ausgeprägt, was die Anwenderproduktivität zum Teil stark beeinträchtigt. Erst bei neueren Programmen gibt es für bestimmte Aufgaben sog. *Assistenten*, die Anwender durch die erforderlichen Teilschritte führen.

- **Suboptimale DV-Unterstützung**: In vielen Organisationen hätten die Mitarbeiter durchaus eine Vorstellung davon, wie ihre tägliche Routinearbeit durch ein ideales System vereinfacht oder optimiert werden könnte. Der hohe Aufwand und die Kosten für die Entwicklung neuer Anwendungssysteme verbieten es jedoch, diese Wünsche umzusetzen. Organisations- und IT-Abteilungen haben fast immer einen „Anwendungsstau" und ganze Kataloge nicht realisierter Anwendungen. Mitarbeiter akzeptieren dies als Sachzwang und leben oft jahrelang mit umständlichen und fehleranfälligen Kompromißlösungen.

- **Mehraufwand durch fehlende Koordination**: Unwissen um den Bearbeitungsstand anderer Vorgänge verursacht unnötigen Mehraufwand, manchmal sogar sinnlose Doppelarbeit. Aktivitäten werden nicht aufeinander abgestimmt,

vorhandene Ergebnisse und notwendige Informationen nicht oder nur unzurei-
chend weitergegeben, Arbeiten werden von unterschiedlichen Personen mehrfach erledigt – nicht selten mit unterschiedlichem Ergebnis. Nach [Nipp95a]
entfallen 25% des heutigen Personalaufwands auf die Koordination unterschiedlicher Abteilungsinteressen und Arbeitsergebnisse.

Für viele dieser Schwierigkeiten versprechen die Hersteller von WFMS Abhilfe,
doch für sich allein genommen sind WFMS nur technische Hilfsmittel. Um durch
ihren Einsatz optimalen Nutzen zu erreichen, muß zunächst eine ausführliche
Analyse der bisherigen Handhabung vorausgehen. Eine eng verzahnte Integrati-
onslösung mit der vorhandenen EDV-Infrastruktur auf Grundlage eines WFMS
besitzt dann größte Aussichten auf Erfolg, wenn die zu unterstützenden Geschäftsprozesse nach dem Prinzip der Prozeßorientierung neu gestaltet wurden.

2.2 Prozeßorientierte Sichtweise auf betriebliche Abläufe

Analyse, Dokumentation und Modellierung betrieblicher Abläufe werden nicht
erst seit dem Aufkommen von WFMS betrieben, sondern stehen unabhängig davon im Mittelpunkt betriebswirtschaftlicher Betrachtungen. Auf der Suche nach
personellem Einsparpotential und nach Möglichkeiten zur Straffung von Verwal-
tungsverfahren unterziehen Organisationen ihre internen Strukturen einer eingeh-
enden Untersuchung. Mit dem Ziel der Optimierung und der Senkung der Ge-
meinkosten sollen dabei Unzulänglichkeiten und Ineffizienzen bestehender Strukturen und Arbeitsabläufe aufgedeckt werden. Davon sind überwiegend die administrativen Unternehmensbereiche betroffen, da besonders dort überflüssige Formu-
lar- und Verfahrensvielfalt, Intransparenz der Arbeitsabläufe und unklare Zuständigkeiten vermutet werden. Untersuchungen administrativer Abläufe zeigen, daß
von der Gesamtdurchlaufzeit 80-90% auf Wartezeit und nur 10-20% auf die effektive Bearbeitungszeit entfallen [Nipp95a].
    Ursache vieler Probleme ist nach [Nipp95b, S. 43] die jahrelange *funktionale
Ausrichtung* einzelner Unternehmensteile. Diese konzentrieren sich auf die Optimierung *vertikaler* Organisations- und Kommunikationsstrukturen, also auf die
Erfüllung einer einzigen Funktion (z.B. Buchhaltung, Entwicklung, Marketing).
Statt diese Strukturen dem Lebenszyklus der Produkte oder der bestmöglichen
Durchführung einer Dienstleistung anzupassen, ist gerade in Großbetrieben eine
isolierte Betrachtungsweise dieser funktional hochspezialisierten Bereiche vorzufinden. Auch wenn sich dadurch aus lokaler Sicht eine Verbesserung der Effizienz
ergeben mag, ist für das gesamte Unternehmen oft sogar eine kontraproduktive
Entwicklung zu beobachten [Nipp95b, S. 44]. Sobald mehrere derart organisierte
Abteilungen kooperieren müssen, hat dies oft die Konsequenz von Medienbrüchen
und Doppelarbeiten. Selbst örtlich benachbarte Abteilungen verwenden unterschiedliche Anwendungsprogramme und definieren inkompatible Dateistrukturen
und Datenbankschemata.
    Die beschriebene Fokussierung der Unternehmensteile auf Spezialaufgaben lei-
tet sich ab aus der klassischen Trennung zwischen der *Aufbau-* und *Ablauf*organi-

sation eines Unternehmens (s. [Kosi62] oder [Lehn91, S. 138]) und der damit verbundenen Idealvorstellung, daß beides unabhängig voneinander betrachtet werden könnte. Man geht davon aus, daß durch die Aufbauorganisation die Weisungs- und Informationsbeziehungen zwischen Organisationseinheiten festgelegt werden und sich „der Ablauf [daraus] sozusagen automatisch ergibt." [Pico95, S. 17]. Diese Trennung und die resultierende Vernachlässigung des Arbeitsablaufs haben sich sowohl in der Theorie als auch in der Praxis vor allem in der Organisationslehre des deutschen Sprachraums durchgesetzt [Pico95, S. 16].

Die „Rückbesinnung auf die Betrachtung der Abläufe", was auch als *prozeß-orientierte* Sichtweise [Nipp95a, S. 156] bezeichnet wird, hat ihren Ursprung vor allem in den Ideen des *Business Process Reengineering, BPR* [Hamm94, Nipp-95a]. Dort wird davon ausgegangen, daß für jede Organisation nur einige wesentliche (Kern-)Geschäftsprozesse existieren. Diese gilt es zu identifizieren und zu dokumentieren, damit sie anschließend durch ein geeignetes Konzept bestmöglich umgesetzt werden können. Die Geschäftsprozesse eines Unternehmens werden nicht nur in der Vordergrund aller Betrachtungen gestellt, sondern sie werden zum Maß aller Dinge. Mit dem Ziel, durch das BPR nicht nur eine graduelle Verbesserung, sondern einen „Quantensprung" [Nipp95c, S. 70] zu erreichen, wird eine radikale Umgestaltung existierender Strukturen gefordert. Bei dieser idealisierten Neugestaltung der Geschäftsprozesse am grünen Tisch stehen existierende Zuständigkeiten und etablierte Abläufe vollständig zur Disposition.

Maßnahmen des BPR und der Einsatz von WFMS werden immer wieder in Zusammenhang gebracht (s. z.B. [Agos93, Kric95]). Daher werden einige typische Resultate des BPR beschrieben, die bei der Umsetzung mit Hilfe eines WFMS relevant sind. Weitere Ausführungen hierzu finden sich z.B. in [Gerp95, S. 156]:

- **Aufgabenkonsolidierung**: Die Abgrenzung und Zuordnung der einzelnen, als notwendig erkannten Arbeitsschritte steht hier im Vordergrund. Man strebt an, möglichst viele Schritte eines Arbeitsablaufs hintereinander der selben Person oder organisatorischen Einheit zuzuordnen. Dies führt zu einer Verringerung des Abstimmungsaufwands, da die Übernahme- und Einarbeitungszeit („geistige Rüstzeit") entfällt, und zu einer erhöhten Qualität. Letzteres ist vor allem durch den Wegfall des „Abschiebeeffekts" zu erklären. Dieser tritt auf, wenn es Überschneidungen der Zuständigkeiten und unklare Aufgabenbeschreibungen zulassen, daß sich ein Sachbearbeiter einer unangenehmen oder unvollständig bearbeiteten Aufgabe durch Weiterleitung entledigt.

- **Aufgabenwegfall**: Die Analyse der aktuellen Handhabung von Geschäftsprozessen führt manchmal zu Ergebnissen, die selbst für die beteiligten Personen überraschend sind. Nicht selten werden tagtäglich Tätigkeiten verrichtet, die zum Erfolg eines Ablaufs nicht beitragen und diesen unnötigerweise komplizieren. Im Rahmen des BPR wird daher genau geprüft, ob die Voraussetzungen, die zur Einführung dieses Arbeitsschrittes führten, überhaupt noch gegeben sind. Ist dies nicht der Fall oder handelt es sich um Aufgaben mit geringer Wertschöpfung, können diese entfallen. Dies führt zum Abbau von Komplexität und zu Zeitersparnis.

  Besonders häufig lassen als Folge einer Aufgabenkonsolidierung überflüssige Prüftätigkeiten eliminieren. Diese sind in der Regel vorgesehen, wenn bei einer Abfolge von Tätigkeiten erst die Ergebnisse der vorgelagerten Abteilung kontrolliert werden, bevor eigene wertschöpfende Aktivitäten gestartet werden.

- **Hierarchieabbau und Dezentralisierung**: Eine weitere Möglichkeit zur Eliminierung von Arbeitsschritten ist der Ansatz, so viele Routineentscheidungen wie möglich auf niedrigere Hierarchieebenen einer Organisation zu verlagern. Dies birgt zwar ein gewisses Risiko, denn mit dem Abbau organisatorischer Kontrollstrukturen ist die Notwendigkeit verbunden, Mitarbeitern höhere Entscheidungsbefugnis zuzugestehen. Andererseits führt die gesteigerte Verantwortung („Empowerment") nach [Gerp95, S. 156] zu einer Stärkung der Motivation sowie zu einer besseren Nutzung des Know-hows der Mitarbeiter. Ein weiteres Argument, das für die Reduktion hierarchischer Entscheidungswege spricht, ist die Aussicht, dadurch eine höhere Autonomie und Selbstorganisation untergeordneter Abteilungen zu erreichen. Beides sind wesentliche Voraussetzungen für die vielfach erwünschte Dezentralisierung der Organisation.

- **Parallelisierung von Arbeitsschritten**: Funktionale Ausrichtung der Unternehmensteile ist vor allem dafür geeignet, einzelne Tätigkeiten innerhalb eines Vorgangs streng sequentiell auszuführen. Hierfür lassen sich zwei Ursachen festhalten: Zum einen erleichtert eine sequentielle Bearbeitung die Koordination und Kontrolle von arbeitsteiligen Vorgängen, denn zu einem Zeitpunkt gibt es stets nur eine verantwortliche Organisationseinheit. Zum anderen ist die Bearbeitung von Bürovorgängen – historisch bedingt – an die physische Weitergabe von Unterlagen geknüpft, die zusammen meist als „Akte" bezeichnet werden. Der Aufwand, Dokumente einer Akte zum Zwecke der parallelen Bearbeitung aufzuteilen bzw. hinterher wieder zusammenzufügen, war oft höher als das erzielbare Einsparpotential. Durch die Nutzung elektronischer Medien entfällt diese Einschränkung heute vielfach, wodurch die grundsätzliche Parallelisierbarkeit vieler Arbeitsschritte erheblich vereinfacht wird. Dies eröffnet neue Ansatzpunkte, die Bearbeitungszeit von Vorgängen zu verkürzen.

- **Stärkere Nutzung von Informationstechnologie**: Das Potential heutiger Technologien wird in vielen Unternehmen nicht ausreichend umgesetzt. Die globale Verfügbarkeit aktueller Daten mit Hilfe des Internet, neue Möglichkeiten zur Verteilung von Dokumenten, der Einsatz von EDIFACT [Beys94] oder die Kommunikation über E-Mail sind einige der Mittel, die Unternehmen zur Umsetzung ihrer Geschäftsprozesse zur Verfügung stehen. In [Hamm94] sowie in [Nipp95a] wird mehrfach darauf hingewiesen, daß die frühzeitige Einbeziehung der Informationstechnologie eine der wesentlichen Voraussetzungen für eine massive Verbesserung und Vereinfachung vieler Geschäftsprozesse darstellt. Ein Beispiel hierfür ist die Abschaffung überflüssiger „Sekundärobjekte" (s. [Rose96a, S. 197]) wie etwa Belegkopien oder anderer redundanter Belege.

- **Outsourcing und strategische Partnerschaften**: Bei diesem Bereich des BPR wird geprüft, ob tatsächlich alle Aufgaben und Leistungen von betriebseigenen Organisationseinheiten erbracht werden müssen. Mit dem Vorsatz, sich ausschließlich auf die eigenen Kernkompetenzen zu konzentrieren [Scho95], werden andere Aufgaben weitestgehend auf externe, darauf spezialisierte und daher effizientere Unternehmen verlagert. Neben einem Gewinn an Flexibilität verspricht man sich hiervon vor allem einen Abbau von Fixkosten, da weder Personal noch Ressourcen selbst vorgehalten werden müssen. In vielen Fällen kann Fachwissen bei externen Dienstleistungsunternehmen sogar billiger eingekauft werden. Die Bandbreite von Outsourcing ist äußerst groß und hat sich besonders in der Produktions- und Zulieferindustrie verbreitet. Elementare betriebliche Dienstleistungen bieten vor allem in administrativen Unternehmensbereichen reichliches Anwendungspotential. Innovative Unternehmen bieten heute z.B. die Dienstleistung an, Abrechnungen für Dienstreisen extern durchzuführen. Werden Aufgaben derart ausgelagert, ist eine enge Anbindung an die betriebsinternen IT-Systeme besonders wichtig. So ist z.B. die Anforderung sehr wahrscheinlich, die Abwicklung einer Reisekostenabrechnung als Bestandteil in andere innerbetrieblichen Arbeitsabläufe zu integrieren.

Die genannten Punkte lassen vermuten, daß WFMS ein ideales Mittel zur Umsetzung von BPR-Maßnahmen sind. Diese Vermutung ist durchaus richtig, denn mit Hilfe von WFMS lassen sich sehr schnell Anwendungen entwickeln, die eine bessere Unterstützung der betrieblichen Arbeitsabläufe versprechen als viele traditionelle Entwicklungsmethoden. Sie darf aber nicht zu dem üblichen Mißverständnis führen, daß alleine die Einführung eines WFMS schon zu einer Optimierung der betrieblichen Abläufe führt. Die Kombination aus BPR und WFMS ist nur erfolgreich, wenn Geschäftsprozeß-Modellierung und BPR-Methoden weit vor der Einführung des WFMS angewandt werden. Darauf aufbauend kann mit einem WFMS eine Umsetzung erfolgen. Langfristig können WFMS ihre Stärken besonders bei systematischer und kontinuierlicher Optimierung bereits etablierter Geschäftsprozesse entfalten, was als *Business Process Streamlining* [Nipp95a]) oder *Continous Process Improvement* [Sche98] bezeichnet wird. Auch hier sind die Ziele eine gute Anpassung an die Kundenbedürfnisse, das Erreichen höherer Effektivität sowie die Erhöhung der Qualität.

2.3 Software-Unterstützung kooperativer Arbeitsabläufe

Das Spektrum an Software-Werkzeugen zur Unterstützung von Büroarbeit ist weit gefächert. Im Kontext dieses Buchs werden nur jene Werkzeuge betrachtet, die der Umsetzung kooperativer, also arbeitsteiliger Arbeitsabläufe dienen, bzw. bei denen die Zusammenarbeit mehrerer Personen im Vordergrund steht. Derartige Anwendungen zur rechnergestützten Gruppenarbeit [Borg95] werden als CSCW-Systeme (*Computer Supported Cooperative Work*) bezeichnet.

Dieser Abschnitt gibt einen Überblick über CSCW-Systeme und nimmt eine Einordnung von WFMS vor. Als Ausgangspunkt werden zunächst die unterschiedlichen Arten von Bürovorgängen herausgearbeitet. Eine derartige Klassifikation ist nützlich, um daran anschließend den Grad der unterschiedlichen Eignung verschiedener Software- und Systemtypen aufzuzeigen.

2.3.1 Klassifikation von Arbeitsabläufen in Büroumgebungen

Arbeitsabläufe in Büroumgebungen lassen sich anhand vieler Kriterien klassifizieren (s. hierzu z.B. [Gapp92, Kuen95] und [Nipp95b, S. 54]). Als Klassifikationskriterien kommen in Frage die Komplexität der Aufgaben, die inhaltliche Orientierung oder die Art der zu leistenden Arbeit. Weitere Kriterien sind die Häufigkeit des Auftretens sowie der Grad der Strukturierung. Drei dieser Kriterien werden in Tab. 2-1 herangezogen, um zu erklären, welche Typen von Arbeitsabläufen für eine Implementierung durch eine WFMA geeignet sind.

		Einzelfall	Projektfall	Regelfall	Routinefall
unstrukturiert	zyklisch	-	Saisonabhängiges Marketingkonzept	Unternehmens-Analyse	-
unstrukturiert	spontan	Einführung neuer Methoden und neuer Dienstleistungen	Angebotserstellung im Anlagenbau	-	Erstellung von Gutachten
teilstrukturiert	zyklisch	-	Qualitätsaudit	Jahresforschungsbericht, Budgetplan	Quartalsmäßige Umsatzprognose
teilstrukturiert	spontan	Beantragung von Fördergeldern, Förmliches Konkursverfahren	Schwachstellen-Analyse	Angebotserstellung mit Standard-Komponenten	Abwicklung von Aufträgen, Reklamationen, Beschaffungsanträgen
stark strukturiert	zyklisch	-	-	Jährliche Überschußrechnung	Verbrauchs- oder Gebührenabrechnung
stark strukturiert	spontan	Erstellung einer Konkursbilanz	Steuerrevision	Einstellung eines neuen Mitarbeiters	Abwicklung von Buchungen und Anträgen

Tab. 2-1: Arbeitsabläufe in Büroumgebungen (in Anlehnung an [Koch96, S. 110])

Der Grad der Eignung ist in der Tabelle durch unterschiedliche Graustufen markiert – je dunkler die Färbung, desto besser läßt sich ein Arbeitsablauf dieses Typs mit einem WFMS umsetzen. Die Tabelle zeigt Beispiele für typische kooperative Büroabläufe. Diese weisen in den Spalten nach rechts eine zunehmende Ausführungshäufigkeit auf. In vertikaler Richtung ist der Strukturierungsgrad der Abläufe aufgetragen. Hier nimmt die Strukturiertheit, also die Eigenschaft eines Ablaufs, in klar abgrenzbare Teilschritte gegliedert zu sein, nach unten zu. Diese Eigenschaft korreliert meist positiv mit dem Grad der Arbeitsteilung eines Ablaufs.

 WFMA sind primär für diejenigen Arbeitsabläufe geeignet, bei denen ein hohes Maß an interner Struktur vorliegt und die häufig vorkommen.

- **Einzelfälle** sind Arbeitsabläufe, die selten – oft nur ein einziges Mal – auftreten. Wegen der geringen Häufigkeit ist es selten lohnend, deren Durchführung und die Aufteilung von Arbeitseinheiten auf unterschiedliche Mitarbeiter vorab zu planen und explizit festzulegen. Es ist kostengünstiger, über die Durchführung operativ zu entscheiden. Ausnahmen bilden solche Einzelfälle, bei denen

Freiheitsgrade etwa durch gesetzliche Vorgaben eingeschränkt sind und bestimmte Vorgaben eingehalten werden müssen.

- Bei **Projektfällen** arbeiten kooperierende Teilnehmer an einer gemeinsamen Aufgabe, und es bieten sich immer noch viele Gestaltungsmöglichkeiten. Projektfälle haben meist einen klaren Zeitrahmen bis zu ihrer Fertigstellung, weswegen eine Vorplanung und Koordination – zumindest was die Ressourcennutzung angeht – notwendig wird. Qualifikation und Zuständigkeiten der Mitarbeiter sind bekannt, die Aufgabenverteilung wird aber projektbezogen, d.h., von Fall zu Fall unterschiedlich, gehandhabt.

Einzel- und Projektfälle werden in großen Organisationen zumeist von Fach- und Stabsabteilungen mit spezialisiertem Personal ausgeführt, während die Massenbearbeitung von Regel- und Routinefällen auf die administrativen Unternehmensbereiche entfällt.

- **Regelfälle** können sich aus der Wiederholung von Projektfällen entwickeln, wenn sich eine Vorgehensweise oder ein Ablauf als zweckmäßig erwiesen hat. Es entfällt daher die Notwendigkeit, jedesmal erneut zu entscheiden, wie ein Ablauf zu handhaben ist – man orientiert sich am vorgegebenen Muster. Auf der Grundlage einer Aufgabenanalyse und einer Vorstrukturierung werden Regeln festgelegt, die bei der Ausführung zu beachten sind; es besteht jedoch immer noch ein gewisser Freiheitsgrad bei der Bearbeitung.
- Zu **Routinefällen** werden schließlich Abläufe, die eine sehr hohe Stabilität haben und mit sehr hoher Häufigkeit abgearbeitet werden müssen. Es existiert eine vorhersehbare, eindeutige Aufgabenteilung zwischen gleichbleibenden Kooperationspartnern, von der nicht abgewichen wird. Der Freiheitsgrad bei der Bearbeitung ist hier minimal.

Ob der Anstoß für die Ausführung zyklisch oder spontan – also als Reaktion auf ein externes Ereignis, z.B. einen Telefonanruf – angestoßen wird, ist unabhängig von der Ausführungshäufigkeit. Im Fall zyklisch wiederkehrender Aufgaben besteht jedoch die Möglichkeit, die Ausführungsinitiative einer WFMA zu überlassen. Dies ist vor allem dann von Nutzen, wenn die regelmäßige Ausführung in sehr langen Intervallen gewünscht wird. In [Hale91, S. 44] wird ein Beispiel aus dem Gesundheitswesen beschrieben, wo eine jährlich wiederkehrende Vorladung von Risikopatienten zu einer Untersuchung notwendig ist.

Bei wenig strukturierten Aufgaben kann ein WFMS keine Steuerungsfunktion wahrnehmen, sein Einsatz ist aber dennoch ein Gewinn. Dieser ergibt sich alleine aus der Protokollierung der Geschehnisse und der Fähigkeit, zu jedem Zeitpunkt den aktuellen Status der Bearbeitung feststellen zu können. Ob die aufwendige Erstellung eines Workflow-Schemas gerechtfertigt ist, kann nur im Einzelfall entschieden werden. Eigenschaften geeigneter Arbeitsabläufe sind in Unterabschnitt 2.4.1 zusammengestellt.

2.3.2 Computer Supported Cooperative Work

Prägendes Charakteristikum von CSCW-Anwendungen ist es, daß mehrere Personen gemeinsam an einer Aufgabe arbeiten und dieser Umstand jedem Beteiligten bekannt ist („group awareness"). Daher steht häufig die direkte Kommunikation der beteiligten Personen im Vordergrund der CSCW-Anwendung. Zur Behandlung von Abhängigkeiten zwischen einzelnen Arbeitsschritten müssen außerdem Funktionen zur Koordination (bzw. Synchronisation) zur Verfügung stehen. CSCW-Systeme sind sehr generisch und keineswegs auf die Verwendung in Büroumgebungen beschränkt. Sie entfalten ihre Fähigkeiten ebenso bei Entwurfsanwendungen, bei medizinischen Anwendungen, bei Ausbildungs- und Schulungssystemen sowie bei der Software-Entwicklung. Ausführliche Arbeiten zu den verschiedenen Anwendungsgebieten finden sich in [Borg95, S. 94 f.] und [Schi95, S. 15 f.].

Es existiert eine Vielzahl von Systematisierungsansätzen, die eine Einordnung von CSCW-Anwendungen ermöglichen. Die klassische Grobeinteilung von Systemen [Elli91, S. 41] oder [Rein93, S. 41] unterscheidet nach Raum und Zeit der Beteiligung an einer kooperativen Arbeitssituation. Bei der nachfolgenden, etwas differenzierteren Darstellung nach [Borg95, S. 107], wird in beiden Kategorien zusätzlich der Aspekt der Vorhersehbarkeit berücksichtigt. Diese verfeinerte Betrachtung ist gerade bei WFMS relevant, fallen doch diese in die besondere Kategorie derjenigen CSCW-Systeme, bei denen weder Ort noch Zeitpunkt der Teilnahme vorher bekannt sein müssen.

Raum/Zeit	gleiche Zeit (synchrone Kooperation)	verschiedene Zeit (asynchrone Kooperation)	
		vorhersehbar	nicht vorhersehbar
gleicher Ort	Face-to-Face-Sitzung	Schichtarbeit	„Schwarzes Brett" (Bulletin-Board)
verschiedener Ort vorhersehbar	Video-Konferenz	E-Mail	Kollaboratives Verfassen von Dokumenten
verschiedener Ort nicht vorhersehbar	Mobilfunk-Konferenz	Nicht-Realzeit-Rechnerkonferenz	Workflow-Management

Tab. 2-2:   Erweiterte Klassifikation von CSCW-Systemen nach [Borg95]

Eine weitere Klassifikation, bei der eine Vielzahl unterschiedlicher Aspekte miteinander kombiniert wird, findet sich in [Schi95, S. 51 f.]. Ziel des dortigen Klassifikationsansatzes ist es allerdings nicht, eine minimale Menge generischer Unterscheidungsmerkmale zu finden, sondern vielmehr, eine vollständige Liste mit sinnvollen Kriterien bereitzustellen.

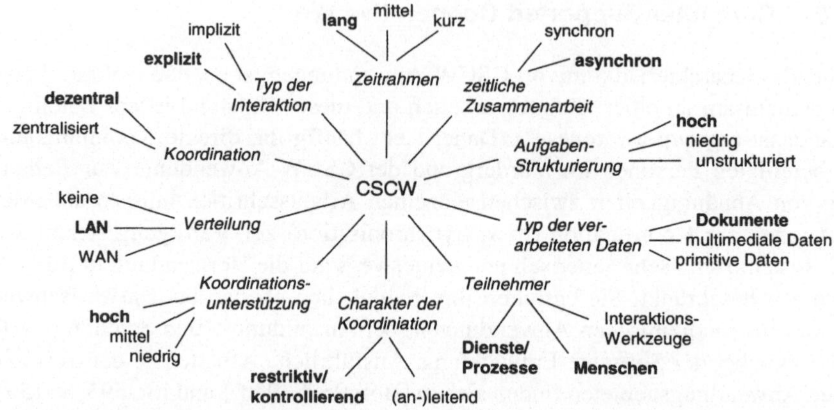

Abb. 2-1:　Klassifikationsschema für CSCW-Systeme (in Anlehnung an [Schi95])

Die Darstellung zeigt Merkmale von CSCW-Systemen und deren mögliche Ausprägungen. Mit Fettdruck hervorgehoben sind hier die für WFMS zutreffenden Charakteristika: So ist etwa deren Koordinationsunterstützung als hoch einzustufen, da sie in der Regel die vollständige Kontrolle und Steuerung der einzelnen Teilaufgaben innerhalb der realisierten Abläufe übernehmen. Dies schränkt die Handlungsspielräume der beteiligten Personen bewußt ein, denn Ziel ist schließlich die effiziente und daher möglichst uniforme Abwicklung großer Mengen gleich gearteter Workflows. Der Charakter der Koordination muß daher als restriktiv eingestuft werden. Diese Einschätzung steht im Widerspruch zu [Schi95, S. 53], wo WFMS ein „anleitender" Charakter zugesprochen wird. Dies wäre zwar wünschenswert [Weiß94], ist bei heutigen Systemen aber noch nicht erreicht. Teilnehmer an Büroabläufen, die mit Hilfe eines WFMS implementiert werden, sind überwiegend Menschen. Manche Teilaufgaben, beispielsweise das Drucken oder Kuvertieren von Dokumenten, können jedoch auch durch automatische Dienste realisiert werden. Kooperative Arbeitsabläufe verfügen im Idealfall über einen hohen Strukturierungsgrad, d.h., sie bestehen aus klar voneinander abgegrenzten Teilaufgaben. Wird eine Teilaufgabe fertiggestellt, überträgt das System die Bearbeitung automatisch an den nachfolgenden Bearbeiter. Dieser erhält nunmehr eine explizite Aufforderung, seiner Aufgabe nachzukommen.

Ein weiteres Unterscheidungsmerkmal, das insbesondere der näheren Charakterisierung von WFMS dienlich wäre, wird in den gängigen Klassifikationsansätzen nicht berücksichtigt. Es handelt sich um die Fähigkeit des betrachteten Systems, zeitgleich mehr als ein Kooperationsprojekt zu verwalten. So sind viele Konferenz- und Entwurfssysteme nicht in der Lage, zu einem Zeitpunkt unterschiedlichen Teilnehmergruppen die Arbeit an verschiedenen Projekten zu ermöglichen (s. [Elli94, S. 83]). Eine derartige Einschränkung ist für WFMS nicht tolerierbar.

2.3.3   Groupware und Groupware-Plattformen

Nach [Teuf96, S. 40] wird jegliche Art von „Software, welche im Rahmen von CSCW eingesetzt [wird]", als *Groupware* bezeichnet. Dies deckt sich in etwa mit der Begriffsdefinition aus [Elli91, S. 39], wo Groupware ebenfalls als Oberbegriff für beliebige CSCW-System-Implementierungen verwendet wird. Demnach sind alle folgenden Anwendungstypen als Groupware einzustufen:

- Rechnersysteme werden bei **Konferenz-Systemen** als Plattform zur Durchführung interaktiver und multimedial unterstützter Konferenzen genutzt. Konferenz-Systeme dienen vor allem in Telekooperationsprojekten der Kommunikation zwischen den beteiligten Personen einer Arbeitsgruppe.
- **Nachrichtensysteme**: Auch der asynchrone Austausch von (Text-)Nachrichten zwischen Mitarbeitern einer Arbeitsgruppe per E-Mail dient der Kommunikation. Die Koordination, Strukturierung und Aufgabenverteilung der Arbeitsinhalte muß durch die Teilnehmer selbst geleistet werden. In [Scha97a, S. 377] wird E-Mail wegen seiner Flexibilität als „populärstes CSCW-System" bezeichnet.
- Das Publizieren von Information bzw. der Zugriff auf einen „gemeinsamen Informationsraum" [Teuf96] steht im Mittelpunkt von **Bulletin-Board-Systemen**. Systeme wie z.B. USENET NEWS realisieren im Grunde eine implizite asynchrone Kommunikation zwischen einer großen Menge von Teilnehmern.
- Um schnellere und fundiertere Entscheidungen innerhalb einer Gruppe fällen zu können, sind die **Entscheidungs-Unterstützungs-Systeme** nützlich. Sie bieten Funktionen zur Strukturierung und Analyse der gegebenen Problemstellung und unterstützen den eigentlichen Abstimmungs- bzw. Entscheidungsprozeß.
- Mit **Mehrbenutzer-Editoren** können Dokumente gleichzeitig von mehreren Autoren bearbeitet werden. Da für eine derartige kooperative Bearbeitung eine vorherige Abstimmung oder Diskussionen notwendig sind, werden Mehrbenutzer-Editoren oft in Zusammenhang mit Konferenzsystemen angeboten.
- **Gruppenterminkalender**: Die Abstimmung von Terminen zwischen mehreren Personen ist ein häufig vorkommender und in der Regel sehr zeitraubender Vorgang. In bis zu 80% aller Fälle [Mosi97, S. 53] sind bis zur endgültigen Terminbestätigung mehrfache Rückfragen und aufwendige Koordinationstätigkeiten notwendig. Gruppenterminkalender erleichtern speziell diese Art der Terminkoordination. Hierfür stehen Funktionen zur Terminplanung und zur Auflösung von Terminkonflikten zur Verfügung.

Nach der oben eingeführten Definition fallen WFMS in den Bereich der Groupware. Im praktischen Sprachgebrauch ist der Begriff Groupware jedoch mit einigen Charakteristika verbunden, die nur schwer damit vereinbar sind. Es ist daher sinnvoll, Groupware und WFMS nochmals voneinander abzugrenzen. Unter Groupware im engeren Sinne sind Systeme zu verstehen, deren Hauptzweck die Verwaltung und Verteilung von Informationen und Dokumenten ist. Groupware ist vor allem für Einsatzgebiete geeignet (s. [Karl95, S. 14]), wo eine dynamische, unstrukturierte Arbeitsweise vorliegt und eine eher kleine Anzahl von Teilnehmern in den Arbeitsprozeß einzubinden ist. Groupware bietet in der Regel keine oder nur schwach ausgeprägte Mechanismen zur Steuerung und Kontrolle der

Aufgabenbearbeitung; die Aktivität und die Initiative geht von den Bearbeitern aus. Ein Schemakonzept, mit dem sich beliebige Abläufe im voraus beschreiben lassen, wird generell nicht unterstützt (vgl. hierzu [Scha97a, S. 381]).

Unmittelbar mit dem Begriff Groupware verbunden ist das Produkt *Lotus Notes* (s. z.B. [Borg95, S. 159]). *Lotus Notes* versteht sich selbst als „Softwareplattform für den Aufbau LAN-basierter Groupware-Applikationen" [Lotu94] und enthält neben E-Mail-Funktionen ein Dokument-Repository, das für die Verteilung von Dokumenten im Sinne eines Bulletin-Board-Systems dient. Der Datenbestand kann selektiv auf unterschiedliche Rechnerknoten repliziert werden, was den Einsatz insbesondere für verteilte Organisationen sowie für die Integration mobiler Rechner interessant macht. Zur Entwicklung steht eine Programmier- bzw. Makrosprache zur Verfügung, womit sich umfangreiche und komplexe Anwendungssysteme realisieren lassen. In den letzten Jahren wurde auf der Basis dieser Entwicklungswerkzeuge eine Vielzahl von Erweiterungen, eigenständigen Produkten und vollständigen Branchenlösungen entwickelt [Lotu96]. Aus diesem Grund erscheint es angemessen, von einer *Groupware-Plattform* zu sprechen. *Lotus Notes* ist allerdings kein WFMS. Ähnliche Funktionen sind mit Hilfe der Programmierumgebung durchaus realisierbar (s. [Ehle94, Hilp94]), werden aber vom System nicht von Haus aus mitgebracht. In [Rigg96] wird zu Recht die Frage aufgeworfen, inwieweit diese Vorgehensweise nicht die ursprüngliche Idee von Groupware verwässert und gerade bei wenig strukturierter Teamarbeit eher hinderlich ist.

2.3.4   Office Automation und Workflow-Management-Systeme

Die Bezeichnung Workflow-Management-System wird oft für Software-Produkte verwendet, die diesen Namen nicht verdienen und bestenfalls dem allgemeinen Bereich der CSCW-Systeme zuzuordnen sind. Im Sinne einer weiteren Eingrenzung soll die Begriffsdefinition aus dem ersten Kapitel durch eine einschränkende Klassifikation (vgl. [Schu96e]) ergänzt werden. Es muß darauf hingewiesen werden, daß neben der nachfolgenden Klassifikation eine ganze Reihe weiterer existieren (s. z.B. [Erdl93, Abbo94, Weiß96]).

Was ihre Entwicklungsgeschichte angeht, können die meisten Software-Systeme für den Bürobereich (*Office Automation*) nach ihrer Tendenz beurteilt werden, entweder Dokumente oder Abläufe in den Vordergrund zu stellen. Wir unterscheiden daher zwischen *dokumentorientierten* und *ablauforientierten* Systemen. Dazwischen steht die Mischform der *integrierten Bürosysteme*.

Die erste Gruppe bilden die vielfältigen Ausprägungen von *Dokumenten-Management-Systemen (DMS)*. Dort existiert in einigen Spezialfällen eine Verwandtschaft mit WFMS, nämlich bei denjenigen DMS, die unter „Management von Dokumenten" den gesamten Lebenszyklus von Dokumenten verstehen und alle entsprechenden Arbeitsschritte unterstützen – von der Abwicklung der Texterstellung und -erfassung über das Ausdrucken und Kuvertieren bis hin zum Versand. Die Mehrzahl der DMS legt jedoch ihren Schwerpunkt auf die Archivierung von Dokumenten. Innerhalb dieses Systemtyps wiederum bilden die Imaging-Systeme die größte Gruppe – also Systeme, die sich auf die Verwaltung von Dateien mit gescannten Bildern konzentrieren. DMS lassen sich im Bürobereich gewinnbringend einsetzen, denn sie erleichtern und beschleunigen den Zugriff auf Dokumente, wodurch sich eine erhebliche Arbeitserleichterung und Zeitersparnis erreichen läßt. Zur Zusammenarbeit der Mitarbeiter trägt ein derartiges System allerdings bestenfalls dadurch bei, daß es ein Dokument mehreren Anwendern gleichzeitig zum Lesen zur Verfügung stellt. Darüber hinausgehende Funktionen zur kooperativen Aufgabenerledigung oder zur Ablaufsteuerung sind nicht vorhanden.

Die zweite Gruppe typischer Bürosoftware sind die *integrierten Bürosysteme*. Diese Systeme bestehen aus einer Kollektion (Suite) von Software-Paketen für unterschiedliche Aufgaben, etwa für Textverarbeitung, Tabellenkalkulation oder Grafikerstellung. Kooperationsaspekte werden zum Teil durch gemeinsam nutzbare Dokumentablagen, durch Gruppenterminkalender sowie durch E-Mail-Funktionen unterstützt. Zu dieser Gruppe gehören vor allem ältere, heterogene Einzelanwendungen, bei denen durch eine stärkere Integration und eine vereinheitlichte Benutzerschnittstelle die Handhabung nachträglich verbessert werden soll. Die versprochenen „Verbesserungen des Arbeitsablaufs" beziehen sich aber vor allem auf die Arbeit des einzelnen Anwenders. Dieses Ziel wird zum Teil auch erreicht, das Wissen um die Arbeitsabläufe und die Initiative bleiben allerdings stets beim Anwender und werden nicht vom System übernommen.

Die dritte Gruppe innerhalb der Software-Kategorie „Office Automation" bilden die *ablauforientierten* Systeme, die eine eindeutige Ausrichtung auf die Unterstützung gut strukturierter kooperativer Tätigkeiten haben und damit im weitesten Sinne als WFMS bezeichnet werden können. Eine Einteilung von WFMS in verschiedene Generationen wird anhand markanter Funktionen oder anhand ihrer Entwicklungsgeschichte in [Abbo94, Böhm95a, Schu96e] vorgenommen und daher an dieser Stelle nicht weiter vertieft. Für das weitere Verständnis ist die folgende grobe Einteilung der WFMS in drei Untertypen ausreichend:

- **Autonome WFMS** sind in sich geschlossene Produkte, die alle Komponenten enthalten, die für die Entwicklung von WFMA notwendig sind. Die Einbindung externer Applikationen zur Unterstützung von Einzelaufgaben ist zwar jederzeit möglich, wird aber nicht vorausgesetzt.
- **Flexible Entwicklungsumgebungen** setzen auf Groupware-Plattformen (s. Abschn. 2.3.3) auf und erweitern diese um vorher nicht vorhandene Funktionen zur Ablaufsteuerung. Um damit eine WFMA zu erstellen, ist jedoch erhebliche Zusatzarbeit und der Einsatz weiterer Programme notwendig.
- **Kontrollflußorientierte Systeme** konzentrieren sich auf die Funktion als Bindeglied zwischen anderweitig vorhandenen Applikationen. Sie kontrollieren deren Ausführung und sorgen für den Transport benötigter Daten, etwa von Dokumenten, die von mehreren Personen hintereinander zu bearbeiten sind.

Dieses Buch beschäftigt sich ausschließlich mit WFMS im Sinne von [Jabl97a], allerdings mit einer leicht veränderten Sichtweise, was die Rolle dieser Systeme angeht. WFMS sollen nicht nur als Werkzeug zur nachträglichen, prozeßorientierten Verknüpfung bestehender Anwendungssysteme, sondern als integraler Bestandteil zukünftiger Anwendungsentwicklung gesehen werden. In eine ähnliche Richtung gehen Ansätze, betriebswirtschaftliche Standardsoftware um *integrierte*

Workflow-Management-Komponenten anzureichern [Beck98], mit deren Hilfe individuelle Erweiterungen vorgenommen werden können.

2.4 Einsatz von Workflow-Management-Systemen

Dieser Abschnitt beschreibt das für den Einsatz von WFMS notwendige betriebliche Umfeld und soll dem Leser das Potential vor Augen führen, das in dieser Technologie steckt. Hierfür wird zunächst dargestellt, welche Typen von Organisationen und Arbeitsabläufen besonders gut geeignet sind.

2.4.1   Eigenschaften geeigneter Organisationen und Büroabläufe

Vorhandene Unzulänglichkeiten bei heutigen Anwendungssystemen (vgl. Abschn. 2.1), Unzufriedenheit der Endanwender sowie der Druck zur Kostensenkung führen dazu, daß IT-Abteilungen bereitwillig nach jedem Mittel greifen, das eine Lösung dieser Probleme verspricht. Dabei wird vielfach übersehen, daß von Seiten der Organisation einige Voraussetzungen erfüllt sein müssen, um aus einer WFMA hohen Nutzen zu ziehen. Werden WFMS entgegen ihrer eigentlichen Bestimmung eingesetzt, also quasi mißbraucht, besteht die Gefahr, daß das Ziel einer adäquaten Unterstützung der Geschäftsprozesse nicht erreicht wird [Goes98]. Ein erfolgreicher Einsatz ist bei folgender Konstellation zu erwarten:

- Es existiert ein Pool mit vielen Sachbearbeiter mit vergleichbaren Fähigkeiten
- Die Sachbearbeiter haben eng abgesteckte Zuständigkeiten
- Die Organisation bearbeitet eine große Zahl gleichartiger Vorgänge

Auch wenn sich keine pauschalen Richtlinien festlegen lassen, läßt sich doch festhalten, daß für den sinnvollen Einsatz von WFMS eine gewisse Organisationsgröße nicht unterschritten werden sollte. Die nachfolgende Aufzählung beschreibt weitere Eigenschaften, die Abläufe erfüllen müssen, damit sie für eine Implementierung durch eine WFMA in Frage kommen:

- **Abgrenzbarkeit einzelner Aufgaben**: Das tayloristische Organisationsprinzip hochgradiger Arbeitsteilung setzt eine übergreifende Koordination einzelner Arbeitsschritte voraus. Für die Steuerung und Aufteilung auf unterschiedliche Bearbeiter müssen allerdings die einzelnen Aufgaben klar abgrenzbar und eindeutig identifizierbar sein.
- **Hohe Planbarkeit**: Planbarkeit bedeutet, daß Abhängigkeiten zwischen Teilschritten bekannt sind, etwa daß Arbeitsergebnisse weiterverarbeitet werden sollen. Läßt sich zu Beginn der Workflow-Ausführung nicht bestimmen, was überhaupt getan werden soll, handelt es sich um Ad-hoc-Tätigkeiten, deren Unterstützung eher einen Randbereich darstellt. Ideale Kandidaten sind Abläufe, für die bereits eine Beschreibung vorliegt, z.B. in Form eines Organisationshandbuchs. Dort ist nicht nur der Ablauf ausführlich definiert, sondern auch Genehmigungshierarchien sind klar festgelegt.

- **Hoher Durchsatz**: Der Aufwand für die Installation eines WFMS, für die Erstellung von Workflow-Schemata und die Realisierung einer WFMA ist beträchtlich [Goes98]. Diese Investition ist nur gerechtfertigt, wenn eine ausreichende Nutzung – im Idealfall Massenverarbeitung – zu erwarten ist.
- **Verwendung elektronischer Dokumente**: Optimale Wirkung kann ein WFMS nur entfalten, wenn die Weitergabe von Arbeitsergebnissen in elektronischer Form erfolgt, denn nur dann ist eine vollständige Automatisierung der Arbeitsabläufe möglich. Müssen im Rahmen der Vorgangsabwicklung physische Gegenstände (Werkstücke oder Papierdokumente) bearbeitet, verwaltet und weitergegeben werden, entfällt der Einsparungseffekt durch die automatisierte Weiterleitung und den Wegfall von Liegezeiten praktisch vollständig. Auch die Chance zur Verkürzung der Bearbeitungsdauer durch gleichzeitige gemeinsame Nutzung von Ressourcen besteht nur, wenn eine elektronische Version davon vorliegt, die gleichzeitig in Kopie an viele Mitarbeiter verteilt werden kann.
- **Formalisierbarkeit**: Der Soll-Ablauf muß vorab klar bestimmt und durch eine deterministische Abfolge charakterisiert sein. Nur dann läßt sich der beabsichtigte Rationalisierungseffekt einer „Fließbandstruktur im Büro" [Rigg96, S. 3] erreichen. Eine informelle, umgangssprachliche Beschreibung läßt zu viel Interpretationsspielraum und ist einer automatischen Ausführung nicht zugänglich. Um von einem WFMS ausführbar zu sein, muß ein Workflow-Schema in eine formale, meist präskriptive Form gebracht werden.

Ein ideales Beispiel eines komplexen Ablaufs, der für die Implementierung durch eine WFMA geeignet erscheint, ist das in [Nipp95a, S. 149] beschriebene Investitionsgenehmigungsverfahren bei einem großen Chemieunternehmen. Schon bei einer Investitionshöhe von nur 15.000 DM sind sieben Instanzen beteiligt, und es werden nicht weniger als 32 Arbeitsschritte durchlaufen. Dies führt dazu, daß bis zum Entscheid über eine Neuinvestition durchschnittlich acht Wochen vergehen. Ähnlich gut geeignete Arbeitsabläufe finden sich bei der Unterstützung von Sachbearbeitungs- und Routineaufgaben wie Bestell- und Beschaffungsbearbeitung sowie bei behördlichen Anträgen aller Art.

2.4.2 Ziele des Einsatzes von Workflow-Management-Systemen

Die Beweggründe, ein WFMS für die Unterstützung von Geschäftsprozessen einzusetzen, sind vielfältig (s. [Ober96, S. 60f] oder [Rein93, S. 39f]). Besonders betont wird meist das Ziel der Erhöhung der Wettbewerbsfähigkeit durch die potentielle Beschleunigung der Vorgangsbearbeitung [Star97, S. 6]. Bei einer derart eingeschränkten Sichtweise werden viele Aspekte vernachlässigt, die bei näherer Betrachtung ebenfalls wichtige Ziele des Einsatzes sind:

- **Qualitätsverbesserung**: Menschliche Unzulänglichkeit führt dazu, daß Vorgänge nicht immer so abgewickelt werden, wie es vorgesehen oder sogar vorgeschrieben ist. Arbeitsschritte werden aus Unachtsamkeit vergessen oder aus Bequemlichkeit bewußt übersprungen. Ein WFMS kann sicherstellen, daß alle notwendigen Schritte eines Ablaufs vollständig ausgeführt werden und eine gleichbleibend hohe Bearbeitungsqualität erreicht wird. Es ist an dieser Stelle anzumerken, daß dies natürlich nicht mit zu hoher Bevormundung der Anwender verbunden sein darf. Um der menschlichen Arbeitsweise entgegenzukommen und um jederzeit auf unvorhergesehene Umstände reagieren zu können, sollte es möglich sein, Ausnahmen von vorgesehenen Bearbeitungsvorschriften zu machen [Karb94, S. 121]. Gemachte Ausnahmen müssen jedoch vom WF-MS protokolliert werden und später nachvollziehbar sein. Ein weiterer wichtiger Aspekt der Qualitätsverbesserung ist erhöhte Termintreue, die erreicht wird, indem das WFMS über die korrekte Einhaltung von Bearbeitungsfristen wacht und rechtzeitig vor deren Ablauf Warnhinweise verschickt.

- **Sicherstellung der Revisionsfähigkeit und Aufzeichnungspflicht**: Die Erstellung und Bewegung aller geschäftsrelevanten Informationen muß gemäß der in ISO9000 geforderten Aufzeichnungspflicht registriert und protokolliert werden. Die Pflicht zur Dokumentation der Geschäftsvorfälle soll jedoch die Mitarbeiter mit möglichst wenig zusätzlichem Verwaltungsaufwand belasten.

- **Verbesserung der Auskunftsfähigkeit**: Wo mehrere Personen arbeitsteilig an Abläufen mitwirken, ist es schwierig, den aktuellen Bearbeitungszustand eines bestimmten Vorgangs festzustellen. Wenn beispielsweise – wie in [Gren98] geschildert – zu einem Zeitpunkt mehr als 15.000 schwebende Mahnverfahren anhängig sind, kann die telefonische Anfrage nach dem Fortgang eines Falls nur mit hohem Aufwand und vergleichsweise langsam beantwortet werden. Eine bessere Auskunftsfähigkeit wäre durch eine zentrale Zustandsregistratur zwar durchaus herzustellen, der Aufwand hierfür ist jedoch hoch. Beim Einsatz eines WFMS ist der Fortschritt der Bearbeitung zu jedem Zeitpunkt sehr leicht feststellbar – Kunden kann besserer Service geboten werden.

- **Erhöhung der Transparenz**: Eng zusammenhängend mit der Auskunftsfähigkeit ist das Ziel, im laufenden Betrieb Einblick in die momentane Auslastung der Mitarbeiter zu erhalten. Die Bildung elementarer Kennzahlen (z.B. Anzahl negativ beschiedene Anträge pro Tag) ermöglicht nicht nur, Fehlentwicklungen und Engpässe rechtzeitig zu erkennen und ihnen entgegenzuwirken, sondern auch die Erkennung positiver Trends.

- **Erhöhte Kundenorientierung der Mitarbeiter**: Die funktional orientierte Organisationsform von Unternehmen (s. Unterabschn. 2.2) führt einerseits zu einer erhöhten Spezialisierung und damit lokal zu einer erhöhten Bearbeitungsqualität. Andererseits verlieren Mitarbeiter häufig den Überblick und können ihre eigene Rolle im Gesamtzusammenhang nicht einschätzen. Statt des Gesamtziels einer gut verzahnten Aufgabenerledigung werden Individualziele verfolgt. Bei der Modellierung eines Workflow-Schemas werden die Zusammenhänge offengelegt, die im Kontext eines bestimmten Arbeitsablaufs zwischen verschiedenen Teilen des Unternehmens bestehen. Ein weiterer positiver Effekt ergibt sich dadurch, daß Mitarbeiter von Routineaufgaben entlastet werden und sich statt dessen auf anspruchsvollere Tätigkeiten konzentrieren können.

- **Produktivitätssteigerung**: Eine Beschleunigung bei der Vorgangsbearbeitung ist durch den Einsatz eines WFMS aus mehreren Gründen zu erwarten: Besonders ins Gewicht fällt der Wegfall von Liegezeiten. Nach [Beck96, S. 321] entfallen durchschnittlich 90% der Durchlaufzeit von Büroabläufen auf Liege- und

Wartezeiten, [Nipp95a, S. 167] gibt sogar einen Anteil von 94% an. Liegen Dokumente in elektronischer Form vor und werden diese von einem WFMS weitergeleitet, verspricht man sich eine Reduzierung der Durchlaufzeit um bis zu 80% [Nipp95b, S. 45]. Die insgesamt mögliche Produktivitätssteigerung wird mit 25-40% angegeben. Das zweite große Potential zur Erhöhung der Effizienz steckt in der automatischen Bestimmung des Bearbeiters. Bei der manuellen Vorgangsbearbeitung muß der jeweilige Sachbearbeiter den weiteren Laufweg eines Vorgangs festlegen. Diese unscheinbare Tätigkeit kann mit einigem Aufwand verbunden sein. Gerade bei selten auftretenden Arbeitsabläufen verursacht die Ermittlung notwendiger Folgetätigkeiten, das Abklären von Zuständigkeiten und die Suche nach Adressen hohen Aufwand, den im Idealfall ein WFMS vollständig übernimmt. Ein weiterer, wesentlicher Punkt ist die automatisierte Einbindung von Applikationen und automatische Bereitstellung aller notwendigen Daten und Unterlagen bei der elektronischen Vorgangsbearbeitung. Ohne WFMS ist der Sachbearbeiter selbst für den Start geeigneter Anwendungsprogramme, das Öffnen von Dateien oder für das Konvertieren notwendiger Eingangsdaten verantwortlich. Bei einer idealen Implementierung durch eine WFMA werden die zur Durchführung benötigten Werkzeuge automatisch ausgewählt und gestartet sowie die notwendigen Eingangsdaten bereitgestellt – die „Rüstzeit" entfällt [Nipp95a, S. 95].

- **Kostensenkung**: Wegfall menschlicher Einflußnahme und Erhöhung der Effizienz ist beinahe zwangsläufig die Folge des Einsatzes von WFMS. Da Personalkosten den weitaus größten Anteil der Kosten für die Durchführung von Geschäftsprozessen ausmachen, liegt hier der Schlüssel zu einem großen Einsparpotential. Als Maß für die Effektivität der Bearbeitung läßt sich der *Wertschöpfungsgrad* (s. [Nipp95a, S. 95]) verwenden. Ziel ist es, durch den Einsatz eines WFMS einen höheren Wertschöpfungsgrad zu erreichen, indem Liege-, Transport- und Rüstzeiten auf ein Minimum reduziert werden. Letztlich ist es auch ein Ziel, weniger Mitarbeiter für das gleiche Arbeitspensum bereitstellen zu müssen.

Die Ziele können nicht unabhängig voneinander betrachtet werden. Je nach Aufgabe und Anwendungsgebiet ergibt sich in verschiedenen Branchen ein unterschiedliches Potential.

2.4.3 Auswirkungen des Einsatzes von WFMS auf andere Arten der Anwendungsentwicklung

Der verstärkte Einsatz von WFMS in der Praxis bleibt nicht ohne Folgen auf andere Arten der Anwendungssystementwicklung. Je mehr sich WFMA im Einsatz bewähren, desto eher werden sie zur Ergänzung und Alternative einer konventionellen Software-Entwicklung (s. hierzu [Star95, S. 98]). Vorteile gegenüber der herkömmlichen Entwicklung von Anwendungen liegen auf der Hand:

- **Höhere Flexibilität**: Ständig neue Anforderungen machen es schwierig, die EDV-Unterstützung für Geschäftsprozesse auf dem laufenden zu halten. Je elementarer die Mittel, mit denen diese realisiert wurde, desto größer der Änderungsaufwand. Durch die Trennung der Implementierungen von Arbeitsdurchführung und Arbeitsorganisation [Rein93, S. 40] entsteht im Idealfall ein „Baukasten", bei dem alleine durch Änderung des Workflow-Schemas sehr leicht Änderungen auf der Ebene der Arbeitsorganisation vorgenommen werden können. Die Implementierung auf der untersten Ebene der Aufgabendurchführung, der Implementierung elementarer Workflows, ist davon nicht betroffen.

- **Höhere Transparenz**: WFMA besitzen als Folge der expliziten Modellierung (besonders des Kontrollflusses) eine erheblich höhere Transparenz als „klassisch" realisierte Anwendungen. Zusammenhänge und das Systemverhalten sind nicht mehr nur für den Programmierer ersichtlich, sondern können von berechtigten Personen – sogar zur Laufzeit – eingesehen werden. Viele Systeme bieten eine graphische Darstellung an, die den vorgesehenen Ablauf auch für Nicht-Programmierer verständlich macht. Dies vermeidet einen Effekt, der vielfach die Akzeptanz herkömmlicher Software-Systeme beeinträchtigt: In einer WFMA ist stets sichergestellt, daß die tatsächliche Ausführung derjenigen entspricht, die in der Dokumentation festgehalten ist. Das jederzeit einsehbare Workflow-Schema ist schließlich Ausführungsanweisung und Quelle für Dokumentation zugleich. Das allgegenwärtige Problem, daß Dokumentation und aktuelle Implementierung eines Anwendungssystems nicht miteinander übereinstimmen, entfällt damit zumindest auf der Ebene der Arbeitsorganisation, die durch das WFMS geregelt wird.

- **Verhaltensunabängigkeit**: Bei der Konzeption leistungsfähiger Anwendungssysteme gilt der Einsatz von DBMS heute fast als selbstverständlich. Alle sich daraus ergebenden Vorteile wie Datenintegrität, Mehrbenutzerzugriff auf Daten, redundanzarme Speicherung und Datenunabhängigkeit gelten als unverzichtbare Eigenschaften. Es gibt es kaum Gründe, die es rechtfertigen, derartige Funktionalität erneut selbst zu implementieren. Ähnlich wird es langfristig mit der Verhaltensunabhängigkeit sein, die sich durch den Einsatz eines WFMS erzielen läßt. Aus großen monolithischen Anwendungen läßt sich die Ebene der Arbeitsorganisation, d.h. insbesondere der Kontrollfluß, herausziehen und in ein Workflow-Schema verlagern. Die Workflow-Steuerung erfolgt explizit in einer eigenen Komponente, die als Fertigprodukt zugekauft wird. Für eine derartige Koexistenz und Integration müssen jedoch seitens der Entwicklungswerkzeuge geeignete Vorkehrungen getroffen werden.

- **Automatische Ermittlung zuständiger Mitarbeiter**: Herkömmliche verteilte Anwendungssysteme sind zumeist arbeitsplatz- bzw. aufgabenbezogen. Aufgrund ihrer eher passiven Konzeption benötigen sie weder ein aufwendiges Organisationsschema noch weitergehende Informationen über die Population der Mitarbeiter. Auch das Konzept einer individuellen Arbeitsliste für die einzelnen Mitarbeiter ist daher überflüssig. Stünde ein derartiger Dienst als Teil einer normierten Infrastruktur zur Verfügung, wäre eine weitergehende Nutzung denkbar (s. Unterabschn. 4.5.3.5).

Die praxisbezogene Anforderung, eine Integration von CASE-Systemen, Projektplanungs-, Modellierungs- und Entwicklungswerkzeugen mit WFMS zu erreichen (vgl. [Bußl97b, S. 18]), ist eine große Herausforderung. Unterschiedliche Modellvorstellungen und Entwurfsmethoden, die in diesen Werkzeugen vorzufinden sind, müssen aneinander angeglichen werden. Erst danach können die heute noch getrennten Werkzeuge zu einer neuen Art von Produkten verschmelzen. Ein erster Schritt in diese Richtung sind Frameworks, mit denen es möglich wird, ohne aufwendige Eigenentwicklung Workflow-Management-Funktionen in eigene Programme aufzunehmen. Derartige Ansätze lassen sich zwar durch Quellcode-Bibliotheken realisieren (s. z.B. [Papa97]); aber erst durch Technologien wie CORBA (Unterabschn. 3.3.3) wird es möglich, einen sprach- und plattformunabhängigen Workflow-Management-Dienst zu realisieren.

2.5 Funktionen von Workflow-Management-Systemen

Bereits in Unterabschn. 2.4.3 wird angerissen, welche Aufgaben WFMS übernehmen und welche Rolle sie bei der Anwendungsentwicklung spielen können. In diesem Abschnitt wird nun systematisch dargestellt, was als übliche Funktionalität heutiger WFMS bezeichnet werden kann. Die Struktur der Darstellung orientiert sich an den in [Schu97g] genannten drei Benutzergruppen und deren Zugang zu einem WFMS. Abb. 2-2 skizziert die drei wesentlichen Benutzerschnittstellen:

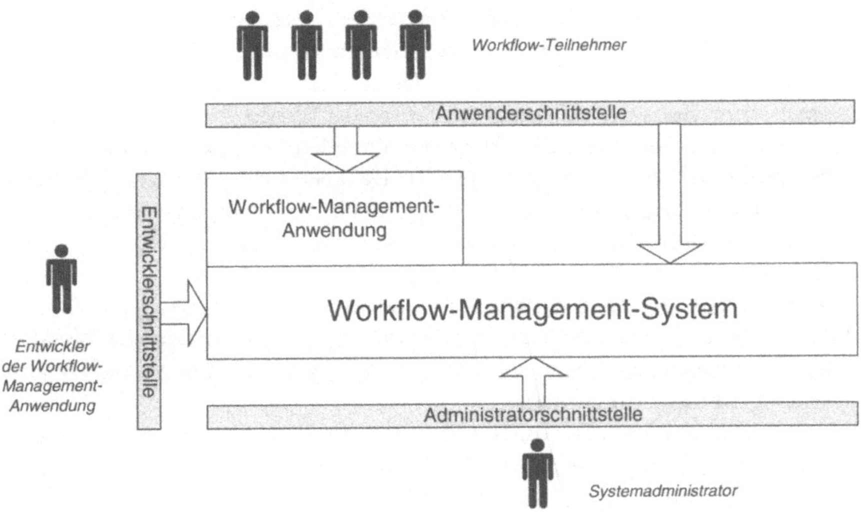

Abb. 2-2:   Benutzergruppen und Benutzerschnittstellen eines WFMS

Eine geordnete Beschreibung der Funktionen eines WFMS ist anhand sog. Workflow-Aspekte möglich, siehe z.B. [Jabl96c]. Da damit jedoch auch eine gewisse Position in der Sichtweise verbunden ist und sich manche Funktionen nicht eindeutig nur einem der Aspekte zuordnen lassen, erfolgt hier die Schilderung der Benutzerschnittstellen in der zeitlichen Abfolge ihres Einsatzes.

2.5.1 Die Entwicklerschnittstelle

Gegenstand der *Entwicklerschnittstelle* ist die Erstellung und Verwaltung von Workflow-Schemata. Mit „Entwicklern" sind die einer WFMA gemeint, also Personen, die Workflow-Schemata definieren oder programmieren und damit den arbeitsorganisatorischen Ablauf festlegen. Wesentliche Funktionalitäten der Entwicklerschnittstelle sind:

- **Ablaufplanung und Workflow-Schema-Design**: Die Konstruktion neuer Workflow-Schemata und Änderungen an bestehenden sind Kernfunktionen der Entwicklerschnittstelle. Unter Verwendung der Modellelemente des gegebenen Workflow-Metaschemas wird spezifiziert, wie Workflow-Exemplare eines bestimmten Typs auszuführen sind. Um nicht nur einen komfortablen, sondern vor allem einen systematischen Entwurf von Workflow-Schemata zu gewährleisten, muß unter anderem ein klares Fachkonzept vorliegen, in dem die Aufgabentypen beschrieben werden, aus denen der Workflow später bestehen soll. Aus diesem Grund ist an dieser Stelle eine enge Kopplung an Werkzeuge aus dem Bereich des Projekt-Managements und der Geschäftsprozeß-Modellierung wünschenswert, da diese wertvolle Entscheidungsgrundlagen für die Erstellung der Workflow-Schemata liefern können.

- **Anbindung an die Organisationsmodellierung**: WFMS benötigen Informationen über die organisatorische Struktur des Unternehmens, in dem sie eingesetzt werden. Dazu gehören Vorgesetztenbeziehungen, Wissen über administrative Dienste und Infrastruktur sowie die aktuelle Besetzung dieser organisatorischen Konzepte mit konkreten Personen. Weder die Erstellung eines Organisationsschemas noch die Pflege der aktuellen Population gehört jedoch zu den primären Aufgaben eines WFMS. Da aber bisher keine geeigneten eigenständigen Organisationsverwaltungsdienste zur Verfügung stehen (s. hierzu [Böhm95a, Bußl98a]), muß die Organisationsmodellierung heute als üblicher Bestandteil eines WFMS gesehen werden.

- **Suche und Retrieval von Workflow-Schemata**: Um das Design neuer Workflow-Schemata zu unterstützen und um Auskunft über existierende Workflow-Schemata geben zu können, sind sowohl navigierende Suche als auch prädikatbasierte Abfrage erforderlich.

- **Simulation und Test**: Bevor ein neues Workflow-Schema zur allgemeinen Benutzung freigegeben wird, muß seine Tauglichkeit und korrekte Funktion unter Beweis gestellt werden. Durch Funktionen, die etwa eine grafisch animierte Simulation mit fiktiven Falldaten erlauben, lassen sich Fehler im Workflow-Schema-Design entdecken, Engpässe identifizieren und Voraussagen über Zeit- und Ressourcenbedarf treffen.

Die Person des Workflow-Schema-Designers ist häufig identisch mit der des Administrators, weswegen die Schnittstellen oft nicht unterschieden werden.

2.5.2 Die Anwenderschnittstelle

Die *Anwenderschnittstelle* wird von den Endanwendern einer WFMA verwendet. Sie enthält alle Funktionen, die zur Teilnahme an der Ausführung von Workflows notwendig sind. Damit ein Mitarbeiter in die Ausführung eines Workflows einbezogen werden kann, benötigt er eine Reihe von Standardfunktionen, die praktisch in allen WFMS zu finden sind. Die Anwenderschnittstelle umfaßt vor allem Dienste für die Steuerung der individuellen Arbeitsdurchführung:

- **An- und Abmeldung**: Die Zuordnung von Aufgaben zu Personen ist prägendes Kennzeichen einer WFMA – anonyme Aufgabenausführung ist hier nicht gewünscht. Bevor ein Anwender Workflows starten oder bearbeiten kann, muß er sich beim WFMS anmelden. Üblicherweise wird hierfür ein spezielles Client-Programm verwendet, das bei seinem Start Verbindung zu einem vordefinierten WFMS aufnimmt. Generell ist es aber auch durchaus denkbar und sinnvoll, sich bei verschiedenen WFMS oder gleichzeitig in verschiedenen Rollen anzumelden. Anwender müssen sich dem System gegenüber identifizieren und authentifizieren. Da die Authentifizierung meist ihre Gültigkeit bis zum Beenden des Client-Programms behält, wird dadurch festgelegt, welche Tätigkeiten die angemeldete Person ausführen darf und über welche Rechte sie verfügt.
- **Anzeige und Auswahl von Aufgaben aus einer Arbeitsliste**: WFMA unterstützen die gleichzeitige Ausführung vieler Workflow-Exemplare. Damit können sowohl mehrere Exemplare des gleichen Workflow-Schemas als auch Exemplare unterschiedlicher Workflow-Schemata gemeint sein. In beiden Fällen ergibt sich die Konsequenz, daß Endanwender zu einem Zeitpunkt an der Ausführung mehrerer Workflows beteiligt sein können. Für die Verwaltung der einem Bearbeiter zugewiesenen Aufgaben wird meist das leicht verständliche Konzept einer Listenstruktur (Arbeitsliste, „worklist", „to-do-list") verwendet, die dem Anwender präsentiert wird. Zur Manipulation der persönlichen Arbeitsliste stehen Funktionen für die Vergabe individueller Prioritäten, für die Suche und für die Selektion auszuführender Aufgaben zur Verfügung.
- **Ausführung von Aufgaben**: Nachdem sich der Anwender darüber informiert hat, welche Aufgaben er ausführen soll, obliegt es seiner Initiative und Verantwortung, die Aufgaben auszuführen. Im Rahmen der Ausführungsunterstützung ist von ihm ein ähnliches Verhalten zu erwarten wie ohne WFMA: Er kann die Ausführung einer Aufgabe (a) annehmen, (b) ablehnen, (c) die Aufgabe an andere Mitarbeiter delegieren und er kann (d) die Aufgabe ignorieren. Zumindest bei (a), (b) und (c) muß ihn die Anwenderschnittstelle unterstützen. Hat er sich einer Aufgabe angenommen und mit ihrer Ausführung begonnen, kann aus unterschiedlichen Gründen die Unterbrechung eines Arbeitsschritts erforderlich sein. Gerade bei sehr lange andauernden Tätigkeiten, wie etwa der Erstellung eines Textes, ist dies der explizite Wunsch des Anwenders. Er will seine Arbeit vorübergehend unterbrechen, sei es, weil er eine andere Aufgabe vorziehen möchte, oder aber, weil der Feierabend naht. In jedem Fall darf die bis dahin geleistete Arbeit nicht verlorengehen. Ein anderer Fall liegt vor, wenn ein vorzeitiges Abbrechen eines Arbeitsschrittes angefordert wird, etwa weil unvorhergesehene Schwierigkeiten bei der Bearbeitung aufgetreten sind.

- **Änderungen am vorbestimmten Ablauf**: Neben den beschriebenen Funktionen zur ordnungsgemäßen Bearbeitung von Workflows werden in der Anwenderschnittstelle Funktionen gebraucht, mit denen sich Änderungen an der Ausführung einzelner Workflow-Exemplare in die Wege leiten lassen. Dies wird zumeist als „Ad-hoc"-Funktionalität bezeichnet. Typische Beispiele sind die Hinzunahme weiterer und das Überspringen vorgesehener Arbeitsschritte, Veränderungen an Übergangsbedingungen und Manipulationen der Ausführungsreihenfolge. Charakteristisch für Ad-hoc-Funktionen ist, daß sich deren Ausführung ausschließlich auf ein einziges Workflow-Exemplar auswirkt; das zugrundeliegende Workflow-Schemata wird nicht angetastet. Dies deckt sich mit der intuitiven Vorstellung einer „Ausnahmebehandlung", bei der man keineswegs die generelle Vorgehensweise ändern, sondern nur im vorliegenden Einzelfall ein anderes Verhalten erwirken möchte. Auf die Unterschiede zwischen Ausnahmebehandlung und Ad-hoc-Funktionen wird hier nicht weiter eingegangen (s. hierzu [Prob95, Stro95, Hage98a]).

- **Zustandsabfrage für Workflow-Exemplare**: Jedem Endanwender soll es jederzeit möglich sein, den Bearbeitungszustand von Workflows zu überprüfen. Dies gilt insbesondere für diejenigen, an denen er selbst mitgearbeitet hat. Ob auch Einblick in andere Workflows gewährt werden darf, hängt von den Inhalten der jeweiligen WFMA ab.

Die Auswahl an Funktionen, die Anwendern zur Verfügung gestellt wird, muß in Abhängigkeit von der jeweiligen Anwendung konfigurierbar sein. So ist es sinnvoll, verschiedenen Bearbeitertypen unterschiedliche Teilmengen an Funktionen anzubieten, die den persönlichen Fähigkeiten und den Erfordernissen des Arbeitsplatzes am besten gerecht werden. Beispiele hierfür sind Arbeitsplätze von Controlern und Projektleitern, die zwar selbst nicht aktiv in Abläufe eingreifen, aber jederzeit Einblick in den aktuellen Zustand benötigen. Für die Realisierung eines reinen „Vorgangsinformationssystems" genügt eine Untermenge der genannten Funktionen, die sich auf die Zustandsabfrage beschränkt.

2.5.3 Die Administratorschnittstelle

Betreiber einer WFMA nutzen die *Administratorschnittstelle*. Über sie erfolgt in der Installationsphase die Konfiguration des Systems und im laufenden Betrieb die Administration. Darüber hinaus erlaubt sie die Steuerung und Überwachung der ausgeführten Workflow-Exemplare. Sie umfaßt folgende Bereiche:

- **Benutzerverwaltung**: Für jeden Mitarbeiter, der in Workflows involviert werden soll, muß unter Verwendung des unternehmensspezifischen Organisationsmodells ein Benutzerkonto angelegt werden. Zudem sind Merkmale zu hinterlegen, die den Mitarbeiter, seine Kompetenzen, Zuständigkeiten und Rolle im Unternehmen kennzeichnen.

- **Management**: Trotz einer Vielzahl entsprechender Vorkehrungen kann nicht ausgeschlossen werden, daß während der Ausführung von Workflow-Exemplaren Fehlerzustände eintreten. Zu deren Behebung sind korrigierende Eingriffe des Systemadministrators unerläßlich. Beispiele hierfür sind die Manipulation der Workflow-Ausführung, der Neustart von „abgestürzten" Systemkomponenten sowie „Help-Desk"-Funktionen aller Art.

- **Systems Management**: Über die Administratorschnittstelle wird die Konfiguration der WFMA festgelegt. Dazu zählen vor allem die Zuordnung von Software-Komponenten und Diensten auf Rechnerknoten und die Festlegung von Policy-Einstellungen sowie ggf. die Einrichtung von Replikationsstrategien für Workflow-Schemata. Eine weitere Aufgabe, die unter diesen Bereich fällt, ist das Durchführen von Sicherungskopien (Backup) sowie das Wiederherstellen nach Systemausfällen.

- **Analyse und Recherche**: Um die ordnungsgemäße Funktion des WFMS beobachten zu können, benötigt der Administrator spezielle Monitoring-Funktionen. Sie erlauben die Verfolgung einzelner Workflow-Exemplare und die detaillierte Analyse angefallener Transport-, Liege- und Ausführungszeiten. Eine weitere Funktion ist das Auffinden, Nachverfolgen und Beheben von Schwachstellen. Werden Fristen wiederholt überschritten und kann das WFMS selbsttätig keine terminwahrende Weiterleitung mehr gewährleisten, muß dies erkannt und durch manuelle Eingriffe behoben werden.

- **Konfiguration des Workflow-Metaschemas**: Falls das WFMS diese Möglichkeit bietet, obliegt es dem Systemadministrator, die Modellierungsmöglichkeiten vorzugeben, die der Workflow-Schema-Designer zur Erstellung von Workflow-Schemata verwenden kann. Der Systemadministrator hat sicherzustellen, daß die in der Modellierung verwendeten Konstrukte vom installierten WFMS zur Ausführung gebracht werden können. Möglicherweise sind hierfür spezielle Komponenten zu installieren.

Analog zu Administratorschnittstellen von Betriebssystemen und Datenbanken muß auch hier auf eine klare Trennlinie zwischen dem sinnvollen Eingriff eines Spezialisten – wenn auch auf einer heiklen Ebene – und der Möglichkeit des Mißbrauchs gezogen werden. Damit in jedem Fall eine Manipulations- und Revisionssicherheit gegeben ist, müssen sämtliche Eingriffe des Administrators mit strengen Auflagen versehen und zusätzlich protokolliert werden.

2.5.4 Ausführung von Workflows

Die bisher besprochenen drei Schnittstellen machen die Blickrichtungen der verschiedenen Nutzergruppen deutlich und zeigen, welche Funktionen gebraucht werden, damit sie ihre Aufgabe erfüllen können. Einige der wesentlichen Funktionen eines WFMS lassen sich aber leichter in eine eigene Gruppe fassen, bei der die Aufgaben geschildert werden, die dem System selbst zukommen:

- Die **Ablaufsteuerung von Workflow-Exemplaren** ist die eigentliche Kernaufgabe eines WFMS. Es bringt Workflow-Exemplare entsprechend den Vorgaben eines Workflow-Schemas zur Ausführung. Das gewünschte Verhalten der Workflow-Exemplare wird gemäß der vorgegebenen Spezifikation umgesetzt.

- Die **automatische Ermittlung von Workflow-Bearbeitern** ist eine der wesentlichen Funktionen, bei der die Stärke einer WFMA zum Tragen kommt. Arbeitsaufträge werden anhand einer Arbeitsverteilungsstrategie an die zuständigen Mitarbeiter einer Organisation automatisch verteilt.

- **Automatische Ermittlung und Aktivierung von Workflow-Applikationen**: Zur „Erledigung der elementaren Aufgaben" (s. [Jabl97a, S. 490]) sind Anwendungsprogramme in die Workflow-Ausführung zu integrieren. Das WFMS hat zur Laufzeit aufgrund der Angaben im Workflow-Schema geeignete Anwendungsprogramme zu ermitteln und ggf. zu aktivieren. Damit ist bei einfachen Desktop-Anwendungen der automatische Programmstart gemeint. Bei einer Integration von host-basierten Anwendungssystemen sind jedoch erheblich komplexere Aufgabenstellungen zu bewältigen (s. hierzu Abschn. 4.5.3.3).

- **Weiterleitung und Bereitstellung von Daten und Dokumenten**: Das WFMS liefert alle Unterlagen und Daten automatisch an, die für die Erledigung einer Aufgabe notwendig sind.

- **Terminüberwachung**: Reaktion auf fristverletztende Nichtbearbeitung vorgesehener Aufgaben, z.B. durch Anmahnung überfälliger Tätigkeiten per E-Mail.

- **Zeitsteuerung**: Automatische Initiierung der Ausführung von Workflows zu festgelegten Zeitpunkten oder in vordefinierten Abständen.

- **Koordination**: Das WFMS verhindert, daß mehrere Bearbeiter gleichzeitig versuchen, eine Aktivität auszuführen.

- **Archivierung**: Das WFMS stellt sicher, daß sämtliche Daten, die für den Ablauf von Workflow-Exemplaren relevant waren, langfristig archiviert werden.

Die voranstehende Aufstellung vermittelt nur einen groben Überblick der notwendigen Funktionsgruppen. Eine vollständige Abdeckung der üblichen Funktionsbreite von WFMS ist nicht Gegenstand dieses Buchs. Für eine weitergehende Darstellung der Funktionen im Detail sei auf [Schu94a, Böhm95a, Jabl96c] verwiesen.

3 Basismechanismen und Anwendung verteilter Objektverwaltungssysteme

WFMS unterstützen die Kooperation mehrerer Aufgabenträger an arbeitsteiligen Abläufen. Aufgabenträger sind entweder Mitarbeiter, die mittels ihres Arbeitsplatzrechners in den Ablauf einzubinden sind, oder Programme (Prozesse), die einen Dienst erbringen. In jedem Fall macht eine WFMA eine Zusammenarbeit von Software-Komponenten erforderlich, die auf verschiedenen Rechnerknoten plaziert sind. Deshalb ist eine WFMA stets eine *verteilte Rechneranwendung* gemäß [Schi97b]. Die Verteilung erwächst hier direkt aus funktionaler, anwendungsbezogener Notwendigkeit und nicht aus – sonst vielfach anzutreffenden – technischen Erwägungen wie Fehlertoleranz, Parallelverarbeitung oder gemeinsamer Betriebsmittelnutzung. Die Realisierung verteilter Rechneranwendungen im allgemeinen und von WFMA im speziellen ist undenkbar ohne Kommunikationsdienste und Systemsoftware, die Verteilung unterstützen. Dieses Kapitel führt in die Basismechanismen verteilter objektorientierter Systeme ein und stellt ein Software-Architekturmodell vor, das als Grundlage der weiteren Konzeption dienen wird.

Objektorientierung wird überwiegend als programmiersprachliches Paradigma verstanden, das seinen Wert ausschließlich zum Zeitpunkt der Software-Entwicklung entfalten kann. Verteilte Objektverwaltungssysteme schaffen jedoch die technische Voraussetzung, auch solche Objekte miteinander zu verbinden, die sich in unterschiedlichen Adreßräumen befinden oder gar mit verschiedenen Programmiersprachen entwickelt wurden. Objektorientierung wird dadurch zum Architekturprinzip erhoben, nach dem Implementierungen einzelner Objekttypen direkt in eigenständige Software-Komponenten umgesetzt werden und Gegenstand der Plazierung auf Rechnerknoten sind. Diese Leistungsfähigkeit ist das Ergebnis einer Entwicklung, die im wesentlichen zwei Ausgangspunkte hat: zum einen die Fortschritte paralleler und verteilter Programmiersprachen, zum anderen die Weiterentwicklung von Client/Server-Architekturmodellen und zugehöriger Middleware. Da dieses Buch vor allem Architekturaspekte behandelt, werden Modelle und Technologien für Client/Server-Architekturen als thematischer Einstieg gewählt.

3.1 Client/Server-Architekturen

Es liegt nahe, die Entstehung der Client/Server-Technologie auf das Grundprinzip der modularen Programmierung zurückzuführen [Tayl97], nach dem sich umfangreiche Programme leichter handhaben und warten lassen, wenn sie in übersichtlichere Teile, *Module*, zerlegt werden. Module sind klar voneinander abgegrenzt und erfüllen jeweils eine fest umrissene Aufgabe, die in ihrer Schnittstelle spezifiziert ist. Die durch das Modul implementierte Funktion wird von anderen Programmen oder Modulen mit Hilfe von Unterprogrammaufrufen genutzt. Beim verteilten Client/Server-Modell wird nun zusätzlich angenommen, daß sich das dienstnutzende (aufrufende) und das diensterbringende (aufgerufene) Programm nicht zwangsläufig in einem gemeinsamen Adreßraum befinden müssen. Bei diesem Kommunikationsmodell wird der Dienstnutzer als *Client* und der Diensterbringer als *Server* bezeichnet. Für jede Dienstanforderung gehen Client und Server zwar eine eindeutige „Auftraggeber-Auftragnehmer-Beziehung" [Wäch96, S. 25] ein, der Server kann aber seinerseits zur Erbringung eines Dienstes ggf. „Subaufträge" vergeben [Wede94, S. 537].

Software-Architekturmodelle, die dem Client/Server-Modell folgen, lassen sich grob nach der Anzahl ihrer Schichten klassifizieren.

3.1.1   Zweischichtige Client/Server-Architekturmodelle

Anwendungssysteme auf der Grundlage des Client/Server-Architekturmodells basieren bisher überwiegend auf einem zweischichtigen Ansatz: Ein Server ist auf einem leistungsfähigen Rechnerknoten installiert und bedient eine große Anzahl von Client-Programmen, die seine Dienste direkt nutzen. An jeder einzelnen Client/Server-Beziehung sind demnach nur zwei Partner beteiligt. Die weiteste Verbreitung gefunden hat die Idee des zweischichtigen Architekturmodells in Form des *entfernten Datenbankzugriffs* ([Dada96, S. 284] oder [Orfa94, S. 185 f.]): Ein DBMS bietet den Dienst an, große Datenmengen zuverlässig zu speichern. Anwendungen müssen keine eigenen Funktionen zur Datenhaltung implementieren, sondern nutzen hierfür Dienste des DBMS. Dies führt im Idealfall zur *Datenunabhängigkeit*; Anwendungen können Daten nutzen, ohne die Details der vom DBMS verwendeten physischen Dateistrukturen oder Zugriffsfunktionen zu kennen.

Zweischichtige Client/Server-Architekturmodelle haben aber Nachteile: Ihre Umsetzung kann zu umfangreichem, schwer wartbarem Anwendungscode („fat client-syndrome", [Orfa94, S. 20]), zu mangelhafter Flexibilität und Skalierbarkeit [Shul95] und zu unnötig hohem Kommunikationsaufwand [Dada96, S. 286] führen. Nachdem in Unternehmen zumeist eine große Anzahl dezentraler Client-Programme installiert werden muß, entstehen außerdem Sicherheits-, Verwaltungs- und Wartungsprobleme. Bei Änderungen an globalen Geschäftsregelungen (*engl.* „business rules", s. [Knol93, Herb94]) sind stets alle Clients auszutauschen.

Um diese Nachteile zu vermeiden, ist es naheliegend, die positiven Effekte der Zentralisierung nicht nur bei der Datenhaltung, sondern auch bei der Anwendungslogik zu nutzen. Ein möglicher Lösungsweg besteht darin, DBMS mit Verhaltensaspekten anzureichern, was ihnen dann erlaubt, neben der Datenhaltung auch Teile der Anwendungslogik übernehmen zu können. Typen von DBMS, die das zum Ziel haben, sind *aktive* [Daya88, Ditt96] und *objektorientierte* DBMS [Atki89, Schm91, Heue92]. In beiden Fällen soll ein Teil der global relevanten Anwendungslogik aus den Anwendungen herausgelöst und in das DBMS verlagert werden. Beiden Ansätzen ist es jedoch bisher nicht gelungen, in der Praxis nennenswerte Verbreitung zu finden. Der Grund hierfür ist unter anderem, daß ein DBMS von den meisten Praktikern vor allem in seiner Rolle als zuverlässiger

Datenspeicher gesehen wird, dem man andere Aufgaben besser nicht aufbürdet. Wenn überhaupt, werden DBMS-Mechanismen wie *Stored Procedures* [Dada96, S. 287 f.] oder *Trigger* [Lang95, S. 32f] allein aus technischen Erwägungen, etwa zur Geschwindigkeitsoptimierung von Anfragen verwendet. Auch die Sicherstellung elementarer Integritätsbedingungen, wie z.B. Überprüfungen des Wertebereichs von Attributen, wird damit realisiert. Es wird jedoch davon abgeraten, Stored Procedures zur Implementierung von Anwendungslogik einzusetzen (s. [Orfa-96, S. 8] oder [Long96, S. 7]), da in der Regel bei deren Formulierung nicht standardisierte SQL-Erweiterungen verwendet werden und die resultierenden Lösungen nicht portabel sind. Außerdem sind die entstehenden Lösungen besonders bei umfangreichen Anwendungen schwer wartbar (s. hierzu wiederum [Long96]). Die Anreicherung der DBMS um Verhaltensaspekte bedeutet jedoch nur eine andere Aufteilung der Funktionalität – grundsätzlich bleibt es beim zweischichtigen Architekturmodell. Eine andere Lösungsalternative ist die Einführung einer weiteren Zwischenschicht, in der die Dienste der Anwendungslogik lokalisiert sind.

3.1.2 Drei- und mehrschichtige Client/Server-Architekturmodelle

Mehrschichtige Client/Server-Architekturen [Edwa97] teilen Anwendungssysteme nicht nur an einer, sondern an mehreren Stellen auf. Dabei werden zwischen der Präsentations- und der Datenhaltungsschicht eine oder mehrere eigenständige *Applikationsschichten* eingeführt, in der *Applikations-Server* anwendungsnahe Dienste, d.h., auf einer hohen Abstraktionsebene, zur Verfügung stellen. Es ergeben sich Verbesserungen gegenüber dem zweischichtigen Architekturmodell, weil relevante Funktionen in der Applikationsschicht in leichter wartbare Komponenten eingekapselt werden. So läßt sich ein systemweit einheitliches Verhalten leichter erzielen [Heue95, S. 395]. Der Wegfall funktionaler Redundanz vereinfacht Wartung und Administration; es entstehen stabilere und weniger fehlerhafte Anwendungssysteme [Long96, S. 3]. Die vollständige Entkopplung der Komponenten erlaubt es außerdem, für unterschiedliche Aufgaben jeweils diejenigen Sprachen und Entwicklungswerkzeuge zu verwenden, die dafür am besten geeignet sind. Ein weiterer Vorteil ist, daß mehrschichtige Client/Server-Architekturen besser skalierbar sind als zweischichtige [Long96, S. 4]. Dies hat vor allem zwei Gründe: Erstens wird die Zahl der direkten Datenbankverbindungen drastisch reduziert, die nun nicht mehr von der Anzahl vorhandener Client-Programme, sondern von der Anzahl verbundener Applikations-Server bestimmt wird. Zweitens ist es möglich, bei Engpässen zusätzliche Server zu installieren bzw. in Betrieb zu nehmen.

Im Grunde ergeben sich all diese Vorteile durch das in der Informatik bewährte Lösungsprinzip, eine zusätzliche Indirektionsstufe einzuführen. Dabei spielt es keine Rolle, nach welchem Programmierparadigma oder mit welcher Programmiersprache diese Zwischenschicht realisiert wird. Einzige Voraussetzung ist ein Mechanismus, mit dem die einzelnen Komponenten miteinander verbunden werden können. Nachfolgend wird Systemsoftware dargestellt, mit der sich dieses Problem lösen läßt.

3.1.3　Middleware-Unterstützung für Client/Server-Architekturen

Zur Realisierung von Client/Server-Architekturen, bei denen sich beide Teile auf dem gleichen Rechnerknoten befinden, lassen sich Mittel der Interprozeßkommunikation wie Shared Memory, Named Pipes oder Nachrichtenwarteschlangen [Illi-90, S. 491 f.] anwenden. Befinden sich Client und Server auf unterschiedlichen Rechnerknoten, muß für einen Datentransport zwischen den Knoten gesorgt werden. In UNIX-Systemen erfolgt die Realisierung von Kommunikationsdiensten klassischerweise mit der *Socket*-Schnittstelle [Gulb88, S. 113f], was jedoch mit einigen Nachteilen verbunden ist: Vor allem ist die Realisierung vergleichsweise aufwendig, denn die gebotene Programmierunterstützung bewegt sich auf einer funktional nicht sehr mächtigen Ebene. Kommunikationsprotokolle müssen selbst definiert und implementiert werden, was insbesondere für die Behandlung komplexer Fehlersituationen keine triviale Aufgabe ist. Im Ergebnis entstehen oft unübersichtliche Protokolle und Implementierungen; Inhalt und Struktur der Schnittstellen der beteiligten Komponenten sind nicht mehr deutlich erkennbar. Ein weiterer Mangel ist die fehlende Interoperabilität, denn eine Verwendbarkeit von Sockets über mehrere Hardware- und Software-Plattformen hinweg kann nur begrenzt vorausgesetzt werden. Plattform- und herstellerspezifische Besonderheiten, etwa die unterschiedliche Repräsentation von Zeichensätzen oder Gleitpunktzahlen [Gehl94, S. 22], müssen identifiziert und in der Implementierung berücksichtigt werden. Soll eine größere Anzahl unterschiedlicher Plattformen in einem gemeinsamen Anwendungssystem integriert werden, erweist sich die Realisierung mit derart elementaren Hilfsmitteln als äußerst aufwendiges Unterfangen.

Es gibt Systemsoftware, die Entwicklern diese – durch Heterogenität und Verteiltheit verursachte – Komplexität abnimmt. Diese Systemsoftware ermöglicht es, Software-Prozesse auf unterschiedlichen Rechnern miteinander kommunizieren zu lassen. Oberbegriff für diese Art von Infrastruktur-Software ist *Middleware*. Prägende Eigenschaften von Middleware sind [Bern96, S. 90] Anwendungsneutralität, Plattformunabhängigkeit, Verteilung und die Verwendung standardisierter Schnittstellen. Das Qualitätsmerkmal, für eine große Anzahl unterschiedlicher Rechnersysteme verfügbar zu sein, ist besonders wichtig, wenn ein unternehmensweiter Einsatz vorgesehen ist. Middleware stellt dem Anwendungsentwickler eine Reihe nützlicher Abstraktionen zur Verfügung, die er zur Erstellung seines Anwendungsprogramms nutzen kann. Nachfolgend werden verbreitete Middleware-Typen sowie jeweils einige Vertreter benannt:

- Verwendungszweck von **Datenbank-Middleware** ist es, eine Verbindung zwischen Client-Programmen und einem Datenbank-Server herzustellen. Hierzu liefern DBMS-Hersteller Modulbibliotheken und Programmierschnittstellen (APIs), mit deren Hilfe sich Clients entwickeln lassen, die über eingebettete SQL-Anweisungen oder API-Aufrufe transparent auf die Datenbank zugreifen. Beispiele sind *Sybase Open Client* oder *Oracle SQL*Net*. Nachteilig ist dabei, daß deren Protokolle und APIs nicht standardisiert sind. Es ist demzufolge unmöglich, mit einem Client, der mit der Middleware des DBMS-Herstellers A entwickelt wurde, auf ein DBMS des Herstellers B zuzugreifen. Drittanbieter wie *Information Builders* und *Intersolv* haben diesen Mangel erkannt und

bieten sog. Datenbank-Gateways an (*EDA* bzw. *DataDirect*), mit denen es
möglich ist, unter Verwendung einer gemeinsamen API transparent auf verschiedene DBMS zuzugreifen. Ein anderer Weg, dieses Problem zu umgehen,
ist der Einsatz standardisierter Schnittstellen wie ODBC (Open Database Con-
nectivity) und IDAPI (Integrated Database Application Programming Interface), mit denen Clients auf beliebige DBMS zugreifen können, solange dafür
ein passender Treiber zur Verfügung steht [Orfa94, S. 197 f.]. In beiden Fällen
bringt das Durchlaufen zusätzlicher Software-Schichten jedoch im Vergleich zu
einer direkten Anbindung erhebliche Performance-Einbußen mit sich.

- **RPC-Middleware**: Remote Procedure Calls (RPCs) ermöglichen es, Dienste
  eines entfernten Rechners lokationstransparent aufzurufen. Wie bei einem lokalen Prozeduraufruf können Parameter übergeben und Rückgabewerte zurückgeliefert werden. Der Programmierer kann von Details des Verbindungsauf-
  baus, des Datentransports und der Formatkonvertierung vollständig abstrahieren, da ihm die RPC-Laufzeitbibliothek diese Aufgabe abnimmt. Nach [Geih-
  93, S. 16] sind RPCs der „vorherrschende Mechanismus zur Realisierung von
  Client/Server-Interaktionen". Bekannte Implementierungen sind vor allem der
  DCE RPC [Schi93] und der *Sun RPC* [SUN85]. Eine umfassende Darstellung
  von RPC-Mechanismen ist in [Schi92a, Schi92b] zu finden.

- Zur fehlertoleranten und hocheffizienten Ausführung komplexer Operationen
  sowie zur Koordination verteilter Transaktionen setzen EDV-Großanwender
  mit extremen Lastanforderungen **TP-Monitore** ein [Meye88, Gray93]. Die
  durch den TP-Monitor implementierten Transaktionsprogramme können, meist
  auf der Grundlage von RPC-Mechanismen, durch Clients aufgerufen werden.
  Auf diese Art lassen sich Client-Programme realisieren, die auf Mainframe-ba-
  sierende, existierende Anwendungen zugreifen bzw. dessen Funktionen nutzen.
  Beispiele für Werkzeuge zur Entwicklung solcher Client-Programme sind *BEA
  Tuxedo Workstation* oder *Encina for Windows* von *Transarc*. Mit Hilfe eines Application Developers Kit lassen sich mit letzterem Aufrufe an den TP-
  Monitor transparent in C++- und sogar in *Visual Basic*-Programme integrieren.

- **Nachrichtenbasierte Middleware**: RPCs basieren auf einem synchronen Kommunikationsmodell, d.h., der Client bleibt vom Zeitpunkt des Aufrufs einer entfernten Prozedur bis zum Erhalt des Ergebnisses blockiert. Es gibt Anwendungsfälle, bei denen derartiges Verhalten nicht sinnvoll ist, z.B. wenn die Abarbeitung der Dienstanforderung sehr lange dauert, etwa bei einer aufwendigen
  Kalkulation oder einer komplexen Datenbankanfrage. Dort ist ein asynchrones
  Kommunikationsmodell angemessen, bei dem der Client einen Auftrag ab-
  schickt und nicht sofort ein Ergebnis erwartet. Statt dessen informiert der Server den Client, sobald er die Anfrage bearbeitet hat. Zur Pufferung von Nachrichten, also von Auftragsdaten und Anfrageergebnissen, stellt nachrichtenbasierte Middleware *persistente Warteschlangen* zur Verfügung. Diese führen zu
  einer vollständigen Entkopplung zwischen Client und Server, denn die beiden
  Kommunikationspartner müssen nicht zur gleichen Zeit verfügbar sein. Typische Vertreter nachrichtenbasierter Middleware sind *IBM MQSeries*, *Peer-
  logic Pipes* und *X*IPC* von *Momentum Software*.

Die vier Systemtypen sind für viele Aufgabenstellungen unterschiedlich gut geeignet; insbesondere werden verschiedene Kommunikationsmodelle (synchron/asynchron) unterstützt. In großen EDV-Umgebungen trifft man somit stets einen Mix mehrerer Typen und Produkte an. Viele Hersteller versuchen daher, die Eigenschaften vormals unterschiedlicher Middleware-Kategorien zu einer neuen Form „multifunktionaler Middleware-Produkte" [Ryme96, S. 70] zu verschmelzen.

Zusammenfassend ist festzuhalten, daß Middleware dem Entwickler die Arbeit sehr erleichtert, denn sie bewerkstelligt die Kommunikation zwischen Client und Server transparent und löst gleichzeitig das Problem der Systemheterogenität. Insbesondere erfolgt die Kodierung komplexer Datenstrukturen zum Zweck des Transports (Marshalling) automatisch. Den genannten Middleware-Typen liegt jedoch im Ansatz ein „klassisches" Verständnis von Client und Server zugrunde, das sich durch folgende Merkmale auszeichnet: Erstens erfolgt eine starre Bindungszuordnung, in der die Verknüpfung zwischen Client und Server einmalig festgelegt wird, z.B. durch Eintrag der Serveradresse in Konfigurationsdateien des Clients. Eine dynamische Bindung setzt die Existenz von Namens- oder Vermittlungsdiensten [Mitt98a] voraus, die eine dynamische Registrierung und Auswahl gleichwertiger Diensterbringer erlauben. Das zweite Merkmal ist die große Funktionsbreite der Serverschnittstellen und das dritte die geringe Anzahl der Server. Bei einem weiteren Middleware-Typ, den verteilten Objektverwaltungssystemen, wird in mehrfacher Hinsicht ein anderer Ansatz verfolgt: Statt aus einigen wenigen Client/Server-Paaren entstehen Anwendungssysteme in verteilten Objektverwaltungssystemen durch das Zusammenwirken einer großen Anzahl feingranularer Objekte, die dynamisch in wechselnden Nutzungsbeziehungen miteinander verknüpft werden.

3.2 Verteilte Objektverwaltungssysteme

Die objektorientierte verteilte Programmierung wendet das Client/Server-Modell auf der feingranularen Ebene einzelner Objekte an. Anwendungen werden in eine Menge von Objekten strukturiert, die zwar – dem klassischen Verständnis entsprechend – Daten einkapseln und Operationen anbieten, aber auf unterschiedlichen Rechnerknoten plaziert sein können. Die Objekte interagieren miteinander durch den gegenseitigen Aufruf von Operationen oder durch den Versand von Nachrichten. Die untrennbare Verknüpfung von Operationen und Objekten ist der wesentliche Unterschied zu nicht objektorientierten verteilten Technologien (z.B. OSF DCE), wo Schnittstellen nicht an Objekttypen gebunden sind.

Um die Implementierung von verteilten Objekten zu ermöglichen, entstand ein neuer Typ von Systemsoftware. Da sich hierfür bisher keine deutsche Bezeichnung durchgesetzt hat, wird häufig der englische Begriff „*distributed object computing*" verwendet. In [Laus96] wird von „Systemen zur verteilten Objektverwaltung" gesprochen. Wir wollen diese Kategorie von Systemsoftware als *verteilte Objektverwaltungssysteme* bezeichnen.

3.2.1   Charakteristika verteilter Objektverwaltungssysteme

Verteilte Objektverwaltungssysteme sind ein technisches Mittel zur Realisierung *verteilter Rechneranwendungen* [Schi97b]. Während im klassischen Client/Server-Modell hierarchische Aufrufbeziehungen vorherrschen [Heus95, S. 6], ermöglichen verteilte Objektverwaltungssysteme eine engere Verzahnung und erlauben eine netzartige Kommunikation der beteiligten Software-Komponenten untereinander. Aufgabe eines verteilten Objektverwaltungssystems ist es, die Kooperation von Objekten zu ermöglichen, die auf unterschiedlichen Knoten eines Rechnernetzwerks plaziert sind. Als Objekt können dabei sowohl einfach strukturierte Objekte als auch entsprechend gekapselte Anwendungsprogramme verstanden werden, die auf der Grundlage eines gemeinsamen, sprachunabhängigen Objektmodells miteinander kommunizieren. Bei verteilten Objektverwaltungssystemen sind nicht mehr Programme, sondern Implementierungen einzelner Objekttypen die elementaren Einheiten der Plazierung auf Rechnerknoten (vgl. [Schi97b, S. 10]). Die wesentlichen Merkmale und Funktionen verteilter Objektverwaltungssysteme werden nachfolgend vorgestellt, weitergehende Erläuterungen finden sich z.B. in [Orfa96, Reic96, Schi97b]:

- **Abwesenheit einer zentralen Komponente**: Kennzeichen verteilter Systeme im allgemeinen ist es, daß ihre Komponenten weitgehend autonom arbeiten. Dies gilt speziell auch für verteilte Objektverwaltungssysteme. Damit wird eine hohe Verfügbarkeit erreicht, denn es gibt keine zentrale Komponente, die sich zum „single-point-of-failure" entwickeln könnte. Sollen wichtige Dienste auch beim Ausfall einzelner Betriebsmittel aufrecht erhalten (Fehlertoleranz) oder der Wirkungsbereich solcher Ausfälle begrenzt werden, so ist für eine Replikation der Objekte zu sorgen, die diese Dienste erbringen.

  Wird eine Software-Architektur unter Einsatz eines verteilten Objektverwaltungssystems derart gestaltet, daß keine zentrale Komponente existiert, wirken in der Regel mehrere Objektexemplare gemeinsam im Funktionsverbund. Erlaubt es die Anwendung, auch noch „hot-spot"-Objekte (z.B. Saldoobjekt in einer Bank) zu vermeiden, ist mit einem solchen Architekturmodell zudem gute Skalierbarkeit gewährleistet.
- **Objektidentität**: Im Gegensatz zum herkömmlichen Client/Server-Modell fordert ein Dienstnutzer nicht die Ausführung eines anonymen Dienstes an, sondern beauftragt ein konkretes Objektexemplar, eine Operation auszuführen, die Teil von dessen Schnittstelle ist. Aus diesem Grund müssen Objektexemplare systemweit eindeutig identifizierbar sein.
- **Verbindungslosigkeit**: Client-Objekte müssen nicht starr auf die Nutzung konkreter Server-Objekte festgelegt werden. Selbst Dienstanforderungen, die in kurzen Zeitabständen hintereinander abgesetzt werden, können von unterschiedlichen Server-Objekt-Implementierungen bedient werden. Daß sich ein Wechsel von Server-Objekten für die Client-Objekte transparent gestalten läßt, ist z.B. vorteilhaft, um eine Lastbalancierung zu realisieren. Hier kann eine Objektauswahl in Abhängigkeit der aktuellen Auslastung von Rechnerknoten erfolgen, auf denen die Implementierungen plaziert sind. Im Vergleich zu starren Strukturen herkömmlicher Client/Server-Architekturen führen die wechselnden

Bindungen zu einer hohen Dynamik, weswegen [Brod97] anschaulich von einer *„Nanosecond-Architecture"* spricht. Ein expliziter Verbindungsauf- und abbau entfällt – aus logischer Sicht wird für die Durchführung jedes einzelnen Operationsaufrufs eine temporäre Verbindung erstellt.

- **Indirekte Adressierung**: Sollen für die Adressierung von Objektexemplaren logische Namen eingeführt werden, erfordert dies einen Verzeichnis- oder Namensdienst, der die Abbildung logischer Bezeichner auf konkrete Objektexemplare leistet. Ist ein derartiger „Vermittlungsdienst" vorhanden und damit eine starke Entkopplung zwischen diensterbringendem und dienstanforderndem Objekt gewährleistet, können selbst im laufenden Betrieb Rekonfigurationen problemlos vorgenommen werden.

- **Lokationsunabhängiger Aufruf**: Bei der Nutzung der Dienste eines Objekts kann von dessen Implementierungsort abstrahiert werden. Der lokale Aufruf unterscheidet sich nicht von einem entfernten, d.h., der Nutzer hat keine Information darüber, auf welchem Rechnerknoten sich das angesprochene Objekt befindet. In manchen Systemen können Objekte sogar – für Nutzer ihrer Dienste transparent – ihre Lokation ändern, also migrieren.

- **Nebenläufigkeit von Operationsaufrufen**: Da Objekte grundsätzlich unabhängig voneinander sind und auf verschiedenen Rechnerknoten plaziert sein können, ergibt sich die Möglichkeit zur parallelen, asynchronen Verarbeitung von Dienstanforderungen. Ein Client-Objekt beauftragt hierbei mehrere Server-Objekte mit der Durchführung von Teilaufgaben und wird asynchron von der Fertigstellung informiert. Um Blockierungszustände zu vermeiden, können Objekte so implementiert werden, daß sie in der Lage sind, Dienstanforderungen von mehreren Client-Objekten nebenläufig zu erfüllen. Voraussetzung ist dann aber, daß entsprechende Implementierungstechniken eingesetzt werden, z.B. Multithreading. Außerdem müssen verteilte Objektverwaltungssysteme natürlich Mechanismen zur Synchronisation parallel laufender Transaktionen anbieten; darauf wird in Abschn. 3.3.4.8 ausführlich eingegangen.

Ein weiterer großer Vorteil verteilter Objektverwaltungssysteme ergibt sich durch deren konzeptionelle Nähe zu objektorientierten Programmiersprachen; schließlich bietet sich nun die Möglichkeit, die Schnittstellen von Objekttypen ohne weitere Abbildungen als Dienst innerhalb eines Rechnernetzes anzubieten.

3.2.2 Übersicht verteilter Objektverwaltungssysteme

Dieser Unterabschnitt stellt mit DCOM und CORBA zwei Vertreter verteilter Objektverwaltungssysteme vor, die für die Realisierung von WFMS geeignet erscheinen, bzw. bei denen dies bereits durch Implementierungen unter Beweis gestellt wurde. Diese beiden Beispiele werden ausgewählt, da sie weitgehend unabhängig von konkreten Programmiersprachen und eindeutig der als Middleware (s. Abschn. 3.1) bezeichneten Systemsoftware zuzuordnen sind.

- **DCOM** ist eine Erweiterung des *Component Object Models* (COM) der Firma *Microsoft*, das die Grundlage der *OLE2.0*- bzw. *ActiveX*-Technologie bildet

[Brow96]. *Object Linking and Embedding (OLE)* wurde 1990 zunächst für die Handhabung von Verbunddokumenten konzipiert und seitdem zu einer allgemein verwendbaren Komponentenarchitektur ausgebaut. OLE-Komponenten, sog. *OLE-* oder *OCX-Controls*, lassen sich mit Hilfe entsprechender Entwicklungswerkzeuge sehr leicht in Applikationen integrieren. Mit *DCOM (Distributed* COM*)* können Schnittstellen von OLE-Objekten, die vorher nur für Aufrufe innerhalb eines Adreßraums konzipiert waren, über sog. „Object-RPC-Schnittstellen" von anderen Rechnern aus angesprochen werden. Die RPC-Mechanismen basieren auf dem DCE RPC [Schi93]; die Durchführung der entfernten Aufrufe ist für den Client transparent. Eine weitergehende Verwendung von DCE-Konzepten, etwa der Security-Dienste, findet in DCOM jedoch nicht statt. OLE-Objekte können mehrere Schnittstellen realisieren, die jeweils eine Reihe von Operationen umfassen. Der Aufruf dieser Operationen beruht auf einem von *Microsoft* vorgegebenen, binären Protokoll. Die Implementierungen von OLE-Objekten müssen sich an ein festgelegtes Funktionstabellenformat halten, das nach dem Modell der *virtual function tables* von C++ aufgebaut ist (s. [Roge97]). Erlangt ein Client-Objekt einen Zeiger auf diese Funktionstabelle, erhält es mit Hilfe einer speziellen Operation (`QueryInterface`) Zeiger auf die verschiedenen Schnittstellen des OLE-Objekts und anschließend auf die darin enthaltenen Operationen, um diese aufzurufen. Schnittstellen weisen jeweils einen eindeutigen Identifikator (`InterfaceID`) auf, über den auf sie zugegriffen wird. OLE-Objekte lassen sich mit beliebigen Programmiersprachen implementieren, einzige Voraussetzung ist, daß das Entwicklungswerkzeug Objektdateien in dem vorgegebenen Format erzeugen kann. Dieser binäre Charakter hat starke Auswirkungen auf die Handhabung von Änderungen an den Schnittstellen. Jede Änderung der Anzahl oder Reihenfolge der Operationen innerhalb einer Schnittstelle sowie jede Änderung der Signatur der enthaltenen Operationen führt in COM zu der Notwendigkeit, hierfür eine zusätzliche Schnittstelle zu definieren. Momentan sind DCOM-Implementierungen nur für die Betriebssysteme *Windows NT* und *Windows95/98* verfügbar. Allerdings wird an einer Portierung von DCOM auf andere Plattformen gearbeitet. Portierungen auf *Sun Solaris*, *Digital Unix* sowie für *Linux* wurden durch die *Software AG* realisiert und befinden sich momentan im Teststadium.

WFMS, die direkt auf der Grundlage von DCOM aufbauen, sind bisher nicht bekannt; in [Schm97] wird jedoch die grundsätzliche Eignung dieser Technologie für diesen Zweck gezeigt. Die beiden WFMS *SmartFlow* der *Paravisio AG* sowie *WFX WorkFolder* von *Eastman Software* nutzten DCOM indirekt, indem sie als Add-On auf dem *Exchange Server* von *Microsoft* aufbauen.

- **CORBA**: Die Spezifikation der Object Management Group für die Common Object Request Broker Architecture (CORBA) beschreibt, wie verteilte Objekte mit Hilfe eines ORB miteinander kommunizieren können. Fundamentaler Unterschied zu DCOM ist die Plattformneutralität und die Unterstützung heterogener Systeme, die bereits bei der Konzeption von CORBA im Mittelpunkt standen. Insbesondere können Objekte miteinander kooperieren, die in unterschiedlichen Sprachen implementiert wurden. Der Darstellung von CORBA ist in diesem Buch der eigene Unterabschnitt 3.3.3 gewidmet, weswegen eine detaillierte Schilderung an dieser Stelle unterbleibt.

Der Schwerpunkt der beiden Systeme liegt auf der Integration von Software-Komponenten und nicht auf deren Implementierung. Genau dies grenzt sie von Technologien ab, die durch spezielle Programmiersprachen geprägt sind und ein sprachspezifisches Programmiermodell erzwingen. Deren Charakter entspricht eher einer Implementierungs- und nicht einer Integrationstechnologie. Beispiele für erstere sind die Sprache Java zusammen mit dem Java RMI (Remote Method Invocation), Enterprise JavaBeans sowie spezialisierte verteilte Programmiersprachen. Auf diese speziellen Implementierungstechnologien wird daher hier nicht eingegangen.

Tab. 3-1 stellt die wichtigsten Eigenschaften der beiden vorgestellten verteilten Objektverwaltungssysteme zusammen. Eine detailliertere Gegenüberstellung würde hier den Rahmen sprengen und wurde bereits mehrfach vorgenommen [Brow-99, Chun97, Carr97, Stan97, OMG97c, Mitr98] sowie [Orfa96, S. 425 f.].

	Microsoft **OLE / DCOM**	**OMG** **CORBA**
Objektmodell		
– Objektidentität – Polymorphie – Vererbung	– keine Objektidentität – Polymorphie durch Delegation – keine Schnittstellenvererbung	– Objektidentität – Polymorphie – Schnittstellenvererbung; (Implementierungsvererbung nach Belieben)
Schnittstellen-Beschreibungssprache	Microsoft IDL	Interface Definition Language (gem. ISO-Standard)
Architektur und Implementierung		
Trennung von Schnittstelle und Implementierung	IDL-Schnittstellenbeschreibung nur zur Übersetzungszeit, danach binär (TLB)	Schnittstellenbeschreibung immer verfügbar (Interface Repository)
Versionierung von Schnittstellen	nicht möglich, aber mehrere Schnittstellen pro Objekt	möglich
Sicherheits- und Schutzmechanismen	keine	Security Service
Transaktionsunterstützung	OLE Transaction Server	Transaction Service
Auffinden von Server-Objekten	Windows Registry	Naming Service und Trading Object Service
Unterstützung für Persistenz	Zugriff auf DBMS mit OLE-DB	Persistent Object Service (Persistent State Service)
Sonstiges		
Verfügbarkeit auf Betriebssystem- und Rechnerplattformen	Windows 95/98, Windows NT; andere in Vorbereitung	>100 Implementierungen, praktisch alle gängigen Plattformen
Preis	niedrig (Teil des Betriebssystems)	hoch
Reifegrad / Stabilität	niedrig	hoch
Unterstützung durch Entwicklungswerkzeuge	sehr komfortabel Integration in gängige Entwicklungsumgebungen, z.B. VC++, VB, Delphi	mittelmäßig i.d.R. wenig komfortable kommandozeilenbasierte Werkzeuge

Tab. 3-1:   Übersicht verteilter Objektverwaltungssysteme

Für die Auswahl einer Technologie für den unternehmensweiten Einsatz und als Plattform für einen WFMD sind technische Details aber nur ein Teilaspekt. Dort zählt auch Investitionssicherheit, also die Frage, wie sich eine Plattform im Markt etabliert und welche Rolle sie in der kommerziellen Datenverarbeitung spielt. Es spricht vieles dafür, daß sich DCOM für kleine bis mittlere Anwendungen auf PC-Basis durchsetzen wird, während für Anwendungen mit hohen Leistungsanforderungen im Backend-Bereich CORBA zum Einsatz kommt. Aktuelle Studien der Gartner Group [Nati99] und von Forrester Research [Brow99] belegen eindrucksvoll, daß CORBA von Großanwendern bevorzugt wird („..the Fortune 1,000 prefers CORBA 2-to-1 over COM", s. [Brow99]). Für DCOM spricht lediglich die gute Unterstützung durch Entwicklungswerkzeuge, die Teilkompatibilität zu DCE und – nicht zuletzt – der niedrige Preis. Als nachteilig wird der geringe Reifegrad und die extreme Herstellerbindung empfunden. Dazu kommt, daß DCOM in seiner jetzigen Form [Brow96] aufgrund mangelhafter Skalierbarkeit für die Realisierung umfangreicher, global verteilter Anwendungen ungeeignet ist. Gründe sind die Art der Objektreferenzverwaltung sowie die Notwendigkeit, durch den Versand regelmäßiger „keepalive"-Nachrichten Server-Objekte an einer automatischen Deaktivierung zu hindern [OMG97c, S. 9].

Hauptargument für CORBA ist die Plattform- und Herstellerunabhängigkeit. Solange sich ORB-Implementierungen an die öffentlich verfügbaren Spezifikationen der OMG halten, ist Interoperabilität zwischen Objekten auf beliebigen Plattformen gewährleistet. Dazu kommen der inzwischen erreichte Reifegrad und die Stabilität der meisten ORB-Implementierungen, die im Vergleich zu DCOM bessere Skalierbarkeit, sowie die gute Eignung zur Integration bestehender Altanwendungen. Dies gilt vor allem für die Vielzahl von Anwendungen, die unter den verschiedenen UNIX-Varianten betrieben werden, denn CORBA-Implementierungen sind für fast alle UNIX-Varianten verfügbar. CORBA ist die einzige Middleware, die plattformübergreifend verfügbar und nicht proprietär ist – insbesondere liegt die Entwicklung des Standards in den Händen einer von einzelnen Herstellerinteressen unabhängigen Organisation, der OMG.

CORBA trifft bei der gleichen Zielgruppe auf hohes Interesse und Anwendungspotential wie Workflow-Management: große, geographisch verteilte, multinationale Unternehmen, die mit einer großen Anzahl verschiedener Rechner- und Betriebssystemplattformen umgehen müssen. Um beide Technologien miteinander zu vereinen, wird in diesem Buch der Weg eingeschlagen, einen WFMD auf der Grundlage von CORBA zu konzipieren.

3.3 Das Architekturmodell der Object Management Group

Dieser Abschnitt stellt die Arbeit und das Architekturmodell der *Object Management Group (OMG)* dar. Dies ist aus zweierlei Gründen notwendig: Erstens ist die gründliche Beschäftigung mit den Spezifikationen unerläßlich, wenn ein darauf abgestimmter Workflow-Management-Dienst konzipiert werden soll. Zweitens existiert, was deutschsprachige Publikationen über das Architekturmodell angeht, ein erstaunliches Defizit. Wir wollen dazu beitragen, diese Lücke zu schließen.

3.3.1   Object Management Group (OMG)

Die OMG ist mit über 900 Mitgliedern die weltweit größte Vereinigung von Software-Herstellern und -Anwendern. Bei der Gründung 1989 hat man sich zum Ziel gesetzt, die Verbreitung der Objekttechnologie zu fördern und ein „Referenz"-Architekturmodell für verteilte Anwendungen zu schaffen [OMG95c]. Seither wurde eine große Anzahl von Spezifikationen erarbeitet und veröffentlicht, in denen die Komponenten und Schnittstellen dieses Architekturmodells festgeschrieben werden. Nachdem viele der ursprünglichen Ziele inzwischen erreicht sind, hat sich der inhaltliche Anspruch in den letzten Jahren stark erweitert. Während sich andere Standardisierungsgremien stets auf Teilgebiete beschränken, hat die OMG als einzige Organisation das ehrgeizige Ziel, einen umfassenden Architekturrahmen und standardisierte Schnittstellen für beinahe alle Gebiete der EDV-Landschaft bereitzustellen. Damit ist gemeint, daß sich die OMG nicht nur mit technologieorientierten Themen, sondern mit der Standardisierung fachspezifischer Referenzmodelle beschäftigt. Auf deren Inhalte wird später kurz eingegangen.

Die OMG legt Wert darauf, daß ihre Standards in Produkte umgesetzt werden. Firmen, die sich an den öffentlichen Ausschreibungsverfahren („Request-For-Proposals", RFP) für Standards beteiligen, verpflichten sich, innerhalb eines Jahres ein Produkt anzubieten, das den jeweiligen Standard umsetzt. Ist kein Hersteller dazu in der Lage, verliert der Standard seine Gültigkeit („sunset policy"). Regelungen und Formalitäten des Standardisierungsprozesses sind in [OMG95c] festgelegt. Die OMG ist aber kein öffentlich legitimiertes Normungsgremium wie etwa die *International Standards Organisation (ISO)* oder das *Deutsche Institut für Normung*, sondern ein reiner Interessensverband. Aus diesem Grund ist es falsch, wenn die von der OMG produzierten Spezifikationen oft als *Norm* bezeichnet werden. In diesem Buch wird daher der weniger strenge Begriff *Standard* verwendet.

3.3.2   OMG Object Management Architecture (OMA)

Dieser Unterabschnitt gibt einen Überblick der Konzepte, die für das weitere Verständnis des Architekturmodells notwendig sind. Umfassende und fundierte Darstellungen der OMA finden sich in [Mowb95, Orfa96, Redl96, Yang96, Pope98] sowie ursprünglich in [OMG95c]. Da vielen Autoren nur Sekundärliteratur zur Verfügung steht, existieren leider nicht wenige Publikationen, die ein unvollständiges und veraltetes Bild der OMA und der Standardisierungsarbeit vermitteln.

Die *Object Management Architecture (OMA)* ist ein Architekturmodell, nach dessen Vorgaben sich verteilte objektorientierte Anwendungen leichter erstellen lassen. Die „Kommunikationszentrale" ist der *Object Request Broker* (ORB), der in Abb. 3-1 in der Mitte dargestellt ist. Er sorgt dafür, daß Objekte bzw. Software-Komponenten über Grenzen von Betriebssystemen und Hardwareplattformen hinweg miteinander durch Nachrichtenaustausch kommunizieren können. Neben dem ORB sind in der OMA vier weitere Bereiche enthalten: *CORBAservices, CORBAfacilities, Domain Interfaces* und *Application Objects*. Bevor diese in den anschließenden Unterabschnitten vorgestellt werden, folgen zunächst Ausführungen über das OMG-Objektmodell und verteilte Operationsaufrufe.

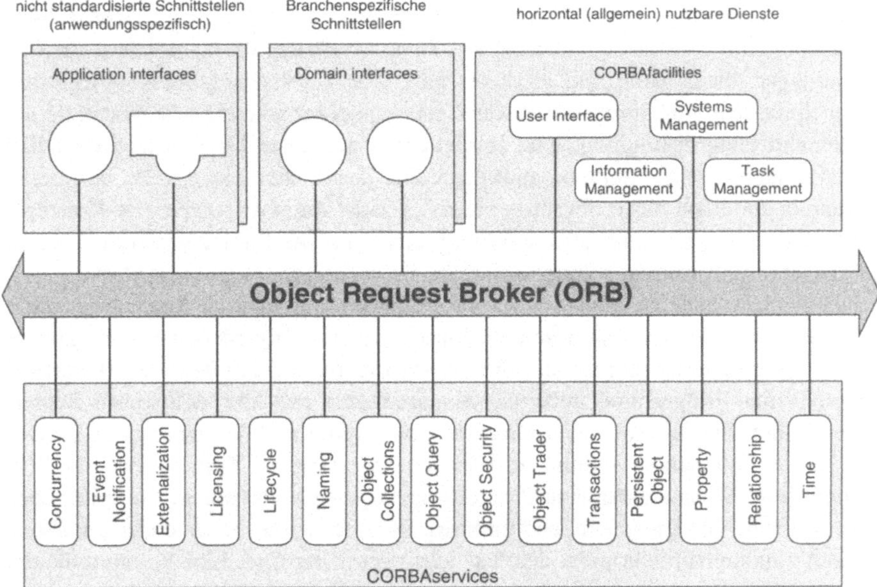

Abb. 3-1:   Das Architekturmodell der OMA (nach [OMG96d])

Verteilte Objekte im Sinne der OMG basieren auf einem Objektmodell (*Core Object Model*, [OMG95c, S. 53 f.]), das alle wesentlichen Konzepte der Objektorientierung beinhaltet. Dieses Kernmodell ist der „kleinste gemeinsame Nenner" [Mano93, S. 11], den ein System unterstützen muß, damit es gemäß der OMG-Definition als „Objekttechnologie" verstanden werden kann. Das Kernmodell beschränkt sich auf Objektidentität, Typisierung, Kapselung, Polymorphie sowie Schnittstellenvererbung. Die OMG zeigt darüber hinaus einen Weg auf, dieses Kernmodell durch Anreicherung mit zusätzlichen Komponenten für spezielle Anwendungsfälle anzupassen und zu erweitern. Eine solche Spezialisierung wird als „Profil" bezeichnet. So wurde beispielsweise für CORBA ein Profil definiert, in dem einige vordefinierte Datentypen sowie das Konzept der Ausnahmebehandlung (exceptions) neu eingeführt werden, und in dem z.B. die Mehrfachvererbung des Kernmodells gewisse Einschränkungen erfährt (s. [OMG95c, S. 66]). Weitere Ausführungen zu Objektmodellen, insbesondere zu Profilen, sind für das weitere Verständnis nicht notwendig. Ausführliche Erörterungen dazu finden sich in [Mano93, S. 12 f.] und [Ben95, S. 19 f.].

Objekte werden von der OMG als grundlegende Bausteine verteilter Anwendungen definiert, deren Verhalten über den Aufruf ihrer *Operationen* gesteuert werden kann. Die Menge der von einem Objekttyp unterstützten Operationen wird als Schnittstelle *(Interface)* bezeichnet und mit Hilfe der normierten *Interface Definition Language (IDL)* beschrieben. Die Schnittstelle legt alle von außen nutzbaren Eigenschaften eines Objekttyps fest; die Implementierung ist vollständig getrennt davon und kann in bekannten Programmiersprachen erfolgen. Einzige Voraussetzung für die Verwendung einer bestimmten Sprache ist, daß eine Abbildung (*language mapping*) auf die Sprachkonstrukte der IDL definiert ist. Dies ist nicht nur für objektorientierte Sprachen (C++, Java, Smalltalk, ADA), sondern auch für C und sogar für COBOL und PL/1 der Fall. Die Verwendung nicht objektorientierter Sprachen wird durch die strikte Unterscheidung zwischen Schnittstelle und Implementierung ermöglicht. Die Implementierung eines Objekttyps ist letztlich nichts anderes als die Implementierung eines durch die Schnittstelle definierten Protokolls und kann daher durchaus unter Verzicht auf objektorientierte Konzepte, insbesondere Implementierungsvererbung, erfolgen. Die Implementierung darf sogar ausgetauscht werden, solange dabei die Schnittstelle unverändert bleibt.

Der Unterschied zu Objekten im programmiersprachlichen Sinne liegt darin, daß dort Objekte (streng genommen: Klassen) nur auf Quellcode-Ebene gebildet werden. Der Programmierer nutzt die Objektorientierung zur besseren Beherrschbarkeit seiner Programme, indem er Komponenten mit klar definierten Schnittstellen bildet. Die Bildung von abstrakten Strukturen und Vererbung hat letztlich das Ziel der Wiederverwendung und der Verringerung des Kodieraufwands. Wird der auf diese Weise entstandene Programmcode jedoch von einem Compiler übersetzt, entsteht am Ende ein ausführbares Programm, bei dem darin enthaltene Klassen von außen nicht mehr sichtbar oder zugreifbar sind. Eine Kommunikation zwischen Objektexemplaren, die in unterschiedlichen ausführbaren Programmen enthalten sind, ist nicht vorgesehen. Bei einer Rahmenarchitektur wie der OMA ist die Objektorientierung dagegen als *Architekturprinzip* zu verstehen, d.h., Objekte sind eigenständige Bestandteile einer verteilten Architektur und kommunizieren miteinander durch gegenseitige Nutzung ihrer exportierten Schnittstellen.

3.3.3 Common Object Request Broker Architecture (CORBA)

Ein Objekt (Client-Objekt) kann die Dienste eines anderen Objekts (Server-Objekt) nutzen, indem es sich mit einer Dienstanforderung (*Request*) an den ORB wendet. Dazu muß dem Client-Objekt lediglich die Objektreferenz des Server-Objekts bekannt sein. Der ORB ermittelt aufgrund der übergebenen Objektreferenz zunächst die Lokation des Server-Objekts, startet dort den eigentlichen Operationsaufruf und liefert am Ende dem Client-Objekt das Ergebnis des Aufrufs zurück. Analog zum RPC-Paradigma handelt es sich um eine synchrone Kommunikation; der Aufrufer bleibt in der Regel blockiert, bis das Ergebnis zurückgeliefert ist. Eine der wesentlichen Aufgaben des ORB ist demnach die Herstellung von Ortstransparenz, denn ein Client-Objekt hat keine Information darüber, auf welchem Rechnerknoten sich das Server-Objekt befindet. Es besitzt lediglich die Objektreferenz, aus der es keine Rückschlüsse auf die Lokation der Implementierung des zugehörigen Server-Objekts ziehen kann. Für die Zuordnung zwischen Objektreferenzen und deren Implementierung ist der ORB zuständig. Er verwendet hierfür das *Implementation Repository*, in dem sich alle Angaben darüber finden, welche Programme auszuführen sind, wenn eine Dienstanforderung für ein Objekt eintrifft.

Zur Erfüllung seiner Aufgabe benötigt der ORB-Kern eine Reihe weiterer Komponenten: Das *Interface Repository* enthält die IDL-Definitionen sämtlicher beim

ORB registrierten Objekttypen. Diese Information ist wichtig, wenn zur Laufzeit die Schnittstelle eines zuvor unbekannten Objektexemplars ermittelt und analysiert werden soll. Ein Client kann sich aus dem Interface Repository eine Liste der von einem Objekttyp unterstützten Operationen sowie Anzahl und Typ der Operationsparameter beschaffen. Anschließend kann sich der Client über das *Dynamic Invocation Interface* an den ORB wenden und einen dynamisch generierten Operationsaufruf an das Server-Objekt absetzen.

Dieser zentrale Teil der OMA, bestehend aus dem ORB und dessen Schnittstellen, wird als *CORBA* (Common Object Request Broker Architecture) bezeichnet, deren Spezifikation in der aktuell gültigen Version 2.3 seit Ende 1998 vorliegt. Ältere Fassungen des Standards sahen keine Möglichkeit vor, verschiedene ORB-Implementierungen miteinander zu verbinden. Die Folge war, daß ein auf Plattform A implementiertes Objekt nur von einer anderen Plattform angesprochen werden konnte, wenn dort der gleiche ORB zur Anwendung kam. Erst mit der Version 2.0 wurde 1996 das *General Inter-ORB-Protocol (GIOP)* verabschiedet, das eine Zusammenarbeit verschiedener Broker auf unterschiedlichen Plattformen ermöglicht. Die Abbildung des GIOP auf das im Internet übliche Transportprotokoll TCP/IP wird als *Internet Inter-ORB Protocol (IIOP)* bezeichnet. Die OMG empfiehlt ORB-Herstellern, dieses Protokoll zu unterstützen, um eine problemlose Integration von Produkten (*„out-of-the-box interoperability"*, s. [OMG-96d, S. 8]) zu erreichen. Wichtige Grundlage des IIOP sind *Interoperable Objektreferenzen (IOR)*, die verbindlich eine Kodierung aller Angaben vorschreibt, die notwendig sind, um Objektexemplare global eindeutig zu adressieren. Nachfolgend sind die Angaben zusammengestellt, die in einer IOR enthalten sind:

<table>
<tr><td>

- Das Transportprotokoll, das zu verwenden ist, um den Objekt-Server zu kontaktieren.
- Der Name des Rechnerknotens, auf dem der Objekt-Server plaziert ist.
- Die Port-Nummer, auf der der Objekt-Server erreicht werden kann.
- Der Typ des Objekts, das unter der Objektreferenz angesprochen werden kann.
- Sowie weitere Daten, die notwendig sind, um das Objekt innerhalb des Servers zu adressieren („object key").

</td></tr>
</table>

Abb. 3-2:   Aufbau von Interoperablen Objektreferenzen (s. hierzu [Henn98, S. 64])

Gegenwärtig wird eine größere Anzahl von ORB-Implementierungen angeboten (s. [Horn95, Fisc97, S. 4]), die aber keineswegs in der Lage sind, miteinander zu kooperieren. Im Rahmen der Implementierungsarbeiten an WorCOS wurden bezüglich der ORB-Interoperabilität erhebliche Mängel festgestellt, auf die in Kap. 6 eingegangen wird.

Eine tiefergehende Schilderung der Kernmechanismen von CORBA ist für das weitergehende Verständnis nicht erforderlich; außerdem existiert zu diesem Thema eine ausreichende Menge an Literatur [Mowb95, Redl96, Sieg96, Pope98]. Dies ist bei den CORBAservices nicht der Fall, weswegen deren Beschreibung im nachfolgenden Unterabschnitt erheblich mehr Raum zugebilligt wird.

3.3.4 CORBAservices

Als *CORBAservices* werden die elementaren Basisdienste der OMA bezeichnet. Gemäß der Definition in [OMG92, S. 2] handelt es sich um eine Sammlung von Diensten, die zur Implementierung und zum Betrieb eines verteilten Objektverwaltungssystems nützlich bzw. notwendig sind. CORBAservices realisieren Funktionen, die im Fall der nicht-verteilten Programmierung von Compiler-Laufzeitsystemen, Entwicklungswerkzeugen oder Betriebssystemen bereitgestellt werden. Im Gegensatz zu üblichen Betriebssystem-Programmierschnittstellen sind CORBAservices jedoch hochgradig modular – im Idealfall ist jeder dieser Dienste unabhängig von den anderen und kann demnach eigenständig implementiert und genutzt werden. Jeder CORBAservice deckt nur einen eng abgegrenzten Funktionsbereich ab und ist kaum sinnvoll in kleinere funktionale Einheiten zu zerlegen. Besondere Beachtung findet bei der Funktionspartitionierung das *Bauhaus-Prinzip* [OMG92, S. 5], nach dem jedwede funktionale Überdeckung zu vermeiden ist.

Der durch die CORBAservices vorgegebenen Fundus kann zum einen direkt für die Implementierung verteilter Applikationen eingesetzt werden. Entwickler von Anwendungsobjekten (s. Unterabschn. 3.3.7) können die Dienste nutzen und beliebig miteinander kombinieren. Zum anderen sind CORBAservices als Grundbausteine für höherwertige Dienste, die CORBAfacilities (s. Unterabschn. 3.3.5), vorgesehen. Die OMG fordert ausdrücklich (s. Unterabschn. 4.1.4), daß CORBAservices bei neuen Spezifikationen zu berücksichtigen sind. Durch Verwendung von CORBAservices verspricht man sich eine Entkopplung vom jeweiligen Betriebssystem und der Hardwareplattform. Letztlich steckt dahinter das – z.B. bei Betriebssystemen oder DBMS – bewährte Wiederverwendungsprinzip, bei dem aus monolithischen Applikationen immer mehr Funktionalität in spezialisierte, standardisierte Software-Komponenten ausgelagert wird.

Im Verlauf der Standardisierung der CORBAservices wurden seit 1992 in mehreren Phasen mittlerweile 15 Dienste (s. Abb. 3-1) in Form umfangreicher Spezifikationen [OMG96d] niedergelegt. Deren Umsetzung in Produkte nimmt ständig zu, es existiert jedoch eine zwangsläufig eine Verzögerung von der Veröffentlichung des Standards bis zu marktfähigen Produkten. Einige Hersteller liefern zusammen mit ihren ORB- auch CORBAservice-Implementierungen aus [Aver98, Emme96]. In den folgenden Unterabschnitten werden die wesentlichen Funktionen aller momentan spezifizierten CORBAservices detailliert erläutert.

- Naming Service (Unterabschn. 3.3.4.1)
- Event Service (Unterabschn. 3.3.4.2)
- Persistent Object Service (Unterabschn. 3.3.4.3)
- Life Cycle Service (Unterabschn. 3.3.4.4)
- Concurrency Control Service (Unterabschn. 3.3.4.5)
- Externalization Service (Unterabschn. 3.3.4.6)
- Relationship Service (Unterabschn. 3.3.4.7)
- Transaction Service (Unterabschn. 3.3.4.8)
- Query Service (Unterabschn. 3.3.4.9)
- Licensing Service (Unterabschn. 3.3.4.10)
- Property Service (Unterabschn. 3.3.4.11)

- Time Service (Unterabschn. 3.3.4.12)
- Security Service (Unterabschn. 3.3.4.13)
- Trading Object Service (Unterabschn. 3.3.4.14)
- Object Collection Service (Unterabschn. 3.3.4.15)

Neben den bereits verabschiedeten Spezifikationen sind weitere CORBAservices in Vorbereitung, deren voraussichtliche Funktionen im Unterabschn. 3.3.4.16 kurz vorgestellt werden. Bei älteren Spezifikationen sind *Revision Task Forces* momentan bereits dabei, Verbesserungsvorschläge und Änderungswünsche einzuarbeiten, die in neue Versionen der jeweiligen Spezifikation münden sollen. Wo dies angemessen erscheint, wird in den einzelnen Unterabschnitten darauf eingegangen.

Die Diskussion der Nutzbarkeit der nachfolgend beschriebenen Dienste für die Konzeption und Implementierung eines WFMD erfolgt aus Gründen der besseren Lesbarkeit erst im Rahmen von Kap. 4.

3.3.4.1 *Naming Service*

Die CORBA schreibt keinen Mechanismus dafür vor, wie ein Client-Objekt die Objektreferenz eines Server-Objekts erlangt, dessen Dienste es nutzen möchte. Es wird darauf verwiesen, daß eine Vielzahl zulässiger Möglichkeiten existiert, und es werden Beispiele genannt: ein Client-Objekt kann eine Objektreferenz als Parameter einer Operation übergeben bekommen, sie in Form einer Zeichenkette als E-Mail erhalten oder sie aus einer Datei auslesen, die Server- und Client-Objekt gleichermaßen zugänglich ist. Die sauberste Methode ist jedoch, zur Registrierung von Server-Objekten den *OMG Naming Service* zu nutzen. Dieser Dienst bietet einen standardisierten Weg für das Registrieren und Auffinden von Server-Objekten, aber auch von anderen CORBAservices. [Redl96, S. 102] spricht anschaulich von einem „Telefonbuch für CORBA-Objekte". Einer Objektreferenz läßt sich mit Hilfe des Naming Service ein logischer Name zuordnen, über den später wieder auf sie zugegriffen werden kann. Das Namensverzeichnis ist streng hierarchisch, d.h., in einer Baumstruktur organisiert. Der vollständige Name eines Objekts ergibt sich aus dem Pfad von der Wurzel bis zum Blattknoten des Verzeichnisbaums. Innere Knoten des Verzeichnisbaums werden als *Namenskontext* (`NamingContext`) bezeichnet, innerhalb dessen Namen und untergeordnete Namenskontexte eindeutig zu sein haben. In verschiedenen Namenskontexten sind jedoch gleiche Namen zulässig. Im wesentlichen ergeben sich aus der Nutzung eines Namensdienstes zwei Vorteile:

- *Einheitlicher Zugriff auf heterogene Verzeichnisdienste*: Die OMG will etablierte Namensdienste, z.B. den DCE Cell Directory Service, ISO X.500 oder *Sun NIS* keinesfalls ersetzen. Diese können ohne großen Aufwand für die Implementierung eines OMG-konformen Naming Service eingesetzt werden. Daraus erwächst der Vorteil, anschließend über eine in IDL definierte, vereinheitlichte Schnittstelle darauf zugreifen zu können. Insbesondere ergibt sich die Möglichkeit der Interoperabilität, denn im Prinzip dürfen verschiedene Stufen der Namenshierarchie durch unterschiedliche Namensdienste realisiert sein. Die Föderation eines Namensraums ist sogar ausdrücklich vorgesehen.

- *Möglichkeit der dynamischen Rekonfiguration*: Welches Server-Objekt unter einem logischen Namen registriert ist und vor allem seine Lokation bleiben für den Nutzer des Namensdienstes transparent. Bei einer Rekonfiguration einer verteilten Anwendung brauchen daher nur die Objektreferenzen der Server-Objekte im Namensdienst aktualisiert zu werden.

Das Schnittstellenmodell des Naming Service besteht aus einem einzigen Paket **CosNaming**, das, neben einer Reihe von Datenstrukturen, nur zwei Modellelemente mit eigener Schnittstelle enthält: NamingContext und BindingIterator. Ein Paar, bestehend aus einem logischen Namen und einer Objektreferenz, wird als Namensbindung (Binding) bezeichnet. Ein NamingContext bietet alle Operationen an, die zur Verwaltung eines Namensverzeichnisses notwendig sind, also zunächst das Erzeugen neuer sowie das Lösen bestehender Namensbindungen. Darüber hinaus gibt es Operationen zur Abfrage von Namensbindungen. Zur Unterstützung der Traversierung des Verzeichnisbaums wird das Element BindingIterator verwendet.

Implementierungen des Namensdienstes sind heute für alle ORB-Produkte verfügbar und bei einigen im Lieferumfang enthalten, z.B. bei *SunSoft NEO* und *Distributed Smalltalk* von *ParcPlace*. *OrbixNames* von *IONA* und der *Visibroker Naming Service* von *Inprise* sind Produkte, die separat zu erwerben sind.

3.3.4.2 Event Service

Kommunikation in CORBA-basierten Systemen beruht darauf, daß ein Client-Objekt die Objektreferenz eines Server-Objekts kennt und die Operationsaufrufe des Clients von genau diesem Server-Objekt synchron abgearbeitet werden. Es sind also nur diese zwei Partner an der Kommunikation beteiligt. Kann das Server-Objekt nicht gefunden oder wegen eines Netzwerkfehlers nicht erreicht werden, schlägt der Operationsaufruf fehl. Diese Festlegung auf synchrone Kommunikation zwischen nur zwei Partnern stellt eine große Einschränkung dar, die sich durch Nutzung des *OMG Event Service* beheben läßt. Dieser erlaubt ein anonymes Broadcasting, bei dem Nachrichten (*Events*) von einem Sender verschickt werden, ohne die Identität und Anzahl der Empfänger zu kennen. Statt eine Vielzahl von Punkt-zu-Punkt-Verbindungen herstellen zu müssen, braucht der Sender nur eine einzige Broadcast-Nachricht zu verschicken. Asynchrone Kommunikation wird durch Einführung eines zusätzlichen Ereigniskanals (*EventChannel*) erreicht.

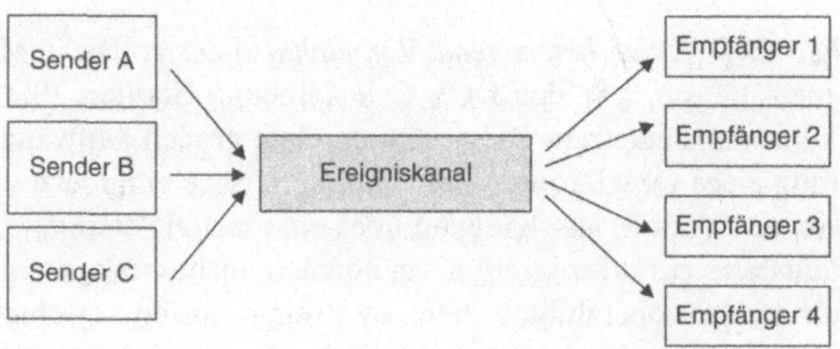

Abb. 3-3: Funktionsweise des Event Service (in Anlehnung an [Sieg96, S. 199])

Wie Abb. 3-3 andeutet, entkoppelt der Ereigniskanal die direkte Kommunikation zwischen Sendern und Empfängern. Der Event Service erweitert die OMA damit um einige der Fähigkeiten und Techniken, wie sie von nachrichtenbasierter Middleware (s. Abschn. 3.1) bekannt sind. Eine Zustellung der Ereignisse wird jedoch nicht garantiert; eine zuverlässige Kommunikation wird erst durch den OMG Messaging Service [OMG98h] (s. Unterabschn. 3.3.4.16) erreicht. Der Event Service realisiert einen ungesicherten Broadcast, d.h., wenn ein Sender ein Ereignis zu einer Zeit produziert, zu der kein Empfänger „lauscht", geht das Ereignis unwiederbringlich verloren. Der Event Service besteht aus insgesamt vier Paketen, Abb. 3-4 zeigt deren Abhängigkeitsgraph in UML-Notation:

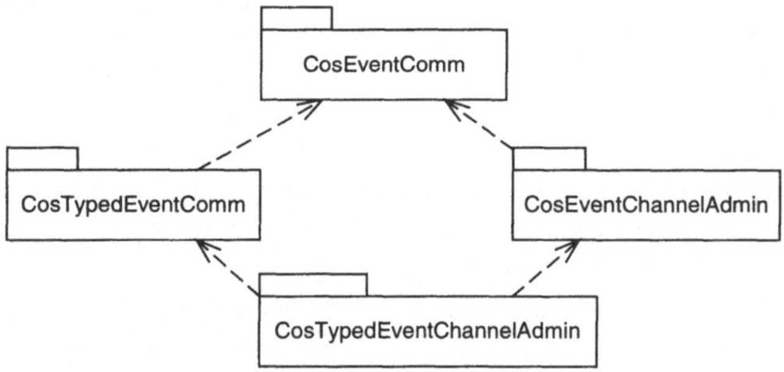

Abb. 3-4:   Abhängigkeitsgraph der Pakete des OMG Event Service

- **CosEventComm** enthält die grundlegenden Schnittstellen des Event Service. Die Modellelemente `PushSupplier` und `PushConsumer` geben die Schnittstellen für ein Kommunikationsmodell vor, bei dem der Sender die aktive Rolle übernimmt. Er informiert von sich aus alle registrierten Ereignis-Empfänger. `PullSupplier` und `PullConsumer` realisieren die umgekehrte Variante, bei der die Empfänger beim Sender die Existenz neuer Ereignisse nachfragen.

- Das Paket **CosEventChannelAdmin** erweitert die Schnittstellen um das Konzept des Ereigniskanals (`EventChannel`). Die Schnittstellen aus **CosEventComm** werden mittels Schnittstellenvererbung zu Stellvertretern verfeinert; die Struktur des Objektmodells bleibt aber erhalten. Analog gibt es hier die Schnittstellenpaare `ProxyPushConsumer` und `ProxyPushSupplier` für das „Push"-Kommunikationsmodell und `ProxyPullSupplier` und `ProxyPullConsumer` für das „Pull"-Kommunikationsmodell. Zur Verknüpfung der Kommunikationspartner mit dem Ereigniskanal stehen darüber hinaus die Schnittstellen `ConsumerAdmin` und `SupplierAdmin` zur Verfügung.

- Ereignisse sind in beiden genannten Paketen untypisiert, d.h., es können beliebige Ereignistypen übermittelt werden. Mit den verbleibenden Paketen **CosTypedEventComm** und **CosTypedEventChannelAdmin** lassen sich spezifische Ereignistypen einführen. Entsprechend werden dort durch Schnittstellenvererbung die Schnittstellen `TypedPushConsumer`, `TypedPushSupplier`, `TypedProxyPushConsumer`, `TypedProxyPullSupplier`, `TypedConsumerAdmin`, `TypedSupplierAdmin` und `TypedEventChannel` eingeführt. Detaillierte Schilderungen finden sich in [Sieg96, S. 196 f.] und in [Pope98, S. 241 f.].

Der Einsatz des Event Service bietet sich überall dort an, wo nicht von vornherein klar ist, welche Objekte an Zustandsänderungen eines Objektexemplars interessiert sind. In diesem Fall läßt sich mit Hilfe des Event Service das Entwurfsmuster „Observer" [Gamm95, S. 293] elegant realisieren. Ein Objekt erfüllt seine Rolle als „Subject", indem es eine der Supplier-Schnittstellen implementiert. Interessierte „Observer" können sich über Zustandsänderungen informieren lassen, indem sie eine passende Consumer-Schnittstelle implementieren und sich entweder direkt, oder – falls vorhanden – beim zugehörigen Ereigniskanal registrieren.

Implementierungen des Dienstes finden sich in Produktform bei *OrbixTalk* von *IONA* sowie als Bestandteil der ORB-Implementierung *NEO* von *SunSoft*.

3.3.4.3 *Persistent Object Service*

CORBA-Objekte sind grundsätzlich selbst dafür verantwortlich, ihren Zustand persistent zu verwalten sowie ggf. im Fehlerfall für dessen Wiederherstellung zu sorgen. Geschieht dies nicht, sind die Objekte nur transient und aktuelle Attributwerte gehen spätestens dann verloren, wenn der Serverprozeß beendet wird, der das jeweilige Objektexemplar beherbergt.

Die OMG schreibt nicht vor, daß für die Sicherstellung der Persistenz ein bestimmter Mechanismus zu verwenden ist. Der *OMG Persistent Object Service (POS)* bietet jedoch eine Möglichkeit, die Persistenz eines Objekts auf einfache und standardisierte Weise herzustellen. Von der Nutzung des POS verspricht man sich die Unabhängigkeit von konkreten Speichersystemen, denn mit Hilfe des POS kann davon abstrahiert werden, ob ein Objekt seine Persistenz mit Hilfe eines relationalen oder objektorientierten DBMS oder durch ein einfaches Dateisystem realisiert. Diese konkreten Speicherungssysteme werden als *Persistent Data Service (PDS)* bezeichnet. Abb. 3-5 zeigt, wie eine Objektimplementierung ein für alle genannten PDS-Varianten einheitliches Protokoll verwenden kann, indem sie die generischen Schnittstellen des *Persistent Object Managers (POM)* nutzt.

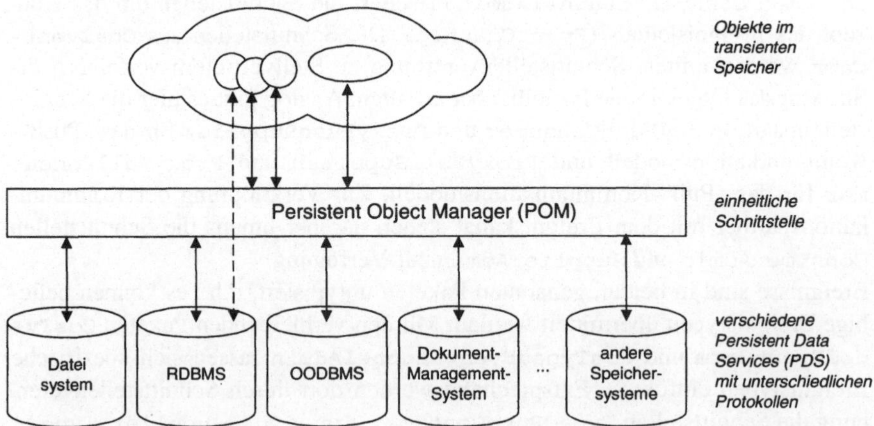

Abb. 3-5:   Nutzung unterschiedl. Hintergrundspeicher (in Anlehnung an [Orfa96, S. 141])

Der POM realisiert damit das Entwurfsmuster einer „Fassade" [Gamm95, S. 185], die die Verschiedenartigkeit der PDS-Implementierungen vor dem persistenten Objekt verbirgt. Nur in Ausnahmefällen (z.B. zur Optimierung der Performance) ist es zulässig, den POM zu umgehen und die Schnittstellen des jeweiligen PDS direkt zu nutzen, was beispielhaft durch die gestrichelte Linie in Abb. 3-5 angedeutet ist. Letzteres wird als „Konspiration" bezeichnet (s. [Pope98, S. 332]).

Diese Vorgehensweise erlaubt nicht nur die Integration heterogener PDS, sondern vor allem auch von existierenden Datenbeständen. Der ursprünglich von einigen OMG-Mitgliedern vorgeschlagene Ansatz [Orfa96, S. 143], die Technologie objektorientierter Datenbanken als den einzig gültigen Weg zur Erreichung der Persistenz von Objekten zu erklären, hätte die große Masse bestehender Datenbestände nicht berücksichtigt. Die nunmehr im POS vorgesehenen expliziten Schnittstellen lassen sich statt dessen auch von älteren Anwendungen unterstützen. Abb. 3-6 zeigt Pakete des Persistent Object Service:

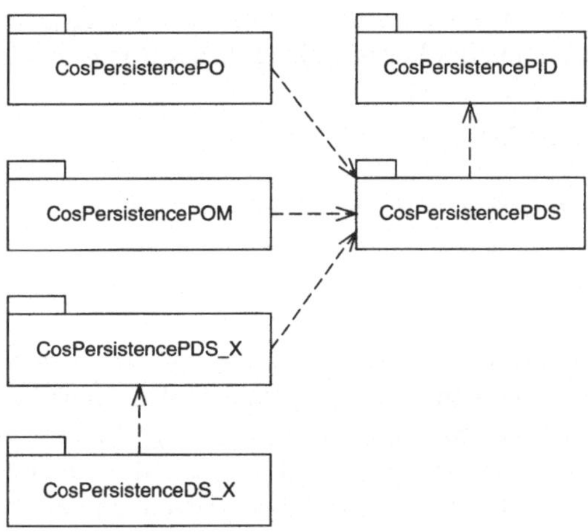

Abb. 3-6:   Abhängigkeitsgraph der Pakete des OMG Persistent Object Service

- Die beiden einzigen Modellelemente des Pakets **CosPersistencePID** sind die PID-Schnittstelle sowie die zugehörige PIDFactory. Jedes persistente Objekt erhält bei seiner Erzeugung einen *Persistent Identifier* (PID), der seiner eindeutigen Identifikation innerhalb eines PDS dient, aber mit der CORBA-Objektreferenz des Objekts nichts zu tun hat.

- Das Paket **CosPersistencePO** enthält die Schnittstelle PO, die von den persistent zu machenden Objekttypen (*persistent object*) implementiert werden muß. Der PO-Schnittstelle ist außerdem eine POFactory-Schnittstelle für die Erzeugung neuer Exemplare zugeordnet. Nutzer beider Schnittstellen ist das Client-Objekt, das die persistenten Objekte benutzt und mit Hilfe dieser Schnittstellen den Vorgang der Persistentmachung steuern kann.

- **CosPersistencePOM** ist das Paket, das die eigentliche Abstraktionsschicht des Persistent Object Managers in Form der POM-Schnittstelle bereitstellt.

- **CosPersistencePDS** gibt die PDS-Schnittstelle vor, also dasjenige Protokoll, das Persistent Data Services unterstützen müssen, damit der POM auf sie zugreifen kann. Nur die Implementierung des PDS hat – auf unterstem Abstraktionsniveau – letztlich Kontakt zu dem zugrundeliegenden Speichersystem.

Ausführliche Darstellungen des POS, insbesondere seiner Modellelemente, finden sich in [Klei95, Fisc97, Weis97]. Da jedoch die derzeitige POS-Spezifikation gravierende Unzulänglichkeiten aufweist (s. [Fisc97, S. 38 f.] und [Klei96]), sind bis heute keine Produkte auf dem Markt, die sie in vollem Umfang umsetzen. Vor allem ist die Spezifikation an vielen Stellen ungenau und unvollständig, wodurch die Interoperabilität verschiedener Implementierungen stark in Frage gestellt wird. Aus diesem Grund hat die OMG die ursprüngliche Spezifikation von 1997 zurückgezogen und eine erneute Ausschreibung gestartet. Unter dem Namen *Persistent State Service* [OMG97k] wird ein neuer Versuch unternommen, die ursprünglichen Ziele zu erreichen. Die Erfolgsaussichten erscheinen – angesichts der Beteiligung vieler Datenbankhersteller am Ausschreibungsprozeß – gut. Ein Ergebnis liegt zum Zeitpunkt der Fertigstellung dieses Buchs jedoch nicht vor.

3.3.4.4 Life Cycle Service

Objektexemplare auf entfernten Rechnerknoten auf geregelte Art und Weise zu erzeugen und zu vernichten sowie auf andere Lokationen zu kopieren oder zu verschieben, ist Aufgabe des *OMG Life Cycle Service*. Im Gegensatz zur „lokalen Programmierung", also in einem gemeinsamen Adreßraum, muß bei verteilten Objektverwaltungssystemen festgelegt werden, auf welchem Rechnerknoten ein neues Objekt erzeugt werden soll. Vergleichbar den Konstruktoren bei objektorientierten Programmiersprachen müssen dazu sog. *Object Factories* programmiert werden, die den Dienst anbieten, auf dem Ziel-Rechnerknoten Objektexemplare eines bestimmten Typs anlegen. Bei der Erzeugung eines Objektexemplars kann die Implementierung einer Factory nicht nur dessen Attributen sinnvolle Vorgabewerte zuweisen oder ein zugehöriges persistentes Objekt in einer Datenbank anlegen, sondern zusätzlich das produzierte Exemplar bei einer Registratur oder bei einem Exemplarverwalter (*instance manager*) anmelden. Damit ein Objekt mit Hilfe des Life Cycle Service auf andere Rechner verschoben oder kopiert werden kann, muß für diesen Objekttyp eine Factory auf dem Zielrechner existieren. Abb. 3-7 zeigt ein UML-Diagramm mit den Abhängigkeiten der Pakete des Life Cycle Service. (Pakete aus anderen CORBAservices, zu denen Abhängigkeiten bestehen, sind hier sowie in nachfolgenden Abbildungen grau dargestellt.)

- Das Paket **CosLifeCyle** enthält die wesentlichen Elemente des Dienstes. Hierzu gehört vor allem die Schnittstelle `LifeCycleObject`, die Operationen bereitstellt, die das Kopieren (`copy`), das Verschieben (`move`) sowie das Vernichten (`delete`) von Objekten erlauben. Daneben gibt es die `GenericFactory`-Schnittstelle, von der speziellere Factory-Schnittstellen Operationen zum Erzeugen (`create`) neuer Objektexemplare erben können. Dem Auffinden von Factories für einen gegebenen Objekttyp dient schließlich die `FactoryFinder`-Schnittstelle.

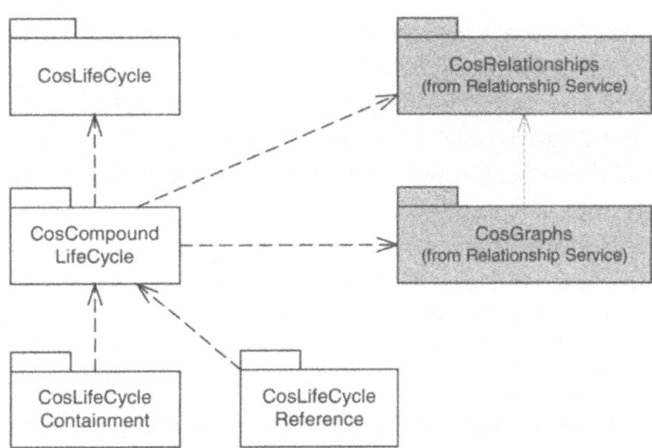

Abb. 3-7:   Abhängigkeitsgraph der Pakete des OMG Life Cycle Service

- In der Regel bestehen Anwendungsobjekte nicht nur aus einfachen, sondern aus zusammengesetzten Objekttypen. Sollen die genannten Lebenszyklus-Funktionen auf komplexe Objektgebilde angewandt werden, so sind aufwendigere Schnittstellen erforderlich, die vom Paket `CosCompoundLifeCyle` angeboten werden. Dort wird der Life Cycle Service um die notwendigen Schnittstellen erweitert, damit er auf zusammenhängenden Netzen von Objektexemplaren operieren kann. Der Life Cycle Service bedient sich hier des Relationship Service (s. Unterabschn. 3.3.4.7), der für die Repräsentation der unterschiedlichen Konstruktionsbeziehungen verwendet wird.
- Für zwei Beziehungstypen bei der Bildung komplexer Objekte, nämlich für Referenz- und Inklusionsbeziehungen, liefert der Life Cycle Service vordefinierte Pakete mit speziellen Schnittstellen: `CosLifeCycleContainment` und `CosLifeCycleReference`. Das wesentliche Konstruktionsprinzip der echten Komposition findet im Standard leider keine Berücksichtigung, obwohl dieser Beziehungstyp häufig benötigt wird.

  Da keine Implementierung bekannt ist, die die erweiterten Pakete `CosLifeCycleContainment` und `CosLifeCycleReference` unterstützt, wird auf deren Schilderung verzichtet.

Eine Implementierung des Life Cycle Service ist in *NEO* von *SunSoft* und in *OpenFusion* von *PrismTech* enthalten.

3.3.4.5 *Concurrency Control Service*

In verteilten Systemen gibt es immer auch Ressourcen, die nur in begrenzter Anzahl zur Verfügung stehen und bei denen der konkurrierende Zugriff mehrerer Nutzer zu Konflikten führen kann. Implementierungen des *OMG Concurrency Control Service* bieten hierfür Sperrmechanismen an, wie sie – als Lock-Manager zur Synchronisation konkurrierender Transaktionen – aus Betriebssystemen und Datenbanken seit langem bekannt sind (s. z.B. [Gray93, S. 464]). Die Koordination der Ressourcenzugriffe geschieht, indem die Ausführbarkeit bestimmter Operationen durch das Setzen von Lese- und Schreibsperren beeinflußt wird. Eine Transaktion wird blockiert oder zurückgesetzt, wenn die angeforderte Ressource bereits mit einer Sperre belegt ist. Dadurch werden die eintreffenden Anforderungen serialisiert und Zugriffskonflikte verhindert. Um die Anzahl der Konflikte gering zu halten und die nebenläufige Ausführung nicht unnötig zu behindern, wurde das bekannte Konzept verschiedener Sperrmodi (s. [Lock87, S. 419]) in den Concurrency Control Service übernommen: Sperren können mit unterschiedlicher Semantik belegt werden, die verschiedene Ansprüche an die Exklusivität der gesetzten Sperre stellen. Der Concurrency Control Service unterstützt die folgenden Sperrmodi: Intention Read, Read, Upgrade, Intention Write, Write (s. [OMG95d, S. 7-5]). Auf weitere Hintergründe der Serialisierbarkeitstheorie kann jedoch an dieser Stelle nicht eingegangen werden (s. hierzu z.B. [Gray93, S. 391 f.]).

Der Dienst besteht nur aus dem Paket `CosConcurrencyControl`, in dem vier Schnittstellen `LockCoordinator`, `LockSet`, `TransactionalLockSet` und `LockSetFactory` enthalten sind. Die beiden Varianten der `LockSet`-Schnittstelle bieten die gleichen Operationen an, die letztere Variante ist jedoch speziell für die Unterstützung von Sperren vorgesehen, die im Rahmen der Ausführung einer vom OTS überwachten Transaktion gesetzt werden.

Der Concurrency Control Service ist für keine CORBA-Umgebung als eigenständiges Produkt erhältlich. Durch seine inhaltliche Nähe zum OMG Transaction Service (s. Unterabschn. 3.3.4.8), welcher ohne eine Konzept zur Isolierung parallel laufender Transaktionen undenkbar wäre, wird der Concurrency Control Service als Teil einiger Implementierungen des Transaktionsdienstes mitgeliefert. Dies ist z.B. bei der *Orbix OTM*-Implementierung der Fall, die auf dem Transaktionsmonitor *Encina* der Firma *Transarc* aufbaut.

3.3.4.6 *Externalization Service*

Mit Hilfe des *OMG Externalization Service* soll es Objektimplementierungen möglich werden, ihren Zustand in einen beliebigen Datenstrom zu schreiben (*externalize*) sowie aus einem solchen wieder einzulesen (*internalize*). Der Programmierer kann die abstrakte Schnittstelle eines „Datenstroms" verwenden, ohne Rücksicht darauf nehmen zu müssen, ob es sich bei diesem im konkreten Fall um eine Datei, einen Hauptspeicherbereich oder eine Netzwerkverbindung handelt.

- Im Paket `CosExternalization` finden sich die grundlegenden Modellelemente zur Verwaltung von Datenströmen. Mit Hilfe der Factory-Schnittstellen `StreamFactory` und `FileStreamFactory` lassen sich neue Objekte vom Typ `Stream` anlegen, die anschließend zur Aufnahme der Daten dienen.

- In `CosStream` wird die `Streamable`-Schnittstelle beschrieben, die von Objekten zu erben und zu implementieren ist, deren Zustand in einen Stream geschrieben werden soll. Zur Erzeugung eines solchen Objekts ist eine `StreamableFactory` zu verwenden. Die dritte und letzte Schnittstelle, `StreamIO`, muß von der Implementierung eines Externalization Service zur Verfügung gestellt werden und bietet Schreib- und Leseoperationen für alle elementaren CORBA-Datentypen an.

- Im letzten der drei Pakete, `CosCompoundExternalization`, werden die bisherigen Schnittstellen um die Fähigkeit erweitert, komplexe Objekte zu bearbeiten. Wie beim Life Cycle Service wird hierfür auf dem Relationship Service aufgebaut, und die dort definierten Schnittstellen `Node`, `Role` und `Relationship` werden entsprechend verfeinert.

Implementierungen des Externalization Service sind in Form von Produkten bis heute nicht bekannt. Es ist daher davon auszugehen, daß die OMG diesen Standard zurückzieht.

3.3.4.7 *Relationship Service*

Der *OMG Relationship Service* ermöglicht es, Beziehungen zwischen beliebigen Objektexemplaren innerhalb einer ORB-Umgebung zu etablieren und zu verwalten. Dabei ist hervorzuheben, daß die Objekte keineswegs selbst die Referenzen verwalten, sondern deren Verwaltung durch den Dienst und damit explizit geschieht. Durch die Verknüpfung entstehen komplexe Graphen von zusammenhängenden Objekten. Umfangreiche Funktionen zum Traversieren unterstützen im Relationship Service die Handhabung dieser Graphen. Beziehungen sind ihrerseits Objekte und können Attribute und Operationen anbieten. Dadurch wird es möglich, anwendungsspezifische Beziehungstypen einzuführen, die besonderes Verhalten aufweisen und z.B. eine vorgesehene Kardinalität sicherstellen.

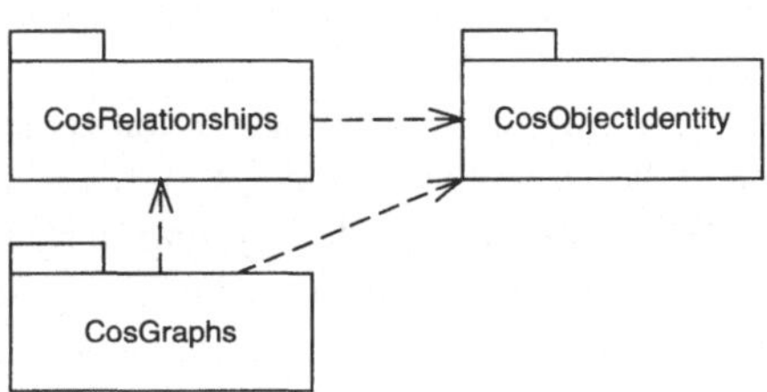

Abb. 3-8:   Abhängigkeitsgraph der drei Pakete des OMG Relationship Service

- Für zwei gegebene CORBA-Objektreferenzen läßt sich nicht ohne weiteres entscheiden, ob sie dasselbe Objektexemplar referenzieren. Die eindeutige Unterscheidbarkeit ist aber zur Herstellung eindeutiger Beziehungen zwischen Objekten sowie bei vielen Traversierungsalgorithmen für Graphen unverzichtbar. Das Paket `CosObjectIdentity` schafft mit Hilfe der Schnittstelle `IdentifiableObject` die notwendige Voraussetzung, um verteilte Objektexemplare eindeutig voneinander zu unterscheiden.
- Das umfangreiche Paket `CosRelationships` enthält die Schnittstellen für die namensgebenden Komponenten des Relationship Service: `Relationship` und die zugehörige `RelationshipFactory`. Ein besonderer Vorteil des Relationship Service ist die Fähigkeit, beliebige CORBA-Objekte auch nachträglich in Beziehungen einzubinden, ohne daß seitens der Objekte besondere Vorkehrungen getroffen werden müssen. Bevor ein Objekt allerdings in eine Beziehung aufgenommen werden kann, muß immer erst festgelegt werden, welche Rolle

es in dem gegebenen Beziehungstyp einnimmt. Hierfür stehen die Schnittstellen `Role` sowie eine `RoleFactory` zur Verfügung, die als Parameter beliebige CORBA-Objektreferenzen akzeptieren.

- Das Verbinden von Objektexemplaren zu komplexeren Gebilden wird im letzten Paket dieses Dienstes erreicht – `CosGraphs`. Dort stehen nicht nur Schnittstellen zum Durchlaufen komplexer Objektgraphen (`Traversal`, `Traversal-Factory` und `Node`) zur Verfügung, sondern eine Vielzahl von graphspezifischen Operationen, auf die hier nicht weiter eingegangen werden soll.

Implementierungen des Relationship Service sind selten, da er als aufwendig empfunden und in seiner Leistungsfähigkeit vielfach unterschätzt wird. Einzig in der ORB-Implementierung von SunSoft, *NEO*, ist ein Relationship Service enthalten.

3.3.4.8 Transaction Service

Damit verteilte Objekte für eine zuverlässige Bearbeitung unternehmenskritischer Anwendungen eingesetzt werden können, ist es unverzichtbar, Vorkehrungen für ein Verhalten im Fehlerfall zu treffen. Wie bei jeder Kommunikation über Rechnergrenzen hinweg können bei Verwendung eines ORB Fehler auftreten. Die CORBA selbst bietet keine Mechanismen an, die es erlauben, Zusicherungen über die Qualität der Kommunikation zu treffen. Operationsaufrufe auf entfernten Objekten können aus vielen Gründen fehlschlagen; es gibt eine ganze Reihe spezieller Kommunikationsfehler, die nur schwer festzustellen sind, z.B. Nachrichtenverlust oder die Verzögerung einer Nachricht. Dies ist für viele Anwendungen nicht tolerierbar; hier werden Kommunikationsmechanismen und -protokolle benötigt, die die Zusicherung einer höheren Qualität der Operationsausführung erlauben. Das Auftreten eines Fehlers muß erkannt, das System daraufhin in einen stabilen Zustand überführt und der Kommunikationsprozeß erneut gestartet werden.

Zur Realisierung von flachen sowie geschachtelten Transaktionen wurde der *OMG Transaction Service (OTS)* spezifiziert, der auf dem Zwei-Phasen-Commit-Protokoll (2PC) basiert. Der Transaction Service übernimmt bei der Ausführung einer verteilten Transaktion die Rolle eines Koordinators, der die Teilnehmer so miteinander abstimmt, daß alle die Transaktion mit dem gleichen Ergebnis (*commit* oder *rollback*) abschließen. Der Aufbau des OTS entspricht im wesentlichen dem etablierten X/Open Referenzmodell für verteilte Transaktionsverarbeitung (X/Open DTP, s. [XOpe91] sowie [Gray93, S. 20 f. und S. 83 f.]). Dort werden drei Komponenten benannt, die an einer Transaktion teilnehmen: die Applikation (AP), der Ressourcen-Manager (RM) und der Transaktions-Manager (TM).

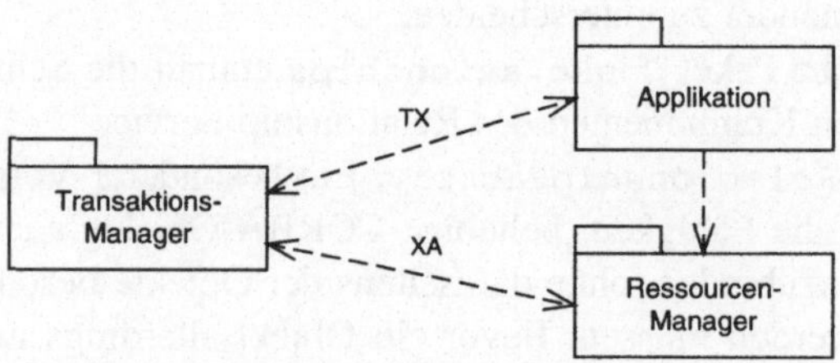

Abb. 3-9:   Teilnehmer an verteilten Transaktionen gemäß dem X/Open Referenzmodell

Zwischen dem Transaktions-Manager und den Ressourcen-Managern wird das sog. XA-Protokoll definiert; zwischen der Applikation und dem Transaktions-Manager das TX-Protokoll. Ein Ressourcen-Manager verwaltet z.B. den Zugriff auf eine Datenbank oder eine persistente Warteschlange und stellt den transaktionalen Zugriff darauf sicher. Mit Hilfe des TX-Protokolls leitet die Applikation zum einen den Beginn einer neuen Transaktion ein, zum anderen schließt sie diese auch darüber ab. Im laufenden Kontext einer Transaktion kann die Applikation beliebige transaktionale RPCs auf verschiedenen Ressourcen-Managern ausführen.

Demgegenüber besitzt der OTS folgende Erweiterungen: Die prozeduralen RPC-basierten XA- und TX-Schnittstellen werden durch CORBA-Schnittstellen in IDL ersetzt. Dennoch ist der Dienst so spezifiziert, daß Interoperabilität nicht nur zwischen verschiedenen OTS-Implementierungen, sondern auch mit Implementierungen herkömmlicher X/Open-Transaktionen gegeben ist: diese können jederzeit in die Ausführung einer OTS-Transaktion eingebunden werden. Der OTS unterscheidet zwischen zwei Arten, Operationen eines Objekttyps transaktional zu gestalten: Im *expliziten Modus* werden Operationen, die für die Ausführung von Transaktionen relevant sind, mit einem zusätzlichen Parameter, dem Transaktionskontext, versehen, der den Ablauf der Transaktion ermöglicht. Dies hat einerseits den Nachteil, daß das transaktionale Verhalten Auswirkungen auf die Schnittstelle hat, da sich die Signatur von Operationen ändert. Andererseits hat man so die Möglichkeit, nur denjenigen Teil einer Schnittstelle transaktional zu machen, bei dem dies einen Sinn ergibt. Beim *impliziten Modus* ist keine Änderung an der Schnittstelle notwendig, hier sind grundsätzlich alle Operationen einer Schnittstelle transaktional.

Alle wesentlichen Schnittstellen des OTS befinden sich in einem einzigen Paket: `CosTransactions`. Im einzelnen sind dies `TransactionFactory`, `Control`, `Current`, `Terminator`, `Coordinator`, `RecoveryCoordinator`, `SubtransactionAwareResource`, `TransactionalObject` und `Resource`. Das Zusammenwirken dieser einzelnen Komponenten ist recht komplex und wird in [Fisc97] ausführlich dargestellt.

Aufgrund ihrer großen Bedeutung für kommerziellen Anwendungen sind Implementierungen des OTS weit gediehen: So sind für *Orbix* sogar verschiedene Implementierungen erhältlich: *OTM for Orbix* baut auf dem *Encina Toolkit* von *Transarc* auf, *OrbTP* der *Groupe Bull* ist eine eigenständige Implementierung des Standards. Auch für *Visibroker* von *Inprise* steht mit dem *Hitachi TP Broker* eine Implementierung auf der Basis des TP-Monitors *OpenTP* zur Verfügung. *BEA Systems* bietet für die ORB-Implementierung *ObjectBroker* eine OTS-Implementierung an – den *OTM* (Object Transaction Monitor), der allerdings nicht auf dem bekannten TP-Monitor *Tuxedo* des gleichen Herstellers basiert.

3.3.4.9 *Query Service*

Aufgabe des *OMG Query Service* ist die Manipulation von Objektmengen (Kollektionen) mit Hilfe gegebener Anfrageprädikate. Unter Manipulation ist hierbei die Selektion, das Einfügen und Löschen sowie die Änderung von Objektexemplaren innerhalb zuvor definierter Kollektionen zu verstehen. Die Spezifikation trifft keine bindende Festlegung bezüglich der Manipulationssprache für Anfragen (*Queries*), fordert jedoch im Sinne einer besseren Interoperabilität von Implementierungen dazu auf, entweder OQL (ODMG-93-Standard, [Catt94]) oder SQL3 (ANSI-Standard, [Melt94]) zu unterstützen. Da bei der Bewertung des Anfrageprädikats nicht nur die Abfrage von Attributwerten, sondern der Aufruf beliebiger Operationen erlaubt ist, ist zugleich die Manipulation der betroffenen Objektmenge möglich. Um Gegenstand einer Anfrage zu sein, muß ein Objekt vorher als Element in eine Kollektion eingefügt worden sein. Dabei ist es zulässig, Objekte unterschiedlichen Typs in eine Kollektion einzutragen.

- Das Paket `CosQueryCollection` stellt die Schnittstellen für die Handhabung von Kollektionen bereit. Nachdem mit der Schnittstelle `CollectionFactory` eine neue Kollektion angelegt wurde, kann die `Collection`-Schnittstelle verwendet werden, um Objektexemplare in die Kollektion einzufügen. Mit der `Iterator`-Schnittstelle lassen sich anschließend die darin enthaltenen Exemplare traversieren.
- `CosQuery` definiert fünf Schnittstellen: Eine `Query` repräsentiert eine Anfrage an eine Kollektion und wird durch einen `QueryEvaluator` erzeugt. Dieser führt die Anfrage auch aus, d.h., er interpretiert und bewertet die Anfrageprädikate und koordiniert ggf. die Zusammenführung der Teilergebnisse der verteilten Anfragebearbeitung. Die Ergebnisse werden in einer `QueryableCollection` zusammengeführt. Die Steuerung obliegt dem `QueryManager`.

Implementierungen des Query Service im Sinne einer eigenständige Komponente sind bisher nicht bekannt. Es existieren zwar Schnittstellen für objektorientierte DBMS, die durchaus als gültige Implementierungen gelten können, allerdings nur auf Kollektionen von Objekten arbeiten, die in der jeweiligen Datenbank enthalten sind. Die Implementierung eines Query Service erscheint ohnehin als große Herausforderung, steht doch die übliche Forderung nach hoher Performance im krassen Widerspruch zur Ortstransparenz von CORBA-Objekten. Das Wissen über die Lokation von Objekten ist schließlich wesentliche Voraussetzung für die Implementierung effizienter Abfragen. In konkreten Implementierungen muß hier sicherlich ein Kompromiß eingegangen werden.

3.3.4.10 *Licensing Service*

Bei klassischen Anwendungssystemen ist die Problematik der Software-Nutzung und -Lizensierung relativ übersichtlich. Zum einen gibt es nicht-technische Lizensierungsverfahren, etwa solche, bei denen ein Rahmenvertrag die pauschale Nutzungserlaubnis für eine organisatorische Einheit vorsieht („site licensing"). Diese stehen hier aber nicht zur Diskussion. Einfache technische Lizensierungsverfahren binden die Gültigkeit von Software-Lizenzen und Nutzungsgebühren an Rechnerknoten oder an Benutzerkonten. Fortgeschrittene Verfahren erlauben eine Limitierung der Nutzungszeit oder die Konkurrenz mehrerer Benutzer um eine gegebene Menge von Lizenzen („floating licenses"). Bei verteilten Objektverwaltungssystemen fällt die Lizensierung und Abrechnung von Nutzungsentgelten ungleich schwerer, schließlich liegt ein inhärenter Vorteil dieser Systemarchitektur gerade in der Abwesenheit starrer Nutzungsstrukturen. Der *OMG Licensing Service* definiert grundlegende Schnittstellen, mit denen es möglich ist, verschiedene Lizensierungsverfahren zu unterstützen und diese beliebig miteinander zu kombinieren. Im Unterschied zu klassischen Systemen wird jedoch die Anforderung berücksichtigt, erheblich feinere Granularität zuzulassen – diese reicht von der Lizensierbarkeit der Nutzung komplexer Objektgebilde bis hin zu einzelnen Operationsaufrufen. Wie in Abb. 3-10 skizziert, hängt der Licensing Service von zwei anderen CORBAservices ab, die grau dargestellt sind: Er nutzt Funktionen des Event Service (Unterabschn. 3.3.4.2), um Callback-Routinen zu registrieren, und er nutzt den Property Service (s. anschließender Unterabschnitt), um einer vergebenen Lizenz anwendungsspezifische Attribute zuordnen zu können.

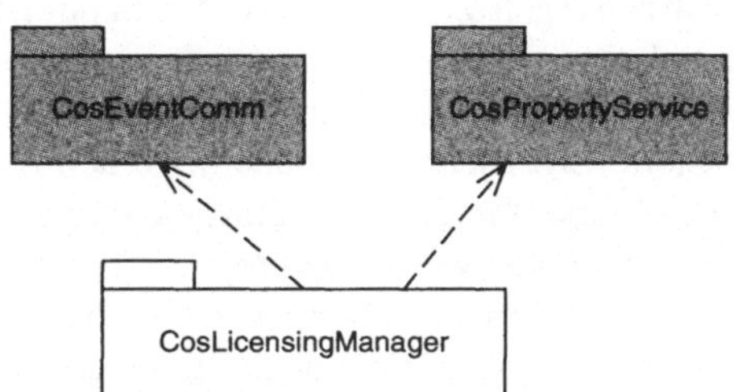

Abb. 3-10: Abhängigkeitsgraph der Pakete des OMG Licensing Service

Das Paket `CosLicensingManager` besteht aus zwei Modellelementen: Ein *Lizenzmanager* kann eine Vielzahl von Implementierungen des Licensing Service von unterschiedlichen Herstellern verwalten. Mit Hilfe der von ihm zu unterstützenden Schnittstelle `LicenseServiceManager` lassen sich Objektreferenzen auf konkrete Implementierungen erhalten, die die Schnittstelle `ProducerSpecific-LicenseService` implementieren.

Implementierungen des Licensing Service sind nicht bekannt, obwohl die Spezifikation Ende 1996 verabschiedet wurde. Die Grundprinzipien der Spezifikation entsprechen dem verbreiteten Programmiermodell der LSAPI (License Service API), das moderne Lizenzverwaltungssysteme verwenden, z.B. *FLEXlm* von *Globetrotter Software*, die *Netware Licensing Services* von *Novell* oder der *Microsoft System Management Server*. Es erscheint daher unproblematisch, auf der Grundlage eines solchen Produkts eine Implementierung zu realisieren.

3.3.4.11 Property Service

Im Normalfall erfolgt die Beschreibung der Schnittstellen von CORBA-Objekten mit der IDL. Mit Hilfe eines „Compilers" werden aus IDL-Dateien Programmrümpfe für Client- und Server-Objekte generiert. Wann immer sich die IDL-Definition ändert, muß dieser Vorgang wiederholt werden. Der *OMG Property Service* erlaubt es, bereits existierende Objektexemplare mit zusätzlichen Eigenschaften (*properties*) auszustatten. Eine solche Eigenschaft wird durch ein Paar, bestehend aus einem Eigenschafts-Identifikator und einem zugeordneten Wert, repräsentiert.

Im Gegensatz zu IDL-Attributen, deren Gültigkeit sich auf die gesamte Extension eines Objekttyps erstreckt, können die Eigenschaftsmengen verschiedener Exemplare des gleichen Objekttyps unterschiedlich sein. Dies, zusammen mit der Fähigkeit, bereits existierende Objekttypen nachträglich mit Eigenschaften auszuzeichnen, macht die besondere Flexibilität des Property Service aus. Die Spezifikation nennt als Anwendungsbereich vor allem das „Anhängen" zusätzlicher Metadaten (Unterabschn. 4.2.1), die nicht zur eigentlichen Schnittstelle gehören. Als Beispiele werden die Klassifikation von Objektexemplaren sowie die Realisierung von Nutzungszählern genannt.

Der Property Service besteht nur aus dem Paket **CosPropertyService**. Mit der darin definierten Schnittstelle `PropertySetFactory` lassen sich einem Objektexemplar Eigenschaftsmengen zuordnen, die die Schnittstelle `PropertySet` implementieren. Die Schnittstellen `PropertiesIterator` und `PropertyNamesIterator` dienen dem Zugriff auf die Eigenschaften eines Objekts. Da es sich bei Properties um typisierte Eigenschaften handelt, werden zusätzlich die Schnittstellen `PropertySetDef` und `PropertySetDefFactory` benötigt, mit denen neue Typen definiert und verwaltet werden können.

Eine Implementierung des Property Service ist in den Produkten *NEO* und *OpenFusion* enthalten, läßt sich aber leicht auch für andere ORB realisieren.

3.3.4.12 *Time Service*

Der *OMG Time Service* stellt sicher, daß auf unterschiedlichen Rechnerknoten eines Netzwerks eine konsistente und synchrone Zeitspur vorhanden ist. Dies geschieht vor allem mit der Absicht, eine systemweit eindeutige Reihenfolge von Ereignissen festlegen zu können, die auf verschiedenen Rechnerknoten registriert werden. Des weiteren bietet der Time Service Schnittstellen für eine standardisierte Darstellung von Zeitmarken sowie Timer-Dienste, die – analog einer Zeitschaltuhr oder einem Wecker – zu einer festgelegten Zeit Ereignisse auslösen. Der Time Service ist in drei Paketen aufgeteilt:

* **TimeBase** enthält keine eigenen Modellelemente, sondern nur elementare Datenstrukturen, auf die nachfolgende Pakete des Time Service aufbauen. Diese Trennung wurde vor allem zu dem Zweck vorgesehen, die standardisierten Datentypdefinitionen für Zeitpunkte und Zeitmarken in anderen CORBAservices und bei der Implementierung von Anwendungsobjekten verwenden zu können, ohne gleich den gesamten Time Service einbinden zu müssen.

* **CosTime** enthält drei Modellelemente: Ein UTO (Universal Time Object) kapselt eine Zeitmarke und besitzt Operationen zum Vergleichen verschiedener Zeitmarken. Ein TIO (Time Interval Object) repräsentiert Zeiträume und erlaubt es, Überlappungen von Zeiträumen festzustellen. Die `TimeService`-Schnittstelle gibt Zugriff auf die aktuelle Systemzeit eines Rechnerknotens.

* Mit den Schnittstellen `TimerEventService` und `TimerEventHandler` im Paket **CosTimerEvent** läßt sich beim Timer Service eine Callback-Funktion (EventHandler) registrieren, die aufgerufen wird, wenn ein vorgegebener Zeitpunkt erreicht wird. Zur Übermittlung kommt der Event Service zum Einsatz.

Als Implementierungsgrundlage eines OMG-konformen Time Service bietet sich die Nutzung der *Distributed Time Services* des OSF DCE (s. [Schi95, S. 110]) an.

3.3.4.13 Security Service

Im Vergleich zu zentralisierten Systemen sind verteilte Objektverwaltungssysteme wesentlich anfälliger für sicherheitsbedrohende Manipulationen, da einem potentiellen Angreifer mehr Angriffsmöglichkeiten zur Verfügung stehen [OMG94a, S. 5]. Der *OMG Security Service* soll sicherheitskritischen Anwendungssystemen, die auf der Grundlage verteilter Objekte realisiert werden, helfen, die folgende Eigenschaften sicherzustellen (s. [OMG95d, S. 15-1]):

- *Vertraulichkeit*: Zugriff auf Objekte – und damit indirekt Einsichtnahme in Daten – darf nur dem gewährt werden, der entsprechend autorisiert ist.
- *Integrität*: Manipulationen von Objekten und Datenbeständen können und dürfen nur von autorisierten Personen durchgeführt werden. Es darf keine Möglichkeit bestehen, Daten am System vorbei zu verändern.
- *Verantwortlichkeit und Nachweisbarkeit:* Sicherheitsrelevante Manipulationen müssen eindeutig denjenigen Personen zugeschrieben werden können, die sie durchgeführt haben. Nur so läßt sich sicherstellen, daß selbst im Fall einer bösartigen Manipulation diese Person zur Verantwortung gezogen werden kann. Die Mechanismen müssen ihrerseits so realisiert sein, daß ein Abstreiten der Verantwortlichkeit für Manipulationen keinen Sinn hat (*non-repudiation*).
- *Verfügbarkeit*: Die entstehende verteilte Anwendung darf nicht dahingehend manipulierbar sein, daß autorisierten Personen der Zugang verwehrt wird.

Die äußerst umfangreiche Spezifikation des Security Service definiert drei verschiedene Sicherheitsgrade (*security levels*), wobei ein höherer Grad einem höheren Sicherheitsstandard bezüglich der oben genannten Eigenschaften entspricht. Die Spezifikation gliedert sich in sieben Pakete, deren gegenseitige Abhängigkeiten in [Schu99, S. 64] dargestellt sind. Es besteht eine enge Verflechtung mit den Kernfunktionen des ORB, dessen Schnittstellen verfeinert durch den Security Service verfeinert werden. Dazu kommt eine Erweiterung des Inter-ORB-Protokolls um sicherheitsrelevante Aspekte, das sog. *Secure Inter-ORB Protocol* (SECIOP), dessen Deklarationen in einem eigenen Paket (`SECIOP`) zusammengefaßt sind. Vollständige Implementierungen des Security Service sind bisher nicht bekannt.

3.3.4.14 Trading Object Service

Der *OMG Trading Object Service* ermöglicht das Auffinden von Objekten zur Laufzeit und damit eine späte Bindung von Client- an Server-Objekte. Im Gegensatz zum Naming Service (vgl. Unterabschn. 3.3.4.1) erfolgt das Auffinden jedoch nicht über logische Namen, sondern über die Dienste, deren Ausführung ein Server-Objekt anbietet. Aus diesem Grund werden als Metapher für den Trading Object Service oft die „Gelben Seiten" verwendet. Jeder Anbieter gibt seine Dienste beim Trader bekannt, wobei in dieser „Anmeldung" neben dem Typ des angebotenen Dienstes weitere Informationen, etwa Angaben über Preise und Qualitätsgarantien (*quality of service*), genannt werden können. Fragt ein Nutzer (Client) bei einem Trader an, welche Dienste zu welchen Konditionen angeboten werden, übernimmt der Trader die Aufgabe der bestmöglichen Zuordnung (*matching*) zwischen den Vorgaben einer Dienstanforderung und den zur Verfügung stehenden Angeboten. Ist ein geeigneter Dienstanbieter vorhanden, erhält der Client dessen Objektreferenz. Die Aufgabe des Trading Object Service ist damit beendet, da der Client ab diesem Zeitpunkt nur noch direkt mit dem Dienstanbieter kommuniziert. Der Trading Object Service ist aus drei Paketen aufgebaut:

- Das Paket `CosTrading` enthält die Schnittstellen für die wichtigsten Modellelemente des Dienstes: `TraderComponents`, `SupportAttributes`, `Import-Attributes`, `LinkAttributes` und `Lookup`.

- Im Paket `CosTradingRepos` findet sich die Schnittstelle `ServiceTypeRepository`. In einem Service Type Repository werden alle an den Trader herangetragenen Dienstofferten hinterlegt.

- Das Paket `CosTradingDynamic` erweitert die Trading-Fähigkeiten um die Möglichkeit, dynamische Diensteigenschaften zu formulieren. Im Gegensatz zu statischen Eigenschaften werden diese nicht bei der Dienstregistrierung im Service Type Repository hinterlegt, sondern bei jeder Anforderung erneut von den Dienstanbietern ermittelt. Auf diese Weise lassen sich beispielsweise Serviceentgelte, die vom Auslastungsgrad des Dienstanbieters abhängen, elegant in den Diensteigenschaften repräsentieren.

Zusätzlich zu den IDL-Schnittstellen enthält die Spezifikation des Dienstes [OMG-97l] eine formale Sprache zur Formulierung von Diensteigenschaften und -qualitäten – die *OMG Constraint Language*, auf die hier nicht eingegangen wird.

Implementierungen des Trading Object Service sind verfügbar, z.B. der *Novell Trader*. Für *Orbix* gibt es sogar drei Implementierungen. Hier bietet nicht nur die Firma *Iona* selbst den *OrbixTrader* an, sondern auch die deutsche Firma *IKV* verfügt über eine Implementierung des Trading Object Service namens *TOI*. Auch die Implementierung des australische Forschungsinstituts DSTC beruht auf *Orbix*.

3.3.4.15 *Object Collection Service*

Der *OMG Object Collection Service* besitzt Funktionen, um verschiedene Typen von Objektmengen (Kollektionen) zu verwalten, z.B. Listen, Stacks, Baumstrukturen oder Multimengen. Jede dieser Mengen hat spezielle Ordnungseigenschaften sowie Operationen, um Objekte einzufügen, zu extrahieren oder auszuwählen. Durch die Nutzung des Object Collection Service entfällt (ähnlich wie bei inhaltlich vergleichbaren Quellcode-Bibliotheken für Programme) die Notwendigkeit, die hierfür notwendigen Algorithmen und Datenstrukturen selbst zu implementieren. Abb. 3-11 zeigt das Objektmodell des Object Collection Service, das vollständig in einem einzigen Paket `CosCollections` definiert ist:

Aufgrund der großen Anzahl von Modellelementen im Collection Service ergibt es wenig Sinn, diese hier einzeln darzustellen. Es dürfte jedoch auch ohne weitere Erklärung klar sein, daß ein derartiger Dienst vielseitig anwendbar ist.

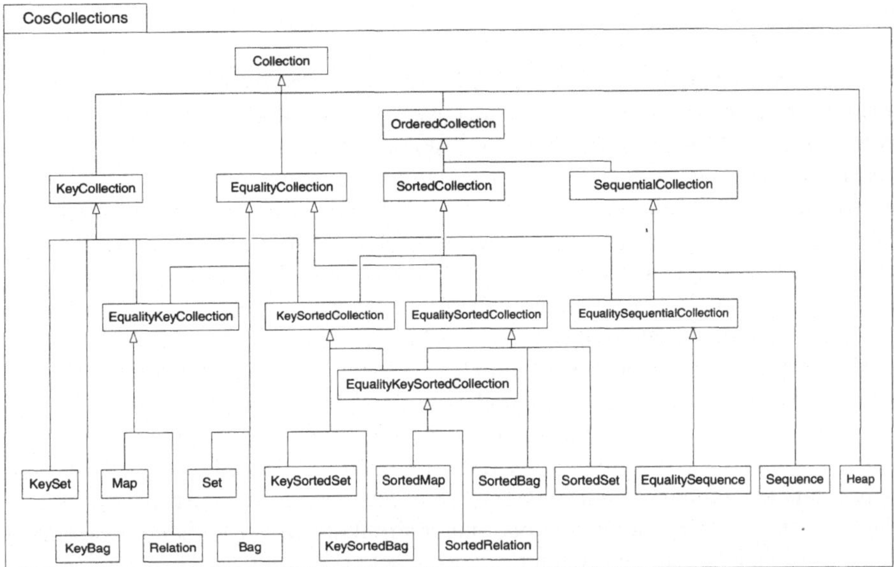

Abb. 3-11: Vererbungshierarchie der Modellelemente des OMG Collection Service

Eine Implementierung des Object Collection Service in Produktform wird seit
März 1999 als Teil von *OpenFusion* [Moxo99] angeboten, im WorCOS-Projekt
wurde eine Implementierung auf Grundlage von *NEO* vorgenommen [Weis96].

3.3.4.16 *Weitere CORBAservices*

Die Arbeiten der OMG bezüglich der CORBAservices sind nicht abgeschlossen,
es sind Ausschreibungen für weitere Dienste in Vorbereitung. Es kann als sicher
gelten, daß während der Ausarbeitung der Standards für CORBAfacilities weitere
vielseitig wiederverwendbare Funktionsbereiche identifiziert werden, deren Realisierung als eigenständiger CORBAservice sinnvoll erscheint. Nachfolgend eine
Liste von Diensten, bei denen eine Standardisierung aussteht:

- Archive Service
- Backup/Restore Service
- Internationalization Service
- Logging Service
- Recovery Service
- Replication Service

Kurz vor Fertigstellung dieses Buchs wurden drei weitere CORBAservices abgeschlossen und veröffentlicht: Der *Messaging Service* [OMG98h] erweitert die
OMA um asynchrone Kommunikation zwischen Objekten, der *Notification Service* ergänzt den Event Service um die Fähigkeit, komplex strukturierte Ereignistypen zu verschicken, und der *Objects-By-Value Service* dient einer standardisierten Migration von Objektexemplaren zwischen verschiedenen Rechnerknoten.

3.3.5 CORBAfacilities

Erheblich mehr Funktionalität als CORBAservices bieten die *CORBAfacilities*, die
auch als *Common Facilities* bezeichnet werden. CORBAfacilities sind Komponenten in der OMA, die auf hohem Abstraktionsniveau anwendungsnahe Funktionen realisieren, die in einer Vielzahl von Anwendungen benötigt werden. Diese
Komponenten besitzen einen klar umrissenen Funktionsumfang und können ähnlich wie Systembibliotheken genutzt werden. Sowohl in der Zielsetzung als auch
vom Ansatz her besteht Ähnlichkeit mit dynamischen Linkbibliotheken (DLLs) in
Betriebssystemen. In beiden Fällen sind die Ziele eine erhöhte Wiederverwendung
und eine Vereinheitlichung des Systemverhaltens. Durch die Bereitstellung standardisierter Komponenten soll vermieden werden, daß deren Funktionalität von
jeder einzelnen Anwendung neu – und unterschiedlich – implementiert wird. Außerdem wird eine höhere Effizienz in der Anwendungsentwicklung erreicht, denn
durch die (Wieder-)Verwendung geeigneter CORBAfacilities lassen sich verteilte
Anwendungen schneller und einfacher erstellen. Der Entwickler kann sich auf
Fachprobleme konzentrieren und bei Standardfunktionen auf vorhandene Komponenten mit standardisierten Schnittstellen zurückgreifen. In der langfristigen Per-
spektive ergibt sich durch die gemeinsame Nutzung dieser standardisierten Komponenten eine deutliche Verbesserung aus Sicht des Benutzers: ähnlich gelagerte
Funktionen in unterschiedlichen Applikationen erhalten dadurch ein einheitliches
Verhalten und Erscheinungsbild.

Im Unterschied zu den Domain Interfaces (s. Unterabschn. 3.3.6), die bran-
chenspezifisch ausgerichtet sind, handelt es sich bei den CORBAfacilities um ho-
rizontale, d.h., fachneutrale Komponenten. Beispiele für fachneutrale Dienste, für
die CORBAfacilities vorgesehen sind, sind der Ausdruck von Dokumenten (*Printing Facility*) , die Verwaltung von Verbunddokumenten (*Compound Document
Facility*), aber auch Dienste der Benutzerschnittstelle wie Browsing und Rende-
ring. Die CORBAfacilities teilen sich gemäß der *Common Facilities Architecture*
[OMG95a] in vier große Bereiche auf, auf die die nachfolgenden Unterabschnitten
im einzelnen eingehen:

- User Interface Common Facilities (Unterabschn. 3.3.5.1)
- Information Management Common Facilities (Unterabschn. 3.3.5.2)
- Systems Management Common Facilities (Unterabschn. 3.3.5.3)
- Task Management Common Facilities (Unterabschn. 3.3.5.4)

Bei der Festlegung dieser Gruppen im Jahr 1994 wurde nicht nur die Komplexität
der Aufgabenstellung, sondern auch der künftige Stellenwert vieler Themen falsch
eingeschätzt. So hat die OMG 1997 den Begriff der *Internet Facilities* geprägt und
entsprechende Ausschreibungen initiiert, ohne deren Position innerhalb des Architekturmodells genau zu definieren. Eine Überarbeitung und Aktualisierung des Architekturmodells wäre dringend geboten.

3.3.5.1 User Interface Common Facilities

In den *User Interface Common Facilities* sollen Schnittstellen beschrieben werden, die mit der Benutzerschnittstelle von Anwendungen und insbesondere mit der Präsentation von Informationen zu tun haben. Darunter fallen Dienste für die Erzeugung, Darstellung und Verwaltung von Verbunddokumenten, für die anwendungsneutrale Realisierung von Hilfesystemen und Rechtschreibhilfen sowie für die Manipulation von Objekten auf dem Bildschirm (*Desktop Management*).

Der Standardisierungsprozeß der User Interface Common Facilities ist nicht weit fortgeschritten. Ein vorübergehender Erfolg war die Verabschiedung der *Compound Presentation and Compound Interchange Facilities*. Ziel der zugehörigen Ausschreibung [OMG94b] war es, einen Standard für plattformübergreifende Verarbeitung und Darstellung von *Verbunddokumenten* zu definieren.

Da die Ausschreibung darauf zugeschnitten war, konnte bereits 1996 eine umfangreiche Spezifikation [OMG95g] als Standard verabschiedet werden, die auf der *OpenDoc*-Technologie von *IBM*, *Apple* und *Novell* basiert. Wegen mangelnder Unterstützung durch die restliche Software-Industrie wurde *OpenDoc* 1997 aufgegeben; entsprechend verlor die Spezifikation weitgehend ihren Rückhalt. Im ersten Halbjahr 1998 wurde eine *Revision Task Force* eingesetzt, die eine Überarbeitung und Neupositionierung vornehmen sowie ggf. neue RFPs verfassen soll.

Zu den User Interface Common Facilities gehört auch die *Printing Facility*, die die Steuerung und vollständige Abwicklung von Druckaufträgen erlauben soll und deren Standardisierungsprozeß bereits seit 1996 andauert.

3.3.5.2 Information Management Common Facilities

Die Gruppe der *Information Management Common Facilities* faßt OMA-Komponenten zusammen, die sich mit dem Aspekt der Datenhaltung befassen. Hierzu gehören vor allem standardisierte Schnittstellen für Dokument-Management- und Imaging-Systeme und Repositories. Dienste für Daten- und Dateikonvertierung (*Data Interchange*) und Komprimierung (*Data Encoding and Representation*) sind ebenfalls eingeschlossen. Der Standardisierungsprozeß wurde mit dem Bereich der Repository Facility begonnen, die [OMG97h] nochmals in vier Subkomponenten unterteilt: Data Interchange Facility, Change Management Facility, Version Management Facility und Meta-Object Facility.

Mit der Einführung einer *Data Interchange Facility* [OMG95h] will die OMG erreichen, daß der Austausch und die Konvertierung von Daten und Dateien, die in verschiedenen Repräsentationen vorliegen, von einer speziellen Komponente unterstützt werden. Die heute in Anwendungsprogrammen redundant vorhandenen Konvertierungsroutinen sollen als eigener Systemdienst etabliert werden. Dabei wird bezüglich der Inhalte keine Einschränkung gemacht. Als Beispiele werden Multimedia-, CAD- oder Fakturierungsdaten genannt, die in unterschiedlichen Dateiformaten vorkommen. Ziel ist ein Datenaustausch ohne vorherige Absprachen über Datei- und Repräsentationsformate. Objekte melden bei der Data Interchange Facility die Menge von zulässigen Repräsentationen (z.B. Grafikformate) an, mit denen sie ohne weitere Vorverarbeitung umgehen können. Der Standardisierungsprozeß für eine Data Interchange Facility wurde Ende 1996 ausgesetzt [OMG96f], da nur ein einziger Vorschlag [OMG96g] vorlag, der den Anforderungen nicht genügte und viele grundsätzliche Fragen nicht geklärt werden konnten. Eine Wiederaufnahme der Bemühungen steht bisher aus.

Die im November 1997 standardisierte *Meta-Object Facility* (MOF) [OMG-97h] definiert Schnittstellen zur Definition und Verwaltung von Schemainformation. Dies ist wichtig, um in einer verteilten Umgebung den Überblick über die vorhandenen Objektmodelle zu erhalten. Da Implementierungen einzelner Objekttypen durch das geänderte Programmierparadigma ihre Persistenz unabhängig voneinander sicherstellen, ist künftig nicht mehr zu erwarten, daß in Unternehmen ein gemeinsames Datenbankschema existiert, das eine integrierende Sicht bietet. Die MOF soll helfen, diesen Mangel auszugleichen. Schemainformation ist nützlich, wenn es darum geht, verbindliche Metamodelle für andere höhere Dienste der OMA zu repräsentieren, wie etwa für Entwicklungswerkzeuge (Object Analysis and Design Facility), Repositories oder für das Meta-Schema der Business Object Facility. Ziel der MOF ist es, die Erweiterbarkeit und Selbstbezüglichkeit (*introspection / self discovery*) zu ermöglichen. Die MOF-Schnittstellen können verwendet werden, um damit zur Laufzeit die Eigenschaften neuer und die Erweiterungen bestehender Komponenten eines verteilten Systems aufzufinden. Metamodelle sollen sich nicht ausschließlich in den Schnittstellen oder gar nur im Code der Implementierung wiederfinden, sondern in der MOF modelliert werden.

Die Schnittstellenspezifikation der MOF standardisiert mehrere Funktionsbereiche und besteht aus drei Paketen, die aufeinander aufbauen:

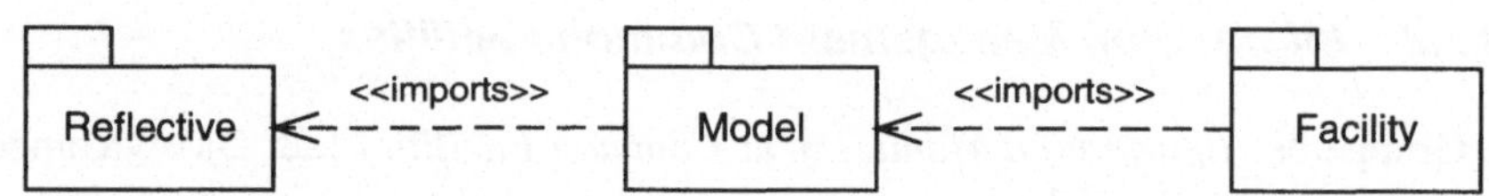

Abb. 3-12: Abhängigkeitsgraph der Pakete der MOF (gemäß [OMG97h, S. 3-5])

- Das **Model**-Paket enthält das MOF-Meta-Metamodell, das äußerst umfangreich ist und an dieser Stelle nicht dargestellt werden kann. Eine Übersicht zu den wichtigsten Modellelementen findet sich im Zusammenhang mit deren Nutzung zur Modellierung von Workflow-Metamodellen im Unterabschn. 4.6.2.
- Schnittstellen für die Unterstützung der Reflexivität (s. Unterabschn. 4.2.2) wurden in ein eigenes Paket (**Reflective**) ausgelagert. Durch Unterstützung der darin definierten Schnittstellen RefBaseObject und ReflectiveObject können beliebige Objekttypen mit der Fähigkeit ausgestattet werden, Zugriff auf ihre Schemainformation zu bieten.
- Schnittstellen für die Manipulation von Modellen sind in einem dritten Paket definiert (**Facility**). Dort finden sich Funktionen zur Erstellung, Speicherung und Manipulation von Metaobjekten sowie Funktionen zur Komposition von Metaobjekten zu Objektschemata. Auch der navigierende Zugriff auf Metaobjekte wird unterstützt.

Neben der Darstellung von Metamodellen regelt die MOF-Spezifikation auch die Abbildung dieser Modelle auf die IDL. Hierfür werden Templates zur Generierung von IDL-Schnittstellen aus den Inhalten (Modellen) vorgegeben.

Experimentelle Implementierungen der MOF existieren, sind aber nicht öffentlich verfügbar. So verfügt das australische Forschungsinstitut DSTC über eine vollständige MOF-Implementierung [Craw98], und auch die Version 3.0 des *Universal Repository (UREP)* von *Unisys* wird dem Standard entsprechen. Die ISO (International Standards Organisation) plant, die Spezifikation der OMG Meta-Object Facility unter der Bezeichnung ODP Type Management zu übernehmen.

3.3.5.3 Systems Management Common Facilities

Die *Systems Management Common Facilities* umfassen administrative Dienste zur Verwaltung, zur Konfiguration und zum Betrieb verteilter Objektverwaltungssysteme. Der Schwerpunkt liegt auf der Verwaltung von Betriebsmitteln. Diese können physischer Art sein, also Drucker, Rechnerknoten oder andere Hardware, aber auch logischer Art, wie Prozesse, Software oder Benutzerkonten. Eher technisch orientiert sind die vorgesehenen Dienste für die Instrumentierung, Messung und Protokollierung relevanter Systemereignisse. Auch die geplante Systemkomponente für die zeitgesteuerte Aktivierung (Scheduling) wiederkehrender Aufgaben sowie Schnittstellen, die die Auswahl von Diensten anhand von Qualitätsparametern erlauben sollen, haben beide eher technischen Charakter. Unter die Kategorie der Verwaltung logischer Ressourcen fallen Dienste für die Administration von Benutzerkonten und anderen logischen Einheiten (z.B. Arbeitsgruppen), die Verwaltung daran geknüpfter Zugriffsrechte sowie für die Installation, Administration und Parametrisierung von Software-Komponenten.

Als erster und bisher einziger Standard aus diesem Bereich wurde Ende 1996 von der X/Open[1] deren Spezifikation [Open97] für die Common Management Facilities (XCMF) unter der Bezeichnung *OMG Systems Management Facility* übernommen. Diese Spezifikation gibt Schnittstellen vor, die von denjenigen Objekttypen zu unterstützen sind, die Betriebsmitteln repräsentieren, und gliedert sich in mehrere Pakete, mit komplexen gegenseitige Abhängigkeiten (s. [Schu99, S. 71]). Die Systems Management Facility läßt grob sich in vier Bereiche strukturieren:

- **Managed Set Service**: Mit dem Ziel, sie hernach gemeinsam leichter verwalten zu können, lassen sich verteilte Objektexemplare zu Mengen gruppieren. Diese werden als *Managed Sets* bezeichnet, zu deren Verwaltung im Paket **Managed-Sets** die Schnittstellen Set und Member zur Verfügung stehen. Sets dürfen sowohl einfache Objekte als auch andere Mengen enthalten, d.h., man kann damit hierarchische Strukturen modellieren. Die Schnittstelle Set enthält Operationen zur Verwaltung von Objektreferenzen, die in der Menge enthalten sind. Die Member-Schnittstelle wiederum bietet Operationen, mit denen Referenzen auf alle Sets erhalten werden können, in denen das Objekt enthalten ist. Jede im Netzwerk vorhandene Ressource wird von einem *Managed Object* ge-

---

[1] Vereinigt mit der „Open Software Foundation" und umbenannt zu „The Open Group".

kapselt, sie muß also, wenn sie durch die Systems Management Facility verwaltet werden soll, die `ManagedObject`-Schnittstelle unterstützen.

- **Policy-driven Base Service**: Auf mit Hilfe des Managed Set Service verknüpfte Objektexemplare lassen sich `Policies` definieren. Policies sind Systemrichtlinien, die vom Systemadministrator festzulegen sind und deren Einhaltung vom System überwacht und sichergestellt wird. Policies sind passiv und werden nur beim Erzeugen, Löschen und Modifizieren von Objekten beachtet; eine anderweitige Aktivierung, z.B. zeitgesteuert, ist nicht vorgesehen. Beispiele für Policies sind benutzerspezifische Zugriffsrechte, Einschränkungen, die den Speicherplatz eines Objekts begrenzen, oder vom Administrator vorzugebende Defaultwerte für die Belegung von Attributwerten bei der Erzeugung neuer Objektexemplare. Objekttypen, deren Verhalten durch extern geregelte Policies zu beeinflussen ist, müssen die Schnittstelle `PolicyDrivenBase` unterstützen, woher auch der Namen dieses Teildienstes kommt.

- Im **Policy Management Service** wird das Konzept der Policies um `Policy-Regions` erweitert. Mit Hilfe der Policy Regions, die im Paket `PolicyRegions` eingeführt werden, läßt sich die Gültigkeit von Policies auf Teile von Objektpopulationen eingrenzen.

- Der letzte Teil, der **Instance Management Service**, der im Paket `ManagedInstances` festgelegt ist, schreibt standardisierte Schnittstellen für die Verwaltung der Extension von Objekttypen vor. Hierfür wird die Schnittstelle eines Exemplarverwalters (`InstanceManager`) definiert, mit dessen Hilfe es möglich ist, alle Exemplare eines Typs zu traversieren. Da die Schnittstelle des Exemplarverwalters auch verwendet werden kann, um neue Exemplare zu erzeugen (Factory-Funktionalität), liegt hier eine enge inhaltliche Verbindung zum Life Cycle Service vor. Eine *Managed Instance* ist ein Exemplar eines Typs, das von genau einem Exemplarverwalter kontrolliert wird. Die `Instance`-Schnittstelle bietet Operationen zur Bestimmung des Objekttyps und zum Zurückgeben einer Objektreferenz auf den zugehörigen Exemplarverwalter. Noch eine Ebene über dem Exemplarverwalter steht die `Library`-Schnittstelle. Diese unterstützt das Registrieren und anschließende Auffinden von Exemplarverwaltern aufgrund bestimmter Charakteristika. Die `Library`-Schnittstelle ermöglicht es, zur Laufzeit festzulegen, auf welchem Rechnerknoten eine neues Objektexemplar erzeugt wird.

Die Pakete `SysAdminTypes, SysAdminException` und `Identification` definieren die Datenstrukturen der Facility und werden daher von fast allen anderen Paketen benötigt. Modellelemente sind darin nicht enthalten.

Die Akzeptanz der XCMF-Spezifikation ist eher gering. Erst seit Ende 1997 steht mit dem *XCMF Toolkit* aus der *ORBital*-Produktreihe der Firma *NEC* [NEC-97] eine kommerzielle Implementierung zur Verfügung. Mit zunehmender Verbreitung CORBA-basierter Software-Entwicklung ist aber zu erwarten, daß in der Zukunft weitere Implementierungen auf den Markt kommen.

3.3.5.4 Task Management Common Facilities

Die *Task Management Common Facilities* sind im Kontext dieses Buchs der interessanteste Teil der CORBAfacilities, denn dort finden sich Infrastrukturdienste, die den Benutzer direkt bei seiner Arbeit (*engl.* task = Aufgabe) unterstützen. Hier findet sich der Platzhalter für die *Workflow Management Facility*, deren vollständige Konzeption zentraler Gegenstand des vierten und fünften Kapitels ist. Die „jFlow"-Spezifikation, der im Anschluß der eigene Unterabschn. 3.3.5.5 gewidmet ist, deckt nur einen Teil der funktionalen und nichtfunktionalen Anforderungen an einen WFMD ab. Zu den Task Management Common Facilities gehören weiterhin die *Rule Management,* die *Agent* und die *Automation Facility:*

- **Rule Management Facility (RMF)**: Deklarative Regelsysteme sind ein eleganter Mechanismus, um Integritätsbedingungen und Trigger zu spezifizieren. Eine RMF soll es ermöglichen, Regeln in einem verteilten Objektverwaltungssystem an zentraler Stelle abzulegen und auf große Objektpopulationen anzuwenden. Die Spezifikation einer RMF muß Schnittstellen für drei Bereiche vorgeben: für die Definition und die Verwaltung einer Regelmenge sowie für die Ausführungsunterstützung bzw. Überwachung der Regeln. Grundlage der RMF ist demzufolge eine Spezifikationssprache für Regeln und eine zugehörige Ausführungs- und Interpretationsmaschine. Weiterhin sind Vorkehrungen für eine Föderation, bestehend aus einer größeren Anzahl von RMF-Exemplaren, zu treffen. Langfristig sollen eine Spezifikation für eine externe Repräsentation (Austauschformat für Regeln) und Mechanismen für die Evolution von Regelmengen folgen. In [OMG96e] wurden Anforderungen für die RMF erarbeitet, die Ausschreibung wurde jedoch ausgesetzt, weil kein Konsens über eine Abgrenzung zwischen den Regelsystemen einer RMF und *Geschäfts*regeln gefunden werden konnte, die in der Business Object Facility angesiedelt sein sollen.
- **Agent Facility**: Der Platzhalter für die *Agent Facility* der OMA sieht sowohl mobile als auch ortsgebundene (stationäre) Agenten vor. Da erstere jedoch aufgrund des Internet-Booms besondere Aufmerksamkeit erfahren haben, hat sich die OMG bis dato ausschließlich auf mobile Agenten konzentriert. 1997 wurde die Spezifikation der *Mobile Agent Facility* verabschiedet [OMG97m], die sich allerdings auf Schnittstellen beschränkt, die der Interoperabilität verschiedener Agentensysteme dienen. Dies geschieht aus gutem Grund, schließlich handelt es sich um eine recht neue Technologie und es gibt viele Systeme, die sich fundamental unterscheiden [OMG97m, S. 1-3]. Die Spezifikation ist entsprechend knapp und deckt nur Bereiche ab, die existierenden Systemen gemeinsam sind.
- **Automation Facility**: Unter *Automation* verstanden die Autoren der Common Facilities Architecture einen Mechanismus, der es Anwendern erlaubt, komplexe und wiederkehrende Interaktionen zwischen anwendungsnahen Objekten mit Hilfe einer leicht verständlichen, imperativen Programmiersprache (Script-Sprache) zu realisieren. Derartige Mechanismen sind in vielen Anwendungsprogrammen, z.B. als Makrosprachen in den Office-Produkten von *Microsoft*, bereits bekannt und sehr erfolgreich. Die *Automation Facility* soll eine anwendungsneutrale Komponente schaffen, die die Aufzeichnung und Ausführung derartiger Skripts in der OMA erlaubt.

Unabhängig von der OMG – und mit einem anderen Ziel – wurde von *Netscape* die Sprache JavaScript entwickelt. JavaScript ist eine Script-Sprache, die sich im Internet stark durchgesetzt hat und viele Anforderungen erfüllt, die im Kontext einer Automation Facility zu stellen wären; insbesondere lassen sich Aufrufe an CORBA-Objekte in JavaScript-Programme integrieren. Um schnellstmöglich vom Erfolg von JavaScript zu profitieren, hat die OMG 1997 die Ausschreibung für eine „CORBA Scripting Language" so verfaßt, daß Java-Script als passende Lösung erscheint. Gegenwärtig ist jedoch die Diskussion über dieses Thema nicht abgeschlossen. Eine Standardisierung vor Ende 1999 ist nicht zu erwarten.

3.3.5.5 *Workflow Management Facility*

Die Workflow Management Facility soll einen Dienst definieren, der die Modellierung und Ausführung von Workflows innerhalb der OMA ermöglicht. Im Ausschreibungsdokument, das stark von den ersten Ergebnissen des WorCOS-Projekts geprägt wurde [Schu97a, Schu97b, Schu97d], wird dazu als Ziel formuliert:

> *„The Workflow Management Facility defines interfaces and their semantics required to manipulate and execute interoperable workflow objects and their metadata. The Workflow Management Facility will serve as a high-level integrating platform for building flexible workflow management applications incorporating objects and existing applications."* [OMG97b, S. 1].

Eine übersichtliche chronologische Schilderung der bisherigen Standardisierungsaktivitäten bezüglich der Work-flow Management Facility gibt [Schu98a]. Auf die Ausschreibung für die Standardisierung der Workflow Management Facility [OMG97b] wurde von einem aus WfMC-Mitgliedern bestehenden Firmenkonsortium die sog. „jFlow"-Spezifikation [OMG98i] bei der OMG eingereicht. Diese Spezifikation, die auf den Konzepten der WfMC aufbaut, wurde am 10. November 1998 als erste Stufe der Workflow Management Facility verabschiedet. Selbst gestecktes Ziel dieser Spezifikation ist es, IDL-Schnittstellen bereitzustellen, die das Zusammenwirken heterogener WFMS erlauben. Folgerichtig beschränkt sich die Spezifikation auf die Definition von Schnittstellen, die zur Laufzeit angeboten werden. Abb. 3-13 skizziert die wichtigsten Elemente der Spezifikation.

Eine umfassende Charakterisierung und Bewertung der „jFlow"-Spezifikation wurde bereits in [Schu97e] vorgenommen und daher hier nicht wiederholt. Wichtigste Kritikpunkte sind die mangelnde Berücksichtigung des Architekturumfelds und die Unvollständigkeit in Bezug auf die im RFP aufgelisteten Anforderungen. Da das im RFP eigentlich geforderte [OMG97b, S. 21] Workflow-Metaschema ausgespart wurde, bleibt weitgehend unklar, welches Verhalten von Workflow-Exemplaren zu erwarten ist, die von der Workflow Management Facility zur Ausführung gebracht werden. Zwar steht mit der Operation `create_process()` der `WfProcessMgr`-Schnittstelle eine Möglichkeit zur Verfügung, neue Workflow-Exemplare zu erzeugen; Schnittstellen zur Definition neuer Workflow-Schemata werden jedoch nicht angeboten. Ebenso fehlen Funktionen, die es erlauben würden, zusätzliche Metadaten über die verfügbaren Workflow-Schemata einzuholen.

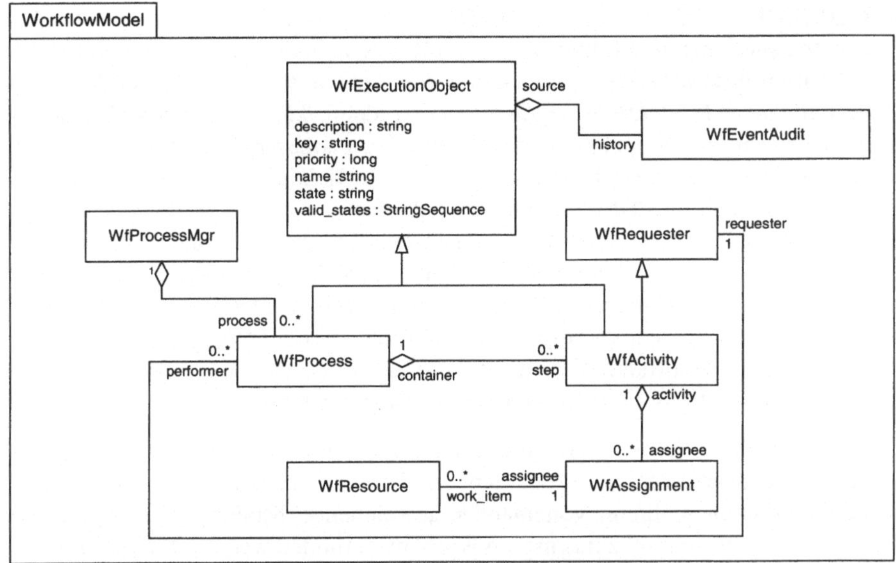

Abb. 3-13: Schnittstellen der „jFlow"-Spezifikation (s. [OMG98i, S. 2-26])

Um als brauchbare Grundlage für die Realisierung einer WFMA zu dienen, sind
die in der Workflow Management Facility bisher angebotenen Schnittstellen funktional ungenügend. Das *Workflow Roadmap Document* [OMG98a] zeigt auf, für
welche Schnittstellen demnächst eine Standardisierung angestrebt wird. Zum Zeitpunkt der Fertigstellung dieses Buchs diskutiert man über einen *Workflow Resource Management* RFP [OMG99a].

3.3.6 Domain Interfaces

In frühen Entwicklungsstadien der OMA wurden die CORBAfacilities in horizon-
tale (*Horizontal CORBAfacilities*) und vertikale Dienste (*Vertical Market Facilities*) unterschieden. Als *horizontal* werden fachneutrale Dienste bezeichnet. Vertikale Dienste sind dagegen auf konkrete Branchen spezialisiert, z.B. für industrielle Anwendungen, Simulation und sogar speziell für Energieversorger. In aktuellen OMG-Dokumenten wird diese Trennung aufgegeben, und vertikale Dienste
werden nun *Domain Interfaces* genannt. Mit dem Ziel, deren Standardisierung vo-
ranzutreiben, wurden Arbeitsgruppen (Task Forces) eingerichtet, die sich jeweils
mit einem abgegrenzten Aufgabengebiet beschäftigen. Momentan gibt es innerhalb des Domain Technology Committee Arbeitsgruppen zu sechs Fachbereichen:

- **Business Object**: Identifikation und Beschreibung anwendungsunabhängiger
  Geschäftsobjekte (Business Objects), die es ermöglichen, Anwendungssysteme
  gemäß dem Baukastenprinzip zusammenzusetzen (s. Abschn. 3.4).
- **Electronic Commerce**: Klärung der Problematik des Verkaufs von Waren, des
  Copyrights von Inhalten und der Bezahlung mit virtuellen Währungseinheiten.

- **CORBAfinancials**: Definition von Diensten zur sicheren Abwicklung von Finanztransaktionen und Entwicklung von Referenzmodellen für Bankgeschäfte.
- **CORBAmanufacturing**: Entwicklung von Anforderungen an CORBA-basierte Software in Produktionsumgebungen und Identifikation geeigneter Referenzmodelle. Ein Schwerpunkt liegt auf dem *Produktdaten-Management (PDM)*. Hier wurden 1998 die Schnittstellen für sog. *PDM Enabler*, also produktneutrale Schnittstellen für PDM-Systeme, beschlossen.
- **CORBAmed**: Normierung des Datenaustauschs im Gesundheitswesen, insb. im klinischen Bereich. Von sechs Teildiensten [Völt99], sind zwei fertiggestellt: einer zur eindeutigen Identifikation von Patienten (*Patient Identification Service*) und einer zur Verwaltung von Fachtermini (*Lexical Query Service*).
- **CORBAtel**: Identifikation geeigneter Referenzmodelle und Schnittstellen für CORBA-basierte Systeme im Telekommunikationsbereich.

Die OMG strebt an, in den Domain Interfaces Ideen und Schnittstellen bereits existierender Software, d.h. von Produkten, zu übernehmen. Existieren in konkurrierenden Produkten mehrere, voneinander abweichende Modellvorstellungen und Begrifflichkeiten, so muß zunächst ein Konsens gefunden werden. Langfristig sollen sich Frameworks für das Finanzwesen, für das Gesundheitswesen etc. bilden.

Einen wichtigen Erfolg konnte die OMG im Bereich des Fachgebiets Anwendungsentwicklung verbuchen, das von der Analysis and Design Platform Task Force bearbeitet wird. Dort wurde im November 1997 als Abschluß jahrelanger Bemühungen die Spezifikation für die *Object Analysis and Design Facility* [OMG97e] verabschiedet, bei der es sich im wesentlichen um die *Unified Modeling Language (UML)* handelt. Die große Akzeptanz, die die UML seither in der Software-Industrie gewonnen hat, unterstreicht die Bedeutung der OMG. Da die Darstellung der UML ganze Bücher füllt, kann an dieser Stelle nur auf die Literatur zu diesem Thema verwiesen werden: Eine gute Einführung vermittelt [Oest97], vollständige Darstellungen geben [Fowl97, Mull97, Booc98, Rumb99].

Auch die zur Verabschiedung anstehenden Spezifikationen für die *Business Object Facility* und einige *Common Business Objects* stellen wichtige Meilensteine dar. Mehr als zwei Jahre nach der ersten Ausschreibung [OMG96b] für diese beiden Bereiche konnte 1998 innerhalb der Business Object Domain Task Force (BODTF) eine Einigung über die *Business Object Components Architecture* (BOCA, s. [OMG98d]) erzielt werden. Die BOCA-Spezifikation wurde als Vorschlag für die Ausschreibung der Business Object Facility von einem Firmenkonsortium eingereicht, die Zustimmung des OMG Architecture Board wurde jedoch nicht erteilt. Anfang 1999 mußte daher zu diesem Thema eine erneute Ausschreibung gestartet werden. Auf Geschäftsobjekte, die zu deren Nutzung notwendige Infrastruktur und das dahinterstehende neue Paradigma zur Entwicklung komplexer verteilter Anwendungssysteme geht Abschn. 3.4 ausführlich ein.

3.3.7 Application Objects

Die bisher vorgestellten Spezifikationen (CORBA, CORBAservices, CORBAfacilities und Domain Interfaces) definieren Komponenten der OMA, die als Bestandteil für viele Anwendungstypen geeignet oder sogar notwendig sind. Aus diesem Grund ist es lohnend, Funktionen und Schnittstellen dieser Komponenten zu standardisieren. Anders ist dies beim letzten verbleibenden Bereich der OMA, den Anwendungsobjekten (*Application Objects*). Anwendungsobjekte bilden denjenigen Teil einer OMA-basierten Software, der fachbezogene Aufgaben aus der jeweiligen Anwendungswelt löst und nicht ohne weiteres in anderem Kontext wiederverwendet werden kann. Aufgrund der Vielfalt und der individuellen Anforderungen ist hier eine Standardisierung durch die OMG nicht vorgesehen.

Bei der Implementierung von Anwendungsobjekten können vorhandene CORBAservices und -facilities in beliebiger Kombination eingesetzt werden. Dabei ist jedoch zu beachten, daß sie bisher keineswegs auf allen Plattformen vorhanden sind. Die möglicherweise eingeschränkte Verfügbarkeit für die Zielplattform ist bereits bei der Konzeption, und erst recht bei der Implementierung, genau zu prüfen und zu berücksichtigen.

3.3.8 Zusammenfassung und Bewertung

In den Unterabschnitten 3.3.2 bis 3.3.7 wurde mit der gebotenen Ausführlichkeit die OMA vorgestellt. Deren Vorzüge, aber auch Nachteile, werden abschließend bewertet. Überragendes Merkmal der OMA ist die Herstellerneutralität. CORBA erreicht echte Plattform- und Herstellerneutralität, wodurch sich die OMA insgesamt deutlich gegenüber DCOM abgrenzt. Die Entwicklung verteilter Anwendungssysteme auf der Basis von DCOM ist nur eine echte Alternative, solange ausschließlich ein Einsatz in homogenen *Windows*-Umgebungen beabsichtigt wird. Weitere positive Eigenschaften der OMA, und speziell der CORBA sind:

- **Hohe Programmierabstraktion**: Die Konzeption eines CORBA-basierten Systems geschieht auf hohem Abstraktionsniveau, da der ORB die Kommunikationsmechanismen vor dem Anwendungsprogrammierer verbirgt. Der Aufwand, eine auf diese Weise entwickelte Anwendung zu pflegen, zu erweitern oder zu portieren, ist wesentlich geringer als bei einer Socket-basierten Lösung, wie sie z.B. in [Hoch97] beschrieben wird. Dort ist der Programmierer für das Marshalling von Parameterstrukturen, für das Auffinden von Objektexemplaren und deren Aktivierung beim Aufruf sowie natürlich für die Behandlung von Übertragungsfehlern selbst zuständig. Die Entlastung der Entwickler von diesen technischen Aspekten wird in der Regel dazu führen, daß mehr Zeit mit der Formulierung sauberer Schnittstellen verbracht werden kann.

- **Technische Abstraktion**: Ein weiterer großer Vorteil zeigt sich bei der Erweiterung der Server in technischer Sicht. Soll beispielsweise ein Server dahingehend erweitert werden, daß eine Vielzahl von Clients konkurrierend darauf zugreifen kann, erfordert dies bei einer CORBA-basierten Lösung vergleichsweise geringen Mehraufwand. In manchen Fällen (*MultiThreaded Orbix*) sind auf der Serverseite nur wenige zusätzliche Programmzeilen erforderlich. Erfolgt statt dessen eine Implementierung auf der Grundlage elementarer Transportprotokolle, entsteht alleine für die Verwaltung der aktiven Verbindungen erheblicher Implementierungsaufwand.

- **Interoperabilität**: Jedes CORBA-basierte System kann mit beliebigen Objekten kooperieren und umgekehrt seine Dienste zur Verfügung stellen. Vergleichbare Offenheit ist bei keiner anderen Middleware gewährleistet.
- **Wiederverwendung**: Das breite Funktionsangebot der CORBAservices und CORBAfacilities, das dem Anwendungsentwickler zur Verfügung gestellt wird, kann die Produktivität der Entwicklung enorm steigern.

Die genannten Eigenschaften übertragen sich zwangsläufig auf Implementierungen, die unter Verwendung von CORBA vorgenommen werden, und machen dadurch diese Plattform sehr attraktiv. Insbesondere die Verwendbarkeit von vorhandenen Diensten ist äußerst vielfältig. Die Nutzung der Dienste kann einerseits die Implementierung erleichtern, andererseits notwendig sein, um dadurch von anderen Eigenschaften der OMA zu profitieren, bzw. um konform zu sein.

Trotz der vielen positiven Aspekte gibt es Kritikpunkte, zum einen was die Arbeit der OMG, zum anderen was einige Teile der OMA angeht:

- **Tendenz zur Unübersichtlichkeit**: Verursacht durch mannigfaltige und parallel betriebene Aktivitäten von an die hundert Arbeitsgruppen, und durch das Bestreben, schnell zu Ergebnissen zu kommen, unterbleibt bei vielen Spezifikationen eine gründliche Überprüfung der Einhaltung übergeordneter Entwurfsrichtlinien. Das OMG Architecture Board als letzte Kontrollinstanz ist sicherlich um gute Arbeit bemüht, jedoch durch die enorme Quantität und inhaltliche Breite überfordert. Allein die Verwaltung und Sichtung aller Spezifikationsvorschläge erfordert immensen Aufwand. Dazu kommt, daß vielen Firmenvertretern in den Arbeitsgruppen der Überblick über die OMA und bereits vorhandene OMG-Standards fehlt. Es besteht die Gefahr, daß durch Unkenntnis und nachlässige Kontrolle durch das Architecture Board Standards zustande kommen, die Funktionalität duplizieren und die Konsistenz der OMA gefährden.
- **Unscharfe Abstraktionsprinzipien**: Die funktionale Aufteilung der CORBAfacilities ist in mancher Hinsicht willkürlich. Es wird nicht klar, ob es weitere Komponenten gibt, deren Integration sinnvoll gewesen wäre. Seit der ursprünglichen Definition ist nicht nur eine Konsolidierung der funktionalen Aufteilung unterblieben, es wurden auch ehemals vorgesehene Grenzen vielfach verwischt.
- Nicht der OMG, sondern den Mitgliedsfirmen anzulasten ist die **mangelhafte Unterstützung durch Software-Entwicklungswerkzeuge.** Die OMA und die CORBA könnten in der Software-Industrie wesentlich höhere Verbreitung haben, wenn nicht der Einarbeitungsaufwand und sehr komplexe Werkzeuge dies verhindern würden. ORB-Implementierungen wie *Visibroker* und *Orbix* sind zwar sehr leistungsfähig, ihre zugehörigen Entwicklungswerkzeuge bewegen sich aber auf einem niedrigen Abstraktionsniveau und sind von durchschnittlichen Programmierern erst nach langer Einarbeitungsphase beherrschbar.
- **Mangelhafte Interoperabilität**: Trotz standardisierter Protokolle lassen sich ORB- und CORBAservice-Implementierungen verschiedener Hersteller keineswegs problemlos miteinander verbinden [Mitr98a] und der Wechsel von einer ORB-Implementierung zu einer anderen bedeutet großen Aufwand. In der Praxis führt dies dazu, daß Anwendungsimplementierungen auf CORBA-Basis stark an die jeweilige ORB-Implementierung gebunden sind. Das Argument der

Herstellerunabhängigkeit ist also nur mit Einschränkung gültig. Eine Änderung der Situation ist erst zu erwarten, sobald alle Hersteller das IIOP korrekt implementiert haben und Portable Object Adapters unterstützen.

- **Mangelnde Verfügbarkeit**: Auch wenn viele CORBAservices und -facilities von der gebotenen Funktion sehr attraktiv sind, ist doch ihre tatsächliche Verfügbarkeit in Form stabiler Produkte eingeschränkt. Nur wenige Hersteller (z.B. *Inprise* und *IONA*) bieten zusammen mit ihren ORB-Implementierungen ein breites Portfolio passender CORBAservices an. Es gibt erst wenige Anbieter ORB-unabhängiger CORBAservice-Implementierungen, z.B. *PrismTech* [Pris-99], deren Produkte sich jedoch erst im Beta-Stadium befinden. Für fast alle ORB verfügbar sind lediglich Naming, Object Transaction und Event Service. Eine aktuelle Übersicht über den Entwicklungsstand findet sich in [Eng98].

Trotz aller Kritik bleibt abschließend festzuhalten: Die Investition in Software, die den Standards der OMG entspricht, ist für große DV-Anwender (s. [Brow99]), bei denen Plattformunabhängkeit und Investitionssicherheit eine wichtige Rolle spielen, heute der einzig gangbare Weg, wenn sie verteilte Objektverwaltungssysteme zur Implementierung nutzen wollen.

3.4 Geschäftsobjekte

Software-Komponenten, die unmittelbar betriebswirtschaftlich relevante Phänomene eines Unternehmens abbilden, werden neuerdings als „Geschäftsobjekte" bezeichnet. Die Produktion von Anwendungssystemen durch Assemblieren von Geschäftsobjekten wird als neues Paradigma zur komponentenorientierten Software-Entwicklung dargestellt. Der grundlegende Gedanke, in Analogie zur industriellen Fertigung auch Software aus Bausteinen zusammenzusetzen, ist zwar keineswegs neu, hat aber durch das eingängige Konzept der Geschäftsobjekte frische Impulse erhalten. Auch wenn das Thema der Geschäftsobjekte bisher eher in Marketing-Unterlagen als in wissenschaftlichen Publikationen auftaucht, so deutet doch vieles darauf hin, daß es sich um ein tragfähiges Konzept handelt. Mit Hilfe von Geschäftsobjekten, die auf der Grundlage plattformunabhängiger Infrastruktur-Software realisiert sind, also z.B. mit CORBA, erscheinen Anwendungssysteme realisierbar, die eine ganze Reihe wünschenswerter Eigenschaften aufweisen. Insbesondere lassen sich viele Ziele des klassischen Software Engineering erreichen: Durch massive Wiederverwendung wird eine hohe Entwicklungsproduktivität ermöglicht, und die Endprodukte besitzen eine hohe Qualität.

3.4.1 Anwendungsentwicklung mit Geschäftsobjekten

In der Unternehmensmodellierung geht man traditionell mit Objekten um, die unmittelbar Phänomenen des betriebswirtschaftlichen Anwendung entsprechen. Dabei handelt es sich um Entitäten, deren Bedeutung und Funktion sich aus dem Anwendungsfeld erschließt, beispielsweise Konten, Schadensmeldungen oder Produkte – alles Dinge, mit denen geschäftsmäßig umgegangen wird.

Objektorientierte Analysemethoden und objektorientierte Programmiersprachen machen es möglich, die bei der Unternehmensmodellierung gewonnenen Abstraktionen bis in die Phase der Anwendungsentwicklung zu erhalten und zu nutzen. Durch die unmittelbare Umsetzung dieser Konzepte in Software verspricht man sich eine Annäherung zwischen der betriebswirtschaftlich-anwendungsbezogenen Sichtweise und der technisch-implementierungsbezogenen Sicht der Entwickler. Wegbereitende Entwicklungsrichtungen, die zur Entstehung des Geschäftsobjekt-Gedankens geführt haben, stammen den Gebieten des Software Engineering und der objektorientierten Anwendungsentwicklung. Aus der großen Anzahl von Arbeiten werden drei Vertreter herausgegriffen, die besonders prägend waren und bei denen die Unterstützung von Geschäftsprozessen berücksichtigt wird:

- Jacobson zeigt in der *Object-Oriented Software Engineering*-Methodologie (*OOSE*, [Jaco95]), wie sich betriebliche Anwendungssysteme systematisch aus einzelnen Komponenten zusammensetzen lassen. Maßgeblich getrieben wird die Entwicklung in OOSE durch die zu unterstützenden Geschäftsprozesse, die im Rahmen der Methodologie ausführlich zu analysieren und zu dokumentieren sind, bevor sie – im Anschluß an geeignete Reorganisationsmaßnahmen – durch ein neu geschaffenes Anwendungssystem implementiert werden. Das zu diesem Zweck eingeführte Modell für Anwendungsfälle (Use Cases) und vor allem deren Notation haben als Bestandteil der UML hohe Popularität erlangt. OOSE strukturiert Komponenten eines objektorientierten Anwendungssystems in Interface Objects, Control Objects und Entity Objects, wobei letztere Repräsentationen von Konzepten sind, mit denen in der jeweiligen Anwendung umgegangen wird – Geschäftsobjekte.

- Ziel der *Convergent Engineering*-Methodologie von Taylor [Tayl92, Tayl95, Hube99] ist es, eine objektorientierte Anwendungsarchitektur und ein Modell zu schaffen, das sich weitestgehend an den Gegebenheiten der Realität orientiert. Die Methodologie soll zu Ergebnissen führen, die durch eine evolutionäre Vorgehensweise stetig verändert und leicht an neue Anforderungen angepaßt werden können. Taylor beschreibt, wie Anwendungssysteme aus Komponenten zusammengesetzt werden, die er Business Elements nennt. Bei diesen handelt es sich um komplexe Strukturen, die selbst wiederum aus beliebig vielen Bestandteilen des gleichen Typs zusammengesetzt sein können – aus diesem Grund werden sie als „fraktale" Komponenten tituliert. Business Elements zerfallen in drei Arten, die allerdings nicht mit denen von Jacobson identisch sind: Organisations repräsentieren organisatorische Einheiten eines Unternehmens, Processes repräsentieren Abläufe, und Resources sind Gegenstände und Material, die im Verlauf der Ausführung von Processes zum Einsatz kommen bzw. verbraucht werden. Zwischen diesen drei grundlegenden Objekttypen besteht eine Vielzahl von Zusammenhängen, die durch lockere Zugehörigkeitsbeziehungen modelliert werden, z.B. zwischen Abläufen und den organisatorischen Einheiten, die für deren Ausführung zuständig sind. Die Ausführung eines Process wird als Dienst aufgefaßt, der letztlich immer unter der Federführung einer organisatorischen Einheit abläuft. Das prägende Prinzip des Convergent Engineering, die lockere Bindung, ist so zu verstehen, daß eine allzu statische Verknüpfung der Business Elements untereinander zu vermeiden ist, damit am Ende kein starres System entsteht. Einschränkend ist jedoch festzuhalten, daß keine eigenständige Modellierung der Abläufe, etwa durch ein „Process Model" erfolgt. Neben den genannten Basistypen existiert eine Reihe weiterer, die jedoch nur für manche Anwendungsfälle benötigt werden. So kann jedem Objekttyp ein typspezifischer Recorder zugeordnet werden, der sämtliche Manipulationen daran protokolliert. So könnte ein Organization Recorder ein Strukturprotokoll führen, aus dem hervorgeht, welche organisatorische Einheiten und Personen zu einem Zeitpunkt einander zugeordnet waren. Ein Process Recorder zeichnet Start- und Fertigstellungszeitpunkte und die beteiligten Ressourcen eines Ablaufs auf, möglicherweise sogar dabei entstandene Kosten.

- Wesentlich vorangetrieben wird die Idee der Geschäftsobjekte seit 1995 durch die Arbeitsgruppen der OMG. Die BODTF (s. Unterabschn. 3.3.6) bündelt die Bemühungen von Firmen und internationalen Experten (z.B. Casanave [Casa-95], Sims [Sims94, Eele98], Cummins [Sadi98], und Brodie [Brod95a, Brod-95b, Brod97]), auf diesem Gebiet zu einheitlichen Standards zu gelangen. Es würde zu weit führen, an dieser Stelle die bisherigen Entwicklungsstufen dieses Prozesses zu schildern, es sollen daher nur die wesentlichen Charakteristika dargestellt werden: [OMG96b, S. 19] definiert ein Geschäftsobjekt sinngemäß als „die Repräsentation eines Objekts, das in einem Unternehmensbereich aktiv ist. Es umfaßt seinen Namen und seine Definition innerhalb des Unternehmens, Attribute, Verhalten, Beziehungen, Regeln, Vorgehensweisen und Randbedingungen. Ein Geschäftsobjekt kann z.B. eine Person, einen Ort, ein Ereignis, einen Geschäftsprozeß oder ein Konzept repräsentieren". Geschäftsobjekten können mehrere business object presentations zugeordnet werden, die gegenüber der Außenwelt eine Sicht auf das Geschäftsobjekt realisieren. Wichtig im Zusammenhang dieses Buchs ist die in [OMG95b] vorgenommene Unterscheidung in Business Entity Objects und Business Process Objects: Erstere dienen der Repräsentation von Gegenständen oder Phänomenen der Geschäftswelt mit eher statischem Charakter und entsprechen den von Jacobson eingeführten Entity Objects. Die Nutzung der von einem solchen Objekt angebotenen Dienste beschränkt sich auf einen sehr kurzen Zeitraum, z.B. die Gutschrift eines Geldbetrags auf ein Konto-Entity-Object. Im Gegensatz dazu versteht man unter einem Business Process Object die Repräsentation von Geschäftsobjekten, die einem Geschehen entsprechen. Ein Business Process Object realisiert Abläufe, deren Ausführung sich über einen längeren Zeitraum erstreckt und in deren Verlauf mit einer Vielzahl von Entity Objects kommuniziert werden muß. In [Orfa96] werden Business Process Objects als „Kleber" charakterisiert, mit dem sich Business Entity Objects zu komplexeren Gebilden verbinden lassen.

Die drei genannten Methodologien sind prinzipiell unabhängig von Programmiersprachen und Implementierungsplattformen und lassen sich daher mit heutigen Entwicklungswerkzeugen ohne weiteres umsetzen. Durchläuft der mit Hilfe der Prinzipien der Objektorientierung strukturierte Quellcode jedoch einen Übersetzer, entsteht dabei immer eine monolithische Gesamtapplikation. Die Sichtbarkeit von Klassengrenzen und Schnittstellen – und folglich auch die Strukturähnlichkeiten mit dem zugrundeliegenden Unternehmensmodell – geht beim Übersetzungsvorgang verloren. Kombinierbarkeit und Austauschbarkeit von Komponenten sind anschließend nur dort gegeben, wo dies der Programmierer durch explizite Programmierschnittstellen vorgesehen hat. Werden Erweiterungen und Änderungen an einem auf diese Weise verwendeten Objekttyp vorgenommen, müssen alle abhängigen Module neu übersetzt und gebunden werden.

Abhilfe und eine lose Kopplung auch zur Laufzeit sollen Software-Komponenten für Geschäftsobjekte (*engl.* business objects) schaffen, bei denen die Struktur einer objektorientierten Modellierung des Unternehmens auf der Ebene ausführbarer Programme erhalten bleibt. Man verspricht sich davon eine einfachere Entwicklung und Wartung der Systeme. Derartige Konzepte erscheinen erst mit der Entwicklung moderner Netzwerktechnologie und durch verteilte Objektverwaltungssysteme machbar. Die traditionelle Ausrichtung der Software-Entwicklung auf die Herstellung von kompletten Anwendungssystemen wird abgelöst von der Entwicklung von Geschäftsobjekt-Komponenten mit klar abgegrenzter Funktionalität [Eele98]. Besonders in [Sims94] wird der Gedanke des Geschäftsobjekts als Gegenstand der Entwicklungstätigkeit hervorgehoben.

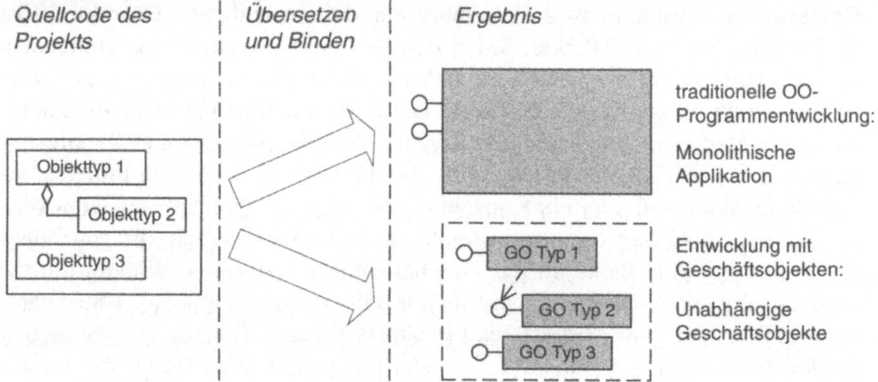

Abb. 3-14: Erhaltung von Objektstrukturen zur Laufzeit

Bezüglich ihrer Semantik bewegen sich Geschäftsobjekte im Unterschied zu „klassischen" Objekttypen auf viel höherem, anwendungsnahem Abstraktionsniveau. Objekttypen für Stacks oder Bildschirmfenster lassen sich in objektorientierten Sprachen angemessen durch Klassen implementieren, es handelt sich aber eben nicht um Geschäftsobjekte. Je präziser dabei das Verständnis der betrieblichen Phänomene wird, desto höher ist die Wahrscheinlichkeit, daß sich über einen längeren Zeitraum hinweg innerhalb einer Branche ein Konsens entwickeln kann, welche Eigenschaften und Dienste von einem Geschäftsobjekt erwartet werden können – und welche nicht. Im Idealfall entwickelt sich ein Markt für Fertigkomponenten, die zumindest Grundfunktionen und gängige Anforderungen abdecken.

Zum Abschluß dieser Übersicht bleibt festzustellen, daß der Erfolg und breite Anwendung von Geschäftsobjekten bisher ausstehen [Hung98]. Dem in [Sche98, S. 101 f.] oder in [Schi98] vermittelten Eindruck, geschäftsobjekt-basierte Anwendungsentwicklung sei bereits etablierter Stand der Technik, muß entschieden widersprochen werden.

3.4.2 Charakteristika von Geschäftsobjekten

Dieser Unterabschnitt stellt den Stand der Technik auf dem Gebiet der Geschäftsobjekte vor und zeigt, welche Anforderungen an Geschäftsobjekte erhoben werden. Nach der einführenden Charakterisierung erfolgt eine Klassifikation von Objekttypen, die als Geschäftsobjekte modelliert werden können. Abschließend wird
diskutiert, welche Voraussetzungen erfüllt sein müssen, um durch einen Standard
vielseitig verwendbare Geschäftsobjekte zu schaffen.

3.4.2.1 Anforderungen an Geschäftsobjekte

Eine wachsende Zahl von Publikationen [Sims94, Prin96, Suth97, Eele98, Pate98]
nimmt sich der Frage an, wie sich Geschäftsobjekte mit heutiger Technologie realisieren lassen. Die Thematik bringt es mit sich, daß es sich um sehr anwendungsnahe Veröffentlichungen handelt, in denen direkte Nutzen- und Implementierungsaspekte im Vordergrund stehen. Das Fehlen exakter Definitionen, einer
gemeinsamen Begriffswelt und einer formalen Grundlage wird nicht als Mangel
empfunden. Weitgehend einig ist man sich jedoch über Anforderungen, denen Geschäftsobjekte entsprechen müssen:

- **Stärkere Wiederverwendung**: Die Bildung von unabhängigen, gekapselten
  Software-Komponenten erhöht prinzipiell deren Wiederverwendbarkeit in ver-
  schiedenem Kontext. Beim Abstraktionsprozeß, der zur Bildung von Geschäftsobjekttypen führt, soll daher dieser Aspekt berücksichtigt werden; Geschäftsobjekte und deren Schnittstellen sind so auszulegen, daß ihre potentielle Wiederverwendbarkeit maximiert wird.

- **Beliebige Kombinierbarkeit**: Vom Geschäftsobjekt-Paradigma profitiert zwar
  die Übersichtlichkeit eines damit erstellten Anwendungssystems, eine Steige-
  rung der Entwicklungsproduktivität wird bisher nicht erreicht. Dies wird erst
  der Fall sein, wenn es möglich ist, Implementierungen von Geschäftsobjekttypen als Standardbausteine „von der Stange" bei externen Software-Herstellern
  einzukaufen. Als Konsequenz daraus entsteht erstens die Forderung, daß Produkte verschiedener Hersteller ohne weitere Anpassung zusammenarbeiten müssen (Kombinierbarkeit), zweitens, daß Hersteller nur wenige Annahmen über
  die Einsatzumgebung ihrer Produkte machen dürfen. Im Extremfall soll der
  Endanwender in die Lage versetzt werden, verschiedene Geschäftsobjekte
  selbst zusammenzuführen; diese Fähigkeit wird in [OMG96b] als *Plug&Play-
  Fähigkeit* bzw. als Ad-hoc-Integrierbarkeit bezeichnet.

- **Offenheit**: In diesem Zusammenhang ist Offenheit dahingehend zu verstehen,
  daß Geschäftsobjekte öffentliche und genau dokumentierte Schnittstellen haben
  und keine impliziten Annahmen über ihre Kommunikationspartner machen
  sollen. Entsprechende Autorisierung vorausgesetzt, kann damit aus technischer
  Sicht grundsätzlich jedes Objekt mit jedem anderen kommunizieren.

- **Leichte Erweiterbarkeit**: Nicht immer wird die Implementierung eines Geschäftsobjekttyps alle Eigenschaften bieten, die daran in einem speziellen Anwendungskontext gestellt werden. Um der Neigung von Entwicklern entgegen-

zuwirken, dann doch wieder eine Neuentwicklung vorzunehmen (s. [Zend95]), muß daher Unterstützung für eine leichte Erweiterbarkeit der Schnittstellen und Implementierungen bestehender Geschäftsobjekttypen gegeben sein. Technische Mittel hierfür sind etwa Schnittstellenvererbung, Konfiguration oder Delegation von Funktionalität an andere Objekte.

- **Transparente Realisierung der Persistenz**: Besonders augenfällig ist der Paradigmenwechsel bei der Sicherstellung der Persistenz von Geschäftsobjekten. Jede Implementierung eines Geschäftsobjekttyps ist selbst dafür verantwortlich, den Zustand der Geschäftsobjektexemplare persistent zu machen. Sie kann dafür verschiedenste Mechanismen verwenden – natürlich auch ein DBMS. Es muß lediglich sichergestellt sein, daß bei einer Dienstanforderung an bzw. einem Zugriff auf ein Geschäftsobjektexemplar dessen Zustand – für den Dienstnutzer transparent – wieder von einem externen Speichersystem geladen wird.

- **Transaktionales Verhalten**: Gerade durch den Aspekt der Ortstransparenz und die damit verbundene Möglichkeit, komplexe Anwendungen zu konstruieren, in denen Geschäftsobjekte zusammenwirken, die an verschiedenen Stellen eines Rechnernetzwerks plaziert sind, müssen Vorkehrungen bezüglich der Fehlertoleranz getroffen werden. Geschäftsobjekttypen, die als kritisch einzustufen sind, müssen daher nicht nur ihre Schnittstellen auf die Teilnahme an Transaktionsprotokollen vorbereitet haben, sondern natürlich in der Implementierung diese Funktionen auch realisieren.

Im Unterschied zur heutigen Sichtweise wird nicht die Bereitstellung einer ausführbaren Anwendung, sondern die Implementierung eines Geschäftsobjekttyps als Endprodukt der Entwicklung angesehen. Ähnlich wie dies bereits für manche fachneutrale Komponenten der Fall ist, soll sich ein Markt für Implementierungen von Geschäftsobjekttypen bilden.

3.4.2.2 *Klassifikation von Geschäftsobjekttypen*

Nachfolgend wird gezeigt, wie Geschäftsobjekttypen inhaltlich kategorisiert werden können. Eine derartige Klassifikation – aus der Anwendungsperspektive, und nicht unter technischen Gesichtspunkten – ist notwendig, um langfristig ein grundlegendes Verständnis unter den Anwendungsentwicklern aufzubauen, die per Katalogauswahl auf vorhandene Komponenten zurückgreifen sollen. Auch kann eine Klassifikation zur Strukturierung von Bibliotheken dienen. Erste Ansätze für eine Klassifikation existieren bei [Tayl95], wo eine grobe Unterscheidung in Organizations (Organisatorische Objekte), Resources (Ressourcen) und Processes (Workflows) stattfindet. Eine Systematik für eine feinere Unterteilung wird nicht geboten. Erheblich detaillierter ist die Klassifikation in [Shel97], die zur Arbeitsgrundlage der OMG BODTF [OMG97n] wurde. Hier werden ebenfalls drei grundlegende Typen unterschieden, die sich allerdings nicht mit den vorgenannten Typen von Taylor decken: Neben Gegenständen und Abläufen werden hier Ereignisse (Events) als dritte Kategorie eingeführt, was in Abb. 3-15 veranschaulicht wird. Beispielhafte Vertreter für Geschäftsobjekttypen der ersten Kategorie sind reale oder abstrakte Phänomene und Konzepte, die in Fachspezifikationen als Substantive auftauchen: Kunde, Bestellung, Adresse oder Vertrag.

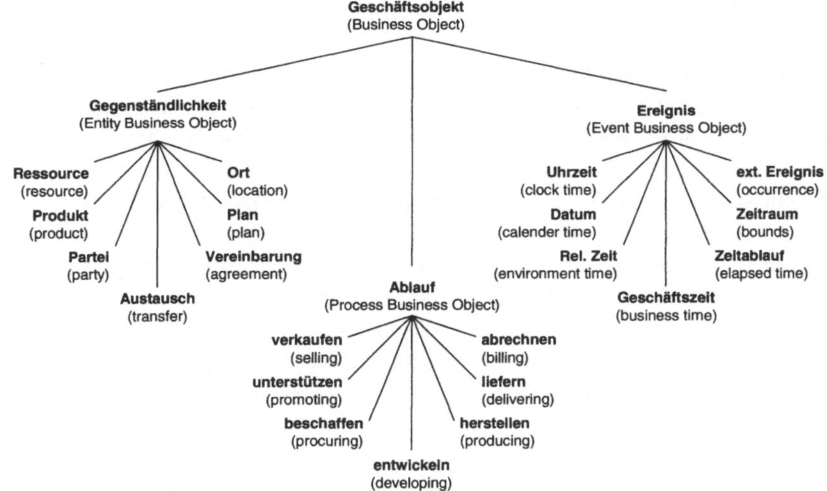

Abb. 3-15: Klassifikation von Geschäftsobjekttypen (in Anlehnung an [Shel97])

Abläufe sind im Unterschied dazu zeitbehaftete Geschehnisse; diese finden sich in der fachbezogenen Anforderungsspezifikation zumeist als Verben. Die dritte Kategorie von Geschäftsobjekten beschreibt Tatbestände, die durch externe Ereignisse entstehen. Die größte Untergruppe davon wird in der Klassifikation von Zeitereignissen gebildet, obwohl für die Praxis externe Ereignisse größere Bedeutung haben dürften. Beispiele für externen Ereignisse sind alle Arten von Zustandsänderungen außerhalb des Systems. Dabei kann es sich sowohl um Ereignisse handeln, deren Eintreten durch die Aktivität des Systems selbst herbeigeführt wird (Mindestlagermenge unterschritten, Kontobuchung ausgeführt), als auch um solche, die vollständig unabhängig davon sind (Tank leer, Kurs Microsoft-Aktie > 1,000$).

Die vorgestellte Klassifikation ist zweifellos ein Schritt in die richtige Richtung, muß aber mit Einschränkungen versehen werden: So gibt [Shel97] keine klaren Kriterien dafür vor, wie und warum gerade diese Subtypen voneinander abzugrenzen sind. Allein der Umstand, daß für jeden Grundtyp genau sieben Untertypen existieren, legt den Verdacht nahe, daß es sich nicht um wohldefinierte Basistypen handelt, sondern die Auswahl und Abgrenzung willkürlich erfolgt ist. Dennoch ist eine derartige Klassifikation nützlich, etwa, um im Rahmen des Fachentwurfs die Normierung von Begriffen und Aussagen zu unterstützen, die in einer problemorientierten Fachsprache abgefaßt sind. Gelingt es dabei, fachspezifische Objekttypen auf eine Menge derart grundlegender Basistypen zurückzuführen (s. [Ambl97]), erleichtert dies nicht nur die Kommunikation, sondern liefert einen wichtigen Anhaltspunkt für die spätere Implementierung. So kann die Erkenntnis, daß es sich um einen Spezialfall eines Grundtyps handelt, dazu führen, daß bereits vorhandene Implementierungen wiederverwendet oder extern beschafft werden. Voraussetzung für letzteres ist jedoch ein Konsens, wie er im allgemeinen nur durch Standardisierung erreicht wird. Um diese Fragestellung geht es im nächsten Unterabschnitt.

3.4.2.3 Standardisierung von Geschäftsobjekten

Eine Entwicklungsmethodologie, die sich an Geschäftsobjekten orientiert, läßt sich gewinnbringend auch in autonomen Software-Projekten anwenden. Wiederverwendung über Projekt- oder Unternehmensgrenzen hinweg, oder ein Markt für Implementierungen von Geschäftsobjekten, kann sich jedoch erst entwickeln, wenn ein allgemein akzeptiertes Verständnis davon existiert, welches konzeptionelle Modell sie implementieren. Hierfür kann durch Standards eine gemeinsame Kommunikationsgrundlage geschaffen werden. Dieser Abschnitt geht auf erste Ansätze ein, Inhalte und Schnittstellen von häufig verwendeten Geschäftsobjekten verbindlich festzulegen. Die OMG verfolgt mit ihrer Ausschreibung im CF RFP-4 [OMG96b] das Ziel, eine Menge von „Alltags"-Geschäftsobjekten (*Common Business Objects, CBO*) zu identifizieren, die so allgemein sind, daß ihre Anwendung in unterschiedlichen Branchen möglich ist. Die OMG unterscheidet mehrere Stufen der Spezialisierung von Geschäftsobjekten, die aufeinander aufbauen:

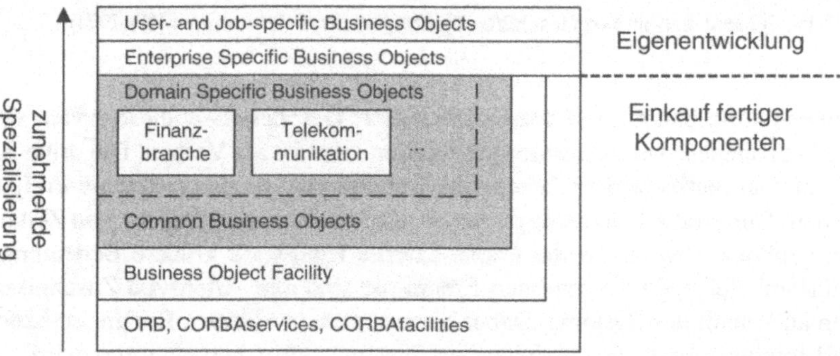

Abb. 3-16: Spezialisierung von Geschäftsobjekten (in Anlehnung an [OMG98d, S. 10])

Aus technischer Sicht sind sämtliche Arten von Geschäftsobjekten auf der Grundlage der Business Object Facility zu realisieren. Es ist aber durchaus zulässig, auf andere Teile der OMA aufzubauen, z.B. auf geeignete CORBAservices. Aus inhaltlicher Sicht werden vier Klassen zunehmender Spezialisierung unterschieden, von denen die ersten beiden für eine Standardisierung in Frage kommen:

- **Common Business Objects (CBO)** sind allgemeine, fachneutrale Geschäftsobjekttypen, die in vielen Anwendungssystemen und Branchen vorkommen. Derartige Geschäftsobjekttypen werden bisher aufgrund fehlender Standardisierung in unterschiedlichen Anwendungssystemen redundant und zumeist inkonsistent definiert und implementiert. Dieser Umstand bereitet nicht nur Verständnisprobleme auf Seiten der Anwender, sondern verursacht erheblichen Integrations- und Synchronisationsaufwand.
- **Domain Specific Business Objects** sind fach-, branchen- oder regionalspezifisch. Besonders aktiv arbeitet die OMG an Referenzmodellen für die Finanz- und Versicherungsbranche, für die Telekommunikation und für das Gesundheitswesen. Daraus sollen nicht nur singuläre Geschäftsobjekttypen, sondern

ganze Frameworks entstehen, durch die ein großer Teil typischer Aufgabenstellungen in den jeweiligen Branchen abgedeckt wird. Durch die Etablierung derartiger Referenzmodelle soll erstens die Kooperation verschiedener Firmen innerhalb einer Branche gefördert werden. Zweitens sind die Modelle bei Firmenfusionen nützlich, wo immer auch die vormals getrennten DV-Systeme der Beteiligten integriert werden müssen. Diese Aufgabe wird erheblich erleichtert, wenn sich beide Partner am gleichen Referenzmodell orientiert haben.

Beispiele für branchenspezifische konzeptionelle Referenzmodelle, die unabhängig von der OMG entstanden sind, sind das *CIM Manufacturing Model* von SEMATECH (Semiconductor Manufacturing Technology, s. [OMG96c]) und das *Referenzmodell der Versicherungswirtschaft* (Versicherungs-Anwendungsarchitektur VAA, s. [GdV96a-d]). In beiden Fällen ist die Transformation der dort festgelegten Abstraktionen in Geschäftsobjekt-Frameworks möglich. Die OMG fordert dabei allerdings die Einhaltung von zwei Randbedingungen: Erstens sollen in diesen Referenzmodellen Common Business Objects berücksichtigt werden, und zweitens soll die Formulierung aller Referenzmodelle unter Zuhilfenahme des Metaschemas der Business Object Facility erfolgen.

- **Enterprise Specific Business Objects**: Auf den bisher genannten Schichten kann eine Schicht firmenspezifischer Geschäftsobjekte aufgebaut werden. Dabei sind Erweiterungen und Variationen der bestehenden Grundtypen zulässig. In der Schicht der firmenspezifischen Geschäftsobjekte ist das konzeptionelle Modell des jeweiligen Unternehmens zu implementieren, auf das die einzelnen Anwendungssysteme zugreifen.

- **User and Job-specific Business Objects**: Es soll zulässig sein, individuelle Geschäftsobjekttypen einzuführen, die nur für einzelne Geschäftsbereiche, Nutzer bzw. Arbeitsplätze verwendet werden. Hier liegt der höchste Grad an Spezialisierung vor. Die einzelnen Sichten auf das konzeptionelle Geschäftsmodell können sich hierbei durchaus überlappen, d.h., es kann mehrere unterschiedliche Sichten auf ein und das selbe Basisobjekt geben.

Damit ein Geschäftsobjekttyp für eine Standardisierung in Form eines universellen CBO in Frage kommt, muß dieser in der Schnittmenge möglichst vieler konzeptioneller Anwendungsmodelle enthalten sein. Damit sind normalerweise mehrere Voraussetzungen erfüllt:

- **Relevanz**: Eine Normierung der Schnittstellen und der Semantik von Geschäftsobjekten ergibt nur einen Sinn, wenn diese in einer signifikanten Anzahl von Anwendungsfällen relevant sind. Anderenfalls ist der hohe Aufwand eines Normungsprozesses nicht zu rechtfertigen. Existiert kein Markt für entsprechende Komponenten, ist nicht nur das Interesse an der Normung gering, sondern auch der potentielle Nutzen.

- **Generizität**: Je spezieller Geschäftsobjekttypen einen Sachverhalt oder einen Gegenstand modellieren, desto unwahrscheinlicher ist deren Relevanz und Gültigkeit außerhalb einer Fachwelt. Wenn man davon ausgeht, daß Common Business Objects sogar so generisch sein sollen, daß – nach entsprechender Konfigurierung – eine globale Anwendbarkeit möglich wird, wird die volle Tragweite dieser Forderung klar.

- **Stabilität und Qualität**: Ziel jeder Normungsbemühung sind stabile Definitionen und Vorgaben, deren Gültigkeit zumindest mittelfristig gesichert ist. Durch den Zukauf von Software-Komponenten, die standardisierte CBOs realisieren, soll schließlich die Qualität des gesamten Systems erhöht werden.

Die ursprünglichen Vision der OMG ging davon aus (vgl. [OMG96b, S. 11]), daß Entitätstypen wie „Kunde", „Maschine" oder „Verkauf" Kandidaten für CBOs seien. Inzwischen ist man erheblich zurückhaltender, zeigte sich doch in der Diskussion, daß selbst bei diesen – auf den ersten Blick – einfach erscheinenden Geschäftsobjekten erhebliche Verständigungsschwierigkeiten bestanden. Mit erheblich reduziertem Anspruch wird nunmehr in einem Bottom-up-Ansatz versucht, nach und nach wenigstens eine Normierung elementarer Objekttypen zu erreichen. Aktuelle Arbeiten der BODTF betreffen die Umrechnung, Verwaltung und Darstellung von Währungs- und Datumseinheiten, Objekte zur Repräsentation von Geschäftsadressen sowie Kalenderfunktionen.

3.4.3　Semantische Interoperabilität

Die geschilderten inhaltlichen Aspekte von Geschäftsobjekten beruhen auf der Annahme, daß Semantik und operationale Schnittstellen von Geschäftsobjekten durch ein Normungskomitee festgelegt werden. Diese Vorgehensweise ist nützlich und angemessen, solange es um allgemeingültige, universell verwendbare Komponenten geht. Das dahintersteckende Prinzip der Festlegung von Semantik durch gegenseitige Absprache versagt aber, sobald es um die Integration von Komponenten geht, für die es keine solche Absprache gibt. Wann immer Software-Komponenten unabhängig voneinander und ohne gemeinsames konzeptionelles Modell entwickelt werden, entsteht *semantische Heterogenität* [Drew93, S. 3]. Die Modellierung von Geschäftsobjekten ist schließlich kein mechanisierbarer Prozeß, sondern ein schöpferischer Akt, bei dem verschiedene Modellierer in der Regel unterschiedliche Ergebnisse produzieren. Abweichungen in Interpretation und Verständnis der Anwendungsbereiche führen dazu, daß diese unterschiedlich rekonstruiert und modelliert werden, was sich letztlich in inkompatiblen Schnittstellen niederschlägt. Diese Inkompatibilität wird zum Problem, wenn unabhängig konzipierte Systeme miteinander integriert werden sollen.

　　Generell ist die Herstellung *semantischer Interoperabilität* (s. z.B. [Brod95b, Rose96b]) die größte Herausforderung beim Design von interoperablen Anwendungen. Dies gilt besonders dann, wenn – wie in den meisten Fällen – eine Integration vorhandener Altsysteme ansteht. Hier tritt eine starke Analogie zur Problematik der Schemaintegration aus dem Bereich der Datenbankforschung zutage: Auch DBMS könnten durch ein unternehmensweites Datenmodell und gemeinsamen Zugriff auf Daten für *Interoperabilität* verschiedener Applikationen innerhalb eines Unternehmens sorgen. Dennoch existieren in großen Unternehmen oft mehrere hundert verschiedene Datenbanken, deren Inhalte aufgrund ihrer semantischen Heterogenität nur schwer miteinander vereinbar sind. Forschungsergebnisse auf den Gebieten Multidatenbanken [Öszu91, S. 425 f.] und Schemaintegration [Bati96] machen deutlich, daß das Thema ein nicht triviales Problem darstellt.

Um wieviel aufwendiger ist es, semantische Interoperabilität bei objektorientierten Systemen zu erreichen, wo doch hier zu den strukturellen Datenanteilen (Attribute) zusätzlich das Verhalten (Funktionalität/Operationen) der Objekttypen hinzukommt? Eine derartige Integration ist jedoch erforderlich, wenn langfristig eine unternehmensweit vereinheitlichte Software-Architektur entstehen soll, in der Implementierungen von Geschäftsobjekten nicht redundant vorkommen. Mit Middleware allein läßt sich nur der technologische Teil des Problems lösen, der die Kommunikation und den Datenaustausch betrifft, und der als *system-level interoperability* [Drew93] bzw. als Infrastruktur-Interoperabilität (*infrastructure interoperability* [Brod95b]) bezeichnet wird. Um für Geschäftsobjekte eine höhere Stufe der Interoperabilität (s. Abb. 3-17) zu erreichen, müssen deren inhaltliche Aspekte beschrieben werden.

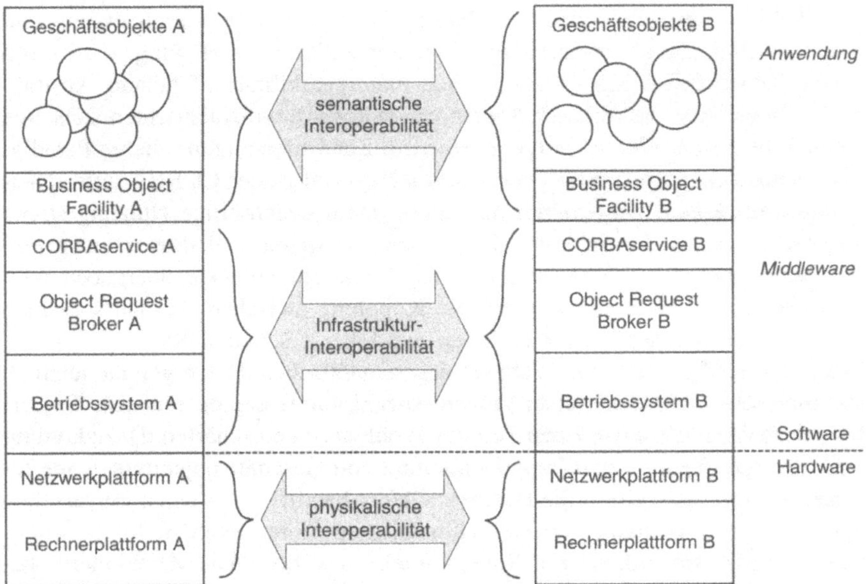

Abb. 3-17: Arten der Interoperabilität zwischen verschiedenartigen Plattformen

Die Unterstützung für diese neue Qualität der Interoperabilität endet bisher dort, wo z.B. der OMG Interface Definition Language die Ausdrucksmittel fehlen, um eine zusätzliche semantische Beschreibung der Schnittstellen von Komponenten zu liefern. Mit der IDL läßt sich nicht mehr als eine formale Signatur der Operationen angeben. Alle weitergehenden Aspekte, die eine vollständige semantische Spezifikation einer Objektschnittstelle ausmachen, insbesondere Beziehungen zwischen Modellelementen, Integritätsbedingungen, die Bedeutung von Parametern sowie eine formale Spezifikation des Verhaltens, etwa durch Vor- und Nachbedingungen, lassen sich mit dieser Sprache nicht ausdrücken.

Das geschilderte Problem der semantische Interoperabilität läßt sich auf zwei unterschiedliche Weisen lösen: Die erste Vorgehensweise beruht auf einer externen, manuellen Zusammenführung und damit letztlich wiederum auf einer außerhalb des Systems stattfindenden Absprache über die Modelle und Schnittstellen. Zu diesem Zweck existiert eine ganze Reihe von Vorschlägen für Vorgehensweisen (s. [Drew93] oder [Blah98, S. 425]), die für die Integration verschiedener Datenbanken erarbeitet wurden, aber auf die Integration objektorientierter Modelle übertragbar sind. Die vorgeschlagenen Methoden haben aber einen statischen Charakter; die Integration erfolgt nicht zur Laufzeit und ist nicht transparent. Eine zweite Art von Ansätzen kommt der Vision autonomer, dynamischer, leicht integrierbarer (plug&play) Geschäftsobjekte wesentlich näher: Hier wird versucht, Mechanismen bereitzustellen, mit denen eine semantische Beschreibung der Komponenten innerhalb des Systems ermöglicht wird. Ist dies der Fall, kann die Integration von Komponenten im Idealfall automatisch und für die Programmierer transparent erfolgen. [Rose96b] beschreibt einen *Semantischen Interoperabilitätsdienst*, der eine automatische Abbildung verschiedener Schnittstellen aufeinander leistet. Erfüllen die teilnehmenden Objekte die notwendige Voraussetzung und stellen eine reichhaltige Beschreibung ihrer Semantik zur Verfügung, wird – mit gewissen Einschränkungen – eine Ad-hoc-Interoperabilität auf hohem Abstraktionsniveau erreicht. Ähnlich der Ansatz von [Sims94], wo Nachrichten stets eine „semantische Beschreibung" mitgegeben wird. Zur Unterstützung dieses Paradigmas ist jedoch ein Objektmodell nötig, das sich von dem der CORBA unterscheidet: Geschäftsobjekte kooperieren dort nicht durch gegenseitige Nutzung streng typisierter, operationaler Schnittstellen, sondern besitzen statt dessen einen einzigen Eintrittspunkt, an dem entsprechende Nachrichtenobjekte übergeben werden. Dadurch wird zwar eine extrem lose Kopplung zwischen Geschäftsobjekten erreicht, allerdings unter Verlust expliziter, typsicherer Schnittstellen.

Auch die OMG wird das Problem der semantischen Heterogenität letztlich nicht lösen. Die Etablierung einer großen Anzahl von Common Business Objects kann jedoch dazu beitragen, einen Teil des Problems zu entschärfen. Dazu kommt, daß für die Spezifikation und Implementierung von Geschäftsobjekttypen eine Infrastruktur angeboten wird – die Business Object Facility – die einen universellen Rahmen zur Beschreibung von Geschäftsobjekten bietet. Werden Implementierungen künftig einheitlich mit Sprachmitteln des dortigen Metamodells beschrieben, kann dies zu einer besseren Interoperabilität beitragen. Um die systemtechnische Unterstützung geht es im nächsten Unterabschnitt.

3.4.4 Infrastrukturdienste für Geschäftsobjekte

Ein anschaulicher Vergleich in [OMG95b] stellt Software-Entwicklung der massiv komponentenbasierten Entwicklung von elektronischen Geräten gegenüber. Geschäftsobjekte werden mit Integrierten Schaltungen verglichen, deren Entwicklung für sich genommen nur begrenzten Nutzen mit sich bringt. Erst wenn physische Abmessungen, Anschlußraster, Betriebsspannungen und Zeitverhalten mehrerer Bausteine untereinander kompatibel sind, lassen sie sich mit wenig Aufwand zu komplexen Baugruppen verbinden, die neuartige Funktionen bieten. Erst dann lassen sich Kataloge zusammenstellen, die von den bei allen Typen identischen Basisfunktionen abstrahieren, und auf hohem Abstraktionsniveau die realisierte Funktion, die Schnittstellen und die Semantik der jeweiligen Komponente darstellen.

Dieser Unterabschnitt geht der Frage nach, welche Entsprechungen für die Festlegung von elektrischen und physischen Parametern bei Integrierten Schaltungen sich bei Software-Komponenten finden lassen. Welche Eigenschaften und welche Instrumente müssen von Seiten einer System-Infrastruktur geboten werden, damit neue Komponenten problemlos integriert werden können und damit eine Zusammenarbeit in einem Netz aus Geschäftsobjekten funktionieren kann? Welche Abstraktionen lassen sich finden, damit es dem durchschnittlichen Programmierer erleichtert wird, Implementierungen neuer Geschäftsobjekte zu erstellen, die für seinen spezifischen Anwendungskontext benötigt werden?

Heute vorhandene Entwicklungswerkzeuge bieten weder die technische Unterstützung noch den Grad an Abstraktion, der einen effizienten Umgang mit Geschäftsobjekten erlauben würde. Existierende Systemumgebungen und Dienste konfrontieren Programmierer mit einer derartigen Menge an technischen Details, daß dabei die Lösung des eigentlichen Anwendungsproblems zu kurz kommt. Insbesondere die beiden Infrastrukturtechnologien DCOM und CORBA sind für diese Art von Entwicklungstätigkeit auf zu geringem Abstraktionsniveau angesiedelt und können daher den Anforderungen nach effizienter Entwicklung nicht gerecht werden. Von einer System-Infrastruktur, die diesen Anforderungen besser entspricht, ist zu fordern, daß der gesamte Lebenszyklus von Geschäftsobjekt-Implementierungen unterstützt wird. Darüber hinaus müssen einheitliche Dienste für den Betrieb eines derartigen Systems angeboten werden. Eine Auswahl wichtiger Anforderungen ist nachfolgend zusammengestellt:

- **Beschreibung von Objektimplementierungen**: Geschäftsobjekte müssen eindeutig in ihrem Verhalten und – soweit möglich – in ihrer Semantik beschrieben werden. Hierfür sind einheitliche Sprachen und Formalismen gefragt, denn nur dann läßt sich die Funktion von Geschäftsobjekten in Katalogen verbindlich beschreiben. Zum Zweck der einheitlichen textuellen Beschreibung von Geschäftsobjekttypen schlägt [OMG98d] die Einführung der *Component Definition Language (CDL)* vor.
- **Vorgabe von Basistypen**: Es sollen präzise vorgegebene Geschäftsobjekttypen existieren, die für konkrete Anwendungsfälle spezialisiert werden. Im *San Francisco Framework* [Bohr98] werden beispielsweise Basistypen für Entity, Dependent, Command und Factory vorgegeben, die sinnvolle Rumpfimplementierungen von Basisfunktionen enthalten, die im einzelnen nicht immer neu realisiert werden müssen.
- **Vorgabe eines einheitlichen Metamodells**: Mit einem einheitlichen Metamodell, das geeignete Abstraktionen bereitstellt, lassen sich Geschäftsobjekte auf uniforme Weise beschrieben und entwickeln.
- **Unterstützung für Entwicklung und Modellierung**: Die Infrastruktur muß Werkzeuge zur Verfügung stellen, mit denen der Entwicklungsprozeß von der Modellierung über die eigentlichen Implementierung bis zum Integrationstest unterstützt wird. Diese Werkzeuge sollen den Entwickler weitgehend von technischen Details abschirmen.

Um zur Laufzeit das Zusammenwirken von heterogenen Implementierungen von Geschäftsobjekten zu unterstützen, ist die Festlegung weiterer grundlegender Dienste und Konventionen notwendig bzw. wünschenswert:

- **Registrationsmechanismen und Verzeichnisdienste**: Der OMG Naming Service (s. Unterabschn. 3.3.4.1) gibt keine verbindliche Struktur seines Namensraums und kein einheitliches Schema zur Bildung von logischer Objektnamen vor. Zum gegenseitigen Auffinden von Geschäftsobjekten ist es jedoch notwendig, daß Geschäftsobjekte sich bei ihrer Registrierung im System an eine einheitliche Struktur halten.

- **Schemaverwaltung und Typauskunft**: Alle Geschäftsobjekte müssen eine einheitliche Schnittstelle unterstützen, die es ermöglicht, Auskunft über ihre Metadaten zu erhalten. Im Minimalfall handelt es sich dabei um Informationen über den implementierten Geschäftsobjekttyp. Darüber hinaus sollte ein globaler Dienst existieren, der Auskunft über das gesamte Schema des unternehmensweiten Objektmodells gibt.

- **Transaktions- und Sychronisationsunterstützung**: Bei der Kooperation von Geschäftsobjekten werden durch Operationen meist auch Zustandsänderungen an diesen herbeigeführt. Um stets einen konsistenten Zustand aller beteiligten Geschäftsobjekte sicherzustellen, ist die Nutzung verteilter Transaktionskonzepte [Jabl90] erforderlich. Alle Geschäftsobjekt-Implementierungen müssen einheitliche Protokolle für verteilte Transaktionen unterstützen, und es muß ein Systemdienst existieren, der den korrekten Ablauf der verteilten Transaktionen überwacht und steuert. Im Idealfall ist die Transaktionsunterstützung implizit, d.h., alle Operationen auf Geschäftsobjekten sind automatisch transaktional.

- **Semantisch reichhaltige Nachrichten**: Zur Erleichterung der Kommunikation zwischen Geschäftsobjekten ist ein Dienst vorzusehen, der eine automatische Adaptierung von Nachrichten leistet. Ein derartiger Dienst wird in der Literatur als *Mediator* [Wied92b] bezeichnet. Damit kann man auch solche Geschäftsobjekte miteinander verknüpfen, deren Schnittstellen Daten in unterschiedlichen Repräsentationen und mit abweichender Bedeutung verwenden. Der Mediator gewährleistet eine automatische Anpassung zur Laufzeit.

Neben den genannten funktionalen Anforderungen besteht die Notwendigkeit, die Komplexität des zugrundeliegenden verteilten Objektverwaltungssystems durch geeignete Abstraktionen vor dem Entwickler neuer Geschäftsobjekt-Implementierungen zu verbergen. Eine direkte Nutzung von CORBAservices zur Erreichung gewünschter Eigenschaften von Geschäftsobjekten – z.B. Persistenz, transaktionales Verhalten, Zugriffsschutz – ist nicht praktikabel und stünde im Widerspruch zur ursprünglichen Idee hinter den Geschäftsobjekten, nämlich einer gesteigerten Entwicklungsproduktivität. Für Entwickler von Geschäftsobjekten sollen fachbezogene Probleme im Vordergrund stehen, nicht komplexe Wechselwirkungen derart elementarer Dienste. In [Sadi98, S. 102 f.] wird als Idealvorstellung eine Business Object Facility skizziert, bei der vor allem diejenigen Aspekte transparent gestaltet werden, die durch die Verteilung verursacht sind. Die dort beschriebene BOF-Implementierung von EDS entlastet den Ersteller von Geschäftsobjekten von der Notwendigkeit, sich um Aspekte der Persistenz (insbesondere von persistenter

Beziehungen zwischen Objektexemplaren), des konkurrierenden Zugriffs und der Wiedereintrittsfähigkeit der erzeugten Implementierungen kümmern zu müssen. Auch das in CORBA-basierten Implementierungen nicht triviale Problem der Verwaltung von Objektreferenzen wird durch eine komfortable Garbage Collection vereinfacht. Einen analogen Ansatz wählt das *San Francisco Framework* [Bohr98]. Auch dort wird der Entwickler von Geschäftsobjekten weitgehend von technischen und infrastruktur-bezogenen Details abgeschirmt.

3.4.5 Konkrete Ansätze für die Realisierung von Geschäftsobjekten

Zum Abschluß werden Systeme betrachtet, in denen Geschäftsobjekte bereits realisierbar sind – bzw. sein sollen. Bei *IB* und den BAPI-Schnittstellen für *R/3* handelt es sich um proprietäre Ansätze, bei denen sich das Verständnis grundlegender Konzepte, die zur Nutzung notwendige Middleware und die zugehörige Infrastruktur stark an den Produkten des jeweiligen Herstellers anlehnen. In beiden Fällen steht nicht Interoperabilität im Vordergrund, sondern die Modularisierung bestehender Software-Pakete. Dies ist bei der Business Object Facility (BOF) der OMG anders, da diese von Grund auf neu konzipiert wurde und keine Rücksicht auf vorhandene Altsysteme genommen werden mußte.

- *IB* von *Texas Instruments* ist eine repository-gestützte Entwicklungsumgebung, mit der es möglich ist, Anwendungssysteme auf der Grundlage des Client/Server-Modells für eine Vielzahl von Plattformen zu entwickeln. Anwendungen können dabei mit Hilfe eines grafischen Werkzeugs (Composer) aus bestehenden Komponenten konstruiert werden. Informationen über die Schnittstellen der Komponenten sind dabei in einem Repository hinterlegt. Laut Herstellerangaben ist es möglich, mit dieser Entwicklungsumgebung Geschäftsobjekte zu implementieren, insbesondere ist der Aspekt der Persistenz von Attributen vor dem Programmierer transparent.
- Die BAPI-Schnittstellen (Business Application Programmer Interfaces) von *SAP R/3* sind ein Schritt in die gleiche Richtung. Der Ursprung liegt hier einerseits in der Absicht, die vormals monolithische Großapplikation *R/3* in einzeln verkäufliche Komponenten aufzuspalten, die eine feinere Granularität haben als die bereits jetzt vorhandenen Teilanwendungen. Zweitens soll es möglich werden, mit Hilfe des WFMS *SAP Business Workflow* firmenspezifische Erweiterungen der in *R/3* starr implementierten Funktionen in Form von Workflow-Schemata zu realisieren. Einschränkend ist festzuhalten, daß BAPIs die Funktionalität eines installierten *R/3* Basispakets voraussetzen und nicht alleine lauffähig sind. Als erster Schritt wird angestrebt, die in *R/3* vorhandene Personalstammdatenverwaltung in das Workflow-Management zu integrieren. Auf diese Weise erreicht man, daß die Organisationsstruktur nur einmal gepflegt werden muß und damit unternehmensweit und anwendungsübergreifend nutzbar wird. BAPIs werden von der *SAP* vorgegeben und stehen daher zunächst nur für die innerhalb von *R/3* implementierten Objekttypen zur Verfügung. Die Erstellung eigener bzw. die Erweiterung vorhandener Schnittstellen soll langfristig jedoch möglich sein.

- Die geplante OMG Business Object Facility (s. Unterabschn. 3.3.7) besteht aus mehreren Teilen, die unter dem Oberbegriff der *Business Object Components Architecture (BOCA)* zusammengefaßt werden: Das *BOCA Metamodel* beschreibt die Modellelemente, aus denen konkrete Geschäftsobjekte und -anwendungen zusammengestellt werden können. Die Beschreibung von Geschäftsobjekten auf der Grundlage dieses Metamodells geschieht in einer speziellen formalen Sprache, der *Component Definition Language (CDL)*. In der BOCA bestehen Geschäftsanwendungen (*business applications*) aus zusammenarbeitenden Geschäftsobjekten.

Aus der Einführung wird nun die Definition eines Geschäftsobjekts abgeleitet, wie sie im weiteren Kontext dieses Buchs verstanden wird: Ein Geschäftsobjekt, oder besser dessen Implementierung, ist ein Artefakt, das in der Regel eine Abbildung der Realität darstellt. Bei dem Pendant in der Realität kann es sich um gegenständliche, greifbare Dinge, aber auch um abstrakte Konzepte oder Geschehnisse handeln. Wesentlich ist nur der Umstand, daß diese im Kontext des Unternehmens relevant sind. Ein Geschäftsobjekt besitzt eine Artbezeichnung, Attribute und Verhalten, steht in Beziehungen zu anderen Geschäftsobjekten und kann Regeln unterworfen sein. Die Implementierung eines Geschäftsobjekts ist eine eigenständige Komponente und kann unabhängig von anderen in einem Anwendungssystem eingesetzt werden. Implementierungen von Geschäftsobjekttypen sind als Komponenten in dem Sinne zu verstehen, daß sie als sprachneutrale Bausteine von unterschiedlichen Programmsystemen genutzt werden können, unterscheiden sich jedoch von den üblicherweise als Komponenten bezeichneten Software durch ihren hohen Abstraktionsgrad. Aus den genannten Gründen widersprechen wir der Einschätzung von [Leym97, S. 110], wo Datenbanken als Geschäftsobjekte aufgefaßt werden. Eine derartige Sichtweise mag zwar in Ausnahmefällen aus pragmatischen Gründen sinnvoll sein, orientiert sich aber zu sehr an der Technologie, und läuft der ursprünglichen Idee zuwider.

3.4.6 Zusammenfassung und Bewertung

Die Nutzung des Geschäftsobjekt-Paradigmas ist für den Praktiker in mehrfacher Hinsicht bei der Entwicklung komplexer Anwendungssysteme attraktiv: Erstens verspricht man sich durch massive Wiederverwendung (Kombination aus Zukauf und Eigenentwicklung von Geschäftsobjekten) gesteigerte Entwicklungsproduktivität und höhere Qualität. Zweitens werden auf Dauer Wartungsfreundlichkeit und Flexibilität erwartet, denn Änderungen und Erweiterungen lassen sich besser als bisher auf einzelne Bereiche beschränken. Drittens – und dieses Argument besitzt für die Praxis die größte Relevanz – erscheint es ein gangbarer Weg, auch Altsysteme schrittweise in derartige Systemarchitekturen zu integrieren.

Die Realität ist allerdings von der Vision hochdynamischer, verteilter Anwendungssysteme, in denen Geschäftsobjekte miteinander kommunizieren und bisher nicht gekannte Flexibilität für den Anwender bieten, weit entfernt. Die Gründe hierfür sind vielfältig: Zum einen sind die technischen Grundlagen, d.h. insbesondere geeignete Middleware, für die Realisierung erst seit kurzer Zeit vorhanden.

Es fehlen daher Entwicklungswerkzeuge, die die vielversprechenden Ideen und Standards so aufbereiten, daß ein durchschnittlicher Anwendungsentwickler davon profitieren kann. Zum anderen besteht auf der Seite der Entwickler erheblicher Nachholbedarf: Hier mangelt es sowohl an methodischen Grundlagen als auch an Erfahrung im Umgang mit Systemen, die auf der Grundlage von Geschäftsobjekten erstellt wurden. Als Folge davon wird in Entwicklungsprojekten zumeist der klassische, weniger risikobehaftete Ansatz gewählt. Umfragen [Hung98] belegen, daß Geschäftsobjekten zwar großes Potential zugebilligt wird, die Mehrheit der Entwickler jedoch bezüglich dem Reifegrad dieser Technologie skeptisch ist.

Letztlich greift die pure Modellierung mit Geschäftsobjekten aber unter Gesichtspunkten des Architekturentwurfs zu kurz. Gerade bei umfangreichen Systemen, bei denen Skalierbarkeit und die Eignung zur Massendatenverarbeitung wichtige Anforderungen sind, muß eine geeignete „Makro"-Architektur existieren, die das Gesamtsystem in sinnvolle Funktionsblöcke oder Schichten untergliedert. Auf diesem Gebiet – der Kombination von Geschäftsobjekten und klar strukturiertem Architekturentwurf – liegen bisher nur wenige greifbare Erfahrungen und erst recht keine bewährten Regeln oder Vorgehensweisen vor.

Die Problematik der Architekturkonzeption und die Vorstellung einer Software-Struktur „im Großen", die eine Workflow-Management-Komponente in die OMA integriert, ist Gegenstand der nächsten beiden Kapitel.

4 Ein logisches Ebenenmodell für einen verteilten Workflow-Management-Dienst

In diesem und im folgenden Kapitel wird ein Lösungsvorschlag für einen Workflow-Management-Dienst (WFMD) auf der Basis und zur Erweiterung der OMA erarbeitet. Der Ansatz basiert auf einem logischen Ebenenmodell, durch das eine klare Trennung verschiedener Modellinhalte innerhalb des WFMD erreicht wird. Dieses Kapitel erarbeitet Aufgaben und Inhalte dieser Modellierungsebenen.

Die Konzeption ist durch drei Ideen geprägt, die bereits in der Kapitelüberschrift anklingen: Leitmotiv ist es, Workflow-Management innerhalb eines umfangreicheren Architekturmodells als *Dienst* aufzufassen. Ein WFMD ist hersteller- und plattformneutraler Basisdienst für die Realisierung beliebiger Anwendungen und muß bezüglich seiner Inhalte konfigurierbar und erweiterbar sein. Heutige WFMS sind häufig in sich geschlossene, monolithische Blöcke, die diese Anforderung nicht erfüllen. Der Begriff Workflow-Management-*System* ist in diesem Zusammenhang also negativ vorbelegt, weswegen hier von einem Workflow-Management-*Dienst* gesprochen wird. Der zweite Aspekt ist die Einbindung und Nutzung verteilter Objektdienste. In einer OMG-konformen Systemumgebung wird vorausgesetzt, daß die in Kap. 3 eingeführten Infrastrukturdienste zur Verfügung stehen. Ein WFMD ist so zu konzipieren, daß es möglich wird, diese bestehenden Dienste während der Ausführung von Workflows anzusprechen und zu nutzen. Weiterhin fordern die Entwurfsrichtlinien der OMG eine maximale Wiederverwendung vorhandener OMA-Komponenten. Diese sind folglich als Realisierungsgrundlage workflow-relevanter neuer Dienste zu verwenden. Der dritte Aspekt schließlich ist die vollständige Verteilung: Die Implementierungen sämtlicher Komponenten des WFMD können sich auf unterschiedlichen Rechnerknoten befinden. Die konsequente Anwendung der Objektorientierung als Architekturprinzip muß bereits bei der inhaltlichen Gestaltung der Modellierungsebenen und des Workflow-Metaschemas beachtet und kann nicht bis zu Gestaltung des Architekturmodells (Kap. 5) oder gar bis zur Implementierung (Kap. 6) verschoben werden.

Der Anspruch, einen WFMD künftig als wichtigen Bestandteil umfangreicher Anwendungssysteme zu sehen (vgl. Kap. 1), erfordert einen Konsens darüber, welche Grundfunktionen dieser Dienst anbieten soll. Abschn. 4.1 geht auf die wichtigsten Anforderungen ein und motiviert die Entwurfsprinzipien, die im nachfolgenden Systemkonzept beachtet wurden. In diesem Systemkonzept wird der WFMD nach einem logischen Ebenenmodell aufgebaut. Abschn. 4.2 gibt einen Überblick über dieses Modell und führt notwendige Grundlagen ein. Die Inhalte der Modellierungsebenen liefern den Gliederungsrahmen für die nachfolgenden vier Abschnitte: Den Anfang macht die Ebene der Workflow-Exemplare (Abschn. 4.3). Darauf aufbauend schließt sich in Abschn. 4.4 eine Diskussion der Ebene der Workflow-Schemata an, die sich schwerpunktmäßig damit beschäftigt, mit wel-

chen Mitteln bessere Wiederverwendbarkeit von Workflow-Schemata zu erreichen ist. Gegenstand von Abschn. 4.5 ist die Ebene der Workflow-Metaschemata;
es wird beispielhaft ein Basis-Workflow-Metaschema vorgestellt. Dieses besitzt
eine überschaubare Anzahl von Modellelementen, die bei Bedarf erweitert und auf
individuelle Anforderungen angepaßt werden können. Neben der Erweiterbarkeit
liegt bei der Vorstellung des Workflow-Metaschemas ein zweiter Schwerpunkt
auf den speziellen Punkten, die bei seiner Realisierung auf der Grundlage der
OMA zu beachten sind. Auf der vierten, und damit obersten Ebene des Modells
findet sich das Meta-Metaschema, das Thema von Abschn. 4.6 ist. Das Kapitel
endet mit einer Zusammenfassung und Bewertung der logischen Ebenenmodells.

4.1 Anforderungen und Entwurfsprinzipien

Anforderungskataloge an WFMS wurden bereits zahlreich veröffentlicht [Mars92,
Erdl92, Karl94, Star95]. Sie sind jedoch durch eine anwendungsorientierte Sichtweise geprägt, was angesichts ihres Verwendungszwecks als Hilfsmittel zur Kauf-
entscheidung auch durchaus gerechtfertigt ist. Die aufgelisteten Anforderungen,
Bewertungskriterien und Qualitätsmaßstäbe werden aber nur aus der Retrospektive gewonnen, d.h. aus der Vereinigungsmenge der vorgefundenen Eigenschaften
existierender Produkte, und nicht durch Erwartungen an ein ideales System.

In diesem Buch sind die in den Anforderungskatalogen gestellten Fragen nach
funktionaler Breite und Vollständigkeit von WFMS zwar auch relevant, sie stehen
aber nicht im Vordergrund. Hier interessiert vielmehr das spezielle Anforderungsprofil, das sich ergibt, wenn ein verteilter WFMD zu konzipieren ist, der sich harmonisch in die OMA einfügen soll. Dieses Kapitel beschäftigt sich mit Fragen, die
Modellinhalte eines solchen Dienstes betreffen. Architekturbezogene Anforderungen und der Vorschlag eines Architekturmodells folgen erst in Kap. 5.

Eine Auswahl funktionaler und nichtfunktionaler Anforderungen an einen verteilten WFMD findet sich in der Ausschreibung für die Workflow Management
Facility [OMG97b]. Die dortigen Anforderungen wurden bei der in diesem Buch
vorgelegten Konzeption beachtet, werden aber aus Platzgründen nicht nochmals
wiedergegeben. Allgemeine Überlegungen zu Anforderungen an verteilte WFMS
finden sich in [Schu97f, S. 16 f.] und [Jabl96c, S. 213 f.], jedoch in beiden Fällen
ohne Berücksichtigung standardisierungsbezogener Aspekte.

4.1.1   Getrennte Repräsentation von Schemata und Exemplaren

Bei der Konzeption ist zwischen der Repräsentation der Beschreibung, wie Workflows eines bestimmten Typs auszuführen sind (Workflow-Schema) und den Repräsentationen ausgeführter Workflows (Workflow-Exemplare) zu unterscheiden.
Da zu erwarten ist, daß zu einem Workflow-Schema eine vergleichsweise hohe
Anzahl von Exemplaren existiert, braucht für Workflow-Exemplare des gleichen
Typs nur eine, gemeinsam benutzte Repräsentation des Workflow-Schemas zu
existieren. Es gibt aber Systeme, die andere Ansätze verfolgen:

- Einheit von Schema und Exemplar: Bei *ProcessEdge* der Firma *ISTI* [OMG-97d, S. 4] gibt es keine konzeptionelle Trennung zwischen einem Workflow-Schema und seinen Ausprägungen. Definition und Ausführung sind lediglich unterschiedliche Phasen im Lebenszyklus des gleichen Workflow-Objekts.
- Prototypen-basierte (s. [Unga91, Schm98b, S. 42]) Ansätze: *FlowMark* von *IBM* erzeugt jedes Workflow-Exemplar als vollständige Kopie des zugrundeliegenden Workflow-Schemas, das als „process blueprint" bezeichnet wird [Leym94a, S. 338]. Ab dem Zeitpunkt der Erzeugung verliert die Kopie den Bezug zum Ursprungs-Workflow-Schema. Änderungen an diesem haben keine Auswirkung auf bereits erzeugte Kopien. Ähnlich verfährt BPAframe [Mitt96a, Mitt96b, Schi98], allerdings werden dort Workflow-Schemata nicht von einer zentralen Workflow-Engine, sondern von dezentralen Interpreter-Modulen auf verteilten Rechnerknoten ausgeführt. Zu diesem Zweck werden Kopien des ursprünglichen Workflow-Schemas erzeugt, um von Rechnerknoten zu Rechnerknoten geschickt und dort zur Ausführung gebracht zu werden.

Beide Verfahren bringen Nachteile mit sich. Die Konsequenzen einer fehlenden Trennung zwischen Schema und Ausprägung sind aus der Datenbankwelt wohlbekannt. Besonders negativ ist der Verlust der Möglichkeit, beides getrennt voneinander zu manipulieren. Existiert keine explizite Repräsentation, kann eine Schemadefinition nicht als eigenständiges Artefakt betrachtet oder gar zwischen verschiedenen Partnern ausgetauscht werden. Es entfällt außerdem die Möglichkeit, für unterschiedliche Benutzer und Zwecke verschiedene Sichten darauf zu definieren. Im zweiten Fall existiert zwar eine Trennung zwischen Exemplar und Schema, d.h., beide verfügen über eine getrennte Repräsentation, aber diese ist immer nur lokal. Eine systemweit eindeutige und einheitliche Sicht kann nur unter hohem Aufwand hergestellt werden. Die Möglichkeit zur Manipulation der redundanten Kopien erschwert es, ein konsistentes Verhalten sicherzustellen.

Für die in Kap. 1 aufgestellte Zielsetzung und die dort genannten Anwendungsfälle des WFMD ist eine explizite Repräsentation der Workflow-Schemata notwendig, da auf diese Weise die vorgestellten Anforderungen – verbesserte Interoperabilität, Portabilität und Wiederverwendbarkeit – besser erfüllt werden.

4.1.2 Beschreibung der Ergebnisse mit standardisierten Mitteln

WFMS wurden schon in vielen Forschungsprojekten entwickelt. Leider bedient man sich nur selten (z.B. in [OMG97o]) standardisierter Mittel zur Beschreibung der Konzepte und Ergebnisse. Das Argument, dies sei nicht der eigentliche Forschungsgegenstand, ist oft Vorwand, um nach Belieben eigene Notationen und individuelle Begriffswelten einzuführen. Beides erschwert die Kommunikation im Forschungsumfeld und ist Ursache für die mangelhafte Öffnung gegenüber verwandten Gebieten. Nicht selten drängt sich der Verdacht auf, daß die Verwendung unpräziser Termini und Phantasiediagramme, wenn nicht Anzeichen lückenhafter Kenntnisse auf dem Gebiet der Software-Technologie, durchaus beabsichtigt ist. Der entstehende Interpretationsspielraum wird gebraucht, um zu verschleiern, daß sich die Autoren selbst nicht über die Zusammenhänge klar sind.

In diesem Buch wird ein anderer Weg beschritten. Eine ingenieursmäßige Konzeption muß in einer Form erfolgen, die von einem großen Personenkreis verstanden wird. Folgende Maßnahmen tragen dieser Anforderung Rechnung:

- **Verwendung der UML** zur Beschreibung der vorgestellten Konzepte. Dies gilt insbesondere für die Darstellung der Objekt- und Schnittstellenschemata, für die Statische-Struktur-Diagramme verwendet werden.
- **Verwendung des MOF-Meta-Metaschemas**: Die OMG hat mit der MOF (s. Unterabschn. 3.3.5.2) das Instrumentarium geschaffen, Metaschemata in standardisierter Form zu beschreiben. Modellelemente des Workflow-Metaschemas werden daher als Ausprägung von MOF-Modellelementen beschrieben.
- **Verwendung eines fundierten Glossars**: Bei einem großen Teil der Begriffe wird auf das Glossar des Arbeitskreises „Modellierung und Ausführung von Workflows“ zurückgegriffen [Jabl97a, S. 485 f.]. Bei notwendigen Ergänzungen der Grundbegriffe wurden große Anstrengungen unternommen, um eine harmonische und konsistente Angleichung an das standardisierte OMG-Vokabular [OMG97i, OMG97e] zu erreichen.

Die Verwendung standardisierter Beschreibungsmittel trägt wesentlich dazu bei, potentiellen Nutzern des konzipierten Dienstes – Systemintegratoren und Implementierern – eine präzise Vorstellung davon zu vermitteln, was der Dienst leistet. Weitere Hilfsmittel dazu sind die Beschreibung von Schnittstellen mit IDL sowie die Formulierung von Integritätsbedingungen in der ebenfalls standardisierten *Object Constraint Language (OCL,* [OMG97e]).

4.1.3   Formulierung von Schnittstellenbeschreibungen in der IDL

Konzipieren einer Software-Architektur heißt immer auch Festlegen von Komponenten. Jede Architekturkomponente erbringt eine bestimmte Funktionalität, deren Nutzung sich über ihre Schnittstellen erschließt. Die Definition von Schnittstellen, insbesondere im Verständnis von Dienstschnittstellen [Lock93, S. 57], und damit die Abstraktion von der jeweiligen Realisierung, ist eines der wichtigsten Prinzipien der Informatik. Eine Schnittstelle konstituiert sich aus einer Menge von Objekten und einer Menge von Operationen, die auf diese Objekte anwendbar sind.

Konstruiert man eine OMG-konforme Software-Architektur auf der Basis verteilter Objekte, so ist man keineswegs von dem Zwang befreit, Architekturkomponenten festlegen zu müssen. Auch für Implementierungen von verteilten Objekten müssen Prozeßstrukturen und Komponenten (Objekt-Server) festgelegt werden, innerhalb derer der zugehörige Code zur Ausführung gebracht wird. Es existiert aber ein leistungsfähiges Beschreibungsmittel für deren Schnittstellen: Die IDL erlaubt es, die Schnittstelle einer Komponente in einer komfortablen Art und Weise zu beschreiben, insbesondere mit folgenden Vorteilen:

- **Objektorientierte Grundlage**: Die IDL unterstützt alle wesentlichen Konzepte der Objektorientierung und erlaubt es, diese an der Schnittstelle zu erhalten. Ein „Flachklopfen“ von Objektschnittstellen, das bei konventionellen RPC-Schnittstellenbeschreibungssprachen notwendig ist, entfällt.

- **Systemneutralität**: Die Formulierung der Schnittstellen mit IDL gewährleistet einen hohen Grad an Austauschbarkeit für Objektimplementierungen. Der Nutzer eines Objekts kennt nur dessen IDL-Schnittstelle und kann von Implementierungssprache und -plattform abstrahieren.

- **Explizite Repräsentation**: Schnittstellenbeschreibungen sind nicht nur Spezifikationshilfsmittel und Nebenprodukt der Programmerstellung, wie z.B. bei OSF DCE, sondern sie stehen auch zur Laufzeit zur Verfügung. Im Interface Repository ablegt können sie von Werkzeugen (Browser etc.) jederzeit abgefragt werden. Dadurch ist es möglich, statische Typüberprüfungen auf Grundlage der Signaturen der Operationen durchzuführen, wodurch ein wichtiger Beitrag zur Infrastruktur-Interoperabilität (Unterabschn. 3.4.3) unabhängig voneinander konzipierter Objekte geleistet wird.

- **Segmentierung von Schnittstellen**: Objekte realisieren oft mehrere Dienste, die sich inhaltlich unterscheiden und für unterschiedliche Anwendungsfälle vorgesehen sind. Fehlt bei Verfahren zur Schnittstellenbeschreibung die Möglichkeit, inhaltliche Gruppierungen vorzunehmen oder Gemeinsamkeiten in abstraktere Schnittstellen zu überführen, werden einzelne Schnittstellen lang und unübersichtlich. Das MODULE-Konzept der IDL erlaubt es, Pakete zusammengehöriger Funktionalität zu bilden. Zusammen mit der Mehrfachvererbung gibt es damit zwei elegante Techniken, mit denen Objekte verschiedene Schnittstellen unterstützen können.

Die Aufwertung der IDL zum ISO-Standard wird dazu führen, daß sie künftig eine wichtige Rolle spielt. Zwar muß eingeräumt werden, daß die IDL die Semantik von Schnittstellen nicht transportieren kann (s. Unterabschn. 3.4.3), dennoch gilt die Forderung, alle Schnittstellen des WFMD damit zu spezifizieren.

4.1.4 Verwendung bestehender OMA-Komponenten

Für die konsistente Konzeption eines verteilten WFMD gemäß den Entwurfsrichtlinien der OMG ist die weitestgehende Verwendung existierender OMA-Komponenten eine wichtige Forderung. Dies hat nicht nur Auswirkungen auf das Architekturmodell, sondern auch auf das zu definierende Workflow-Metaschema, da in diesem anderweitig vorhandene Modellelemente wiederverwendet werden müssen. Während die Nutzung vorhandener Dienste beim Entwurf verteilter Anwendungssysteme noch als Angebot zu verstehen ist, auf das man beim Entwurf und bei der Realisierung zurückgreifen kann, herrscht bei der Definition neuer Dienste, die Teil der OMA werden sollen, ein strenges Wiederverwendungsgebot:

> *„OMG Specifications shall be consistent with the OMG IDL, CORBA, CORBAservices, CORBAfacilities and the OMG Object Model. It is goal to minimize extensions required to the CORBA and define additional components that use the CORBA wherever possible. Moreover, specifications should assume that there exist good implementations of existing CORBA specifications. They must not work-around early implementations if this will sacrifice uniformity and generality in the long term."*
> [Textbaustein; enthalten in allen OMG-Ausschreibungen]

Nachfolgend werden CORBAservices und -facilities aufgelistet und deren mögliche Verwendungen im Kontext oder als Bestandteil eines WFMD skizziert:

- Dem **Naming Service** kommt eine wichtige Rolle beim „Bootstrapping" von Komponenten zu. Sowohl Nutzer des WFMD als auch dessen Komponenten untereinander brauchen einen Mechanismus für die initiale gegenseitige Kontaktaufnahme. Zu diesem Zweck sind eindeutige logische Namen für Dienste festzulegen, unter denen sich Komponenten beim Namensdienst registrieren.

- Eine mögliche Verwendung des **Event Service** ist es, während der Ausführung von Workflows beteiligte Personen oder Software-Komponenten über Zustandsänderungen oder den Grad der Fertigstellung auf dem laufenden zu halten. BPAframe [Mitt96b] realisiert die Synchronisation verteilter Arbeitslisten mit dem Event Service.

- Nur eingeschränkt brauchbar ist der **Persistent Object Service**, da er nicht weiter unterstützt wird. Doch auch für den künftigen Persistent State Service gilt es, eine wohldefinierte Schnittstelle zwischen Objektverwaltungs- und Datenhaltungsschicht vorzusehen, damit die Realisierung der Persistenz auf unterster Ebene in verschiedenen Umgebungen leicht austauschbar ist.

- Um vollständige Flexibilität bezüglich der Verteilung zu erreichen, müssen alle Objekttypen des WFMD die Schnittstellen des **Life Cycle Service** unterstützen. In einer nicht binärkompatiblen Rechner- und Betriebssystemumgebung ist die Realisierung von ObjectFactories der einzige Weg für die Erzeugung neuer Objektexemplare auf entfernten Rechnerknoten. Die Unterstützung der LifeCycle-Schnittstellen ist für eine verteilte Realisierung, und insbesondere auch für die Migration und Replikation folgender Objekttypen zu fordern: Workflow-Exemplar- und Aspektobjekte (Abschn. 4.3), Workflow-Schema-Objekte (Abschn. 4.4) und Workflow-Metaschema-Objekte (Abschn. 4.5).

- Bei der Realisierung des WFMD dürfen keine eigenen Konzepte zur Kontrolle der Nebenläufigkeit eingeführt werden, sondern es ist auf den **Concurrency Control Service** zurückzugreifen.

- Geeignete Anwendungen für Beziehungstypen unter Nutzung des **Relationship Service** sind im Workflow-Management-Umfeld sowohl bei der Laufzeitunterstützung als auch bei der Repräsentation von Workflow-Schemata zu finden.

- Transaktionen sind geeignet, um Fehlertoleranz im Sinne einer backward recovery bei der Workflow-Ausführung zu erreichen. Eine durchgängige Verwendung des **Transaction Service** in einem WFMD setzt zweierlei voraus: Erstens müssen im Workflow-Metaschema Vorkehrungen getroffen sein, die die Formulierung von Transaktionsgrenzen in Workflow-Schemata erlauben, zweitens müssen die Realisierungen der Workflow-Objekte sowie in die Workflow-Ausführung eingebundener Objekte die im Paket `CosTransactions` definierten Schnittstellen unterstützen. Damit der Transaction Service bei einem Rollback veranlassen kann, daß die von einem Workflow-Exemplar auf anderen Objekten ausgeführten Operationsaufrufe rückgängig gemacht werden, müssen diese Objekte eine Rollback-Schnittstelle implementieren. Die experimentelle Nutzung einer Implementierung des Transaction Service für die Realisierung transaktionaler Workflows in *FlowMark* wird in [Bild96] ausführlich beschrieben.

- Die Nutzbarkeit des **Query Service** ist so vielfältig, daß hier nur zwei Beispiele genannt werden: Zum einen stellt er eine elegante Möglichkeit dar, mit einer beispielsweise in OQL formulierten Akteurspezifikation eine Menge von Kandidaten für die Ausführung eines Workflows zu ermitteln (`SELECT Candidates FROM CreditDepartment.Employees WHERE Employee.RightForApproval > 50.000`). Zum anderen können damit komplexe Manipulationen an Mengen von Workflow-Exemplar-Objekten ausgeführt werden. Die Mächtigkeit der genannten Manipulationssprachen erlaubt es, mit einer einzigen Anweisung eine Menge von laufenden Workflows zu ermitteln, die ein bestimmtes Kriterium erfüllen (*„Gib mir alle Workflows, in denen ein Kreditantrag bearbeitet wird, dessen Höhe 50.000,- übersteigt!"*).

- Der **Property Service** kann zum „Anheften" von Deskriptoren und Annotationen, für Klassifikationsmerkmale und für zusätzliche Attribute verwendet werden, die zur Laufzeit ausgewählten Workflow- und Schema-Objektexemplaren zugeordnet werden.

- **Time Service**: Bei der verteilten Ausführung von Workflows können Eintragungen in ein Workflow-Ausführungsprotokoll, die mit Zeitmarken unterschiedlicher Bezugssysteme versehen werden, katastrophale Folgen für die chronologische Nachvollziehbarkeit von Workflows haben. Während heutige WFMS meist in lokalen Umgebungen installiert werden, kommt dem Zeitaspekt in einem globalen Rahmen hohe Bedeutung zu. Wenn beabsichtigt ist, Workflows zwischen weltweit verteilten Standorten mit unterschiedlichen Zeitzonen auszuführen, muß dieses Problem jedoch angegangen werden.

- Wenn der WFMD für unternehmenskritische Anwendungen benutzbar sein soll, müssen nicht nur die Schnittstellen des **Security Service** verwendet werden, sondern es muß sichergestellt sein, daß der ORB ein entsprechend sicheres Protokoll (SECIOP) unterstützt.

- Eine ideale Anwendungmöglichkeit für den **Trading Object Service** findet sich bei der Realisierung eines WFMD überall dort, wo zum Zeitpunkt der Planung eines Workflow-Schemas lediglich festgelegt wird, welche Aufgaben ausgeführt werden müssen, aber die Ermittlung des Ausführenden erst zur Laufzeit erfolgt. Dies ist nicht nur auf die dynamische Ermittlung von menschlichen Akteuren für die Ausführung von Workflow-Exemplaren beschränkt, sondern kann auch automatisierte Arbeitsschritte umfassen. Die Aufgabe, im Verlauf eines Workflows ein vorliegendes Video in andere Formate zu konvertieren, ist ein Beispiel für eine teure und rechenintensive Aufgabe, für deren Ausführung mehrere Anbieter in Frage kommen. Hiermit ließe sich die Vision eines offenen Dienstemarkts [Müll95, Geih95] für die Ausführung von Aufgaben innerhalb eines Unternehmens realisieren. In [Gepp97b] wird die Idee einer marktorientierten Workflow-Ausführung dargestellt, allerdings ohne auf vorhandene und geeignete Mechanismen wie den Trading Object Service zurückzugreifen.

- Einsatzmöglichkeiten des **Object Collection Service** im Rahmen der Implementierungen von WFMS sind vielfältig, da sich der Dienst nicht nur zur Implementierung von Listenstrukturen, sondern auch für hierarchische (rekursive) Strukturen und Warteschlangen eignet. Die Implementierung von Arbeitslisten oder die Aggregation von Komponenten innerhalb von zusammengesetzten

Workflows wird damit erheblich vereinfacht. Generell soll dieser Dienst überall dort genutzt werden, wo „Container"-Funktionalität gefragt ist, d.h., wo mehrere Objekte durch die Bildung von Aggregationsstrukturen unter einem neuen gemeinsamen Namen adressiert werden sollen.

Aber nicht nur die CORBAservices, sondern auch viele der avisierten CORBAfacilities sind für die Realisierung eines WFMD nützlich und wichtig:

- Hilfreich ist die **Data Interchange Facility** für die Realisierung des Informationsaspekts, also die Realisierung des Datenflusses zwischen Workflow-Exemplaren und zwischen Workflow-Exemplaren und Workflow-Applikationen.
- Die OMG siedelt die **MOF** auf der obersten Ebene des IRDS-Modells an (s. Unterabschn. 4.2.3 sowie [ANSI88, Byrn96]). Die MOF-Schnittstellen sind allerdings nicht auf die Verwaltung und Modellierung von Schemata der zweiten Sprachebene beschränkt. Es wäre prinzipiell zulässig, Workflow-Schemata direkt mit dem MOF-Meta-Metamodell zu definieren und von der MOF verwalten zu lassen. Da in diesem Fall jedoch jegliche anwendungsspezifischen Zugriffsfunktionen fehlen, wäre die Nutzung eines derartigen Dienstes keine leichte Aufgabe. Sinnvoller ist es, die Dienste der MOF als Grundlage für eine dedizierte Komponente zur Verwaltung von Workflow-Schemata zu nutzen.
- Dienste der **Business Object Facility** müssen ebenfalls genutzt werden, z.B. wenn im Verlauf der Ausführung von Workflow-Exemplaren auf Ressourcen zugegriffen wird, die als Geschäftsobjekte realisiert sind.
- Deklarative Regelsysteme in der **Rule Management Facility (RMF)** sind ein eleganter Mechanismus, um damit auf einer hohen abstrakten Ebene Integritätsbedingungen, Trigger oder anwendungsspezifische Kontrollflußkonstrukte zu definieren. Daß sich damit WFMS sinnvoll unterstützen lassen, wird in [Bußl-94, Kapp95b, Gepp97a] gezeigt. Dort wird allerdings angenommen, daß die Workflow-Ausführung allein über diesen Mechanismus erfolgt. Dies gilt im Kontext der OMA nicht, denn dort ist zu berücksichtigen, daß RMF und ein WFMD nebeneinander existieren. Zu klären ist daher die Frage, ob und wie die in der RMF definierten Regeln mit den Workflow-Schemata des WFMD verknüpft werden können. Dies ist einerseits für die Definition von *Workflow-Typspezifischen* Regeln notwendig, deren Geltungsbereich sich auf ein einziges Workflow-Schema beschränkt. Alle konstituierenden Bestandteile der Regeln (Event, Condition, Action) können Konstrukte und Variablen des Workflow-Schemas referenzieren, deren Name nur innerhalb dieses Schemas eindeutig ist. Umgekehrt kann die RMF den WFMD benutzen: Ist die Ausführungsbedingung einer Regel erfüllt, kann als Action ein Workflow gestartet werden.

Die aufgezählten Nutzungsmöglichkeiten vorhandener OMA-Komponenten sind bei weitem nicht vollständig. Es sollte jedoch hinreichend klar sein, daß ein reichhaltiges Arsenal an Objektdiensten zur Verfügung steht, das in der Konzeption – zumindest partiell – berücksichtigt werden muß. Die Einschränkung „partiell" deswegen, weil einige der Komponenten auch nach längerer Wartezeit nicht verfügbar sind (s. Kap. 3). Für CORBAservices, für die eine geringe Unterstützung absehbar ist (z.B. Query Service) kann daher die eingangs zitierte OMG-Forderung in der Praxis nicht eingehalten werden.

4.2 Modellierungsebenen eines WFMD

Um die relevanten Sachverhalte im Kontext eines WFMD zu beschreiben, müssen verschiedene Typen von Modellen gebildet werden, die spezifischen Zwecken dienen und unterschiedliche Inhalte haben. Dieser Abschnitt zeigt, warum ein logisches Ebenenmodell geeignet ist, um Modellinhalte und letztlich die Dienstleistung eines WFMD übersichtlich zu beschreiben und zu gliedern. Dazu werden grundlegende Ideen der Metamodellierung beschrieben und Begriffe eingeführt.

4.2.1 Motivation der Metamodellierung

Bei der klassischen Entwicklung eines Anwendungssystems ist die Modellierung der Problemwelt auf die Phasen bis zum Zeitpunkt seiner Kodierung beschränkt. Genau dies ist der gravierende Unterschied zur Entwicklung einer WFMA. Dort ist die Modellierung von Workflow-Schemata fester Bestandteil der Anwendung, denn WFMS sind immer auch Modellierungs- und Entwicklungswerkzeuge. Gegenstand der Workflow-Modellierung sind Abläufe der Problemwelt, die Modellierung erfolgt entweder durch versierte Anwender oder durch Spezialisten in der DV-Abteilung, die Vorgaben aus Geschäftsprozeß-Modellen in Workflow-Schemata umsetzen [Böhm96a]. Dabei kommen die Modellelemente zum Einsatz, die vom WFMS-Hersteller vorgegeben sind. Als Betrachter einer WFMA hat man es also mit zwei Modelltypen zu tun, die unterschiedliche Inhalte haben: Mit den Workflow-Schemata, also den anwenderseitig erstellten Ausführungsvorschriften für Workflows, und mit einem vom WFMS-Hersteller festgelegten Schema, dessen Ausprägung die Workflow-Schemata sind: dem Workflow-Metaschema.

Metamodellierung, also die Tätigkeit der Erstellung eines Metamodells, ist überall dort zu betreiben, wo konzeptionelle Schemata für Werkzeuge benötigt werden, die ihrerseits die Erstellung oder Verwaltung von Schemata zum Ziel haben. Dies ist der Fall bei der Entwicklung von DBMS, Repositories, CASE-Werkzeugen – und bei WFMS.

4.2.2 Eigenschaften von Metaobjekten

Metadaten sind Daten, die andere Daten beschreiben oder Zusatzinformationen über die eigentlich relevanten Problemdaten darstellen, die für deren Interpretation oder Verwendung notwendig sind [Rumb93, S. 85]. Auf Metadaten basierende Konzepte finden sich vor allem bei Datenbanken, bei Systemtabellen, Data Dictionaries und Repositories (s. Unterabschn. 4.2.3), also überall dort, wo eine explizite Repräsentation von Metadaten für den Betrieb der Anwendungen notwendig ist.

Zur Repräsentation und Verwaltung von Metadaten setzt man in Objektverwaltungssystemen konsequenterweise eine spezielle Art von Objekten ein, die als *Metaobjekte* bezeichnet werden. Ein Metaobjekt ist laut [OMG96a, S. 14] ein Objekt, „das die Struktur oder das Verhalten eines anderen Objekts beschreibt". Genau genommen handelt es sich dabei nicht um die Beschreibung eines anderen Objekts, sondern um die des Objekttyps, da Struktur und Verhalten zumeist nicht nur einem singulären Objekt zu eigen sind. Metaobjekte bieten demnach die Möglichkeit, Eigenschaften von Objekttypen explizit zu repräsentieren und zu verwalten. Zur vollständigen Beschreibung eines Objekttyps werden meist mehrere Metaobjekte benötigt, eine solche Kollektion zusammengehöriger Metaobjekte wird *Objektschema* genannt. Abb. 4-1 verdeutlicht die Zusammenhänge. Man beachte vor allem, daß ein einmal definiertes Metaobjekt durchaus in mehreren Objektschemata vorkommen kann, weswegen die consists_of-Beziehung nicht als strenge Kompositions-, sondern nur als Aggregationsbeziehung ausgeführt ist.

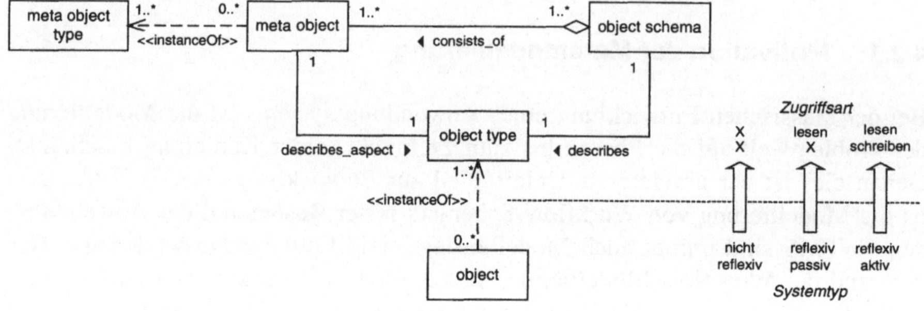

Abb. 4-1:   Beziehungen zwischen Metaobjekten, Objektschemata und Objekttypen (Objektmodell sinngemäß nach [OMG97h])

In vielen Systemen beschränkt sich die Nutzung von Objektschemata und Metadaten auf den Zeitraum der Erstellung des Anwendungssystems. CASE-Werkzeuge und Compiler benutzen diese Information zwar, produzieren aber ausführbare Binärdateien, die sie vollständig ausfiltern und keine Rückschlüsse auf die Schemainformation mehr zulassen.

Reflexive Programmiersysteme

In einigen Programmiersystemen wird dies anders gehandhabt: Dort besitzen Objekte auf der Exemplar-Ebene zur Laufzeit Zugriff auf ihre Schemainformation. Angehörige dieser Klasse von Programmiersystemen werden als *reflexive* Systeme bezeichnet. Bekannteste Vertreter sind *Smalltalk*-Umgebungen, bei denen Objekte generell Zugriff auf ihre zugehörigen Klassenobjekte haben. Bei CORBA-basierten Systemen können Objekte mit Hilfe des Interface Repository auf ihre Typ- und Schnittstellendefinitionen zugreifen. Die beiden genannten Systeme weisen jedoch einen Unterschied auf, der eine weitere Unterteilung in passive und aktive reflexive Systeme notwendig macht. Bei *passiven* Systemen ist nur ein lesender Zugriff auf die Metadaten vorgesehen, d.h., derartige Systeme sind in der Lage, zur Programmlaufzeit Informationen über die erstellten Komponenten anzubieten. Dies ist z.B. für Werkzeuge zur Inspektion von Schnittstellen oder zum Zweck der Fehlersuche (Debugging) nützlich. Zur dieser Kategorie gehören die meisten CORBA-Implementierungen, denn dort wird der Inhalt des Interface Repository lediglich zum Zeitpunkt der Programmerstellung mit den IDL-Definitionen bestückt. Bei *aktiven* reflexiven Systemen dagegen sind zur Laufzeit Manipulationen an den Metaobjekten zulässig. Metaobjekte haben hier nicht nur beschreibende Funktion, sondern sie bestimmen das Verhalten der Anwendungsobjekte unmittelbar und zur Laufzeit. Änderungen an Metaobjekten führen dazu, daß sich der betroffene Aspekt des beschriebenen Objekts anders verhält als vorher. Da ein Metaobjekt im Normalfall mehrere Objektexemplare beschreibt, sind auch alle von den Änderungen betroffen. Bei *Smalltalk* [Gold83], beim *Common Lisp Object System* oder bei *MetaJava* [Golm97] ist diese enge Kopplung nicht nur ein Randaspekt des Funktionsumfangs, sondern prägt das gesamte Programmierparadigma. Eine ausführliche Diskussion der Eleganz und Mächtigkeit der Anwendung von Metaobjekt-Protokollen findet sich in [Kicz91] und wird hier nicht vertieft. Generell ist jedoch festzuhalten, daß der Grad der Flexibilität von Implementierungen um so höher ist, je mehr Metadaten zur Laufzeit zur Verfügung stehen.

Arten von Metadaten

Wesentliche Aufgabe von Metaobjekten ist die Kapselung von Metadaten. Dabei kann man auf allen Modellierungsebenen verschiedene Arten von Metadaten unterscheiden: strukturelle und semantische Metadaten sowie Kosten-, Herkunfts- und Cross-Referencing-Metadaten. Elementar sind *strukturelle* Metadaten. Sie geben an, aus welchen Teilen ein komplexes Objekt besteht, zu welchen anderen Objekten es in Beziehung steht und welche Kardinalitäten die Beziehungen haben. Eine andere Kategorie bilden *semantische* Metadaten. Diese liefern zusätzliche Information über den Inhalt und das Verhalten von beschriebenen Modellelementen. In diese Kategorie ist z.B. die Information einzustufen, ob ein Attribut „Preis" in der Währungseinheit EURO oder DM zu interpretieren ist. Ohne diese Zusatzangabe ist nicht sichergestellt, daß ein konkreter Zahlenwert richtig verarbeitet wird. Erst die Spezifikation zusätzlicher semantischer Metadaten ermöglicht die korrekte Verwendung und Interpretation. Oft müssen zu einer ordnungsgemäßen Verwendung von Objekten auch andere Randbedingungen eingehalten werden. So ist etwa nicht jede beliebige Reihenfolge von Operationsaufrufen sinnvoll und zulässig. Auch derartige Informationen sind unter den Oberbegriff der semantischen Metadaten zu fassen. Allerdings ist keineswegs klar, wie dieser Aspekt der Semantik überhaupt sinnvoll erfaßt und in einem Rechnersystem repräsentiert werden kann (s. hierzu [Kilo97a, Kilo97b]). Bei einer Vielzahl von informationstechnischen Ressourcen ist mit der Inanspruchnahme ein Entgelt verbunden. *Kosten-Metadaten*, etwa über geschätzte Bearbeitungszeit, Ressourcenverbrauch oder Gebühren können bei der Optimierung und Planung der Nutzung sehr lohnend sein. Eine ebenfalls nicht zu unterschätzende Rolle spielen *Metadaten über die Herkunft* von Modellen und Daten, mit denen sich Fragen über die inhaltliche Qualität oder der Zuständigkeit bei Rückfragen beantworten lassen. Gerade bei der Verwaltung von Modellen sind auch *Cross-Referencing-Metadaten* wichtig. Diese liefern Aufschluß über die Ressourcenverwendung und gegenseitige Abhängigkeiten von Modellen. Die Frage, auf welche Modelle die Änderung einer Ressource Auswirkungen haben könnte („impact analysis"), läßt sich nur durch umfangreiche Metadaten über Verwendungsnachweise beantworten. In die gleiche Kategorie fallen Metadaten über die Häufigkeit des Zugriffs auf Ressourcen und Objekte.

Basisfunktionen zur Realisierung reflexiver Systeme

Nachfolgend werden Funktionen identifiziert, die zu erbringen sind, wenn ein Programmsystem zumindest minimale reflexive Eigenschaften unterstützen soll:

- **Basisfunktionen von Objekten**: Jedes Objekt muß den Zugriff auf sein zugehöriges Metaobjekt bieten. Dadurch wird eine elementare Typüberprüfung möglich und Interoperabilität mit anderen Objektimplementierungen erleichtert.
- **Basisfunktionen von Metaobjekten**: Um die Herkunft zu dokumentieren, gehört zu den minimalen Auskunftsfunktionen von Metaobjekten der Verweis auf den ursprünglichen Erzeuger bzw. den Besitzer und den Erzeugungszeitpunkt des Metaobjekts. Soll später die Historie der Weiterentwicklung nachvollziehbar sein, so sind ein Verweis auf diejenige Person, die zuletzt Änderungen an dem Metaobjekt vorgenommen hat, und das Datum der letzten Änderung vorzusehen. Diese Angaben sind insbesondere notwendig, wenn beurteilt werden soll, ob das jeweilige Metaobjekt überhaupt aktuell ist. In manchen Fällen kann hierfür eine Gültigkeitsdauer explizit spezifiziert sein. Eine ausführliche Diskussion typischer Attribute von Metaobjekten findet sich in [Tann94, S. 211 f.]. Der zweite Bereich der Basisfunktionen betrifft diejenigen Informationen, die nur einmal für alle Exemplare eines Objekttyps vorhanden sein müssen (vgl. statische Klassenvariablen in C++). Beispiele hierfür wären statistische Informationen über die Extension eines bestimmten Metaobjekts.

Bevor die Anwendung der Reflexivität im Zusammenhang mit Objekten eines WFMD weiter diskutiert wird, folgen Ausführungen zum Aufbau von Repositories, da sich deren Ebenenmodelle gut als Vorbild für das eines WFMD eignen.

4.2.3   Ebenenmodelle für Repositories

Auf dem Gebiet der Repositories [Habe93, Bern94, Bern95, Bern98] wurden Fragestellungen der Metamodellierung bereits ausführlich untersucht. Die Erkenntnisse haben eine hohe Stabilität erreicht, die dazu geführt hat, daß hier eine ganze Reihe von Standards [Tann94] existiert. Die größte Bedeutung erlangt haben die jeweils vierschichtigen Referenzmodelle des Information Resource Dictionary System (IRDS) [ANSI88] und des CASE-Data-Interchange-Format-Referenzmodells (CDIF) [EIA94]. Während CDIF vor allem die Aufgabenstellung angeht, Modelle zwischen verschiedenen CASE-Werkzeugen auszutauschen, verfolgt IRDS das allgemeinere Ziel, jede Art von „Informationsressourcen" beschreiben und verwalten zu können. IRDS und CDIF unterscheiden sich in den Benennungen ihrer Konzepte, die Grundideen sind jedoch vergleichbar. Nachfolgend wird ein allgemeines logisches Ebenenmodell für Repositories beschrieben, das die Gemeinsamkeiten aufgreift. Es werden vier Informations- bzw. Modellierungsebenen festgelegt, zwischen denen jeweils *Exemplarbeziehungen* [Oest97, S. 35] bestehen. Die jeweils höhere Ebene gibt die Modellelemente vor, aus denen die darunterliegende Ebene konstruiert, bzw. mit denen sie beschrieben wird. Umgekehrt sind Elemente einer Ebene immer Ausprägungen der darüberliegenden Ebene.

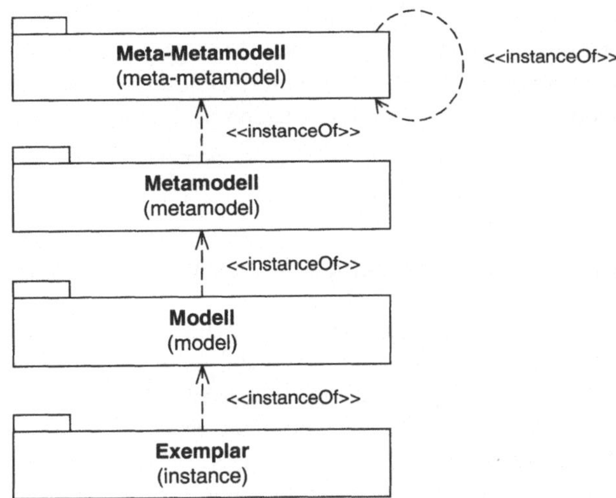

Abb. 4-2:   Exemplarbeziehungen zwischen Modellebenen (vgl. [Tann94, S. 287 f.])

Das Verständnis der Inhalte fällt am leichtesten, wenn man auf der untersten Ebene mit der Beschreibung beginnt:

- Die Nutzinformationen eines Anwendungssystems entstammen der *Exemplar-Ebene*. Dort findet man konkrete Objekte, die Erscheinungen einer Anwendungswelt repräsentieren. Beispiel hierfür wäre ein Exemplar eines Objekttyps Rechteck, dessen individuelle Eigenschaften durch die Höhe „5cm" und Breite „7cm" gegeben sind.

- Auf der *Modell-Ebene* angesiedelt sind anwendungsspezifische Objektschemata, die gemeinsame Eigenschaften gleichartiger Objekte der darunterliegenden Exemplar-Ebene beschreiben bzw. festlegen. Um beim obigen Beispiel zu bleiben, wäre die Deklaration der Klasse Rechteck mit den Attributen Höhe und Breite ein Schema.

- Die *Metamodell-Ebene* gibt die Ausdrucksmittel für die Formulierung von Objektschemata auf der Modell-Ebene vor. Anders ausgedrückt handelt es sich um eine Sprache zur Formulierung von Anwendungsschemata bzw. -modellen. Wählt man Smalltalk zur Fortführung unseres Beispiels, so sind Klasse, Attribut und Datentyp diejenigen Bestandteile des Metamodells, aus denen die Klassenbeschreibung mit den Merkmalen Höhe und Breite gebildet wird. Möchte man Objektmodelle unabhängig von konkreten Programmiersprachen formulieren, ist dafür das UML-Metamodell [OMG97e] geeignet. Die UML ist im Kontext der OMG die Standardsprache für die Beschreibung von Objektschemata.

- Auf der *Meta-Metamodell-Ebene* werden diejenigen abstrakten Modellierungskonstrukte definiert, die zur Bildung beliebiger Metamodelle verwendbar sein müssen. Das Meta-Metamodell gibt demnach eine Sprache (vgl. [Ortn97a, S. 25]) vor, als deren Sprachprodukte sich Metaschemata formulieren lassen (s. hierzu [OMG97h, S. 3-3]). Übertragen auf unser Rechteck-Beispiel sind die in Smalltalk enthaltenen Metaklassen Modellelemente eines Meta-Metaschemas.

Um eine derartige Ebenenkonstruktion nicht beliebig komplex werden zu lassen, muß eine Obergrenze vorgegeben werden. Man geht davon aus [OMG97h], daß vier Ebenen ausreichen, um die meisten Anwendungen adäquat zu beschreiben. Die Begrenzung der Anzahl der Meta-Ebenen nach oben wird erreicht, indem das abstrakteste Modell in der Lage ist, sich mit eigenen Sprachmitteln selbst zu beschreiben (s. Schlinge auf der obersten Ebene von Abb. 4-2).

4.2.4   Anwendung auf Workflow-Management-Systeme

Schichtenmodelle sind bewährte Hilfsmittel zur Strukturierung und Erklärung komplexer Software-Systeme. Prominente Beispiele sind das ISO/OSI-Basisreferenzmodell [Lock93, S. 40] und das Schichtenmodell von DBMS [Härd87]. Auch für den Bereich Workflow-Management gibt es Ansätze, Schichtenmodelle zu etablieren. Beispiele finden sich in [Schu97f, S. 143 f.] oder [Wäch96, S. 130 f.], dort handelt es sich aber um eine implementierungsorientierte Sichtweise, d.h., Schichten dienen vor allem dazu, von der Art und Weise zu abstrahieren, wie in niedrigeren Schichten nichtfunktionale Eigenschaften sichergestellt werden. Wählt man als Kriterium für die Schichtenbildung keine technischen Gesichtspunkte, sondern die Inhalte der verschiedenen Modell- bzw. Abstraktionsebenen, dann läßt sich – orthogonal zur technischen Schichtenarchitektur – ein mehrstufiges logisches Ebenenmodell definieren (vgl. auch [Bußl98a, S. 44]). Überträgt man das im Unterabschn. 4.2.3 vorgestellte Vorbild der Repository-Ebenenmodelle auf den Bereich Workflow-Management, entstehen folgende Ebenen:

Ebene (allgemein)	Ebene bei WFMS	Beispiele
Meta-Metamodell	Meta-Metamodell	Entity-Relationship-Modell [Chen76], OMG MOF-Meta-Metamodell [OMG97h], CDIF Meta-Metamodell [EIA94]
Metamodell	Workflow-Sprache	FlowMark Workflow-Sprache [Leym92, Leym94b], WorkParty Workflow-Sprache [Mühl96], WfMC Workflow-Sprache (WPDL, [Work96a, Work98a])
Modell	Workflow-Schema	„Abwicklung eines Kreditantrags", „Durchführung einer Diplomarbeit"
Exemplar	Workflow-Exemplar	<Kreditantrag Herr Müller, 15.000DM>, <Diplomarbeit Herr Weise>

Tab. 4-1:   Anwendung von Repository-Ebenenmodellen auf WFMS

Die Abschnitte 4.3 bis 4.6 greifen diese Struktur auf, um nach und nach die einzelnen Modellierungsebenen eines WFMD zu erklären. Die Schilderung beginnt auf der untersten Ebene der Workflow-Exemplare. Dahinter steckt erstens die Idee, daß ein immer mehr ansteigender Abstraktionsgrad der besseren Lesbarkeit entgegenkommt. Zweitens soll dem Leser auf diese Weise vor Augen geführt werden, welcher zusätzliche Gewinn durch die Hinzunahme der jeweils nächsthöheren Ebene entsteht. Dieser Gewinn besteht nicht nur in der Erkenntnis, sondern läßt sich später in greifbare funktionale Vorteile umsetzen.

4.3 Ebene der Workflow-Exemplare

Entsprechend dem objektorientierten Paradigma erfolgt bei dem hier vorgestellten Ansatz die Repräsentation von Workflow-Exemplaren durch *Workflow-Exemplar-Objekte*. Dieser Abschnitt schildert deren Eigenschaften und Dienste. Die Notwendigkeit, neben den Grundmechanismen der Objektorientierung – Klassenbildung, Einkapselung, Nachrichtenaustausch, Objektidentität, Vererbung und Polymorphie – dem Aspekt der Ablaufsteuerung gesonderte Aufmerksamkeit zu widmen, wird in der Literatur über Objektorientierung selten thematisiert. Der erste Unterabschnitt geht daher auf die Rolle der Ablaufsteuerung im Kontext der Objektorientierung ein und zeigt, wie beides miteinander zu vereinbaren ist.

4.3.1 Objektorientierung und Ablaufsteuerung

Ein Buch, das sich mit der Realisierung von Workflows durch verteilte Objekte beschäftigt, muß die Frage stellen, welche Gemeinsamkeiten, aber auch welche Unterschiede zwischen der objektorientierten Modellierung und der Workflow-Modellierung bestehen. Nachfolgend stellen wir Konzepte der Objektorientierung und ihre Entsprechung oder Anwendung beim Workflow-Management gegenüber:

- **Klassenbildung**: Das Prinzip, gleichartige Objekte und deren gemeinsames Verhalten in Klassen zu gruppieren, findet ein direktes Pendant bei Workflow-Exemplaren und Workflow-Schemata. Ein Workflow-Schema bestimmt das Verhalten für eine große Menge von Workflow-Exemplaren des gleichen Typs.
- **Einkapselung**: Bei der objektorientierten Modellierung spielt *Information Hiding*, das gezielte Verbergen interner Datenstrukturen, eine große Rolle. Werden direkte Zugriffe auf Attribute untersagt und statt dessen nur Zugriffsoperationen verwendet, können interne Strukturen geändert werden, ohne daß dies Auswirkungen für Nutzer des Objekts hat. Die Anwendung des Kapselungsprinzips und die Betonung der Schnittstelle führt also zu robusteren Systemen. Der interne Zustand von Workflow-Objekten soll ebenfalls gekapselt und nur über Operationen zugreifbar sein, aber der Schwerpunkt liegt nicht auf der Struktur-, sondern auf der *Verhaltens*abstraktion: Ein Workflow-Objekt kapselt in sich das Wissen über den vorgesehenen Ablauf und verbirgt die Realisierung einer Abarbeitungsreihenfolge. Muß der Ablauf geändert werden, geschieht dies innerhalb des Workflow-Objekts und kann ohne Konsequenzen für die beteiligten anderen Objekte bleiben. Dies gilt aber nur dann, wenn deren Implementierungen vollständig *ablaufunabhängig* („flow-independent", s. [Leym97, S. 106]) sind und nicht ihrerseits einen versteckten Ablauf realisieren.
- **Objektidentität**: Jedes Workflow-Exemplar-Objekt repräsentiert genau einen Ablauf und ist eindeutig von anderen unterscheidbar. Die Unterscheidbarkeit ist jedoch nicht auf den Eigenschaften, sondern allein auf der Existenz begründet. Zwei Workflow-Exemplar-Objekte müssen also selbst dann voneinander unterscheidbar sein, wenn sie zufälligerweise gleiche Zeitstempel für den Beginn ihrer Ausführung haben sollten.

- **Vererbung und Spezialisierung** von Workflow-Typen wird bisher von keinem WFMS angeboten, obwohl es hierfür viele sinnvolle Anwendungen gäbe [Bußl98a]. Mit Vererbungsmechanismen ließen sich Hierarchien von Workflow-Typen konstruieren, was zu höherer Kompaktheit und damit zu einer Verbesserung der Qualität und Wartungsfreundlichkeit der Gesamtheit aller Workflow-Schemata einer Organisation führen könnte (s. hierzu Unterabschn. 4.4.2).

- Auch das Prinzip der **Polymorphie** läßt sich auf das Workflow-Management übertragen. In verschiedenen Unternehmen, aber auch in Bereichen ein und desselben Unternehmens, finden sich oft analoge Arbeitsabläufe, die aus abstrakter Sicht – etwa aus der Sicht fachlicher Referenzmodelle – gleichsetzbar sind. Dennoch kann im Detail für die verschiedenen Bereiche eine unterschiedliche Handhabung des Arbeitsablaufs gewünscht und damit eine unterschiedliche Workflow-Schema-Implementierung notwendig sein. Polymorphie bedeutet hier, daß es möglich ist, mit abstrakten Workflow-Typen umzugehen, ohne deren Realisierung durch verschiedenartige Workflow-Schemata in den jeweiligen Kontexten kennen zu müssen. Dies ist besonders sinnvoll, wenn im Lauf der Zeit zusätzliche spezialisierte Implementierungen hinzukommen.

Die gemeinsame Anwendung von Objektorientierung und Workflow-Management im weitesten Sinne wurde bereits unter verschiedenen Gesichtspunkten betrachtet:

- **Anwendung objektorientierter Analyse- und Entwurfstechniken für die Geschäftsprozeß-Modellierung**: Objektorientierte Methodologien wurden mit dem Ziel entwickelt, damit Ausschnitte der Realwelt in objektorientierte Modelle umzusetzen. Verwendet man sie, um ein betriebliches Anwendungsumfeld zu modellieren, werden zwangsläufig dessen Arbeitsabläufe zum Modellierungsgegenstand. In [Baue94] wird mit der Object Modeling Technique (OMT, s. [Rumb93]) ein konkreter Geschäftsprozeß modelliert. Hierzu wird ein statisches Objektmodell entwickelt, das Modellelemente und Strukturbeziehungen aller am Geschäftsprozeß beteiligten Entitäten rekonstruiert. Danach werden für einige der beteiligten Objekttypen Zustandsmodelle ausgearbeitet, die alle zulässigen Transitionen im Verlauf von deren Lebenszyklus wiedergeben. Die Autoren kommen zu dem Schluß, daß die OMT zwar prinzipiell geeignet ist, jedoch die Modellierungsmechanismen bereits bei einfachen Anwendungsfällen zu schwer überschaubaren Modellen führen. Dies ist darauf zurückzuführen, daß in Zustandsmodellen alle potentiellen Ausführungsvarianten explizit modelliert werden müssen. Diese Schwäche der Zustandsdiagramme, die besonders bei der Modellierung von nebenläufigen Aktivitäten zutage tritt, führt auch [Jabl95e] als wesentlichen Kritikpunkt an. Mit den *Aktivitätendiagrammen* wird in der UML eine Spezialisierung der Zustandsdiagramme eingeführt, die eine bessere Eignung zur Darstellung von Geschäftsprozessen verspricht. [Oest98] skizziert, wie sich Aktivitätsdiagramme zu diesem Zweck verwenden lassen. Im Ergebnis wird zwar die grundsätzliche Eignung attestiert, allerdings wird deutlich, daß – wie bei der OMT – die praktische Brauchbarkeit besonders bei größeren Modellen fraglich ist. Auch die Darstellung der Ressourcennutzung während der Aktivitäten ist nur für einfache Fälle adäquat.

Objektorientierte Entwurfsmethoden wurden unter der Annahme entwickelt, daß am Ende eine Umsetzung in eine Implementierung in einer objektorientierten Programmiersprache – und nicht mit einem WFMS – erfolgt. Entsprechend groß ist der konzeptionelle Abstand. Einerseits werden die von Workflow-Metamodellen angebotenen Konzepte von Seiten der objektorientierten Modellierung nicht unterstützt, umgekehrt fehlen in Workflow-Metamodellen bereits elementarste objektorientierte Mechanismen. Die unterschiedliche Historie der beiden Gebiete wird daran sehr deutlich.

- **Verwendung objektorientierter Implementierungstechniken für WFMS**: Die Idee, Workflows als Objekte zu modellieren und zu implementieren, ist naheliegend. Bereits [Nier88] betont, daß „office procedures" nichts anderes als langlebige Objekte seien, die von Sachbearbeitern im Büro manipuliert würden. Es ist davon auszugehen, daß heute – wie bei jeder neu zu konzipierenden Software – auch bei der Entwicklung von WFMS überwiegend objektorientierte Entwurfstechniken und Programmiersprachen eingesetzt werden. Dieser Umstand nutzt jedoch in erster Linie dem Hersteller des WFMS und macht sich beim fertigen Produkt für den Anwender nur wenig bemerkbar.

- **Spezialisierte Objekttypen für die Steuerung anderer Objekte**: Auch in objektorientierten Frameworks (z.B. im *San Francisco Framework* von *IBM* [Bohr98]) wird erkannt, daß ein umfassendes objektorientiertes Geschäftsmodell nicht nur aus passiven Objekttypen bestehen kann, die auf eintreffende Dienstanforderungen *re*agieren. Es werden zusätzlich aktive, üblicherweise nebenläufige Aktivitätsträger gebraucht, die Funktionen anderer Objekte anstoßen und als Bindeglied zwischen den Objekten agieren. In [Jaco95] werden Anwendungssysteme aus drei grundlegenden Objekttypen aufgebaut: *Interface Objects* wickeln die Kommunikation an den Systemgrenzen ab, *Entity Objects* repräsentieren langlebige, eher statische Objekte, um deren Manipulation es letztlich geht. Aufgabe der *Control Objects* ist es, komplexe, länger andauernde Interaktionen zwischen Entity Objects in einen eigenen Objekttyp zu repräsentieren. Geschäftsprozesse werden von Jacobson durch Anwendungsfallmodelle (*Use Cases*) modelliert, freilich immer mit der Absicht, diese anschließend mit Software zu unterstützen. Ziel ist es, darin die identifizierten Abläufe in Control Objects umzusetzen (s. [Jaco95, S. 248]). Abb. 4-3 verdeutlicht dies.

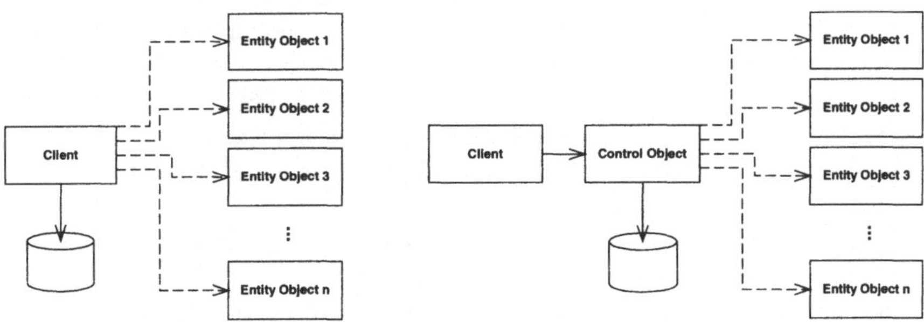

Abb. 4-3:   Kapselung von Ablaufwissen in Control Objects

Ohne Control Objects (linke Seite) wird Wissen über Entity Objects und die Reihenfolge der Abarbeitung im Programmcode des Clients niedergelegt, und auch der Austausch von Ergebnissen muß vom Client erledigt werden. Werden diese drei Aufgaben einem Control Object überlassen (rechte Seite), resultiert dies in besserer Wartbarkeit und höherer Flexibilität (s. hierzu [Leym95]).

Eine ähnliche Absicht verfolgt [Sims94, S. 189] mit *Unit-Of-Work*-Objekten, die vergleichbare Aufgaben übernehmen. Zusätzlich wird dort dem transaktionalen Verhalten besondere Aufmerksamkeit geschenkt. Alle Manipulationen an anderen Objekten, die im Rahmen der verteilten Abarbeitung eines Unit-Of-Work-Objekts geschehen, erfolgen vorbehaltlich eines erfolgreichen Transaktionsabschlusses. Unit-Of-Work-Objekte fungieren damit als Transaktions-Manager im Sinne des X/Open-Referenzmodells [Gray93, S. 83 f.].

Die Entscheidung, bei einer objektorientierten Modellierung dedizierte Objekttypen für die Repräsentation von Abläufen vorzusehen, erfordert Erfahrung und Weitsicht. Manche ältere objektorientierte Entwurfsmethoden (z.B. [Coad96]) müssen diesbezüglich als kontraproduktiv eingestuft werden, da sie die Autonomie von Objekten überbetonen. Mit der Absicht, das Denken in Objekten zu fördern und die Anzahl der Objekttypen im Objektmodell zu minimieren, wird Designern empfohlen, möglichst mächtige, selbständige Objekte zu entwerfen. Je selbständiger ein Objekttyp jedoch gestaltet wird, desto mehr Zuständigkeiten und Funktionalität wird er erhalten. Naturgemäß führt dies dazu, daß in seiner Implementierung Dienste anderer Objekttypen einbezogen werden, um die geforderten Funktionen zu erbringen. Im Ergebnis kann ein eng verflochtenes Gebilde entstehen, bei dem fast jeder Methodenaufruf eine komplexe Kaskade weiterer Objektinteraktionen auslöst. Ein derartiges Zusammenspiel von Objekten ist labil gegenüber Änderungen und weist eine ganze Reihe weiterer Schwächen auf:

- Fehlende Transparenz: Mit zunehmender Größe des Objektmodells wird es schwieriger, komplexe Objektinteraktionen zu überblicken. Abhängigkeiten und Nutzungsbeziehungen sind unklar, denn aus der Schnittstelle von Objekten geht nicht hervor, welche Abläufe durch den Aufruf einer Methode in Gang gesetzt werden. Wo kein ordnungsgebendes Architekturmodell existiert, das z.B. durch hierarchische Schichtenstrukturen die zulässigen Nutzungsbeziehungen einschränkt, ist es gerechtfertigt, von „Spaghetti-Objekten" zu sprechen.

- Eingeschränkte Wiederverwendbarkeit: Durch Wartung und funktionale Erweiterungen in späten Phasen des Software-Lebenszyklus verursachte Strukturaufweichung („Lehmans Zweites Gesetz", [Somm97, S. 665]) wirkt sich bei derart realisierten Systemen besonders nachteilig aus. Komplexe gegenseitige Abhängigkeiten machen es schwer, einzelne Objekttypen aus dem Kontext herauszulösen, um sie wiederzuverwenden.

- Erhöhter Wartungsaufwand: Die Zusammenarbeit von Objekten erfolgt auf der Ebene der Objektimplementierung. Damit ist gemeint, daß innerhalb der Implementierung von Methoden eines Objekts nahezu beliebig von anderen Objekten Gebrauch gemacht werden darf. Diese „feste Verdrahtung" hat den Nachteil, daß sich das Zusammenwirken mehrerer Objekte auf einer sehr implementierungsnahen Ebene abspielt und an jeder Stelle der Objektimplementierung geschehen darf. Bei stark verflochtenen Systemen werden dadurch die Konsequenzen von Änderungen schwer überschaubar. Besonders dann, wenn komplexe Abläufe verändert werden sollen, deren Implementierung über eine Vielzahl von Objekttypen verstreut ist, entsteht hoher Wartungsaufwand.

Diese Probleme treten besonders bei großen Software-Systemen zutage, und letzten Endes besteht die Gefahr, daß trotz Anwendung objektorientierter Techniken keineswegs modulare, offene Software, sondern eine neue Generation monolithischer Anwendungssysteme entsteht. Das Wissen, wie Geschäftsprozesse abgewickelt werden, ist über die Implementierungen einer Vielzahl beteiligter Objekttypen verstreut. Die nichtfunktionale Anforderung der Flexibilität, wonach Software leicht auf neue Gegebenheiten anpaßbar sein soll, wird nachhaltig verfehlt.

Die Einführung spezialisierter Objekttypen, die als Aktivitätsträger ausschließlich für Steuerungszwecke zuständig sind und alle damit im Zusammenhang stehenden Aspekte an einer Stelle zusammenführen (kapseln), verspricht Abhilfe. Je nachdem, welche inhaltlichen Aspekte durch diese Objekttypen realisiert werden, ist es gerechtfertigt, sie als „Workflow-Objekte" zu bezeichnen.

An dieser Stelle erscheint eine Bemerkung zur Terminologie angebracht. Im weiteren Verlauf wird unterschieden zwischen Objekten, die Workflow-Exemplare, und Objekten, die Aspekte des Workflow-Metaschemas realisieren. Wo eine Unterscheidung notwendig ist, werden erstere Workflow-Exemplar-Objekte, zweitere Aspektobjekte genannt. Wo Zweifel ausgeschlossen sind, wird das kürzere Wort „Workflow-Objekte" verwendet, das beide Objekttypen meint.

4.3.2 Anforderungen an Workflow-Exemplar-Objekte

Im Gegensatz zu anderen Ansätzen, die Workflow-Exemplare und -Schemata nur als „untergeordnete Daten" [Schu97f, S. 137] betrachten, bietet sich durch die objektorientierte Modellierung von Workflow-Exemplaren eine konsequente Durchgängigkeit und gute Verständlichkeit. Workflow-Exemplar-Objekte sind „First-Class"-Objekte mit eigener Objektidentität und eigenständigem Lebenszyklus und lassen sich über eine eigene Schnittstelle manipulieren. Einzelheiten über Funktionen dieser Schnittstelle folgen im übernächsten Unterabschnitt. Hier werden zunächst nichtfunktionale Anforderungen ausgearbeitet:

- **Konformität zum Objektmodell der OMG**: Eine elementare Forderung bei der Einbettung von Workflow-Management in eine OMG-konforme Umgebung ist es, Workflow-Exemplare als CORBA-Objekte aufzufassen.
- **Geringer Implementierungsaufwand**: Durch Workflow-Objekte soll die Entwicklungsproduktivität erhöht werden. Workflow-Schemata müssen sich daher zügig in Implementierungen von Workflow-Objekten überführen lassen.
- **Autonomie**: Workflow-Objekte sollen die Steuerung der durch sie implementierten Abläufe weitestgehend selbständig und dezentral abwickeln.
- **Trennung von Schnittstelle und Implementierung**: Für die Implementierung von Workflow-Objekten gibt es eine Vielzahl von Alternativen – von der „harten" Implementierung durch ein C++-Programm bis hin zur Umsetzung durch

eine bestehende Workflow-Engine. Die Alternativen unterscheiden sich bezüglich ihrer Dienstqualitäten und Eigenschaften, die sich dabei erreichen lassen. Nach außen sollen Workflow-Objekte immer eine eindeutig definierte Schnittstelle anbieten, und es ist zu fordern, daß sie unabhängig von der Implementierung eines Workflow-Objekts ist. Es soll möglich sein, die bestehende Implementierung gegen eine andere auszutauschen, etwa, wenn nichtfunktionale Anforderungen nicht zufriedenstellend erfüllt werden.

Weitere Eigenschaften von Workflow-Exemplar-Objekten, z.B. die Frage, wie mehrere davon zur Unterstützung komplexer Abläufe verknüpft werden können, werden durch das Workflow-Metaschema geprägt. Ausführungen dazu enthält Unterabschn. 4.5.1. Anforderungen an die Implementierung von Workflow-Objekten finden sich im fünften Kapitel.

4.3.3   Ausführungsmodelle von Workflow-Exemplar-Objekten

Die Nutzbarkeit vieler Dienste eines Workflow-Exemplar-Objekts ist vom Fortschritt seiner Bearbeitung abhängig, d.h. vom Zustand, der in der Ausführung erreicht wurde. Beispielsweise kann ein Workflow-Exemplar-Objekt erst Auskunft über den Zeitpunkt der Fertigstellung erteilen, nachdem die Bearbeitung des Workflows tatsächlich abgeschlossen ist. Zu jedem Zeitpunkt vorher ist das Ergebnis einer derartigen Anfrage nicht definiert. Abb. 4-4 zeigt beispielhaft das Ausführungsmodell eines elementaren Workflow-Exemplar-Objekts gemäß dem Workflow-Metaschema von WorCOS [Schu96c, Schu99]. Sowohl die Menge der zulässigen Zustände als auch die Transitionen sind durch das Workflow-Metaschema festgelegt. Andere Beispiele für Ausführungsmodelle sind in [Jabl96c, S. 193 f.] und [Schu97f, S. 49] dokumentiert.

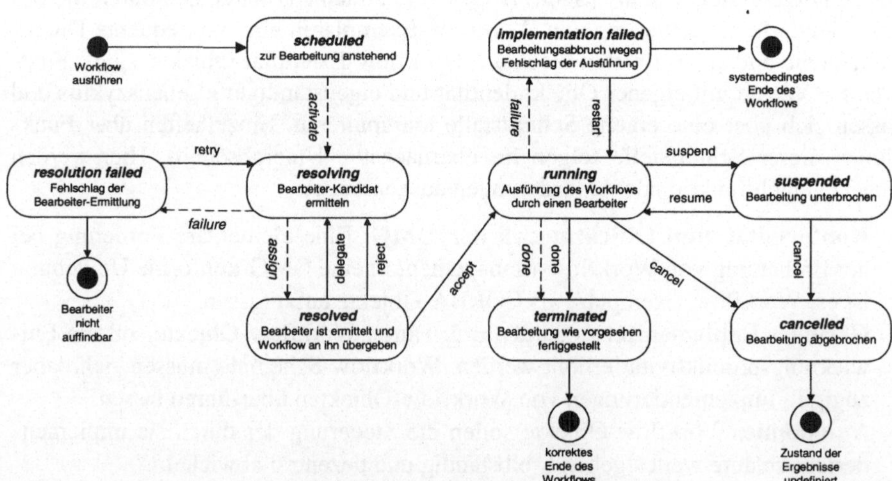

Abb. 4-4:   Exemplarisches Ausführungsmodell eines Workflow-Exemplar-Objekts für einen elementaren Workflow als UML-Zustandsdiagramm

In Abb. 4-4 sind automatische Zustandsübergänge, also solche, die vom Workflow-Exemplar-Objekt selbst ausgelöst werden, gestrichelt eingezeichnet. Obliegt die Entscheidung dem Anwender, handelt es sich um einen manuellen Zustandsübergang (durchgezogen gezeichnet). Ansonsten sind die Bezeichner weitestgehend selbsterklärend; die Zustände werden daher nur kurz charakterisiert:

Nachdem ein neues Workflow-Exemplar-Objekt erzeugt wurde, nimmt es zunächst den Zustand **scheduled** ein. Solange nicht mit der Ausführung des Workflows begonnen wurde, können nun Parametrisierungen vorgenommen werden. Wird der Workflow für die Ausführung aktiviert, muß zunächst die zuständige organisatorische Instanz ermittelt werden. Steht der Kreis der Kandidaten für die Bearbeitung fest (Zustand **resolved**), kann der Workflow als neuer Eintrag in deren Aufgabenliste eingetragen werden. Akzeptiert ein Bearbeiter die Ausführung der Arbeitseinheit und beginnt mit der Durchführung, erreicht das Workflow-Exemplar-Objekt den Zustand **running**. Im Falle der korrekten Fertigstellung gelangt es in den Zustand **terminated**.

Das vorgestellte Modell für den Lebenszyklus von Workflow-Exemplar-Objekten ist bewußt elementar formuliert, um daran diejenigen Basisfunktionen aufzuzeigen, die für einen minimalen WFMD notwendig sind. Folgende, im Modell nicht berücksichtigte Aspekte können darüber hinaus in einer konkreten Implementierung mit einbezogen werden:

- **Archivierung**: Der Lebenszyklus von Workflow-Exemplar-Objekten endet nicht mit der Fertigstellung des letzten enthaltenen Arbeitsschritts, d.h., das Objekt wird zu diesem Zeitpunkt nicht vernichtet. Generell ist davon auszugehen, daß eine Archivierung der Workflow-Historie zu Dokumentationszwecken notwendig ist. Wie detailliert und für welchen Zeitraum diese Dokumentation zu erfolgen hat, muß im einzelnen entschieden werden.
- **Evolution des Workflow-Schemas**: Unterstützt ein WFMS die Weiterentwicklung von Workflow-Schemata, solange Ausprägungen dieses Schemas in Bearbeitung sind, so wird sich auch dieser Übergang im Lebenszyklus von Workflow-Objekten finden müssen, um später nachvollziehbar zu sein.

4.3.4 Basisfunktionen von Workflow-Exemplar-Objekten

Die Steuerung und Manipulation von Workflows geschieht über Operationen, bzw. Dienste, die Workflow-Exemplar-Objekte anbieten. Dabei ist zu unterscheiden zwischen *generischen* Diensten, also solchen, die für jeden Workflow-Typ einen Sinn ergeben, und *Anwendungs-* oder Workflow-*Typ*-spezifischen Diensten. Tab. 4-2 beschreibt generische Dienste für Workflow-Exemplar-Objekte, die elementare Workflows repräsentieren.

Die Dienste von Workflow-Exemplar-Objekten für zusammengesetzte Workflows sind entsprechend dem Ausführungsmodell komplexer. Der Zustand wird dort durch einen Zustandsvektor beschrieben, in dem auf die eingebetteten Komponenten zugegriffen werden muß. Während der Ausführung ist z.B. der Zugriff auf aktuell laufende Subworkflows erforderlich. Auch eine Abfragemöglichkeit über bereits abgeschlossene Subworkflows ist sinnvoll.

Zulässige Ausführung	Dienst des Workflow-Exemplar-Objekts
jederzeit	Abfrage von Informationen über den Workflow-Typ (unter Verwendung der Metaobjekte im Workflow-Schema)
	Abfrage von Iniitierungs-Informationen (Initiator, Zeitpunkt des Vorgangsstarts, initiale Parameter)
	Zugriff auf technische Informationen (zuständiger Exemplarverwalter des Workflow-Exemplar-Objekts, Ort seiner Speicherung)
vor der Aktivierung	Neufestlegung von Ausführungsinformation (z.B. Startzeitpunkt)
vor der Ausführung	Zuweisung des Workflows an einen anderen Bearbeiter
nach Festlegung des Akteurs	Annahme der Workflow-Ausführung (Normalfall; Workflow wird ausgeführt)
	Delegation der Ausführung an einen anderen Mitarbeiter
	Ablehnung der Ausführung (unter Angabe von Gründen)
während der Ausführung	Ausführungsabbruch
	Fertigstellung (= erfolgreicher Abschluß des Workflows)
	Abfrage von Statusinformationen (bisheriger Zeitbedarf, Kosten,...)
nach erfolgreicher Fertigstellung	Rollenauflösung (Welche Personen hatten welche Rollen während der Ausführung?)
	Abfrage von Ergebnissen (allgemein / typspezifisch)
nach vorzeitigem Ausführungsabbruch	Abfrage von bis dahin erreichten Zwischenergebnissen
	Abfrage der Fehlerursache (Diagnosefunktionen) (mögliche Gründe für den Abbruch: Fehlschlag der Akteurselektion, Programmierfehler bei der Parameterübergabe, Geschäftsobjekt nicht verfügbar,...)

Tab. 4-2:   Basisfunktionen von Workflow-Exemplar-Objekten nach [Schu96b, Schu96c]

4.3.5   Workflow-Exemplar-spezifische Integritätsbedingungen

Vereinfacht gesagt, ist die Menge der möglichen Ablaufvariationen eines Workflow-Exemplars durch sein Workflow-Schema weitestgehend determiniert. Ließen sich bei der Ausführung die folgenden Bedingungen sicherstellen, könnten keine unerwünschten Situationen eintreten und man bräuchte keine zusätzlichen Vorkehrungen für eine Integritätssicherung zu treffen:

1. Es liegt eine fehlerfreie Implementierung der WFMA vor, also sowohl ein fehlerfreies WFMS als auch ausschließlich Workflow-Schemata, die unter keinen Umständen einen unerwünschten Systemzustand herstellen oder hinterlassen.
2. Das WFMS verfügt über ein rigides Workflow-Metaschema, erlaubt den Akteuren keinerlei Abweichungen von Workflow-Schemata und besitzt weder Funktionen für Ausnahmebehandlung noch Ad-hoc-Funktionen.
3. Es existieren keine anderen Fehlerquellen.

Da diese Voraussetzungen nicht immer erfüllt sind, ist auf andere Weise sicherzustellen, daß mit der WFMA keine Situationen herbeiführbar sind, die Regeln aus
der Anwendungswelt verletzen. Der übliche Weg ist das Formulieren von Integritätsbedingungen (Zusicherungen, *constraints*), die die zulässigen Inhalte und Zustände der Anwendungswelt beschreiben. Integritätsbedingungen erlauben es, die
möglichen Inhalte einer WFMA von den zulässigen und erwünschten zu unterscheiden. Auf ihrer Grundlage lassen sich Regelverletzungen erkennen und Maßnahmen einleiten, die eine systemgestützte Integritätssicherung (*system enforced
integrity*) durch ein WFMS oder einen WFMD erlauben.

Bezüglich ihrer Reichweite sind die Integritätsbedingungen in mindestens drei
Typen zu unterscheiden, die sich aus ihrer Position im Ebenenmodell (s. Unterabschn. 4.2.4) ergeben: Integritätsbedingungen gelten demnach entweder (a) für
einzelne Workflow-Exemplare, (b) für alle Workflow-Exemplare eines Workflow-
Typs oder (c) für Workflow-Schemata eines Workflow-Metaschemas. Nachdem
dieser Abschnitt die Ebene der Workflow-Exemplare behandelt, geht es hier um
Integritätsbedingungen vom Typ (a); die beiden anderen werden in den Unterabschnitten 4.4.4 und 4.5.4 besprochen.

Exemplar-spezifische Integritätsbedingungen machen Aussagen über das kor-
rekte Verhalten einzelner Workflows; sie können und sollen nicht auf die im
Workflow-Schema festgelegte Vorgehensweise übertragen werden. Beispiele im
Anwendungsszenario (Abschn. 1.4) sind:

- Für Student Lehmann kommt nur eine Aufgabenstellung aus seinem Lieblings-
  fachgebiet „Multimedia-Datenbanken" in Frage.
- Studentin Müller-Gerlsfeld wird wegen ihres Tibet-Urlaubs im Zeitraum vom
  2.3.1999 bis zum 29.3.1999 nicht zu den wöchentlichen Projektbesprechungen
  erscheinen. Außerdem wünscht sie ausdrücklich eine weibliche Betreuerin für
  ihre Diplomarbeit.
- Student Donath muß die in seiner Diplomarbeit geforderte Implementierung des
  CHAIN-Kontrollfluß-Servers bis zum 31.1.1999 fertigstellen, da eine zweite Arbeit (Student Thain) darauf aufbaut. Hier stehen also zwei Workflow-Exemplare des gleichen Typs (Diplomverfahren) miteinander in Beziehung.

Exemplar-spezifische Integritätsbedingungen schränken den durch das Workflow-
Schema vorhandenen Handlungsspielraum für den Einzelfall zusätzlich ein. Sinnvoll sind sie vor allem dort, wo WFMS nicht zur Massenverarbeitung von Workflows verwendet werden und bei WFMS, die die Erzeugung von Workflow-Exemplaren ohne Workflow-Schema erlauben (z.B. *InConcert*).

Für einen WFMD lassen sich zwei Anforderungen ableiten: Erstens muß dessen konzeptionelles Schema die Möglichkeit vorsehen, einzelne Workflow-Objekte mit Integritätsbedingungen auszustatten, zweitens hat der WFMD zur Laufzeit für die Überwachung und Einhaltung dieser Integritätsbedingungen zu sorgen.

4.4 Ebene der Workflow-Schemata

Dieser Abschnitt beschäftigt sich mit Inhalten und der Modellierung von Workflow-Schemata. Auch Workflow-Schemata werden in einem WFMD objektorientiert realisiert, d.h., sie werden durch *Workflow-Schema-Objekte* repräsentiert. Deren Implementierung, also die Frage, wie aus einem Workflow-Schema ein Programm entsteht, das den gewünschten Workflow-Typ umsetzt, wird aber erst bei der Architekturdiskussion im fünften Kapitel aufgegriffen.

Beim Entwurf von Workflow-Schemata sind viele Randbedingungen und Anforderungen zu beachten [Böhm99a]. Ähnlich wie bei der Erstellung von Programmcode mit Programmiersprachen hängt die Qualität des Ergebnisses stark vom Geschick und der Erfahrung des Urhebers ab. Allerdings sind selbst die Möglichkeiten eines weitsichtigen und disziplinierten Workflow-Schema-Designers beschränkt, wenn in der Workflow-Sprache die Ausdrucksmittel fehlen, die er braucht, um gute Arbeit zu leisten. Zunächst geht es in diesem Abschnitt um allgemeine Anforderungen, die bei der Erstellung von Workflow-Schemata zu beachten sind, wenn bestimmte Qualitätsmerkmale eingehalten werden sollen.

4.4.1   Anforderungen an Workflow-Schemata

Es gibt eine Vielzahl möglicher Ausgangspunkte für die Erstellung von Workflow-Schemata. Da aber die Entwicklung einer Methodik zur systematischen Konstruktion von Workflow-Schemata nicht Thema dieses Buchs ist (s. statt dessen [Böhm99b]), wird nachfolgend davon ausgegangen, daß bereits ein Modell eines zugrundeliegenden Arbeitsablaufs [Kasc97b] existiert. Dieses gilt es so umzusetzen, daß die entstehende WFMA eine effektive und effiziente Unterstützung bietet. Da sich dies vor allem durch einen hohen Automatisierungsgrad erreichen läßt, wird man anstreben, viele Teilaufgaben durch das WFMS steuern zu lassen. Eine weitere Forderung, die immer wieder aufgestellt wird, ist es, daß ein Workflow-Schema eine direkte und verlustfreie Implementierung eines Geschäftsprozeß-Modells sein soll. Hierzu ist zu sagen, daß zwar ein enger Zusammenhang zwischen Geschäftsprozeß- und Workflow-Modellierung besteht [Jabl95d, Böhm-97a, Hage98b], aber Behauptungen wie in [Liu96], zu jedem Geschäftsprozeß könne ein „isomorphes" Workflow-Schemata erstellt werden, als praxisfern und illusorisch einzustufen sind. Geschäftsprozeß-Modelle und Workflow-Schemata werden zu verschiedenen Zwecken erstellt [Hage98b, S. 162], haben voneinander abweichende Modellinhalte und sind de facto Ergebnis zwei verschiedener Entwicklungsbemühungen, die im allgemeinen von unterschiedlichen Personenkreisen betrieben werden. Inhaltliche Diskrepanzen bestehen in beide Richtungen: So lassen sich einerseits die vage formulierten Inhalte der strategischen Ebene von Geschäftsprozeß-Modellen (z.B. Ziele, Erfolgsfaktoren, Kundenzufriedenheit) kaum sinnvoll formalisieren, weswegen ihre Berücksichtigung in Workflow-Schemata wenig Nutzen verspricht. Umgekehrt sind Details der operativen Ausführung von Workflows (z.B. Verzeichnispfade, Serveradressen, QoS-Parameter) aus der betriebswirtschaftlichen Sichtweise des Geschäftsprozeß-Modellierers irrelevant.

Die Qualität eines Workflow-Schemas bezüglich der Abbildungstreue eines Geschäftsprozesses ist schwer zu beurteilen. Dennoch lassen sich wünschenswerte Eigenschaften nennen, die bei der Erstellung zu beachten sind:

- **Vollständigkeit und Konsistenz**: Ob ein Workflow-Schema sämtliche Inhalte und Arbeitsschritte eines gegebenen Ablaufs lückenlos und korrekt beschreibt, ist nicht automatisch nachprüfbar. Dies kann nur durch den Workflow-Schema-Designer sichergestellt werden. Auch ist es denkbar, daß eine Überprüfung im Rahmen von Revisionen und Qualitäts-Audits einer ISO9000/2-Zertifizierung erfolgt. Hier wäre durch eine Prüfinstanz zu untersuchen, ob ein Workflow-Schema tatsächlich das Vorgehen implementiert, das im Prozeßhandbuch der Organisation vorgeschrieben ist. Wohl aber kann das Workflow-Metaschema Integritätsbedingungen vorgeben, die den Workflow-Schema-Designer auf modellierungstechnische Unvollständigkeiten oder Fehlersituationen in den von ihm erstellten Workflow-Schemata hinwiesen.

- **Globale Redundanzfreiheit**: Viele Typen von Arbeitsabläufen treten in unterschiedlichem Zusammenhang und in verschiedenen Geschäftsbereichen auf. Das Gebot der Redundanzfreiheit besagt, daß eine mehrfache Modellierung dieser Arbeitsabläufe zu vermeiden ist. Die Gründe hierfür sind denen ähnlich, die in der relationalen Datenbankwelt zum Entstehen der Normalisierungstheorie [Codd72] geführt haben, nur liegt der Schwerpunkt nicht auf der Einsparung von Speicherplatz, sondern auf der Kompaktheit, Übersichtlichkeit, Wartbarkeit und Konsistenz der Menge aller Workflow-Schemata. Es ist durchaus denkbar, daß sich hierfür eine „Normalisierungstheorie des Verhaltens" gründen läßt; derartige Arbeiten sind dem Autor jedoch nicht bekannt.

  Ursächlich für Redundanz ist zumeist, daß ähnliche Konzepte in unterschiedlichem fachlichen Zusammenhang verschieden benannt werden, weil kein Konsens bezüglich der Benennung erlangt werden konnte. Dies ist bei der Pflege der Workflow-Schemata eines Unternehmens ein ähnlich großes Problem wie bei der Integration großer Datenschemata. Hilfreich zur Erkennung von Redundanzen und zur Vermeidung von Anomalien ist in jedem Fall Werkzeugunterstützung, sei es durch Thesauri zur unternehmensweit einheitlichen Klassifikation von Workflow-Schemata oder durch komfortable Systemkataloge.

- **Inhaltliche Orthogonalität**: Innerhalb der Gesamtheit der Workflow-Schemata einer Organisation sollten Abläufe überschneidungsfrei modelliert sein. Nur dann ist zu erwarten, daß für eine gegebene Aufgabenstellung das jeweils richtige Workflow-Schema verwendet wird. Orthogonalität ist außerdem einer verbesserten Kombinierbarkeit mit anderen Komponenten zuträglich.

- **Modularität**: Das Parnassche Prinzip, daß Module nur von der Spezifikation anderer Module und nicht von deren Implementierung abhängig sein dürfen, läßt sich auch auf Workflow-Schemata übertragen. Um eine hohe Unabhängigkeit, d.h. eine lose Kopplung zwischen diesen zu erreichen, ist darauf zu achten, daß die in Workflow-Schemata beschriebenen Schnittstellen minimal sind.

- **Hohe Kohäsion**: Die aus dem Software Engineering bekannte Forderung nach hohem inneren Zusammenhalt (engl. *cohesion*, [Somm97, S. 218]) gilt auch für Workflow-Schemata. Sie ist hier so zu verstehen, daß ein Workflow-Schema nur und genau diejenigen inhaltlich zusammengehörigen Teile enthalten sollte, die zur Erfüllung einer Aufgabe notwendig sind. Im Idealfall entsteht dabei eine schwer weiter zerlegbare, kompakte Einheit, die als angemessenes Granulat einer Wiederverwendung dienen kann. Workflow-Schemata mit hoher Kohäsion tragen zur Vermeidung von Redundanz bei. Das Ziel, vollständige Aufgabenkapseln zu schaffen, darf aber nicht dazu führen, daß dabei unhandlich große Einheiten entstehen. Durch zu grobe Granularität entstehen inflexible Blökke, die die Aufteilung an unterschiedliche Mitarbeiter erschweren, den Arbeitsfortschritt schwer beobachtbar machen und bei der Fehlerbehandlung nach Systemausfällen schwieriger zu handhaben sind. Unter diesen Gesichtspunkten sind eher kleinere Einheiten zu bevorzugen (s. [Magg97, S. 179]).

- **Minimale Kontextabhängigkeit**: Wird ein Workflow-Schema in unterschiedlichem Kontext eingesetzt, existieren dort in der Regel divergente Randbedingungen. Was im einen Kontext einen zwingenden Teilschritt darstellt, kann in einem anderen entbehrlich sein und darf übersprungen werden. Wünscht man möglichst flexible Wiederverwendbarkeit, dürfen derartige Angaben folglich nicht im Komponenten-Workflow-Schemata selbst enthalten sein. Workflow-Schemata sollen wenig implizite Annahmen über ihr Umfeld enthalten, dazu gehört insbesondere die Vermeidung von nicht portablen Abhängigkeiten: Wenn für den Ablauf eines Workflows der Zugriff auf andere Komponenten, insbesondere auf Geschäftsobjekte notwendig ist, muß ein Verwendungsnachweis explizit modelliert werden. Ist die Nutzung nur optional, muß es möglich sein, die Verwendung – im Sinne einer bedingten Compilierung – abzuschalten.

  Kontextabhängigkeiten können auch inhaltlicher Art sein und beispielsweise durch Verwendung von projektspezifischen Spezialbegriffen entstehen. Mit dem Ziel einer höheren Wiederverwendbarkeit sind diese zu vermeiden. Statt dessen sollten diese auf unternehmensweit bekannten und genutzten Begriffen basieren. Dadurch soll aber nicht grundsätzlich ausgeschlossen werden, daß es – entsprechend hohe Anzahl von Workflow-Exemplaren vorausgesetzt – sinnvoll sein kann, Workflow-Schemata eigens für spezielle Kunden zu erstellen.

Die genannten Anforderungen sind streng genommen an den konzeptionellen Entwurf von Workflow-Typen zu stellen. Eine saubere Unterscheidung zwischen konzeptionellen, logischen und physischen Workflow-Schemata ist allerdings bislang in der Literatur nicht üblich. Vor allen Dingen fehlt eine dahingehende Differenzierung der Phasen von Vorgehensmodellen für die Einführung und Nutzung von WFMA (s. [Böhm97c, Böhm99a]). Die Erstellung von Workflow-Schemata erfolgt bisher – unter Umgehung des notwendigen Zwischenschritts eines logischen Entwurfs – sofort unter den Gegebenheiten eines konkreten Workflow-Metaschemas und entspricht eher einem physischen Entwurf. Die Gültigkeit der aufgezählten Anforderungen ist von dieser Einschränkung jedoch unberührt.

4.4.2   Wiederverwendung von Workflow-Schemata

Einer der Ausgangspunkte dieses Buchs war der Wunsch, eine systematische Wiederverwendung von Workflow-Schemata zu erreichen. Systematisch heißt einerseits, daß man sich nicht auf das Geschick, die Disziplin und die Weitsicht menschlicher Workflow-Schema-Designer verläßt, sondern Wiederverwendung fest im Vorgehensmodell der Workflow-Schema-Erstellung verankert. Andererseits sind von Seiten des WFMD Mechanismen anzubieten, die der Wiederverwendung förderlich sind. In Unterabschn. 4.5.1.5 werden diesbezügliche Anforderungen an das Workflow-Metaschema erarbeitet, während im Abschn. 5.6 die Anforderungen an eine Architekturkomponente zur Verwaltung von Workflow-Schemata dargelegt werden. Hier geht es darum, das Spektrum möglicher Arten der Wiederverwendung von Workflow-Schemata aufzuzeigen, die der WFMD anbieten könnte.

Heutige WFMS unterstützen Workflow-Schema-Wiederverwendung schlecht oder gar nicht (s. [Star95, S. 13] oder [Carl97, S. 29 f.]); weder die Modellierungskonzepte noch die Werkzeuge sind gut darauf vorbereitet. Zum Einsatz gelangen die beiden folgenden Kompromißlösungen:

- „Copy & paste": Die Anforderung, bestehende Workflow-Schemata als Komponente in anderen Workflow-Schemata zu verwenden, wird hier durch einen Kopiermechanismus realisiert. Zum Zeitpunkt der Erstellung des neuen Workflow-Schemas wird eine Kopie des vorhandenen Workflow-Schemas eingelagert. Ab diesem Zeitpunkt existieren zwei Kopien dieser Komponente im System; auch wird kein Verweis auf Ursprung oder Herkunft der Komponente verwaltet. Das Verfahren hat damit den Nachteil, daß alle weiteren Änderungen an dem Komponenten-Workflow-Schema mehrfach durchgeführt werden müssen. Einziger Vorteil ist, daß dieses Verfahren keinerlei spezielle Anforderungen an das Workflow-Metaschema stellt – es ist immer implementierbar.
- Realisierung von Subworkflows durch „Prozeßaktivitäten": Fast alle Systeme bieten an, Aktivitäten durch den Start anderer Workflows zu implementieren [Work96a, S. 7]. Gelangt die Aktivität zur Ausführung, wird ein unabhängiger „Child"-Workflow initiiert. Nachdem die Verknüpfung nur über den Namen des Typs des zu startenden Workflows erfolgt, ist dieser Mechanismus das Mittel der Wahl zur Realisierung von Workflows, von denen Teile auf unterschiedlichen WFMS zur Ausführung gebracht werden sollen (Abschn. 5.2.3).

  Gegenüber „copy & paste" hat dieses Verfahren zwar den Vorteil, daß nur eine Kopie des eingebundenen Workflow-Schemas im System existiert, die Sicherung der referentiellen Integrität miteinander verknüpfter Workflow-Schemata ist jedoch schwieriger und es besteht die Gefahr der Unübersichtlichkeit bei deren Verwaltung. Die Problematik unterschiedlicher Workflow-Schema-Konfigurationen, die bei einer Versionierung derart eingebundener Subworkflow-Schemata entsteht, wird ohnehin bei keinem System berücksichtigt.

Zu den bereits genannten Problemen kommt bei fast allen WFMS das Fehlen einer Strukturierungs- oder Klassifikationsmethodik sowie unzureichende Suchmechanismen innerhalb der Menge bereits existierender Workflow-Schemata. Daß ein Workflow-Schema nur erfolgreich wiederverwendet werden kann, nachdem zunächst seine Existenz und seine potentielle Eignung für eine gegebene Aufgabe festgestellt wurden, wird offenbar nicht erkannt. Gerade dieses Problem wird angesichts des zunehmenden Einsatzes von WFMS immer aktueller, da dadurch die Basis vorhandener Workflow-Schemata wächst.

4.4.2.1   Methoden zur Wiederverwendung von Workflow-Schemata

Das Ziel, Workflow-Schemata wiederzuverwenden, läßt sich auf verschiedenen Wegen erreichen. Zunächst ist zu unterscheiden, ob die Wiederverwendung eines Workflow-Schemas innerhalb des gleichen WFMS erfolgt oder nicht. Ist dies nicht der Fall, bieten sich folgende Möglichkeiten.

- **Portierung und Transformation**: Existiert für eine Aufgabenstellung ein geeignetes Workflow-Schema, kann das in dessen Konzeption eingeflossene Wissen über den Arbeitsablauf sowie die gewonnene Erfahrung aus dessen Anwendung wiederverwendet werden. Beides kann als Ausgangsbasis für ein Workflow-Schema in einem anderen WFMS dienen. Vergleichbare Workflow-Sprachen vorausgesetzt, kommt eine automatische Transformation in Frage, ansonsten bleibt nur eine manuelle Portierung. In beiden Fällen besteht nach der Portierung keine Verbindung mehr zum Ausgangs-Workflow-Schema.

- **Black-box-Wiederverwendung**: Ist die Portierung des Ausgangsschemas wegen zu unterschiedlicher Workflow-Sprachen nicht möglich oder zu aufwendig, bleibt die Alternative, es auf seiner ursprünglichen Plattform zu belassen und mitsamt seiner Ausführungsumgebung wiederzuverwenden. Diese Technik, die mit Hilfe des WfMC-Interface 4 realisiert werden kann, wird als *Black-box-Wiederverwendung* oder als „Wrapping" bezeichnet, da die Einbindung ohne Wissen über Interna der Workflow-Ausführung erfolgt.

Gegenstand der Wiederverwendung sind in beiden Fällen – wie auch in der Literatur (s. z.B. [Magg97, Puus97]) – vollständige Workflow-Schemata für elementare oder zusammengesetzte Workflow-Typen. Wiederverwendung von Substrukturen, z.B. von Akteurspezifikationen oder Ablaufstrukturen, ist nicht möglich, weil diese nicht als eigenständig adressierbare Modellelemente betrachtet werden.

Erheblich mehr Wege stehen offen, wenn Wiederverwendung innerhalb des gleichen WFMS erfolgt. Im Gegensatz zu den beiden bisher genannten Varianten besteht die Chance, ein kleineres Granulat der Wiederverwendung zu erhalten, aber nur, wenn die in Frage kommenden Modellelemente als „First-Class"-Konstrukte ausgeführt sind. Nachfolgend werden drei Varianten diskutiert, die unterschiedliche Ansprüche an das Workflow-Metaschema stellen und die nach aufsteigender Komplexität geordnet sind:

- Bei der **Klonierung und Adaptierung** wird ein vorhandenes Workflow-Schema zunächst kopiert und danach auf spezielle Gegebenheiten angepaßt. Anpassung kann sowohl Erweiterung als auch Reduktion heißen, d.h. Arbeitsschritte oder Verhaltensaspekte können hinzugefügt, aber auch entfernt werden. Der Nutzeffekt dieser Form der Wiederverwendung ist um so höher, je größer derjenige Anteil ist, der unverändert beibehalten werden kann.

  Viele betriebliche Abläufe sind mit den gleichen Strategien lösbar. Handelt es sich dabei um allgemein anerkannte Vorgehensweisen, kann man in Anlehnung an Referenz-Geschäftsprozeß-Modelle [Rose96c, S. 227] *Referenz-Workflow-Schemata* einführen, die als vorbildliche Lösungen für bestimmte Problemstellungen und als Muster für die Erstellung eigener Workflow-Schemata dienen. In diesem Fall bietet sich ebenfalls die Adaptierungstechnik an.

- **Abstraktion und Spezialisierung**: Wie bereits angedeutet, sind Workflow-Schemata leichter zu erstellen und genügen im Ergebnis höheren Qualitätsansprüchen, wenn man sich einer Vorlage bedient. Während die Vorlage bei der Adaptierungstechnik nur zum Erstellungszeitpunkt genutzt wird, bleibt bei der *Spezialisierung* [Kuen95, Wyne95, Bert96, Malo97, Bußl98a] von Workflow-Typen der Zusammenhang dauerhaft erhalten. Diese Technik entspricht der Vererbung in objektorientierten Programmiersprachen; die Spezifikation eines neuen Workflow-Typs (Subworkflow-Typ) wird aus einem bereits existierenden (Super-)Workflow-Typ abgeleitet. Abgeleitete Workflow-Typen erben und erweitern bzw. verfeinern Eigenschaften des allgemeineren Workflow-Typs. Da sich Änderungen am Workflow-Schema eines Superworkflow-Typs auf alle davon abgeleiteten Typen auswirken, ist darauf zu achten, daß Widerspruchsfreiheit herrscht zwischen den spezielleren und den allgemeineren Workflow-Typen, d.h. jedes Exemplar eines spezielleren Workflow-Typs muß auch gültiges Exemplar im Sinne des allgemeineren Typs sein. Ein Workflow-Schema kann abstrakte Bestandteile enthalten, die nicht mit konkreten Funktionen unterlegt sind. Erst in einem konkreten Workflow-Schema müssen alle abstrakten Arbeitsabläufe durch konkrete Funktionen ersetzt sein. Abb. 4-5 zeigt als Beispiel einen abstrakten Workflow-Typ „Verkauf eines Produkts" (s. [Malo97]), aus dem mittels Spezialisierung zwei konkrete Workflow-Typen abgeleitet wurden.

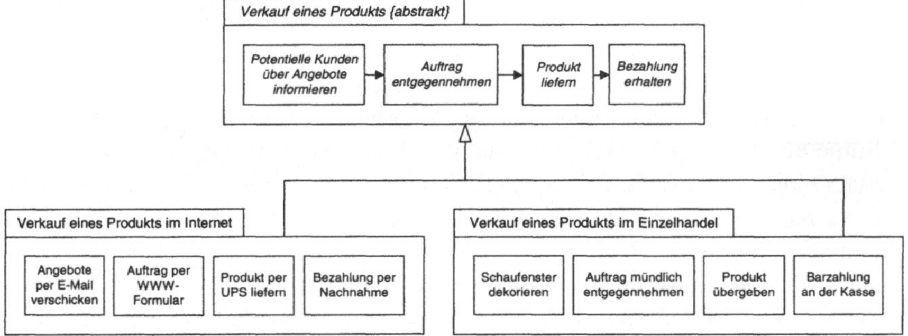

Abb. 4-5:   Spezialisierung von Workflow-Typen in Anlehnung an [Malo97]

Für den Entwurf von Super- und Subworkflow-Typen läßt sich genauso wenig wie bei der objektorientierten Modellierung eine eindeutige Methodik vorschreiben. Bei einer Top-down-Strategie analysiert man zunächst, welche Abläufe im Unternehmen vorliegen, bildet abstrakte Grundtypen, modelliert diese und verfeinert sie anschließend schrittweise. Analog zu Klassenbibliotheken für Programmiersprachen ist es denkbar, daß in der Zukunft Bibliotheken mit vorgefertigten Grundtypen käuflich zu erwerben sind, die im Einzelfall durch Spezialisierung angepaßt werden. Bis dahin wird jedoch die Bottom-up-Strategie vorherrschen: Gute Designer erkennen in getrennt modellierten Workflow-Schemata Gemeinsamkeiten, extrahieren diese und plazieren sie in einem neu zu erstellenden, allgemeingültigeren Superworkflow-Schema.

Unabhängig von der verwendeten Strategie besteht der Nutzen im Ergebnis zum einen aus der besseren Strukturierung der Gesamtheit der Workflow-Schemata einer Organisation. Zum anderen führt die Spezialisierung zur Einsparung von Kodierarbeit. Liegt beispielsweise ein Workflow-Schema für den Arbeitsschritt „Faxen eines Dokuments" vor, das sämtliche technischen Randaspekte (z.B. Kommunikation mit Fax-Server, Fehlerbehandlung, Versandprotokollierung) berücksichtigt, läßt sich ein abgeleitetes Workflow-Schemata „Faxen einer Auftragsbestätigung" einfach realisieren. Hier sind von einer Spezialisierung lediglich Modellelemente des Informationsaspekts (Unterabschn. 4.5.3.4) betroffen, während der restliche Teil unverändert blieben kann. Langfristig kann man anstreben, unternehmensweit standardisierte Workflow-Schemata einzuführen. In einer Studie des Bundesministeriums des Innern [Ritz93] wurde ermittelt, daß sich sämtliche Verwaltungshandlungen dieser Bundesbehörde auf einen grundlegenden Satz von nur elf Basisabläufen zurückführen lassen. Beispiele hierfür sind „Stellungnahme anfordern", „Verteilung von Informationen" und „Zeichnung einholen". Es ist naheliegend, zur Umsetzung dieser Basisabläufe vorgefertigte, abstrakte Workflow-Schemata anzubieten, die im Einzelfall durch Spezialisierung an die lokalen Gegebenheiten anzupassen sind.

- **Bausteinaggregation und Parametrisierung**: Mit hoher Wahrscheinlichkeit drehen sich Aufgabenstellungen im Diskursbereich einer WFMA immer wieder um die gleichen Inhalte und demzufolge sind vom Workflow-Schema-Designer wiederkehrende – oder zumindest ähnliche – Modellierungsaufgaben zu lösen. Aus diesem Grund werden sich anwendungsspezifische Bibliotheken mit Teilkomponenten bilden, die an unterschiedlicher Stelle verwendbar sind. Es handelt sich um allgemein anwendbare Workflow-Schema-Komponenten, die im Sinne eines „shared use" sogar zur gleichen Zeit in mehrere Workflow-Schemata eingebaut werden. Beispiel für einen solchen Baustein wäre ein Schema für einen Arbeitsschritt „Eingang bestätigen", der in administrativen Umgebungen sicherlich vielseitig verwendbar ist. Bei der Konzeption derartiger Bausteine ist zu beachten, daß in unterschiedlichem Kontext verschiedene Anforderungen zu stellen sind, folglich müssen Parametrisierungsmechanismen vorhanden sein, die eine lokale Anpassung an die Gegebenheiten des nutzenden Workflow-Schemas erlauben. In Anlehnung an das „referenzmodellbasierte Customizing" in *SAP R/3* (s. [Sche94a]) könnte etwa ein eingekaufter Workflow-Schema-Baustein eine vollständige Realisierung eines Ablaufs gemäß einem anerkannten Referenzmodell [Sche94b, Kell95] enthalten. Um in Unternehmen unterschiedlicher Größenordnung universell einsetzbar zu sein, sind Referenzmodelle in der Regel auf Vollständigkeit ausgelegt. Die daraus resultierende Komplexität ist aber im Einzelfall vielfach unnötig und wird sogar als Ballast empfunden. Dementsprechend erfolgt Wiederverwendung durch parameter-gesteuerte Vereinfachung der vorgefertigten Komponente.

Abschließend werden die vorgestellten Techniken der Wiederverwendung bezüglich verschiedener Eigenschaften gegenübergestellt:

Technik	Aufwand für Wiederverwendung	Langfristige Redundanzfreiheit	Qualität des Ergebnisses	typische Verwendung / Eignung
Portierung	mittel	nein	hoch	Systemwechsel
Black box	gering	ja	hoch	seltene Workflow-Typen
Klonierung	gering	nein	niedrig	seltene Workflow-Typen
Abstraktion	hoch	ja	hoch	Workflow-Typ-Bibliotheken
Bausteinaggregation	gering	ja	hoch	keine typische Verwendung

Tab. 4-3:   Verschiedene Wiederverwendungstechniken für Workflow-Schemata

Für eine gegebenen Aufgabenstellung fällt es in der Praxis möglicherweise schwer, zwischen der Spezialisierung und der Bausteinverwendung zu entscheiden, da beides Vor- und Nachteile hat. Es ist wahrscheinlich, daß eine „mereologische Wiederverwendung" [Wede92b] im Sinne eines relativ simplen Zusammenfügens vorhandener Bausteine am ehesten den Bedarf der Anwender trifft. Workflow-Schemata können hier als fertige Baugruppe wiederverwendet werden, ohne dabei intellektuelle Höchstleistungen vom Workflow-Schema-Designer zu verlangen. Die Alternative der „abstraktiven" Wiederverwendbarkeit ist um ein Vielfaches schwieriger und sollte Experten vorbehalten bleiben, die für die grundlegende Strukturierung der Gesamtheit von Workflow-Schemata zuständig sind.

4.4.2.2 *Dokumentation wiederverwendbarer Workflow-Schemata*

Um das Ziel einer besseren Wiederverwendbarkeit zu erreichen, muß die Handhabung der Wiederverwendung und die Suche nach geeigneten Kandidaten verbessert werden. Dies läßt sich durch Anreicherung der Workflow-Schemata mit geeigneten Metadaten erreichen, die nachfolgend charakterisiert werden. Aufgrund der analogen Aufgabenstellung hat die so erzielte Dokumentation von Workflow-Schemata Ähnlichkeit mit der von Entwurfsmustern [Gamm95, S. 6 f.]:

Name:	Jedes Workflow-Schema soll einen eindeutigen Namen besitzen. Die Wahl eines treffenden und präzisen Namens ist wichtig, um die Verständigung zwischen Workflow-Schema-Designern untereinander, aber auch mit den Anwendern zu fördern. In großen Kollektionen von Workflow-Schemata sollte für die Namengebung eine einheitliche Systematik verwendet werden.
Kurzbeschreibung:	Neben dem Namen soll eine Charakteristik in einem Satz beigegeben werden, die z.B. zur Anzeige in Auswahllisten dient.

Schnittstelle:	Beschreibung der Schnittstelle von Workflow-Objekten, die diesem Workflow-Schema gehorchen: Auflistung aller Parametrisierungsmöglichkeiten sowie die Beschreibung aller Parameter und -typen, insb. mit zulässigen Wertebereichen.
Ergebnisse:	Beschreibung der Ergebnisdaten, die bei der Ausführung eines Workflow-Exemplars generiert werden bzw. generiert werden können.
Vollbeschreibung:	Ausführliche textuelle Charakterisierung, welche Aufgabe durch Workflows dieses Typs gelöst wird und in welchen Fällen das Workflow-Schema Anwendung finden soll. Zusätzlich kann der Arbeitsablauf, der durch dieses Workflow-Schema modelliert wird, beschrieben werden. Hier kann sich auch eine Liste von Voraussetzungen finden, die erfüllt sein müssen, damit das Workflow-Schema sinnvoll eingesetzt werden kann.
Klassifikation:	Beschreibung des Problembereichs und des Kontexts des Workflow-Schemas mit einer Reihe von standardisierten Stichworten. Je nach Anwendungsgebiet kommt auch eine Klassifikation nach Geschäftsbereichen und Aufgabengebieten,
Referenzen:	Beschreibung von Anforderungen, die erfüllt sein müssen, damit die Verwendung des Workflow-Schemas angemessen ist. Querverweise auf andere Schema sowie Geschäftsobjekte, die für die Ausführung eines Workflow-Exemplars gebraucht werden. Auch die Nennung „verwandter" Workflow-Schemata kann sinnvoll sein, v.a. wenn Unterscheidungsmerkmale deutlich gemacht werden und gezeigt wird, wann das eine und wann das andere Workflow-Schema verwendet werden soll.
Beispiele:	Nennung von möglichen Anwendungen des Workflow-Schemas; hierzu können sowohl konkrete Workflow-Exemplare als Beispiel dienen als auch beispielhafte Anwendungen, wo das Workflow-Schema als Baustein in ein anderes Workflow-Schema eingebaut wurde.

Abb. 4-6:   Beschreibung von Workflow-Schemata mit dem Ziel der Wiederverwendung

Die Vielzahl dieser zusätzlich zu den in Unterabschn. 4.2.2 genannten Metadaten ist sicher nicht in jedem Anwendungsumfeld notwendig. Ist das Workflow-Metaschema einer Manipulation zugänglich, kann es auf die jeweiligen Anforderungen zugeschnitten werden. In jedem Fall hilfreich ist jedoch eine systemunterstützte Klassifikation von Workflow-Schemata aufgrund dieser inhaltlichen Aspekte. Nur wenn die Gesamtheit der Workflow-Schemata einer Organisation nach einheitlichen Regeln und Vorschriften klassifiziert ist, ist ein schnelles Auffinden geeigneter Kandidaten für die jeweiligen Aufgabe zu erwarten. Besteht diese Aufgabe darin, daß ein Workflow-Teilnehmer ein passendes Workflow-Schema zur unmittelbaren Ausführung sucht, erhöht das schnelle Auffinden die Arbeitseffizienz des Mitarbeiters. Erfolgt die Suche während des Workflow-Schema-Entwurfs, wird durch komfortable Suchhilfen die Wiederverwendung gefördert und es ist eine Minimierung der funktionalen Redundanz zu erwarten.

Der Zusatzaufwand, der für Erstellung und Pflege des Klassifikationsrahmens
sowie für die Einarbeitung neuer Workflow-Schemata zu investieren ist, wird im
Normalfall durch den dadurch ermöglichten Zusatznutzen aufgewogen. Der Aufwand kann sogar weiter verkleinert werden, wenn eine Grobstruktur für den Klassifikationsrahmen bereits durch den Hersteller vorgegeben wird. Dies ist bei Do-
kument-Management-Systemen heute bereits vielfach für standardisierte Akten-
pläne der Fall und in ähnlicher Form durchaus auch für WFMS denkbar.

Weitere Ausführungen darüber, welche Funktionen ein Klassifikationsmecha-
nismus für Workflow-Schemata unterstützen sollte, bietet [Schu99a, S. 125].

4.4.3 Lebenszyklus von Workflow-Schemata

Im Verlauf ihrer Nutzung durchlaufen Workflow-Schemata von der Erzeugung bis
zu ihrer Archivierung eine Reihe von Phasen – zum Teil auch mehrfach (s. [Schu-
99, S. 125 f.]). Es geht in diesem Unterabschnitt jedoch nicht darum, ein vollständiges Vorgehensmodell zur Nutzung von WFMS zu beschreiben. Fragestellungen,
die sich im Zusammenhang des Entwurfs von Workflow-Schemata ergeben, werden in [Böhm99b] ausführlich diskutiert. Hier geht es um dem Zeitraum der Nutzung, speziell um die Problematik der Wartung – und damit der Anpassung und
Evolution von Workflow-Schemata. Der Zeitraum der Nutzung eines Workflow-
Schemas definiert sich über dessen Gültigkeit. Ein Workflow-Schema ist gültig,
wenn es eine gemäß den Integritätsbedingungen des Workflow-Metaschemas eine
vollständige, ausführbare Beschreibung eines gegebenen Ablaufs darstellt und
wenn es aus Sicht der Anwender den erwünschten Arbeitsablauf umsetzt. Darüber
hinaus muß ein Workflow-Schema als gültig bezeichnet werden, solange aktive
Workflow-Exemplare existieren, die gemäß dem Workflow-Schema zu Ende gebracht werden können, ohne Schaden zu verursachen.

Workflow-Schemata unterliegen im Verlauf ihres Lebenszyklus einer ständigen
Weiterentwicklung. Einflüsse auf die Weiterentwicklung können anhand ihrer Ursache in drei Typen unterschieden werden: *extern* und *intern* motivierte sowie
technisch notwendige Weiterentwicklung. Die ersten beiden Typen ergeben sich
aus der Notwendigkeit, im Workflow-Schema Änderungen zu reflektieren, die an
dem dadurch unterstützten Geschäftsprozeß vorgenommen werden. Externe Einflüsse, auf die eine Organisation reagieren muß, sind vielfältig, dazu gehören:

- Veränderte gesetzliche Vorgaben und Rahmenbedingungen
- Neue Anforderungen durch Kundenverhalten und geänderte Normen
- Neue Markt- oder Konkurrenzsituation

In allen drei Punkten wird die Veränderung von außen induziert, im Fall geänder-
ter gesetzlicher Richtlinien sogar – unter Androhung von Sanktionen – erzwun-
gen. Anders bei folgenden Fällen, wo der Antrieb für Änderungen an bestehenden
Workflow-Schemata aus der eigenen Organisation heraus entsteht:

- Umsetzung von Verbesserungsvorschlägen der Mitarbeiter, durch die eine effektivere oder verbesserte Bearbeitung erreicht werden soll, wie etwa durch
  Einsparung von Arbeitsschritten oder Wegfall überflüssiger Dokumente.

- Umsetzung der Ergebnisse eines *Arbeitsablauf-Controllings* (s. [Rose97]), z.B. mit dem Ziel der Beseitigung von Engpässen und anderen Schwachstellen,
- Erweiterung der inhaltlichen Abdeckung und des Einsatzfelds des Workflow-Schemas durch Berücksichtigung zusätzlicher Randbedingungen,
- Schaffung zusätzlicher Freiheitsgrade bei der Bearbeitung, beispielsweise das Zulassen anderer Bearbeitungsreihenfolgen, sowie
- Berücksichtigung neuer aufbauorganisatorischer Gegebenheiten, insbesondere der Änderung von Zuständigkeiten und Zuweisungsregelungen.

Technisch bedingte Änderungsanforderungen können entstehen bei:

- Änderungen am Workflow-Metaschema,
- Anpassungen, um eine Wiederverwendbarkeit eines Workflow-Schemas an anderer Stelle zu erleichtern,
- Änderungen an Schnittstellen und Funktionsumfang in die Workflow-Ausführung integrierter Dienste, Anwendungsprogramme und Geschäftsobjekte,
- Austausch von Komponenten des WFMD und ggf.
- Anpassungen bei physischen Änderungen in der DV-Infrastruktur.

Diese Änderungsanforderungen können in Workflow-Schemata zu Implikationen unterschiedlichen Ausmaßes führen. Beschränken sich Änderungen auf wenige Modellelemente und bleiben insbesondere Aufgabenstellung und Ziel eines Workflow-Schemas erhalten, wird man von einer *neuen Version* eines Workflow-Schemas sprechen. Bei tiefgreifenden Änderungen in der Handhabung von Geschäftsprozessen kann es angemessen sein, statt der Anpassung eines bestehenden Workflow-Schemas eine grundlegende Neukonzeption ins Auge zu fassen. In diesem Fall wäre aber – gemäß den noch folgenden Ausführungen – die Bezeichnung als „Version" nur mit Einschränkungen gerechtfertigt.

   Bezüglich der Auswirkungen auf das Verhalten von Workflow-Exemplaren lassen sich Änderungen an Workflow-Schemata in zwei Klassen unterscheiden: strukturerhaltende und strukturverändernde Änderungen. Strukturerhaltend sind alle Arten von Umbenennungen von Elementen sowie

- der Austausch von Komponenten-Workflow-Schemata,
- Änderungen des Typs der weitergeleiteten Datenobjekte,
- Änderungen des Auswahlkriteriums für Akteure und
- Änderungen an Vor- und Nachbedingungen von Workflow-Schemata.

Die folgenden Operationen verändern die Ablaufstruktur von Workflow-Schemata:

- Einfügen/Entfernen von Arbeitsschritten
- Änderung/Hinzunahme/Wegfall von Kontrollflußelementen
- Austausch von Kontrollflußelementen (gleiches „Pinning", anderes Verhalten)
- Verfeinerung von Komponenten-Workflow-Schemata

Wie problematisch Veränderungen an Workflow-Schemata sind, kann hier nur grob angedeutet werden. Die Lebensdauer von Workflow-Exemplaren beläuft sich nicht selten auf Tage und Wochen. Die Extension eines Workflow-Schemas enthält zu jedem Zeitpunkt eine große Anzahl von Workflow-Exemplaren, die unterschiedliche Bearbeitungsfortschritte erreicht haben. Als weitere Randbedingung muß ein WFMD permanent verfügbar sein und darf nicht zwecks Reorganisation angehalten werden. Es ist daher zu fordern, daß ein idealer WFMD im laufenden Betrieb nicht nur die Evolution von Workflow-Schemata, sondern auch das „Nachziehen" bereits existierender Workflow-Exemplare erlaubt. Evolution eines Workflow-Schemas führt dazu, daß existierende Workflow-Exemplare keine gültigen Ausprägungen des veränderten Schemas mehr sind, da sie nicht gemäß der neuen, sondern gemäß der alten Vorschrift ausgeführt wurden. Es wäre in jeder Hinsicht unzulässig, sie der neuen Version zuzuschreiben. Dennoch gibt es Änderungen, die sich unproblematisch durchführen lassen: (a) Veränderungen an der Dokumentation des Workflow-Schemas, also an dem Teil, der nur von Menschen interpretiert wird, und (b) Umbenennungen von Modellelementen. Prinzipiell sind sogar Erweiterungen denkbar, die die Gültigkeit nicht verletzen, beispielsweise die Einführung alternativer Bearbeitungsreihenfolgen oder das Einfügen weiterer Arbeitsschritte. Im letzten Fall muß bei bereits existierenden Exemplaren lediglich kenntlich gemacht werden, daß dieser Aspekt bei der Ausführung nicht beachtet wurde. Schwierig ist es jedoch, die Auswirkungen auf die Arbeitsergebnisse einzuschätzen, die durch Einfügen des neuen Arbeitsschritts erzielt werden. Falsche Annahmen über die Qualität der erzielten Arbeitsergebnisse können die Folge sein. Ob dies zutrifft, muß im Einzelfall entschieden werden.

Zusätzlich zur Unterstützung von Versionen können in einem WFMD Funktionen für die Verwaltung von *Varianten* von Workflow-Typen vorhanden sein. Dies könnten z.B. verschiedene Varianten ein- und desselben Workflow-Typs zur Anwendung in verschiedenen Regionen oder Ländern sein. Eine Änderung am Workflow-Schema, von dem die Varianten abgeleitet wurden (z.B. das Einfügen einer zusätzlichen Prüftätigkeit am Ende des Vorgangs), sollte sich in den verschiedenen Varianten wiederfinden. Mit Hilfe von Varianten wäre es auch denkbar, eine alternative Implementierung ein- und desselben Geschäftsprozesses durch verschiedene Workflow-Schemata vorzunehmen.

4.4.4 Workflow-Typ-spezifische Integritätsbedingungen

Workflow-Typ-spezifische Integritätsbedingungen sind ein wichtiges Teilergebnis der Phase des Fachentwurfs einer WFMA. Sie machen Aussagen darüber, welche Randbedingungen und Zustände im Verlauf der Abarbeitung von allen Workflow-Exemplaren eines Workflow-Typs einzuhalten sind. Sie haben damit einen erheblich weiter gefaßten Geltungsbereich als die Workflow-Exemplar-spezifischen Integritätsbedingungen aus Unterabschn. 4.3.5. Nachfolgend werden einige Beispiele gezeigt, die aus dem in Abschn. 1.4 eingeführten Szenario stammen. Die Inhalte der Integritätsbedingungen sind ohne weitere Erläuterung verständlich, weswegen auf die Wiedergabe des zugehörigen Objektmodells verzichtet wird.

Ein großer Anteil von Zusicherungen aus der Anwendungswelt „Diplomverfahren" regelt die Zulässigkeit und die Reihenfolge von Handlungen:

1. Das Diplomverfahren darf erst aufgenommen werden, wenn alle Zulassungsvoraussetzungen erfüllt sind und im Prüfungsamt überprüft wurden.

2. Die Bewertungsphase einer Diplomarbeit darf erst beginnen, nachdem der Student die Arbeit im Prüfungsamt abgegeben hat. Bei der Bewertung und zur Erstellung von Gutachten darf nur die eingereichte Fassung zugrunde gelegt werden, die den Stempel des Prüfungsamts trägt.
3. Vom Zeitpunkt der Anmeldung der Diplomarbeit beim Prüfungsamt bis zur Abgabe dürfen nicht mehr als sechs Monate vergehen.

Die Beispiele 1-3 können unmittelbar in Workflow-Schemata umgesetzt werden, da praktisch alle WFMS geeignete Ausdrucksmittel bereitstellen. So könnte im einfachsten Fall (1) ein Workflow-Schema entstehen, das eine direkte Nacheinanderausführung der Schritte ZulassungPrüfen und Diplomverfahren vorschreibt. Auf diese Weise ist zwar die Einhaltung der Integritätsbedingung garantiert, diese Modellierung ist aber zu stark einschränkend, denn (1) besagt keineswegs, daß die Schritte unmittelbar aufeinander folgen müssen. Dieses Problem lösen manche WFMS (z.B. MOBILE), indem sie es erlauben, für die Ausführbarkeit eines Workflows im Workflow-Schema eine Eintrittsbedingung („enter constraint", [Jabl96c, S. 128 f.]) zu formulieren. Damit läßt sich nicht nur Fall (1), sondern auch Fall (2) elegant lösen: Dort wird für den „Bewertungs-Workflow" eine Eintrittsbedingung spezifiziert, die die korrekte Abgabe im Prüfungsamt und das Vorhandensein des Stempels sicherstellt. Beispiel 3 ist eine simple zeitbezogene Integritätsbedingung. Für den Fall, daß sie verletzt wird, also der Student seine Arbeit nicht fristgerecht einreicht, muß im Workflow-Schema festgelegt werden, welche Maßnahmen zu ergreifen sind.

Es gibt aber auch anwendungsbezogene Integritätsbedingungen, die nicht ohne weiteres durch die üblichen Mittel eines WFMS ausgedrückt werden können:

4. Ein Student darf an der Fakultät nur ein Diplomarbeitsthema bearbeiten. Demzufolge darf es zu einem Zeitpunkt keine zwei Workflows geben, die ein „Diplomverfahren" umsetzen und denselben Studenten als Bearbeiter haben.
5. Die Abgabe der fertiggestellten Diplomarbeit kann nur während der Öffnungszeiten des Prüfungsamts erfolgen.

Geltungsbereich von Integritätsbedingung 4 ist die Menge aller Workflow-Exemplare vom Typ „Diplomverfahren". Im Gegensatz zu den Beispielen 1-3 läßt sich die Einhaltung dieser Bedingung jedoch nicht durch lokale Betrachtung eines einzelnen Workflow-Exemplars überwachen. Um eine Verletzung derartiger Integritätsbedingungen zu entdecken, müssen sämtliche Workflow-Exemplar-Objekte (die Extension) eines gegebenen Workflow-Typs untersucht werden. Da WFMS normalerweise keine Möglichkeit anbieten, auf globaler Ebene derartige Eigenschaften sicherzustellen, bleibt nur der Umweg, dies durch Einbindung externer Programme zu bewerkstelligen.

Beispiel 5 ist eine Integritätsbedingung, die die Ausführbarkeit eines Workflows auf ein Zeitfenster einschränkt. [Jabl96c, S. 133] schlägt vor, diesen Problemtyp durch ein dem Workflow-Schema zugeordnetes RUNTIME_CONSTRAINT zu lösen. Diese Vorgehensweise hat aber den entscheidenden Nachteil, daß Wissen über die Öffnungszeiten in das Workflow-Schema eingelagert wird. Es entstehen schwer wartbare Workflow-Schemata, denn schließlich müßten ja alle Workflow-Schemata, die das Prüfungsamt involvieren, dieses Constraint erhalten.

Für das Workflow-Metaschema eines WFMD leiten sich aus den Ausführungen folgende Forderungen ab: Zum ersten müssen an Workflow-Schemata zusätzliche Integritätsbedingungen geknüpft werden können. Zum zweiten müssen Integritätsbedingungen eine von anderen Elementen unabhängige Existenz haben und zum dritten müssen sie auf unterschiedliche Modellelemente anwendbar sein.

Neben den genannten Integritätsbedingungen gelten für alle Workflow-Typen die „impliziten Integritätsbedingungen" [Voss99, S. 148], die durch das Workflow-Metaschema vorgegeben sind. Ein typisches Beispiel hierfür ist das Ausführungsmodell für Workflows, das durch das Workflow-Metaschema vorgegeben ist. Es wird stillschweigend vorausgesetzt, daß sich alle Workflow-Exemplare an die dort festgelegten zulässigen Zustandsübergänge halten, auch wenn dies nicht in jedem Workflow-Schema explizit spezifiziert ist. Diese Art der Integritätsbedingungen fällt jedoch in die nächsthöhere Modellierungsebene und wird daher erst im nachfolgenden Abschnitt betrachtet.

4.5 Ebene der Workflow-Metaschemata

Jedes Modellierungswerkzeug sollte auf einem präzise definierten Metamodell basieren, das Modellelemente und Regeln zu deren Verwendung vorschreibt. Ansonsten kann ein Modellierer nie sicher sein, ob das Produkt seiner Modellierungstätigkeit (a) im Sinne des Metamodells korrekt und vollständig ist, (b) tatsächlich das Gewünschte leistet und (c) ohne zusätzliche Erklärung für Dritte verständlich ist. Dies gilt in besonderem Maße auch für WFMS in ihrer Rolle als Modellierungswerkzeug. Genaue Kenntnis des Workflow-Metaschemas ist aber nicht nur für den Workflow-Schema-Designer beim Modellierungsakt vonnöten, sondern auch für eine ganze Reihe weiterer Fragestellungen:

- **Migrationsunterstützung**: Auch bei WFMS bleibt die Entwicklung nicht stehen, folglich entsteht Bedarf, WFMS auszutauschen, sobald neue und bessere Produkte verfügbar sind. Neue Produkte bieten aber beinahe zwangsläufig auch neue und andere Modellelemente an, auf die bestehende Workflow-Schemata abgebildet werden müssen, wenn man nicht jedesmal mit der Modellierung von vorn beginnen möchte. Besonders große Diskrepanzen sind zu erwarten, wenn nicht nur ein Umstieg auf die Nachfolgeversion eines vorhandenen WFMS, sondern eine Migration zum WFMS eines anderen Herstellers gewünscht wird. Fehlen in einem solchen Fall genaue Spezifikationen der Ausgangs- und Ziel-Workflow-Metaschemata, erschwert dies die Migration erheblich, weil weder vorab eine Abschätzung des Aufwands für die Portierung vorhandener Workflow-Schemata, noch deren automatisierte Konvertierung möglich ist.

- **Entwicklungsunterstützung**: Im Fall einer integrierten Anwendungsentwicklung, wo ein WFMS oder ein WFMD nur zur Realisierung ausgewählter Teilaufgaben in einem größeren Kontext eingesetzt wird, ist zur Unterstützung der verwendeten Entwicklungswerkzeuge eine detaillierte Beschreibung der Modellierungskonstrukte gefragt, die im zu integrierenden WFMS zur Verfügung stehen. Liegt diese Beschreibung des Workflow-Metaschemas nicht nur als

Handbuch, sondern als abfragbarer Inhalt eines darauf spezialisierten Dienstes vor, kann die Integration besonders bequem gestaltet werden. Die Bandbreite der Unterstützung reicht hier von passiver Hilfestellung (Auflistung verfügbarer Konstrukte) bis hin zur automatischen Code-Generierung. Ein ähnliche Aufgabenstellung liegt vor, wenn Arbeitsablaufschemata aus Werkzeugen wie *Bonapart* oder *ARIS* oder Aufgabenstrukturtypen [Hein99] in Workflow-Schemata überführt werden sollen (vgl. hierzu [Böhm97a] oder [Kral96]). Auch hier ist die detaillierte Kenntnis des Ziel-Workflow-Metaschemas unverzichtbar.

- **Integrationsunterstützung**: In großen Organisationen ist davon auszugehen, daß eine unternehmensweite Einigung auf ein einziges WFMS nicht durchzusetzen ist [Bapa96]. Dort, aber auch bei der Kooperation verschiedener Unternehmen („virtual enterprises"), muß eine Lösung gefunden werden, die ein Zusammenwirken heterogener WFMS erlaubt. Da die Existenz eines universellen Workflow-Metaschemas als gemeinsame Grundlage hierfür nicht vorausgesetzt werden kann, wird die Kenntnis der beteiligten Workflow-Metaschemata zur notwendigen Voraussetzung. Um eine weitgehende Automatisierung dieser Integration zu erreichen, sind jedoch eine ganze Reihe weiterer Anforderungen zu erfüllen. Insbesondere muß ein standardisierter Dienst existieren, der Auskunft über die Leistungen der beteiligten Partner-WFMS geben kann (s. Abschn. 5.7).

Dieser Abschnitt führt exemplarisch ein Workflow-Metaschema für einen verteilten WFMD ein. Die Darstellung beginnt mit einer Ausarbeitung der funktionalen und modellierungsbezogenen Anforderungen (Unterabschn. 4.5.1). Ein wesentliches Ziel dieses Buchs ist es, einen Beitrag für die Standardisierung eines WFMD zu leisten. Für eine Standardisierung kommen jedoch nur abstrakte Konzepte in Frage, da zum einen eine Einigung auf konkrete Aspekte schwerfällt und zum anderen nur so eine langfristige Gültigkeit und Stabilität gewährleistet werden kann. In Unterabschn. 4.5.2 wird vorgeschlagen, verschiedene Abstraktionsstufen für Workflow-Metaschemata einzuführen. Die abstrakteste Stufe, die identifiziert wird, und sich damit für eine Standardisierung qualifiziert, ist ein *Basis*-Workflow-Metaschema. Im Unterabschn. 4.5.3 schließt sich eine nach inhaltlichen Aspekten strukturierte Beschreibung eines solchen Basis-Workflow-Metaschemas an, wobei besonders auf Orthogonalität der Modellierungsinhalte geachtet wird. Zu einem Workflow-Metaschema gehören stets auch Integritätsbedingungen, die gewünschte Eigenschaften der Workflow-Schemata formal festschreiben. In Unterabschn. 4.5.4 wird für das vorgestellte Basis-Workflow-Metaschema eine Reihe von Integritätsbedingungen formuliert. Im abschließenden Unterabschn. 4.5.6 erfolgt schließlich eine Bewertung des Basis-Workflow-Metaschemas.

4.5.1 Anforderungen an Workflow-Metaschemata

Dieser Unterabschnitt präsentiert Qualitätskriterien, die an Workflow-Metaschemata gestellt werden und leitet daraus Anforderungen ab. Das Workflow-Metaschema prägt die Leistungs- und Modellierungsfähigkeit des entstehenden Gesamtsystems. Daher muß die Frage, welches Anforderungsprofil vom Workflow-Metaschema unterstützt werden soll, zu einem frühen Zeitpunkt beantwortet werden. Das Workflow-Metaschema gibt die Mittel vor, mit denen Workflow-Schemata in einer formalen Form ausgedrückt werden, die sich zur automatischen bzw. systemunterstützten Ausführung eignet. Daher sind Workflow-Metaschemata, die eine natürlichsprachliche Beschreibung der Schemata zulassen würden, hier nicht hilfreich. Manche Eigenschaften von Workflow-Schemata können nur untersucht werden, wenn ein ausreichender Formalisierungsgrad vorhanden ist, wichtige Beispiele dafür sind syntaktische Korrektheit und Konsistenz. Insbesondere bei hochgradig formalen Methoden (z.B. bei Petri-Netzen) lassen sich potentielle Verklemmungen oder die Erreichbarkeit von Teilen eines Workflow-Schemas formal nachweisen. Allgemeine Anforderungen an Workflow-Metaschemata finden sich in [Jabl96c, S. 110 f.]. In [Kasc97b, S. 63] wird auf allgemeine Qualitätsanforderungen an Workflow-Metaschema eingegangen.

Nachfolgend werden fünf der wichtigsten Punkte aufgegriffen, die in unserem Zusammenhang besonders relevant sind. Die zunächst allgemein erscheinenden Forderungen nach Minimalität und Vollständigkeit sowie Erweiterbarkeit und Modularität werden in den nächsten beiden Unterabschnitten durch Beispiele konkretisiert und im Kontext eines WFMD betrachtet. Es schließen sich drei weitere Unterabschnitte an, in denen funktionale Anforderungen ausgearbeitet werden. Es handelt sich dabei um die Fähigkeit zur Unterstützung von Ad-hoc-Workflows, die Notwendigkeit zur Modellierung auf verschiedenen Abstraktionsebenen und um den Wunsch nach erhöhter Wiederverwendbarkeit von Workflow-Schemata.

4.5.1.1 *Minimalität und Vollständigkeit*

Das Workflow-Metaschema gibt die Konstrukte vor, aus denen Entwickler einer WFMA neue Workflow-Schemata zusammenstellen. Die Sichtbarkeit des Workflow-Metaschemas ist jedoch keineswegs auf diesen Personenkreis beschränkt. Auch Endanwender der WFMA müssen eine grobe Vorstellung davon haben, was unter der Benutzerschnittstelle vor sich geht. Die durch die Tätigkeit geprägten Bedürfnisse, Interessen und das Nutzungsverhalten unterscheiden sich in ihrer Sichtweise auf das Workflow-Metaschema erheblich:

- Um für die Umsetzung einer WFMA die adäquaten Mittel wählen zu können, muß der Workflow-Schema-Designer sämtliche Modellelemente des Workflow-Metaschemas sowie deren vorgesehenen Verwendungszweck kennen. Anderenfalls besteht – wie bei jedem Modellierungsvorgang – die Gefahr, daß durch Unkenntnis und Mißbrauch ungeeigneter Modellierungskonstrukte ein suboptimales Ergebnis entsteht.

Für Endanwender der WFMA müssen bezüglich der Sichtbarkeit des Workflow-Metaschemas verschiedene Freiheitsgrade unterschieden werden, die sich an unterschiedlichen Tätigkeitsfeldern festmachen lassen. Leitende Angestellte und Manager mit globalem Wissen über Abläufe und Unternehmensziele sind in einer Position, sich im Einzelfall über Workflow-Schemata hinwegsetzen zu dürfen, während dies bei Angestellten mit „eher beschränktem Horizont" nicht gewünscht ist.

- WFMS kommen naturgemäß in Anwendungsfeldern zum Einsatz, in denen es auf eine hocheffiziente Massenabwicklung ankommt. Da das arbeitsorganisatorische Wissen über die Abwicklung der Abläufe in den Workflow-Schemata niedergelegt ist, können Sachbearbeiter mit hohem Spezialisierungsgrad eingesetzt werden. Nach dem tayloristischen Prinzip hoher Arbeitsteilung und Spezialisierung, können demzufolge im Idealfall Arbeitskräfte für einfache Aufgaben auch kurzfristig angelernt werden. Der Vorteil, den Workflow-Management hier bietet, ist, daß sich diese Arbeitskräfte weder darum kümmern müssen, woher ihre Arbeit kommt, noch, wo sie anschließend hingeschickt wird. Für diese Tätigkeiten reicht es aus, wenn Endanwender lesend auf das Workflow-Schema zugreifen können, z.B. wenn sie sich über den vorgesehenen weiteren Arbeitsablauf oder über Zuständigkeiten informieren wollen. Zu diesem Zweck wird eine leicht verständliche und stark vereinfachte Sicht auf das Workflow-Schema, und damit auch auf das Workflow-Metaschema, benötigt.

- Kenntnisse über Details des Workflow-Metaschemas werden erforderlich, wenn der Endanwender die Berechtigung hat, zur Laufzeit Einfluß auf den Ablauf eines Workflows zu nehmen (s. Unterabschn. 4.5.1.3). Dies ist in der Regel an bestimmte Tätigkeiten und höhere Qualifikation der Mitarbeiter geknüpft. Manipulationen am Ablauf, z.B. das Einfügen zusätzliche Arbeitsschritte, sind nur zulässig, wenn sie das zugrundeliegende Workflow-Metaschema nicht verletzen. Um diese Konformität sicherzustellen, spiegeln sich meist Konzepte des Metaschemas an der Benutzerschnittstelle wider. So ergibt etwa eine Schaltfläche „Arbeitsschritt verfeinern" nur einen Sinn, wenn das Workflow-Metaschema die Verfeinerung eines Workflows zur Laufzeit tatsächlich unterstützt.

Die Schilderung unterschiedlicher Zielgruppen des Workflow-Metaschemas unterstreicht die Grundforderung, die an jedes Modell zu stellen ist: Um eine hohe pragmatische Qualität [Mühl97, S. 165] zu erreichen, die sich durch Klarheit und Einfachheit auszeichnet, soll das Workflow-Metaschema nicht mehr Konzepte einführen als unbedingt notwendig. Dies dient nicht nur dem Entwickler, sondern erleichtert auch die Kommunikation mit Anwendern. Dem Ziel einer minimalen Anzahl von Modellelementen widerspricht die Forderung nach großer Mächtigkeit. Je breiter das Spektrum der zu unterstützenden Abläufe, desto komplexer das Workflow-Metaschema. Die Komplexität des Metaschemas steht in direkter Abhängigkeit vom Anwendungsumfeld des WFMS. Läßt man die übliche Forderung nach Anwendungsneutralität fallen, sind für Nischenanwendungen *konfigurierbare* WFMS denkbar, die zugunsten eines einfachen Workflow-Metaschemas bewußt auf einige Fähigkeiten in der Modellierung verzichten. Ein Beispiel hierfür könnte der Verzicht auf parallele Ausführung von Subworkflows sein. Viele die Synchronisation betreffende Folgeprobleme würden sich gar nicht erst stellen.

Für das Workflow-Metaschema eines WFMD ist eine anwendungsspezifische Ausrichtung unerwünscht. Um die Allgemeingültigkeit des Ansatzes zu zeigen, daß verteilte Objekte für die Realisierung eines „Multi-Purpose"-WFMD im Sinne von [Beut96] geeignet sind, muß zumindest die Realisierbarkeit üblicher Modelllierungskonzepte [Karl94, Star95] gezeigt werden. Es ist davon auszugehen, daß sich damit eine ausreichend große Zahl praxisrelevanter WFMA-Klassen abdekken läßt. Es wird zwar keine Anstrengung unternommen, den Standardkonstrukten weitere hinzuzufügen (Derartige Arbeiten finden sich in [Jabl94a, S. 11 f.] und [Böhm98b]), es wird aber gezeigt, wie Erweiterungen möglich sind.

4.5.1.2 Erweiterbarkeit und Modularität

Das Wissen über WFMS ist beim jetzigen Stand der Forschung nicht genug gefestigt, um langfristig ein verbindliches Workflow-Metaschema festlegen zu können. Aus diesem Grund ist zu fordern, daß bei der Definition eines Basis-Workflow-Metaschemas aufgezeigt werden muß, wie dessen Modellierungskonstrukte bei Bedarf erweitert bzw. adaptiert werden können. Dabei geht es um:

- **Zukünftige Erweiterungen**: Es ist zu erwarten, daß Forschungsprototypen und Produkte weiterhin Innovationen hervorbringen, die sich im Workflow-Metaschema eines WFMD wiederfinden müssen. Die Hinzunahme neuartiger, aber auch die Erweiterung und Veränderung bestehender Modellelemente muß möglich sein, ohne dabei die bestehenden Teile vollständig zu entwerten.
- **Anwendungsspezifische Erweiterungen**: Es ist nicht wünschenswert, ein Basis-Workflow-Metaschema mit Modellelementen zu überfrachten, von denen nicht gesichert ist, ob sie für eine hinreichend große Anzahl von Anwendungsfällen relevant sind. Vorgeschriebene Modellelemente, die in der Mehrzahl der Anwendungsfälle nicht gebraucht werden und mit Null- oder Dummy-Werten belegt werden müssen, sind zu vermeiden. Statt dessen soll ein großer Anteil des Workflow-Metaschemas optional sein.
- **Konfigurierbarkeit**: Das Prinzip der Kapselung wird zum Teil dahingehend verstanden, daß eine Manipulation des Objektverhaltens nicht möglich sein darf. Diese Sichtweise und die Abwesenheit entsprechender Funktionen verhindert jedoch, daß Verhaltensaspekte zur Laufzeit manipuliert bzw. konfiguriert werden können. Es ist daher nicht wünschenswert, das grundlegende Verhaltensmodell von Workflows in einem Black-box-Ansatz zu kapseln. Um ein minimales „Kern"-Modell herum (s. Unterabschn. 4.5.2) sollen klar abgegrenzte funktionale Bereiche definiert sein (Modularität); gewünschtes Verhalten ist durch explizite Delegationsmechanismen zu erzielen. Nur so kann bei Bedarf an dieser Stelle zusätzliches oder verändertes Verhalten „eingeklinkt" werden. Ein derartiges Design führt außerdem zu besserer Übersicht und Klarheit.

Letztlich bedeutet dies, ein Framework für Inhalte vorzugeben, dabei aber wenig Annahmen über die konkrete Realisierungen zu machen (s. [Bußl98a, S. 11]).

4.5.1.3 Unterstützung von Ad-hoc-Workflows

Bis auf wenige Ausnahmen (z.B. *InConcert*) verlangen WFMS zur Erzeugung eines neuen Workflow-Exemplars die Vorgabe eines Workflow-Schema. Diese Spezifikation bleibt auch während der gesamten Ausführungszeit maßgeblich. Insbesondere ältere Systeme verbieten jegliche Änderungen daran während der Ausführung. Die Abweichung von Workflow-Schemata für Ad-hoc-Änderungen kann viele verschiedene Formen annehmen. Nachfolgend wird die besondere Notwendigkeit des Einfügbarkeit zusätzlicher Arbeitsschritte näher motiviert:

Im Verlauf der Ausführung komplexer Workflows entsteht Bedarf für die operative Ausführung von Verrichtungen, die zwar systemunterstützt ablaufen können, aber bei der Planung des Ablaufs keinesfalls voraussehbar sind. Gemeint sind

Telefonate, Recherchen oder das Anbringen von Annotationen zu laufenden Workflow-Exemplaren. Deren Notwendigkeit entsteht aus der speziellen Arbeitssituation heraus und ist genauso wenig absehbar wie ihre Reihenfolge, womit ihre a priori-Modellierung im Workflow-Schema ausscheidet. Worauf man aber nicht verzichten möchte, ist (a) die Protokollierung dieser Standardverrichtungen zum Zwecke einer späteren Nachvollziehbarkeit des Vorgangs und (b) eine Hilfestellung oder Unterstützung bei der Ausführung durch die Workflow-Management-Infrastruktur. Für derartige, im Verlauf der Ausführung eines Workflows optionale, Anwendungen prägt [Schl98] die Bezeichnung Assistenzapplikationen. Eine Unterstützung durch Assistenzapplikationen kann z.B. so aussehen, daß während aller Arbeitsschritte, die die Bearbeitung eines Antrags betreffen, vorsorglich der automatische Aufbau einer Telefonverbindung zum Antragsteller angeboten wird. Nimmt der Anwender situationsbedingt dieses Angebot an, wird nicht nur die Kontaktaufnahme eingeleitet, sondern auch die Dauer des Gesprächs protokolliert.

Wird eine Anpaßbarkeit von Workflow-Exemplaren zur Laufzeit gefordert, muß das Workflow-Metaschema Modellelemente anbieten, mit denen im Workflow-Schema festgelegt werden kann, welche Eigenschaften eines Workflow-Exemplars im einzelnen ad hoc geändert werden dürfen. Dies schließt Vorgaben ein, von wem geändert werden darf, zu welchem Zeitpunkt die Änderungen erfolgen dürfen und welche Rand- bzw. Ausnahmebedingungen dabei sonst noch erfüllt sein müssen (vgl. [Sieb95, S. 24 f.]). Besondere Vorsicht ist bei Manipulationen an verhaltensbezogenen Aspekten geboten, mit denen der weitere Ablauf von Workflow-Exemplaren nachhaltig beeinflußt werden kann.

4.5.1.4 *Modellierung auf unterschiedlichen Abstraktionsebenen*

Nicht immer ist es sinnvoll oder möglich, Geschäftsprozesse in ihrer vollen Breite und Tiefe durch Workflows nachzubilden. Insbesondere das Ziel, die Komplexität der entstehenden Schemata besser zu beherrschen, macht es notwendig, Workflow-Schemata schrittweise verfeinern zu können.

Die Nutzung von Abstraktion bedeutet bei der Modellierung eine Vermeidung von unnötigen oder voreiligen Festlegungen. Das Offenlassen von Festlegungen erlaubt es, Implementierungsabhängigkeiten auf die spätestmögliche Phase der Workflow-Schema-Erstellung zu verschieben und irrelevante Details zugunsten besserer Verständlichkeit und Handhabbarkeit zunächst wegzulassen. Wenn es das Workflow-Metaschema erlaubt, bei Bedarf aus der Vogelperspektive von der physischen Ausgestaltung der Workflow-Schemata zu abstrahieren, unterstützt dies Wartung und Pflege einer darauf aufbauenden WFMA enorm. Im Extremfall eröffnet sich sogar die Möglichkeit, für die gleichen Abstraktionen unterschiedliche Implementierungen zu erstellen, die spezielle Nebenbedingungen wie Effizienz, Sicherheit, Verfügbarkeit oder organisatorische Gegebenheiten berücksichtigen, ohne daß die zugrundeliegenden Abstraktionen verändert werden müßten.

- **Strukturelle Abstraktion**: Ähnlich, wie sich komplexe Datenobjekte strukturell aus einfacheren zusammensetzen, können auch komplexe Abläufe auf verschiedene Weise aus einfacheren zusammengesetzt werden. Typische Mecha-

nismen (semantische Abstraktionskonzepte) aus der Welt der Datenmodellie-
rung sind: Klassifikation, Generalisierung und Aggregation. Verfeinerung heißt
sowohl Hierarchisierung als auch Konkatenation von Workflow-Schemata.

- **Zeitliche Abstraktion**: Bei einer Gegenüberstellung der Workflow-Schema-
  Modellierung und klassischer objektorientierten Modellierung (z.B. [Jaco95,
  Rumb93]) fällt ins Auge, daß bei letzterer in der Regel der zeitliche Aspekt keine große Rolle spielt. Zwar wird der Ablauf des Austauschs von Nachrichten
  ausführlich behandelt, wie etwa in den Kollaborations- und Sequenzmetamo-
  dellen der UML [OMG97e], aber (auch komplexe) Objektinteraktionen werden
  per se mit einer sehr kurzen Ausführungsdauer verbunden. Bei Workflows
  dreht es sich um Phänomene, deren Abarbeitung sich über einen sehr langen
  Zeitraum erstrecken kann.

- **Funktionale Abstraktion**: Bei manchen Workflow-Metaschemata ist es möglich, eine Verfeinerung und Anpassung von Workflow-Schemata erst zur Laufzeit vorzunehmen (s. [Sieb95]). Ein Workflow-Metaschema, daß dieser Anforderung genügt, erfordert ein Minimum an Spezifikation, d.h., bereits spärlich
  beschriebene Workflow-Schemata werden als gültig akzeptiert. Dies läßt sich
  erreichen, indem ein Maximum an Default-Vorgaben existiert. In jedem Fall
  stellt sich die Frage, wo die Grenze zwischen Groupware und WFMS verläuft.

Man kann davon ausgehen, daß ein Workflow-Schema-Designer nie vollständiges
Wissen über alle zulässigen Ausführungsvariationen besitzen kann; noch weniger
ist eine formale Überprüfung der Vollständigkeit möglich. Der Designer muß immer einplanen, daß es später Erweiterungs- und Änderungswünsche gibt. Beides
läßt sich durch entsprechend abstrakte Spezifikation vereinfachen. Von der Ab-
straktionsfähigkeit im Workflow-Metamodell kann sowohl eine Top-down- als
auch eine Bottom-up-Erstellung von Workflow-Schemata profitieren.

4.5.1.5   *Wiederverwendbarkeit von Workflow-Schemata*

Die Forderung nach besserer Wiederverwendbarkeit von Workflow-Schemata gehört zu den wesentlichen Zielsetzungen dieses Buchs. Insbesondere soll die *geplante* Wiederverwendung [Rost97, S. 357] unterstützt werden, d.h., Workflow-
Schemata werden „...von Anfang an so entworfen, daß der Einsatz in einem neuen
Kontext so einfach wie möglich ist". Dies kann nur adäquat unterstützt werden,
wenn das Workflow-Metamodell Konstrukte anbietet, mit denen sich die Semantik von Arbeitsschritten umfassend und präzise beschreiben läßt. Die Anforderung
läßt sich wie folgt präzisieren:

- **Selbstauskunftsfähigkeit**: Je mehr Metadaten Workflow-Schemata beinhalten,
  desto höher ist die Wahrscheinlichkeit, daß bei einer Recherche zum Zwecke
  der Wiederverwendung von ihrer Existenz Kenntnis genommen wird. Hierfür
  ist im Workflow-Metaschema die Möglichkeit vorzusehen, jedem Workflow-
  Schema *Deskriptoren* zuzuordnen, die dessen Eigenschaften beschreiben.
- **Kombinationsverträglichkeit**: Es soll möglich sein, vorhandene Komponenten-Workflow-Schemata miteinander zu kombinieren. Hierbei muß eine typbe-
  zogene Überprüfung des Zusammenpassens der einzelnen Bestandteile erfol-

gen. Erfolgt die Zusammenstellung zur Entwurfszeit, ist durch strenge Typisierung von Workflow-Schemata in gewissem Umfang eine Konsistenzüberprüfung möglich, beispielsweise bezüglich Anzahl und Typ der übergebenen Parameter. Erfolgt die Kombination erst zur Laufzeit (z.B. durch Ad-hoc-Änderungen), muß die Gültigkeit im Einzelfall nochmals überprüft werden. Ggf. ist zur Laufzeit eine Fehlerbehandlung vorzusehen.

- **Vor- und Nachbedingungen**: Zum Verständnis der Semantik eines Workflows ist es hilfreich, wenn Voraussetzungen für seine Ausführbarkeit sowie seine Auswirkungen explizit in Form von Vor- und Nachbedingungen formuliert sind. Seiteneffekte bei der Ausführung vermindern – wie bei Programmiersprachen – die Wiederverwendbarkeit und sind zu vermeiden. Das Workflow-Metamodell sollte daher Möglichkeiten anbieten, Vor- und Nachbedingungen im Sinne des *Design-by-Contract* [Meye94] zu formulieren.

- **Referenzierungs- und Aggregationskonstrukte**: Für das Verbinden und für das Zusammensetzen von Komponenten werden eigene Konstrukte benötigt.

- **Adaptionsfähigkeit**: Wiederverwendung von Workflow-Schemata soll insbesondere durch Adaption vorhandener Komponenten möglich sein, also indem Aspekte eines vorhandenen Workflow-Schemas selektiv mit neuem Verhalten überladen werden (s. [Bußl98a] und Unterabschn. 4.4.2.1). Bei dieser Anpassung können einzelne Arbeitsschritte spezialisiert, weggelassen oder hinzugefügt werden. Möglicherweise beschränkt sich die Konkretisierung auch nur auf einzelne Aspekte (z.B. Einschränkung des Kreises der Kandidaten für die Ausführung einer Tätigkeit).

- **Versionierbarkeit von Workflow-Schemata**: Damit zwischen Workflow-Schemata Versionsbeziehungen etabliert werden können, muß das Workflow-Metaschema Konstrukte hierfür vorgeben. Mit diesen läßt sich innerhalb der Gesamtheit von Workflow-Schemata eine logische Struktur aus zusammenhängenden Workflow-Schema-Netzen aufbauen.

Die aufgeführten Eigenschaften des Workflow-Metaschemas sind notwendig, aber nicht hinreichend für eine verbesserte Wiederverwendbarkeit der Workflow-Schemata. Diese wird erst erreicht, wenn zusätzlich (a) bei der Erstellung von Workflow-Schemata bestimmte Kriterien beachtet werden (s. Unterabschn. 4.4.1) und (b) adäquate Werkzeugunterstützung gegeben ist, z.B. durch einen sinnvoll strukturierten Katalog aller vorhandenen Workflow-Schemata (s. Abschn. 5.6).

4.5.2   Abstraktionsprofile in Workflow-Metaschemata

Die Workflow-Metaschemata fast aller WFMS verfügen über eine unterschiedliche Menge an Modellierungskonstrukten. Augenscheinlich ist eine kleine Menge von Konstrukten in allen Systemen vorzufinden, z.B. im Verhaltensaspekt die sequentiellen Verkettung sowie die Verzweigung, doch gibt es darüber hinaus verschiedenartigste Ausrichtungen, was Reichhaltigkeit und Mächtigkeit der Modellelemente für die verschiedenen Aspekte gemäß [Jabl94a, Jabl95a] angeht. Die gesamte Leistungsfähigkeit bezüglich der einzelnen Aspekte bezeichnen wir als *Profil* des Workflow-Metaschemas.

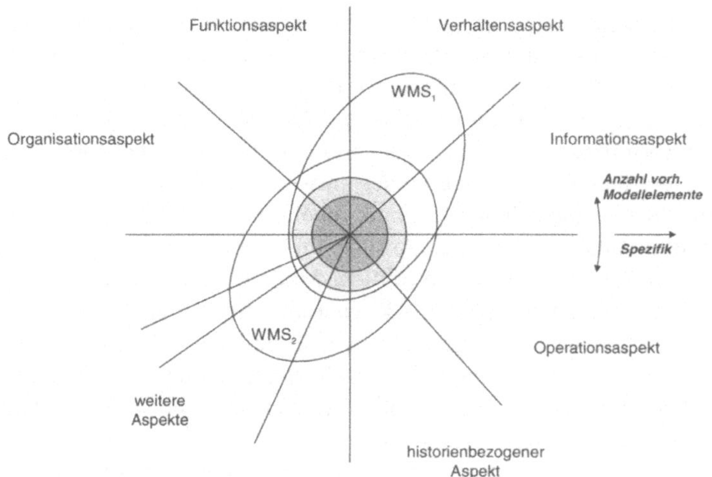

Abb. 4-7:   Verschiedene Abstraktionsprofile von Workflow-Metaschemata

Abb. 4-7 veranschaulicht Profile von Workflow-Metaschemata. Workflow-Meta-schema WMS_1 besitzt bezüglich des Verhaltensaspekts mehr und reichhaltigere Modellelemente als WMS_2, das wiederum seine Stärken auf anderen Gebieten hat.

Bei WFMS, die als Produkt erhältlich sind, wird das Profil des Metaschemas vom Hersteller festgelegt – eine Erweiterung oder Anpassung ist nicht vorgese-hen. Forschungsansätze, die sich mit erweiterungsfähigen WFMS beschäftigen, wie MOBILE [Jabl94a, Jabl96c] oder WorCOS [Schu97c], bieten dagegen die Möglichkeit, eigene Konstrukte einzuführen. Diese Ansätze besitzen ein Höchst-maß an Flexibilität, kann doch auf diese Weise in einem gegebenen Kontext ein anwendungsspezifisches Profil geschaffen werden. Der Aufwand hierfür ist aber für die Mehrheit der Anwender nicht akzeptabel, da der Vorgang der Workflow-Metaschema-Erweiterung (a) ein erhebliches Maß an Einblick erfordert, (b) zeit-aufwendig, und – vor allem – (c) überflüssig ist, wenn anderenorts die gleiche Problematik bereits erkannt und gelöst wurde. Es ist daher davon auszugehen, daß diese Option durch die Anwender selbst kaum in Anspruch genommen wird. Statt dessen bietet es sich an, herstellerseitig bei der Auslieferung bzw. Grundkonfigu-ration eines WFMS verschiedene Sortimente von Modellelementen in Form von Erweiterungspaketen anzubieten. Alternativ könnte sich ein Markt für Drittanbie-ter formieren, die branchenspezifische Erweiterungen von Workflow-Metasche-mata realisieren und Implementierungen davon als Komponenten bereitstellen.

Aufgrund der Inhalte identifizieren wir folgende Abstraktionsstufen für Profile, die aufeinander aufbauen. Es liegt jedoch keine strenge Hierarchie vor, denn neue Modellelemente lassen sich nicht nur durch Komposition bereits vorhandener Ba-siselemente erzeugen, sondern auch unabhängig davon – direkt mit Mitteln des Meta-Metamodells – konstruieren.

- Ein **Null-Workflow-Metaschema** gibt keine Workflow-Management-spezifi-schen Modellelemente vor, weswegen man im strengen Sinn nicht von einem Workflow-Metaschema sprechen kann. Beispiele solch „pathologischer" Workflow-Metaschemata reichen von Petri-Netzen über generische Programmiersprachen bis hin zu Groupware-Plattformen. Mit diesen Werkzeugen lassen sich zwar – unter erheblichem Aufwand – durchaus Programmsysteme mit Workflow-Management-Charakter realisieren. Es fehlt jedoch ein Schemakonzept und ein Sortiment zugehöriger, vom System vorgegebener Abstraktionen. Der Entwickler einer WFMA muß beides entweder selbst bilden oder in gegebene Modellelemente zusätzliche Semantik hineininterpretieren. Eine solche zusätzliche Interpretation ist bei allen Ansätzen notwendig, bei denen verschiedenste Typen von Petri-Netzen zur Workflow-Modellierung verwendet werden und wo Stellen als Ausführung einer Aktivität und Marken als Workflow-Exemplare zu interpretieren sind. Beispiele hierfür sind BP- [Aals94], WF- [Aals96, Aals97], HOON- [Han97] und FUNSOFT-Netze [Gruh93, Gruh94, Deit93].

Ein Null-Workflow-Metaschema würde in der Abb. 4-7 als Punkt in der Mitte des Koordinatensystems dargestellt.

- Im **Basis-Workflow-Metaschema,** das in der Mitte von Abb. 4-7 als dunkel schattierter Kreis angedeutet ist, befinden sich die gemeinsamen Kernelemente heute bekannter Workflow-Metamodelle. Die hier manifestierten Konstrukte geben Grundbausteine für darauf aufbauende Verfeinerungen vor. Gemäß der Vollständigkeitsforderung von Unterabschn. 4.5.2 muß das Basis-Workflow-Metaschema Ansatzpunkte für alle relevanten Aspekte gemäß [Jabl96c] bieten. Dieser konstitutive Teil des Workflow-Metaschemas muß – im Vergleich zu den beiden nachfolgend beschriebenen Erweiterungen – hohe Stabilität aufweisen, da sich dessen Modifikationen sehr weitreichend auswirken. (Eine Andeutung dieser Auswirkungen findet sich in [Jabl96c, S. 202].) Um die Allgemeingültigkeit nicht zu gefährden, darf ein Basis-Workflow-Metaschema keine Annahmen über Anwendungskontexte, etwa spezifische Organisations- oder Ressourcenschemata enthalten.

- **Generische Workflow-Metaschema-Erweiterungen** sind in Abb. 4-7 als hellgrauer Ring eingezeichnet. Hierbei handelt es sich um vorgegebene Modellierungskonstrukte, die weder speziellen Branchenbezug aufweisen, noch unbedingt Teil des Basis-Workflow-Metaschemas sein müssen. Unter der Annahme, daß letzteres wirklich nur die elementaren Konstrukte enthält, bietet sich nun in Erweiterungen die Möglichkeit, durch das Angebot komplexerer Modellelemente die Erstellung von Workflow-Schemata zu erleichtern. Nutzbare Workflow-Schemata entstehen als Ausprägung dieser vorgegebenen Konstrukte; bei der Modellierung brauchen Details nicht mehr vom Workflow-Schema-Designer selbst beachtet zu werden. Um die Idee zu verdeutlichen, sollen Beispiele von „generisch-nützlichen“, aber keineswegs notwendigen Modellelementen für zwei Aspekte aufgezeigt werden: Für den Organisationsaspekt ist folgendes Konstrukt denkbar: *Ermittlung eines zuständigen Mitarbeiters aufgrund vorgegebener Strategien* (z.B. Round-Robin aus einer vorgegebenen Liste von Kandidaten, die als Parameter anzugeben sind). Für den Verhaltensaspekt werden in [Jabl94a, Böhm98b] eine ganze Reihe fortgeschrittener Kontrollflußkonstrukte vorgestellt, die die Eigenschaft vielseitiger Verwendbarkeit erfüllen. So kann etwa das ALL-Konstrukt durchaus per Komposition aus elementaren Kontrollflußkonstrukten zusammengestellt werden, dies ist aber unökonomisch, fehleranfällig und – bei einer größeren Anzahl von Teilschritten – kaum mehr zu handhaben. Je häufiger derartige Sonderkonstrukte eingesetzt werden, desto lohnender ist es, sie als Erweiterung des Workflow-Metaschemas anzubieten.

- **Branchenspezifische Erweiterungen eines Workflow-Metaschemas**: In allen Aspekten gibt es eine (durchaus unscharfe) Grenze von generischen Modellelementen zu solchen, die nur in speziellen Anwendungswelten sinnvoll und nützlich sind. Häufige Modellierung von Abläufen einer bestimmten Branche kann dazu Anlaß geben, eigens hierfür fach- oder regionalbezogene Erweiterungen des Workflow-Metaschemas vorzunehmen. Resultat ist ein Spezial-Workflow-Metaschema, das Eigenschaften vorgibt, um die sich der Workflow-Schema-Designer darum nicht mehr im einzelnen zu kümmern braucht. In [Bußl97a, S. 124] wird die Metapher einer Umlaufmappe (s. auch [Karb90, Karb91]) genannt, die zur Realisierung von Workflow-Schemata im Behördenumfeld außerordentlich nützlich sein kann. Es ist vorstellbar, daß spezialisierte Software-Hersteller vorgefertigte Workflow-Metaschemata für Behörden, Versicherungen oder Krankenhäuser anbieten, in denen ebenfalls Modellelemente und Abstraktionen für dort typische Aufgabenstellungen vorgegeben sind. Dies vereinfacht massiv die Erstellung von Workflow-Schemata im jeweiligen Umfeld, kann allerdings dazu führen, daß derart spezialisierte Workflow-Metaschemata für andere Anwendungsfelder unbrauchbar werden.

Abb. 4-8 verdeutlicht den Nutzen spezialisierter Workflow-Metaschemata: Hat ein Workflow-Metaschema nur elementare Konstrukte, ist zur Erstellung eines Workflow-Schemas mehr Arbeit zu leisten, als wenn es bereits der Aufgabe angemessene, realitätsnahe Modellelemente anbietet. Je spezieller die Vorgaben des Workflow-Metaschemas, desto einfacher die Workflow-Schema-Erstellung. Da der Aufwand für die Erstellung eines neuen Modellelements auf der Ebene des Workflow-Metaschemas nur einmalig anfällt, aber dauerhaft bei der Erstellung von Workflow-Schemata von Nutzen[2] sein kann, ist er um so leichter zu rechtfertigen, je häufiger eine Modellierungsaufgabentyp im Anwendungsumfeld zu erwarten ist.

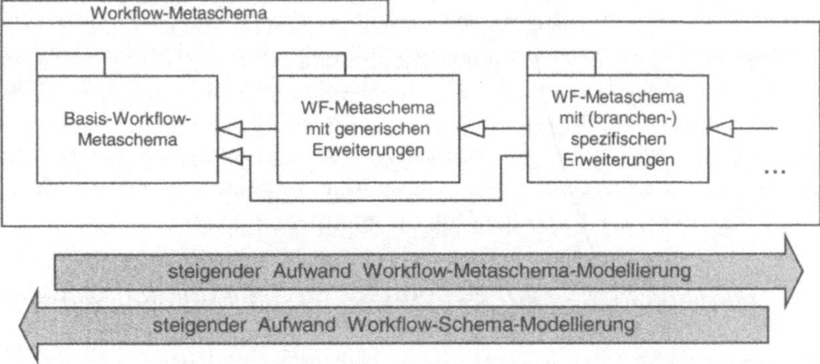

Abb. 4-8:   Zusammenhang zwischen der Spezialisierung von Workflow-Metaschemata und dem Aufwand zur Erstellung von Workflow-Schemata

---

[2]   Damit ist zum einen eine höhere Beschreibungsqualität, zum anderen die Zeiteinsparung gemeint, die sich bei der Formulierung von Workflow-Schemata erzielen läßt.

Prinzipiell kann eine weitere Verfeinerungsstufe zu einem unternehmensspezifischen Workflow-Metaschema vorgenommen werden, dies bringt aber keine wesentlich neue Erkenntnis und wird daher nicht verfolgt. Im folgenden Unterabschnitt wird ein Basis-Workflow-Metaschema als Grundlage für den konzipierten WFMD vorgestellt.

4.5.3   Vorschlag eines Basis-Workflow-Metaschemas

Dieser Unterabschnitt stellt das im WorCOS-Projekt entwickelte ExtRA-Workflow-Metaschema (Extensible Reflective Abstract) vor, das gemäß den eingeführten Abstraktionsstufen als Basis-Workflow-Metaschema bezeichnet werden kann. Es baut auf dem Objektmodell der OMG auf, demzufolge ist gute Erweiterungsfähigkeit sowie Integrationsfähigkeit in Software-Systeme gewährleistet, die ebenfalls darauf beruhen. Konkret heißt das, daß Realisierungen der Modellelemente des Workflow-Metaschemas durch zustandsbehaftete Objekte mit operationalen Schnittstellen erfolgen. In diesem Unterabschnitt werden die notwendigen abstrakten Modellelemente vorgestellt, Ausführungen zu deren konkreten operationalen Schnittstellen sowie die Vorstellung einer prototypischen Implementierung auf der Basis verteilter Objekte finden sich in Kap. 5 und 6. Hier geht es ausschließlich um eine motivierende Herleitung, welche Inhalte in ein Basis-Workflow-Metaschema aufgenommen werden dürfen – und welche nicht. Ziel ist es, die Fülle der Randbedingungen und Überlegungen aufzuzeigen, die bei der Formulierung eines Workflow-Metaschemas für einen WFMD zu beachten sind, damit dieser die Bezeichnung „allgemeingültig" verdient.

Wir orientieren uns in der Darstellung des Basis-Workflow-Metamodells an der aspektorientierten Sichtweise [Curt92, Jabl94a]. Die Verwendung von orthogonalen Aspekten erleichtert die Diskussion komplexer Systeme insofern, als es damit möglich wird, jeweils klar umrissene Teilbereiche herauszugreifen. Ohne ein derartiges Strukturierungshilfsmittel lassen sich einzelne Themen nur schwer voneinander abgrenzen. Die Verwendung der Aspekte dient hier aber nicht nur einer strukturierten Darstellung des Workflow-Metaschemas, sondern bietet entsprechend vorgeprägten Lesern eine gute Orientierung. Wir halten uns damit außerdem an die in [OMG97a] aufgestellte Forderung, Workflow-Metaschemata anhand dieser Aspekte zu präsentieren. Die nach [Jabl96c, Bußl97a] fundamentalen Aspekte sind der *Funktions-*, der *Verhaltens-*, der *Informations-*, der *Operations-* und der *Organisationsaspekt*. Jedem dieser fünf Aspekte und seinen Modellelementen ist nachfolgend ein eigener Unterabschnitt gewidmet.

4.5.3.1   Modellelemente zur Beschreibung des Funktionsaspekts

Der *Funktionsaspekt* eines Workflow-Metaschemas beschäftigt sich damit, was bzw. welche Tätigkeiten im Verlauf der Ausführung eines Workflows überhaupt auszuführen sind. Es sind Modellelemente zur Verfügung zu stellen, die eine Spezifikation, Verknüpfung und Verfeinerung funktionaler Arbeitseinheiten erlauben.

In vielen Workflow-Metamodellen, z.B. in *FlowMark* [Leym94a, Leym94b] oder in *Staffware* [Zern95] findet sich zu diesem Zweck ein zweistufiges Muster: Der als Process oder als Workflow bezeichnete komplexe Ablauf wird aus elementaren Aktivitäten zusammengesetzt. Eine Schachtelung von Processes ist nur auf der Implementierungs-, nicht aber auf der Modellierungsebene vorgesehen, d.h., eine Aktivität kann als Prozeßaktivität implementiert werden, über deren interne Struktur aber bei der Betrachtung des Workflow-Schemas nichts bekannt ist (s. hierzu [Böhm97d, S. 110 f.]). In Projekt DOPAS [Schu94b, Böhm95b] zeigte sich, daß eine große Ähnlichkeit von Workflows und Aktivitäten existiert, was eine Trennung wenig sinnvoll – zum Teil sogar künstlich – erscheinen ließ. Das ExtRA-Workflow-Metaschema orientiert sich daher statt dessen an der Sichtweise von MOBILE [Jabl94a, Jabl96c] und unterscheidet lediglich zwischen *elementaren* und *zusammengesetzten* Workflows. Gemeinsamkeiten beider Objekttypen finden sich in einem gemeinsamen abstrakten Supertyp, dem Workflow.

Modellierung von Workflow-Schemata mit Workflow-Schema-Objekten

Workflows haben ein wohldefiniertes Verhalten, das durch ihr Workflow-Schema eindeutig beschrieben wird. Das Workflow-Schema beschreibt die Struktur, den Aufbau und das Verhalten durch die Spezifikation der zulässigen Ablaufvariationen. Ein Workflow-Schema ist die Umsetzung eines (workflow-metaschema-neutralen) Workflow-Typs [Böhm97d, S. 69] unter Anwendung der Modellelemente des konkreten Workflow-Metaschemas, sozusagen ein Programm für ein WFMS.

Um Workflow-Schemata als Ausprägungen aufzunehmen, wird im Basis-Workflow-Metaschema als erstes das Element WorkflowSchema eingeführt. Ein Objekt, das die Beschreibung repräsentiert, wie Workflows vom Typ „Diplomverfahren" auszuführen sind, wäre eine beispielhafte Ausprägung davon und ist demnach ein *Workflow-Schema-Objekt*. Möchte man derartige Objekte mit den nach Abschn. 4.4.2.2 geforderten Eigenschaften ausstatten, könnte man nun unmittelbar im Modellelement WorkflowSchema eine Liste entsprechender Attribute deklarieren, beispielsweise eine Zeichenkette für den Namen des Workflow-Schemas. Eleganter – und außerdem OMG-konform – läßt sich die Aufgabe jedoch lösen, wenn man die MOF-Spezifikation (s. [OMG97h, OMG97i] und Abschn. 4.6) in die Überlegung einbezieht: Im MOF-Meta-Metamodell nämlich sind Basiselemente vorhanden, die genau für diese Problemstellung vorgesehen sind. Der gleiche Weg wurde bereits beim Design der UML erfolgreich eingeschlagen, wo in weiten Teilen die Definition des UML-Metamodells durch Übernahme und Erweiterung von Modellelementen aus dem MOF-Meta-Metamodell erfolgt.

Zum einen sind Workflow-Schemata als Endprodukt eines Modellierungsakts nichts anderes als Modellelemente. Es ist daher folgerichtig, von ihnen die Unterstützung der `ModelElement`-Schnittstelle zu erwarten. Im Entwurf des Basis-Workflow-Metaschemas (Abb. 4-9) schlägt sich dies nieder, indem die Schnittstelle `WorkflowSchema` von `MOF::Model::ModelElement` abgeleitet wird. Zum anderen sollen Workflow-Schemata gemäß der Anforderung in 4.4.2.1 das Konzept der Spezialisierung unterstützen. Aus diesem Grund werden sie außerdem vom noch spezielleren `GeneralizableElement` abgeleitet.

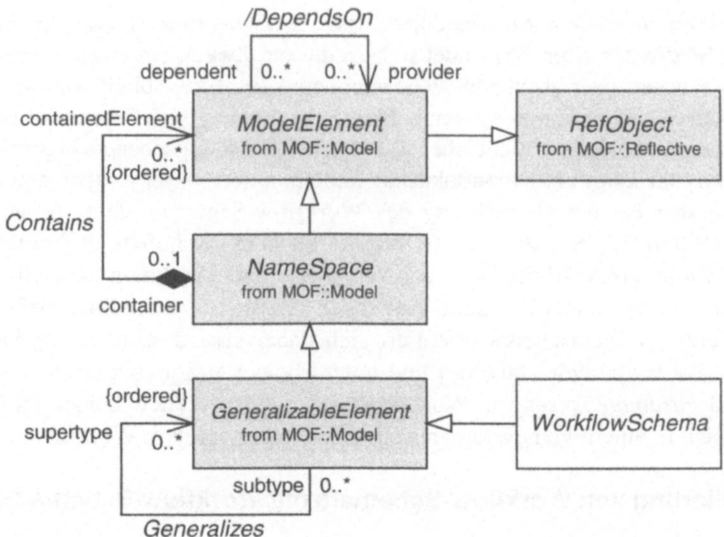

Abb. 4-9:　Nutzung von MOF-Schnittstellen [OMG97h] für die Modellierung von Workflow-Schemata

Durch die Übernahme der gezeigten Schnittstellen erhalten Workflow-Schemata
automatisch eine ganze Reihe der von ihnen geforderten Eigenschaften und Fähigkeiten (s. hierzu [OMG97h, S. 3-13]). Von GeneralizableElement stammt die
Fähigkeit, zwischen Workflow-Schemata Super- und Subtypbeziehungen etablieren zu können. NameSpace gibt vor, daß alle untergeordneten Elemente, die innerhalb eines Workflow-Schemas definiert werden, eindeutig unterscheidbare Namen haben. (Dies ist z.B. von den Benennungen von Workflow-Variablen zu fordern.) Außerdem können in NameSpaces mit Hilfe der Contains-Beziehung andere Elemente eingelagert werden. Von ModelElement kommen Attribute zur
Benennung (name) des Workflow-Schemas, sowie die Möglichkeit des Anbringens von Anmerkungen (annotation). Darüber hinaus bietet ModelElement
Operationen zur Verwaltung abhängiger Elemente mit Hilfe der DependsOn-Beziehung. So wird es möglich, Verwendungsbeziehungen zwischen verschiedenen
Workflow-Schemata zu definieren. Besonders wichtig ist schließlich die Reflexivität, die dadurch zustande kommt, daß jedes ModelElement auch die Schnittstelle MOF::Reflective::RefObject unterstützt. Objekte mit dieser Schnittstelle können mit Hilfe der Operation meta_object() jederzeit nach dem ihnen
zugehörigen Metaobjekt befragt werden (s. Abschn. 4.2.2), was ihre Verwendbarkeit für dynamische Anwendungen stark verbessert.

Es ist offensichtlich, daß sich in ähnlicher Art weitere Beziehungstypen einführen ließen, z.B. zur Darstellung der Versionierung. In Anbetracht der Tatsache,
daß es sich hier um ein Basis-Workflow-Metaschema handeln soll, erscheint dies
jedoch unangemessen. Die Unterstützung der genannten MOF-Basisschnittstellen,
insbesondere die Reflexivität, ist von sämtlichen Basis-Workflow-Metaschema-

Modellelementen zu fordern und wird daher nachfolgend nicht mehr einzeln aufgeführt und auch nicht mehr in den Diagrammen dargestellt.

Workflow-Schema-Objekte für elementare Workflows

Häufig werden Workflows mit einer Top-down-Vorgehensweise, also durch inkrementelle Verfeinerung eines ersten groben Entwurfs, modelliert. Die Verfeinerungsschritte bestehen unter anderem darin, komplexe Aufgaben in kleinere Schritte zu zerlegen (Dekomposition), um diese z.B. zwecks Beschleunigung (s. Unterabschn. 2.4.2) an verschiedene Bearbeiter verteilen zu können. Die an den Endpunkten (Blättern) der dabei entstehenden hierarchischen Struktur stehenden Workflows, die keine weiteren Workflows referenzieren und in der Verantwortlichkeit genau eines Akteurs ausgeführt werden, bezeichnen wir als *elementare* Workflows. Es ist zu beachten, daß die Elementareigenschaft nicht unbedingt dadurch motiviert sein muß, daß die betreffende Aufgabe nicht in weitere Schritte unterteilt werden könnte. Es ist lediglich zum Zeitpunkt der Erstellung des Workflow-Schemas keine weitere Verfeinerung gewünscht.

Aus Sicht des Systems zeichnen sich elementare Workflows dadurch aus, daß die Bestimmung des zuständigen Bearbeiters (Akteurs) nur einmal durchzuführen ist. Dies muß allerdings nicht heißen, daß der Workflow auch tatsächlich von der ermittelten Person ausgeführt wird. Aus der Sicht dieses Anwenders hat ein elementarer Workflow folgende Eigenschaften: Er kann diesen an einen anderen Bearbeiter weiterleiten (Delegation), die Bearbeitung vollständig abweisen (Ablehnung) oder er akzeptiert dessen Ausführung.

Ziel bei der Spezifikation eines Schemas für einen elementaren Workflow muß es sein, eine inhaltlich zusammenhängende, abgeschlossene Aufgabenkapsel mit expliziten Abgrenzungen zu finden (s. Unterabschn. 4.4.1). Aus diesem Grund sind Vor- und Nachbereitung der eigentlichen Kernaufgabe mit einzuschließen, da diese Details aus abstrakter Sichtweise nicht relevant sind. Ein formales Kriterium, wie viel Funktionalität in ein Schema für einen elementaren Workflow „gepackt" werden soll, läßt sich allerdings genauso wenig angeben wie eine entsprechende Vorschrift für die Erstellung einer Prozedur in blockorientierten Programmiersprachen. Letztlich fordern beide Aufgabenstellungen das intellektuelle Geschick ihres Urhebers, dem Kriterien wie Übersichtlichkeit und potentielle Wiederverwendbarkeit als Anhaltspunkte zur Verfügung stehen.

Beispiel: Erstellen eines Gutachtens für eine Diplomarbeit
Neben der Hauptaufgabe, die aus dem Abfassen des Gutachtens besteht und mit Hilfe eines Textverarbeitungsprogramms durchgeführt werden soll, gibt es begleitende Hilfstätigkeiten, die ebenfalls zu dieser Aufgabe gehören. Diese dienen entweder der Vor- oder Nachbereitung der Hauptaufgabe oder vereinfachen deren Durchführung. So ist es im Beispiel sicherlich notwendig, in den Text des Gutachtens die Adresse und die Matrikelnummer des Diplomanden aus einer Datenbank einzufügen. Außerdem ist das Dokument möglicherweise in einem Dokument-Management-System gespeichert, aus dem es zur Bearbeitung aus- und anschließend wieder eingecheckt werden muß. Alleine dieses einfache Beispiel erfordert Interaktionen mit mindestens zwei anderen Komponenten, die im Idealfall vollständig automatisch ablaufen sollten.

Eine Modellierung von Hilfstätigkeiten, also etwa die Adreßermittlung, durch eigene elementare Workflows ist zwar möglich, macht aber das entstehende Workflow-Schema unnötig komplex. In jedem Fall müssen diese Hilfstätigkeiten dem eigentlichen Hauptgegenstand der Modellierung untergeordnet sein, da sie ohnehin aus der Sicht der Geschäftsprozeß-Modellierung lediglich Implementierungsdetails darstellen. Dieser Forderung wird von heutigen Systemen nicht Rechnung getragen, da dort der Durchführung einer „Aktivität" nur ein einziges Anwendungsprogramm zugeordnet werden kann. Einige Systeme (z.B. *FlowMark*) bieten zwar die Möglichkeit, mit Hilfe unterschiedlicher WorkItems gleichzeitig mehrere Programme zu starten, überlassen deren Koordination aber dem Anwender.

Bei der Spezifikation von systemunterstützten elementaren Workflows sind Konstellationen zu vermeiden, wo innerhalb des Workflows Interaktionen mit anderen Akteuren (im Extremfall der Versand oder Empfang von Nachrichten) stattfinden. Dies ist ein Anzeichen für einen versteckten Kontrollfluß, der statt dessen besser explizit modelliert werden sollte. Im Idealfall eines vollständig verfeinerten Workflow-Schemas entsprechen elementare Workflows Basisaktionen im Sinne von Steps im Contract-Modell [Wäch90, Wäch92, Wäch96] und dürfen keinerlei Verhaltensaspekte mehr enthalten.

Schemata für zusammengesetzte Workflows

Zusammengesetzte Workflows bestehen aus mehreren Teil-Workflows. In der Literatur finden sich auch die Bezeichnungen *kompositer* [Jabl94a] und *komplexer Workflow* [Stei97]. Zusammengesetzte Workflows können ihrerseits wieder Teil anderer zusammengesetzter Workflows sein, sie sind also rekursive Strukturen. Elementare und zusammengesetzte Workflows, die auf diese Weise als Baustein in anderen Workflows verwendet werden, fassen wir in dieser Rolle unter dem Oberbegriff *Komponenten-Workflow* zusammen. In der Literatur ist hierfür auch der Begriff des „Subworkflows" geläufig (s. [Jabl94a] oder [Jabl97a, S. 19]). Die Aggregation von Komponenten-Workflows allein macht keine Angaben darüber, in welcher Reihenfolge diese auszuführen sind. Es handelt sich demnach lediglich um eine *mereologische Zusammensetzung* im Sinne von [Wede92b, S. 108], und nicht um eine geordnete Liste. Wie die Komponenten-Workflows miteinander bezüglich der Ausführungssemantik miteinander verknüpft sind, wird erst durch den Verhaltensaspekt (s. Unterabschn. 4.5.3.2) beschrieben.

In ein Schema für einen zusammengesetzten Workflow können beliebig viele andere Workflow-Schemata eingebettet sein. Um diese verwalten zu können, benötigt das Schema des zusammengesetzten Workflows einen Zugriffspfad auf diese Komponenten, die außerdem eindeutig voneinander unterscheidbar sein müssen. Diese Forderung wird am besten an einem Beispiel deutlich: Innerhalb eines zusammengesetzten Workflows sollen an mehreren Stellen Benachrichtigungen verschickt werden. Alle Fälle sollen nach dem gleichen Verfahren abgewickelt werden, basieren also auf dem gleichen Subworkflow-Schema „Nachricht verschicken", unterscheiden sich jedoch im Empfänger und im Inhalt der zu versendenden Nachricht. Um diese einzelnen Elemente jedoch innerhalb des zusammengesetzten Workflows adressieren zu können, muß man sie jeweils mit einer lokalen „Hülle" umgeben. Dieses notwendige Zusatzkonstrukt, das als *Komponenten-*

Workflow-Schema bezeichnet wird, verhält sich an seinem Platz exakt wie das eingelagerte Element; die von ihm geforderte Funktionalität delegiert es an das Zielobjekt. Als einzig zusätzliche Eigenschaft besitzt dieses Hüllkonstrukt einen Rollennamen, unter dem es eindeutig adressiert werden kann.

Wir unterscheiden Schemata für elementare (ElementaryWorkflowSchema) und zusammengesetzte (CompositeWorkflowSchema) Workflows, die beide Spezialisierungen des abstrakten Modellelements WorkflowSchema sind. Ein konkretes Workflow-Schema ist entweder elementar oder zusammengesetzt, deswegen kann die Spezialisierung mit der Zusicherung *{complete, disjoint}* versehen werden.

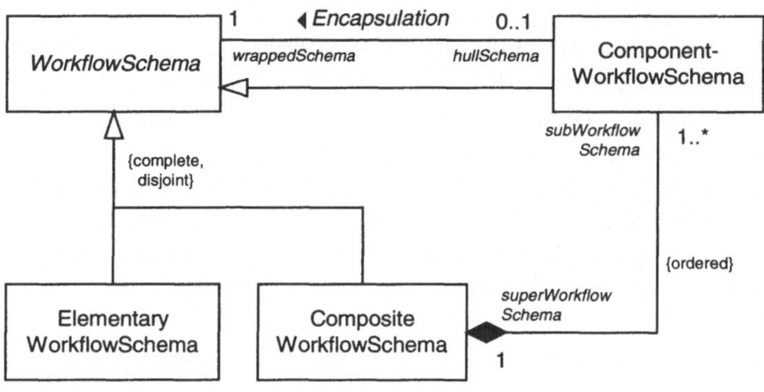

Abb. 4-10: Modellelemente zur Beschreibung des Funktionsaspekts

In Abb. 4-10 wird deutlich, daß die hierarchische Workflow-Schema-Schachtelung eine Variation des COMPOSITE-Entwurfsmusters [Gamm95] ist. Eine Erweiterung entsteht durch die erwähnte Notwendigkeit der Einführung des Komponenten-Workflow-Schemas (ComponentWorkflowSchema). Ein Komponenten-Workflow-Schema fungiert als Platzhalter bzw. Stellvertreter für genau ein an dieser Stelle vorgesehenes (eingekapseltes) Workflow-Schema. Um diese Ersetzbarkeit zu gewährleisten, muß von beiden Modellelementen zusätzlich die abstrakte Schnittstelle `WorkflowSchema` unterstützt werden.

Abhängigkeiten von Arbeitsschritten

Werden mehrere Workflows zu komplexeren Arbeitsabläufen zusammengefügt, müssen fast immer Abhängigkeiten zwischen den Arbeitsschritten berücksichtigt werden. Die Abarbeitung darf nicht nach Belieben erfolgen, sondern hat sich nach klar definierten kausalen Abhängigkeiten zu richten. Der Fall, daß alle Komponenten eines zusammengesetzten Workflows in beliebiger Reihenfolge und unabhängig voneinander ausgeführt werden dürfen, ist relativ selten. Das Entstehen von Abhängigkeiten kann vielerlei Ursachen haben. Offensichtlich sind *Datenflußabhängigkeiten*, bei denen ein Arbeitsschritt auf Ergebnissen eines vorangegangenen aufbaut. Das Vorliegen der dort erzeugten oder bearbeiteten Daten ist Voraussetzung, um mit der Ausführung des nächsten Arbeitsschritts zu beginnen.

Hat ein Workflow Datenflußabhängigkeiten zu mehreren Vorgänger-Workflows, muß seine Ausführung so lange verzögert werden, bis auch der letzte dieser Vorgänger abgeschlossen ist. Die Offensichtlichkeit der Datenflußabhängigkeiten darf aber nicht dazu verführen, ein Workflow-Metamodell ausschließlich darauf aufzubauen. Derartige Ansätze (s. [Star95, S. 39] oder [OMG97f]) führen dazu, daß zur Realisierung einer reinen Kontrollflußabhängigkeit künstlich Pseudo-Datenobjekte eingeführt werden müssen, um den gewünschten Effekt zu erzielen. Ein weiteres Motiv für die getrennte Spezifikation von Daten- und Kontrollfluß ist die dadurch ermöglichte Vermeidung von unnötigen Datentransfers. In vielen Anwendungsgebieten (s. z.B. [Beut96]) sind sehr große Objekte zu bearbeiten (Bilder, Videosequenzen, CAD-Zeichnungen), deren Übermittlung hohe Kosten verursacht. Die Metapher einer Umlaufmappe [Karb90], die zwischen Bearbeitern verschickt wird und stets alle workflow-relevanten Dokumente enthält, ist für solche Anwendungen daher nur bedingt geeignet. Ein Workflow-Metamodell sollte Mittel bereitstellen, die es erlauben, Objekte selektiv nur für diejenigen Arbeitsschritte „anzuliefern", wo sie tatsächlich gebraucht werden. Die Behandlung der Kontrollflußabhängigkeit muß folglich unabhängig von Datenflußabhängigkeiten möglich sein. Im folgenden Unterabschnitt über den Verhaltensaspekt des ExtRA-Workflow-Metamodells werden Konstrukte dafür eingeführt.

4.5.3.2   *Modellelemente zur Beschreibung des Verhaltensaspekts*

Den *Verhaltensaspekt* eines Workflow-Metaschemas bilden Modellelemente, die es erlauben, die vorgesehene Abfolge einzelner Arbeitsschritte zu spezifizieren. Die Beschreibung dieser Abfolge, die auch als *Kontrollflußspezifikation* bezeichnet wird, bestimmt das Verhalten der Workflow-Exemplare. Anders ausgedrückt stellt die Spezifikation des Kontrollflusses eine Festlegung der bei der Ausführung von Workflow-Exemplaren einzuhaltenden *dynamischen Integritätsbedingungen* dar, die aus Verwaltungs- und Organisationsvorschriften hervorgehen. Ein Fehlen des Verhaltensaspekts in einem Workflow-Metamodell entspräche einer Abstraktion von der Abarbeitungsreihenfolge, bzw. vom algorithmischen Ablauf, etwa im Sinne der funktionalen Programmierung.

Der Kontrollfluß ergibt sich nicht zwangsläufig aufgrund sachlicher oder kausaler Gegebenheiten, denn nicht immer existiert zwischen aufeinanderfolgenden Arbeitsschritten auch ein Daten- oder Objektfluß. Wo dies nicht der Fall ist, hat der Workflow-Schema-Designer die Freiheit, Abläufe und Bearbeitungsreihenfolgen willkürlich festzulegen. Eine Diskussion der Einflußfaktoren auf die Kontrollflußspezifikation ist jedoch nicht Gegenstand dieses Buchs. Hier ist nur entscheidend, daß das Fortschreiten des Kontrollflusses im Ergebnis zumindest mit einem Wechsel der bearbeitenden Instanz und damit mit einer Ab- oder Weitergabe der Durchführungsverantwortung gleichzusetzen ist.

Man kann zwischen verschiedenen Grundtypen unterscheiden, die den Verhaltensaspekt eines Workflow-Metamodells prägen. Das ExtRA-Workflow-Metamodell fußt auf der Annahme, daß prozedural orientierte, *präskriptive* (vorschreibende) Spezifikationstechniken für Handlungsschemata (s. [Ronz85, Wede92]) die Erwartungen der Anwender am ehesten erfüllen, da das Denken in einzelnen Kau-

salketten für Menschen am einfachsten zu bewältigen ist [Dörn89, S. 54]. Dies
schließt aber nicht aus, daß ein erweitertes Workflow-Metaschema Konstrukte ein-
führt, die eine *deskriptive* (beschreibende) oder *proskriptive* (verbietende) Spezifikation [Sieb95] der gewünschten und zulässigen Abläufe erlauben. Eine Gegenüberstellung dieser verschiedenen Ansätze zur Beschreibung von Ablaufstrukturen
findet sich in [Rein93, S. 72].

Der Funktions- und der Verhaltensaspekt bilden zusammen das Rückgrat jedes
Workflow-Metaschemas, und sie sind die einzigen Aspekte, die nicht von (Meta-)
Schemata anderer Komponenten innerhalb der OMA abhängen. Demzufolge
braucht hier zwar nicht auf die Belange anderer Modelle Rücksicht genommen zu
werden, doch gehen in die Konzeption eine Reihe anderer Faktoren ein:

- **Explizite Formulierung der Semantik**: Um präzise Aussagen über die verhal-
  tensbezogene Modellierungsfähigkeit eines Workflow-Metaschemas machen zu
  können, müssen die bereitgestellten Modellelemente einer formalen Betrachtung zugänglich sein. Eine präzise Beschreibung der Ausführungssemantik ist
  insbesondere aus Gründen der Interoperabilität wichtig [Bußl97b, S. 2].

- **Ausführungsmodellunabhängigkeit**: Workflows durchlaufen während ihrer
  Ausführung diskrete Zustände. Das Modell, das diese endliche Menge von Zuständen und zulässige Zustandsübergänge vorgibt, wird als das *Ausführungsmodell* [Jabl96a, S. 193 f.] bezeichnet. Nun sind – neben den elementaren Zuständen (s. Unterabschn. 4.3.3) – vielfältige anwendungsspezifische „Unter"-Zu-
  stände denkbar, die ebenfalls für die Steuerung von Workflows relevant sein
  können. Deren anwendungsabhängige Vielfalt macht es unmöglich, auf seiten
  des Workflow-Metaschemas für alle denkbaren Zustände Vorkehrungen zu
  treffen. Modellelemente des Verhaltensaspekts müssen daher eine Spezifikation
  ermöglichen, die unabhängig von konkreten Ausführungsmodellen ist.

- **Erweiterbarkeit um anwendungsspezifische Kontrollflußkonstrukte**: Konventionelle Workflow-Engines enthalten im Binärcode ihrer Ausführungseinheit die Programmlogik, die das Verhalten der angebotenen Modellelemente
  realisiert. Da Erweiterungen um neue Konstrukte ohnehin nur dem Hersteller
  möglich sind, brauchen keine Vorkehrungen für eine „externe Erweiterbarkeit"
  getroffen werden. Ein Basis-Workflow-Metaschema für den WFMD muß im
  Gegensatz dazu so gestaltet sein, daß der Satz initialer Modellelemente durch
  „Einklinken" neuer Elemente erweitert werden kann.

- **Wiederverwendung komplexer Kontrollflußstrukturen**: Bei manchen Workflow-Metaschemata ist Wissen über Nachfolger-Workflows direkt in Workflow-Schemata eingelagert (z.B. in ActMan [Rein93] und TRAMS [Krad97,
  Krad98]) oder die Modellierung des Kontrollflusses ist nicht von anderen Aspekten abgetrennt (BPAframe [Mitt96b]). Dadurch ergeben sich zwei Nachteile: Zum einen können derart gestaltete Workflow-Schemata an anderer Stelle
  nicht ohne Anpassung wiederverwendet werden, zum anderen macht das Hin-
  zufügen weiterer Nachfolger eine Änderung des Workflow-Schemas erforderlich. Übersichtlichkeit und Wartungsfreundlichkeit sind beeinträchtigt. Die Forderung nach Wiederverwendbarkeit zwingt dazu, beides getrennt zu behandeln.

Um diese Anforderungen zu erfüllen, werden im folgenden Abschnitt Modellelemente vorgestellt, mit denen eine vollständige Entkopplung der funktionalen Komponenten von der Modellierung des Kontrollflusses realisiert werden kann. Dies wird durch eine spezielle Modellierung erreicht, bei der Kontrollflußkonstrukte zu „First-Class"-Modellelementen – also zu eigenständigen Objekttypen – des Workflow-Metaschemas aufgewertet werden. Für die wichtigsten Kontrollflußkonstrukte werden Beispiele angegeben.

Elementare Kontrollflußkonstrukte

Kontrollflußkonstrukte koordinieren das Verhalten von Komponenten-Workflows innerhalb zusammengesetzter Workflows. Die Komponenten selbst haben kein Wissen über den sie umgebenden Kontrollfluß-Kontext. Die Flexibilität der nachfolgend vorgestellten Konstrukte entsteht vor allem dadurch, daß bei gleicher Basisschnittstelle eine Vielzahl unterschiedlicher Verteil- bzw. Synchronisationsstrategien implementiert werden kann. Dabei ist es gleichgültig, ob die Implementierung durch ein benutzerspezifisches Skript, ein binäres Programm, eine „klassische" Workflow-Engine oder gar interaktiv durch Anwendereingriff erfolgt. Der wesentliche Punkt liegt darin, daß die Steuerung des Kontrollflusses in eigene (=isolierbare), übersichtliche Bausteine verlagert wird, für die sich operationale Schnittstellen angeben lassen. Auf diese Weise kann sichergestellt werden, daß ein darauf basierender Dienst um anwendungs- oder kundenspezifische Kontrollflußkonstrukte angereichert werden kann. Abb. 4-11 zeigt drei durch ein Kontrollflußkonstrukt verbundene Komponenten-Workflows:

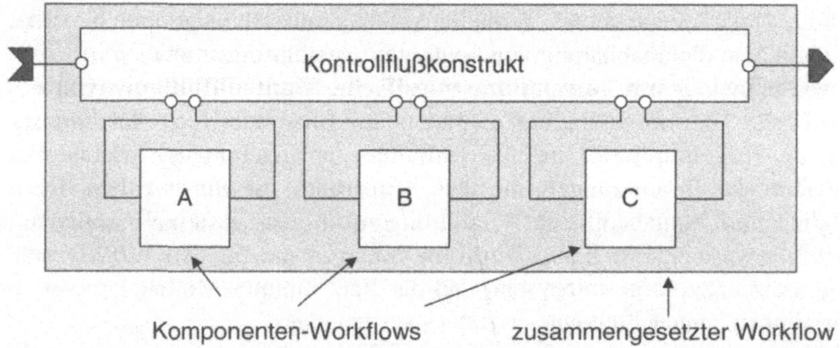

Abb. 4-11: Steuerung von drei Komponenten-Workflows durch ein Kontrollflußkonstrukt

Für Kontrollflußkonstrukte wird im ExtRA-Workflow-Metaschema zunächst ein abstrakter Objekttyp (ControlFlowConstructSchema) eingeführt. Eine für die Ausführung relevante Semantik besitzen erst davon abgeleitete, konkrete Kontrollflußkonstrukte. Beispielhaft wird eine Reihe „typischer" (s. [Bußl97a, S. 122]) Kontrollflußkonstrukte eingeführt, die als UML-Strukturdiagramm in Abb. 4-12 verdeutlicht werden.

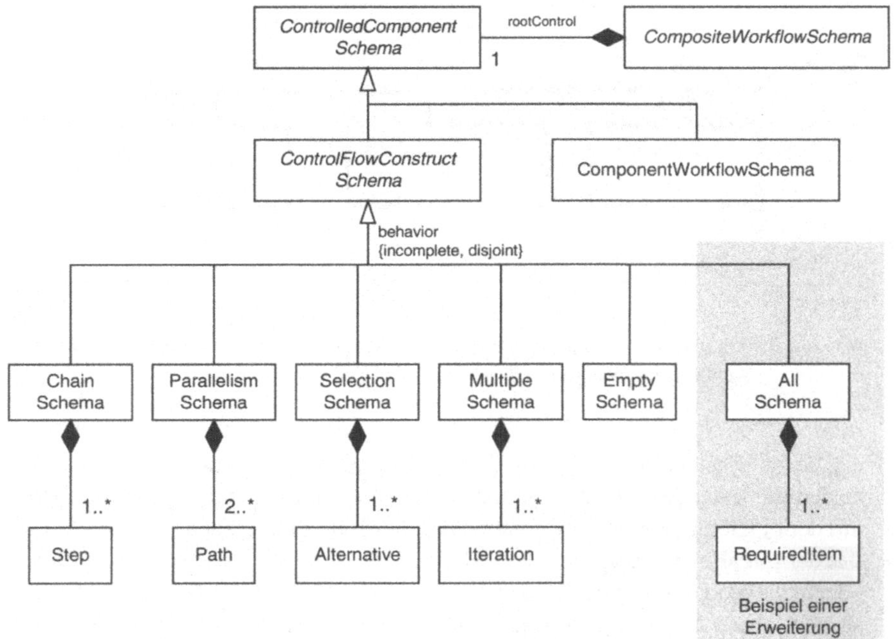

Abb. 4-12: Modellelemente zur Beschreibung des Verhaltensaspekts

Diese Konstrukte decken die Funktionalität der von der WfMC in [Work96b] beschriebenen „Kontrollflußprimitive" voll ab. Der erste Teil der Zusicherung *{in-
complete}* unterhalb des Diskriminators *behavior* deutet an, daß weitere Kontrollflußkonstrukte denkbar sind, die in diesem Buch jedoch nicht ausgeführt werden.
Der zweite Teil *{disjoint}* legt fest, daß zwar eine konsistente Verfeinerung der
Kontrollflußkonstrukte zulässig ist, aber keine Mehrfachvererbung. Beispielsweise
ist das Konstrukt EXCLUSIVE_SELECTION ein Spezialfall von SELECTION.
   Die Bezeichner für die konkreten Kontrollflußkonstrukte wurden in Anlehnung
an [Böhm96a] gewählt. Die Semantik der Kontrollflußkonstrukte ist wie folgt:

- Die **sequentielle Verkettung** CHAIN ist das einfachste der hier angegebenen
  Kontrollflußkonstrukte. Hier wird eine streng sequentielle Abarbeitung der
  Komponenten-Workflows gewünscht, d.h., es findet eine unmittelbare Verkettung ohne zeitliche Überlappung statt. Eine *Verkettung* (*engl.* chain) besteht aus
  einem oder mehreren *Einzelschritten* (steps). Abb. 4-13 verdeutlicht für dieses
  erste Beispiel, wie innerhalb des zusammengesetzten Workflows die Ablaufsteuerung durch das Verkettungs-Kontrollflußkonstrukt erfolgt.

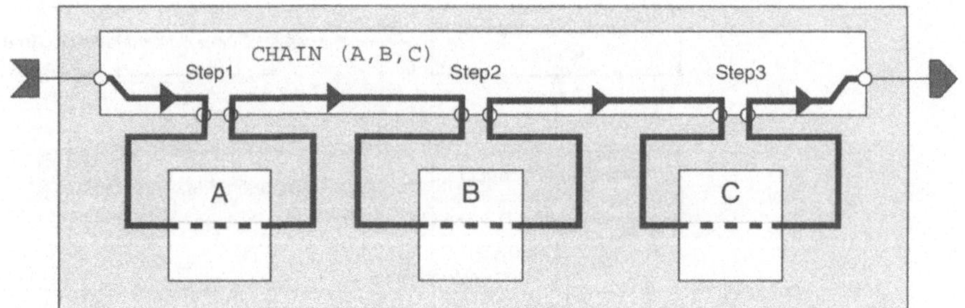

Abb. 4-13: Veranschaulichung eines Kontrollflußkonstrukts für unmittelbar sequentielle
Ausführung (Verkettung)

Die in [Böhm96a, S. 71] für dieses Kontrollflußkonstrukt eingeführte Bezeichnung SEQUENCE mußte hier vermieden werden, um Namenskonflikte mit dem gleichlautenden Terminalsymbol der IDL zu umgehen.

- Bei der **parallelen Ausführung** PARALLELISM wird die Ausführung von Komponenten-Workflows parallel angestoßen, d.h., der Kontrollfluß geht zugleich an alle zugeordneten Komponenten-Workflows über. Ein derartiges Kontrollflußkonstrukt kontrolliert die parallele Ausführung von zwei oder mehr *Pfaden*. In graph-orientierten Workflow-Metamodellen (z.B. bei *FlowMark*) wird diese Art des Aufteilens des Kontrollflusses auch als „and-split" oder „totale Weiterleitung" bezeichnet. Gegenstück dazu ist das „and-join" oder die „totale Zusammenführung", wo nach Abschluß des parallelen Abschnitts der nachgeordnete Komponenten-Workflow erst gestartet wird, nachdem alle vorangehenden Komponenten-Workflows fertiggestellt sind. Das Konstrukt PARALLELISM umfaßt auch diesen zweiten Teil der Semantik.

- Mit Hilfe der **bedingten Ausführung** SELECTION läßt sich eine Untermenge der Nachfolger-Workflows zur Ausführung bringen. Hierfür wird jeder *Alternative* eine eigene *Ausführungsbedingung* zugeordnet, die unabhängig ausgewertet wird. Dies kann dazu führen, daß sich mehrere Alternativen für eine Ausführung qualifizieren. Bei der Auswertung dieser Ausführungsbedingung wird man in der Regel auf Workflow-Variablen zugreifen, es ist aber auch denkbar, daß globale Systemzustände außerhalb eines Workflows für dessen Ablauf relevant sind. Auf diese Weise wäre es möglich, ein Workflow-Schema zu realisieren, das sich in Abhängigkeit von der Tageszeit oder von der Auftragslage des Unternehmens unterschiedlich verhält.

- Die **bedingte Ausführung mit gegenseitigem Ausschluß** EXCLUSIVE_SELECTION ist ein häufig benötigter Spezialfall der bedingten Ausführung. Während im vorherigen Fall für jede Alternative die Ausführungsbedingung getrennt und voneinander unabhängig überprüft wird und so ggf. mehrere zur Ausführung gelangen, ist in diesem Fall eine übergreifende Bedingung vorhanden, durch die sichergestellt wird, daß nur ein einziger Komponenten-Workflow zur Ausführung gelangt. Die Semantik entspricht dem ALT-Konstrukt [Böhm96a, S. 68].

- Das Konstrukt für **iterative Ausführung** MULTIPLE wird verwendet, um einen Komponenten-Workflow mehrfach zur Ausführung zuzulassen. (Dies schließt auch den Fall der Nichtausführung ein.)

Als Beispiel einer Ergänzung der primitiven Konstrukte durch komplexere Kontrollflußkonstrukte mit beliebiger Semantik ist in Abb. 4-12 das ALL-Konstrukt eingezeichnet:

- Bei der **freien** oder **aleatorischen Ausführung** ALL wird die Abfolge der einzelnen Komponenten-Workflows nicht vom Workflow-Schema-Designer im vornherein festgelegt, sondern den Workflow-Bearbeitern überlassen. Alle Komponenten-Workflows müssen ausgeführt werden, es spielt aber keine Rolle zu welchem Zeitpunkt. Dies entspricht dem Charakter eines Aufgabenpools oder einer Checkliste, bei der alle erforderlichen Teilschritte abgehakt werden müssen, bevor der gesamte Aufgabenkomplex als erledigt gilt. Wollte man ähnliche Funktionalität in einem Workflow-Metaschemata ohne ein derartiges Konstrukt erreichen, müßte man alle Ausführungsvarianten explizit modellieren. Da bei n Teilschritten n! mögliche Ausführungsreihenfolgen existieren, kann dies zu einer aufwendigen Angelegenheit geraten. Die Verwendung des ALL-Konstrukts stellt hier eine erhebliche Vereinfachung dar.

Sowohl Komponenten-Workflows (ComponentWorkflow) als auch Kontrollflußkonstrukte (ControlFlow) erben die abstrakte Schnittstelle ControlledComponent, wodurch sichergestellt wird, daß Exemplare beider Objekttypen darauf vorbereitet sind, sie beliebig ineinander schachteln zu können. Wendet man dieses Prinzip nun auf Kontrollflußkonstrukte an, so erhält man *zusammengesetzte Kontrollflußkonstrukte*, um die es im nächsten Abschnitt geht.

Zusammengesetzte Kontrollflußkonstrukte

Im vorangegangenen Abschnitt wurden elementare Kontrollflußkonstrukte dargestellt, die jeweils ein einfaches Kooperationsmuster zwischen den beteiligten Komponenten umsetzen. Elementare Konstrukte sind jedoch alleine nicht ausreichend, um praxisrelevante Ablaufprobleme zu lösen, was an folgender Aufgabenstellung (s. Abb. 4-14, links) deutlich wird: Nach der Fertigstellung von Arbeitsschritt A sollen die Schritte C und B parallel ausgeführt werden. Nachdem beide fertiggestellt sind, gelangt Schritt D zur Ausführung.

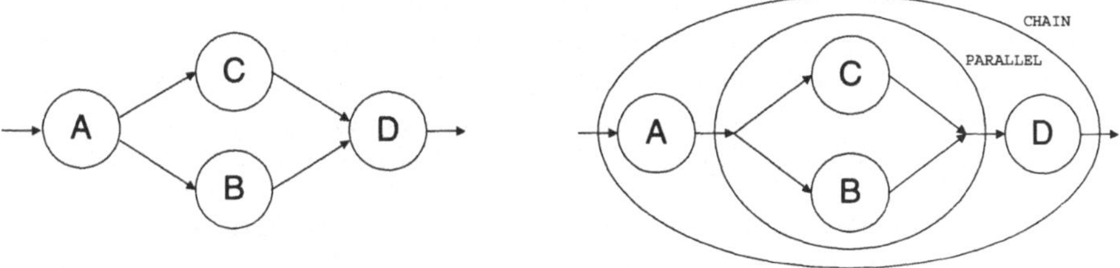

Abb. 4-14: Ablaufschema mit Parallelität und sequentieller Verkettung

Die Lösung des Problems besteht darin, analog zur funktionalen Schachtelung (s. S. 150) eine Komposition von Kontrollflußkonstrukten zuzulassen. Auf diese Weise lassen sich aus den elementaren Konstrukten beliebig komplexe Kontrollflußstrukturen zusammenfügen. Unter Verwendung der eingeführten Bezeichner läßt sich das Ergebnis als Termausdruck (vgl. [Böhm96a]) formulieren; für das oben gezeigte Beispiel entsteht der Ausdruck CHAIN(A,PARALLEL (B,C),D). Ein derartiger Termausdruck läßt sich im ExtRA-Workflow-Metaschema unmittelbar durch Komposition von Kontrollflußkonstrukten umsetzen (s. [Schu99, S. 152]). Die Komposition muß nicht jedesmal von Grund auf aus den elementaren Konstrukten erfolgen. Werden bestimmte Kombinationen besonders häufig benötigt, bietet es sich an, dafür vorkonfigurierte, spezialisierte Fertigkomponenten zu erstellen. Durch Komposition lassen sich außerdem komplexere Kontrollflußkonstrukte wie DELAY und DEADLINE [Jabl94a] realisieren; weitergehende Überlegungen über die Konstruktion oder Spezifikation neuartiger Modellelemente stehen hier aber nicht zur Debatte und sind Gegenstand von [Böhm99b].

Die Verwendung eigenständiger Modellelemente für die Darstellung des Kontrollflusses hat eine Reihe von Vorteilen. Besonders hervorzuheben sind die erhöhte Wiederverwendbarkeit von definierten Kontrollflußstrukturen und die Möglichkeit zur Definition anwendungsspezifischer Steuerungsstrategien.

- **Bildung anwendungsneutraler Templates**: Mit den Kontrollflußkonstrukten lassen sich komplexe Kontrollflußnetzwerke spezifizieren, ohne darin Annahmen über Inhalt oder Realisierung der darin verknüpften Komponenten-Workflows machen zu müssen. Ein einmal erstelltes Kontrollflußschema ist als Gerüst (*Template*) für verschiedene Anwendungen wiederverwendbar; es müssen dazu nur an den vorgesehenen Positionen fachspezifische Implementierungen der Arbeitsschritte „eingeklinkt" werden.
- **Erweiterbarkeit**: Da Kontrollflußkonstrukte explizit und in eigenständigen Objekttypen realisiert sind, ist es möglich, jederzeit neue hinzuzufügen. Klar spezifizierte Schnittstellen erlauben es, Steuerungskomponenten mit eindeutig spezifizierter Semantik im Sinne von „Software-ICs" zu realisieren. Sind Implementierungen mehrerer Kontrollflußkonstrukte in einer geschlossenen Software-Komponente enthalten, ist diese Erweiterbarkeit nicht gegeben.
- **Implementierungsunabhängigkeit**: Zur Realisierung von Kontrollflußkonstrukten sind viele Vorgehensweisen denkbar. Die Entscheidung, welche Implementierungsvariante im Einzelfall am besten geeignet ist, hängt von dessen spezifischen Anforderungen und Randbedingungen ab: Sind Performance-Gesichtspunkte wichtig, führt sicherlich eine „harte Implementierung", etwa durch C++-Programme [Dona99], zu den besten Ergebnissen. Soll dagegen nur das Verhalten eines neuartigen Konstrukts getestet werden, kommt z.B. die Implementierung durch einen Petri-Netz-Simulator (s. [Künz94, Böhm98b]) in Frage.

Die Modellierung des Verhaltensaspekts durch Kontrollflußkonstrukte kommt der Umsetzung mit verteilten Objekten sehr entgegen: jedes Konstrukt wird durch einen speziellen Objekttyp realisiert. Die Erzeugung und Verwaltung von Kontrollflußkonstrukt-Objekten ist Teil der Laufzeitumgebung, die Abschn. 5.5 beschreibt.

Workflow-Scheduler

Der Verhaltensaspekt eines Basis-Workflow-Metamodells ist unvollständig, wenn keine Möglichkeit besteht, zeitliche Abhängigkeiten und Randbedingungen zu modellieren. Komponenten zur Planung und Koordination werden in der Betriebssystemliteratur (s. z.B. [Bach86, Deit84]) als *Scheduler* bezeichnet; in Anlehnung daran werden nachfolgend *Workflow-Scheduler* eingeführt. Dies sind optionale Modellelemente im ExtRA-Workflow-Metaschema, die einem Workflow beigefügt werden können, wenn es darum geht, die gegenseitige Koordination von Workflows zu verwalten, oder wo eine temporale Steuerung gefordert ist.

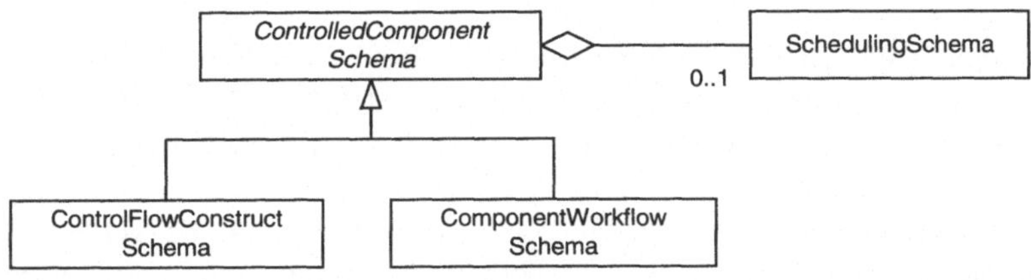

Abb. 4-15: Position des Workflow-Scheduling-Schemas im Basis-Workflow-Metaschema

Ein Scheduler ist gemäß [Tayl95, S. 121] dafür zuständig, den Zeit- bzw. Ablaufplan eines zugeordneten Objektexemplars zu verwalten. Neben der einfachen Aufgabe, zu einem definierten Zeitpunkt die Ausführung eines Workflows zu starten, können Workflow-Scheduler zur Lösung folgender Probleme dienen:

- **Überwachung der Fertigstellung**: Es gibt eine Vielzahl von Ereignissen, die dazu führen, daß ein Workflow nicht wie vorgesehen beendet wird. Beispiele sind Netzwerkausfälle, Systemfehler in Workflow-Applikationen oder im WF-MS selbst, oder Verzögerungen durch menschliche Bearbeiter. Workflow-Schedulern kommt die Aufgabe zu, ggf. Korrekturmaßnahmen einzuleiten.

- **Verwaltung von Fristen und Terminen**: Hier liegt der Grund, warum Scheduler den Workflows nicht direkt zugeordnet sein dürfen, sondern auch für Kontrollflußkonstrukte notwendig sind. Deadlines und Bearbeitungszeiträume sind zumeist an komplexe Abläufe gebunden. Es ist aber nicht wünschenswert, deswegen auch einen eigenen Block definieren zu müssen. Läßt sich das Scheduling auch an den Kontrollfluß binden, lassen sich realitätsnähere Modelle erzeugen. (Beispiel: Interaktive Durchführung einer Prüfung. Teilaufgaben A,B,C dürfen in beliebiger Reihenfolge bearbeitet werden, wobei als Scheduling-Vorgabe eine Gesamtbearbeitungsdauer genau eine Stunde vorgegeben ist. Würde man das Scheduling nur an Workflows festmachen, müßte künstlich ein zusammengesetzter Workflow für die Aufgaben A,B,C eingeführt werden.)

- **Koordination der Ausführung**: Soll im Verlauf der Ausführung eines Workflows auf Geschäftsobjekte und Ressourcen zugegriffen werden, ist es sinnvoll, ihn erst zu starten, wenn sicher ist, daß alle referenzierten bzw. benötigten Ressourcen auch für die Bearbeitung zur Verfügung stehen. Beispiel: Verfügbarkeit eines Druckers für die Ausgabe von 1000 Kopien eines Rundschreibens.

Besonders letztgenannter Punkt rückt Workflow-Scheduler in die Nähe des Operationsaspekts. Dies ist nicht verwunderlich, ist doch die Optimierung der Workflow-Ausführung unter Gesichtspunkten der Ressourcenauslastung eindeutig eine planerische Aufgabe. LUPINO [Lutz88] zeigt, daß KI-Techniken zur Lösung verwendet werden können und daher zur Implementierung von Workflow-Schedulern geeignet sind. Dabei ist im ExtRA-Workflow-Metaschema allerdings keine Einflußnahme der Scheduler auf die eigentliche Ablaufstruktur vorgesehen, denn diese wird hier durch Kontrollflußkonstrukte geregelt.

4.5.3.3   *Modellelemente zur Beschreibung des Operationsaspekts*

Mit Modellelementen des *Operationsaspekts* eines Workflow-Metamodells, der auch als technologischer Aspekt bezeichnet wird [Jabl95b, S. 7], erfolgt die Verknüpfung der Workflow-Schemata mit Anwendungssystemen und Geschäftsobjekten, die während der Ausführung von Workflows benötigt werden. Es wird festgelegt, wie und womit die Aufgabe zu erledigen ist, d.h., es werden die zur Durchführung eines Workflows gebrauchten *Werkzeuge* und *Arbeitsmittel* benannt. Die Arbeits*gegenstände* hingegen (Daten, Dokumente, physische Materialien) gehören nicht in diesen Bereich, sondern werden entweder im Informations-(Unterabschn. 4.5.3.4) oder im Materialaspekt (Unterabschn. 4.5.3.7) behandelt. Da die in einem Arbeitsschritt verarbeiteten oder erzeugten Daten jedoch eng an das dazu verwendete Werkzeug gekoppelt sind, lassen sich diese Aspekte nicht immer streng trennen. So schränkt die Auswahl des Werkzeugs zwangsläufig die Art der Daten ein, die damit verarbeitet werden können – und umgekehrt.

Während der Workflow-Ausführung wird von einem WFMD erwartet, daß er die zur Aufgabenerledigung benötigten Anwendungsprogramme steuert (Unterabschn. 2.5.4). Ein einfaches Modell für diese Steuerung umfaßt mehrere Schritte: (1) das Auffinden eines geeigneten Anwendungsprogramms, (2) dessen Start bzw. die Kontaktaufnahme damit, sowie (3) dessen Bestückung mit den vorgesehenen Eingangsparametern. Während der Bearbeitungsphase (4) ist ggf. die korrekte Ausführung zu überwachen. Sobald das Anwendungssystem nicht mehr benötigt wird, ist es zu beenden (5), bzw. die Verbindung abzubauen. Die Bandbreite verschiedener Anwendungssystem- und Geschäftsobjekttypen macht den wesentlichen Anteil der hohen Komplexität dieses Aspekts aus [Schu96a, Böhm98a]. Beim Workflow-Schema-Entwurf unter rein funktionalen Gesichtspunkten, und noch vielmehr beim Entwurf von Geschäftsprozeß-Modellen, ist es zulässig und sinnvoll, von technischen Details zu abstrahieren. Spätestens aber, wenn eine WFMA tatsächlich in Betrieb gehen soll, kann man der Frage, wie konkrete vorhandene Anwendungsprogramme eingebunden werden, nicht länger aus dem Weg gehen.

Einzelheiten über die Systemumgebung verursachen im Workflow-Schema Kontextabhängigkeit. Ein Workflow-Schema, in das system- oder konfigurationsabhängige Angaben hart kodiert sind, ist in anderer Umgebung nicht mehr ausführbar. Aus diesem Grund muß man nach Kompromissen suchen, mit denen die Ankopplung an die unterschiedlichsten Arten von Anwendungsprogrammen realisiert werden kann, ohne dabei zu starke Kontextabhängigkeit zu verursachen. Auf der Spezifikationsebene lassen sich fünf Neutralitätsanforderungen identifizieren:

- **Anwendungsprogrammneutralität**: Workflow-Schemata sollten unabhängig von konkreten Anwendungsprogrammen sein. Dies hat mehrere Gründe: (1) Anwendungsprogramme sind in der Regel an konkrete Rechner- und Betriebssystemplattformen gebunden und ihre Nutzung unterliegt lizenzrechtlichen Einschränkungen. Es fällt schwer, innerhalb einer größeren Organisation auf allen Arbeitsplätzen das gleiche Repertoire an Anwendungsprogrammen anzubieten. (2) Es gibt nicht selten mehrere alternative Anwendungsprogramme, die vergleichbares Funktionsangebot haben und prinzipiell austauschbar sind. Welches Werkzeug verwendet wird, ist aus Sicht des Arbeitsergebnisses nicht relevant; die Auswahl kann daher den Vorlieben des Anwenders überlassen werden.

- Die Forderung nach **Realisierungsneutralität** besagt, daß Workflow-Schemata wenig Annahmen über die Implementierungsmodelle und die Art der technischen Realisierung der zu integrierenden Anwendungsprogramme machen sollen. Deren Spektrum reicht von Altanwendungen auf Großrechnern über Client/Server- bis hin zu interaktiven Desktop-Anwendungen. Neuerdings wird die Palette durch immer anspruchsvollere Java-basierte Büroanwendungen bereichert, für die auf dem Client-Rechnerknoten Ausführungsumgebungen (insb. Java-fähige WWW-Browser) bereitzustellen sind. In Systemarchitekturen auf der Grundlage der OMA muß der Operationsaspekt außerdem die Integration von BOF-basierten Geschäftsobjekten (Unterabschn. 3.4.4) sowie von nicht standardisierten Anwendungsobjekten (Unterabschn. 3.3.7) berücksichtigen.

- **Infrastrukturneutralität** ist auch bei einem CORBA-basierten WFMD ein Thema, denn die Vielfalt vorhandener (Alt-)Anwendungen ist nun einmal vorhanden und muß auch hier berücksichtigt werden. Es ist nicht davon auszugehen, daß Unternehmen existieren, in denen die CORBA die einzige Middleware darstellt – gewachsene, hochgradige Heterogenität ist der Normalfall. Besonders im Bereich von Client/Server-Anwendungen ist die Bandbreite der technischen Integrationsvarianten enorm (s. hierzu [Schu96a]): Sie umfaßt synchrone und asynchrone Betriebssystem-, API- und RPC-Aufrufe, Batch- und Shell-Skripts, betriebssystemspezifische Kommunikationsmechanismen, verschiedenste Varianten nachrichtenbasierter Middleware sowie TP-Monitore. Aufgrund ihrer wirtschaftlichen Bedeutung verdient die Integration von Anwendungen und Software-Komponenten auf Grundlage von ActiveX bzw. DCOM (s. Abschn. 3.2.2) besondere Aufmerksamkeit.

- **Konfigurationsneutralität** soll Workflow-Schemata vor Abhängigkeit gegenüber ständigen Versions- und Lokationsänderungen von Diensten und Anwendungen bewahren. Die Konfiguration installierter Software-Systeme mit konkreten Rechner- und Einsprungadressen, Zugriffsrechten und Verzeichnispfaden ist Gegenstand des *Systems Management* (Unterabschn. 3.3.5.3) und führt ein vom WFMD unabhängiges Eigenleben. Innerhalb der Software-Infrastruktur größerer Organisationen sind Dienste und Server aber nicht nur einer ständigen Rekonfiguration unterworfen; sie sind auch aus technischen Gründen nicht immer verfügbar. Nur wenn vom Workflow-Schemata keine verbindliche Konfiguration vorgeschrieben wird, bleibt die Möglichkeit, zur Laufzeit – je nach aktueller Verfügbarkeit – über die tatsächliche Bindung zu entscheiden.

- **Anwenderneutralität**: Viele Anwendungsprogramme bieten die Möglichkeit, benutzer- oder aufgabenspezifische Einstellungen vorzunehmen. Damit ist nicht nur die „oberflächliche" Konfiguration der Benutzerschnittstelle (Menü-leisten, Schriftarten und Farbeinstellungen) gemeint, sondern auch der Zugriff auf Wörterbücher sowie Bibliotheken mit individuellen Textbausteinen. Je nachdem, welchem Anwender eine Aufgabe zugewiesen wird, sollte seine per-sönliche, der Aufgabenstellung angepaßte, Arbeitsumgebung bereitgestellt werden. Da diese Angaben ausschließlich auf das Benutzerprofil zugeschnitten sind, dürfen sich diese ebenfalls nicht im Workflow-Schema finden.

Um alle Neutralitätsanforderungen zu erfüllen, muß zur Abschirmung der Work-flow-Schemata vor konkreten Anwendungssystemumgebungen eine Schicht ge-eigneter Abstraktionen eingeführt werden. Dem WFMD gegenüber ist eine uni-forme Ankopplungsschnittstelle anzubieten, die es erlaubt, Workflow-Schemata auf hoher Abstraktionsebene zu behandeln. Die in heutigen WFMS durchweg an-zutreffende, direkte Einarbeitung der Spezifika konkreter Anwendungssysteme ins Workflow-Schema stellt einen erheblichen Mangel dar, denn die Portabilität derart spezifizierter Workflow-Schemata ist nachhaltig eingeschränkt. Wäre der Organi-sationsaspekt ähnlich schlicht gestaltet, ließen sich ausschließlich konkrete Perso-nen für die Ausführung von Workflows vorsehen.

Zwischen der Aufgabe der Akteurselektion im Organisationsaspekt und der Problematik der Ressourcen- und Anwendungsprogrammselektion im Operations-aspekt besteht eine enge Verwandtschaft. Nachfolgend wird gezeigt, wie sich Er-fahrungen und Techniken aus dem Bereich des Organisationsaspekts [Bußl95, Bußl98a] verallgemeinern lassen, um sie im Kontext der Anwendungsintegration zu nutzen. Auf dem Weg zu einer systematischen Selektion von Anwendungspro-grammen steht an erster Stelle eine Modellierung der Eigenschaften und Zusam-menhänge, die den vorhandenen Anwendungssystemen und Objekten einer Orga-nisation zugeordnet werden können. Resultat einer derartigen Modellierung ist ein – von Workflow-Schemata losgelöstes – *Anwendungssystem- und Ressourcen-schema*, in dem sich die aktuelle Konfiguration der Anwendungssysteme der Or-ganisation als Ausprägung darstellen läßt. Detaillierungsgrad und Ausgestaltung des Schemas werden von der Erfordernissen der jeweiligen Anwendungsumge-bung bestimmt und lassen sich nicht generell angeben. Entscheidend ist, daß in diesem Schema all diejenigen Eigenschaften formulierbar sein müssen, die später für die Anwendungs- und Ressourcenauswahl herangezogen werden.

In Anbetracht der Neutralitätsanforderungen ist leicht einzusehen, daß eine ausgeklügelte Anwendungs- und Ressourcenauswahl eine Vielzahl von Einfluß-faktoren zu berücksichtigen hat. Auch ist offensichtlich, daß zur Beschreibung der Konfiguration eines Kleinunternehmens mit einem homogenen PC-Netzwerk ein ungleich geringerer Aufwand notwendig ist als bei einem Großkonzern mit meh-reren tausend Einzelanwendungen (s. z.B. [Brod97, S. 7]). Ziel muß in jedem Fall eine realitätsnahe und aufgabenangemessene Modellierung sein. Jeder Versuch, ein für alle Größenordnungen und organisatorischen Gegebenheiten gleicherma-ßen gültiges Schema vorgeben zu wollen, ist zum Scheitern verurteilt. Insbesonde-re darf die Einführung zusätzlicher Indirektionen im Workflow-Metaschema nicht hinderlich wirken und die Modellierung einfacher Fälle zum Problem gestalten.

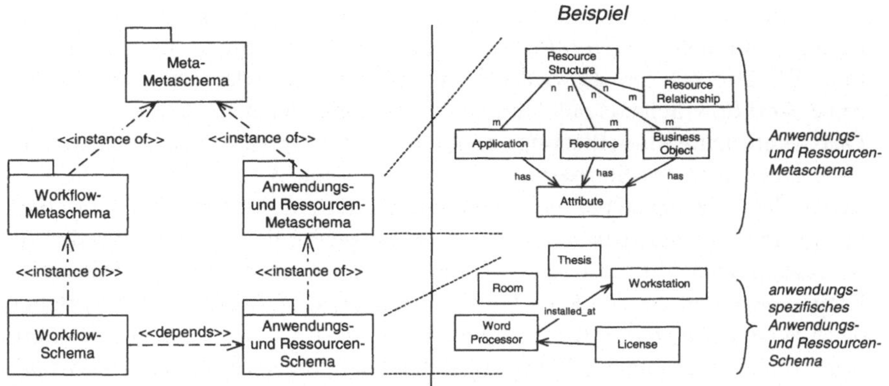

Abb. 4-16: Workflow-Schemata und Anwendungs- und Ressourcenschema

Wo die direkte Adressierung von Ressourcen ausdrücklich gefordert wird, muß es
möglich sein, dies im Workflow-Schema umzusetzen. In [Stei97] wird z.B. eine
WFMA dokumentiert, bei der gefordert ist, daß der Ausdruck eines Dokuments
zwecks sofortiger Unterschrift auf dem jeweiligen Arbeitsplatz- oder Abteilungs-
drucker des Autors erfolgt. Die Ressourcenauswahl wird hier vom konkreten
Standort bzw. Arbeitsplatz des Mitarbeiters beeinflußt. Wir schlagen vor, für derartige Probleme das Konzept räumlicher Metaphern aus dem CSCW-Bereich zu
nutzen (s. z.B. [Fitz96]). Verteilte Objektdienste und konkrete Ressourcen werden
dort zu Räumen und Arbeitsumgebungen (*places* und *locales*) gruppiert. Die
Menge der Dienste und Ressourcen, die einem Anwender zur Verfügung stehen
(locale services), wird bestimmt von seinem Aufenthaltsort, von den technischen
Möglichkeiten seines Arbeitsplatzrechners sowie von Zugriffs- und Nutzungs-
rechten, die der Benutzer innehat. Dies schließt insbesondere den Erwerb von
Rechten durch Zugehörigkeit zu organisatorischen Einheiten, also Arbeitsgruppen
oder Abteilungen, ein. Mit einer Workflow-Sprache, die derartige Konzepte kennt,
sind Workflow-Schema formulierbar, die festlegen, daß bei einer Ausführung jeweils die lokalen Dienste zu verwenden sind, jedoch ohne diese im Schema konkret zu adressieren. Die Konfiguration und Pflege der aktuellen Zuordnungen
bleibt dem Systems Management vorbehalten und ist unabhängig vom WFMD.
    Obwohl keine allgemeingültige Modellierung des Anwendungs- und Ressour-
censchemas angegeben werden kann, so können doch die nachfolgenden drei Anforderungen als Richtlinien bei dessen Gestaltung dienen:

- **Einführung von Anwendungsprogrammklassen**: Statt konkrete Anwendungsprogramme zu referenzieren, sollen Workflow-Schema mit Programmgruppen
  [Hein97, S. 369] oder Klassen von Anwendungsprogrammen (bzw. Betriebsmitteln) operieren. Diese, im VORTEL-Projekt erstmalig [Bapa96, S. 27] realisierte Vorgehensweise ermöglicht eine weitgehende Anwendungsneutralität,
  denn im Workflow-Schema wird lediglich festgelegt, mit welchem Typ von
  Anwendungsprogramm die gegebene Aufgabe zu erledigen ist – die Entscheidung, welche Ressource im Einzelfall ausgewählt wird, fällt erst zur Laufzeit.

Die Bildung bzw. Definition von Anwendungsprogrammklassen muß unabhängig von konkreten Workflow-Schemata geschehen. Einerseits, um in mehreren Workflow-Schemata wiederverwendbar zu sein, andererseits, um das einzelne Workflow-Schema nicht mit unnötiger Komplexität zu belasten.

- **OMG-konforme Modellierung von Arbeitsplatzeigenschaften**: Die OMG hat im Rahmen der CBO-Standardisierung (Unterabschn. 3.4.2.3) abstrakte Schnittstellen für arbeitsplatzbezogene Ressourcen festgelegt [OMG98f]: (a) Eine Schnittstelle für die Arbeitsumgebung (Workspace), die einem Anwender zur Verfügung steht, (b) die Ressourcen, auf die im Kontext dieser Arbeitsumgebung zugegriffen werden kann (AbstractResource) und (c) die Repräsentation einer Person (AbstractPerson) in ihrer Rolle als Anwender (User) einer Software. Modellelemente im Workflow-Metamodell, die der Benutzer- und Konfigurationsneutralität dienen, müssen mit diesem Modell integriert werden. Dazu ist eine erhebliche Erweiterung des Modells in [OMG98f] notwendig, denn die dort getroffenen Annahmen sind für die Nutzung im Kontext von Workflow-Management zu unspezifisch. Insbesondere ist es notwendig, die Eigenschaften und Funktionen der Arbeitsumgebung zugeordneter Dienste und Ressourcen präziser zu charakterisieren, um auf dieser Grundlage eine automatische Auswahl durch den WFMD zu erlauben.

- **Integration standardisierter Dienste**: CORBAfacilities (Unterabschn. 3.3.5) können im Kontext eines OMG-konformen WFMD als bekannt vorausgesetzt werden; demzufolge kann auf deren detaillierte Modellierung verzichtet werden. Workflow-Schemata, zu deren Abarbeitung CORBAfacilities benötigt werden, erfüllen in OMG-konformen Umgebung automatisch die Anforderungen nach Infrastruktur- und Realisierungsneutralität. Dennoch gilt es einige Aspekte gesondert zu betrachten: Erstens muß ein einheitliches Verfahren existieren, mit dem alle standardisierten Dienste eindeutig adressiert werden können. Die OMG hat es bisher versäumt, ein derartiges Verfahren festzulegen; auch eine verbindliche Systematik zur Benennung der Dienste wird nicht vorgegeben. Zweitens kann nicht vorausgesetzt werden, daß in jeder Installation der vollständige Satz von CORBAfacilities verfügbar ist. Um zumindest eine Erkennung zu ermöglichen, ob ein gegebenes Workflow-Schema in einer vorhandenen Systemumgebung ausführbar ist, ist die Nennung der benötigten Dienste als Teil der Ausführbarkeitsvoraussetzungen eines Workflow-Schemas wichtig. Drittens ist es wahrscheinlich, daß Implementierungen von CORBAfacilities in mancher Hinsicht den Standard übertreffen. Soll von derartigen zusätzlichen Eigenschaften Gebrauch gemacht werden (etwa besondere QoS-Parameter), sind diese ebenfalls zu modellieren.

Unter Berücksichtigung dieser Anforderungen wird deutlich, daß zur Modellierung des Operationsaspekts in einem Basis-Workflow-Metamodell nur wenige Fixpunkte bleiben, die sich unabhängig vom jeweiligen Anwendungs- und Ressourcenschema formulieren lassen. Es läßt sich letztlich nicht viel mehr als der Umstand modellieren, daß auf der Grundlage einer Vorgabe Anwendungsobjekte zur Verarbeitung auszuwählen sind. Zu diesem Zweck wird jedem elementaren Workflow ein Mechanismus zur Auffinden seiner Anwendungsobjekte zugeordnet, ein sog. ApplicationObjectLocator. Dessen Aufgabe ist es, zur Laufzeit auf der

Grundlage des spezifischen Anwendungs- und Ressourcenschemas und ggf. unter Einbeziehung von Anwendervorlieben und -rechten diejenigen Anwendungsobjekte und Betriebsmittel zu ermitteln, die zur Workflow-Ausführung herangezogen werden. Der ApplicationObjectLocator liefert Referenzen auf ein oder mehrere ApplicationObjectWrapper, die die eigentlichen Anwendungsobjekte einkapseln und gegenüber dem WFMD eine einheitliche Ausführungsschnittstelle anbieten.

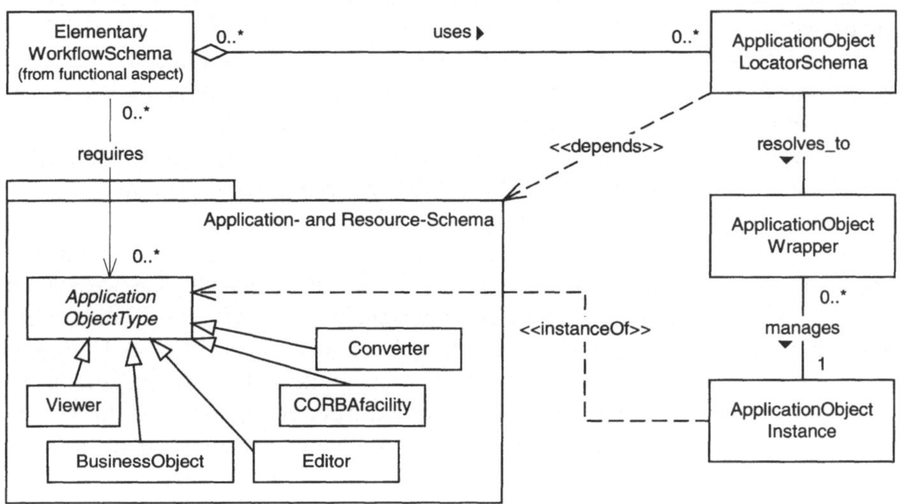

Abb. 4-17: Modellelemente zur Beschreibung des Operationsaspekts

Für eine konkrete Implementierung sind „generische Erweiterungen" (Unterabschn. 4.5.2) notwendig, in der verschiedene Untertypen von ApplicationObjectLocator abgeleitet werden. Um beispielsweise das simple Integrationsmodell der meisten Workflow-Management-Produkte zu realisieren, genügt ein SimpleApplicationObjectLocator, der als Resultat seines „Auswahlprozesses" stets den Verweis auf genau das gleiche, fest vorgegebene Anwendungsobjekt zurückliefert.

Eine explizite Modellierung von Nutzungsbeziehungen im Operationsaspekt spielt nicht nur zur Unterstützung der Ausführung eine wichtige Rolle, sondern auch bei der Portierung eines Workflow-Schemas in andere Umgebungen. Um zu klären, ob in der neuen Umgebung alle Voraussetzungen gegeben sind, um Workflow-Exemplare gemäß dem Schema auszuführen, muß man die Menge aller Anwendungen und Objekte kennen, die im Verlauf der Ausführung eines Workflow-Exemplars potentiell gebraucht werden.

4.5.3.4 *Modellelemente zur Beschreibung des Informationsaspekts*

Der *Informationsaspekt* (s. [Jabl96c, S. 136 f.]) eines Workflow-Metaschemas beschreibt, welche *Arbeitsgegenstände* (z.B. Daten, Dokumente) in einer WFMA benutzt, verwaltet oder erzeugt werden, und zwischen welchen Tätigkeiten sie auszutauschen sind. Um präziser darüber sprechen zu können, sind verschiedene Arten von Daten zu unterscheiden: Daten, die von externen Anwendungssystemen verarbeitet werden und damit unabhängig von WFMS existieren, werden als *Anwendungsdaten* bezeichnet [Schu97f, S. 71], oft werden auch die Synonyme *Nutzdaten* [Jabl95a, S. 20] oder *Produktionsdaten* [Jabl95c] verwendet. Sie sind zu unterscheiden von denjenigen Daten, die ihre Existenz ausschließlich der WFMA verdanken, zu deren Betrieb sie gebraucht werden: sog. *workflow-interne Daten* (deren weitere Differenzierung findet sich in [Schu97f, S. 71]). Eine Mischform sind *workflow-relevante Anwendungsdaten*, also Anwendungsdaten, die vom WFMS zur Entscheidung über den Fortgang der Workflow-Ausführung verwendet werden. In [Jabl95a, S. 20] ist daher auch von *Kontrolldaten* die Rede.

Der Austausch von Ergebnissen zwischen den einzelnen Tätigkeiten eines Arbeitsablaufs besitzt auf den ersten Blick Ähnlichkeit mit der Weitergabe von Parametern an Software-Module. Bei genauer Betrachtung stellt man jedoch fest, daß sich die Übergabe von Arbeitsgegenständen in der Realität sowohl in der Pragmatik als auch in der Granularität der weitergereichten Objekte wesentlich von der in Programmierumgebungen unterscheidet. Zunächst soll die unterschiedliche Handhabung aufgezeigt werden: Werden beim Aufruf eines Unterprogramms Aktualparameter benötigt, wird gleichsam unterstellt, daß die Gesamtheit der Parameter vom Aufrufer im Moment des Aufrufs übergeben wird. In der Semantik einer üblichen Aufrufanweisung (CALL) bilden das Bereitstellen der Parameter und der eigentliche Funktionsaufruf eine Einheit. In WFMA ist diese Verknüpfung nicht zulässig. Die notwendigen Daten für einen Workflow müssen weder von einem einzigen noch unbedingt vom direkten Vorgänger-Workflow bereitgestellt werden. Arbeitsschritte können Daten benötigen, die Ergebnis von zeitlich und räumlich entkoppelten Tätigkeiten sind. Im Zusammenhang mit der Modellierung der Weitergabe von Arbeitsergebnissen in Workflows spielt diese Entkopplung eine große Rolle. Es bietet es sich an, die in [Wied92a, S. 92] vorgeschlagene Dreiteilung in voneinander unterscheidbare Schritte zu übernehmen:

1. Versorgungsphase: Während der ersten Phase (SUPPLY) werden Subworkflows mit Parametern versorgt. Dabei ist die Reihenfolge, in der dies geschieht, unerheblich. Solange die zweite Phase nicht begonnen hat, kann sogar ein Überschreiben bereits belegter Parameter zugelassen werden. Einzige Vorbedingung für die Versorgungsphase ist die Existenz eines Objektexemplars, an das die Parameter übergeben werden.

2. Ausführungsphase: Der zweite Schritt besteht aus dem eigentlichen Aufruf (INVOKE), dem Start der Workflow-Ausführung. Dieser ist erst zulässig, nachdem in der Versorgungsphase für alle Eingabeparameter, für die kein Default-Wert spezifiziert wurde, ein Wert bereitgestellt wurde. Während der Ausführung kann ggf. der Zugriff auf Zwischenergebnisse gewährt werden. Wird dies gewünscht, sind hierfür anwendungsspezifische Operationen vorzusehen.

3. Extraktionsphase: Nach Abschluß der Bearbeitung können die bereitgestellten Ergebnisdaten eines Workflow-Objekts abgeholt werden (EXTRACT-Phase).

Durch die Aufspaltung der Datenübergabe und Ausführung in drei Phasen wird insbesondere der Aspekt der Asynchronität betont, denn zwischen dem „Startschuß" für die Ausführung und der Fertigstellung des Workflows wird zumeist ein längerer Zeitabschnitt vergehen. Gut geeignet ist der Ansatz auch zur Modellierung der Programmverknüpfung mit Hilfe von Ein- und Ausgabedateien, die bei der Integration von Altsystemen oft den einzig gangbaren Weg darstellt [Drew93].

Der zweite wichtige Bereich ist die Granularität von Objekttypen, die Arbeitsergebnisse repräsentieren. Bearbeitungsgegenstände von Büroabläufen sind komplexe Objekte, z.B. Berichte, Stellungnahmen oder Buchungen. Der Anteil derjenigen Entitätstypen, die weitestgehend als Dokumente bezeichnet werden können, ist so hoch, daß es Systeme gibt, die ausschließlich vom Paradigma der Dokumentbearbeitung und -weiterleitung geprägt sind (z.B. *DEC LinkWorks*). Die Spezialisierung der Systeme schlägt sich ihrem Workflow-Metaschema nieder und zwingt den Workflow-Schema-Designer dazu, alle ausgetauschten Objekte als spezielle „Dokumenttypen" zu behandeln. Je nach Anwendungsumfeld führt dies zu unterschiedlich guten Modellierungsergebnissen. Um im Basis-Workflow-Metamodell eine derartige Einschränkung zu vermeiden, ist eine weitergehende Abstraktion zu fordern, die es erlaubt, (Verweise auf) beliebige Objekttypen aus dem Anwendungsumfeld – Geschäftsobjekte eben – als Arbeitsergebnisse auszutauschen. Eine derartige Modellierung ist notwendig, wenn das Ziel der Integration von Workflow-Management mit einem objektorientierten Unternehmensmodell erreicht werden soll. Die in WFMS übliche, separate Modellierung von „Daten" widerspricht ohnehin dem Grundanliegen der Objektorientierung. Hier ist eine an den Objekten und Beziehungen der Realität orientierte Sicht vorzuziehen und es sollte daher besser von einem „*Objektfluß*" gesprochen werden. In gleicher Weise sind auch die Begriffe aus der Einleitung dieses Unterabschnitts zu präzisieren. Statt Anwendungs*daten* muß man von Anwendungs*objekten* (oder von Produktions*objekten*) sprechen. Aus workflow-internen Daten werden *workflow-interne Objekte*, die von *workflow-relevanten Anwendungsobjekten* zu unterscheiden sind.

Aus technischer Sicht gibt es mehrere Alternativen, den Objektfluß zu realisieren. Dabei können die gebotenen Hilfsmittel verteilter Objektverwaltungssysteme direkt genutzt werden; CORBA ist in der Lage, komplexe Objekte zu transportieren. Voraussetzung ist allerdings, daß deren Struktur mit IDL beschrieben werden kann. Dies ist keineswegs immer der Fall, denn oft stehen Informationen über den internen Aufbau dieser Objekte nicht zur Verfügung. Sind z.B. Dateien als Parameter weiterzugeben, bleibt nur der Rückzug auf die Modellierung eines Surrogats, das als Stellvertreter die im Zusammenhang des Modells relevanten Eigenschaften bündelt. Hierzu gehören Metadaten über das Basisobjekt, insbesondere zur eindeutige Identifikation, sowie ggf. weitere anwendungsrelevante Eigenschaften. Die Beschreibung der Anwendungsobjekte, die an Workflows übergeben werden, geschieht mit dem Ziel, folgende Funktionen zu erreichen:

- Überprüfung der Vollständigkeit aller Parameterobjekte,
- Überprüfung der Typkonformität und
- Nachweis, auf welche Ressourcen im Verlauf des Workflows zugegriffen wird.

Häufig sind in Workflows folgende Anwendungsobjekttypen anzutreffen: Einfache Datentypen und Identifikatoren, Referenzen auf Dokumente und Geschäftsobjekte. Deren Modellierung darf jedoch nicht Gegenstand der Workflow-Modellierung sein, denn sie findet sich bereits in einem unternehmensweiten Datenbankschema, in diversen Subschemata davon oder in einem Data Dictionary, wo die Entitätstypen der jeweiligen Anwendungsdomäne modelliert werden.

Abb. 4-18 zeigt die Abhängigkeiten der genannten Schemata und Metaschemata. Es wird deutlich, daß zur Formulierung von Workflow-Schemata die Kenntnis derjenigen Objektschemata notwendig ist, deren Anwendungsobjekte im Rahmen der Workflow-Ausführung zu manipulieren sind. Informations-Metaschemata werden in der Praxis durch Schema-Beschreibungssprachen umgesetzt. Deren Spektrum reicht von generischen Sprachen (SQL DDL, UML, XML) bis hin zu solchen, die auf die spezifische Modellierungszwecke einer Branche oder Anwendung zugeschnitten sind, z.B. STEP EXPRESS und SGML. Auf der gleichen Ebene ist auch das Metaschema der Business Object Facility anzusiedeln [OMG98e].

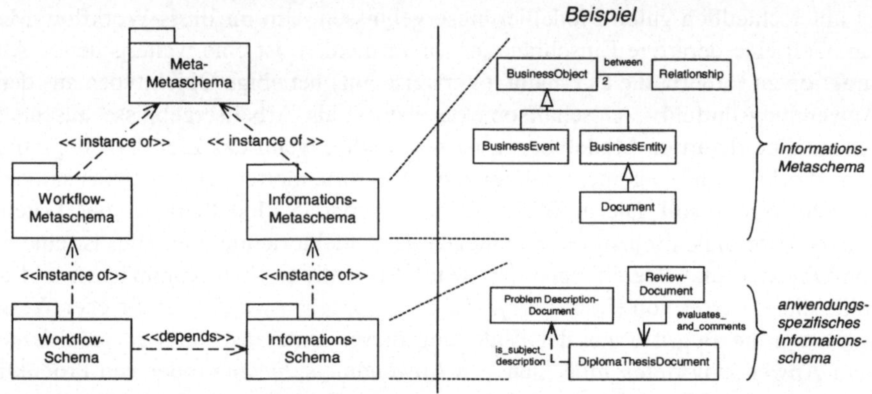

Abb. 4-18: Workflow-Metaschema und anwendungsspezifische Informationsschemata

Aus den Ausführungen lassen sich mindestens drei Neutralitätsanforderungen an ein Workflow-Metaschema ableiten:

- Die Forderung nach **Parameterobjektneutralität** ist offensichtlich und besagt, daß in Workflow-Schemata nicht mit konkreten Parameterobjekten umgegangen werden darf. CORBA-Objektreferenzen oder gar feste Speicheradressen dürfen nicht in das Schema eingearbeitet werden. Statt dessen soll mit logischen Bezeichnern gearbeitet werden, die beispielsweise mit Hilfe eines Namensdienstes aufgelöst werden.

- **Informationsschemaneutralität**: Es existiert eine unendliche Vielfalt von Anwendungsobjekttypen, die potentiell in Workflows ausgetauscht werden – von einfachen Datentypen über fachspezifische ADTs (z.B. Zinssatz, Kontonummer) bis hin zu komplex strukturierten Multimedia-Dokumenttypen (z.B. Antragsformular, Produktkatalog). Deren Modellierung und Verwaltung erfolgt außerhalb des WFMD in einem unternehmensweiten Daten- bzw. Objektschema und hat einen eigenständigen Lebenszyklus. Die übliche Praxis, diese mit Mitteln des Workflow-Metaschemas erneut nachzubilden, wozu lediglich fest definierte

Objekttypen zur Verfügung stehen, kann nur als Kompromißlösung bewertet werden. Zwar gilt einerseits, daß eine starke Abhängigkeit vom Informationsschema des Unternehmens der Portabilität der entstehenden Workflow-Schemata nicht zuträglich ist. Andererseits, je spezifischer Parametertypen modelliert sind, desto sicherer ist eine Typüberprüfung möglich (GIF-Datei statt IMAGE oder Zinssatz statt INTEGER). Im Einzelfall ist ein Kompromiß zu suchen.

- **Infrastrukturneutralität**: Die Bereitstellung von Parameterobjekten muß nicht zwangsläufig durch andere (Vorgänger-)Workflows erfolgen. In einem offenen System können die Eingangsparameter von Workflows auch von anderen Komponenten bestückt werden, und auch die Ergebnisse stehen frei zur Verfügung.

Diesen Anforderungen wird die Modellierung im ExtRA-Workflow-Metaschema weitgehend gerecht. Die Menge der Geschäftsobjekte, die im Umfeld einer Workflow-Ausführung zum Einsatz gelangen, wird in Anlehnung an [Wäch90, S. 26] als *Workflow-Kontext* bezeichnet. Das Konzept der Workflow-Kontexte läßt sich anschaulich mit Ein- und Ausgabekörben bei manuellen Tätigkeiten vergleichen. Diese intuitive Verständlichkeit ist der Grund, warum sich ähnliche Konzepte im Metaschema von *FlowMark* [Leym94a, Alon95] und beim Arjuna-Projekt [Rann-97, Rann98, Whea98] finden. Abb. 4-19 verdeutlicht das Prinzip:

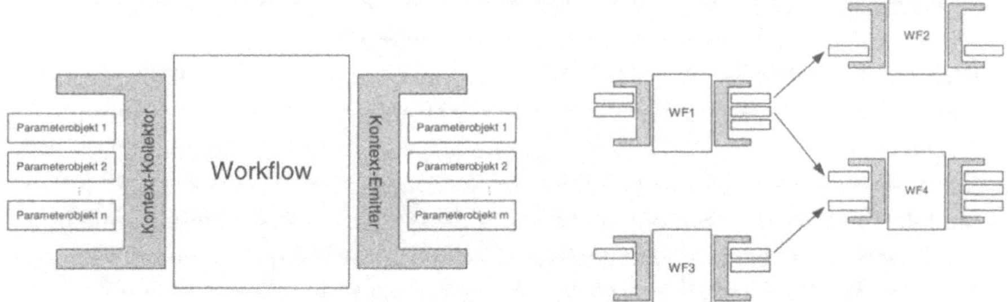

Abb. 4-19: Übergabe von Parameterobjekten zwischen Subworkflows

Für die Verarbeitung der Parameterobjekte wird folgende Modellierung vorgeschlagen, die in Abb. 4-20 in UML-Notation dargestellt ist.

- **Ein- und Ausgabekontext**: Jedem Workflow sind zwei Kontext-Konnektoren zugeordnet, denen die Aufgabe zukommt, Parameterobjekte aufzunehmen bzw. bereitzustellen. Es werden zwei Arten unterschieden: Der Eingabekontext (InputContext) nimmt Objektreferenzen auf, die als Parameter zur Ausführung übergeben werden, und bietet daher Operationen zur Versorgung an. Der Ausgabekontext (OutputContext) enthält Parameterobjekte, die während der Ausführung erzeugt und für die nachfolgende Bearbeitung bereitgestellt werden.

- **Platzhalter für Parameterobjekte**: Innerhalb jedes Kontexts gibt es eine beliebige Menge von Platzhaltern (PlaceHolder), die mit Hilfe eines Rollennamens eindeutig voneinander unterscheidbar sind. Rollennamen sind zum einen notwendig, um mehrere Aktualparameter gleichen Typs voneinander zu unterscheiden, zum anderen sind sie es, über die die Implementierung des Workflows auf die Parameterobjekte zugreift. Ein Parameterobjekt vom Typ „Word-Dokument" könnte beispielsweise den Rollennamen „Aufgabenstellung" erhalten. Platzhalter müssen für jedes Parameterobjekt Schreib- und Leserechte verwalten. Auf diese Weise lassen sich zwei wünschenswerte Eigenschaften erreichen: Handelt es sich um einen Platzhalter im Eingabekontext, läßt sich über die Zugriffsrechte steuern, wie lange Aktualisierungen der Parameterobjekte zulässig sind. In Ausnahmefällen kann es sinnvoll sein, eine Aktualisierung auch dann zuzulassen, wenn die Workflow-Ausführung bereits begonnen hat. Analog kann es Fälle geben, wo ein Teil- oder Zwischenergebnis bereits im Ausgabekontext plaziert ist, bevor der Workflow vollständig abgeschlossen ist.

- **Semantische Beschreibung**: Jedem Platzhalter kann eine Beschreibung (SemanticDescription) zugeordnet sein, die Auskunft gibt, welche Inhalte das Parameterobjekt bereitstellen soll. Diese Information kann ergänzend zu der rein signatur-basierenden Typbeschreibung bereitgestellt werden.

- **Zusicherungen**: An jeden Platzhalter können Zusicherungen (Constraints) geknüpft werden. Damit werden formale Randbedingungen ausgedrückt, die mögliche Inhalte konkreter Parameterobjekte einschränken. Eine typische derartige Einschränkung ist die des zulässigen Wertebereichs für Ausprägungen (Range). Auch Vorgabewerte (DefaultValue) werden als Zusicherungen modelliert. Diese kommen zum Einsatz, wenn der Platzhalter als „optional" gekennzeichnet wurde und kein Parameterobjekt zugewiesen wurde.

- **Strenge Typbildung**: Auf Platzhalter dürfen nur Parameterobjekte eingesetzt werden, die dem geforderten Objekttyp entsprechen. Für die Modellierung von Typen wird aus dem MOF-Meta-Metamodell das abstrakte Element MOF: :Model::Classifier herangezogen. Spezielle Subtypen davon sind *Klassen* (MOF:: Model::Class) und – beliebig komplexe – *Datentypen* (MOF::Model::DataType). Beide gehen aus dem anwendungsspezifischen Informationsschema hervor. Als konkrete Parameterobjekte sind nur Ausprägungen des spezifizierten Typs zulässig, die Zuweisung von anderen Parameterobjekttypen wird abgelehnt.

- **Modellierung durch CORBA-Objekte**: Sämtliche dargestellten Modellelemente – einschließlich der Parameterobjekte – werden als CORBA-Objekte mit operationalen IDL-Schnittstellen ausgeführt. Grundsätzlich kann ein Parameterobjekt von beliebigem Typ sein, solange es ein CORBA-Objekt ist. Im Standard ist hierfür der allgemeine Objekttyp `CORBA::Object` vordefiniert. Eine entsprechende Parameterobjektdefinition würde die Zuweisung beliebiger Objekte akzeptieren und hätte den „TypeCode" `CORBA::_tc_any`. Obwohl derartige Konstruktionen auf den ersten Blick flexibel und mächtig erscheinen, sollten sie beim Entwurf von Workflow-Schemata dennoch vermieden werden. Nur durch eine strenge Typbildung (s. vorheriger Punkt) kann sichergestellt werden, daß die Implementierung des Workflows korrekt mit dem Parameterobjekt umgehen kann. Gegenüber einer schwachen Typbildung ergibt sich also beim Workflow-Schema-Design der Vorteil, nicht zusammenpassende Workflow-Schemata automatisch erkennen zu können.

Abb. 4-20 faßt die Zusammenhänge der geschilderten Modellelemente als statisches Strukturdiagramm gemäß UML zusammen:

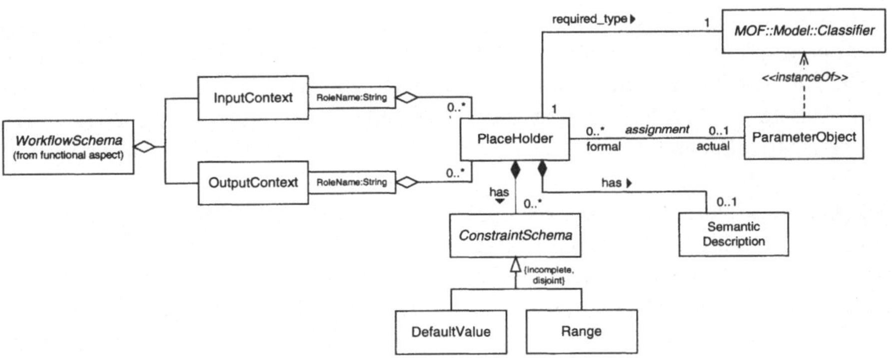

Abb. 4-20: Modellelemente zur Beschreibung des Informationsaspekts

Der Informationsaspekt muß in künftigen Workflow-Metaschemata weniger in der klassischen Rolle gemäß [Jabl96c, S. 136 f.], also als Mittel zur Definition eines Datenflusses zwischen Datenquellen und -senken, sondern als pure Verknüpfung von Objekttypen gesehen werden, mit denen im Rahmen der Workflow-Ausführung kommuniziert wird. Die Implementierung eines Workflow-Typs ist darauf vorbereitet, mit bestimmten Geschäftsobjekttypen zu kommunizieren; demnach hat es natürlich Sinn, deren Typ zu spezifizieren – nicht jedoch die Einzelheiten der Kommunikation. Ein Workflow, der eine Kontobewegung durchführen soll, muß zu mindestens zwei Kontoobjekten eine Verbindung herstellen. Eine Modellierung des Datenflusses wird bestenfalls erforderlich, wenn in den Kommunikationskanal Transformations- oder Aufbereitungsfunktionen eingeschaltet werden sollen. Aus diesem Grund läßt sich in vielen Fällen der Modellierung eine Trennung des operationalen und des Informationsaspekts nicht aufrechterhalten.

4.5.3.5 Modellelemente zur Beschreibung des Organisationsaspekts

Einer der grundlegenden Unterschiede zwischen Workflow-Management und anderen Bereichen der Informatik besteht darin, daß bei der Workflow-Modellierung im Modell selbst die Teilnahme menschlicher Bearbeiter modelliert werden muß (s. [Curt92, S. 75]). Stärker als bei passiven Informationssystemen wird der Bearbeiter eines Workflows gewissermaßen zum Teil des Systems, denn auch er erbringt Dienste. In objektorientierten Methodologien taucht der Mensch nur als Benutzer in Anwendungsfallmodellen auf; für die anschließende Konzeption der Software spielt er eine untergeordnete Rolle, insbesondere werden seine Eigenschaften und seine besonderen „QoS-Parameter" nicht modelliert.

Die bisher eingeführten Modellelemente erlauben es zu spezifizieren, was im Verlauf eines Workflows ausgeführt und wie und womit es durchgeführt wird. Ein Workflow-Schema, das nur diese drei Aspekte enthält, kann durchaus nützlich sein, etwa wenn es nur darum geht, alle notwendige Teilaufgaben eines Ablaufs zu dokumentieren, z.B. zur zeitlichen Aufwandsabschätzung oder Vollständigkeitskontrolle mit einer Checkliste. Eine vollständige Handlungsanweisung, und erst recht eine solche, die von einem WFMS interpretiert werden soll, muß stets auch vorgeben, wer für die Erledigung einer Aufgabe zu sorgen hat, bzw. nach welcher Verteilstrategie Arbeitseinheiten den Mitarbeitern zur Ausführung zugewiesen werden. Modellelemente, die dies erlauben, fallen unter den *Organisationsaspekt*.

Die operative Auswahl von Mitarbeitern für die Workflow-Ausführung erfolgt beispielsweise aufgrund von Kompetenzen, Fähigkeiten, Zuständigkeiten oder aufgrund der Zugehörigkeit zu organisatorischen Einheiten. Damit dies möglich wird, muß (a) die Organisationsstruktur in einem *Organisationsschema* modelliert und (b) die aktuelle Population der Organisation verwaltet werden. Beides kann unabhängig vom Workflow-Management geschehen [Ditt95, Bußl98a]. Berücksichtigt man die Anforderung der Dienstorthogonalität und den Umstand, daß in der OMA ein eigener Dienst zur Organisationsverwaltung vorgesehen ist, dürfen im Workflow-Metaschema wenig Annahmen darüber gemacht werden.

Abb. 4-21 verdeutlicht die Position der Organisationsschemata. Das gezeigte Organisations-Metaschema im Beispiel ist eine starke Vereinfachung aus [Bußl-98a, S. 150]. Im organisatorischen Umfeld einer Universität gibt es spezifische Objekttypen zu modellieren, so wäre ein Objekttyp Professor im Organisationsschema eine Ausprägung des Metaschema-Elements AgentType und könnte Attribute wie „Fachrichtung" oder „Forschungsgebiete" zugeordnet bekommen.

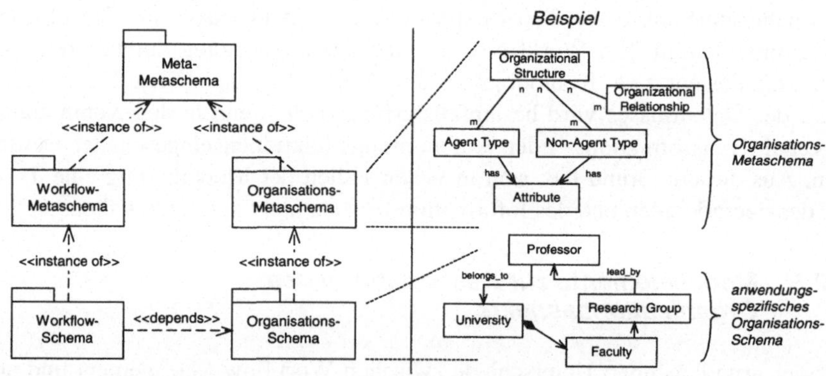

Abb. 4-21: Verhältnis von Workflow- und Organisations-Metaschemata

Um das Basis-Workflow-Metaschema vor derartigen Anwendungsspezifika zu schützen, gibt es für den Organisationsaspekt folgende Neutralitätsforderungen:

- **Anwenderneutralität**: Jedes Workflow-Metaschema muß Modellelemente bereitstellen, die eine Entkopplung der Workflow-Schemata von konkreten Personen erlauben. Zwar ist für die automatische Zuweisung von Workflows zu Aufgabenträgern auch eine individuen-basierte Zuteilungsstrategie denkbar, und wird z.B. bei E-Mail-basierten Systemen auch tatsächlich verwendet, allerdings ist dies mit massiven Nachteilen in bezug auf die Wiederverwendbarkeit verbunden: Erstens hat jede Personalfluktuation eine Entwertung von Workflow-Schemata zur Folge, zweitens ist eine Zuweisung im Fall von Krankheit oder Abwesenheit nicht möglich und drittens sind derart spezifizierte Work-flow-Schemata in anderen Unternehmensteilen nicht wiederverwendbar. Die einzige Ausnahme, wo im Zusammenhang eines Workflow-Schemas die Identität einer Person wichtig ist, ist die Dokumentation seines Urhebers.

- **Organisationsschemaneutralität**: Unternehmen wählen unterschiedliche *Organisationsstrukturtypen* [Bußl98a, S. 148], um Betriebsmittel und Mitarbeiter in organisatorische Einheiten zu gruppieren. Das Wissen über den Organisationsstrukturtyp, die Eigenschaften beteiligter organisatorischer Objekte, die Beziehungen zwischen den Organisationselementen und den zugehörigen Integritätsbedingungen läßt sich in einem individuellen Organisationsschema niederlegen. Spezifika des Organisationsschemas wiederum sind Bestandteil von *Zuweisungsregeln* [Bußl98a, S. 120], die im Rahmen des Organisationsaspekts von Workflow-Metaschemata die Zuordnung zwischen der Workflow-Ausführung und Aufgabenträgern formalisieren. Werden Zuweisungsregeln nicht als eigenständiges Konstrukt verstanden und zu eng in das Workflow-Metaschema eingebettet, schadet dies der Portabilität der Workflow-Schemata, denn sie sind dann auf einen speziellen organisatorischen Kontext fixiert. Ein Basis-Workflow-Metaschema muß so gestaltet sein, daß es keine Annahmen über ein bestimmtes Organisationsschema macht.

- **Organisationsverwaltungssystemneutralität**: Die enge Kopplung von WFMS und ihrer integrierten Organisationsverwaltung stellt einen erheblichen Mangel dar [Schu96e]. Und zwar nicht nur, weil das dadurch diktierte, starr vorgegebene Organisationsschema nicht den fachlichen Erfordernissen angepaßt werden kann [Bußl98a, S. 119], sondern auch, weil die redundante Pflege des aktuellen Personalstands in mehreren Software-Systemen nicht praktikabel ist. Daten über Organisationsstrukturen werden nicht nur in WFMA, sondern auch in anderen organisationsumspannenden Anwendungssystemen gebraucht. Beispiele sind Systeme zur Steuerung von Audio- und Videokonferenzen, zur Betriebsdaten- und Arbeitszeiterfassung sowie Personalwirtschafts- und Lohnbuchhaltungssysteme. Im Idealfall sollten all diese Programmsysteme eine gemeinsame Organisationsverwaltung betreiben, wobei dann allerdings erhebliche Anpassungsfähigkeit des – nun zur eigenständigen Komponente aufgewerteten – Organisationsverwaltungssystems gefordert ist. Eine derartige Komponente muß über ein flexibles Organisations-Metaschema verfügen, das die Definition von anwendungsnahen, spezifischen Organisationsschemata erlaubt. Ein Beispiel hierfür wird in [Bußl98a, S. 137 f.] ausführlich dargestellt. Die OMG arbeitet neuerdings an der Ausschreibung für einen derartigen Organisationsverwaltungsdienst innerhalb der OMA, der die Bezeichnung *Organizational Structure Facility* [OMG98b] erhalten soll. In diesem Kontext ebenfalls relevant ist die geplante Party Management Facility [OMG97p], wo Eigenschaften von (juristischen) Personen in den Referenzmodellen der Finanz- und Versicherungsbranche festgeschrieben werden sollen. Die Diskussion über die Abgrenzung zwischen der Party Management Facility und der Organzational Structure Facility ist derzeit noch nicht abgeschlossen. Für das Basis-Workflow-Metaschema ergibt sich die Konsequenz, daß die Zuweisungsregeln unabhängig von einem konkreten Organisationsverwaltungssystem gestaltet sein müssen.

Im Rahmen des Basis-Workflow-Metamodells wird die Konsequenz aus diesen Neutralitätsanforderungen gezogen, und es werden nur zwei Modellelemente eingeführt, die als Adapter zu beliebigen Organisationsschemata und Organisationsverwaltungssystemen dienen. Abb. 4-22 zeigt die Beziehungen zwischen beiden abstrakten Modellelementen für Akteure (Actor) und Akteursuchobjekte (ActorLocator), die nachfolgend beschrieben werden.

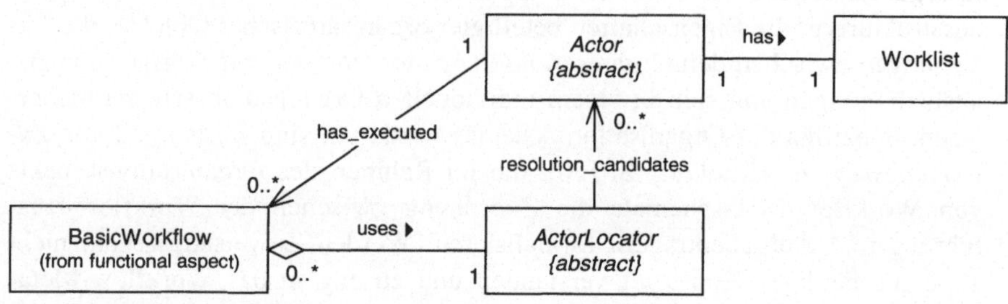

Abb. 4-22: Modellelemente zur Beschreibung des Organisationsaspekts

Die Modellierung ist mit Bedacht „dünn" ausgeführt, damit Implementierungen die daraus erwachsenden Schnittstellen leicht unterstützen können.

- **Modellierung von Akteuren**: Wie bereits erläutert, ist die Modellierung von Hintergrundinformationen zur Beschreibung von Akteuren nicht Gegenstand eines WFMD und des zugehörigen Workflow-Metaschemas. Die Beschreibung von Akteuren in heutigen WFMS greift ohnehin fast immer zu kurz. Um eine adäquate Unterstützung für die Anwender zu sein, müssen viele andere Randbedingungen beachtet werden. Notwendig ist beispielsweise eine Integration mit Werkzeugen der persönlichen Terminplanung. Es darf nicht passieren, daß einem Mitarbeiter, der sich auf einer Dienstreise oder in einer mehrstündigen Besprechung befindet, kurzfristig termingebundene Aufgaben zugewiesen werden. In [Taru97] wird die Problematik der Ressourcenplanung im Bereich Workflow-Management detailliert behandelt und ein agentenbasierter Lösungsansatz vorgestellt, bei dem jeder Mitarbeiter durch einen persönlichen Agenten repräsentiert wird. Der Agent kennt den Terminkalender und Aufgaben „seines" Mitarbeiters und entscheidet selbständig, ob eine Arbeit angenommen oder abgelehnt wird. Die abstrakte Schnittstelle für Akteure (Actor) ist als Adapter zu beliebigen Organisationsschemata zu verstehen und kann beliebig verfeinert und erweitert werden. Mit welchen Wesensmerkmalen und Beziehungen Personen im konkreten Organisationsschema ausgestaltet werden, spielt keine Rolle, solange diese die Actor-Schnittstelle erben und implementieren. Dies schließt insbesondere die Möglichkeit ein, Personen als Geschäftsobjekte zu modellieren. Aus modelltechnischer Sicht wird damit die Person zu einem speziellen Typ von Ressource, die im Kontext eines Workflows zu Einsatz kommt (s. hierzu auch [Tay195, S. 139 f.] sowie [Malc96, S. 40]).
- **Beliebige Metaschemata für Akteursuchobjekte**: ActorLocators haben die Aufgabe, gemäß einer vorgegebenen Strategie auf der Grundlage einer Menge

von Zuweisungsregeln [Bußl98a, S. 120 f.] Kandidaten für die Ausführung von Workflow-Exemplaren zu bestimmen. Der Inhalt eines Metaschemas zur Beschreibung eines Akteursuchobjekts wird von der Frage geprägt, nach welcher Vorgehensweise ein Akteur ermittelt werden soll. Wie bereits erläutert, hängt diese Vorgehensweise vom konkreten Organisationsschema ab und kann nicht allgemein festgelegt werden. In diesen Zuweisungsregeln muß beispielsweise festgelegt sein, ob ggf. als Ergebnis ein Vertreter zulässig ist. In dem Regelwerk werden auch Stellen- und Rollenkonzepte enthalten sein, um eine Entkopplung von konkreten durchführenden Personen und Ressourcen zu erreichen.

Die vorgestellte Modellierung läßt einer konkreten Ausgestaltung viele Freiheiten und kommt damit den Flexibilitätsanforderungen an ein Basis-Workflow-Metaschema entgegen. Zuweisungsregeln für die Workflow-Ausführung an organisatorische Einheiten sind in Akteursuchobjekten gekapselt. Eine „Kollaboration" zwischen Akteursuchobjekten und Akteuren ist nicht nur zulässig, sondern sogar notwendig, d.h., Akteursuchobjekte dürfen nach Belieben spezialisiert sein und Spezifika von Organisationsschema nutzen.

In Erweiterungen des Basis-Workflow-Metaschemas kann ein Satz spezialisierter Akteursuchobjekte vorgegeben werden. Sinnvoll lassen sich diese aber nur vormodellieren, wenn einschränkende Annahmen über den Einsatz in bestimmten Anwendungsumgebungen gemacht werden. Eine solche Situation ist gegeben, wenn sich ein Unternehmen bei der Modellierung seines Organisationsschemas streng an vorbereiteten Mustern orientiert hat. Solche „Muster" entstehen zum einen als Kondensat gesammelter Projekterfahrung von Software-Herstellern (Beispiel hierfür sind die *SAP Solution Maps* [CZ98]), zum anderen arbeiten auch die OMG Domain Task Forces (s. Abschn. 3.3.6) an der Formulierung und Standardisierung branchenspezifischer Referenzmodelle.

4.5.3.6 *Modellelemente zur Beschreibung des historienbezogenen Aspekts*

Modellelemente, die dem *historienbezogenen Aspekt* eines Workflow-Metaschemas angehören, stellen eine – aus Anwendungssicht – vollständige Protokollierung (Logging) relevanter Geschehnisse im Verlauf der Ausführung von Workflow-Exemplaren sicher. Es gibt eine ganze Reihe von Gründen, warum die Aufzeichnung der zeitlichen und räumlichen Ausführungshistorie von Workflows notwendig ist, nachfolgend sollen die wichtigsten aufgezählt werden:

1. Um beim Erreichen von Fehlerzuständen in Workflows zu wissen, welche Tätigkeiten bereits ausgeführt wurden und ggf. bei einem Abbruch des Workflows rückgängig gemacht oder kompensiert werden müssen.
2. Um nach dem Auftreten von Systemfehlern festzustellen, bis zu welchem Punkt die Bearbeitung eines Workflows bereits fortgeschritten war, und um den Bearbeitungszustand so wieder herzustellen, daß möglichst wenig Arbeit verlorengeht (sog. *Forward-Recovery*).
3. Um ex post eine Analyse und Diagnose von Geschehnissen zu ermöglichen, insbesondere unter Gesichtspunkten des Arbeitsablauf-Controllings (s. [Rose-

97, S. 203]) und des Dokumentationszwangs. Ziel ist es, das Wissen um aktuelle und zurückliegende Vorgänge auch für die Zeit zu konservieren, nachdem die beteiligten Mitarbeiter das Unternehmen bereits verlassen haben.

4. Um Steuerungsabhängigkeiten innerhalb von Workflows realisieren zu können, die auf deren eigene Historie zurückgreifen. Wenn nicht aufgezeichnet wurde, wer einen Teilschritt eines zusammengesetzten Workflows ausgeführt hat, ergibt eine Spezifikation keinen Sinn, die fordert, ein nachfolgender Teilschritt sei von der gleichen Person zu bearbeiten. Dieser Wunsch entsteht beispielsweise dann, wenn ein Antrag nach erfolgter Überarbeitung erneut vorgelegt wird. Aus arbeitsökonomischen Erwägungen ist es sinnvoll, den Antrag wieder dem gleichen Bearbeiter vorzulegen, der die Vorgeschichte kennt und daher keine Zeit mit einer Einarbeitung in den Sachstand verliert.

Mechanismen zur Sicherung der zuverlässigen Ausführung von Workflows und damit zur Fehlerbehandlung (Punkte 1 und 2) werden im ExtRA-Workflow-Metaschema bewußt ausgeklammert, sie werden in [Moha95a, Moha95b, Reut95, Wäch96, Wora97, Lieb98] ausführlich behandelt. Als einziges Modellelement für den historienbezogenen Aspekt schlagen wir das Konzept der Workflow-Recorder vor, mit dem sich die Punkte 3 und 4 realisieren lassen. Um die Funktionalität von Workflow-Objekten nicht zu überfrachten, sollen deren Zustandsübergänge, deren Zeitpunkte sowie andere Ereignisse nicht von jedem Workflow-Objekt selbst aufgezeichnet werden. Dieses „Logging" wird statt dessen – in Analogie zu dem Modell in [Tayl95, S. 123] – an ein dediziertes *Workflow-Recorder*-Objekt delegiert. Jedem Workflow-Exemplar-Objekt ist ein Recorder-Objekt zugeordnet, das Dienste zur Verfügung stellt, mit denen man später die vollständige Ausführungshistorie des zugehörigen Workflow-Objekts rekonstruieren und auswerten kann.

Für die Kommunikation zwischen Workflow-Objekten und Workflow-Recordern wird eine lose Kopplung gemäß dem „Publish-and-Subscribe"-Modell ([Oki-93, S. 4] oder [Edwa97, S. 60]) vorgeschlagen, d.h., interessierte Workflow-Recorder melden ihr Interesse beim Workflow-Objekt an, indem sic sich dort registrieren lassen. Zustandsänderungen werden allen registrierten Interessenten mitgeteilt. Auf diese Weise wird eine starke Entkopplung erreicht, insbesondere können zu jedem Zeitpunkt zusätzliche Workflow-Recorder eingeführt werden. Außerdem können die Zustandsänderungen von Workflow-Exemplaren nicht nur von Workflow-Recordern, sondern auch von anderen Objekttypen beobachtet werden. An Recorder-Objekte sind folgende Anforderungen zu stellen:

- **Typisierung von Ereignissen**: Die Menge möglicher Ereignistypen, die ein Workflow-Exemplar-Objekt generiert, ergibt sich aus dessen Ausführungsmodell. So muß unterschieden werden zwischen Basis-Ereignistypen und anwendungsspezifischen Ereignistypen. Die erste Gruppe bilden Ereignistypen, die von Exemplaren jedes Workflow-Typs erzeugt werden, etwa solche, die Start und Fertigstellung der Workflow-Ausführung anzeigen. Zur zweiten Gruppe gehören Ereignistypen, die im Einzelfall explizit zu modellieren sind. Als Beispiel könnte ein zusammengesetzter Workflow mit einem Ereignis signalisieren, sobald er einen bestimmten Bearbeitungszustand (z.B. einen Meilenstein) erreicht hat und Zwischenergebnisse verfügbar sind.

- **Typisierung von Workflow-Recordern**: Es soll möglich sein, spezielle Workflow-Recorder zu gestalten, die an die Erfordernisse der zugehörigen Workflow-Objekte angepaßt sind. Nur dann sind sie in der Lage, deren anwendungsspezifische Zustandsänderungen und Ereignisse zu protokollieren, die über das elementare Workflow-Ausführungsmodell (s. Unterabschn. 4.3.3) hinausgehen.
- **Spezialisierung und Filterung**: Es muß möglich sein, spezielle Recorder-Objekte zu konstruieren, die nur eine Untermenge aller Zustandsänderungen aufzeichnen. (Ggf. kommt auch eine Parametrisierung in Frage.) Auch eine selektive Abfrage der Protokolleinträge ist wünschenswert. Hier sind aus der Gesamtheit aller von einem Workflow-Recorder aufgezeichneten Ereignisse nur bestimmte auszuwählen, z.B. des Zeitpunkts bestimmter Zustandsänderungen.
- **Auswertungsfunktionen**: Anbieten der Historie des aktuellen Workflows zum Zwecke der weiteren Steuerung (z.B. relative Adressierung „Schritt 4 soll von der gleichen Person ausgeführt werden wie Schritt 2").

Eine Alternative zur Konzeption mit Hilfe verteilter Recorder-Objekte ist die Einführung eines zentralen Workflow-Protokollierdienstes, wie er im VORTEL-Projekt [Bapa96] realisiert wurde: Dort wird eine *Zustandsdatenbank* geführt, an die alle beteiligten Workflow-Engines (*FlowMark*, *CORMAN*, *LinkWorks*) Zustandsänderungen der von ihnen ausgeführten Workflow-Exemplare mit Hilfe eines speziellen Protokolls vermelden. Die Zustandsdatenbank (s. [Böhm95b]) wird zur zentralen Anlaufstelle aller Auskünfte über den Fortgang verteilt ausgeführter Workflows. Dieser zentralisierte Ansatz vereinfacht zwar das Feststellen eines globalen Systemzustands und damit das Workflow-Monitoring [Schu96b], er ist jedoch schlecht skalierbar. Darüber hinaus müssen alle beteiligten Workflow-Engines den Zustandsraum ihrer spezifischen Workflow-Ausführungsmodelle auf den des gemeinsamen Ausführungsmodells der Zustandsdatenbank abbilden, welches naturgemäß den kleinsten gemeinsamen Nenner darstellt und dessen Detaillierungsgrad demzufolge begrenzt ist.

4.5.3.7 *Weitere Aspekte*

Alle bisher vorgestellten Aspekte des Basis-Workflow-Metaschemas sind insofern als konstitutiv einzuordnen, als ihre Betrachtung in jedem Workflow-Metamodell notwendig ist. In [Jabl97a, S. 19] werden sie als *fundamentale* Aspekte bezeichnet. Darüber hinaus existieren weitere Aspekte, ohne die ein Workflow-Metaschema zwar auskommt, die aber seine Qualität weiter verbessern können. In [Stei97, S. 45] wird beispielsweise die Notwendigkeit eines *Materialaspekts* betont, der für die Modellierung nützlich ist, wenn in Workflows Arbeitsgegenstände bereitgestellt oder Materialien bearbeitet, verändert oder inspiziert werden. Auch über einen *Sicherheitsaspekt*, mit dem sich „[...] Zugriffskontrolle und sonstige Schutzbelange effektiv darstellen und kontrollieren [...]" lassen (s. [Jabl97a, S. 19]), wurde bereits nachgedacht. Es folgt eine Auswahl weiterer Aspekte, die im Einzelfall eine Bereicherung des Workflow-Metamodells darstellen können:

- Der **Manipulationsaspekt** betrifft Modellelemente und Eigenschaften von Modellelementen, die es erlauben, in einem Workflow-Schema die später im Rahmen der Ad-hoc-Manipulation zulässigen Änderungen zu formulieren. Hierfür gibt es zwei grundsätzliche Ansätze: Beim *proskriptiven Ansatz* sind Ad-hoc-Änderungen generell unzulässig und müssen im einzelnen Workflow-Schema explizit freigegeben werden. Gegensatz ist ein *Laissez-faire-Ansatz*, bei dem das WFMS generell an jeder Stelle der Workflow-Ausführung alle Ad-hoc-Änderungen zuläßt, solange diese nicht ausdrücklich im jeweiligen Workflow-Schema eingeschränkt werden. In beiden Fällen, und auch bei Mischformen, müssen im Workflow-Metamodell Ausdrucksmittel zur Verfügung stehen, die die Freigabe bzw. Einschränkung erlauben.

- Der **rechtliche Aspekt** umfaßt Elemente eines Workflow-Metamodells, die mit der Ausführung rechtsgültiger Handlungen der Organisation zusammenhängen. So ist zu erwarten, daß dieser Aspekt besondere Auswirkungen auf die Rücksetzbarkeit und Revisionssicherheit von Workflows haben muß. Rechtlich wirksame formale Akte, beispielsweise verbindlich abgegebene Willenserklärungen, können nicht ohne weiteres rückgängig gemacht werden. Hierfür können vorgegebene Handlungstypen im Metamodell bereitgestellt werden.

- In Wirtschaftsunternehmen ebenfalls relevant ist der **steuerliche Aspekt** der Workflow-Ausführung, betreffend diejenigen Teile von Workflows, in denen steuerlich relevante Handlungen erfolgen. Analog zum rechtlichen Aspekt ist es denkbar, daß auch hier besondere Vorkehrungen getroffen werden müssen, etwa spezielle Sicherungsmaßnahmen bezüglich der Protokollierung.

- **Kostenaspekt**: Die Ausführung von Workflows verursacht durch Inanspruchnahme von Ressourcen immer auch Kosten. Es liegt daher nahe, Kostenfaktoren wie Löhne und Tarifierungsregeln in die Workflow-Modellierung einzubeziehen und zwar nicht nur für eine nachträgliche Prozeßkostenanalyse, sondern als Grundlage einer vorauschauenden kostenoptimierenden Ausführungsplanung und -steuerung. So ist es in vielen Anwendungswelten üblich, daß Ressourcen und Dienstleistungen zu unterschiedlichen Tageszeiten verschiedene Preise haben (Telefongebühren, Energiekosten, sowie andere Nutzungsentgelte). Auch der relative Ausführungszeitpunkt kann Einfluß auf die Kosten haben (pünktliche und rechtzeitige Ausführung erspart Mahngebühren oder Konventionalstrafen, kurzfristige Flugbuchung ist teuerer). Die Modellierung dieser Randbedingungen ist vor allem im Zusammenhang mit dem Scheduling der Ausführung von Workflows wichtig. Erste Arbeiten zu einer kosten- bzw. „marktbasierten" Workflow-Steuerung finden sich in [Gepp97b], die dortigen Annahmen gehen aber für realistische Anwendungen nicht weit genug.

Abschließend ist darauf hinzuweisen, daß die Einführung zusätzlicher Aspekte in Workflow-Metamodelle aus mindestens drei Gründen problematisch ist: Erstens ist es für anwendungsbezogene Aspekte außerordentlich schwierig, eine überlappungsfreie Aufteilung zu finden, mit der sich Modellelemente eindeutig dem einoder anderen Aspekt zuordnen ließen. Zweitens wird die ursprüngliche Idee, daß die einzelnen Aspekte vollständig orthogonal zu sein haben und damit unabhängig voneinander einer „fokussierten Betrachtung" dienlich sind [Stei97, S. 49], durch immer mehr Aspekte zunehmend in Frage gestellt. Drittens ist fraglich, welche Schlußfolgerungen sich aus einer Zugehörigkeit zu einem Aspekt ergeben und welcher Nutzen aus einer Erweiterung überhaupt noch erwächst.

4.5.4 Workflow-Metaschema-spezifische Integritätsbedingungen

Ein Workflow-Metaschema konstituiert sich nicht nur aus einer Liste von Modellelementen und dazwischen bestehenden Beziehungen, sondern umfaßt stets auch Integritätsbedingungen. Mit letzteren beschreibt der Designer des Workflow-Metaschemas im Detail, welche Ausprägungen (Workflow-Schemata) als gültig zu akzeptieren sind. Adressat einer derart angereicherten Beschreibung des Workflow-Metaschemas ist in erster Linie der Implementierer einer WFMS- oder WFMD-Komponente, die Workflow-Schemata entgegennehmen, speichern und manipulieren soll (Abschn. 5.6). Schließlich muß eine derartige Komponente so gestaltet werden, daß sie nur solche Workflow-Schemata akzeptiert, die den Vorgaben des Workflow-Metaschemas entsprechen, d.h. dessen Integritätsbedingungen nicht verletzen. Einem Workflow-Schema-Designer gegenüber, der später diese Komponente benutzt, treten die Integritätsbedingungen des Workflow-Metaschemas nur indirekt gegenüber, nämlich als inhärente Eigenschaft seines Modellierungswerkzeugs. Sie schränken einerseits seine Modellierungsfreiheit in gewisser Weise ein, denn er darf nur noch solche Workflow-Schemata formulieren, die die Integritätsbedingungen einhalten. Andererseits ist diese Einschränkung gerade ein Gewinn, denn sie garantiert, daß ein derart formuliertes Workflow-Schema später von der Implementierung des WFMS oder WFMD effektiv ausgeführt werden kann.

Da sich Workflow-Metaschemata auf der dritten Stufe des logischen Ebenenmodells befinden, machen ihre Integritätsbedingungen nicht nur Aussagen über erlaubte Inhalte der unmittelbar darunterliegende Ebene der Workflow-Schemata (zweite Ebene), sondern wirken sich indirekt auch auf die unterste Ebene, die der Workflow-Exemplare, aus. Der Designer des Workflow-Metaschemas hat es demnach in der Hand, mit Integritätsbedingungen des Workflow-Metaschemas auch Eigenschaften dieser untersten Ebene nach seinen Vorstellungen zu gestalten. Dieser Unterabschnitt arbeitet einige Integritätsbedingungen des Basis-Workflow-Metaschemas aus Abschn. 4.5.3 weiter aus. „Weiter" deswegen, weil ein erheblicher Teil der Integritätsbedingungen bereits vorgestellt wurde: Zum einen geschah die Wahl bestimmter Modellelemente der UML (s. z.B. Abb. 4-9, Abb. 4-10 oder Abb. 4-12) keineswegs beliebig. Die Modellelemente tragen eine präzise festgelegte Semantik [OMG97e] und drücken dadurch Eigenschaften des Metaschemas eindeutig aus. Wenn beispielsweise in Abb. 4-10 gezeigt wird, daß ein ElementaryWorkflowSchema ein spezielles WorkflowSchema ist, ist dies gleichbedeutend mit der (impliziten) Integritätsbedingung, daß die Menge aller Schemata elementarer Workflows Teilmenge aller Workflow-Schemata sein muß. Analog verhält es sich mit der Angabe von Kardinalitäten und Zusicherungen an Beziehungstypen. Wenn, wie in Abb. 4-10, die Zusicherung {complete} für eine Menge der möglichen Subtypen eines Modellelements gegeben wird, ist dadurch implizit ausgedrückt, daß eine Operation zur Typ-Überprüfung (z.B. oclType) stets einen der aufgelisteten Subtypen zurückliefern muß und nichts sonst.

Derart elementare Aussagen über das Workflow-Metaschema werden in diesem Unterabschnitt nicht erneut explizit formuliert. Ziel ist es vielmehr, durch Beispiele zu verdeutlichen, daß zur Beschreibung der Semantik eines Workflow-Metaschemas eine Vielzahl weiterer komplexer Integritätsbedingungen gehört, die

sich nur bedingt in Form von Diagrammen ausdrücken lassen. Die Integritätsbedingungen werden in der von der OMG standardisierten, deskriptiven Object
Constraint Language (OCL) formuliert, die (unter anderem) dafür vorgesehen ist,
Invarianten von Objektmodellen präzise zu spezifizieren. Eine Auflistung aller
denkbaren Zusicherungen und Invarianten eines Workflow-Metaschemas verbietet
sich jedoch aus zwei Gründen: Erstens würde sie den Rahmen sprengen und hätte
den Charakter einer vollständigen Spezifikation, zweitens stehen zum jetzigen
Zeitpunkt noch keine Werkzeuge zur Verfügung, die OCL verarbeiten und beispielsweise automatisch Quellcode generieren könnten. Die Ausführungen beschränken sich daher auf die Demonstration der prinzipiellen Eignung von OCL
für diesen Zweck. Zur Formulierung der Integritätsbedingungen wird die Version
1.1 der OCL-Spezifikation [OMG97e] zugrundegelegt; OCL-Schlüsselworte sind
zur Verdeutlichung fettgedruckt.

Strukturelle Integritätsbedingungen

Diese Integritätsbedingungen sind statischer Natur und machen Aussagen über
den korrekten Aufbau wohlgeformter Workflow-Schemata. Werden Workflow-
Schemata als Ausdrücke in einer formalen Sprache repräsentiert, lassen sich diese
Integritätsbedingungen durch syntaktische Überprüfung sicherstellen. Einfache
Beispiele sind:

1)   Schemata für zusammengesetzte Workflows bilden eine Baumstruktur und
     sind damit azyklisch. Ein Workflow-Schema darf nicht als sein eigenes Su-
     perworkflow-Schema vorkommen.

     Zur übersichtlichen Formulierung dieser Integritätsbedingung führen wir
     zunächst die rekursive Operation allSuperWorkflowSchemas ein, die für ein
     Workflow-Schema die Menge aller Superworkflow-Schemata liefert:

```
WorkflowSchema
allSuperWorkflowSchemas : Set (WorkflowSchema);
allSuperWorkflowSchemas =
self.hullSchema.superWorkflowSchema->union

(self.hullSchema.superWorkflowSchema.allSuperWorkflowSche
mas)
```

     Damit gilt:

```
WorkflowSchema
not self.allSuperWorkflowSchemas->includes (self)
```

2)   Innerhalb des Namensraums eines Workflow-Schemas für einen zusam-
     mengesetzten Workflow haben Subworkflow-Schemata eindeutige Identi-
     fikatoren:

```
CompositeWorkflowSchema
self.subWorkflowSchema->forAll (c1, c2 | c1.name == c2. name
implies c1 = c2)
```

Manche Teile des Basis-Workflow-Metaschemas wurden durch Ableitung aus dem MOF-Meta-Metamodell gewonnen. Sämtliche dort festgelegten Integritätsbedingungen gelten auch für davon abgeleitete Elemente. So gilt z.B.:

3)   Workflow-Schemata können bereits bestehende Workflow-Schemata spezialisieren (s. S. 147 f.). Dabei dürfen im Subtyp-Workflow-Schema aber keine Operationen oder Attribute eingeführt werden, deren Bezeichner Namenskonflikte mit Modellelementen verursachen, die im Namensraum eines ihrer Supertypen definiert sind:

<u>WorkflowSchema</u>
self.allSupertypes->forAll (s | s.contents->
                           forAll (superT | self.contents->
                                   forAll (selfC | superT.name <>
                                           selfC.name))))

Die in der Zusicherung verwendeten Operationen sind in den MOF-Modellelementen GeneralizableElement und NameSpace spezifiziert: NameSpace.contents liefert die Menge aller Modellelemente eines Namensraums, GeneralizableElement.allSupertypes die Menge aller direkten und indirekten Supertypen eines Exemplars vom Typ GeneralizableElement. Definitionen dieser Modellelemente sowie eine Vielzahl weiterer Integritätsbedingungen des MOF-Meta-Metamodells finden sich in [MOF97w].

Die in Unterabschn. 4.5.1.4 genannte Forderung, Workflow-Schemata als gültig zu bewerten, die nur „spärlich" spezifiziert sind, läßt sich durch eine Menge sinnvoller Default-Annahmen realisieren. Mit diesen Default-Werten werden Workflow-Schemata gemäß den obigen strukturellen Integritätsbedingungen vervollständigt, falls vom Workflow-Schema-Designer Punkte bei der Spezifikation offengelassen werden. Sinnvolle Beispiele für solche Default-Annahmen sind:

1)   Wird im Schema eines zusammengesetzten Workflows kein Kontrollfluß spezifiziert, ist eine beliebige Reihenfolge der Ausführung zulässig, d.h., es gilt die ALL-Semantik gemäß Unterabschn. 4.5.3.2.

2)   Wird im Schema für einen Workflow kein Akteur-Suchschema spezifiziert, gelten alle Mitarbeiter eines Unternehmensbereichs als Kandidaten.

Die Default-Annahmen sind Teil des Workflow-Metaschemas und müssen anwendungsbezogen anpaßbar sein, damit ggf. andere Festlegungen getroffen werden können als die, die der Designer der Workflow-Sprache für sinnvoll erachtet.

Ausführungsbezogene Integritätsbedingungen

Ausführungsbezogene Integritätsbedingungen machen Aussagen darüber, welche Eigenschaften alle Workflow-Schema erfüllen müssen, damit Workflow-Exemplare nach ihren Vorgaben ausführbar sind. Einfaches Beispiele hierfür sind:

1)   Schemata für zusammengesetzte Workflows müssen ein Wurzel-Kontrollflußschema besitzen, das vom Typ ControlFlowSchema sein muß.

```
CompositeWorkflowSchema
self->rootControlSchema->size = 1 and
oclIsTypeOf (self->rootControlSchema) = ControlFlowSchema
```

2)   Die Beschreibung des Kontrollflusses in einem Workflow-Schema mit Hilfe der vorhandenen Kontrollflußkonstrukte darf nicht so gestaltet sein, daß eine erfolgreiche Abarbeitung unmöglich ist.

Die präzise Formulierung und Überprüfung dieser Integritätsbedingung mit Hilfe formaler Techniken ist ein eigenes Forschungsthema. So werden in [Böhm99a] die Kontrollflußkonstrukte aus Abschn. 4.5.3.2 mit Hilfe von Petri-Netzen dargestellt, anhand derer sich (z.B. mit Hilfe eines Model-Checkers) Aussagen über die Erreichbarkeit, insbesondere von Endzuständen, ableiten lassen.

Um die Ausführbarkeit eines Workflow-Schemas in einem Anwendungskontext zu garantieren, müssen neben allgemeinen Integritätsbedingungen auch anwendungsspezifische eingehalten werden, die Inhalte des Workflow-Metaschemas mit Inhalten angrenzender Metaschemata verknüpfen: In den Zuweisungsregeln der ApplicationObjectLocators dürfen nur Modellelemente verwendet werden, die im konkreten Anwendungs- und Ressourcenschema enthalten sind. Analog dürfen Zuweisungsregeln der ActorLocators nur Modellelemente verwenden, die im konkreten Organisationsschema enthalten sind. Und letztlich: In ParameterObjects (s. Unterabschn. 4.5.3.4) dürfen nur Objekttypen referenziert werden, die in konkreten Informationsschema des Anwendungskontexts einer WFMA enthalten sind. Noch komplexer sind Integritätsbedingungen, die gleich mehrere Aspekte miteinander verknüpfen: Zuweisungsregeln der ActorLocators müssen eine Untermenge der Personen ermitteln, die berechtigt sind, die Parameterobjekte (z.B. Dokumente) überhaupt zu bearbeiten.

Integritätsbedingungen des Ausführungsmodells

Integritätsbedingungen des Ausführungsmodells betreffen Randbedingungen, die während der Ausführung von allen Workflow-Exemplar-Objekten erfüllt werden müssen. Für die folgenden Aussagen wird das Ausführungsmodell für Workflow-Exemplare gemäß Unterabschn. 4.3.3 angenommen:

1)   Workflow-Exemplar-Objekte dürfen nur die Zustandsübergänge vollführen, die im zugehörigen Ausführungsmodell festgelegt sind.

Zur Formulierung dieser Integritätsbedingung müßten sämtliche Zustandsübergänge eines Ausführungsmodells in Vorbedingungen für die Operationen überführt werden, die auf Workflow-Exemplaren ausgeführt werden können. Folgendes Muster zeigt, daß die Operation cancel nur zulässig ist, wenn sich das Workflow-Exemplar-Objekt im Zustand running oder suspended befindet.

```
Workflow::cancel()
pre:  self.state = running or self.state = suspended
```

2) Die Ausführung eines Workflows, der nicht Top-level-Workflow ist (Subworkflow), darf nur begonnen werden, solange der Superworkflow nicht abgeschlossen ist.

<u>Workflow::activate()</u>

pre: self.isToplevelWorkflow = false **implies**
      not (self->superWorkflow.terminated **and**
          self->superWorkflow.cancelled)

3) Ein zusammengesetzter Workflow gilt als abgeschlossen, wenn alle seine Subworkflows abgeschlossen sind.

<u>CompositeWorkflow::done() : boolean</u>

if subWorkflows->forAll (s | s.done() = true) **then** true
else false

Integritätsbedingungen des Ausführungsmodells müssen von den Implementierungen der Workflow-Exemplar-Objekte (s. 5.4) eingehalten werden. Eintrittsbedingungen (s. Beispiel 1) für Operationen der Workflow-Exemplar-Objekte verhindern unzulässige Zustandsübergänge und lassen sich durch Code-Generatoren gut umsetzen. In Abhängigkeit vom anwendungsspezifischen Ausführungsmodell könnte für die Implementierung eines Workflows vom Typ CreateRatingReport folgendes C++-Code-Fragment generiert werden, das die Einhaltung sicherstellt:

```
void CreateRatingReport : cancel() {

    // generierte Eintrittsbedingung

    if ((m_state != running) && (m_state != suspended))
        throw (ExecutionModel::INVALID_STATE_TRANSITION);

    // Rest der Implementierung
    //....
}
```

Abb. 4-23: Generiertes Code-Fragment zur Sicherstellung von Integritätsbedingungen

Nicht alle Integritätsbedingungen lassen sich jedoch auf diese Weise in die Implementierung „einbauen", so daß sie immer eingehalten werden und zur Laufzeit nicht mehr überprüft werden müßten. Es wird daher diskutiert, wie eine Überwachung derjenigen Integritätsüberprüfungen stattfinden kann, die zur Laufzeit zu überprüfen sind:

Integritätskontrolle zur Laufzeit

Integritätsbedingungen machen nur Aussagen über „erlaubte" Zustände von Objektexemplaren und zulässige Übergänge zwischen diesen Zuständen (s. [Rein96, S. 37 f.]). Keine Aussagen machen sie darüber, auf welche Weise ihre Überwachung erreicht wird und woraus die Reaktion besteht, wenn festgestellt wird, daß eine Integritätsbedingung verletzt wurde.

Wie bei DBMS gibt es gibt mehrere Möglichkeiten, die Zuständigkeit der Integritätskontrolle zu regeln (s. [Voss99, S. 148]):

- Es ist denkbar, die Integritätskontrolle den Anwendern einer WFMA zu überlassen; dies entspricht der Situation in einer Organisation, die ohne WFMA arbeitet. Allerdings ist es dann nicht möglich, Garantien dafür zu geben, daß Workflows vorschriftsgemäß abgearbeitet und Ziele des WFMS-Einsatzes (Unterabschn. 2.4.2) erreicht werden.
- Indem Workflow-Schema-Designer allgemeine und Workflow-Typ-spezifische Integritätsbedingungen beim Entwurf von Workflow-Schemata berücksichtigen, sind den Möglichkeiten der Anwender, Integritätsverletzungen zu begehen, Grenzen gesetzt. Allerdings kann erstens auch hier nicht garantiert werden, daß der Workflow-Schema-Designer alle Integritätsbedingungen beachtet und ausschließlich „korrekte" Workflow-Schemata produziert. Zweitens möchte man ja auch Ad-hoc-Workflows zulassen (s. Unterabschn. 4.5.1.3), die nicht von einem Workflow-Schema-Designer bis ins Detail „vorgedacht" wurden.
- Die Integritätskontrolle durch eine oder mehrere Komponenten einer WFMA ist daher zu bevorzugen. In Analogie zu DBMS sorgen diese dafür, daß nur solche Operationen ausgeführt werden, die konform zu vorher definierten Integritätsbedingungen sind und weisen andere zurück. Kommt es dennoch zu Integritätsverletzungen, leiten sie geeignete Maßnahmen ein, die diese beheben.

Die Entwicklung von Verfahren zur Integritätssicherung für den Bereich Workflow-Management ist ein umfangreiches Forschungsthema und steht hier nicht zur Debatte. Daher unterbleibt auch eine weitere Diskussion über die Anlässe und Zeitpunkte, zu denen eine Überprüfung von Integritätsbedingungen durchgeführt werden muß. Ausführungen zum Stand der Technik bietet [Kind99, S. 112 f.].

4.5.5   Evolution von Workflow-Metaschemata

Analog zur Evolution von Workflow-Schemata (s. Unterabschn. 4.4.3) muß aus Symmetriegründen auch auf der Ebene des Workflow-Metaschemas die Frage diskutiert werden, wie sich Erweiterungen und Veränderungen des Workflow-Metaschemas auf die damit realisierten WFMA auswirken. Schließlich ist – bedingt durch die Weiterentwicklung, Wartung und Spezialisierung des WFMD – auch eine Evolution des Workflow-Metaschemas zu erwarten. Änderungen am Workflow-Metaschema können folgender Art sein:

- **Erweiterung um neue Modellelemente**: Wird das Workflow-Metaschema erweitert und bleiben alle alten Modellelemente dabei unverändert, ist dies unkritisch. Bestehende Workflow-Schemata verlieren nicht ihre Gültigkeit, es kann allenfalls der Zustand eintreten, daß – unter Berücksichtigung der neu hinzugekommenen Modellelemente – eine suboptimale Modellierung vorliegt.
- **Löschen und Veränderung von Modellelementen**: Werden Modellelemente aus dem Workflow-Metaschema entfernt oder in ihrem Verhalten verändert, entwertet dies Workflow-Schemata, die darauf aufbauen. Diese sind ab dem Zeitpunkt der Änderung keine gültigen Ausprägungen des Metaschemas mehr.

Man kann davon ausgehen, daß Änderungen am Workflow-Metaschema Fachleuten vorbehalten sind, die bei Herstellern von Workflow-Management-Komponenten arbeiten. Angesichts der Tragweite der Auswirkungen will die Einführung und Veränderung neuer Versionen gut überdacht sein. Betreibern von WFMS wird man Werkzeuge und Verfahren an die Hand geben müssen, mit denen alte Workflow-Schema-Bestände konvertiert werden können.

4.5.6 Einordnung und Bewertung des Basis-Workflow-Metaschemas

In den vorangegangenen Abschnitten wurden beispielhaft abstrakte Modellelemente eines Basis-Workflow-Metaschemas vorgeschlagen. Generell gilt, daß manche der Workflow-Aspekte verzichtbar sind; ein resultierendes Workflow-Metaschema wäre eben nicht in der Lage, entsprechende Funktionalität zu bieten. Es gilt aber auch, daß ein WFMD ein Mindestmaß an Funktion bieten muß, um dem WFMA-Entwickler von Nutzen zu sein. Die vorgestellten Konzepte stellen nach Ansicht des Autors eine minimale Menge von Modellierungskonstrukten dar. Aussagen über Vollständigkeit oder Angemessenheit eines Modells sind jedoch nie formal beweisbar und sie hängen von den Anforderungen bei der Verwendung ab.

Das Ziel, das Basis-Workflow-Metaschema eines generischen WFMD für die OMA zu konzipieren, setzt der Modellierungsfreiheit Grenzen. Dies liegt daran, daß Workflow-Management inhaltliche Berührungspunkte mit vielen Gebieten hat, die von anderen OMA-Komponenten abgedeckt werden. Das Gebot der Orthogonalität von Funktion und Modellinhalten (Abschn. 3.3) versperrt daher den in anderen Projekten eingeschlagenen Weg, Modellelemente des Workflow-Metaschemas völlig nach eigenem Gutdünken zu gestalten. Abb. 4-24 macht auf kompakte Weise die komplexen Beziehungen zwischen den Modellinhalten deutlich. Für die drei Modellaspekte, bei denen die größte inhaltliche Nähe zur Workflow-Modellierung und damit der größte Abstimmungsbedarf besteht, werden beispielhaft Werkzeuge und Komponenten aufgeführt, die sich damit beschäftigen.

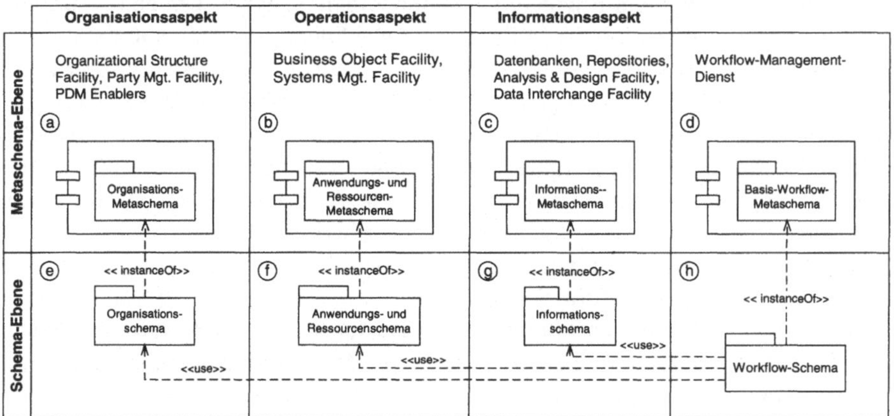

Abb. 4-24: Beziehungen vom Workflow-Metaschema zu anderen Metaschemata

Bei der Formulierung eines Workflow-Schemas (h) muß man auf Inhalte zurückgreifen, die außerhalb des WFMD (d) modelliert werden. Dabei handelt es sich um anwendungs- und unternehmensspezifische

- *Organisationsschemata* (e), die mit Werkzeugen zur Modellierung der Aufbauorganisation und zur Pflege der aktuellen Population entworfen werden (a),
- *Anwendungs- und Ressourcenschemata* (f), die die Systemkonfiguration und die Geschäftsobjekte des Unternehmens beschreiben und deren Verwaltung dem Systems Management (b) obliegt, sowie um
- *Informationsschemata* (g), die üblicherweise in den Datenbankschemata und Repositories des Unternehmens (c) repräsentiert sind.

Ein auf diese Art spezifiziertes Workflow-Schema ist streng typisiert, denn es integriert ausschließlich Entitätstypen, die der jeweiligen Anwendungswelt entstammen. Das Workflow-Metaschema des WFMD braucht hierfür keine redundante Modellierung anzubieten und kann sich darauf konzentrieren, diejenigen Modellinhalte zu realisieren, die ihm gewissermaßen „exklusiv" verbleiben: der Funktions- und der Verhaltensaspekt. Mit dieser Fokussierung wird der Anforderung der Minimalität (s. Unterabschn. 4.5.1.1) sinnvoll entsprochen. In einer konkreten Anwendungsumgebung werden nur die Modellelemente eingesetzt, die tatsächlich gebraucht werden. Für Standardsituationen sind die vorgestellten Modellelemente sicherlich ausreichend. Der Satz von Kontrollflußkonstrukten im Basis-Workflow-Metaschema ist als „Baukasten" und als Angebot zu verstehen, bei Bedarf durch Kombination vorhandener individuelle neue Konstrukte einzuführen. Die Erweiterbarkeitsforderung aus Unterabschn. 4.5.1.2 wird damit ebenfalls eingelöst.

Das Basis-Workflow-Metaschema abstrahiert von typischen Eigenschaften existierender Systeme. Sämtliche Modellelemente werden als eigenständige Objekttypen mit operationalen Schnittstellen umgesetzt. Wo geeignete Konzepte existierten, konnte auf den Workflow-Metamodellen anderer Systeme aufgebaut werden. Dies gilt im besonderen für die rekursive Schachtelung von Workflows [Jabl94b]. Beeinflußt wurde das Basis-Workflow-Metaschema des weiteren von Ideen der objektorientierten Anwendungsentwicklung. Damit sind vor allem Anleihen aus der Convergent Engineering-Methodologie [Tayl95] gemeint – speziell die Konzepte von Workflow-Recordern und -Schedulern gehen hierauf zurück.

Ad-hoc-Workflows und die Behandlung von Ausnahmen werden insofern unterstützt, als es Implementierungen von Modellelementen freigestellt ist, geeignete Manipulationsoperationen anzubieten. So können z.B. die operationalen Schnittstellen der Kontrollflußkonstrukte dahingehend erweitert werden, daß sie zur Laufzeit Eingriffe in den Kontrollfluß erlauben. Am Beispiel des dynamischen Einfügens zusätzlicher Arbeitsschritte in einem CHAIN-Konstrukt wird dies in [Dona99] demonstriert. Durch die Verwendung solcher parametrisierbarer Konstrukte läßt sich im Workflow-Schema gezielt steuern, welche Art von Ad-hoc-Änderungen in welchen Abschnitten bei der Ausführung eines Workflows erlaubt sind. Damit ist der Ansatz flexibler als bisherige (z.B. *ProMInanD*, s. [Karb94]), in denen Manipulationsoperationen stets global verfügbar sind. Dort wird in jeder Phase eines Workflows das ganze Spektrum an Eingriffsmöglichkeiten angeboten, was so sicher nicht immer gewünscht ist, da es zu viele Freiheiten läßt.

Mit dem vorgestellten Basis-Workflow-Metaschemas können auch viele Probleme der Wiederverwendung von Workflow-Schemata adäquat gelöst werden. Neu ist vor allem, daß einzelne Bestandteile eines Workflow-Schemas Gegenstand der Wiederverwendung sein können. Das Basis-Workflow-Metaschema stellt hierfür Konstrukte zur Verfügung. Die Möglichkeit, Referenz-Workflow-Schemata durch Parametrisierung auf die speziellen Erfordernisse des Anwendungskontext abzugleichen, verspricht gegenüber einer vollständigen Neu-Modellierung eine erhebliche Zeiteinsparung (s. [Sche96]).

Tab. 4-4 faßt die wesentlichen Merkmale zusammen und stellt sie anderen Ansätzen gegenüber. Hierbei ist fairerweise anzumerken, daß die genannten Forschungsprojekte andere Ziele und Schwerpunkte hatten, nicht unterstützte Eigenschaften stellen daher nicht generell einen Defekt dar.

Aspekt / Metamodell	ActMan	BPAframe	FlowMark	MOBILE	Meteor$_2$	ExtRA
Erweiterbarkeit des Workflow-Metaschemas	nein	nein	nein	ja	nein	ja
offene Schnittstellen	nein	nein	nein	nein	nein	ja
explizite Meta-modellierung	nein	nein	nein	ja	nein	ja
„First-Class"-Workflow-Metaschema (Reflexivität)	nein	nein	nein	nein	nein	ja
Repräsentation von Workflow-Schemata	Datei	Datei	Datenbank-einträge	Datenbank-einträge	Datei	Objekte
Wiederverwendbarkeit von Workflow-Schemata	n. v.	niedrig	niedrig	hoch	niedrig	hoch
Granularität der Wieder-verwendung	n. v.	copy& paste	vollst. Schemata	Teile	copy& paste	Teile
Repräsentation von Workflow-Exemplaren	Datenbank-einträge	Objekte	Datenbank-einträge	Datenbank-einträge	Objekte	Objekte
Trennung zwischen Workflow-Schemata und -Exemplaren	nein	ja	nein	ja	ja	Ja
OMG-konforme Model-lierung (mit UML)	nein	nein	nein	nein	nein	ja

Tab. 4-4:   Vergleich einiger WFMS bezüglich der Modellierung

Den höchsten Verwandtschaftsgrad weist das ExtRA-Workflow-Metaschema mit dem von MOBILE auf. Die aspekt-orientierte Sichtweise und die Betonung der Erweiterbarkeit um neue Modellierungskonstrukte sind die wesentlichen Gemeinsamkeiten. Objektorientierung, Verwendung standardisierter Entwurfsmethoden und der Dienstgedanke stehen bei MOBILE jedoch nicht im Vordergrund. Da MOBILE ohne Rücksicht auf eine umgebende Architektur, sozusagen als „alleinstehendes" System, konzipiert ist, werden darin Inhalte adressiert, die in einem Basis-Workflow-Metaschema für einen WFMD vermieden werden müssen, um inhaltliche Überlappungsfreiheit mit anderen OMA-Komponenten sicherzustellen.

4.6 Ebene des Meta-Metaschemas

Von einem Meta-Metamodell ist ein Abstraktionsgrad zu fordern, der einerseits hoch genug ist, um damit beliebige Metaschemata modellieren zu können – d.h. letztlich auch sich selbst. Um einen praktischen Nutzen von dieser Modellierung zu haben, muß das Meta-Metamodell andererseits einen höheren Grad an Spezifität aufweisen als das allgemeinste aller Metamodelle „Everything – RelatesTo – Everything" (vgl. [Tann94]). Ein erster Schritt zu einem solchen höheren Detaillierungsgrad ist ein Meta-Metamodell auf der Grundlage des Entity-Relationship-Modells [Chen76], wie es in [Weis96, S. 26] skizziert wird. Dem klassischen Entity-Relationship-Ansatz fehlen jedoch Modellelemente zur Modulbildung und Gliederung von größeren Modellen, und Eigenschaften von Objektmodellen, die über einfache Strukturbeziehungen hinausgehen, lassen sich nur schwer beschreiben. Hierfür ist ein detaillierteres, feingranulares Meta-Metamodell notwendig. Das Präzisieren der Anforderungen daran – unter besonderer Beachtung des Umstands, daß damit Workflow-Metaschemata adäquat wiedergegeben werden sollen – ist Gegenstand der nächsten beiden Abschnitte.

4.6.1   Anforderungen an das Meta-Metamodell

Dieser Abschnitt konkretisiert Anforderungen an das Meta-Metamodell, die zu stellen sind, wenn damit Workflow-Metaschemata vollständig und adäquat formulierbar sein sollen. Zunächst sind drei inhaltliche Forderungen zu stellen:

- **Strukturmodellierung**: Das Meta-Metamodell muß den Aufbau des Workflow-Metaschemas beschreiben, d.h. die Existenz der verschiedenen Workflow-Metaschemaelemente, deren Namen und Eigenschaften sowie die dazwischen bestehenden Beziehungen ausdrücken können.
- **Verhaltensmodellierung**: Alle Konzepte, die das Workflow-Metaschema bilden, müssen sich mit Mitteln des Meta-Metamodells angemessen ausdrücken lassen. Dies muß über das bloße Benennen der Modellelemente hinausgehen, insbesondere muß sich die Ablaufsemantik, das Verhalten der vorhandenen Kontrollflußkonstrukte, exakt definieren lassen. Das Meta-Metamodell muß flexibel genug sein, um verschiedenartige Ansätze zur Realisierung des Verhaltensaspekts zu beschreiben. Dazu sind Modellelemente zur Formulierung von Abhängigkeiten und temporale Modellelemente notwendig.
- **Inter-Modellbeziehungen**: Sollen mehrere Workflow-Metamodelle miteinander in Beziehung gesetzt werden, muß das Meta-Metamodell hierfür Konstrukte anbieten. Ein Beispiel sind Beziehungen, die zwischen verschiedenen Versionen entstehen, wenn Workflow-Metamodelle einer Evolution unterliegen.

Ein Meta-Metamodell erfährt einen großen Teil seines Nutzens nicht allein aus seiner Leistungsfähigkeit bezüglich der Modellierung. Ist es unhandlich oder seine Semantik dem Publikum nicht bekannt, so beeinträchtigt dies den Wert der mit ihm modellierten Produkte. Aus diesem Grund darf auch die nachfolgende Anforderung nicht unterschätzt werden:

- **Akzeptanz:** Die Darstellung von Metamodellen mit Hilfe eines Meta-Metamodells geschieht meist nicht aus persönlichem Erkenntnisinteresse des Modellie-
  rers (vgl. [Kasc97a, S. 34]), sondern mit dem Ziel, dadurch einen Austausch zu
  ermöglichen. Dieser Austausch kann zwischen Menschen stattfinden, etwa
  wenn Eigenschaften oder die Modellierungsfähigkeit eines Metamodells dargestellt oder vermittelt werden. Der Austausch kann aber auch auf Maschinen ab-
  zielen, etwa, wenn es darum geht, eine Abbildung zwischen verschiedenen Metamodellen zu erreichen. Um den Vermittlungsprozeß zu vereinfachen, ist es in
  beiden Fällen jedoch unerläßlich, daß die Modellelemente des Meta-Metamodells beiden Partnern bekannt sind und Einigkeit über deren Semantik herrscht.

Ein Meta-Metamodell kann benutzt werden, um damit zu einem Zeitpunkt die Eigenschaften eines statischen Workflow-Metamodells darzustellen und zu modellieren. Es gibt aber auch Fälle, wo dies nicht ausreicht, weil ein erweiterbares, und
damit dynamisches Workflow-Metamodell vorliegt. So ist es beim Workflow-Metamodell von MOBILE [Jabl96c, Bußl98a] zulässig, Erweiterungen vorzunehmen,
z.B. durch Einführung neuer Kontrollflußkonstrukte. Hier muß das Meta-Metamodell zur Laufzeit den Modellierungsraum vorgeben, aus dem diese Erweiterungen
konstruiert werden. Die Problematik der dynamischen Erweiterung von Workflow-Metamodellen und deren Auswirkungen auf das Verhalten aktiver Workflow-Exemplare wird in [Jabl96c, S. 201 und S. 265 f.] angesprochen. Die Durchführung von Erweiterungen, Änderungen am MOBILE-Workflow-Metamodell
oder gar der Wegfall von Aspekten wird allerdings nicht mit der notwendigen
Ausführlichkeit dargestellt; Auswirkungen auf entsprechende Zustandsräume werden nicht diskutiert. In MOBILE werden Petri-Netze für die Spezifikation [Jabl-
96c, S. 147 f.] und Realisierung [Sieg95] von Kontrollflußtypen verwendet. Demnach stellen Petri-Netze einen Teil des Meta-Metamodells für MOBILE dar, Modellelemente wären Netze, Stellen, Transitionen und Marken. Dieser Zusammenhang wird jedoch nicht explizit so dargestellt, insbesondere fehlt eine Darstellung,
in welcher Form (d.h. in welcher Kodierung) die Beschreibung der Petri-Netze zur
Spezifikation neuer konkreter Kontrollflußtypen zu erfolgen hat, auf deren Grundlage MOBILE tatsächlich ein neuartiges Konstrukt realisieren könnte.

Unter Verwendung eines expliziten Meta-Metamodells wäre diese Verbindung
klarer. Metamodellelemente des Workflow-Metaschemas sind darin eindeutig definiert, und Modellelemente des Workflow-Metaschema lassen sich als Ausprägung von Modellelementen des Meta-Metamodells identifizieren.

4.6.2 Modellelemente des MOF-Meta-Metamodells

Prinzipiell reicht eine Handvoll grundlegender Modellelemente, um damit komplexe Metamodelle beschreiben zu können (siehe z.B. [Craw98, OMG97j]). Das
1998 als OMG-Standard verabschiedete MOF-Meta-Metamodell [OMG97h, S. 3-
12] verfügt jedoch über eine recht hohe Anzahl von Modellelementen, eine gute
Integration mit dem UML-Metamodell und verspricht daher eine sehr feine Modellierungsfähigkeit. Durch die Annahme dieser Spezifikation entsteht die grundsätzliche Forderung, Metamodelle künftiger CORBAfacilities ausschließlich da-

mit zu beschreiben. In Ausschreibungen, die seitdem veröffentlicht werden, findet sich die Forderung *„Proposals shall use the MOF as its meta-metamodel"*. Zwangsläufig muß das MOF-Meta-Metamodell also als Ausgangspunkt der Beschreibung des Workflow-Metaschemas eines WFMD genutzt werden. Abb. 4-25 zeigt einen Ausschnitt des MOF-Meta-Metamodells, in dem diejenigen Modellelemente enthalten sind, auf die im weiteren Verlauf noch Bezug genommen wird.

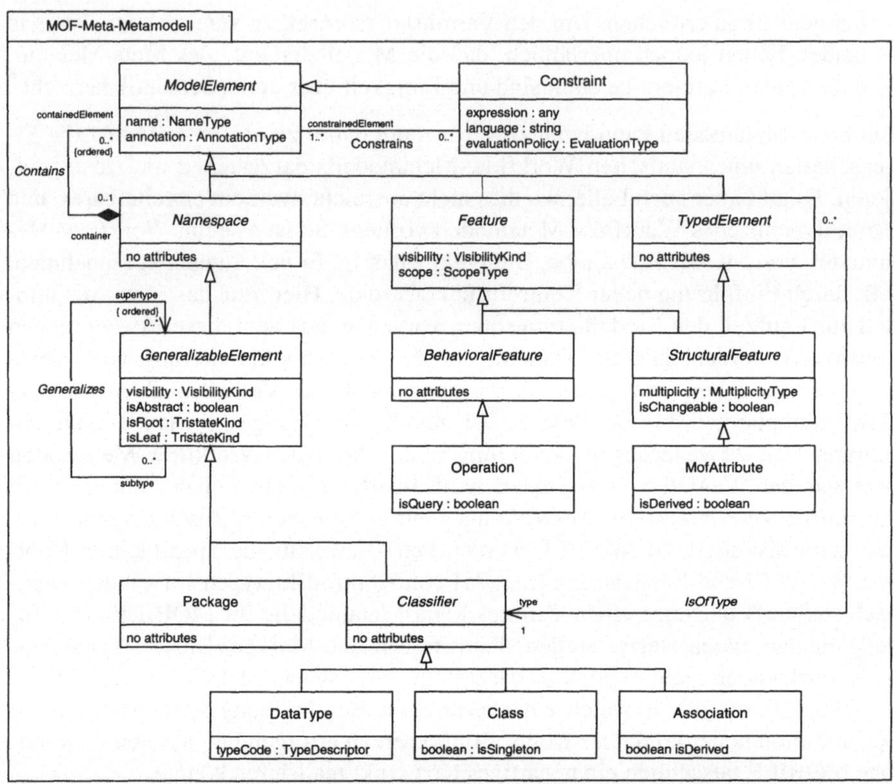

Abb. 4-25: Modellelemente des MOF-Meta-Metamodells (Ausschnitt, [OMG97h, S. 3-12])

Das MOF-Meta-Metamodell ist mächtig genug, um die Anforderungen bezüglich der Struktur- und Verhaltensmodellierung zu erfüllen. Der beste Beweis für diese Mächtigkeit ist, daß sich damit das UML-Metamodell darstellen läßt [Rumb99, S. 340]. In ähnlicher Weise ist es möglich, damit Workflow-Metaschemata zu modellieren. Für eine solche Modellierung ist folgende Vorgehensweise einzuschlagen: Workflow-Metaschemata erfüllen alle Voraussetzungen (s. [OMG97h, S. 3-61]), um als Paket (Package) modelliert zu werden. Alle Modellelemente des Workflow-Metaschemas sind mit Hilfe der Contains-Beziehung als containedElements in das Paket einzufügen. Aus der Modellierung des Workflow-Metaschemas als Paket ergibt sich des weiteren, daß die Modellelemente eindeutig unterscheidbare Bezeichner haben müssen, denn jedes Paket ist auch ein Namensraum (Namespace). Workflow-Schema- und Aspektschema-Metaobjekte werden als

Class modelliert. Ihnen können Attribute (MofAttribute) und Operationen (Operation) zugeordnet werden.

Eine Modellierung des Basis-Workflow-Metaschemas (s. Unterabschn. 4.5.3) als Ausprägung des MOF-Meta-Metamodells wurde im Rahmen des WorCOS-Projekts durchgeführt und wird in Abschn. 5.7 im Kontext des Workflow-Metaschema-Verwaltungsdienstes weiter besprochen.

4.7 Bewertung

Im diesem Kapitel wurde ein Ebenenmodell zur Strukturierung verschiedener Modellinhalte vorgestellt, das eine methodisch saubere und eindeutige Unterscheidung der Sprachebenen innerhalb eines WFMS oder eines WFMD erlaubt. Diese Unterscheidung ist notwendige Voraussetzung, um die Bestandteile eines WFMD erkennen und voneinander abgrenzen zu können. Das Ebenenmodell dient aber nicht nur zum besseren Verständnis, sondern es ergeben sich greifbare Vorteile, wenn es als Grundlage einer Implementierung verwendet wird:

- **Verbesserte Interoperabilität durch explizite Repräsentation des Workflow-Metaschemas**: Die Implementierung eines WFMD auf dieser Grundlage verfügt über eine explizite Repräsentation ihres Workflow-Metaschemas, d.h., es ist mit Mitteln des Systems selbst herauszufinden, welche Modellelemente seine Implementierung hat. In der Folge ergeben sich massive Vorteile bei der Interoperabilität zwischen Systemen. Information über das Workflow-Metaschema kann zur Laufzeit abgefragt und muß weder aus dem Code noch mühevoll aus Handbüchern extrahiert werden. Dies erleichtert es, eine Abbildung zwischen den Modellkonstrukten verschiedener Systemen zu definieren.
- **Erweiterbarkeit des Workflow-Metaschemas**: Im Basis-Workflow-Metaschema wird bezüglich der Modellinhalte bewußt ein minimalistischer Ansatz verfolgt. Erfordert das Anwendungsumfeld spezielle Konstrukte, können diese durch Erweiterung eingeführt werden. Erweiterungen haben die Basisschnittstellen zu übernehmen, in denen z.B. Operationen vorgesehen sind, über das jeweilige Metaobjekt Auskunft zu geben. Dadurch wird gewährleistet, daß auch neu hinzukommende Erweiterungen selbstauskunftsfähig sind.
- **Erhöhte Wiederverwendbarkeit von Workflow-Schemata**: Da Workflow-Schemata als eigenständige Objekte aufgefaßt werden, die zur Laufzeit zugänglich sind, stehen sie für vielfältige Aufgaben zur Verfügung. Insbesondere können Systemkataloge realisiert werden, die eine prädikatbasierte Suche in der Gesamtheit der Workflow-Schemata erlauben und so die Realisierung von Werkzeugen möglich machen, die die Wiederverwendung fördern.

Das vorgestellte Systemkonzept stellt eine umfassende inhaltliche Abdeckung dar, die alle in Abschn. 4.1 gestellten Anforderungen erfüllt. Es ist besonders hervorzuheben, daß dabei die Entwurfsrichtlinien der OMG vollständig berücksichtigt werden. Insbesondere wird das besondere Verhältnis zwischen dem durch die OMG Meta-Object Facility vorgegebenen Meta-Metamodell und einem WFMD verdeutlicht. Die Erkenntnis, daß es für die Workflow-Modellierung verschiedene

Abstraktionsstufen und Modellierungsebenen gibt, wurde für den Organisationsaspekt bereits in [Bußl98a] ausführlich diskutiert. Neu ist hier die durchgängige und konsequente Anwendung auf alle Modellaspekte und die konzeptionelle Anpassung auf ein vierschichtiges Ebenenmodell, wie es von der OMG vorgegeben wird. Die bewußt ausführlich gehaltene Darstellung von Anforderungen an die Modellinhalte und die Realisierung der einzelnen Ebenen (Abschnitte 4.3.2, 4.4.1 und 4.5.1) hat dem Leser die Vielschichtigkeit der daraus resultierenden Probleme vor Augen geführt. Insbesondere wurde die Komplexität der Thematik und das Mißverhältnis zwischen keineswegs praxisfernen Erfordernissen und dem erreichten Stand der Technik deutlich. Und dies, obwohl viele Aspekte in diesem Buch gar nicht eingehend beleuchtet werden, so z.B. Fragen der Transaktionssicherheit, spezielle Aspekte der Modellierung oder der Sicherheit.

Das vorgestellte Ebenenmodell findet seine Entsprechung in einem analogen Architekturmodell. Im Kap. 5 wird aus den vorgestellten abstrakten Modellelementen und -inhalten nunmehr ein Vorschlag für eine Aufteilung in Architekturkomponenten abgeleitet.

5 Architekturmodell eines verteilten Workflow-Management-Dienstes

Methoden zur objektorientierten Entwicklung von Software [Booc91, Jaco92, Rumb93] unterstützen vor allem die Phase des Fach- und Systementwurfs. Sie konzentrieren sich auf die Identifikation und das Zusammenwirken von Objekttypen und Klassen und unterstellen deren Umsetzung in Software innerhalb eines gemeinsamen Adreßraums (vgl. [Kram94]). Letzteres ist nicht verwunderlich, denn die Methoden entstanden zu einer Zeit, in der Middleware zur Realisierung verteilter Objekte erst im Entstehen begriffen war. Entsprechend gering ist die Unterstützung, die die Methoden diesbezüglich bieten. Die Fokussierung auf die objektorientierte Modellierung der Fachklassen lenkt von der Notwendigkeit ab, die entstehenden Modelle für eine Implementierungsarchitektur auf Module und auf Prozeßstrukturen abzubilden. Dies ist ein schwerwiegender Mangel, denn die Konzeption von Software-Systemen mit verteilten Objektverwaltungssystemen entbindet keineswegs von der Aufgabe, einen fundierten Architekturentwurf zu leisten.

Die systematische Konstruktion eines Architekturmodells für einen verteilten WFMD ist eine eigenständige Entwurfsaufgabe, der sich dieses Kapitel annimmt. Ausgangspunkt ist das in Kap. 4 eingeführte logische Ebenenmodell. Es wird wieder aufgegriffen und nun in ein Architekturmodell auf der Grundlage verteilter Objekte umgesetzt. Die Bausteine des Architekturmodells werden hinsichtlich ihrer Art, ihrer Funktion und ihres Zusammenwirkens beschrieben. Abschn. 5.1 erarbeitet einleitend die Anforderungen und Entwurfsprinzipien, die beim Entwurf zu beachten sind. Abschn. 5.2 charakterisiert und klassifiziert gängige Architekturmodelle von WFMS, da sich so der Kontrast zu einem verteilten WFMD gut verdeutlichen läßt. Der Rest des Kapitels ist der Vorstellung eines Architekturmodells gewidmet: Abschn. 5.3 bietet zur Orientierung eine einleitende Übersicht, anschließend werden die Ebenen wiederum zur Strukturierung der Abschnitte verwendet und die Architekturkomponenten des WFMD der Reihe nach im Detail präsentiert. Wo möglich, werden dabei vorhandene OMA-Komponenten integriert. Abschn. 5.4 macht den Anfang mit einer Untersuchung von Realisierungsalternativen für die Schnittstellen von Workflow-Objekten. Exemplarübergreifende Verwaltungsdienste für Workflow-Objekte sind Gegenstand von Abschn. 5.5. Die Realisierung und Verwaltung von Workflow-Schema-Objekten wird in Abschn. 5.6 besprochen. Auf der höchsten Ebene des Modells angelangt, geht es in Abschn. 5.7 um die Verwaltung von Workflow-Metaschemata. Um auf der Grundlage des WFMD eine WFMA zu konstruieren, sind außerhalb des WFMD weitere Dienste notwendig; deren Diskussion findet sich in Abschn. 5.8.

Das vorgestellte Architekturmodell unterscheidet sich in vielerlei Hinsicht von anderen Ansätzen. Abschn. 5.9 stellt diese Unterschiede dar und nimmt eine abschließende Einordnung und Bewertung vor.

5.1 Anforderungen und Entwurfsprinzipien

Allgemeine Anforderungen an verteilte WFMS werden als bekannt vorausgesetzt [Beut96, Kotz97, Schu97a, Schu97f]. Dieser Abschnitt beschränkt sich auf architekturbezogene Anforderungen, für die sich beim Entwurf eines WFMD auf der Grundlage der OMA neue Gesichtspunkte ergeben. Am Anfang stehen Überlegungen zu Entwurfsprinzipien. So gibt es universelle Qualitätsmerkmale von Software-Architekturen, deren Erfüllung auch beim Entwurf eines WFMS oder WFMD zu berücksichtigen ist. Diese Feststellung erscheint trivial – und doch überwiegen auf dem Gebiet des Workflow-Management Forschungsansätze, wo Entwurfsprinzipien und Architekturfragen nicht die notwendige Aufmerksamkeit gewidmet wird. Nur bei wenigen Ausnahmen (z.B. MOBILE [Jabl96c] und CONCORD [Ritt97]) sind diesbezügliche Überlegungen nachvollziehbar dokumentiert und Implementierungsarchitekturen diesen untergeordnet. In vielen anderen Fällen lenken spezielle Implementierungstechniken oder formale Apparate von diesen Fragestellungen ab. Durch das Aufstellen und Festschreiben von Entwurfsprinzipien versucht man, Ziele und Richtlinien für eine Architekturkonzeption vorzugeben. Nur wenn sie dokumentiert sind, läßt sich später überprüfen, ob Vorsätze tatsächlich erreicht – oder wo ggf. Kompromisse eingegangen wurden. Folgende Zielsetzungen sind im Zusammenhang dieses Buchs von besonderem Interesse:

- **Dienstorthogonalität**: Der WFMD darf keine Funktion realisieren, die bereits von anderen OMA-Komponenten bereitgestellt wird. Gemäß dem Prinzip „*separation of concerns*" [Booc98, S. 156] muß man sich auf die wesentlichen Funktionen und Algorithmen konzentrieren und von Details abstrahieren. Vorkehrungen zur Unterstützung spezieller Dienstqualitäten, zur Fehlertoleranz, für verschiedene Datenrepräsentationen, für Objektmigration, für Persistenz oder zur Konsistenzsicherung dürfen nicht zu eng mit dem WFMD verflochten sein, da sie sonst schwer gegen andere Mechanismen auszutauschen sind.

- **Unabhängigkeit**: Komponenten des WFMD sollen unabhängig voneinander gestaltet sein, damit eine getrennte Implementierung möglich ist. Dies ist Voraussetzung, um in einer konkreten Konfiguration Komponenten verschiedenen Ursprungs miteinander mischen zu können. Um den Kreis der Kandidatenkomponenten nicht unnötig einzuschränken, soll jede Komponente wenig implizite Annahmen über die Eigenschaften der anderen machen.

- **Evolutionsfähigkeit**: Die Nutzung von Workflow-Management-Technologie ist eine weitreichende Entscheidung für jede IT-Abteilung, denn die gewonnene Flexibilität wird durch eine gewisse Abhängigkeit erkauft. Eine Durchdringung weiter Teile der IT ist unvermeidlich; der Einführungsaufwand ist nur gerechtfertigt, wenn eine lange Standzeit des Systems zu erwarten ist. Der Designer eines WFMD entwirft also ein System mit überdurchschnittlich langem Nutzungszeitraum und muß daher Vorkehrungen für dessen eigene Weiterentwicklung treffen. Sieht man vom Austausch und Aufrüstung der Hardware und Betriebssysteme ab und betrachtet Rekonfiguration nicht als Weiterentwicklung, sind Anpassungen und Erweiterungen des Workflow-Metaschemas und die Integration neuer Dienste die größten Herausforderungen.

Skalierbarkeit

Grundsätzlich ist ein WFMD nicht für Kleinanwendungen vorgesehen, sondern als potentiell global verfügbarer Teledienst [Böhm96b]. Die nichtfunktionale Anforderung nach Skalierbarkeit ist daher fundamental. Der WFMD soll so gestaltet sein, daß er auch bei zunehmender Belastung angemessen nutzbar bleibt, d.h., die Antwortzeit soll bei steigender Belastung nur linear zunehmen. Einflußfaktoren, die eine Belastung darstellen, sind eine wachsende Anzahl

- gleichzeitig auszuführender Workflow-Exemplare [Schu97f, S. 108],
- potentieller oder tatsächlicher Workflow-Teilnehmer (bzw. Anwender) und
- zur Ausführung angebotener Workflow-Typen.

Schlecht skalierbar sind WFMS, bei denen es feste Obergrenzen für einen oder mehrere dieser Parameter gibt oder die Antwortzeit bei einem Anstieg der Belastung überproportional steigt. Skalierbare WFMS gestatten es, auf zunehmende Last durch Hinzunahme weiterer Komponenten zu reagieren. Dazu ist jedoch eine klare Spezifikation notwendig, die festlegt, auf welche Weise neue Komponenten hinzugefügt werden und wie eine Lastverteilung zwischen diesen erfolgt. Im Workflow-Management-Bereich ist die Koexistenz mehrerer Workflow-Engines die Standardantwort auf die Skalierbarkeitsproblematik. Es wird jedoch immer davon ausgegangen, daß es sich dabei um einen *Leistungsverbund* aus gleichartigen, generischen Workflow-Engines handelt. In diesem Buch wird der Ansatz verfolgt, Workflow-Exemplare durch das Zusammenwirken verteilter Objekte zu realisieren, die nicht nur einen Leistungs-, sondern auch einen *Funktionsverbund* bilden, in dem Objekttypen unterschiedliche Aufgaben erfüllen. Daraus ergeben sich neuartige und interessante Fragestellungen.

Robustheit und Verfügbarkeit durch vollständige Verteilung

Eine davon ist die nach vollständiger Verteilung, d.h., der WFMD ist so zu planen, daß er ohne zentrale Komponente auskommt. Es soll möglich sein, alle Komponenten, die die Implementierung eines Workflow-Schemas bilden, (a) auf unterschiedlichen Rechnerknoten zu plazieren sowie (b) ggf. mehrere redundante Komponenten zu realisieren. Dies geschieht mit dem Ziel, dadurch eine gute Fehlertoleranz zu erreichen. Die Vermeidung eines „single-point-of-failure" führt zu einer erhöhten Systemverfügbarkeit.

Für Aufgaben wie die Replikation von Workflow-Exemplaren und -Schemata, die notwendig sind, um eine Verfügbarkeitsgarantie geben zu können, wurde bereits eine ganze Reihe von Lösungsvorschlägen gemacht. Wir gehen davon aus, daß sich grundlegende Ergebnisse (etwa Replikationsstrategien oder Objektgruppen, s. [Kama96, Kara96, Schu97f]) im Prinzip auf das vorzustellende Architekturmodell übertragen lassen. Diese Themen werden hier nicht vertieft, denn bevor man sich mit derartigen Fragen auseinandersetzen darf, muß zuerst der prinzipielle Aufbau der funktionalen Architektur gesichert sein.

Fehlertolerante Workflow-Ausführung

Ein WFMD ist im laufenden Betrieb einer Vielzahl von Fehlerquellen ausgesetzt. Es lassen sich verschiedene Fehlertypen identifizieren, die in [Eder95, Leym96, Mill97, Lieb98, Wäch96] auf vielfältige Arten klassifiziert werden. Im wesentlichen wird aber immer zwischen technisch bedingten Fehlersituationen und anwendungsbezogenen Ausnahmen unterschieden. Zur erstgenannten Kategorie gehören:

- Hard- und Software-Ausfälle: Daß Hardware-Defekte zu Ausfällen der darauf laufenden Software-Komponenten führen, ist offensichtlich. Die Hauptursache für Ausfälle sind heutzutage jedoch Software-Defekte: Trotz erheblicher Fortschritte in der Software-Technologie sind Infrastruktur- und Betriebssystemsoftware (z.B. WWW-Server, ORB-Implementierungen), aber auch Teile des WFMD mit hoher Wahrscheinlichkeit fehlerbehaftet. Sie können aufgrund dieser Programmfehler instabiles Verhalten zeigen, möglicherweise sogar unerwartet beendet werden. Weitere Fehlerursachen sind externe Einflüsse, z.B. der Abbruch wichtiger Prozesse durch ein KILL-Signal.
- Fehlerhafte Ausführung von Workflow-Applikationen: In die Ausführung von Workflows eingebundene Applikationen und Geschäftsobjekte können ebenfalls ihren Dienst versagen. Die Ausführung fehlerbehafteter Standardanwendungen auf PCs kann sog. „Schutzverletzungen" verursachen und führt dort im Extremfall sogar zum „Absturz" des Betriebssystems.
- Kommunikationsfehler: Unterbrechungen der Netzwerkverbindung oder der Ausfall von Kommunikationsdiensten verhindern ebenfalls ein weiteres Arbeiten mit dem WFMD.

Hohe Zuverlässigkeit und Verfügbarkeit sind wesentliche Voraussetzungen für den Nutzen einer WFMA. Entscheidend für die Praxistauglichkeit ist, wie sich Systemfehler auf die Arbeit der Anwender auswirken. Von einem zugrundeliegenden WFMD ist daher zweierlei zu verlangen: Erstens muß er dafür sorgen, daß er selbst nach einem Betriebsausfall nicht in einen undefinierten Zustand gerät, zweitens dafür, daß bereits erfolgreich beendete Arbeitsschritte der WFMA nicht wiederholt werden müssen. Die Ausführung von Workflows soll mit minimalem Verlust von Daten und geleisteter Arbeit an der Stelle fortsetzbar sein, an der der Fehler auftrat [Sieb95, S. 23]. Bei der Untersuchung, wie weit Transaktionskonzepte für diese Zwecke einsetzbar sind, sind nach [Leym96] zwei Sichtweisen zu unterscheiden. Geht es um die Frage, wie mit Hilfe von Transaktionskonzepten die Robustheit des WFMD selbst sichergestellt wird, redet man von *systemtechnischen Transaktionskonzepten*. Diese werden eingesetzt, um innerhalb der Dienstimplementierung die oben genannten Fehlerfälle zu behandeln und die interne Konsistenz zu sichern. *Prozeßtechnische Transaktionskonzepte* beschäftigen sich mit der Modellierung von Workflows und sind damit ein Thema auf Seiten der WFMA, mit dem sich der Workflow-Schema-Designer beschäftigen muß (Rollback, Undo, Redo, Roll-Forward und Kompensation von Arbeitsschritten). Modellelemente hierfür gehören sicherlich in das erweiterte Workflow-Metaschema eines WFMD, sind aber nicht Gegenstand dieses Buchs.

Datenschutz und Datensicherheit

In den Anforderungskatalogen zu WFMS wird die Thematik des Datenschutzes
und der Datensicherheit nur peripher behandelt. Dies liegt nicht zuletzt daran, daß
entsprechende Funktionen in kommerziellen WFMS bisher erst schwach ausgeprägt sind [Work98b]. Dabei stellen WFMA in vielfacher Hinsicht großes Risiko-
potential aus der Sicht des Datenschutzes dar, denn sie enthalten im Betrieb umfangreiches Know-how und sensitive Daten:

- *Workflow-Schemata* repräsentieren einen Teil des Wissens darüber, wie der zugrundeliegende Geschäftsprozeß gehandhabt wird. Vom Ausspähen dieser Information könnten Konkurrenzunternehmen in doppelter Hinsicht profitieren:
  Ist der Geschäftsprozeß erfolgreich realisiert, ist ein Nachahmen der Vorgehensweise möglich. Ein vorher vorhandener Wettbewerbsvorteil, der möglicherweise durch aufwendige BPR-Maßnahmen erarbeitet wurde, würde dadurch zu-
  nichte gemacht. Darüber hinaus besteht die Gefahr, daß es nicht bei der Nach-
  ahmung bleibt, denn auf der Grundlage des Workflow-Schemas lassen sich
  Schwachstellen entdecken, auf die die Konkurrenz gezielt reagieren kann.
- *Workflow-Exemplare*: Auch Wissen über Bearbeitungszustand aktueller Vorgänge und Projekte und das Nachvollziehen von zurückliegenden kann für Konkurrenzunternehmen von großem Nutzen sein. Aus Gründen des Datenschutzes
  muß auch der unbefugte Zugriff darauf verhindert werden.

Workflow-relevante und workflow-interne Objekte müssen jedoch nicht nur in ihrer Eigenschaft als Betriebsgeheimnisse vor unbefugtem Zugriff von außen ge-
schützt werden, sondern auch vor den eigenen Mitarbeitern. So muß z.B. jede Manipulation an Workflow-Schemata von nicht autorisierten Personen ausgeschlossen sein. Fragen der Zugangskontrolle und der Manipulationssicherheit in WFMS
werden in diesem Buch nicht weiter diskutiert, grundsätzlich ist jedoch davon auszugehen, daß der OMG Security Service ausreichend Mechanismen anbietet, um
die Anforderungen zu erfüllen. Ähnlich wie bei der Robustheit wird darauf verwiesen, daß zunächst die prinzipielle Funktionsstruktur und Arbeitsweise des WF-
MD geklärt sein muß, bevor man sich derartigen Fragen widmet.

Beziehungen zu anderen CORBAfacilities

Ein WFMD kann nicht isoliert von anderen CORBAfacilities betrachtet werden.
Wie bereits in [Schu96c, Schu97a] gezeigt wurde, besteht eine Vielzahl von Abhängigkeiten zu anderen Teilen der OMA, die hier nicht wiederholt werden. Auch
in Unterabschn. 4.1.4 wurde bereits auf diese komplexe Thematik eingegangen.
Die Untersuchung dieser Abhängigkeiten ist allerdings insofern problematisch, da
die Standardisierung vieler CORBAfacilities nicht abgeschlossen ist.

5.2 Architekturansätze zur Verteilung in WFMS

Dieser Abschnitt zeigt, auf welchen Architekturmodellen heutige WFMS beruhen
und welche Folgen sich daraus für deren Praxiseinsatz ergeben. Ausgehend von

einem zentralisierten Architekturmodell werden verschiedene Grade der Vertei-
lung unterschieden. Die Untersuchung berücksichtigt nicht nur WFMS, die als
Produkte verfügbar sind, sondern auch Forschungsansätze. An den Beginn der
Diskussion wird eine Beschreibung des „Referenzmodells" der WfMC gestellt.
Dieses Schnittstellenarchitekturmodell weist zwar eine ganze Reihe von Defiziten
auf, hat aber dennoch bei der Umsetzung in Produkte gewisse Bedeutung erlangt.

5.2.1 Das Schnittstellenarchitekturmodell der WfMC

Die WfMC wurde 1993 als Interessenverband von WFMS-Herstellern und -An-
wendern mit dem Ziel gegründet, den Einsatz dieser Technologie zu fördern, indem Standards für die Interoperabilität heterogener Systeme geschaffen werden.
Zentraler Beitrag der WfMC ist die Definition eines Glossars [Work96b] sowie eines Referenzmodells [Work94] für Workflow-Management-Architekturen. Dieser
Unterabschnitt gibt einen Überblick über Komponenten der Referenzarchitektur
und beschreibt deren wichtigste Konzepte. Da viele davon nicht eindeutig definiert und schwer vereinbar mit verteilten Objektverwaltungssystemen sind, bleibt
der Umfang der Betrachtungen beschränkt. Fragen des WfMC-Workflow-Meta-
schemas stehen auch nicht zur Diskussion. Statt dessen wird eine kritische Bewertung der Architektur vorgenommen.

5.2.1.1 *Überblick über das Schnittstellenarchitekturmodell*

Ziel bei der Erstellung des Referenzmodells war die Identifikation üblicher Bestandteile von WFMS und die Abgrenzung dieser grobgranularen Komponenten
voneinander. In der Folge konnten Schnittstellen zwischen diesen festgelegt werden, wodurch vor allem dem Ziel der Interoperabilität, also dem Zusammenwirken
von Komponenten unterschiedlicher Hersteller, gedient wird. Die Standards schreiben keine Implementierungsarchitektur vor, sondern nur Schnittstellen, weswegen
hier stets von einem *Schnittstellenarchitekturmodell* die Rede ist.

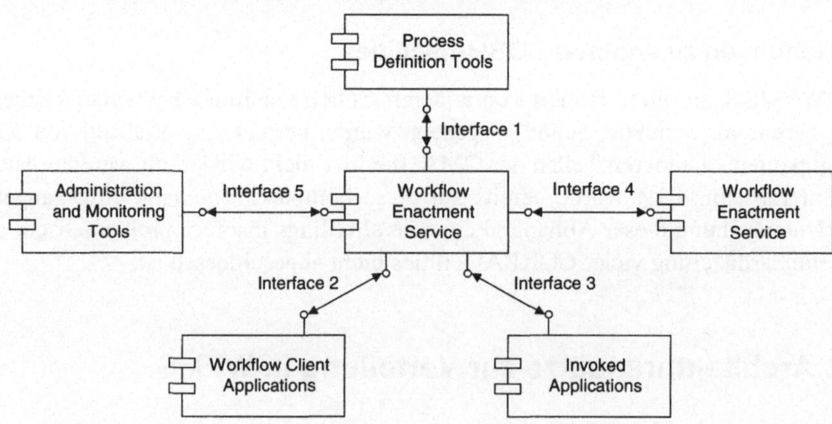

Abb. 5-1: Schnittstellenarchitekturmodell der WfMC ([Work94] oder [Lawr97, S. 260 f.])

Wie Abb. 5-1 zeigt, wird das Schnittstellenarchitekturmodell von einem zentralistischen Client/Server-Architekturmodell geprägt. Es wird angenommen, daß als Kommunikationszentrale bei jedem WFMS ein Workflow Enactment Service im Mittelpunkt steht. Zwar kann dieser in einer Implementierungsarchitektur aus mehreren Workflow-Engines zusammengesetzt sein [Lawr97, S. 261], was aber nichts an der zentralistischen Sichtweise ändert, die dadurch deutlich wird, daß der Workflow Enactment Service alle fünf Schnittstellen implementiert und keine Querverbindungen zwischen den folgenden Komponenten vorgesehen sind:

- **Process Definition Tools**: Interface 1 soll es ermöglichen, beliebige Modellierungswerkzeuge zur Definition von Workflow-Schemata zu verwenden. Dies ist bei den meisten heutigen Systemen nicht vorgesehen, da dort eine enge Integration zwischen der Entwicklungs- und der Ausführungsumgebung vorliegt und Workflow-Schemata von außen nicht zugänglich sind. Konzeptionelle Voraussetzung für Interface 1 war eine Einigung auf ein gemeinsames Workflow-Metaschema und eine korrespondierende Workflow-Sprache (*Workflow Process Definition Language, WPDL*), in der Workflow-Schemata auszutauschen sind [Scha97b]. Die Spezifikation der WPDL findet sich in [Work98a].

- **Workflow Client Applications** dienen den Endanwendern zur Teilnahme an der Ausführung von Workflows. Mit Hilfe von Interface 2 [Work96d] soll es möglich sein, auch hier Systemunabhängigkeit zu erreichen. Dies ist besonders nützlich, wenn in einer Organisation verschiedene WFMS im Einsatz sind. Verwenden diese unterschiedliche Notifikationsverfahren und erfordern sie verschiedene Client-Programme, müssen Anwender an mehreren Stellen prüfen, ob neue Aufgaben zur Erledigung anstehen [Scha97b]. Ein generisches Client-Programm auf Grundlage von Interface 2 kann diese Aufgabe stark vereinfachen. Die Schnittstelle umfaßt Funktionen zum Auf- und Abbau einer Verbindung zum Workflow Enactment Service, zur Abfrage von Informationen über Workflow-Schemata, zum Start und zur Manipulation von Workflow-Exemplaren sowie Funktionen zur Zustandsabfrage [Lawr97, S. 274 f.].

- **Invoked Applications**: Der Workflow Enactment Service muß im Verlauf der Ausführung von Workflows mit Anwendungsprogrammen interagieren, die nicht Teil des WFMS sind. Interface 3 sollen abstrakte Schnittstellen vorgeben, mit denen man sowohl Altanwendungen als auch speziell angepaßte Anwendungsprogramme (*workflow-enabled applications* [Lawr97, S. 279]) auf standardisierte Weise in die Workflow-Ausführung einbinden kann. Interface 3 ist bisher nicht fertiggestellt; die geplante Funktionalität umfaßt neben der eigentlichen Steuerung der Programmausführung auch die Bereitstellung und Abholung von Daten für die Abarbeitung durch die externe Applikation.

- **Workflow Enactment Service**: Die Kooperation mehrerer Workflow Enactment Services zur Ausführung eines zusammengesetzten Workflows ist Inhalt von Interface 4 [Work96e]. Sie ist Voraussetzung für eine Integration zwischen Produkten unterschiedlicher Hersteller, denn sie erlaubt es, im Verlauf der Ausführung eines Workflow-Exemplars einzelne Aktivitäten durch Workflows zu implementieren, die auf anderen Workflow-Engines zur Ausführung gebracht werden. Zu diesem Zweck umfaßt die Schnittstelle Funktionen zur „Fernsteuerung" der Workflow-Ausführung und zur Statusabfrage.

- **Administration & Monitoring Tools**: Interface 5 ist dafür vorgesehen, mit geeigneten Analysewerkzeugen Transparenz in den Bearbeitungsstand von Workflow-Exemplaren zu bringen. Auf Grundlage dieser Schnittstelle lassen sich z.B. Analysen der Ausführungshistorie von Workflows erstellen. Man verspricht sich dadurch, zu jeder Zeit vollständigen Überblick über die aktuelle Arbeitssituation zu erhalten. Dies erinnert an die in [Meit94] eingeführte Metapher des *Büroleitstands*, von dem aus es möglich sein soll, Einblick in den Bearbeitungszustand einzelner Workflow-Exemplare zu nehmen, und verdichtete Kennzahlen, etwa über die momentane Auslastung, zu erhalten.

Die aufgelisteten Schnittstellen sind nicht überlappungsfrei, da manche Funktionen in jeder der Schnittstellen enthalten sind, insbesondere der Verbindungsaufbau mit dem Workflow Enactment Service und die Zustandsabfrage von Workflow-Exemplaren. Da diese Funktionalitäten nicht exklusiv einer Schnittstelle zugeordnet werden können, werden alle gemeinsam unter dem Begriff *Workflow Management Application Programming Interface* (WAPI) zusammengefaßt.

5.2.1.2 Bewertung

Der Begriff *Referenzmodell* ist üblicherweise reserviert, um ein idealisiertes Modell – also ein Vorbild – zu beschreiben. Ausgangspunkt der WfMC-Spezifikationen war jedoch keineswegs die Vision eines idealen Modells, sondern der kleinste gemeinsame Nenner, der in Produkten der beteiligten Hersteller vorgefunden wurde. Daraus resultiert eine Reihe von Defiziten (s. hierzu [Schu96c, Schu97a, Paul-97a, Pürz97]), von denen ein Teil nachfolgend dargestellt wird. Eine kritische Auseinandersetzung damit ist unumgänglich, wenn bei der Standardisierung der OMG Workflow Management Facility ähnliche Probleme vermieden werden sollen.

- **Unpräzise Terminologie**: Um Unbestimmtheiten und Vagheiten zu minimieren, ist normalerweise eine eindeutige Definition zentraler Begriffe Ausgangspunkt jeder Standardisierungsbemühung. Die WfMC hat für ihr Glossar [Work-96b] einen Kompromißansatz gewählt. Dort werden für Glossarbegriffe produktspezifische Termini als Synonyme genannt, augenscheinlich, um das Verständnis zu erleichtern. Leider werden die Synonyme nicht nur als Hilfestellung erwähnt, sondern selbst wiederum an anderen Stellen der Spezifikation verwendet. Dies hat zur Folge, daß bei einer Analyse des Glossars zahlreiche Unklarheiten, Auslassungen und sogar Widersprüche zutage treten, die [Pürz97] detailliert nachweist. Besonders bedenklich ist dabei die Existenz zirkulärer Definitionen. Ein weiterer Punkt, der allerdings nicht der WfMC, sondern einem Mangel der englischen Sprache anzulasten ist, ist die Vagheit des Begriffs „process": Die reichhaltigen Ausdrucksmöglichkeiten, die im Deutschen durch verschiedene Begriffe wie Vorgang, Ablauf, Verfahren, Geschehnis und Prozeß gegeben sind, müßten im Englischen durch konsequente Attributierung ausgeglichen werden. Die notwendige Disziplin lassen die WfMC-Spezifikationen leider vermissen; die jeweils richtige Interpretation von „process" muß der Leser aus dem Kontext ableiten. Daraus ergibt sich die fatale Konsequenz, daß bei jedem Versuch, ein System allein aufgrund der WfMC-Spezifikationen zu implementieren, ein großer Anteil an Interpretation verbleibt. Unterschiedliche Auslegungen führen zu nicht interoperablen Lösungen; die Nützlichkeit des Glossars ist fragwürdig. Selbst das Ziel, die Vielfalt verschiedener WFMS wenigstens „durch ein einheitliches Begriffsverständnis übersichtlicher und vergleichbarer zu machen, kann [...] nicht erreicht werden." [Pürz97, S. 84].

- **Starres Workflow-Metaschema**: Statt genereller Erweiterbarkeit wurde auch in der WPDL dem Prinzip des kleinsten gemeinsamen Nenners der Vorzug gegeben. Will ein Hersteller ein neuartiges Modellelement einführen, kann er nur zwei Wege beschreiten: Wählt er die Nonkonformität und damit die Erweiterung seines eigenen Workflow-Metaschemas, führt dies zu einer proprietären Workflow-Sprache, die von anderen Systemen nicht verstanden wird. Alternativ kann der Hersteller versuchen, eine Erweiterung des WPDL-Workflow-Metaschemas bei der WfMC durchzusetzen, was erheblichen Zeitaufwand und vor allem Einfluß erfordert. Letztere Vorgehensweise konnte zuletzt im Frühjahr 1998 beobachtet werden, wo die WPDL um Konzepte aus dem Workflow-Metaschema von *FlowMark* (*IBM*) erweitert wurde.

- **Zentralistische Prägung**: Zwar macht das Referenzmodell wenig Vorgaben über den konkreten Aufbau einer Workflow-Engine, doch wird die Idee einer im Mittelpunkt stehenden Engine überbetont; das Referenzmodell fordert eine zweischichtige Client/Server-Implementierungsarchitektur geradezu heraus. In der Folge entstehen inflexible, schlecht skalierbare Lösungen, bei denen eine zentrale Komponente potentieller Flaschenhals des Gesamtsystems ist.

- **Monolithische Workflow-Engine**: Die Workflow-Engine übernimmt nicht nur die Ausführungssteuerung von Workflow-Exemplaren sowie damit unmittelbar im Zusammenhang stehende Funktionen, sondern auch die Verwaltung von organisatorischen Einheiten, Arbeitslisten und von Workflow-Schemata. Dabei unterbleibt eine Verfeinerung in kleinere funktionale Einheiten, und es werden auch keine Ansatzpunkte geboten, evtl. vorhandene andere Komponenten für eine Nutzung einzubinden. Die Workflow-Engine ist aus dieser Sichtweise also eine „Black box". Erfüllt die Engine eines Herstellers funktionale oder nicht-funktionale Anforderungen nicht (mehr), muß man sie en block auswechseln. Es ist nicht möglich, eine oder mehrere Funktionalitäten auf geänderte Erfordernisse anzupassen. Die Inflexibilität der Workflow-Engines ist mit dem interpretativen Ansatz bei der Workflow-Ausführung zu erklären: Zur Ausführung jedes Workflow-Exemplars wird das zugrundeliegende Workflow-Schemata neu interpretiert. Workflow-Schemata werden in einer operationalen Zwischensprache notiert und sind damit nichts anderes als Programm-Quellcode. Die Workflow-Engine ist ein Interpreter für eine fest vorgegebene Sprache, in dessen Ausführungseinheit die obigen Funktionen „fest verdrahtet" sind. Jede Änderung des Sprachumfangs bedeutet einen Austausch des Interpreters.

- **Willkürliche Architektur**: Die WfMC-„Referenzarchitektur" ist kein Ergebnis eines nachvollziehbar dokumentierten Entwurfsprozesses, sondern die willkürliche Integration der zum Zeitpunkt der Festlegung in Produkten vorgefundenen Komponenten. Aus diesem Grund ist es der WfMC unmöglich, eine Aussage zu machen, warum und aufgrund welcher Abstraktionsprinzipien die Architekturkomponenten so und nicht anders gebildet wurden. Durch die fehlende Untergliederung des Workflow Enactment Service in einzelne funktionale Bereiche gestaltet sich die Integration in jedes vorhandene Architekturumfeld schwierig, da eine Nutzung anderweitig bereits definierter Dienste unmöglich gemacht wird. Dies gilt auch und im besonderen für die OMA.

- **Keine Architekturkomponente zur Verwaltung von Workflow-Schemata**: Gerade im Kontext dieses Buchs ist anzumerken, daß die WfMC die Speicherung und Verwaltung von Workflow-Schemata nicht thematisiert. Neu erzeugte ProcessDefinitions werden mit Interface 1 von einem Process Definition Client direkt in den Workflow Enactment Service eingespeist. Der Zugriff auf bereits definierte Workflow-Schemata ist nur eingeschränkt möglich, die Ausstattung mit Metadaten und Zugriffspfade können nur als dürftig bezeichnet werden.

- **Unzureichende Verteilungsaspekte**: Workflow Enactment Services können aus mehreren Workflow-Engines bestehen, wodurch grundsätzlich eine verteilte Ausführung ermöglicht wird. Die verteilte Ausführung läßt sich jedoch nicht mit der WPDL steuern, da sie keine Sprachmittel zur Festlegung der Ausführungslokation besitzt. Organisatorisch oder technisch motivierte Vorgaben bezüglich der Ausführungslokation (s. [Kotz97, S. 252]) von Workflow-Exemplaren sind damit nicht formulierbar.

Abschließend sei angemerkt, daß die Spezifikationen der WfMC einer ständigen Weiterentwicklung unterliegen. Aktuelle Entwicklungen deuten darauf hin, daß die WfMC die vorgetragenen Kritikpunkte durchaus ernstnimmt und möglicherweise bei künftigen Versionen ihrer „Standards" berücksichtigt.

5.2.1.3 Umsetzung der WfMC-Spezifikationen in Produkte

Die WfMC kommt ihrer Aufgabe, den Einsatz von Workflow-Management-Technologie zu fördern, durch intensive Öffentlichkeitsarbeit nach. Mit Demonstrationen soll die Interoperabilität heterogener Systeme unter Beweis gestellt werden. Nachfolgend wird auf Implementierungen der Spezifikationen eingegangen:

- **Interface 1**: Einige Geschäftsprozeß-Modellierungswerkzeuge bieten an, Workflow-Schemata in Form von Dateien zu exportieren. Nachdem die WPDL bis vor kurzem nicht festgeschrieben war, erfolgt ein direkter Export in das Zielformat des jeweiligen WFMS. So ist das *ARIS-Toolset* [Sche94b] in der Lage, FDL-Dateien für *FlowMark* (*IBM*) und Workflow-Skripts für *COSA* (*Software Ley*) zu erzeugen. Ähnlich wird in [Fürp96] mit *BONAPART* (*Ubis*) und dem WFMS *CSE/Workflow* verfahren. Auf der Grundlage vorläufiger WPDL-Spezifikationen [Work96a] wurde auch bereits die Machbarkeit einer Integration von *ARIS*, *BONAPART*, *StructWare* und *ProMinandD* (*IABG*) nachgewiesen [Wolf95, Welk95, Zöll95]. Kritisch ist in allen Fällen anzumerken, daß eine Verquickung verschiedener Modellierungsebenen vorliegt, da Geschäftsprozeß-Modellierung auf einer abstrakteren Ebene stattzufinden hat. Die unmittelbare Umsetzung in Workflow-Schemata ist weder in allen Fällen möglich, noch ist sie wünschenswert [Böhm97b]. Die unerfreuliche Vermischung der Modellierungsebenen ist durch die WfMC vorgegeben, die keine saubere Trennung zwischen beiden Phasen vorsieht (vgl. [Lawr97, S. 269]).

- **Interface 4**: Das Zusammenwirken heterogener Workflow-Engines wurde bereits mehrfach öffentlich demonstriert. Dennoch ist die Integration und Kooperation auch bei konformen Produkten nur mit Einschränkungen möglich. Da die WfMC-Spezifikationen sehr viel Interpretationsspielraum lassen, muß unterstellt werden, daß im Vorfeld von Interoperabilitätsdemonstrationen umfangreiche bilaterale Absprachen und Anpassungen notwendig sind, um eine halbwegs korrekte Zusammenarbeit unterschiedlicher Produkte zu erreichen.
- **Interface 5**: Die Standardisierung dieser Schnittstelle ist nicht abgeschlossen. Es gibt jedoch vielversprechende Ansätze [Rose96a, Rose97], wie mit Hilfe eines geeigneten Werkzeugs aus der Protokollinformation von Workflow-Exemplaren Erkenntnisse über die Performance von Arbeitsabläufen gewonnen werden können. Da es sich bei dieser Schnittstelle vor allem um eine instrumentierende, passive Schnittstelle handelt, dürfte eine Anpassung auf einen endgültigen Standard problemlos möglich sein.

Konformität zu den WfMC-Spezifikationen wird von Produktanbietern als Verkaufsargument verwendet. Entsprechende Aussagen müssen jedoch mit den beiden nachfolgenden Einschränkungen versehen werden: Zum einen hat die WfMC bisher weder Kriterien definiert, noch Verfahren festgelegt, mit denen eine Konformitätsüberprüfung oder gar eine Zertifizierung von Produkten möglich wäre – Hersteller bestätigen sich die Konformität de facto selbst. Zum anderen gilt es zu betonen, daß die einzelnen WfMC-Schnittstellen keineswegs so unabhängig voneinander sind, wie dies in Abb. 5-1 erscheinen mag. Insbesondere prägen die Inhalte der WPDL in Interface 1 die Funktionen der anderen Schnittstellen.

5.2.2 Zentralistische Architekturmodelle

Bei kommerziellen WFMS ist häufig ein zentralistisches, zweischichtiges Client/Server-Architekturmodell vorzufinden. Das Architekturmodell, das in [Mill96] als „highly centralized" bezeichnet wird, besteht aus einer zentralen Ausführungsmaschine, auf der alle Workflow-Exemplare zur Ausführung gebracht werden und einer großen Anzahl von passiven Clients, die für die Teilnahme an der Workflow-Ausführung notwendig sind. Clients sind direkt mit der Workflow-Engine verbunden; es existiert keine entkoppelnde Zwischenschicht. Typische Ausprägungen dieses in Abb. 5-2 skizzierten Architekturtyps sind:

- *CSE/Workflow* (s. [Koch96, S. 188 f.], [Joos97]),
- *FlowMark* [Leym92, Leym94a, IBM95],
- *LEU* [Gruh93, Gruh94, Wolf97] und
- *Staffware* [Staf94, Staf97],

Da Eigenschaften dieser und weiterer prominenter Vertreter in der Literatur bereits hinreichend diskutiert wurden (s. z.B. [Jabl96c, S. 52 f.], [Schu97f, S. 30 f.]), wird darauf verzichtet, erneut konkrete Produkte im Detail vorzustellen. Statt dessen wird nur die typische Aufgabenverteilung zwischen Workflow-Engine und anderen Systembestandteilen diskutiert sowie eine kurze Einschätzung abgegeben.

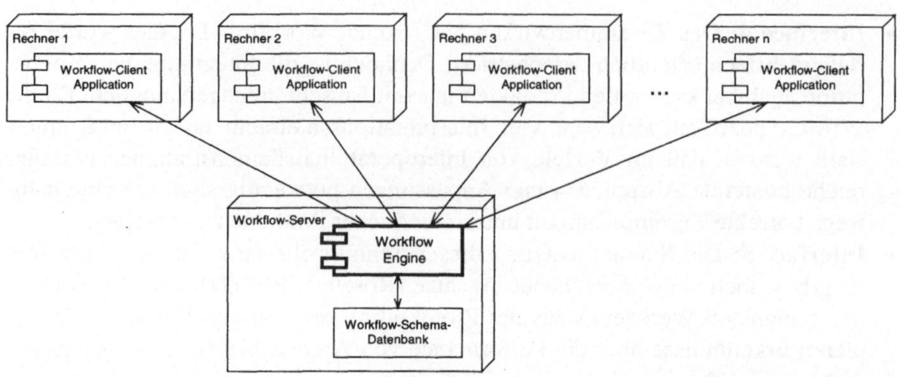

Abb. 5-2:   Zentralistisches WFMS-Architekturmodell als UML-Konfigurationsdiagramm

Charakteristisch für dieses Architekturmodell ist, daß der Workflow-Engine die alleinige Last der Verwaltung, Steuerung und Kontrolle der Workflow-Exemplare zukommt. Dies umfaßt insbesondere Aufgaben wie:

- Interpretation und Ausführung des Workflow-Schemas
- Verwaltung aller workflow-relevanten Objekte
- Start und Ausführungkontrolle von Workflow-Applikationen
- Ermittlung von zuständigen Akteuren und Zuweisung von Arbeitseinheiten
- Verwaltung von Arbeitslisten für alle Anwender
- Session-Management für die aktuell verbundenen Clients

Die Implementierung der Workflow-Engines erfolgt oft unter Verwendung von DBMS, da sich damit bestimmte nichtfunktionale Eigenschaften komfortabel sicherstellen lassen. Im einfachsten Fall wird dem DBMS nur die Speicherung der Zustandsdaten von Workflow-Exemplaren überlassen; manche Systeme speichern auch Workflow-Schemadaten in DBMS. In wenigen Fällen werden weitergehende Datenbankmechanismen für die Implementierung der Workflow-Steuerung herangezogen. Ein Beispiel ist die Implementierung des Verhaltensaspekts mit aktiven Datenbankmechanismen in Forschungsprototypen wie TriGS$_{flow}$ [Kapp95a, Kapp-95b] und EvE [Gepp97a].

Aber selbst unter Verwendung vorhandener Basissoftware stellt die Realisierung einer zentralistischen Workflow-Engine hohe Anforderungen an den Implementierer. Eine große Anzahl von Workflow-Exemplaren simultan und effizient zu steuern, erfordert den Einsatz fortgeschrittener Programmiertechniken. In Anlehnung an die bei Transaktionsmonitoren [Meye88, Gray93] bewährten Techniken kann beispielsweise Multithreading verwendet werden, um die Steuerung einzelner Workflow-Exemplare mit je einem separaten Thread abzuwickeln.

An Client-Programme eines derartigen Architekturmodells sind vergleichsweise geringe Ansprüche zu stellen, da für diese vor allem solche Aufgaben verbleiben, die der Präsentationsschicht zuzuordnen sind:

- Visualisierung der Arbeitsliste des angemeldeten Anwenders; nach Möglichkeit Notifikation bei neu zugewiesenen Aufgaben
- Benutzerschnittstelle für die Workflow-Steuerung
- Start und Steuerung von Applikationen, die auf dem Rechnerknoten des Teilnehmers zur Ausführung gebracht werden müssen.
- Benachrichtigung der Workflow-Engine über die Fertigstellung einer Aufgabe

Die Vorteile zentralistischer Workflow-Management-Architekturmodelle liegen auf der Hand: Zum einen ist für Clients wenig Implementierungsaufwand auf unterschiedlichen Plattformen erforderlich, da deren Komplexität eher gering ist. In vielen Fällen wird die Aktualisierung der Arbeitsliste durch einfache Polling-Mechanismen realisiert [Star95, S. 37]. Auch sind manche Aspekte der Workflow-Engine-Implementierung im Vergleich zu anderen Ansätzen (Unterabschn. 5.2.3 bis 5.2.5) einfach realisierbar, da keine Synchronisation über Rechnergrenzen hinweg erforderlich ist. Dies erleichtert außerdem später die Administration eines laufenden Systems. Als weitere Vorteile erweisen sich die einfache Überwachung laufender Workflow-Exemplare und das Nachverfolgen des Bearbeitungszustands. Da die hierfür notwendigen Informationen an einem einzigen Ort konzentriert sind, lassen sich Anfragen über den globalen Systemzustand leicht beantworten.

Eine rein zentralistisches Architekturmodell birgt allerdings auch Nachteile, die es für viele Anwendungen aus praktischen Erwägungen ausscheiden lassen:

- **Mangelhafte Skalierbarkeit**: WFMS benötigen erhebliche Systemressourcen [Cich98, S. 104]. Manche WFMS sind sogar derart realisiert, daß für die Abarbeitung jedes Workflow-Exemplars durch die Workflow-Engine ein eigener Prozeß gestartet wird (z.B. *LEU* [Gruh93, Gruh94]). Diese Vorgehensweise scheidet für Anwendungen aus, bei denen eine große Anzahl von Workflow-Exemplaren gleichzeitig verwaltet werden muß. Dies liegt daran, daß auch für heutige Betriebssysteme die effiziente Verwaltung mehrerer tausend Prozesse eine Herausforderung ist. Zwar kann man davon ausgehen, daß die Aussage aus [Alon96] nicht mehr stimmt, daß kein kommerzielles System in der Lage wäre, mehr als 40 Anwender und die gleichzeitige Ausführung einiger hundert Workflows zu unterstützen. Dennoch ist Skalierbarkeit noch heute ein Problem von WFMS [Cich98]. Skalierbarkeitsprobleme entstehen auch, wenn zwar mehrere Workflow-Engines existieren, diese aber einen gemeinsame Datenbank-Server verwenden, wie dies bei *FlowMark* der Fall ist. Dort wird statt der Workflow-Engine die zentralisierte Datenbank zum Flaschenhals [Alon94b, S. 10].
- **Mangelhafte Verfügbarkeit**: Werden keine zusätzlichen Vorkehrungen (s. z.B. [Kama96]) getroffen, können bei einem Ausfall der Workflow-Engine Workflows nur noch eingeschränkt abwickeln werden. Im besten Fall besteht bei manchen WFMS die Möglichkeit, die zum Zeitpunkt des Ausfalls bereits zugewiesenen Aufgaben auf Client-Rechnern der Workflow-Teilnehmer „offline" zu Ende zu bringen. Eine weitere Fortsetzung des Workflows ist jedoch auch dort nicht möglich. Die Workflow-Engine ist bei zentralistischen Architekturmodellen ein „single point of failure", was nur in wenigen Anwendungsfällen geduldet werden kann. Für die Realisierung unternehmenskritischer Anwendungen kommt dieses Architekturmodell daher nicht in Frage.

Die Verfügbarkeits- und Skalierbarkeitsprobleme sind nicht überraschend und ähneln denen von DBMS. Darum wird auch mit analogen Techniken versucht, eine Verbesserung zu erreichen. Moderne Produkte erzielen durch redundante *Fail-Over*-Server erhöhte Verfügbarkeit. Im Exotica-Projekt [Alon94a] wird gezeigt, wie mehrere *FlowMark*-Server in einem Cluster parallel die Ausführung eines Workflow-Exemplars vornehmen. Dies entspricht der Einführung einer Zwischenschicht in das ursprünglich nur zweischichtige Architekturmodell: Statt mit einem einzigen Workflow-Server kommunizieren Clients nunmehr mit der abstrakten Adressierungseinheit Cluster, wodurch sich der Ausfall von Workflow-Servern transparent gestalten läßt, solange mindestens ein funktionierender Server im Cluster verbleibt (vgl. [Schu97f, S. 36 f.]).

5.2.3 Verteilte Architekturmodelle

Die Nachteile von zentralistischen Workflow-Management-Architekturen haben zu Entwicklungen geführt, bei denen in der Implementierungsarchitektur mehrere kooperierende Workflow-Engines vorhanden sind. Im Vergleich zu den im nächsten Kapitel beschriebenen voll verteilten Architekturen wird aber hier das Grundprinzip beibehalten, nach dem für die Ausführungssteuerung von Workflow-Exemplaren wenige dedizierte Komponenten vorgesehen sind. Dies wird in Abb. 5-3 angedeutet, wo drei Workflow-Engines für die Ausführung zur Verfügung stehen.

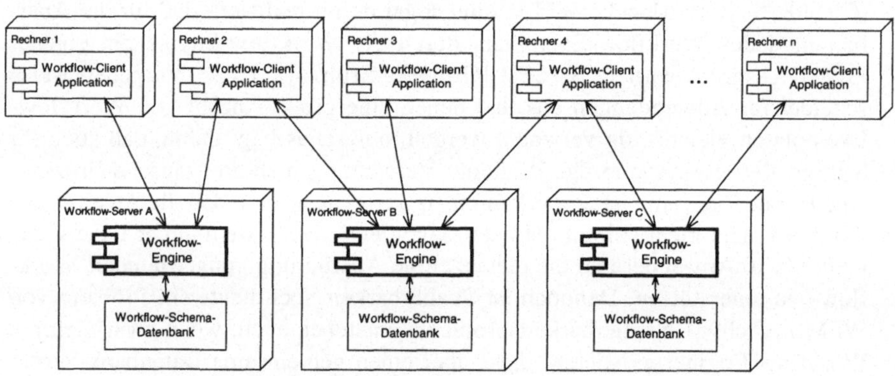

Abb. 5-3:   Verteiltes WFMS-Architekturmodell als UML-Konfigurationsdiagramm

Aus der Abbildung ist weder die Art und Weise ersichtlich, wie die Workflow-Engines zusammenwirken, noch wird eine Unterscheidung bezüglich der auf den einzelnen Workflow-Engines verarbeiteten Workflow-Schemata vorgenommen. Hier ist zwischen folgenden Varianten zu unterscheiden:

- **Homogene Workflow-Engines**: Dieser Fall ist in großen Installationen anzutreffen, bei denen einheitlich ein bestimmtes WFMS eingesetzt wird. Alle beteiligten Workflow-Engines sind funktionsäquivalent. D.h. zum einen, daß sie das gleiche Workflow-Metaschema implementieren bzw. die gleiche Workflow-Sprache akzeptieren. Zum anderen geht man davon aus, daß zur Laufzeit alle Workflow-Engines in der Lage sind, die Ausführung sämtlicher im Unternehmen bekannter Workflow-Schemata anzubieten. Dies kann entweder erreicht werden, indem alle Workflow-Engines auf einen gemeinsamen Bestand von Workflow-Schemata zugreifen oder indem Replikationsmechanismen zum Einsatz kommen (z.B. bei *FlowMark*), die sicherstellen, daß auf allen Workflow-Servern der gleiche Vorrat an Workflow-Schemata vorgehalten wird.

- **Heterogene Workflow-Engines**: Hier werden unterschiedliche Workflow-Engines im Verbund betrieben. Dieser Fall tritt zwangsläufig bei der Zusammenarbeit verschiedener Organisationen auf, aber auch in großen Organisationen [Bapa96, Bußl97b], in denen mehrere WFMS zum Einsatz kommen. Da in diesem Fall nicht alle Workflow-Engines das gleiche Workflow-Metaschema implementieren, stellt sich die Frage, wie sich hier eine Zusammenarbeit darstellt. Die Lösung wird in [Schu97f, S. 100] als Subworkflow-Verteilung bezeichnet. Damit ist gemeint, daß bei der Ausführung eines Workflow-Exemplars eine Workflow-Engine die Aufgabe der Steuerung übernimmt und die Ausführung von Subworkflows an andere Workflow-Engines delegiert. Einziger Verknüpfungspunkt zwischen der steuernden Workflow-Engine und der diensterbringenden „Sub"-Workflow-Engine ist der Name des Workflow-Schemas, von dem es ein Exemplar als Subworkflow auszuführen gilt. Die steuernde Workflow-Engine hat und benötigt auch keine weitere Information über die interne Struktur des ausgeführten Subworkflow-Schemas. Dieses Verfahren ist unabhängig von den Workflow-Metaschemata der beteiligten Workflow-Engines, daher basiert auch die Interoperabilitätsdefinition der WfMC (Interface 4, s. Abschn. 5.2.1.1) auf dem Prinzip der Subworkflow-Verteilung.

Durch den Einsatz mehrerer Workflow-Engines kann sich eine Reihe von Vorteilen ergeben: Erstens wird dadurch in verteilten Organisationen Autonomie einzelner Unternehmensbereiche ermöglicht. Diese können je nach Bedarf mit „eigenen" Workflow-Engines bestückt werden, auf denen Workflow-Schemata lokal zur Ausführung angeboten werden. Zweitens werden natürlich durch die Lokalität die Kommunikationskosten verringert. Wie aber bereits erwähnt, erwächst der Bedarf für mehrere Workflow-Engines nicht nur aus technischen Erwägungen, sondern auch durch organisatorische Gegebenheiten. So gibt es Fälle, in denen die Ausführung bestimmter Typen von Workflows speziellen Unternehmensbereichen vorbehalten ist. In [Kotz97] wird das naheliegende Beispiel personalbezogener Workflows angeführt, die nur auf der Workflow-Engine der Personalabteilung ausgeführt werden dürfen. Wird ein Workflow-Schema für einen zusammengesetzten Workflow entworfen, in dem eine solche Teilaufgabe vorkommt, erzwingt dies eine verteilte Ausführung auf unterschiedlichen Workflow-Engines. Wird ein vorhandenes Workflow-Schema vorab so aufgespalten, daß Workflow-Schemafragmente auf unterschiedlichen Workflow-Engines zur Ausführung gelangen, spricht man von einer *Partitionierung* des Workflow-Schemas. Die Aufgabe, ein Workflow-Schema mittels formaler Verfahren in Teilschemata zu zerlegen, deren verteilte Ausführung semantisch äquivalent zur zentralisierten Ausführung des Ausgangsschemas ist, stellt ein eigenes komplexes Forschungsgebiet dar und wird in [Wodt95a, Wodt96a, Wodt96b, Kotz97] ausführlich diskutiert.

5.2.4 Voll verteilte Architekturmodelle

Bei voll verteilten Workflow-Management-Architekturen entfällt die Notwendigkeit zentraler Komponenten, die für die Verwaltung und Steuerung von Workflow-Exemplaren zuständig sind. Das WFMS besteht statt dessen aus einer Vielzahl funktional gleichwertiger Verarbeitungseinheiten, die vor Ort die Steuerung der Workflow-Exemplare vornehmen. Workflow-Exemplare werden – mitsamt ihres Workflow-Schemas – über Punkt-zu-Punkt-Verbindungen zwischen diesen Verarbeitungseinheiten verschickt. Die Entscheidung über den weiteren Ablauf fällt jeweils auf dem Verarbeitungsknoten, der gerade aktiv ist. Dies wird auch als *dezentrale Ablaufsteuerung* [Mitt96a] bezeichnet.

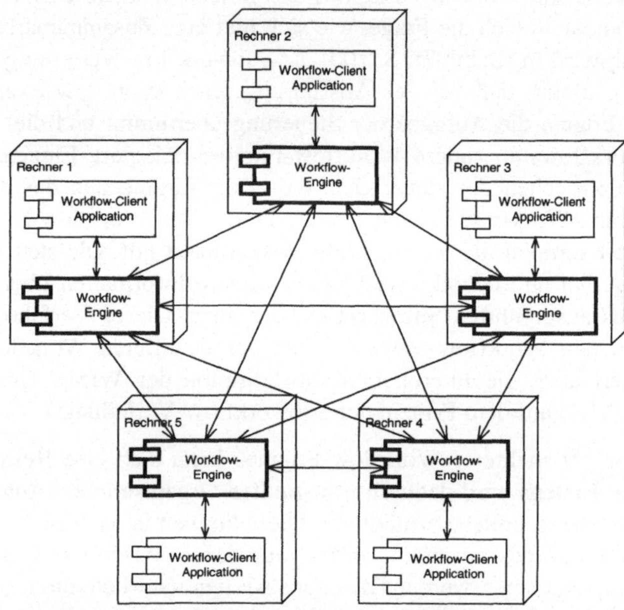

Abb. 5-4:   Voll verteiltes WFMS-Architekturmodell als UML-Konfigurationsdiagramm

Das voll verteilte Architekturmodell, das in seiner Grundidee auf mit Skripts angereicherte E-Mail-Systeme wie Imail [Hogg85] zurückgeht, bringt einige Vorteile mit sich: Ist ein Workflow-Exemplar erst einmal auf den jeweiligen Verarbeitungsknoten migriert, können alle Operationen lokal abgewickelt werden und erfordern keine weitere Kommunikation. Wie allerdings [Schu97f, S. 98] feststellt, sind die Übertragungskosten für die Migration mit großer Wahrscheinlichkeit höher als die eines entfernten Zugriffs. Ein erheblicher Vorteil ergibt sich natürlich, wenn mobile Verarbeitungsknoten einbezogen werden sollen, für die ein entfernter Zugriff nicht zu jedem Zeitpunkt möglich ist. In [Barb94] wird am Beispiel des INCA-Modells die Fähigkeit hervorgehoben, in Abhängigkeit des dynamisch ausgewählten Verarbeitungsknotens unterschiedliche Verfahren für die Implementierung einer angeforderten Aufgabenausführung zu wählen. Dem liegt die Annahme zugrunde, daß in großen Organisationen untergeordnete Einheiten selbst entscheiden dürfen, wie Aufgaben abzuwickeln sind und hierfür lokal gültige Regelungen treffen. Insbesondere dürfen untergeordnete Einheiten ihre Vorgehensweisen jederzeit ändern, woraus sich die Konsequenz ergibt, daß es weder möglich noch gewünscht ist, die Ausführung eines Workflow-Exemplars durch ein statisches, global gültiges Workflow-Schema a priori festzulegen. Es wird zugelassen, daß jeder Verarbeitungsknoten vor dem Versand an nachgeordnete Verarbeitungsknoten Änderungen am Workflow-Schema vornimmt. Ein ähnlicher Ansatz findet sich bei IPSO [Schi90], dort liegt der Schwerpunkt auf der Spezifikation von Dienstqualitäten, die von den beteiligten Verarbeitungseinheiten angeboten werden.

Die höchst dynamische Arbeitsweise voll verteilter WFMS-Architekturmodelle ist vergleichbar mit agenten- und actorbasierten Ansätzen (s. hierzu [Horn97]), die in der Vergangenheit meist im Zusammenhang mit kooperativem Problemlösen genannt werden. Aktuelle Projekte zeigen, daß diese auch für die Realisierung von Workflow-Management-Konzepten geeignet sind. Die gute Eignung erwächst aus der Unterstützung für Aspekte der Asynchronität und einer hohen Entkopplung zwischen den Bearbeitungsknoten, die sich auf das reale Verhalten von Bearbeitern abbilden lassen. Beispiele voll verteilter WFMS sind die Forschungsprojekte

- ADEPT [Alty94, Jenn96],
- CodAlf [Schi96, Schi97a], BPAframe/BPAframe2 [Lodd95, Mitt96a, Mitt97a],
- INCA [Barb94],
- METEOR$_2$ [Shet97a, Shet97b, Mill96, Mill97] und ORBWork [Das97],
- MOSVO [Bart97],
- sowie das Produkt *SmartFlow* der *Paravisio AG*.

Nachteilig an diesem Architekturmodell sind der hohe Kommunikationsaufwand für das Verschicken der Workflow-Schemata sowie der Aufwand, der bei der Synchronisation der Aktivitäten verschiedener Verarbeitungseinheiten zu leisten ist. Der Versand der Workflow-Schemata ist zwar vermeidbar, wenn auf allen Verarbeitungsknoten konsistente Replikate aller bekannten Workflow-Typen zur Verfügung stehen. Dies bedeutet jedoch einen großen Flexibilitätsverlust, denn exemplarbezogene Änderungen am Workflow-Schema sind dann nicht mehr möglich. Als weiterer Nachteil ist zu nennen, daß vielfach, etwa bei BPAframe, keine klare Trennung zwischen dem Workflow-Schema und dem Implementierungs-Code elementarer Workflows (dort: *Tasks*) existiert. Modellelemente sämtlicher Aspekte des Workflow-Metaschemas werden gleich behandelt und finden sich als Sprachelemente einer interpretierten Workflow-Sprache wieder. Die Erstellung eines Workflow-Schemas ähnelt eher einem Programmier- als einem Modellierungsakt. Dies läßt der Kreativität des Programmierers sehr viel Freiheit – leider mit allen negativen Konsequenzen, die man durch WFMS ja gerade zu vermeiden suchte.

Ebenfalls problematisch sind alle Fragen, die den globalen Systemzustand eines derartigen Systems betreffen, das Lokalisieren eines bestimmten Workflow-Exemplars sowie das Nachvollziehen der Bearbeitungshistorie eines Workflow-Exemplars. Wenn tatsächlich keine globale Registratur existiert, an die Änderungs- oder Weiterleitungsnotifikationen verschickt werden, müssen entweder teure Broadcast-Mechanismen angewandt werden oder es kommen Nachsendeverfahren zum

Einsatz. Bei letzterem hinterläßt ein migriertes Workflow-Exemplar auf ehemaligen Lokationen ein Stellvertreter-Objekt, das eintreffende Anforderungen an den neuen Standort weiterleitet („location forwarding", s. hierzu [Heus95]).

5.2.5 Verteilte dienstebasierte Architekturmodelle

Den beschriebenen Architekturmodellen wird nun ein weiteres hinzugefügt: Das Modell eines verteilten Workflow-Management-Dienstes (WFMD). Ein *Dienst* ist ein „Paket zusammengehöriger, standardisierter Funktionen, die wiederholt in ähnlicher Form angefordert werden und deshalb sinnvollerweise an eine eigene Einrichtung delegiert werden, die sich darauf spezialisieren kann." [Lock93, S. 17]. Für einen *Dienstnehmer* steht die *Dienstleistung* im Vordergrund, und nicht, mit welchen Mitteln sie zustande kommt. Ein WFMD ist gemäß den Merkmalen aus [Abec98] wie folgt zu charakterisieren:

- *Dienstleistung* ist die Steuerung von Workflows zwischen beteiligten Stellen nach den Vorgaben einer Ablaufspezifikation.
- *Dienstnehmer* sind WFMA, zu deren Realisierung der Dienst Workflows ausführt. In Analogie zu DBMS kann ein WFMD zu einem Zeitpunkt von mehreren WFMA benutzt werden; dieser Umstand bleibt für die WFMA transparent.
- *Diensterbringer* sind die Komponenten des WFMD, die jeweils für klar abgegrenzte Teilaufgaben zuständig sind. Damit erschließen sich die *Dienstfunktionen* des WFMD aus der Betrachtung dieser Komponenten. Beispiele für Dienstfunktionen sind die Erzeugung neuer Workflow-Exemplare, die Zustandsauskunft über Workflow-Exemplare, die Auskunft über die in einem Workflow-Schema definierten Aufgaben oder die Durchführung einer Recherche, welche Workflow-Schemata ein vorgegebenes Merkmal aufweisen.
- Ein WFMD erbringt seine Funktion unter Einhaltung von *Qualitätsparametern*, d.h., er macht z.B. Zusicherungen über Art oder Güte der Workflow-Ausführung. Beispiel einer solchen Qualität ist eine Garantie darüber, daß bei einem Systemausfall nicht mehr als der letzte bearbeitete Arbeitsschritt verlorengeht.

Man kann einen WFMD durch CORBA-Objekte realisieren, deren Schnittstellen innerhalb eines Rechnernetzes zugänglich sind. Damit sind *Dienstprimitive*, also „nicht mehr unterteilbare Bestandteile der Dienstfunktion" [Lock93, S. 18], gerade die Operationen, die von den Schnittstellen dieser Objekte angeboten werden.

CORBA wurde schon mehrfach im Zusammenhang mit und zur Realisierung von WFMS genutzt. Jedoch kann man in keinem der Fälle von einem WFMD gemäß obiger Definition sprechen. Um den unterschiedlichen Charakter verschiedener Nutzungstypen zu verdeutlichen, sind die in [Maur97] eingeführten Stufen hilfreich. Eine höhere Stufe signalisiert eine engere Integration und damit einen Hinweis darauf, welche Rolle die OMA bereits bei der Konzeption des Systems gespielt hat. Die Stufenklassifikation muß jedoch wie folgt erweitert werden, um Unterschiede zwischen verschiedenen Implementierungsvarianten hervorheben zu können, die alle im weitesten Sinne als „CORBA-basiert" gelten können:

- Nutzung eines ORB als externe Kommunikations-Middleware (Stufe 1): Hier findet CORBA ausschließlich Verwendung bei der Kommunikation des WFMS mit externen Applikationen, die mit „IDL-Wrappern" gekapselt werden [Mowb-97, S. 121 f.]. Dies vereinfacht die Einbindung, hat jedoch auf die Konzeption des WFMS selbst keinerlei Einfluß. Insbesondere besteht keine Notwendigkeit, Schnittstellen des Systems nach außen zugänglich zu machen.

- Interne Nutzung eines ORB (Stufe 2): Bei der zweiten Stufe macht man sich bei der Implementierung des WFMS die Fähigkeiten von CORBA als Middleware zunutze und realisiert damit die Kommunikation zwischen WFMS-Komponenten. Auf diese Weise lassen sich alle in den Abschnitten 5.2.2 bis 5.2.4 eingeführten Architekturmodelle umsetzen. Beweggrund zur Verwendung von CORBA ist bei dieser Stufe die Plattformneutralität für WFMS-Komponenten. Die Schaffung von außen zugänglicher Module ist kein erklärtes Ziel.

- Nutzung von CORBAservices (Stufe 3): CORBAservices sind ein zunehmend attraktives Hilfsmittel für die Implementierung beliebiger verteilter Anwendungen und auch für die Realisierung von Funktionen eines WFMS gut verwendbar. Systeme, die davon Gebrauch machen wollen, benötigen dazu einen ORB, gehören also gleichzeitig der Stufe 2 an. Aber auch hier erfolgt nur eine Vereinfachung der Implementierung; das WFMS selbst verbleibt noch immer als eigenständiger Programmblock. Innerhalb einer unternehmensweiten IT wird funktionale Redundanz und inhomogene Modellierung in Kauf genommen.

- Öffnung einzelner Funktionsbereiche (Stufe 4): Erst auf dieser Stufe erfolgt eine Abtrennung einzelner Funktionsbausteine. Durch Bekanntgabe ausgewählter Schnittstellen wird eine Einbeziehung von Fremdkomponenten ermöglicht, z.B. zur Organisationsverwaltung.

- Realisierung als verteilter WFMD (Stufe 5): Allen genannten Ansätzen ist das Anspruchsdenken der WFMS-Hersteller gemein, ein System zu liefern, das alle Funktionen „in einer Hand" vereinigt. Dieses Dogma wird auf Stufe 5 aufgegeben. Ein WFMD ist kein autarkes, monolithisches System, sondern ein verteilter Dienst, der sich aus unterschiedlichen Komponenten zusammensetzen kann. Eine optimale Integration in die OMA ist gleichbedeutend mit der Minimierung funktionaler Redundanz. Hierzu ist ein Aufbrechen der Workflow-Engine in einzelne Komponenten und eine Einigung auf einen Satz grundlegender Modellelemente notwendig. In der Konsequenz ergibt sich durch das Abtrennen von Funktionen nicht nur der Wegfall der Workflow-Engine, sondern auch zwei positive Nebeneffekte: Erstens können die dabei entstehenden „Zerfallskomponenten" auch in anderem Zusammenhang nützlich sein und zweitens lassen sie sich – aufgrund der inhaltlichen Einschränkungen – schneller und übersichtlicher implementieren als eine allumfassende Workflow-Engine.

Mit Ausnahme von MOBILE wird bei bisherigen WFMS davon ausgegangen, daß die Workflow-Sprache unveränderlich ist. Soll sie um weitere Fähigkeiten erweitert werden, müssen die Workflow-Engines vollständig ausgetauscht werden. Auch dieser Schwachpunkt soll bei dem vorgestellten WFMD verbessert werden. Nachfolgend werden die wesentlichen Charakteristika des Architekturmodells eines WFMD zusammengestellt:

- **Eliminierung der zentralen Workflow-Engine**: Workflow-Objekte sind durch eigenständige, leichtgewichtige CORBA-Objekte zu realisieren. Sie können ihrerseits andere Objekte und Dienste, insbesondere Aspektobjekte, verwenden.

- **Ortstransparenz**: Im Gegensatz zu den vorherigen Ansätzen kommunizieren Komponenten des WFMD nicht mit Servern, sondern mit abstrakten Objektdiensten und es bleibt transparent, auf welchen Rechnerknoten sich deren Realisierungen befinden.

- **Offenheit und Systemneutralität**: Alle Schnittstellen sind auf der Grundlage der CORBA realisiert und es steht auch anderen Komponenten offen, damit zu arbeiten. Die Bestandteile des WFMD und einer darauf aufbauenden WFMA können mit den Werkzeugen entwickelt werden, die dafür am geeignetsten sind.

- **Kombinierbarkeit und Unabhängigkeit**: Ein WFMD kann aus Komponenten zusammengesetzt werden, die unabhängig voneinander erstellt wurden. Bausteine unterschiedlicher Hersteller können kombiniert werden, um ein Gesamtsystem anforderungsgerecht „maßzuschneidern".

- **Adaptierbarkeit und Erweiterbarkeit**: Bei einem WFMD ist es möglich, einzelne Aspekte gezielt zu verändern oder zu erweitern. Das Workflow-Metaschema wird nicht „in eine Engine gegossen", sondern besteht aus kleinen, übersichtlichen Bestandteilen mit einer klar festgelegten Semantik.

- **Kontextunabhängigkeit von Komponenten**: Aus dem Entstehungskontext herausgelöst können einzelne Bestandteile des WFMD auch unabhängig und außerhalb des WFMD für beliebige Zwecke wiederverwendet werden.

- **Konkurrierende Dienstangebote**: Ein WFMD umfaßt Teildienste, die von unterschiedlichen Implementierungen, im Extremfall sogar von unterschiedlichen Dienstanbietern erbracht werden können. Stehen mehrere Angebote zur Verfügung, kann aufgrund von Preis- oder Qualitätsunterschieden eines davon ausgewählt werden.

Implementierungen eines verteilten dienstebasierten Workflow-Management-Architekturmodells, die diese Eigenschaften aufwiesen, sind bisher nicht bekannt. Dies hat im wesentlichen zwei Ursachen: Zum einen war bis vor kurzer Zeit die technologische Grundlage nicht vorhanden, zum anderen bestand angesichts fehlender Standards nicht die Notwendigkeit einer inhaltlichen Einschränkung.

5.2.6   Gegenüberstellung und Bewertung der Architekturmodelle

Zum Abschluß der Betrachtungen verschiedener Architekturmodelle werden die vorgestellten Typen direkt gegenübergestellt. In Tab. 5-1 ist erkennbar, daß die Granularität der Architekturkomponenten von links nach rechts feiner wird. Beim zentralisierten Architekturmodell bestehen wenig Freiheitsgrade, sowohl was die Wahl der Ausführungslokation, als auch was anwendungsspezifische Erweiterungen angeht. Das andere Extrem – das dienstebasierte Architekturmodell – läßt sich dagegen sehr flexibel durch Hinzunahme und Austausch einzelner Komponenten auf die jeweiligen funktionalen und nichtfunktionalen Gegebenheiten abstimmen. Die hohe Dynamik wird allerdings durch den Nachteil erkauft, daß durch die zusätzlichen Schnittstellen erhöhte Kommunikationskosten entstehen.

	zentralisiert	**verteilt**	**voll verteilt**	**Dienst**
Ausführungs-lokationen	genau eine	wenige	viele	beliebig (transparent)
Funktions-aufteilung	ein Server/ viele Clients	mehrere gleichartige Server/viele Clients	kein Server/ viele universelle Agents	mehrere Server für verschiedene Aspekte/ viele Clients
Erweiterung des Workflow-Metaschemas	Austausch der Workflow-Engine	Austausch aller vorhandenen Workflow-Engines	Austausch sehr vieler Workflow-Engines	Hinzunahme und / oder Austausch von Komponenten
Heterogenes Workflow-Metaschema	nur ein Workflow-Metaschema	möglich	möglich	(sehr feingranular) möglich
Verwaltungs-Overhead	gering	mittel	mittel	hoch
Kommunikations-kosten zur Workflow-Ausführung	gering	mittel	gering (aber hohe Kosten für Exem-plar- und Schema-Migration)	hoch

Tab. 5-1: Gegenüberstellung und Bewertung der Architekturmodelle

Bezüglich der Kommunikationskosten profitieren die anderen Architekturmodelle von ihrem statischen Ansatz: Bei der Implementierung einer Workflow-Engine, die ein einziges starres Workflow-Metaschema hat, kann dieses in eine geschwindigkeitsoptimierte Ausführungsmaschine überführt werden. Auch die Ausführung ist sehr effizient, denn sie läuft vollständig innerhalb eines Adreßraums ab. Beides ist beim dienstebasierten Architekturmodell eher die Ausnahme. Der Wunsch nach hoher Flexibilität und Ortstransparenz der Dienste bringt es dort mit sich, daß jede „feste Verdrahtung" zu vermeiden ist. Die Notwendigkeit der dynamischen Bindung, die damit verbundene dynamische Ermittlung von Diensterbringern (Lookup) sowie die hohen Kommunikationskosten sind der Preis, der für die Flexibilität zu bezahlen ist. Im nachfolgenden Abschnitt wird das Architekturmodell im einzelnen ausgearbeitet.

5.3 Überblick über das Architekturmodell

Entwurf und Darstellung des Architekturmodells erfolgen in Abschn. 5.4 bis 5.8 in mehreren Stufen. Nacheinander werden Architekturkomponenten zur Implementierung und Verwaltung von Workflow-Exemplar- und Aspektobjekten, Workflow-Schema-Objekten und Workflow-Metaschemata vorgestellt. Dieser Abschnitt gibt eine Übersicht und stellt die Komponenten in einen größeren Zusammenhang.

Als Ergebnis entsteht ein Architekturmodell für einen WFMD, der die notwendige Basisfunktionalität für die Realisierung von WFMA beinhaltet. Ziel ist es, konzeptionelles Wissen auf hohem Abstraktionsniveau zur Verfügung zu stellen und die Architekten konkreter Anwendungsarchitekturen davon zu entlasten. Es wird ein konzeptionelles Schema vorgestellt, das die einzelnen Funktionsbereiche voneinander abgrenzt und potentielle Konfigurationen aufzeigt. Es folgen Strukturierungsüberlegungen zur Positionierung der Komponenten im Umfeld der OMA.

In Kap. 4 wurden vier logische Ebenen identifiziert, die es durch eine Systemarchitektur adäquat zu unterstützen gilt. Abb. 5-5 zeigt auf der linken Seite die Modellinhalte dieser Ebenen. Auf der rechten Seite sind die Architekturkomponenten angeordnet, die für Handhabung und Verwaltung dieser Inhalte nötig sind.

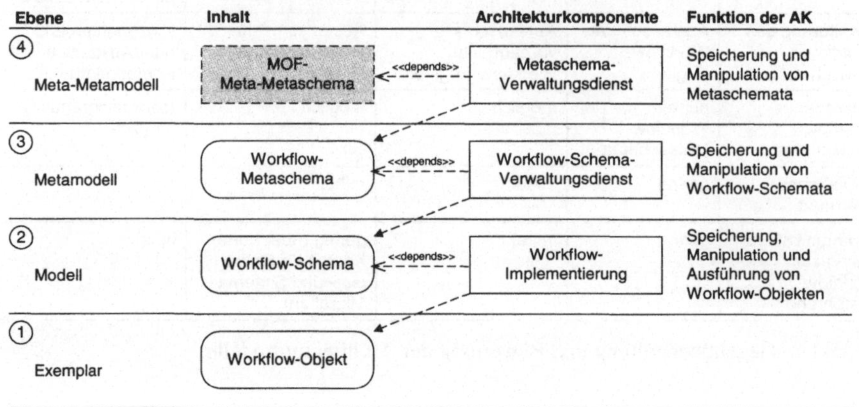

Abb. 5-5:   Modellinhalte und korrespondierende Architekturkomponenten

Zur Verständnisförderung war bei den bisherigen Ausführungen die idealisierte Modellvorstellung nützlich, daß Inhalte der jeweils untergeordneten Ebene echte Ausprägungen der darüberliegenden Ebene sind. Wird jedoch eine Implementierung auf der Basis verteilter Objekte ins Auge gefaßt, muß diese Vereinfachung kritisch betrachtet werden. Erstens kann ein reflexives Mehr-Ebenen-Programmiermodell, wie es in manchen Programmiersprachen (z.B. in Smalltalk, s. Unterabschn. 4.2.1) vorzufinden ist, keineswegs als allgemein gegeben vorausgesetzt werden. Zweitens sind derartige Sprachen grundsätzlich nicht sehr performant, und drittens ist es ja gerade erklärtes Ziel, Implementierungsheterogenität zuzulassen. Es ist also ein Kompromiß zu finden, mit dem sich vergleichbares Verhalten erzielen läßt, ohne Implementierungen des WFMD auf eine bestimmte Programmiersprache oder Technologie einzuschränken.

Komponenten einer verteilten Anwendung implementieren Objekttypen und können zur Laufzeit Exemplare davon erzeugen. Implementierung (Ebene n) und Ausprägung (Ebene n-1) sind untrennbar miteinander verknüpft; sie befinden sich im gleichen Adreßraum. Eine WFMA auf der Basis verteilter Objekte wird zur Laufzeit als komplexes Konfigurationsgebilde aus miteinander verbundenen Objekten gebildet. Deren Zusammenhänge werden im vorliegenden Abschnitt aufgezeigt, dazu werden die Architekturkomponenten aus Abb. 5-5 kurz eingeführt:

• Workflow-Objekte sind in der Regel keine singulären Objekte, sondern es werden viele gleichartige Exemplare erzeugt. Zur Laufzeit erzeugte Exemplare können sich eine Implementierung teilen, also Programmcode, der zur Ausführung gelangt, wenn Operationen auf den Workflow-Objekten aufgerufen werden. Neben der Implementierung der Workflow-Operationen werden aber auch Funktionen zur Erzeugung und Verwaltung der Workflow-Objekte gebraucht.

Programme und Prozeßstrukturen, die diese Funktion anbieten, bezeichnen wir als *Workflow-Objekt-Server*. Da Workflow-Objekt-Server die Workflow-Typ-spezifische Implementierung eines Workflow-Schemas beinhalten, sind sie auf der Modell-Ebene (2) angesiedelt. Verschiedenen Arten, Implementierungen eines Workflow-Schemas vorzunehmen, stellt Unterabschn. 5.4.2 vor.

- Wie Workflow-Objekte müssen auch Workflow-Schema-Objekte erzeugt und verwaltet werden. Die Komponente, die diese Aufgabe realisiert, wird als *Workflow-Schema-Verwaltungsdienst* oder *Workflow Type Repository* (WFTR) bezeichnet und in Unterabschn. 5.6 behandelt. Ein WFTR verwaltet Workflow-Schemata, die Ausprägungen des Workflow-Metaschemas sind, das der WFTR-Implementierung zugrundeliegt.

- Im Ebenenmodell soll sich das Workflow-Metaschema nicht nur hart codiert in den Implementierungen des WFTR und der Workflow-Objekte wiederfinden. Es erhält eigenen Stellenwert und ist seinerseits zur Laufzeit abfragbar, im Extremfall sogar manipulierbar. Zu diesem Zweck wird es als Ausprägung des Meta-Metaschemas verwaltet, das in der OMA durch die Meta-Object Facility vorgegeben wird. Nachdem die von der MOF angebotenen Funktionen zu generisch sind, werden diese zu einem *Workflow-Metaschema-Verwaltungsdienst* angereichert, der in Unterabschn. 5.7 beschrieben wird.

Verwendungszweck eines WFMD ist entweder die Erstellung von reinen WFMA, also von Anwendungen, die ausschließlich auf einer Realisierung durch den WFMD beruhen, oder die von *Workflow-Management-basierten* Anwendungen, also solchen, die einen Teil ihrer Funktion auf herkömmliche Weise realisieren. Aus diesem Grund steht die Frage im Vordergrund, welche Dienste zur Realisierung dieser WFMA benötigt werden. Abb. 5-6 zeigt die Schichtenarchitektur und den prinzipiellen Aufbau, in dem drei wesentliche Bestandteile zu identifizieren sind.

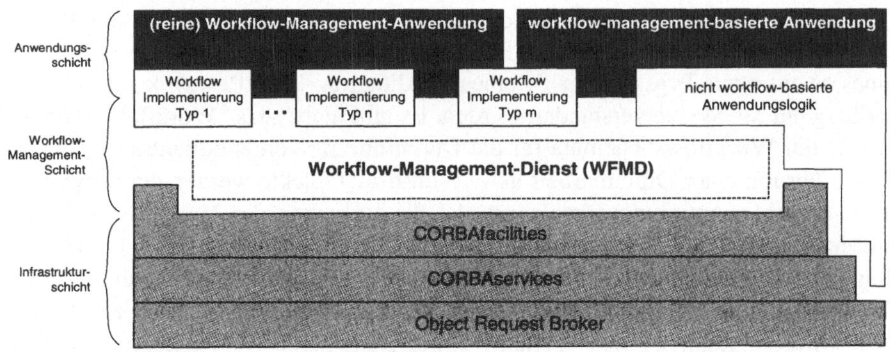

Abb. 5-6:   Überblick über des Architekturmodell

- Die unterste Ebene der *Infrastrukturschicht* wird aus den Komponenten der OMA gebildet. Elementarer Bestandteil ist der ORB selbst, darauf aufbauend die CORBAservices und -facilities. Insbesondere die beiden letzteren sind als Bausteine für die Konzeption der darüberliegenden Teile zu verwenden.

- Die *Workflow-Management-Schicht* wird im wesentlichen aus dem WFMD gebildet. Man kann auch von einem Workflow-Management-„Middleware-Framework" sprechen (s. [Schu97f, S. 13] und [Bern96]), denn der WFMD ist selbst keine Endbenutzer-Applikation, sondern nur Werkzeug für deren Realisierung. Der WFMD muß Schnittstellen für den Administrator (s. Unterabschn. 2.5.3) sowie für Entwickler von WFMA (Unterabschn. 2.5.1) bieten.
- WFMA bauen auf den beiden darunterliegenden Schichten auf. Sie umfassen unter anderem die Workflow-Typ-spezifischen Realisierungen der Workflow-Objekte und realisieren die Anwenderschnittstelle (s. Abschn. 2.5.2) zur Teilnahme der Anwender an der Ausführung von Workflows.

Die nächsten Abschnitte werden diese Komponenten weiter verfeinern, zur Verdeutlichung der strukturellen Abhängigkeiten der eingeführten Komponenten dient abschließend das konzeptionelle Schema in Abb. 5-7:

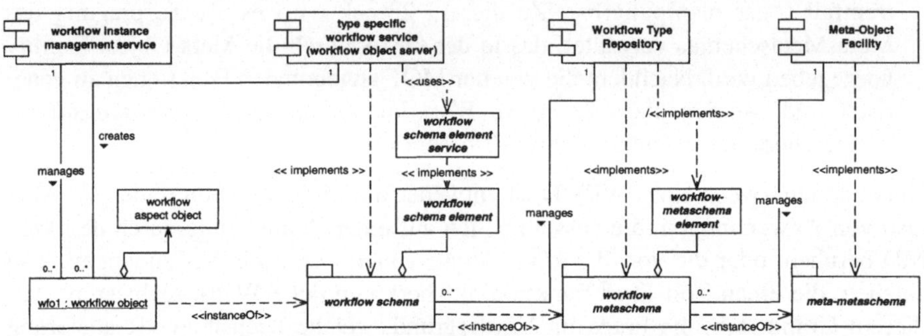

Abb. 5-7: Konzeptionelles Schema des WFMD

Das konzeptionelle Schema zeigt die gegenseitigen Abhängigkeiten der Pakete und Komponenten. Da Workflow-Exemplar-Objekte (links) stets Ausprägungen eines bestimmten Typs sind (z.B. eines Kreditantrag-Workflows), kann die Darstellung nur als Skizze verstanden werden. Es gibt nicht „das" Workflow-Schema, es gibt nur Workflow-Schemata für die Durchführung von Kreditanträgen, für die Durchführung einer Diplomarbeit usw. Workflow-Objekte werden durch typ-spezifische Implementierungen realisiert, die die Vorgaben des Workflow-Schemas umsetzen. Abschnitt 5.4 beschäftigt sich mit der Realisierung der Schnittstellen von Workflow-Objekten. Statt von Implementierung wird nachfolgend stets von der Realisierung von Schnittstellen gesprochen, um konform zur UML zu bleiben. Dort wird der Realisierungsbeziehung ein allgemeinerer Charakter zugesprochen als einer Implementierungsbeziehung ([OMG97e, S. 37] und [Booc98, S. 149]).

5.4 Realisierung von Workflow-Objekt-Schnittstellen

Gemäß der UML ist eine Schnittstelle die „Spezifikation des Dienstes, den eine Komponente erbringt" [Booc98, S. 161]. Die Schnittstelle definiert eine Abmachung (contract), die von der sie realisierenden Komponente einzuhalten ist. Daher verdienen die Schnittstellen, die das extern sichtbare Verhalten der vom System implementierten Workflows beschreiben und den Ausgangspunkt für die Implementierung der eigentlichen WFMA bilden, besondere Aufmerksamkeit. Da aber nicht nur ein Schnittstellen-, sondern ein Architekturmodell ausgearbeitet wird, das eine vollständige Verteilung der Objektimplementierungen unterstützt, geht dieser Abschnitt der Frage nach, auf welche Weise sich die Schnittstellen realisieren bzw. implementieren lassen. Es wird gezeigt, daß Workflow-Schemata keineswegs unmittelbar zur Ausführung jedes einzelnen Workflows herangezogen werden müssen, sondern daß sich aus ihnen eine WFMA erzeugen läßt, die zur Laufzeit ohne die Interpretation von Workflow-Schemata auskommt. In Analogie zur Vorgehensweise bei höheren Programmiersprachen kann zwischen dem Workflow-Schema und dem letztlich ausgeführten Binärcode eine Folge von Transformationsschritten liegen. Wichtig ist lediglich, daß die entstehende Realisierung die Schnittstellen korrekt bedient. Zur Verdeutlichung wird in Abb. 5-8 ein Schnittstellenmodell vorgestellt, das für einen Ausschnitt des Arbeitsablaufmodells aus Abschn. 1.4 die operationalen Schnittstellen entsprechender Objekttypen angibt.

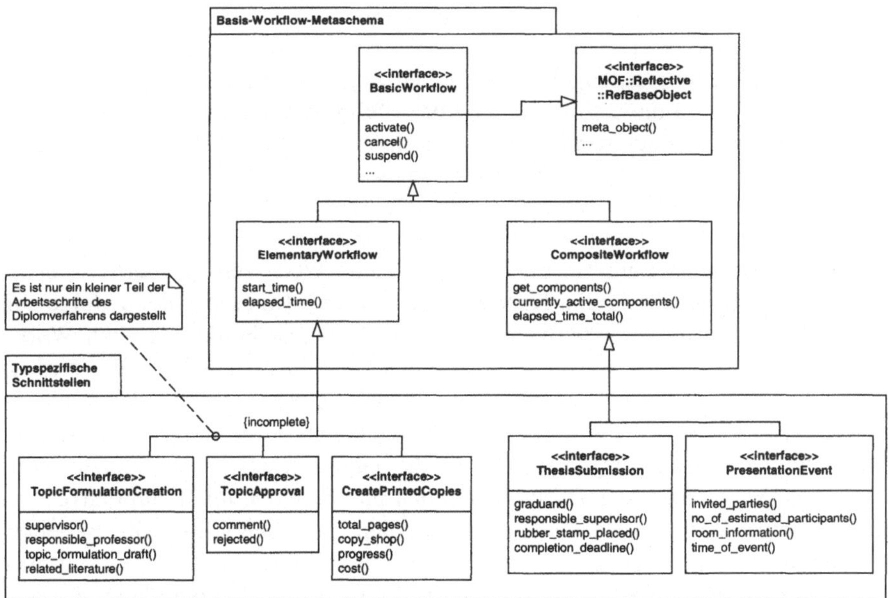

Abb. 5-8:   Schnittstellenmodell von Workflow-Objekten einer WFMA „Diplomverfahren"

Gemäß dem Arbeitsablaufmodell sind die Arbeitsschritte „Aufgabenstellung erzeugen" (TopicFormulationCreation), „Aufgabenstellung genehmigen" (TopicApproval) und „Herstellen der Korrekturexemplare" (CreatePrintedCopies) als elementare Workflows (ElementaryWorkflow) ausgeführt. Die beiden komplexen Arbeitsschritte „Einreichen der Arbeit" (ThesisSubmission) und die „Organisation des Verteidigungsvortrags" (PresentationEvent) sind als zusammengesetzte Workflows (CompositeWorkflow) modelliert.

Eine Komponente, die beispielsweise den Dienst „Ausführung eines Workflows zur Einreichung einer Diplomarbeit" realisiert, muß mehrere Schnittstellen unterstützen. Fängt man auf der obersten Ebene an, ist dies erstens die Schnittstelle BasicWorkflow, die elementare Operationen zur Steuerung des Workflows beinhaltet, zweitens die Schnittstelle CompositeWorkflow. Darin sind Operationen vorgegeben, die nur für zusammengesetzte Workflows einen Sinn ergeben; der Zugriff auf die Menge der Subworkflows und die Ermittlung der Gesamtlaufzeit sind als beispielhafte Operationen angegeben. Drittens schließlich gibt es in unserem Beispiel eine Reihe Workflow-Typ-spezifischer Operationen, die sich nur in der Schnittstelle ThesisSubmission finden. Eine davon ist die Operation graduand(), deren Rückgabewert eine Objektreferenz auf dasjenige (Geschäfts-)Objekt ist, das im Rahmen der erstellten WFMA den Studenten repräsentiert.

Die Frage, welche Inhalte sich in Workflow-Typ-spezifischen Schnittstellen (hier: ThesisSubmission) finden dürfen, ist nicht leicht zu beantworten. Unter Design-Gesichtspunkten liegt die Schwierigkeit darin, daß eine Schnittstelle eigentlich kein Wissen über die interne Realisierung preisgeben soll (Unterabschn. 4.3.1). Andererseits ist Explorationsfähigkeit eine wünschenswerte Eigenschaft – schließlich muß man Anwender in die Lage versetzen, sich über den vorgesehenen Ablauf zu informieren. Letzteres heißt in der Konsequenz aber nichts anderes, als die strenge Kapselung aufzugeben, und einen Zugriff auf das Workflow-Schema zu gestatten, obwohl diese Entscheidung dazu führt, daß Details über die aktuelle Realisierung offengelegt werden. Die Gestaltung der Schnittstellen von Workflow-Objekten erfordert demnach ein sorgsames Abwägen dieser beiden Ziele.

In allen bekannten WFMS werden Arbeitsschritte durch Workflows umgesetzt, die stets vom gleichen Typ sind – die Beschreibung des Arbeitsschritts „Genehmigung der Aufgabenstellung" würde auf die gleiche Weise repräsentiert wie beim Arbeitsschritt „Herstellung von Korrekturexemplaren". Da es sich demzufolge auf dieser Ebene um *untypisierte Systeme* handelt, kann die Forderung nach Workflow-Typ-spezifischen Schnittstellen von Workflow-Objekten nicht erfüllt werden. Um in den anschließenden Ausführungen dennoch einen Vergleich der Realisierungsalternativen von Workflow-Objekt-Schnittstellen zu gestatten, werden vornehmlich die Basisschnittstellen diskutiert, die untypisierte Systeme unterstützten.

Als Implementierungsalternativen kommen interpretative und kompilative Ansätze in Frage; Vor- und Nachteile beider Verfahren werden vorgestellt. Bei einer Realisierung durch verteilte Objekte entsteht die Implementierung eines Workflow-Schemas aus einem Zusammenspiel mehrerer Komponenten, deren Zusammenhang verdeutlicht wird. Unterabschn. 5.4.1 motiviert und konkretisiert Anforderungen, die bei der Implementierung von Objekten zu berücksichtigen sind, die Schnittstellen für Workflow-Objekte realisieren. Die Anforderungen werden benötigt, um die anschließend (Unterabschn. 5.4.2) vorgestellten Implementierungsvarianten beurteilen zu können. Basisdienste Workflow-Typ-spezifischer Workflow-

und Aspektobjekt-Server werden in Unterabschn. 5.4.3 eingeführt. Unterabschn. 5.4.4 schildert das Ausführungsmodell für verteilte Workflows, die einem komponentenbasierten Ansatz folgen, und geht darauf ein, wie neue Workflow-Typ-spezifische Objekt-Server entwickelt werden.

5.4.1 Nichtfunktionale Anforderungen an die Realisierung

Um im Anschluß Implementierungsalternativen besser beurteilen zu können, werden hier zunächst einige Anforderungen vorgestellt, auf die besonderer Wert gelegt wird. Sie gelten sowohl für die Workflow-Exemplar-Objekte, die im Rahmen des Funktionsaspekts die Objektidentität einzelner Abläufe realisieren, als auch für Aspektobjekte, die auf die Erbringung bestimmter Teildienste spezialisiert sind. Von einer Vorstellung der funktionalen Anforderungen wird abgesehen, weil die nachfolgend vorgestellten Realisierungsvarianten prinzipielle alle funktionalen Anforderungen abdecken können. Interessant ist daher vor allem eine Untersuchung der nichtfunktionalen Eigenschaften:

- **Hohe Performance**: Anforderungen an den Systemdurchsatz von WFMA sind abhängig vom Einsatzgebiet, aber wo immer Workflow-Management in großem Stil betrieben wird, ist auch hohe Performance gefordert. Mengengerüste typischer WFMA sprechen für sich: In [Ader97] wird berichtet, daß für die Schadensregulierung bei Versicherungen Systeme benötigt werden, die bis zu 18.000 elementare Workflows pro Stunde steuern, die von einer Arbeitsgruppe aus mehreren hundert gleichartig qualifizierten Sachbearbeitern bearbeitet werden. Das Anwendungsumfeld von Telefongesellschaften stellt noch höhere Anforderungen: In [Geor94] wird dokumentiert, daß Telefongesellschaften in Spitzenzeiten mehrere Zehntausend Aufträge pro Stunde zu bearbeiten haben.
- **Nebenläufigkeit**: In einem realen System muß eine große Zahl von Workflow-Objekten zeitgleich zur Ausführung gebracht werden können. Im vorgestellten Architekturmodell wird davon ausgegangen, daß die Abarbeitung der Workflows auf einer eher geringen Anzahl von Workflow-Servern zu erfolgen hat. Workflow-Server müssen über Mechanismen zur nebenläufigen Ausführung von Workflows verfügen.
- **Persistenz**: Workflow-Exemplar-Objekte sind die rechnergestützte Repräsentation von Workflows, deren Bearbeitung sich über einen längeren Zeitraum erstreckt. Die Forderung nach einer dauerhaften Speicherung dieser langlebigen Objekte ist demnach offensichtlich. Da im Fall autonomer Workflow-Objekte die Speicherung von deren Zustandsvariablen von keiner Workflow-Engine übernommen wird, muß die Implementierung der Workflow-Objekte selbst dafür Sorge tragen. Persistenz muß nicht nur für Workflow-Objekte sichergestellt sein, sondern auch für zustandsbehaftete Aspektobjekttypen, die an der Ausführung von Workflows beteiligt sind.
- **Möglichkeit zur Performance-Optimierung durch Lokalität**: Um Performance-Verluste durch unnötige Netzwerkkommunikation in einer konkreten Konfiguration zu reduzieren, sollte die Möglichkeit bestehen, Komponenten dorthin zu verlagern oder zu replizieren, wo ihre Funktion häufig in Anspruch

genommen wird. Komponenten sind so zu gestalten, daß sie falls diese vorhanden sind auf lokale Dienste zurückgreifen.

Neben diesen muß auch die fundamentale Anforderung erfüllt sein, daß die Implementierung der Workflow-Objekte das im zugehörigen Workflow-Schema festgelegte Verhalten korrekt umsetzt und daß die Basisschnittstellen gemäß Abschn. 4.3.4 realisiert werden. Auf welche Weisen dies geschehen kann, wird im nächsten Unterabschnitt gezeigt.

5.4.2 Realisierungsvarianten für Workflow-Objekt-Schnittstellen

Ein Workflow-Exemplar-Objekt repräsentiert genau ein Workflow-Exemplar und bietet Schnittstellen für dessen Manipulation an. Es nimmt dabei zwei Aufgaben wahr: Erstens realisiert es die Objektidentität von Workflow-Exemplaren, zweitens wird es dadurch Anknüpfungspunkt Workflow-Typ-spezifischer Operationen, die in einer konkreten Anwendung von Workflow-Objekten dieses Typs gefordert werden. Ein Client-Programm, das Schnittstellen eines Workflow-Objekts nutzt, kann davon abstrahieren, auf welche Art und Weise sie realisiert sind.

Die in [Schu96c] aufgestellte Forderung, Workflow-Exemplare nicht als laufzeitgebundene Ausprägung eines Workflow-Schemas innerhalb einer Workflow-Engine, sondern als autonome CORBA-Objekte mit eigener Identität und eigener Schnittstelle aufzufassen, wurde inzwischen vielfach aufgegriffen [Maur97, Paul-97b, Schm98a]. Nachfolgend werden verschiedene Varianten vorgestellt, zu einer Realisierung zu kommen, die Workflows gemäß einem Workflow-Schema ausführt und die Workflow-Typ-spezifische Schnittstelle bedient. In allen Fällen entsteht zwar im Ergebnis eine CORBA-basierte Schnittstelle für Workflow-Objekte, doch die Art der Realisierung zieht gravierende Unterschiede nach sich, z.B. was die Erweiterbarkeit des Workflow-Metaschemas, die Performance und die Möglichkeit zur feingranularen Lastverteilung angeht.

Bevor die Frage diskutiert werden kann, in welcher Form Workflow-Schemata repräsentiert und ausgeführt werden, muß man betrachten, auf welche Art das Workflow-Metaschema in Architekturkomponenten überführt wurde.

Abb. 5-9 zeigt vier Varianten, ein gegebenes Workflow-Metaschema (Mitte oben) durch Software-Komponenten zu realisieren. (Ausführbare Software-Komponenten sind in der Abbildung gemäß der UML [Booc98, S. 443] fett umrandet dargestellt.)

Der klassische Weg zur Realisierung ist Alternative 3: Hier wird gemäß dem Workflow-Metaschema eine formale Sprache definiert und dazu ein Interpreter-Modul implementiert. Workflow-Schemata sind als Ausdrücke dieser Sprache zu formulieren und werden vom Interpreter-Modul zur Ausführung gebracht. Eine derartige Workflow-Engine ist für die gleichzeitige Verwaltung einer großen Zahl von Workflow-Exemplaren ausgelegt.

Bei Alternative 4 wird ähnlich vorgegangen, allerdings verarbeiten „Single-Instance-Workflow-Engines" zu einem Zeitpunkt nur ein Workflow-Exemplar und können daher auf eine Exemplarverwaltung verzichten.

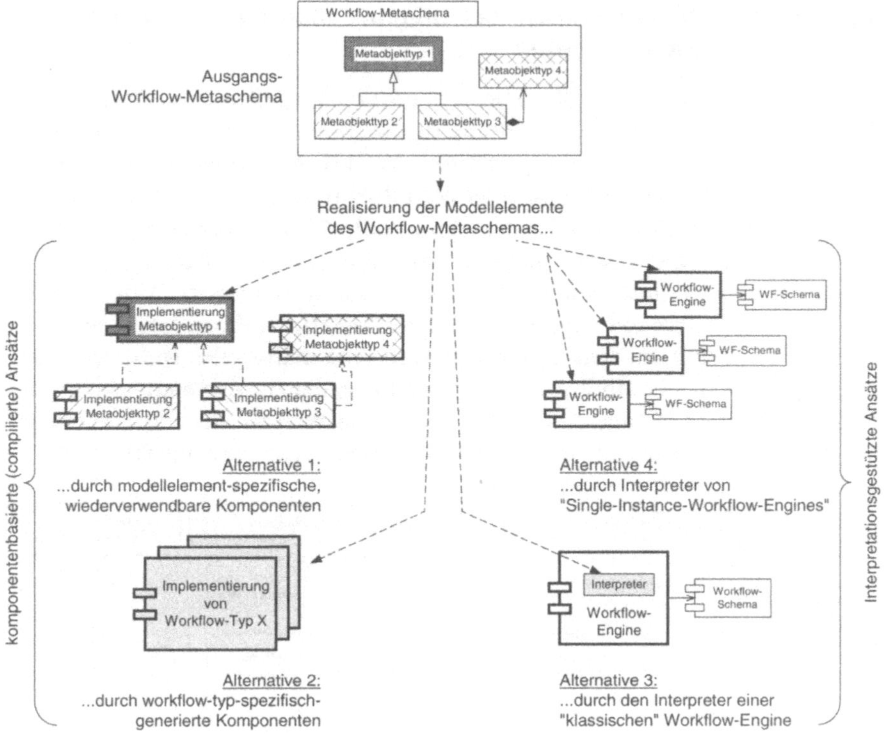

Abb. 5-9:   Realisierungsvarianten eines Workflow-Metaschemas

Alternative 1 setzt die Modellelemente des Workflow-Metaschemas unmittelbar in Software-Komponenten um. Die Strukturähnlichkeit dieser Komponenten mit dem Workflow-Metaschema wird in der Abbildung durch Verwendung gleicher Schattierungen deutlich. Ist beispielsweise im Workflow-Metaschema ein Modellelement vom Typ CHAIN enthalten (s. S. 155), so entsteht unter anderem eine ausführbare Komponente, die genau dieses Verhalten implementiert. Soll ein Workflow-Exemplar-Objekt implementiert werden, in dessen Workflow-Schema eine sequentielle Verkettung spezifiziert ist, steht die Dienstleistung der CHAIN-Komponente zur Wiederverwendung zur Verfügung.

Anders bei Alternative 2, die in METEOR₂ [Shet96, Shet97a, Das97] realisiert wurde. Dort entstehen keine Zwischenprodukte, die einzelne Elemente des Workflow-Metaschemas realisieren. Unter Verwendung der Information aus dem zu implementierenden Workflow-Schema wird dort unmittelbar Code für Komponenten erzeugt. Im Gegensatz zu Alternative 1 sind die entstehenden Komponenten nicht wiederverwendbar, denn sie bestehen aus Workflow-Typ-spezifischem Code. Wissen über die Ablaufstruktur wird direkt in die Implementierung eingelagert, d.h., die Implementierung jedes Workflow-Objekts kennt ihre unmittelbaren Nachfolger-Workflows und ist für deren Aktivierung verantwortlich.

Alternative 1 wird der Vorzug gegeben. Ihre Beschreibung wird zuerst ausgeführt, da so die Vorteile gegenüber anderen Ansätze besonders deutlich werden.

Alternative 1: Modellelement-spezifische, wiederverwendbare Komponenten

Bei dieser Realisierung von Workflow-Objekt-Schnittstellen ist keine Workflow-Engine notwendig. Statt dessen wird die Realisierung von einem Verbund eigenständiger Objekte erbracht, die gemäß dem Workflow-Schema miteinander verknüpft werden und zur Ausführung von Workflow-Exemplaren zusammenwirken.

Abb. 5-10 verdeutlicht den Zusammenhang: Ein Client-Programm (links) ist an der Ausführung eines Dienstes mit der Workflow-Typ-spezifischen Schnittstelle SubjectApproval interessiert. Über Schnittstellenvererbung ist darin zusätzlich die Schnittstelle BasicWorkflow enthalten. Das Client-Programm kann beide Schnittstellen benutzen; welche Komponenten die Schnittstellen realisieren, bleibt für es transparent. Mit Hilfe spezieller Operationen der Basisschnittstelle kann jedes Client-Programm Objektreferenzen auf die zugehörigen Metaobjekte erlangen und sich so über das realisierte Verhalten informieren (Explorationsfähigkeit).

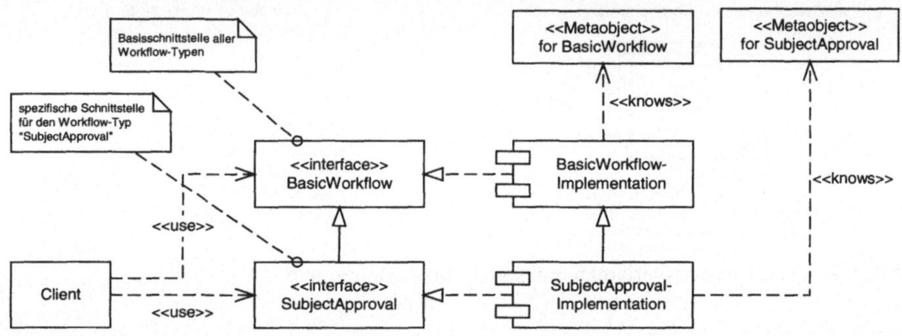

Abb. 5-10: Realisierung durch wiederverwendbare Komponenten

Der Ansatz, sämtliche Aspekte eines Workflow-Metaschemas in ein Implementierungsmodell mit einer einzigen, homogenen Komponente zu überführen, ist zwar leichter zu realisieren, aber mit einigen Problemen verbunden. Beim hier gewählten Ansatz werden die einzelnen Modellelement für verschiedene Aspekte des Workflow-Metaschemas durch dedizierte, lose gekoppelte *Aspektobjekte* umgesetzt, mit denen das eigentliche Workflow-Exemplar-Objekt (hier ein Exemplar vom Typ SubjectApproval) kooperieren, bzw. an die es Aufgaben delegieren kann. Die Zusammenarbeit mit Aspektobjekten erfolgt über späte Bindung, d.h., die Verknüpfung erfolgt zur Laufzeit und wird nicht beim Entwurf starr festgelegt. Abb. 5-11 setzt das Beispiel fort und zeigt die Abhängigkeit der Workflow-Realisierung von Komponenten, die die Implementierungen von Aspektobjekten enthalten. Mit welchen Aspektkomponenten im einzelnen kooperiert werden muß, ist im Workflow-Schema festgelegt.

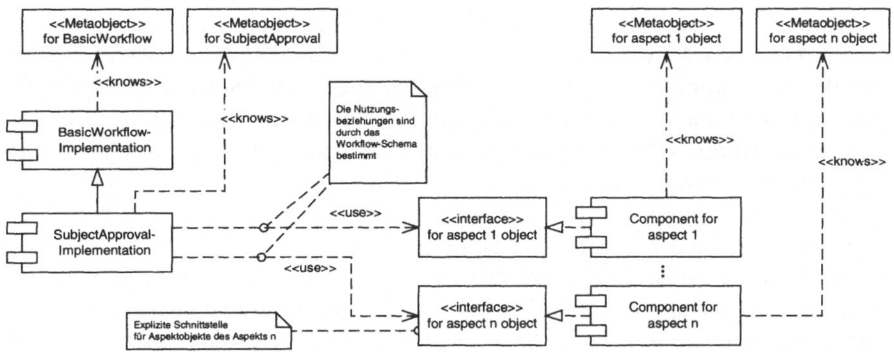

Abb. 5-11: Wiederverwendung von Aspektobjekten bei SubjectApprovalImplementation

Aspektobjekte sind entweder zustandslos oder zustandsbehaftet, woraus sich unterschiedliche Randbedingungen für ihre Implementierung und für ihren Bindungsprozeß ergeben. Der Lebenszyklus zustandsbehafteter Aspektobjekte ist direkt mit dem ihres Workflow-Exemplar-Objekts verknüpft. Ab dem Zeitpunkt ihrer Erzeugung sind sie untrennbar an das eine Workflow-Exemplar-Objekt gebunden, in dessen „Auftrag" und zu dessen Abarbeitung sie erzeugt wurden. Dies gilt für folgende Aspektobjekttypen:

- Aspektobjekte des Verhaltensaspekts verwalten über längere Zeit hinweg den jeweils aktuellen Bearbeitungszustand des zugeordneten Workflow-Exemplars.
- Auch Aspektobjekte für den Informationsaspekts sind eindeutig an ein Workflow-Objekt gebunden. So muß ein Eingabekontext mindestens existieren, bis die Bearbeitung des zugehörigen Workflow-Exemplar-Objekts abgeschlossen ist, denn so lange muß der Zugriff auf die bereitgestellten Parameterobjekte möglich sein. Umgekehrt muß ein Ausgabekontext so lange existieren, bis alle Nachfolge-Workflows gestartet sind.
- Offensichtlich ist die Zustandsbehaftung der historienbezogenen Aspektobjekte, denn es ist dort gewissermaßen naturbedingt, daß diese eine höhere Lebensdauer haben als das zugehörige Workflow-Objekt selbst.

Workflow-Exemplar-Objekte bedienen sich für ihre Realisierung einer Auswahl dieser zustandsbehafteten Aspektobjekttypen; die Erzeugung und Verwaltung der Aspektobjekte wird in der Workflow-Exemplar-Objekt-Implementierung vorgenommen, in unserem Beispiel also im Code der Komponente SubjectApprovalImplementation. Realisierungen der zustandsbehafteten Aspektobjekttypen müssen die Schnittstelle LifeCycleObject des Life Cycle Service (s. Unterabschn. 3.3.4.4) unterstützen und werden von typ-spezifischen Factory-Objekten erzeugt.

Für die verbleibenden zwei Aspektobjekttypen kann man von einer Zustandslosigkeit ausgehen, da diese nur für eine kurze Phase benötigt werden. Haben sie ihre einmalige Aufgabe im Verlauf der Ausführung eines Workflows erfüllt, brauchen die dafür erzeugten Aspektobjekte nicht weiter zur Verfügung zu stehen.

- Aspektobjekte des Organisationsaspekts: Die Ermittlung der zuständigen Akteurs für einen Arbeitsschritt kann als atomare Transaktion betrachtet werden und nimmt nur einen kurzen Zeitabschnitt in Anspruch. Ohnehin ist das Ergebnis der Akteursermittlung abhängig vom Zeitpunkt der Ausführung. Berücksichtigen nämlich die Zuweisungsregeln neben statischen Gegebenheiten der Organisationsstruktur auch dynamische Eigenschaften (z.B. Anwesenheit, Vertretung, Auslastung), wird die Akteursermittlung zu unterschiedlichen Zeitpunkten verschiedene Ergebnisse liefern.
- Wie beim Organisationsaspekt dienen Aspektobjekte des Operationsaspekts hauptsächlich dem Auffinden, bestenfalls der Kontaktaufnahme und initialen Parametrisierung der gewünschten Ressourcen und Anwendungssysteme. Nach Abschluß dieser Aufgabe werden die Aspektobjekte nicht mehr benötigt.

Realisierungen für diese beiden letztgenannten Aspektobjekttypen brauchen keinen internen Zustand aufrechtzuerhalten. Aspektobjekte dieses Typs können direkt nach ihrer Nutzung wieder vernichtet werden und brauchen weder Unterstützung für Life-Cycle-Schnittstellen noch für Persistenz.

Zwei Eigenschaften der Realisierung mit Komponenten sind besonders zu betonen: Erstens gewinnt man damit die Möglichkeit der Aspekt-Interoperabilität. Beteiligte Objekte, die auf unterschiedlichen Plattformen und auf unterschiedliche Weise realisiert sind, können über neutrale Schnittstellen miteinander kooperieren. Interoperabilität beschränkt sich also nicht – wie bisher – auf den Funktionsaspekt (s. Abschn. 5.2.1). Aspekt-Interoperabilität ist die darüber hinausgehende Fähigkeit, daß verschiedene Teile der Implementierung des Workflow-Metaschemas selbst auf verschiedenen Plattformen laufen. Beispielsweise können Aspektobjekte für die Realisierung des Verhaltensaspekts auf einer andere Plattform realisiert sein als die Aspektobjekte des Informationsaspekts. Der zweite wesentliche Punkt ist die hochgradige Anpassungsfähigkeit dieser Lösung, die eine Folge aus der erzielten Modularität ist. Im Prinzip lassen sich Realisierungen von Workflow- und Aspektobjekten jederzeit und unabhängig voneinander austauschen; es ist lediglich zu beachten, daß die Schnittstellen bedient werden. Durch die Modularität wiederum wird eine gezielte Anpassung und Optimierung auf konkrete Anforderungen möglich. Erweist sich beispielsweise die Realisierung einer Komponente als zu langsam, kann man sich folgerichtig auf deren Optimierung konzentrieren und braucht nicht das gesamte System en bloc auszuwechseln.

Natürlich darf abschließend nicht unerwähnt bleiben, daß die Flexibilität der komponentenbasierten Realisierung durch hohen Aufwand erkauft wird. Der Begriff einer „komponentenbasierten Realisierung" von Workflow-Management-Funktionalität suggeriert eine einfache Kombination von bestehenden Bausteinen, von der – zumindest heute – nicht die Rede sein kann. In Kap. 6 wird gezeigt, auf welche Schwierigkeiten man stößt, wenn diese konsequente Komponentenorientierung in eine Implementierungsarchitektur umgesetzt wird. Im Gegensatz dazu ist im Umgang mit der Technologie, die für die nachstehenden Alternativen verwendet wird, erheblich mehr Erfahrung vorhanden.

Alternative 2: Workflow-Typ-spezifisch-generierte Komponenten

Der Ansatz, unter Verwendung der Information aus dem Workflow-Schema direkt Workflow-Typ-spezifische Komponenten zu generieren, besitzt gegenüber Alternative 1 den Vorteil einer noch höheren Ausführungseffizienz. Dies wird allerdings mit einem Mangel an Flexibilität erkauft, denn in die entstandenen monolithischen Komponenten wird die Ablaufspezifikation fest eingebaut. Dies führt dazu, daß bei jeder Änderung am zugrunde liegenden Workflow-Schema auch sämtliche Server-Komponenten neu generiert werden müssen. Laut [Shet97a, Shet97b] ist zwar der Aufwand insofern gering, als der Code für die Objekt-Server fast vollständig generiert wird, er erfordert aber anschließend den Eingriff eines Systemadministrators, der in einem zweiten Schritt auf allen beteiligten Rechnerknoten die vorher vorhandenen Objekt-Server-Implementierungen durch die neuen ersetzt. Selbst kleine Änderungen am Ablauf können sich also aufwendig gestalten.

Alternative 3: „Klassische" interpreter-basierte Workflow-Engine

Um Client-Programmen CORBA-basierte Workflow-Objekt-Schnittstellen anzubieten, kann man prinzipiell eine herkömmliche, zentrale Workflow-Engine verwenden. Es ist aber ein Abbildungsmechanismus notwendig, der gegenüber dem Client-Programm die Objektschnittstelle präsentiert, und gleichzeitig die Realisierung vollständig an die Workflow-Engine delegiert.

Eine „klassische" Workflow-Engine verwaltet eine große Zahl von Workflow-Exemplaren. Diese werden zeitgleich ausgeführt; ihre Steuerung erfolgt durch Interpretation der zugrundeliegenden Workflow-Schemata. Nach außen bietet die Workflow-Engine Schnittstellen zum Erzeugen, Manipulieren und Abfragen dieser Workflow-Exemplare an (s. Unterabschn. 5.2.1). Die Nutzung der Schnittstellen ist der einzig zulässige Weg, um die Funktionen der Workflow-Engine zu nutzen. Auf welche Weise die Workflow-Engine intern die Persistenz der Workflow-Exemplare sicherstellt, ob und wie sie zur Laufzeit Workflow-Schemata interpretiert, aus welchen funktionalen Einheiten die Workflow-Engine besteht und welche Prozeßstrukturen hierfür verwendet werden, bleibt dem Betreiber in der Regel verborgen. Für die Realisierung einer Workflow-Objekt-Schnittstelle wird eine Abbildung (Interface-Mapper) benötigt, deren Aufgabe (s. Abb. 5-12) im wesentlichen darin besteht, den eindeutigen Identifikator zu kapseln, mit dem das zugehörige Workflow-Exemplar innerhalb der Engine adressiert wird. Operationsaufrufe eines Client-Programms an die Workflow-Objekt-Schnittstelle lassen sich – unter Beigabe dieses Identifikators – an die Schnittstellen der Workflow-Engine delegieren. Um die Delegation korrekt zu leisten, muß die Implementierung des Workflow-Objekt-„Stellvertreters" das produktspezifische Protokoll der Workflow-Engine kennen und die IDL-Operationen darauf abbilden. Zur Vereinfachung wird in Abb. 5-12 davon ausgegangen, daß sich dieses Protokoll auf die Schnittstellenspezifikationen der WfMC stützt.

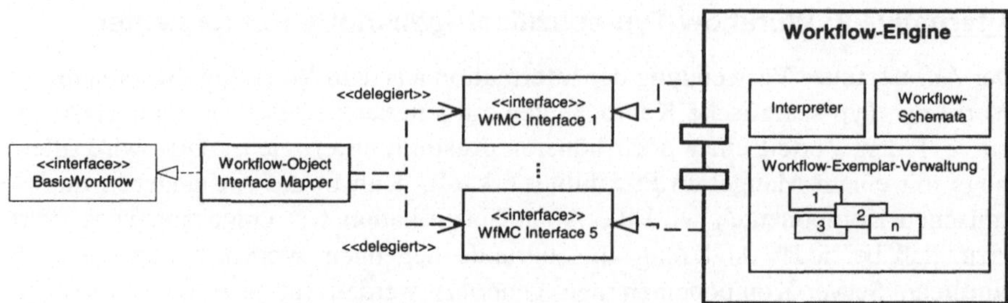

Abb. 5-12: Emulation von Workflow-Objekt-Schnittstellen durch eine „klassische" Workflow-Engine mit WfMC-konformen Schnittstellen

Ein Vorteil dieser Implementierungvariante besteht darin, daß der Workflow-Engine die Art ihrer Nutzung nicht bekannt ist. Demnach spricht nichts dagegen, für eine vorhandene Engine eine CORBA-basierte „Fassade" [Gamm95, S. 185] zu konstruieren, daneben aber die Nutzung der Schnittstellen durch konventionelle Client-Programme weiterhin zu gestatten. Selbst wenn außerhalb der Workflow-Engine, sozusagen „virtuell", ein umfangreiches Objektmodell nachgebildet wird, darf dies nicht darüber hinwegtäuschen, daß sich dahinter eine zentralistische Implementierungsarchitektur verbirgt. Entsprechend sind die in Abschn. 5.2.2 aufgezeigten Nachteile auch hier ohne Einschränkungen gültig. Besonders gewichtig sind nicht nur die Probleme bezüglich der Skalierbarkeit und der Performance, sondern auch die mangelhafte Anpassungsfähigkeit auf spezielle Erfordernisse. Eine Workflow-Engine ist eine generische Ausführungsmaschine, d.h., alle Workflow-Typen werden uniform behandelt und müssen über die gleiche Schnittstelle abgewickelt werden. Jede Erweiterung dieser Schnittstellen gestaltet sich schwierig, und es existiert kein Mechanismus, das Verhalten der Workflow-Engine zu beeinflussen, es sei denn, diese liegt im Quellcode vor. Die funktionale Beschränkung auf das in der Workflow-Engine hart codierte Workflow-Metaschema pflanzt sich zwangsläufig auf die Workflow-Objekt-Stellvertreter fort.

Alternative 4:   Exemplarbezogene Interpretation

Auch bei dieser vierten Variante besteht die prägende Entwurfsentscheidung im interpretativen Ansatz. Statt einer einzigen zentralen Workflow-Engine, die eine große Zahl von Workflow-Exemplaren gleichzeitig abarbeitet, erfolgt hier die Ausführung jedes Exemplars auf einer eigenen Workflow-Engine. Da die Verwaltung mehrerer Workflow-Exemplare nicht zu den Aufgaben der Workflow-Engine zählt, erscheint die Bezeichnung „Single-Instance-Workflow-Engine" treffend.

Der Realisierungsansatz basiert auf dem in Unterabschn. 5.2.4 vorgestellten voll verteilten Architekturmodell und entspricht damit im wesentlichen der Klasse der agentenbasierten Systeme. Es lassen sich zwei Typen unterscheiden: Im ersten Fall (Abb. 5-13, links) verbleibt die Implementierung der Single-Instance-Workflow-Engines stationär auf einem Rechnerknoten (z.B. bei BPAframe und INCA). Workflow-Objekte migrieren zusammen mit ihrem Workflow-Schema zwischen Rechnerknoten und werden dort entweder von eigens erzeugten [Mitt97b] oder bereits vorhandenen Single-Instance-Workflow-Engine zur Ausführung gebracht. Beim zweiten Typ (Abb. 5-13, rechts) ist die Single-Instance-Workflow-Engine ihrerseits mobil und wird auf dem Zielrechner als Ausführungsplattform für das eigentliche Workflow-Schema gestartet. Eine derartige Implementierung ließe sich etwa mit Java oder mit Enterprise JavaBeans ideal realisieren.

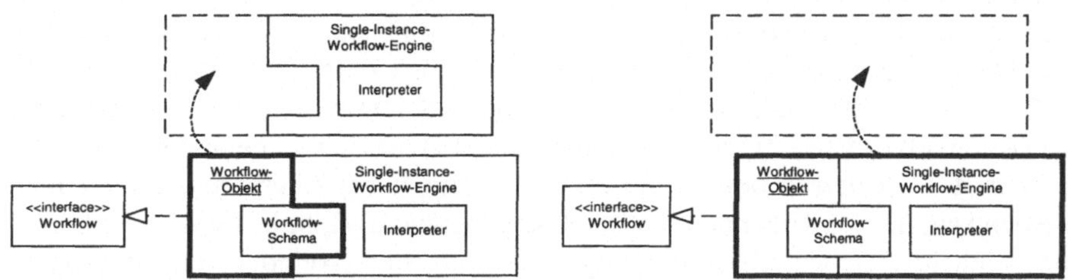

Abb. 5-13: Realisierung durch exemplarbezogene Interpretation

Ähnlich wie in Alternative 2 wird in beiden Fällen die Implementierung sämtlicher Aspekte des Workflow-Metaschemas in uniforme Workflow-Engines gepackt, die zur Laufzeit Workflow-Schema-Code interpretieren. Die Performance-Probleme, die sich daraus ergeben, sind jedoch hier nicht so schwerwiegend, weil die erforderliche Rechenleistung auf viele Rechnerknoten verteilt wird. Weitaus weniger leicht läßt sich demgegenüber das Problem lösen, eine Erweiterung des Workflow-Metaschemas vorzunehmen. Im Fall mobiler Single-Instance-Workflow-Engines ist es zwar durchaus denkbar, zu einem Zeitpunkt verschiedene Workflow-Metaschema gleichzeitig zu unterstützen, allerdings ist kein System bekannt, bei dem dieses Verfahren gewählt wird.

Beurteilung der Realisierungsalternativen

Der interpretationsgestützte Ansatz der Alternativen 3 und 4 hat durchaus Vorteile: Zum einen handelt es sich um eine bekannte Vorgehensweise und -technologie. Für den Entwurf formaler Sprachen und die Konstruktion entsprechender Parser und Interpreter stehen komfortable Werkzeuge zur Verfügung. Einen sauberen Entwurf vorausgesetzt, lassen auf diese Weise schnell greifbare Ergebnisse erzielen. Zum anderen entsteht durch turing-mächtige „Workflow"-Sprachen hohe Leistungsfähigkeit und Flexibilität. Sprachen wie AgentScript [Mitt97a, Schi98] unterscheiden sich kaum noch von herkömmlichen imperativen Programmiersprachen. Diese starke Anreicherung zu *Workflow-Programmiersprachen* ist allerdings ein Rückfall ins „Programming-in-the-small" [Dere76]. Je mehr Workflow-Schemata traditionellem Programmcode ähneln, desto weniger sind sie für workflowspezifische Auskunfts- und Zugriffsfunktionen zugänglich. Anfragen über den Inhalt und die Struktur des Workflow-Schemas können nur durch aufwendige Analyse des Quellcodes beantwortet werden. Ein zweiter Nachteil betrifft die Performance, die darunter leidet, daß für jedes Workflow-Exemplar ein Interpretationsvorgang erfolgen muß. Drittens widerspricht die Bereitstellung einer unspezifischen Programmierplattform gerade dem Wunsch, im Workflow-Metaschema möglichst aufgabengerechte Modellelemente mit klar definierter Semantik zur Verfügung zu stellen. Eine generische Programmiersprache entspricht gemäß Unterabschn. 4.5.2 einem Null-Workflow-Metaschema.

Die Verwaltung von Objekten in einer zentralen Komponente (Alternative 3) entspricht nicht der Denkweise und den Entwurfsrichtlinien der OMG. Um die Illusion einzelner Objekte gemäß dem OMG-Paradigma zu simulieren, muß mit hohem Aufwand außerhalb der Workflow-Engine ein Objektmodell nachgebaut werden. Dieser Ansatz ist umständlich und kann nur als Kompromißlösung gelten.

Bei einer Realisierung der Workflow-Objekt-Schnittstellen durch Komponenten (Alternative 1 und 2) wird zur Laufzeit kein Workflow-Schema-Quellcode interpretiert. Statt dessen besteht die Implementierung bei Alternative 1 aus einem Verbund zusammenwirkender, binärer Komponenten. Es gibt keine zentrale Steuerungseinheit; in einem Zusammenspiel aus Workflow-Exemplar- und Aspektobjekten führen sich Workflow-Objekte dezentral gewissermaßen „selbst" aus. Die besondere Stärke bestehen in der Aspekt-Interoperabilität, also darin, daß für unterschiedliche Aspekte eines Workflow-Schemas Realisierungen zusammenwirken können, die auf verschiedenen Plattformen residieren.

	Alternative 1	Alternative 2	Alternative 3	Alternative 4
	Wiederverwendbare Komponenten	Monolithische Komponenten	Workflow-Engine-Kapselung	„Single-Instance-Workflow-Engines"
Ausführungs-Performance	hoch	sehr hoch	mittel	mittel
Performance-Optimierung durch Lokalität	möglich	möglich	nicht möglich, da nur eine Engine	möglich
nebenläufige Ausführung	implementierungs-abhängig	implementierungs-abhängig	begrenzt	immer gegeben
Granulat der nebenläufigen Ausführung	Workflow-Exemplar- und Aspektobjekte	Workflow-Exemplare	Workflow-Exemplare	Workflow-Exemplare
Skalierbarkeit	gut	gut	begrenzt	gut
Persistenz der WF-Exemplare	konfigurierbar	transparent, durch Generierung	transparent, durch die Engine	transparent, durch die Engines
Aspekt-Interoperabilität	möglich	nicht möglich	nicht möglich	nicht möglich

Tab. 5-2:   Beurteilung der Realisierungsalternativen für Workflow-Objekt-Schnittstellen

Charakteristisch für die beiden komponentenbasierten Ansätze ist die potentiell hohe Performance, die daraus resultiert, daß zur Laufzeit kein Schema-Quellcode interpretiert werden muß. Besonders Alternative 1 unterstützt die Anforderungen nach hoher Performance, denn für alle beteiligten Objekttypen können mehrere gleichwertige Implementierungen installiert werden, die zusammen einen Leistungsverbund bilden. Außerdem können für einzelne Modellelemente gezielt Geschwindigkeitsoptimierungen vorgenommen werden, falls dies die Anwendung erfordert. In den weiteren Ausführungen wird nur die komponentenbasierte Realisierung gemäß Alternative 1 ausgeführt und auf die anderen Alternativen nicht mehr eingegangen. Im nächsten Abschnitt werden die Basisdienste von Workflow-Objekt- und Aspektobjekt-Servern diskutiert, also denjenigen Komponenten, die die Realisierung der Workflow-Objekte gemäß Alternative 1 enthalten.

5.4.3   Basisdienste von Workflow-Objekt-Servern

Als *Objekt-Server* werden diejenigen Software-Komponenten bezeichnet, die den Implementierungs-Code eines Objekttyps beinhalten und Gegenstand der Plazierung auf einzelnen Rechnerknoten sind. Für eine verteilte WFMA gemäß dem hier vorgestellten Architekturmodell werden *Workflow-Exemplar-Objekt-* und *Aspektobjekt-Server* benötigt. Von diesen wird nicht nur erwartet, daß sie eine korrekte Implementierung der Workflow-Typ-spezifischen Schnittstellen realisieren, sondern eine ganze Reihe weiterer *Basisdienste*. Die Basisdienste sind unabhängig vom Workflow-Typ und dienen dem Betrieb der WFMA:

- **Erzeugung neuer Objekte**: Die Realisierung einer Schnittstelle zum Anlegen neuer Objekte (Factory-Funktionalität) ist die wichtigste Aufgabe der Workflow-Objekt-Server, da diese Aufgabe zu den wenigen gehört, die nicht dem Workflow-Objekt selbst überlassen werden können. Hier sind die Schnittstellen gemäß dem OMG Life-Cycle-Service (s. Unterabschn. 3.3.4.4) zu unterstützten.
- **Verschieben von Objekten**: Wenn das Anwendungsumfeld erfordert, Workflow-Objekte zur weiteren Ausführung auf andere Rechnerknoten verschieben zu können, sind hierfür die Schnittstellen und Vorgaben des Life Cycle Service zu berücksichtigen.
- **Betriebsüberwachung**: Beim Ausfall eines Rechnerknotens, auf dem Workflow-Objekt-Server installiert sind, müssen geeignete Maßnahmen ergriffen werden. Hierzu zählt insbesondere die Fortsetzung der Workflow-Ausführung auf einem anderen Rechnerknoten. Als Voraussetzung hierfür wird ein Überwachungsdienst benötigt, der den Ausfall eines Rechnerknotens diagnostiziert. In herkömmlichen Produkten für das Netzwerkmanagement (z.B. in *IBM Net-View/6000*) werden hierfür Polling-Mechanismen eingesetzt.
- **Konfigurationsverwaltung und Systems Management**: Die Gesamtheit der Objekt-Server einer WFMA soll für den Betreiber die Möglichkeit einer zentralen Verwaltung bieten. Damit hierzu gängige Werkzeuge verwendet werden können, müssen Objekt-Server die Schnittstellen für „gemanagte Objekte" (`managed_object`) gemäß der OMG Systems Management Facility (s. Abschn. 3.3.5.3) unterstützen. In aller Regel wird außerdem eine Unterstützung des SNMP-Protokolls gefordert, das bei Verwaltungswerkzeugen sehr verbreitet ist.

Je nach Anwendungsumfeld können weitere Basisdienste gefordert sein.

5.4.4   Entwicklung Workflow-Typ-spezifischer Objekt-Server

Werden in einem Anwendungsumfeld keien Workflow-Typ-spezifischen Schnittstellen gebraucht, lassen sich vorgefertigte Workflow-Objekt-Server einsetzen. Dieser Fall ist der Installation eines konventionellen WFMS vergleichbar und stellt an den Betreiber der WFMA die geringsten Anforderungen, denn hier braucht das System lediglich installiert und konfiguriert zu werden.

Im anderen Fall stellt sich die Frage, wie die Workflow-Objekt-Server erzeugt werden. Eine Möglichkeit besteht darin, daß ein Transformationswerkzeug (Code-Generator) automatisch aus einem Workflow-Schema das Quellcode-Skelett eines entsprechenden Objekt-Servers in einer gewünschten Implementierungssprache erzeugt. Dieses kann danach durch einen Entwickler mit der gewünschten Zusatz-funktionalität angereichert werden, die die Workflow-Typ-spezifischen Schnitt-stellen realisiert. Um den Anteil des Codes besser einschätzen zu können, der hierbei automatisch erzeugt werden kann, sollen die verschiedenen Erweiterungs-möglichkeiten kurz untersucht werden:

- Relativ einfach zu erzeugen ist Code, der Lese- und Schreibfunktionen für zu-sätzliche Attribute eines Workflow- oder Aspektobjekts zur Verfügung stellt.
- Werden zusätzliche Operationen gefordert, kann der im Workflow-Schema spezifizierten Schnittstelle zumindest deren Signatur entnommen werden. Auf-grund dieser Information können Funktionsrümpfe und Deklarationen in der Ziel-Programmiersprache erzeugt werden. Der Implementierer braucht dann nur an den vorgegebenen Stellen den Programmcode einzufügen.
- Im Idealfall wird auch Code zur Überprüfung von Integritätsbedingungen au-tomatisch erzeugt. Wie weit dies möglich ist, hängt von der Leistungsfähigkeit des gewählten Workflow-Metaschemas ab. Nur wenn dort Ausdrucksmittel für Workflow-Typ-spezifische Integritätsbedingungen bestehen, kann hierfür Code erzeugt werden. Ein Beispiel hierfür wurde in Unterabschn. 4.5.4 gezeigt.

Neben dem Quellcode für die eigentliche Objekt-Server-Implementierung läßt freilich auch Quellcode für Testumgebungen und Benutzerschnittstellen automa-tisch erzeugen. Die in einem Workflow-Schema enthaltenen Angaben (z.B. über Attribute oder die Menge der enthaltenen Subworkflows) machen es einfach, Pro-grammcode für die typspezifische graphische Benutzerschnittstellen eines *In-spektors* zu erzeugen, mit dem zur Laufzeit der Zustand eines gegebenen Work-flow-Exemplar-Objekts visualisiert werden kann.

Eine weitere Diskussion über die Entwicklung Workflow-Typ-spezifischer Ob-jekt-Server findet sich in Kap. 6. Da die Ausarbeitung von Abbildungsregeln für eine bestimmte Programmiersprache nicht Gegenstand dieses Buches ist, findet sich statt dessen in Unterabschn. 6.3.5 eine Darstellung der Vorgehensweise und der Zwischenprodukte für eine generierungsbasierte Entwicklungsumgebung.

5.5 Verwaltung von Workflow-Objekten

Workflows erfahren im vorgestellten Ansatz insofern eine konzeptionelle Aufwer-tung, als sie nicht mehr nur als Entitäten innerhalb einer Workflow-Engine ange-sprochen werden, sondern als selbständige Objekte existieren. Allerdings erfüllt eine Workflow-Engine nicht nur die Aufgabe, Workflow-Exemplare zur Ausfüh-rung zu bringen, sondern sie ist auch zentrale Verwaltungskomponente für alle in Ausführung befindlichen Workflow-Exemplare und damit Anlaufpunkt für alle

Anfragen und Dienste, die eine größere Anzahl von Workflow-Exemplaren betreffen. Um vergleichbare Funktionalität in einem dienstebasierten Ansatz zu erzielen, muß man spezielle Komponenten einführen, die einen Dienst zur Exemplarverwaltung realisieren. Diese Verwaltungsdienste sind nicht nur für die Workflow-Exemplar-, sondern gleichermaßen für Aspektobjekte zu unterstützen. Da die Unterschiede in den Anforderungen an die Verwaltungsdienste nur marginal ausfallen, werden sie nachfolgend nicht getrennt diskutiert.

Verteilte Systemdienste zur Objektverwaltung sind eng mit Diensten des Systems Management verwandt. Es werden zunächst beispielhaft die wichtigsten Anforderungen vorgestellt und anschließend verschiedene Funktionen des Systems Management im Zusammenhang mit einem WFMD untersucht.

5.5.1 Funktionale Anforderungen

Jedes Workflow-Objekt ist unter Verwendung der ihm zueigenen Schnittstellen theoretisch ohne zusätzliche Verwaltungskomponente nutzbar und es sind WFMA denkbar, wo Verwaltungsfunktionen verzichtbar sind. Dies gilt z.B., wenn nur eine geringe Anzahl von Workflow-Exemplaren zu verarbeiten ist. Sobald jedoch eine große Anzahl von Exemplaren erzeugt wird, entsteht Bedarf, Operationen auf Mengen von Workflow-Exemplaren anzuwenden. Daher sind für deren Verwaltung Unterstützungsfunktionen notwendig:

- **Strukturierungsmechanismen** dienen der Verwaltung von Beziehungen zwischen den Objekten, die gemeinsam die Repräsentation eines Workflow-Exemplars bilden. Beispielsweise muß festgehalten werden, welche Beziehungen zwischen Subworkflows, welche Beziehungen zu Akteuren und zu sonstigen Ressourcen bestehen.

- **Aufzeichnungsmechanismen**: Das Sammeln von Informationen über die Ausführung von Workflow-Objekten ist nicht Teil der Workflow-Objekte, sondern ist durch externe Dienste zu bewerkstelligen.

- **Such- und Abfragemechanismen**: Die Durchführung von Abfragen („Queries") auf die Gesamtheit der Workflow-Exemplare einer Organisation ist ebenfalls eine Aufgabe, die nicht den Workflow-Objekten selbst überlassen werden kann. Ein Workflow-Objekt-Verwaltungsdienst ist zentrale Anlaufstelle für derartige Abfragen. Typische Aufgaben- und Fragestellungen sind solche nach der Menge von Workflow-Exemplaren, die bestimmte Eigenschaften erfüllen, etwa im Zustand „in Bearbeitung" sind.

- **Registratur von Workflow-Exemplaren**: Um die oben genannten Abfragen zu unterstützen, muß gewährleistet sein, daß die Gesamtheit der Workflow-Exemplare zu jeder Zeit bekannt ist, bzw. ermittelt werden kann. Das „Anmelden" der Workflow-Exemplare bei einer Registratur ist wichtiger Teil der Ausführungsunterstützung.

Verwaltungsdienste für Workflow-Objekte

Systems Management bezeichnet Dienste, die die Unterstützung des laufenden Betriebs einer komplexen Software-Konfiguration betreffen. Im Verbindung mit dem Betrieb einer WFMA sind folgende vier Bereiche besonders relevant und müssen durch Schnittstellen unterstützt werden:

- **Change Management** betrifft die Installation oder Veränderung von Systemkomponenten. Für Workflow-Objekte ist z.B. die Frage relevant, ob sich das ihnen zugrundeliegende Workflow-Schema verändert hat oder ob andere Objekte, auf die im Verlauf der Workflow-Ausführung zugegriffen wird, manipuliert wurden. Wird der Event Service zur Übermittlung derartiger Inhalte verwendet, sind von den Workflow-Objekten die Consumer-Schnittstellen gemäß Unterabschn. 3.3.4.2 zu realisieren. Ebenfalls zum Change Management gehören Maßnahmen, die zu treffen sind, wenn Änderungen in der Konfiguration erfolgen, z.B. wenn neue Objekt-Server installiert werden oder bestehende wegfallen. In beiden Fällen müssen Verzeichnisdienste aktualisiert und ggf. andere Systemdienste davon informiert werden. Es ist sinnvoll, die notwendigen An- und Abmeldevorgänge an einer zentralen Stelle zusammenzufassen.

- Unter **Operations Management** werden Dienste der Datensicherung und Wiederherstellung zusammengefaßt. Trotz aller Autonomie von Workflow-Objekt-Implementierungen muß man in größeren Systemumgebungen daran interessiert sein, im Rahmen einer komfortablen Systemverwaltung eine einheitliche und umfassende Lösung für Datensicherung zu erreichen. Dafür muß ein Dienst zur Datensicherung existieren, und es müssen von den Workflow-Objekten geeignete Schnittstellen unterstützt werden, die es erlauben, deren Objektzustand zu sichern. Hierfür bietet sich die Nutzung des Externalization Service an.

- Die Ausführung von Workflows ist aus Anwendungssicht stets mit geschäftsrelevantem Handeln, insbesondere auch mit Kosten, verbunden. Gegenstand des **Business Management** ist die Verwaltung von Zugangsberechtigungen und Abrechnungsverfahren für die Ausführung von Workflow-Objekten.

- **Lastverteilung**: Um eine gleichmäßige Auslastung der zur Verfügung stehenden Ressourcen zu erreichen, sollten Workflow- und Aspektobjekt-Server möglichst gleichmäßig ausgelastet werden. (s. hierzu Unterabschn. 5.8.2).

Für unsere Aufgabenstellung müssen wir aber zunächst eine niedrigere Ebene betrachten: Der Umgang mit Workflow-Objekten, die in einem verteilten System auf verschiedenen Rechnerknoten zur Ausführung gelangen, erfordert elementare Verwaltungsfunktionen, mit denen es möglich ist, das verteilte heterogene Gesamtsystem aus logischer Sicht so zu behandeln, als wäre es ein einziges homogenes System. In der OMG *Systems Management Facility* [OMG95e] finden sich hierfür Ansätze, die auch für die Verwaltung von Workflow-Objekten sinnvoll sind:

- Der **Instance Management Service** (Exemplarverwaltungsdienst) dient dazu, eine große Anzahl von Objektexemplaren zu verwalten, die Ausprägung des gleichen Objekttyps sind. Dieser Dienst kann für die speziellen Belange der Verwaltung von Workflow-Objekten angepaßt werden und wird dann als *Workflow Instance Management Service* bezeichnet. Bei ihm sind sämtliche Workflow-Objekte direkt nach ihrer Erzeugung anzumelden. Der Exemplarverwaltungsdienst ist zentrale Anlaufstelle, um ein gewünschtes Workflow-Objekt aufzufinden, d.h., an dieser Stelle muß ein Suchdienst ansetzen.

- Der **Managed Sets Service** (Objektmengenverwaltungsdienst) ist ebenfalls zu unterstützen. Er ermöglicht es, eine Menge von Objektexemplaren gleichen Typs zu einer gemeinsamen logischen Entität zu gruppieren und als Ganzes zu handhaben. Zu diesem Zweck werden komfortable Funktionen bereitgestellt, mit denen sich Zugehörigkeitsbeziehungen (containment) auf einfache Weise realisieren lassen.
- Mit dem **Policy Management Service** (Regelungsverwaltungsdienst) lassen sich an Objektmengen Handhabungsregeln knüpfen.

Wie in [NEC97] zu Recht festgestellt wird, lassen sich fast alle Teile des Systems Managements auch mit elementaren Mitteln lösen, z.B. mit dem Life Cycle Service, dem Naming Service oder dem Relationship Service. Dies bringt jedoch für den Entwickler erheblich höheren Aufwand mit sich. Es wäre sinnvoll, entsprechende Schnittstellen im Rahmen eines WFMD vorzugeben, damit diese von den Herstellern vorgefertigt als „Infrastrukturkomponenten" geliefert werden könnten. Entwickler von WFMA könnten sich auf die Herstellung von Workflow-Typ-spezifischen Objekt-Servern konzentrieren.

Administrations- und Analysewerkzeuge

Neben den bisher vorgestellten elementaren Verwaltungsfunktionen sollten auch höherwertige Dienste angeboten werden, die es erlauben, auf komfortable Weise einen Einblick in den aktuellen Systemzustand zu erhalten, um ggf. Probleme zu erkennen oder Sachverhalte zu visualisieren.

- Bietet ein Dienst eine an den Inhalten der Workflows orientierte Analyse, spricht man von **Workflow-Monitoring**. Hier ist die Erstellung von Statistiken und die Berechnung betriebswirtschaftlich relevanter Kennzahlen zu unterstützen. Die hierfür notwendigen Funktionen dienen einem speziellen Anwenderkreis als Grundlage für Entscheidungen, etwa für die Optimierung der Ressourcenverwendung (s. [Rose97]).
- Im Rahmen des **Problem Management** werden Funktionen zur Problembestimmung und -verfolgung angeboten. Probleme bei der Workflow-Ausführung können modellierungs- oder anwendungsbedingt sein. Modellierungsbedingte Probleme lassen sich überall dort vermuten, wo häufig vom vorgegebenen Workflow-Schema abgewichen wird (Ad-hoc-Änderung notwendig, häufiges Überschreiten von Fristen, häufiger anwenderbedingter Abbruch der Ausführung). In diesen Fällen ist ggf. das Workflow-Schema zu korrigieren. Beispiele für technisch bedingte Probleme sind fehlgeschlagene Zugriffe auf Dienste und der Ausfall von Objekt-Servern. In allen Fällen ist die Aufzeichnung einer exemplarübergreifenden Problemhistorie notwendig, die wertvolle Hinweise bei der Problemanalyse geben kann.
- Das **Performance Management** ist bei der Überwachung und Auswertung von Systemelementen hinsichtlich Verfügbarkeit, Durchsatz oder Auslastung ist eine exemplarübergreifende Komponente notwendig.

Nicht alle aufgelisteten Dienste sind für einen elementaren WFMD unbedingt notwendig. Wir konzentrieren uns daher in den weiteren Betrachtungen auf die Realisierung der elementaren Verwaltungsdienste.

5.5.2   Komponenten eines Workflow-Objekt-Verwaltungsdienstes

Dieser Unterabschnitt faßt in einer Übersicht die wesentlichen Komponenten eines Workflow-Objekt-Verwaltungsdienstes zusammen und stellt die wesentlichen Komponenten kurz vor. Abb. 5-14 zeigt die Komponenten:

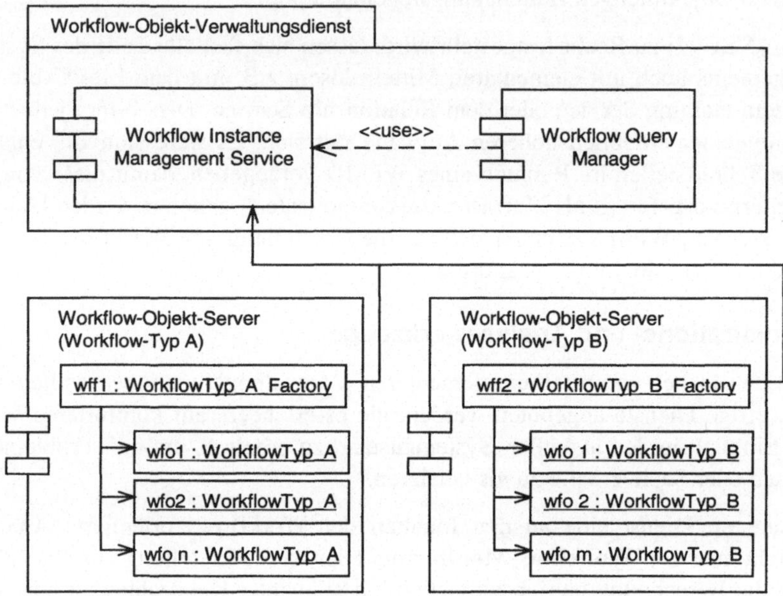

Abb. 5-14: Komponenten eines Workflow-Objekt-Verwaltungsdienstes

Jedes neu erzeugte Workflow-Objekt muß von seiner Workflow-Objekt-Factory beim Exemplarverwaltungsdienst angemeldet werden. Zu diesem Zweck hat der Workflow-Objekt-Server die Aufgabe, jedes neu erzeugte Workflow-Objekt anzumelden. In einer Konfiguration ist es möglich, Exemplarverwaltungsdienste auf mehreren Rechnerknoten zu installieren, die jeweils für klar definierte, nicht überlappende Mengen von Workflow-Objekten zuständig sind. Eine Exemplarverwaltung ist in der Regel nur für Workflow-Objekte, nicht jedoch für Aspektobjekte sinnvoll.

5.6 Verwaltung von Workflow-Schema-Objekten

Der Bedarf einer eigenen Architekturkomponente zur Verwaltung von Workflow-Schemata ist evident, wenn man diese als wesentliches und eigenständiges Ergebnis eines systematischen Entwurfsprozesses bewertet. Ihr Inhalt stellt einen eigenen Wert dar und kann unabhängig von ihrer Ausführung betrachtet werden, z.B. für ein passives Vorgangsinformationssystem, das Auskunft gibt, wie Abläufe in einer Organisation gehandhabt werden. Dennoch wird die Verwaltung von Workflow-Schemata nur in wenigen Arbeiten behandelt (z.B. in [Liu96, Bapa96]).

Systemunabhängigkeit und -neutralität sind die Stichworte, die eine vergleichbare Entwicklung in der Datenbanktechnologie vorangetrieben haben. Analog zu Datenbankverwaltungssystemen besteht die Hauptaufgabe eines Workflow-Schema-Verwaltungsdienstes darin, Repräsentationen von Workflow-Typen, also Workflow-Schemata, in einem festgelegten Format „...entgegenzunehmen, zu speichern, zu verwalten und auf Anforderung hin bereitzustellen" [Lock87, S. 88]. Workflow-Schemata werden nicht allein zu dem Zweck betrachtet, sie zur Ausführung von Workflow-Exemplaren heranzuziehen, sondern es wird ihr eigener Wert als Informationsressource erkannt.

Dieser Abschnitt beleuchtet Aspekte eines Workflow-Schema-Verwaltungsdienstes. Als Ausgangspunkt werden Einsatzmöglichkeiten gezeigt, aus denen sich Anforderungen ableiten. Diese werden in einen Realisierungsvorschlag eines Workflow-Schema-Verwaltungsdienstes und ein Architekturmodell umgesetzt.

5.6.1 Einsatzmöglichkeiten eines Workflow-Schema-Verwaltungsdienstes

Steht die Gesamtheit der Workflow-Schemata in einer eigens dafür vorgesehenen Komponente zur Verfügung und sind die Workflow-Schemata mit Metadaten angereichert (Unterabschn. 4.4.2.2), so bieten sich – in Analogie zu den Datenwörterbüchern von DBMS [Lock87, S. 153] – hierfür reichlich Einsatzmöglichkeiten:

- **Dokumentation und Recherche**: Die Ermittlung, welche Geschäftsprozesse durch eine WFMA unterstützt werden, gestaltet sich mit zunehmender Anzahl von Workflow-Schemata schwieriger. Ein Dienst zur Verwaltung von Workflow-Schemata kann hier wertvolle Unterstützung bieten, insbesondere erleichtert er die Aufgabe, deren Konsistenz und Aktualität sicherzustellen: Änderungen werden nur an einer einzigen Stelle durchgeführt.

- **Auswertung**: In der Regel wird man Workflow-Schemata mit Attributen ausstatten, die Aufschluß über deren Verwendungshäufigkeit und die Anzahl der davon erzeugten Exemplare geben. Mit Hilfe dieser Metadaten wird es möglich, im laufenden Betrieb eine höhere Transparenz im Nutzungsverhalten der Anwender zu erhalten.

- **Querverweise** („dependency tracking"): Ähnlich wie bei Software-Bibliotheken wirken sich Änderungen an wiederverwendeten Workflow-Schemata an vielen Stellen, d.h. auf viele andere Workflow-Schemata aus. So erwünscht diese Hebelwirkung ist, wenn Fehler bereinigt werden oder Änderungen sofort ubiquitär wirksam sind, so unerwünscht kann der Effekt in anderen Fällen sein: So sind Fälle denkbar, wo die Beseitigung eines Fehlers unerwartete Folgen hat, weil abhängige Workflow-Schemata die Existenz des Fehlers voraussetzen. Es ist daher notwendig, die Auswirkung einer Änderung an allen Stellen zu prüfen, bevor die Änderung wirksam gemacht wird. Um im Vorfeld eine Abhängigkeitsanalyse vornehmen zu können, müssen Querverweise über die Verwendung von Workflow-Schemata verwaltet werden.

- **Zugriffskontrolle**: Werden Workflow-Schemata, so wie das in heutigen Systemen oft der Fall ist, in Dateien gespeichert, ist nur unzureichender Schutz vor unberechtigtem Zugriff gegeben. Nur bei einer geregelten Verwaltung durch einen speziellen Dienst läßt sich sicherstellen, daß Manipulationen ausschließlich dem Workflow-Schema-Designer bzw. dem Systemadministrator vorbehalten sind.

- **Änderungsdienst und Notifikation**: Um die Stabilität und Integrität einer WF-MA zu wahren, müssen unkoordinierte Änderungen an Workflow-Schemata ausgeschlossen sein. Deshalb muß der Änderungsprozeß, dem sie unterliegen, seinerseits nach festgelegten Regeln erfolgen. Ein Entwickler wird Änderungen von Workflow-Schemata zuerst in einer Testumgebung überprüfen, bevor er sie im öffentlichen Bereich des Workflow-Schema-Verwaltungsdienstes zur Verwendung freigibt. Schritte dieses Arbeitsablaufs sollten ihrerseits durch einen Änderungsdienst unterstützt werden. Werden bestehende Workflow-Schemata geändert, hat dies Auswirkungen auf laufende Exemplare. Demzufolge kann es erforderlich sein, Teilnehmer an aktuell ausgeführten Exemplaren dieses Typs davon in Kenntnis zu setzen (Notifikation).

- **Revision und Kontrolle**: Trotz laufender Prüfungen der Konsistenz sind von Zeit zu Zeit vollständige Überprüfungen sinnvoll, um sicherzustellen, daß nicht durch Systemfehler oder kriminelle Eingriffe unzulässige Veränderungen an Workflow-Schemata vorgenommen wurden.

- **Anbieternachweis**: Ein Dienst, der eine Recherche nach Workflow-Schemata erlaubt, kann zusätzlich die Funktion anbieten, in einem zweiten Schritt Dienstanbieter zu vermitteln, die deren Ausführung realisieren (Workflow-Service-Provider). Voraussetzung für diese Funktion ist, daß neben der reinen Workflow-Schema-Information auch diesbezügliche Angaben hinterlegt sind. Beispiele hierfür sind Adressen der Dienstanbieter oder eine Beschreibung, welche Modalitäten bei der Erzeugung neuer Workflow-Exemplare zu beachten sind. Diese Funktion ist besonders zur Unterstützung unternehmensweiter Workflows wichtig, in deren Ablauf Workflow(-Schema)-Komponenten zu integrieren sind, die durch verschiedenartige WFMS und -anbieter realisiert werden.

Die Eignung von Repository-Technologie für die Verwaltung von Workflow-Schemata wurde zwar in [Bern94] erkannt, allerdings sind keine Arbeiten bekannt, wo dies in nennenswertem Umfang umgesetzt wird. Im VORTEL-Projekt [Bapa96] wird immerhin mit Hilfe einer zentralen Nachweisdatenbank der letzte Punkt der voranstehenden Aufzählung teilweise abgedeckt. Die Verwaltung der Workflow-Schemata selbst findet jedoch nach wie vor in den jeweiligen WFMS statt. Die Nachweisdatenbank in VORTEL enthält lediglich Deskriptoren der dort vorgehaltenen Workflow-Schemata.

5.6.2 Nichtfunktionale Anforderungen

Beim Entwurf einer Komponente zur Verwaltung von Workflow-Schemata sind eine Reihe nichtfunktionaler Anforderungen zu beachten. Deren Gewichtung läßt sich jedoch nicht allgemeingültig festlegen, denn sie hängt davon ab, welche Rolle der Verwaltungskomponente in einer konkreten Realisierung zugeordnet wird. Legt man den Nutzungsschwerpunkt auf den Entwurf von Workflow-Schemata, stehen andere Fragen im Vordergrund, als wenn eine Unterstützung für die Ausführung von Workflows zur Laufzeit notwendig ist. Letzteres ist bei allen interpretations-basierten Architekturvarianten (s. Unterabschn. 5.4.2) der Fall, wo ständig auf die Workflow-Schemata zugegriffen wird.

- Hohe **Verfügbarkeit** ist unabhängig von der Art der Nutzung eine wichtige Anforderung. Zugriff auf die Workflow-Schemata muß zu jedem Zeitpunkt sichergestellt sein.
- Damit auf der Grundlage des Workflow-Schema-Verwaltungsdienstes große verteilte WFMA realisierbar sind, ist **Skalierbarkeit** in mehreren Dimensionen zu fordern: bezüglich der Anzahl der Anfragen pro Zeiteinheit, der Anzahl der zu verwaltenden Workflow-Schemata sowie der physischen Verteilung. Insbesondere unter dem letzten Gesichtspunkt ist die Forderung nach Unterstützung einer föderierten Workflow-Schema-Verwaltung angezeigt. Zum Mengengerüst ist zu sagen, daß die Verwaltung von bis zu 1000 verschiedenen Workflow-Schemata als realistische Anforderung gelten kann (s. [Jabl95a, S. 15]).
- **Hohe Performance** ist wichtig, wenn der Workflow-Schema-Verwaltungsdienst genutzt wird, um die Ausführungsgrundlage für Workflows zu liefern.
- **Transaktionales Verhalten**: Workflow-Schemata bestehen aus vielen Komponenten. Sowohl während der Zusammenstellung neuer als auch bei der Manipulation bestehender Workflow-Schemata treten inkonsistente Zustände auf, d.h., Zwischenprodukte stellen kein vollständiges oder ausführbares Workflow-Schema dar. Der Verwaltungsdienst muß sicherstellen, daß dies nicht zu unerwünschten Auswirkungen führt.

Weniger auf den Workflow-Schema-Verwaltungsdienst selbst als auf die Werkzeuge zu seiner Verwendung treffen Forderungen, die sich unter dem Oberbegriff „Nutzbarkeit" zusammenfassen lassen. Um das wirtschaftliche Ziel einer Verringerung des Wartungs- und Entwicklungsaufwands und gleichzeitig gute Dokumentation und qualitativ hochwertige Workflow-Schemata zu erreichen, müssen Benutzerwerkzeuge sinnvoll gestaltet sein. Bei der Gestaltung der Werkzeuge ist zu beachten, daß sie die Etablierung einheitlicher Vorgehensweisen und die der Durchsetzung eines unternehmensweiten Sprachgebrauchs fördern.

5.6.3 Funktionale Anforderungen

Primäre funktionale Anforderung an einen Dienst zur Verwaltung von Workflow-Schemata ist die zentrale Verwaltung und Dokumentation aller Workflow-Schemata in einer WFMA. In diesen Bereich fallen Schnittstellen zur Entgegennahme,

Speicherung, Manipulation und zum Retrieval von Workflow-Schemata. Die Funktionsbereiche werden im Anwendungsfalldiagramm (Abb. 5-15) verfeinert:

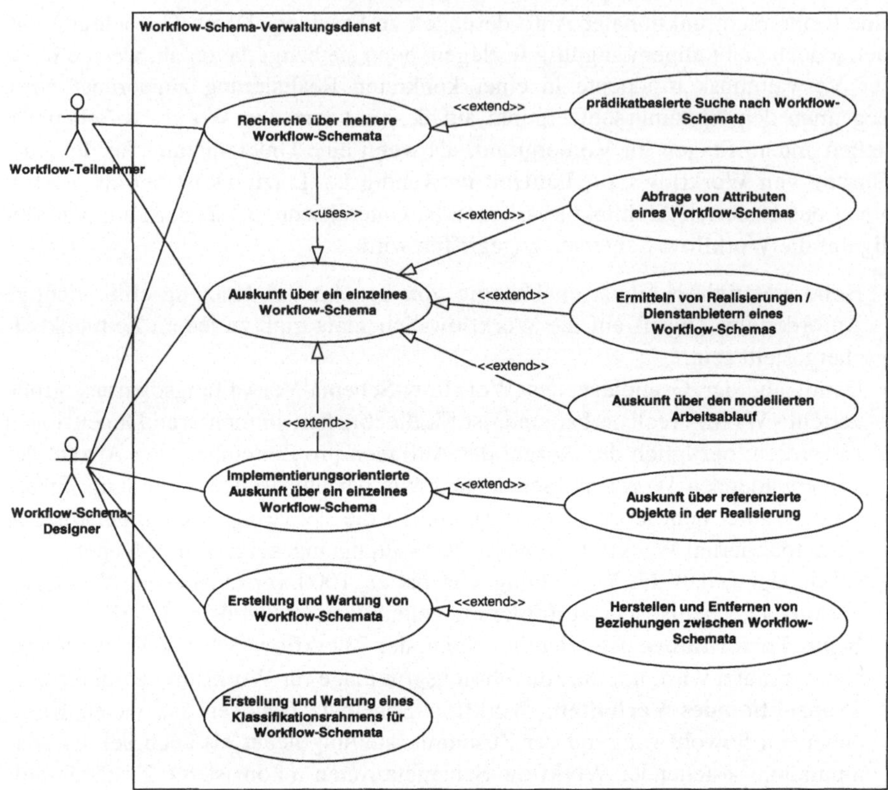

Abb. 5-15: Anwendungsfalldiagramm für einen Workflow-Schema-Verwaltungsdienst

Der Workflow-Schema-Verwaltungsdienst ist für zwei Benutzergruppen vorgesehen, für die er unterschiedliche Aufgaben erfüllt. Die erste Gruppe, die der Workflow-Teilnehmer einer WFMA, benötigt vor allem folgende Funktionen:

- Recherche über mehrere Workflow-Schemata: Bevor ein Teilnehmer einen neuen Workflow starten kann, muß er auswählen, von welchem Typ dieser sein soll. Hierfür werden Recherche- bzw. Suchoperationen benötigt, die auf der Gesamtheit der vorhandenen Workflow-Schemata arbeiten. Diese können entweder navigierender Art sein (z.B. Listen, Baumstrukturen oder Klassifikationshierarchien) oder prädikatbasiert.
- Ist ein Workflow-Schema für eine detaillierte Auskunft ins Auge gefaßt, benötigt man Zugriff auf dessen Attribute, z.B. Deskriptoren, den Gültigkeitszeitraum oder andere Metadaten (s. Unterabschn. 4.4.2.2). Auch die Ermittlung von Informationen über den Arbeitsablauf gehört zu dieser Funktionsgruppe.

Für die Gruppe der Workflow-Schema-Designer sind zusätzlich zu den Funktionen, die Workflow-Teilnehmern zur Verfügung stehen, noch folgende zu fordern:

- Erzeugung und Modifikation von Workflow-Schemata
- Erzeugung und Verwaltung verschiedener Versionen von Workflow-Schemata (Workflow-Schema-Evolution)
- Erzeugung und Verwaltung verschiedener Konfigurationen
- Erzeugung und Verwaltung eines Klassifikationsrahmens für Workflow-Schemata, z.B. zur Gliederung und Ablage von Workflow-Schemata nach bestimmten Aktenplänen
- Erzeugung und Verwaltung einer Menge von Deskriptoren
- Verwaltung von Verwendungsnachweisen von Workflow-Schemata

Besonders wichtig sind Funktionen, die der Wiederverwendung von Workflow-Schemata zuträglich sind, indem sie das Strukturieren der Gesamtheit von Workflow-Schemata und in der Folge das Auffinden geeigneter Wiederverwendungskandidaten erleichtern. Wenn das Workflow-Metaschema die Wiederverwendung einzelner Workflow-Schema-Bestandteile erlaubt, ist auch hierfür Unterstützung denkbar, z.B. der selektive Zugriff auf die Menge aller vorhandenen Akteursuchobjekte, aus der ein passendes ausgesucht wird.

Neben diesen benutzerorientierten Anforderungen existieren technisch notwendigen Funktionen, die aus dem Anwendungsfallmodell von Abb. 5-15 nicht hervorgehen. Es sind dies die Überwachung von Integritätsbedingungen, Replikations- und Versionierungsfunktionen für Workflow-Schemata.

Überwachung von Integritätsbedingungen

Einem Systemdienst, der Workflow-Schemata verwaltet, fällt die wichtige Aufgabe eines *Monitors* [Voss99, S. 148] zu, der die Einhaltung von Integritätsbedingungen gemäß Unterabschn. 4.5.4 zu überwachen hat. Er hat zu verhindern, daß durch die Manipulationsfunktionen Workflow-Schemata in einen Zustand versetzt werden, der die Ausführbarkeit von Workflow-Exemplaren unmöglich macht. Alle im Sinne des Workflow-Metaschemas unvollständig oder fehlerhaft spezifizierten Workflow-Schemata müssen entdeckt werden. Im Idealfall stehen Mechanismen zur Verfügung, die eine vollständige Verifikation von Workflow-Schemata im Sinne der gegebenen Integritätsbedingungen erlauben. *Schemavalidierung*, d.h. die Überprüfung von Workflow-Schemata auf Gültigkeit, ist besonders wichtig, wenn angestrebt wird, aus den Workflow-Schemata Rumpfimplementierungen automatisch zu erzeugen. Folgende Eigenschaften lassen sich überprüfen:

- Erreichbarkeit von Subworkflows: Wird durch das Workflow-Metaschema eine Verknüpfung über Kontrollflußkonstrukte gefordert, und sind keine Modellelemente vorhanden, die eine freie Ausführung ermöglichen, muß sichergestellt sein, daß alle Komponenten-Workflows in einem zusammengesetzten Workflow in mindestens einen Ausführungspfad eingebunden sind. Ansonsten gelangen sie nie zur Ausführung.
- Referenzen von Workflow-Metaobjekten untereinander: Beim Zusammensetzen von Workflow-Schemata entstehen durch Wiederverwendung komplexe

Verflechtungen. Metaobjekte werden an unterschiedlichen Stellen in verschiedenen Workflow-Schemata wiederverwendet. Es ist zu verhindern, daß Komponenten gelöscht werden, solange andere abhängige Workflow-Schemata existieren.

- Workflow-Objekt-Abhängigkeiten: Es ist zu verhindern, daß Workflow-Schemata gelöscht oder manipuliert werden, solange es Workflow-Exemplare gibt, die nach dieser Vorgabe abgearbeitet werden. Je nach Anwendungsgebiet kann es sogar unzulässig sein, Workflow-Schemata zu manipulieren, wenn in der Vergangenheit nur ein einziges Workflow-Exemplar nach diesem Muster abgearbeitet wurde. Anderenfalls wäre dieser Zusammenhang nach der Durchführung der Änderung nicht mehr rekonstruierbar.

- Vollständigkeit: Jedes Workflow-Schema muß gültige Ausprägung des Workflow-Metaschemas sein und alle „Pflicht-Elemente" enthalten. Eine Vollständigkeitsüberprüfung testet, ob dies der Fall ist und ob alle Komponenten korrekt miteinander verknüpft sind. Wo möglich, müssen ggf. Default-Elemente ergänzt werden.

- Referenzen auf die Geschäftsprozeß-Modelle: Workflow-Schemata implementieren Teile von Geschäftsprozessen. Um die Konsistenz zwischen Geschäftsprozeß-Modellen und Workflow-Schemata sicherzustellen, muß man dafür sorgen, daß bei Änderungen an Geschäftsprozeß-Modellen diejenigen Workflow-Schemata aufgefunden werden können, die damit im Zusammenhang stehen.

Replikation von Workflow-Schemata

Um die Verfügbarkeit zu erhöhen, können in einer Implementierungsarchitektur Workflow-Schema-Verwaltungskomponenten auf mehreren Rechnerknoten vorgesehen werden. In diesem Fall muß dafür gesorgt sein, daß Replikate der verwalteten Workflow-Schemata durch entsprechende Protokolle untereinander konsistent gehalten werden. Hierbei ist zwischen *aktiven* und *passiven* Replikationstechniken zu unterscheiden, die in diesem Zusammenhang – je nach Anwendungsfall – beide relevant sind. Bei einer aktiven Replikation sind mehrere Kopien eines Objekts auf mehreren Rechnern gleichzeitig aktiv und stellen ihre Dienste zur Verfügung. Bei passiver Replikation gibt es zu jedem Zeitpunkt nur eine gültige Kopie (primary copy), und die Replikate werden zunächst nicht verwendet. Bei Änderungen an der primären Kopie müssen (in einer transaktionalen Operation) alle Kopien ebenfalls aktualisiert werden. Passive Replikation ist daher einfacher zu implementieren. Für die Verwaltung von Workflow-Schemata erscheint bezüglich der Replikation der in [Kama96] gewählte Ansatz sinnvoll, Workflow-Schemata verschiedene anwendungsspezifische Qualitäten zuzuordnen, z.B. {normal, wichtig, kritisch}, auf deren Grundlage über die Verwendung unterschiedlicher Replikationsmechanismen entschieden wird.

Versionsverwaltung von Workflow-Schema-Objekten

Grundsätzlich ist jedes Metaobjekt, das von einem Workflow-Schema-Verwaltungsdienst kontrolliert wird, unabhängig von anderen versionierbar. Der Dienst speichert sowohl versionierte als auch nicht-versionierte Workflow-Schemata.

Ziel einer Versionsverwaltung ist es hauptsächlich, die Entwicklungsgeschichte der Workflow-Schemata nachvollziehbar zu machen, um damit auch den Soll-Ablauf von Workflow-Objekten rekonstruieren zu können, die nach alten Versionen abgearbeitet wurden. Die Versionsverwaltung von Workflow-Schemata muß folgende Dienste umfassen:

- Anlegen neuer Versionen von Workflow-Schemata (s. [Wiec96, McCl97])
- Splitten und Zusammenführen versionierter Workflow-Schemata
- Auskunft über andere Versionen: Ausgehend von einem Metaobjekt ist die Ermittlung der Liste seiner Vorgänger - und Nachfolgerversionen notwendig.

Im Sinne von Yellow-Pages kann ein Workflow-Schema-Verwaltungdienst auch als Registratur genutzt werden, die darüber Auskunft gibt, wo ein Server zu finden ist, der ein bestimmtes Workflow-Schema ausführen kann. Das Prinzip ähnelt dem eines Traders (s. hierzu auch [Müll95, Gepp97b]).

Ebenfalls interessant ist die Option, fremde Workflow-Schemata zu importieren, entweder direkt aus einem anderen Repository oder durch Interpretation von Export-Dateien.

5.7 Verwaltung von Workflow-Metaschema-Objekten

Im Gegensatz zu Forschungsprototypen sind Workflow-Metaschemata kommerzieller WFMS in den zugehörigen Handbüchern oft nur oberflächlich dargestellt. Hersteller haben offenbar wenig Interesse, die Workflow-Metaschemata ihrer Produkte detailliert öffentlich zu dokumentieren. Um Aussagen über die Leistungs- und Modellierungsfähigkeiten verschiedener Produkte machen zu können, mußten in wissenschaftlichen Arbeiten die Workflow-Metaschemata aus den lückenhaften Angaben in Systemhandbüchern und durch Nachfrage bei den Herstellern aufwendig rekonstruiert werden [Bußl98a, Mühl96, Zern95]. Würde zusammen mit der Implementierung eines WFMS eine hinreichend formale, eindeutige Beschreibung des Workflow-Metaschemas geliefert, könnte man sich derartige Analysen ersparen und Produkte leichter miteinander vergleichen.

Welcher Gewinn sich aus einem präzise definierten Workflow-Metaschema ziehen läßt, wurde zu Beginn des Abschnitts 4.5 erläutert. Hier wird nun gezeigt, welche Möglichkeiten entstehen, wenn die Beschreibung in rechnergestützter Form vorliegt und ein Dienst existiert, der operationale Schnittstellen für deren Handhabung anbietet. Es wird vorgeschlagen, zur Verwaltung von Workflow-Metaschemata eine eigene Architekturkomponente vorzusehen und an diese werden konkrete funktionale Anforderungen gestellt. Anschließend wird ein Realisierungsvorschlag auf Basis der MOF gemacht und gezeigt, wie das ExtRA-Workflow-Metaschema als Ausprägung des MOF-Meta-Metaschemas darstellbar ist.

5.7.1 Funktionale Anforderungen

An einen Workflow-Metaschema-Verwaltungsdienst sind folgende fünf funktionale Anforderungen zu stellen:

1. Die **Speicherung und Verwaltung von Workflow-Metaschemata** ist die prägende Anforderung an den Dienst. Es muß möglich sein, Workflow-Metaschemata in detaillierter Form einzubringen, d.h. mit allen Modellelementen, deren Eigenschaften und den enthaltenen Modellbeziehungen. Notwendigerweise implementiert der Dienst hierfür ein Meta-Metaschema (s. Kap. 4.6), als dessen Ausprägungen Workflow-Metaschemata gespeichert werden.

2. **Multischemafähigkeit** ist notwendig, um mit einem Workflow-Metaschema-Verwaltungsdienst gleichzeitig mehrere Workflow-Metaschemata beschreiben und verwalten zu können. Dies ist sowohl für die Migrationsunterstützung erforderlich, als auch dann, wenn Interoperabilität zwischen verschiedenen WFMS – und damit eine Abbildung zwischen den Modellelementen deren Workflow-Metaschemata – erreicht werden soll.

3. **Recherche nach Modellelementen**: Wenn gleichzeitig mehrere Metaschemata – möglicherweise sogar nicht nur Workflow-Metaschemata – verwaltet werden, wird die Frage interessant, ob und welche Modellelemente in mehreren Metaschemata vorhanden sind. Dazu werden Recherchefunktionen gebraucht, die eine schema-übergreifende Suche nach vorzugebenden Kriterien erlauben. Darüber hinaus ist eine navigierende Rekonstruktion von vollständigen Workflow-Metaschemata wünschenswert.

4. **Verwaltung von Beziehungen zwischen Workflow-Metaschemata**: Sind mit Hilfe anderer Funktionen Gemeinsamkeiten von Modellelementen oder Abhängigkeiten aufgefunden, ist es sinnvoll, mit dem Ziel der Integrations- und Migrationsunterstützung (s. Abschn. 4.5) anwenderdefinierte Beziehungen dazwischen zu etablieren. Beispiele für derartige Beziehungstypen sind „verwendet", „ist Teil von", „entspricht" und „kann nachbilden". Letztere Beziehungstyp ist vor allem deswegen interessant, weil sich damit Aussagen darüber machen lassen, ob Workflow-Schemata, die in verschiedenen Workflow-Sprachen formuliert sind, sinnerhaltend ineinander überführen lassen.

5. **Evolution von Workflow-Metaschemata**: Als Spezialfall der vierten Anforderung ist die Verwaltung von Versionsbeziehungen zu sehen. Durch die Etablierung von Versionsbeziehungen zwischen Workflow-Metaschemata lassen sich Unterschiede zwischen verschiedenen Entwicklungsstadien eines WFMS identifizieren. Damit Substrukturen eines Workflow-Metaschemas unabhängig voneinander versioniert werden können, benötigt man zur Verwaltung des übergeordneten Workflow-Metaschemas außerdem leistungsfähige Mechanismen zur Konfigurationsverwaltung.

Bei der Implementierung kann man sich bekannter Verfahren und Werkzeuge der Repository-Technologie bedienen, auf die in Unterabschn. 4.2.3 eingegangen wurde. Der nächste Abschnitt zeigt die Skizze eines derartigen Dienstes.

5.7.2 Ein Workflow-Metaschema-Verwaltungsdienst

Innerhalb der OMA kommt für die Konzeption eines Dienstes zur Verwaltung von Workflow-Metaschemata nur eine Lösung auf der Grundlage der MOF in Frage, denn genau für derartige Zwecke ist die MOF im Prinzip vorgesehen. „Im Prinzip" deshalb, weil der Schwerpunkt der Modellierungsfähigkeit auf strukturellen Aspekten liegt. Dennoch wird (s. Abschn. 4.6.1) davon ausgegangen, daß das MOF-Meta-Metaschema geeignet ist, alle anderen Aspekte (s. Unterabschn. 4.5.3) von Workflow-Metaschemata zu repräsentieren. Eine Diskussion dieser Thematik findet sich in [Schu97d]; erste konkrete Experimente mit der Darstellung von Workflow-Metaschemata durch das MOF-Meta-Metaschema wurden von der University of Newcastle unternommen [OMG97o]. Eine weitere Diskussion der Adäquatheit des MOF-Meta-Metaschemas soll an dieser Stelle unterbleiben, statt dessen wird dargelegt, welche Maßnahmen notwendig sind, um unter Verwendung der MOF-Spezifikation einen Workflow-Metaschema-Verwaltungsdienst zu konstruieren, der die Anforderungen aus Abschn. 5.7.1 erfüllt.

Was in der MOF-Spezifikation fehlt, sind Schnittstellen, die die Multischemafähigkeit, die Evolution von Schemata sowie die Suche nach Modellelementen unterstützen. Diese Fähigkeiten sind zu ergänzen. Abb. 5-16 zeigt das Paket **Workflow-Metaschema-Facility**, das die Dienste zur Verwaltung von Workflow-Metaschema-Exemplaren enthält und aus zwei untergeordneten Paketen besteht: **Workflow-Metaschema-Repository** erweitert die Repository-Schnittstelle der MOF um Fähigkeiten zur

- Annotation von Modellelementen mit Deskriptoren gemäß Abschn. 4.4.2.2,
- Verwaltung mehrerer Workflow-Metaschema (Multischemafähigkeit),
- sowie zur Verwaltung von Beziehungen zwischen Workflow-Metaschemata.

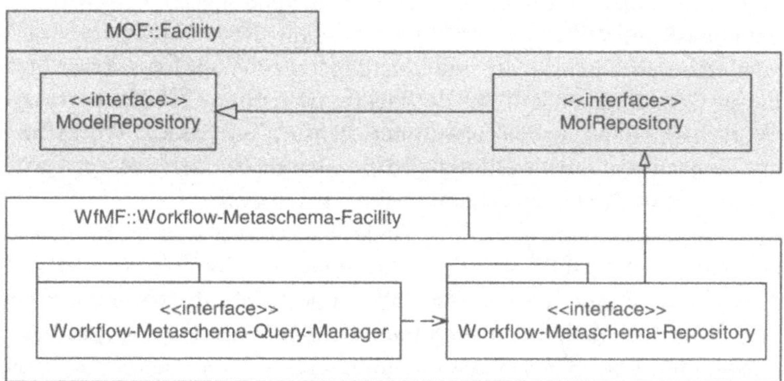

Abb. 5-16: Abhängigkeiten eines Dienstes zur Verwaltung von Workflow-Metaschemata

Eine Workflow-Metaschema-Facility muß Auskunft über vorhandene Workflow-Metaschemata geben. Diese Aufgabe übernimmt der **Workflow-Metaschema-Query-Manager**, mit dessen Hilfe Eigenschaften der vom Workflow-Metaschema-Repository verwalteten Workflow-Metaschema-Exemplare erfragt werden.

Man beachte, daß die Realisierung eines Workflow-Metaschema-Verwaltungsdienstes wiederum verteilt erfolgen kann, d.h., die verwalteten Workflow-Metaschemata müssen keineswegs innerhalb einer zentralen Komponente aufbewahrt werden, sondern können ihrerseits durch verteilte Objekte realisiert sein.

Wie in Abschn. 4.5.2 erläutert wurde, ist es erstrebenswert, ein bestehendes Basis-Workflow-Metaschema durch gezielte Erweiterungen zu einem anwendungsspezifischen Workflow-Metaschema ausbauen zu können, mit dem sich Aufgaben einer beschränkten Fachwelt adäquater lösen lassen, als mit einem generischen Workflow-Metaschema. Die hierfür notwendigen Erweiterungen oder Adaptierungen bestehender Modellelemente sind durch den Workflow-Metaschema-Verwaltungsdienst vorzunehmen. Nur auf diese Weise kann eine Konsistenzsicherung betrieben und sichergestellt werden, daß Erweiterungen und Adaptierungen dem Meta-Metamodell entsprechen und nur solche Manipulationen möglich sind, die im Ergebnis ein im Sinne des Meta-Metaschemas konsistentes und korrektes Workflow-Metaschema hinterlassen. Muß z.B. (wie bei MOBILE) ein Petri-Netz für einen neuen Kontrollflußtyp spezifiziert werden, lassen sich einige Eigenschaften mit Hilfe eines Model-Checkers automatisch überprüfen. Durch den expliziten Umgang mit dem Workflow-Metaschema als Modellierungsgegenstand erhält der Gestalter eines WFMD außerdem die Chance, dessen Eigenschaften zu studieren, noch bevor eine Implementierung vorgenommen wird.

Der Umgang mit einem Dienst zur Verwaltung von Workflow-Metaschema ergibt nicht nur aus der Retrospektive – also zu Verwaltung und Analyse von Schemainformation bestehender Workflow-Metaschemata – einen Sinn, sondern kann auch eine wertvolle Unterstützung bei der *aktiven Gestaltung neuer* und der *Erweiterung* bestehender WFMS sein. Ein Vorgehensmodell für einen Anwendungsfall, bei dem ein neues WFMS konstruiert werden soll, wird kurz illustriert:

1. Zuerst sind in einer Voruntersuchung alle anwendungsspezifischen Anforderungen an das Ziel-WFMS zu ermitteln. Ergebnis dieser Entwurfsphase ist eine Liste der erforderlichen Inhalte und Leistungen des Workflow-Metaschemas.
2. Auf dieser Grundlage erstellt der Entwickler des neuen WFMS zuerst mit Hilfe des Workflow-Metaschema-Verwaltungsdienstes ein neues Workflow-Metaschema. Je nach Aufgabenstellung wird er dabei mehr oder weniger große Teile bestehender Workflow-Metaschema wiederverwenden.
3. Aus dem ausgearbeiteten Workflow-Metaschema kann anschließend analog zur Vorgehensweise der MOF, (*model elaboration*, s. [OMG97i, S. C-9]) mit Hilfe von Code-Generatoren automatisch IDL-Code für ein Repository erzeugt werden, das Workflow-Schemata verwaltet, die dem Workflow-Metaschema genügen. Prinzipiell erscheint sogar eine automatische Generierung von Modellierungswerkzeugen machbar, mit denen sich Workflow-Schemata gemäß dem definierten Workflow-Metaschema erzeugen lassen. Von einem solchen Design-Werkzeug werden all diejenigen Konstrukte zur Modellierung von Workflow-Schemata angeboten, für die Modellelemente spezifiziert sind. Attraktiv erscheint die Möglichkeit, dabei die Integritätsbedingungen der Modellelemente des Workflow-Metaschemas zu beachten. Diese sind als Ausprägung des MOF-Modellelements Constraint (s. Abb. 4-25) zu formulieren.

In [Schu99, S. 236] wird gezeigt, wie das ExtRA-Workflow-Metaschema als Ausprägung des MOF-Meta-Metaschemas dargestellt werden kann.

Gut in den Kontext eines Workflow-Metaschema-Verwaltungsdienstes passen würde auch die Aufgabe, Workflow-Metaschema in ein standardisiertes externes Format zu überführen. Die Problematik des Metadatenaustauschs ist keineswegs auf den Kontext eines WFMD beschränkt. Zur Lösung dieser Aufgabe hat die OMG die Ausschreibung für das *Stream-based Model Interchange Format (SMIF)* gestartet. Mit Hilfe dieses Austauschformats soll es möglich werden, Objektschemata zwischen Modellierungswerkzeugen auszutauschen – natürlich auch zwischen verschiedenen MOF-Implementierungen. Es kann als sicher gelten, daß hierfür das XMI-Format (*XML Metadata Interchange*) verwendet wird, das die Sprache *XML* (eXtensible Markup Language) zur Formulierung der Objektschemata nutzt. Um die Objektschemata auszudrücken, die Ausprägungen des MOF-Meta-Metaschemas sind, wird in [OMG98j] ein spezieller XML-Dokumenttyp (MOF-DTD) festgeschrieben. Ein konkretes Objektschema hat der in diesem Dokumenttyp festgelegten Form zu gehorchen. Eine derart genormte Kodierung wäre auch für den Austausch von Workflow-Metaschemata ein gangbarer Weg, durch den außerdem ein besserer Austausch von Workflow-Schemata erreicht werden kann. Da keine übergeordnete Beschreibungsebenen existierte, mußten bisherige Austauschformate für Workflow-Schemata (z.B. WPDL) stets ein extern definiertes Workflow-Metaschema unterstellen. Wird unter Verwendung von XMI jedoch eine Beigabe des Workflow-Metaschemas möglich, entfällt diese Einschränkung.

5.8 Weitere Komponenten und Basisdienste

Neben den bisher geschilderten Bestandteilen eines WFMD muß es eine Reihe weiterer Basisdienste geben. Diese sind möglicherweise nicht nur im Umfeld des WFMD von Nutzen, sondern können auch für andere Zwecke verwendet werden.

Für den Betrieb eines verteilten WFMD ist ein Konfigurationswerkzeug wünschenswert, das den Administrator bei der Registrierung und Verteilung von Objekt-Server-Komponenten unterstützt. Da hierbei stets plattformspezifische Besonderheiten zu beachten sind, wird dieser Aspekt nicht betrachtet. Statt dessen wird die Lokalisierung und Adressierung von Objekt-Servern, ein Dienst zur Unterstützung der Lastverteilung und die Realisierung der Anbindung bestehender Anwendungsprogramme diskutiert.

5.8.1 Lokalisierung und Adressierung von Objekt-Servern

Wird der WFMD in einer verteilten Umgebung eingesetzt und werden seine Komponenten auf verschiedenen Rechnerknoten plaziert, ist zu klären, wie eine Zusammenarbeit zwischen den einzelnen Komponenten zustande kommt. Da davon auszugehen ist, daß Objekt-Server zu jedem Zeitpunkt neu hinzukommen oder entfernt werden können, scheidet eine manuelle Konfiguration, etwa über Konfigurationsdateien, aus. Außerdem ist für die Lokalisierung von Objekt-Servern in der OMA der Namensdienst vorgesehen.

Die Kontaktaufnahme eines Client-Programms mit Komponenten des WFMD geschieht folglich in zwei Schritten: Zuerst erlangt es mit einer standardisierten ORB-Funktion die Objektreferenz des Namensdienstes (`resolve_initial_re-ferences ("NameService")`). Anschließend kann das Client-Programm im Namensraum navigieren und wohlbekannte Objekte des WFMD suchen. Weitere Objektreferenzen (z.B. auf einzelne Workflow-Exemplar-Objekte) erlangt es im weiteren Verlauf der Kommunikation als Resultat von Abfrageoperationen.

Um eine Interoperabilität verschiedener Implementierungen sicherzustellen, muß jeder Teildienst des WFMD einen Identifikator erhalten, der dazu dient, ihn im Namensraum aufzufinden. Darüber hinaus ist eine einheitliche Strukturierung des Namensraums sinnvoll. Es wird folgende Struktur vorgeschlagen:

WorkflowManagementFacility	Wurzelknoten zum Einstieg
\WorkflowTypeRepository	Objektreferenz des Workflow Type Repository
\WorkflowInstanceManager	Objektreferenz des lokalen Exemplarverwalters
\WorkflowObjectFactories\ ...Factories für Workflow-Exemplar-Objekte...	Kontext zur Aufnahme von Factory-Objekten zur Erzeugung von Workflow-Exemplar-Objekten eines bestimmten Typs
\AspectObjectFactories\	Kontext zur Aufnahme von Subkontexten für verschiedene Typen von Aspektobjekten
\ControlFlowConstructFactories\	Beispiel eines Subkontexts für Factory-Objekte zur Erzeugung von Kontrollflußkonstrukten

Tab. 5-3 : Vorschlag für Dienst-Identifikatoren im Namensraum

Für alle Modellelemente des Basis-Workflow-Metaschemas, z.B. für die grundlegenden Kontrollflußkonstrukte, sollten in einem Standard konstante Bezeichner vorgeschrieben werden. Auf diese Weise könnten Anwendungen für bestimmte Zwecke die Dienste ausgewählter Objekte (z.B. ein CHAIN-Objekt) nutzen, ohne gleich den gesamten WFMD in Anspruch nehmen zu müssen. In Abb. 6-10 wird beispielhaft ein Ausschnitt des Namensraums des realisierten Prototyps gezeigt.

5.8.2 Dienst zur Lastverteilung

Stehen in einer Konfiguration des WFMD mehrere gleichwertige Komponenten (Implementierungen des gleichen Objekttyps) zur Erbringung eines Dienstes zur Auswahl, ist es sinnvoll, die vorhandenen Ressourcen gleichmäßig auszulasten. Ziel ist dabei die globale Optimierung des Leistungsverhaltens. Damit ist gemeint, daß bei der Erzeugung eines neuen Workflow-Exemplar- oder Aspektobjekts derjenige Objekt-Server bzw. derjenige Rechnerknoten auszuwählen ist, der zu diesem Zeitpunkt die meisten Leistungsreserven aufweist.

Zur Realisierung dieses Ziels können die allgemein bekannten Techniken zur Lastverteilung in CORBA-basierten Systemen zum Einsatz kommen [Rack97], da bei der Realisierung eines WFMD keine besonderen anwendungsspezifischen Anforderungen zu erwarten sind. Einfache Strategien berücksichtigen den aktuellen Lastzustand nicht und wählen aus der Gesamtheit von Implementierungen z.B. nach einer RoundRobin-Strategie oder nach dem Zufallsprinzip aus. Ausgefeiltere Zuteilungsstrategien ziehen den aktuellen Grad der Auslastung heran, um neue Objekte auf einem Zielknoten zu plazieren, die momentan am wenigsten beschäftigt sind. Zur Beurteilung der aktuellen Auslastung der Kandidaten-Rechnerknoten und damit zur Entscheidungsfindung für die Plazierung können verschiedene Einflußgrößen herangezogen werden. Größen zur Abschätzung der Auslastung sind

- die Anzahl laufender Prozesse und Threads,
- die Zahl der Aufgaben in der Prozeßwarteschlange,
- der zur Verfügung stehende Hauptspeicher oder
- die Anzahl bereits aktiver Objekte.

Um gute Vergleichbarkeit und leichte Interpretation zu ermöglichen, wird in der Regel mit einer komplexen Bewertungsfunktion aus solchen Einzelgrößen ein *Lastindex* gebildet, in den die Einzelgrößen mit unterschiedlicher Gewichtung eingehen. Zur Realisierung einer Lastverteilung muß dieser Lastindex von einer Komponenten regelmäßig oder auf Anfrage hin ermittelt werden. Insgesamt werden zur Realisierung eines einfachen Lastverteilungsmechanismus zwei Typen von Komponenten benötigt: Erstens muß auf jedem der beteiligten Rechnerknoten ein Dienst (*Load Monitor*) vorhanden sein, der dessen aktuelle Auslastung bestimmen und darüber Auskunft geben kann. Ein zweiter Dienst hat die Aufgabe, die Daten der Load Server auszuwerten und eine Zuteilungsstrategie zu implementieren, die diese Daten berücksichtigt und den jeweils günstigsten Zielrechner ermittelt.

Im WorCOS-Projekt wurde ein einfacher Lastverteilungsdienst realisiert, der nach dem geschilderten Prinzip arbeitet, s. dazu Unterabschn. 6.3.4.

5.8.3 Ausführungssteuerung von Anwendungen

Im Rahmen der Ausführung elementarer Workflows müssen verschiedene Arten von Anwendungsprogrammen ausgeführt werden. Nur zu einem geringen Anteil handelt es sich um automatische Aktivitäten, die ohne Einwirkung eines Anwenders stattfinden können. Im Zusammenhang mit WFMA sind vor allem die interaktiven Programme relevant. Diese sind auf dem Arbeitsplatzrechner (workstation node) des Workflow-Teilnehmers auszuführen und müssen dort von einer Komponente kontrolliert werden. In Anlehnung an die Terminologie der Netzwerkverwaltung wird hier die Bezeichnung *Anwendungsagent* (Application Program Control Agent) eingeführt. Der Anwendungsagent hat folgende Aufgaben:

- Start und Kontrolle von Anwendungsprogrammen auf dem Arbeitsplatzrechner. Er ist die Instanz, die im Auftrag einer Workflow-Objekt-Implementierung interaktive Programme auf dem Arbeitsplatzrechner anstößt und kontrolliert.
- Auskunftserteilung über Anwendungsprogramme auf dem Arbeitsplatzrechner und deren Eigenschaften. Nachdem nicht auf allen Arbeitsplatzrechnern die gleiche Konfiguration vorausgesetzt werden kann, muß eine Workflow-Objekt-Implementierung feststellen, ob auf einem bestimmten Arbeitsplatzrechner das

für die Durchführung einer Aufgabe notwendige Anwendungsprogramm überhaupt vorliegt. Neben der Prüfung auf Existenz können auch Informationen über unterstützte Dateiformate oder die installierte Software-Version relevant sein.

- Verwaltung von Konfigurationsinformation installierter Anwendungsprogramme. Nicht zur Auskunftserteilung, sondern zur Erfüllung seiner eigenen Aufgaben braucht der Anwendungsagent alle Informationen, die zur Ausführung des Anwendungsprogramms notwendig sind. Hierzu zählen z.B. die Pfadangabe und das Arbeitsverzeichnis für die auszuführende Anwendung.

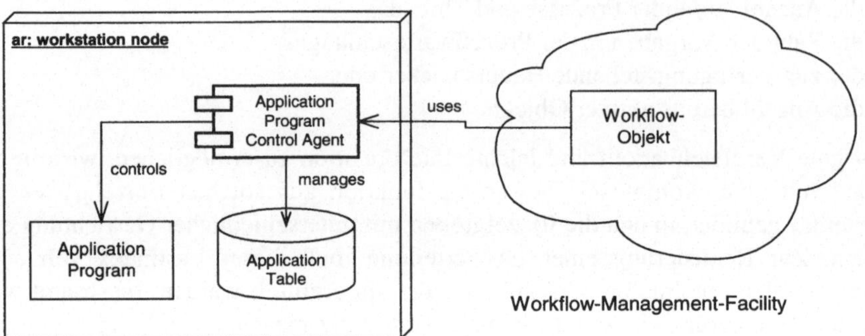

Abb. 5-17: Steuerung von Anwendungsprogrammen auf dem Arbeitsplatzrechner

Bei der Einbindung von Geschäftsobjekten oder -diensten (business services), die keine Interaktion erfordern, ist dieser Aufwand nicht notwendig. Besonders einfach ist die Integration bei unabhängigen Diensten, die nicht Teil eines größeren Objektmodells sind, keinen eigenen Zustand haben, keine Ressourcen verwalten und keinen Bezug zu den nutzenden Objekten aufweisen. Beispiele sind Recherche-, Auskunfts-, Kalender- oder reine Berechnungsdienste. Diese stehen bereits außerhalb von WFMA zur Verfügung und können ohne weiteren Auswahlprozeß adressiert werden.

5.8.4 Anwenderwerkzeuge

Unter dem Begriff „Anwenderwerkzeuge" werden all diejenigen Komponenten zusammengefaßt, die zur Realisierung der Benutzerschnittstelle für Workflow-Teilnehmer zur Verfügung stehen. Beispielhaft werden nachfolgend zwei dieser Komponenten vorgestellt, allerdings muß klar sein, daß – im Gegensatz zu klassischen WFMS – mit einem WFMD eigentlich eine engere Integration in andere Anwendungen angestrebt wird. Das Vorhandensein von dedizierten WFMA-Anwenderwerkzeugen deutet eigentlich auf eine nicht sehr enge Integration hin. In ähnlicher Weise wie einem Endanwender in der Regel Werkzeuge eines DBMS verborgen bleiben, wird auch im Fall einer engen WFMA-Integration eine „Verpackung" in eine anwendungsorientierte Benutzerschnittstelle anzustreben sein.

Der *User Control Client* bewerkstelligt die Anmeldung beim System und nimmt Kontakt mit demjenigen Objekt auf, das den Anwender im System repräsentiert. Dieses Objekt muß gemäß Kap. 4 die Schnittstelle `Actor` unterstützen und ist damit in der Lage, die Aufgabenliste für den Anwender zu ermitteln. Der User Control Agent wird verwendet, um die Ausführung von Workflow-Objekten durchzuführen. Damit kann der Anwender beispielsweise den Abbruch eines Workflows auslösen.

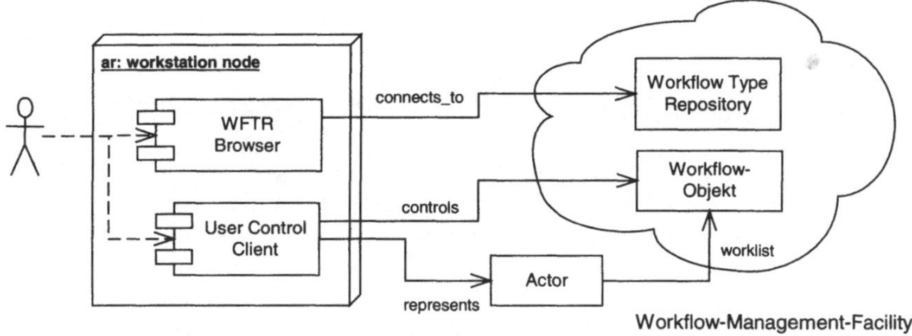

Abb. 5-18: Anwenderwerkzeuge für die Teilnahme an der Ausführung von Workflows

Wird dem Anwender die Möglichkeit geboten, sich über das Angebot ausführbarer Workflow-Schemata im System zu informieren, braucht er eine weitere Komponente, die wir als Workflow Type Repository Browser bezeichnen.

Selbstverständlich kann die Funktion des Workflow Type Repository Browsers und des User Control Clients in einer konkreten Implementierung auch in einer gemeinsamen Komponente zusammengefaßt werden.

5.8.5 Administrationswerkzeuge

Zum Betrieb einer WFMA sind ebenfalls Werkzeuge notwendig, deren Funktion aus Platzgründen hier nur angedeutet werden kann.

- Ein *Applikationskonfigurator* dient dazu, auf einem Arbeitsplatzrechner installierte Anwendungsprogramme der WFMA gegenüber bekannt zu machen, indem sie beim Anwendungsagenten registriert werden.
- Mit Hilfe eines *Workflow-Objekt-Konfigurators* werden die Workflow-Typspezifischen Implementierungen von Workflow-Objekten auf den einzelnen Rechnerknoten plaziert und in den Namensdienst eingetragen.
- *Logging-, Monitoring-* und *Analysewerkzeuge* dienen der Transparenz in eine laufende WFMA. Hierbei ist zu beachten, daß nicht anwendungs- bzw. workflow-bezogene Daten aufgezeichnet werden, sondern systembezogene Daten, z.B. über den Durchsatz oder die Ausfallzeiten von Objekt-Servern.

Damit in Fehlerfällen sichergestellt ist, wohin diese zu schicken sind, sollte ein systemweit eindeutiger Dienst zur Fehlerprotokollierung eingeführt werden.

5.9 Zusammenfassung und Bewertung

In diesem Kapitel wurde Schritt für Schritt das Modell einer funktionalen Architektur für einen verteilten WFMD vorgestellt, das in Abb. 5-19 nunmehr vollständig im Überblick dargestellt werden kann:

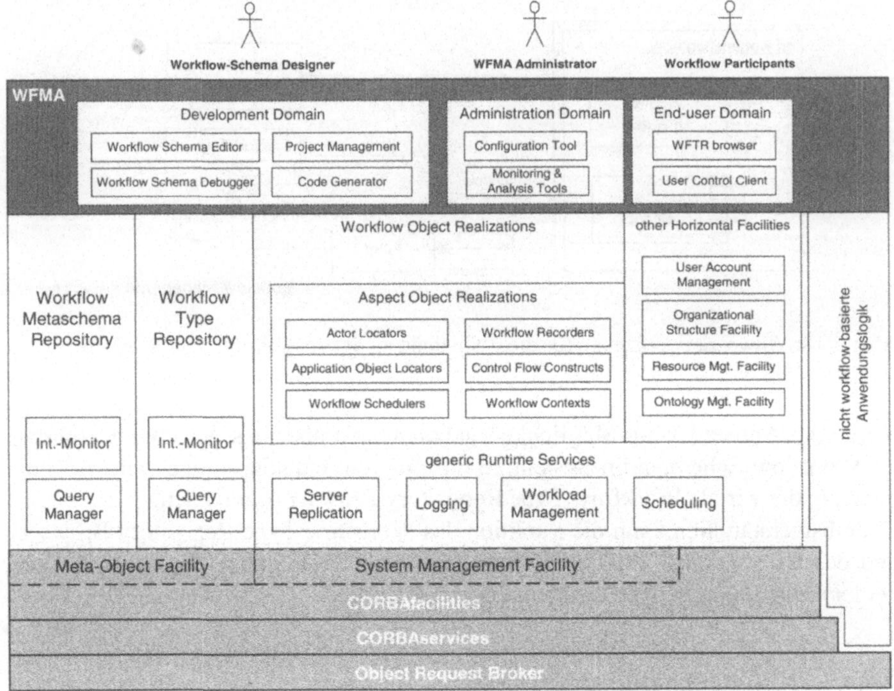

Abb. 5-19: Gesamtübersicht über die Komponenten des WFMD

Der wesentliche Beitrag besteht darin, daß zur Bildung der funktionalen Architektur voneinander abgegrenzte Komponenten gebildet und deren erforderliche Funktionalitäten gezeigt wurden. Die Abstraktionskriterien, die zu diesem Architekturmodell führten, wurden in Kap. 4 ausführlich beschrieben, das Zustandekommen der Komponenten ist demnach nicht beliebig, sondern basiert auf einer wohl fundierten inhaltlichen Grundlage.. Aus diesem Grund kann das Architekturmodell seiner Aufgabe, Vorbild und Richtlinie für konkrete Implementierungsarchitekturen zu sein, gut entsprechen.

Die Aufteilung des Architekturmodells in Komponenten wird wesentlich durch die Semantik zusammengehöriger Objekttypen und nicht durch technologische Kriterien geprägt. Technologische Kriterien, die z.B. Grundlage der konventionellen Aufteilung von Anwendungsarchitekturen gemäß üblicher Schichtenmodelle sind, spielen hier keine Rolle. Insbesondere der Datenhaltung wird – analog zum Verständnis von Geschäftsobjekten – keine eigene Schicht oder Komponente gewidmet, sondern Persistenz wird als spezielle Qualität einer Objektimplementierung gesehen. Die Objekte in den verschiedenen Ebenen der vorgestellten Workflow-Management-Komponente befinden sich auf unterschiedlichen Modellierungsebenen und werden entsprechend gruppiert.

Eine Implementierungsarchitektur, die sich diese Prinzipien zu eigen macht, kann hohe Flexibilität bieten. Sie kann besser auf die Erfordernisse abgestimmt werden, insbesondere können häufig benötigte Workflow-Typen (mit hohem Durchsatz) anders implementiert werden als solche, die nur selten vorkommen. Durch die aspekt-orientierte Partitionierung lassen sich sogar einzelne Bestandteile einer Workflow-Realisierung auf spezielle Bedürfnisse anpassen. Bei Engine-basierten Lösungen ist dies prinzipiell nicht möglich, da dort alle Workflow-Typen uniform behandelt werden. Durch die eindeutige Definition von Schnittstellen wird es möglich, Komponenten von verschiedenen Herstellern zu kaufen und diese auf unterschiedlichen Rechnerknoten zur Ausführung zu bringen.

Eine Abgrenzung von Komponenten ist wesentliche Voraussetzung dafür, daß konkrete Implementierungsarchitekturen aus Komponenten verschiedener Hersteller zusammengestellt werden können. Dies ist ein wesentlicher Fortschritt gegenüber bisher bekannten Ansätzen, bei denen Systemkomponenten, insbesondere innerhalb der Workflow-Engine, von außen nicht sichtbar und – noch viel weniger – zugänglich sind. Die einzige Ausnahme aus konzeptioneller Sicht stellt das System MOBILE dar, bei dem die Aspekte des Workflow-Metaschemas durch dedizierte Aspekt-Server implementiert werden. Da die Schnittstellen dieser Aspekt-Server in MOBILE allerdings nicht objektorientiert, nicht mit standardisierten Mitteln beschrieben und nicht mit standardisierter Middleware realisiert sind, kann MOBILE nur ein Zwischenschritt sein. Insbesondere für eine Integration in die OMA kommt ein derartiger Ansatz nicht in Frage. Der hier vorgestellte WFMD ist demnach zum Teil eine Fortschreibung der dort begonnenen Ansätze.

Der vorgestellte WFMD und herkömmliche WFMS sind schwer vergleichbar, weil WFMS nicht als Komponenten gesehen – und konzipiert wurden. Mit WFMS werden WFMA auf eine andere Art erstellt. Ein WFMS positioniert sich nah am Anwender und höher in der Abstraktionshierarchie. Ein WFMD dagegen versteht sich als untergeordneter Dienst, der auf der Ebene des Anwenders nicht zwangsläufig in Erscheinung tritt. Ein WFMD erbringt vor allem Dienste, die von Entwicklern genutzt werden, um damit WFMA zu erstellen. Ein WFMD erleichtert die Erstellung von WFMA mit anwendungsspezifischen Schnittstellen und unterstützt sehr stark die Integration mit anderen Programmteilen, die mit Mitteln der klassischen Software-Erstellung entstehen.

6 Implementierungsaspekte des Prototyps WorCOS

Der Nachweis der Machbarkeit der entwickelten Konzepte wurde mit einer funktionstüchtigen prototypischen Implementierung erbracht. Das sechste Kapitel präsentiert nunmehr einige Implementierungsaspekte des Prototyps WorCOS (Workflow Management based on Components and Object Services). Ziel ist aber keine vollständige Beschreibung, sondern die Präsentation ausgewählter Aspekte, die dem Leser die prinzipielle Machbarkeit vor Augen führen:

- Demonstration eines verteilten WFMD auf der Grundlage zusammenwirkender Komponenten, d.h., insbesondere unter Verzicht auf eine Workflow-Engine und ohne Interpretation von Workflow-Schemata zur Laufzeit.
- Demonstration der Machbarkeit einer Implementierung dieser Komponenten auf Grundlage eines ORB und unter Verwendung geeigneter CORBAservices.
- Implementierung der wesentlichen Elemente des ExtRA-Workflow-Metaschemas sowie exemplarischer Geschäftsobjekte und Untersuchung der Anforderungen für deren Zusammenwirken. Zur Demonstration wurde eine WFMA für das eingeführte Anwendungsbeispiel „Diplomverfahren" erstellt.

Die Reihenfolge der Vorstellung der Implementierungsaspekte in diesem Kapitel orientiert sich am Zeitpunkt der Nutzung der vorgestellten Software-Artefakte innerhalb der Phasen eines Vorgehensmodells für die Erstellung von WFMA [Ortn-97b]. Zur besseren Orientierung gibt Abschn. 6.1 vorweg eine Gesamtübersicht über die Umsetzung des Architekturmodells in die Implementierungsarchitektur, d.h., dort werden die realisierten Dienste und Objekt-Server sowie deren gegenseitige Abhängigkeiten vorgestellt. Auf die Auswahl der Entwicklungsumgebung für den Prototypen wird ebenfalls eingegangen.

Der Prototyp konzentriert sich auf zwei Schwerpunkte: erstens auf die Entwurfsunterstützung von Workflow-Schemata und zweitens auf die verteilte Ausführung von Workflow-Objekten. Zum ersten Schwerpunkt gehört die Verwaltung der Workflow-Schemata in einem verteilten Repository, das in Abschn. 6.2 vorgestellt wird. Abschn. 6.3 zeigt, wie die entwickelten Komponenten verwendet werden können, um das Anwendungsszenario aus Abschn. 1.4 zu realisieren. Abschn. 6.4 stellt schließlich Aspekte der Laufzeitunterstützung für die Realisierung von verteilten Workflow-Objekte vor. Die in der Realisierung vorliegende gemeinsame Anwendung von Verteilung und Komponentenorientierung wirft die Frage auf, welche Auswirkungen sich auf die Performance und die Skalierbarkeit eines auf diese Art realisierten Systems ergeben. In Unterabschn. 6.3.4 werden Maßnahmen zur Verbesserung der Performance näher beleuchtet. Es wird gezeigt, wie funktionale Replikation in einer konkreten Konfiguration zu einer Verbesserung des Verhaltens unter Belastung führen kann.

6.1 Implementierungsarchitektur und Entwicklungs- werkzeuge

In diesem Abschnitt werden die im WorCOS-Projekt realisierten Komponenten vorgestellt, auf deren Zusammenwirken wird im einzelnen jedoch erst in den anschließenden Abschnitten eingegangen. In der prototypischen Implementierung wurden alle wesentlichen Bestandteile des vorgestellten Architekturmodells umgesetzt. Dabei wurden insbesondere entwickelt:

- Ein Dienst zur verteilten Verwaltung von Workflow-Schemata (Workflow Type Repository[3], s. [Weis96]),
- ein Framework zur Erstellung von Implementierungen von Workflow-Objekten (Objekt-Servern) und zugehörigen Exemplarverwaltungsdiensten,
- Realisierungen von Aspektobjekten für fundamentale Aspekte des ExtRA-Workflow-Metaschemas (s. [Dona99]),
- ein Dienst zur Lastverteilung zwischen diesen Komponenten (s. [Thai99]) sowie diverse Benutzerwerkzeuge, darunter
- ein grafischer Editor und Browser zur Definition, Manipulation und Bestandssichtung von Workflow-Schemata im WFTR (s. [Thai97]),
- Monitoring- und Analysewerkzeuge und
- ein User Control Client zur Teilnahme an der Workflow-Ausführung.

Eines der obersten Ziele der Implementierung war es, zu prüfen, wie weit – dem Dogma der OMG folgend – ein strenges Wiederverwendungsgebot von OMA-Komponenten in der Praxis eingehalten werden kann. Eigenentwicklungen von CORBAservices sind unter dieser Voraussetzung als Notlösung einzustufen und wurden daher weitestgehend vermieden. Wo immer möglich, wurde Funktionalität daher nicht selbst implementiert, sondern unter Einsatz am Markt verfügbarer CORBAservice-Implementierungen erreicht.

Als 1996 mit den ersten Implementierungsexperimenten begonnen wurde, waren kaum Implementierungen von CORBAservices erhältlich. Eine Ausnahme bildete die Entwicklungsumgebung *NEO* von *SunSoft*, deren Version 2.0 Implementierungen von fünf CORBAservices beinhaltet: Naming Service, Life Cycle Service, Event Service, Property Service und Relationship Service. Aus diesem Grund wurde in die Entwicklung eine Unix-Workstation unter *Solaris 2.4* einbezogen, auf der ORB und CORBAservices von *NEO* zur Verfügung standen. Als Entwicklungssprache für Objekte wird in *NEO* C++ verwendet. Der zweite Teil der Implementierung erfolgte auf PCs, die mit dem Betriebssystem *Windows NT* betrieben wurden. Dort kam die CORBA-Implementierung *Orbix* der Firma *IONA* zum Einsatz, zuletzt in der Version 2.02c. Für *Orbix* standen vier CORBAservice-Implementierungen zur Verfügung: Ein Naming Service (*OrbixNames*), ein Transaction Service (*OrbixOTM*), ein Event Service (*OrbixTalk*) und ein Trading Object Service (*OrbixTrader*). Zur Entwicklung der Objektimplementierungen wurde *Visual C++* von *Microsoft* verwendet.

---

[3] In das WFTR wurde außerdem ein Workflow-Metaschema-Verwaltungsdienst integriert, der Schnittstellen anbietet, die denen der OMG MOF vergleichbar sind.

Abb. 6-1 zeigt die Aufteilung der funktionalen Architektur auf die beiden Hardware- und Betriebssystemplattformen.

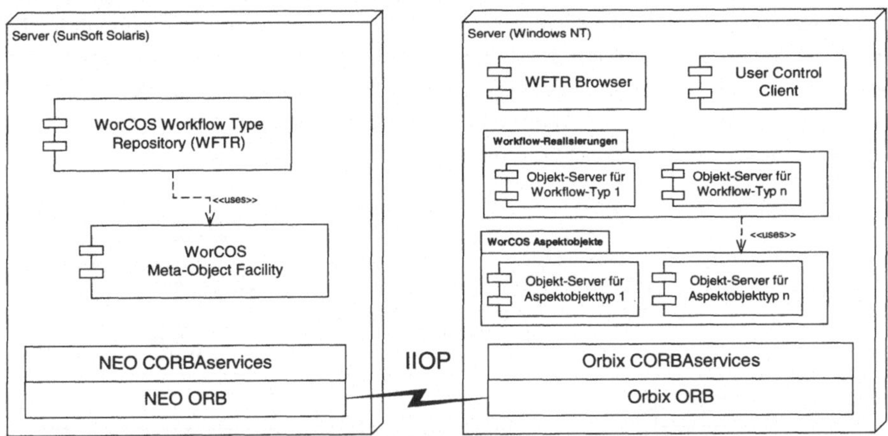

Abb. 6-1:   Funktionale Implementierungsarchitektur des WorCOS-Prototyps

Wie ersichtlich ist, wurden die meisten Komponenten von WorCOS unter Verwendung von *Orbix* (rechts) implementiert. Abb. 6-1 zeigt eine minimale Installation, in der sämtliche Komponenten nur ein Mal vorhanden und zudem auf einem einzigen Rechnerknoten plaziert sind. Wie noch gezeigt wird, bestehen diesbezüglich in einer umfangreichen Installation erhebliche Freiheitsgrade.

6.2 Verwaltung von Workflow-Schemata mit dem WFTR

Das im WorCOS-Projekt entstandene WFTR vereint zwei wesentliche Bestandteile des in Kap. 5 geschilderten WFMD in einer gemeinsamen Implementierung: Den Workflow-Schema- (Abschn. 5.6) und den Workflow-Metaschema-Verwaltungsdienst (Abschn. 5.7). Der Repository-Kern und eine Reihe von generischen Repository-Objekten werden von beiden Diensten gemeinsam genutzt.

6.2.1   Implementierung des WFTR

Das WFTR ist als verteiltes Repository konzipiert. D.h. zum einen, daß seine Inhalte weder auf einem einzigen Rechnerknoten noch in einer gemeinsamen Datenbank verwaltet werden, zum anderen, daß es in einer konkreten Konfiguration WFTR auf mehreren Rechnerknoten geben kann.

Workflow-Schemata werden im WFTR durch eine Kollektion von Workflow-Metaobjektexemplaren beschrieben. Die vom WFTR verwalteten Workflow-Metaobjekte können sich – genau wie die Objekt-Server, die sie realisieren – auf beliebigen Rechnerknoten befinden, sie müssen lediglich beim WFTR registriert werden. Abb. 6-2 veranschaulicht diese Vorgehensweise, die in Anlehnung an [Dudd97, S. 4] als „Inside-out"-Design bezeichnet wird. Workflow-Schemata werden dabei nicht als untergeordnete Objekte innerhalb eines monolithischen Repositories ausgeführt (linke Seite), sondern als eigenständige Komponenten, die sich im Extremfall sogar auf getrennten Rechnerknoten (rechte Seite) befinden können. Der WFTR-Server braucht lediglich die Teilobjekte (bzw. deren Objektreferenzen) zu kennen, die zusammen ein Workflow-Schema bilden. Eintreffende Dienstanforderungen werden von ihm an diese Objekte delegiert.

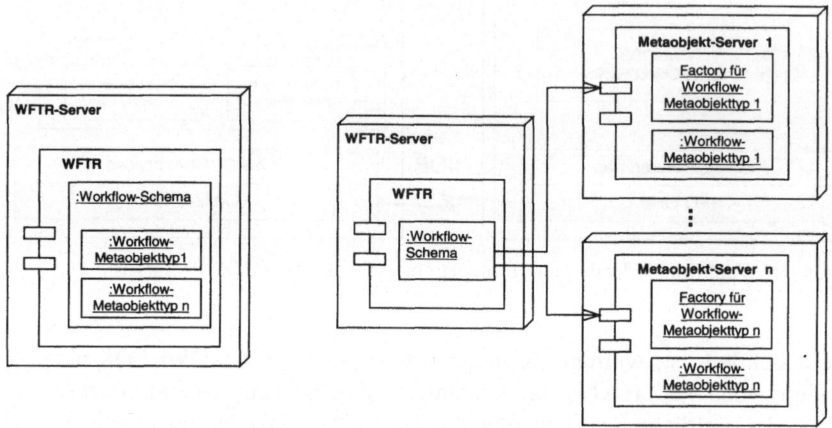

Abb. 6-2:   Zentralistisches Repository vs. verteilte Workflow-Metaobjekte

Das Workflow-Metaschema (und damit die Menge der Workflow-Metaobjekttypen) ist im WorCOS WFTR nicht starr vorgegeben, sondern erweiterbar. Bereits vordefiniert sind die Metaobjekte für die Elemente des ExtRA-Workflow-Metaschemas. Diese werden im Verlauf der Initialisierung des WFTR automatisch angelegt; so sind z.B. Metaobjekte für Workflow-Schemata von elementaren und zusammengesetzten Workflows vorhanden (s. [Weis96, S. 76]).

Zur Unterstützung der Auskunft über vorhandene Metaobjekte und zur Verwaltung der Repository-Objekte implementiert das WFTR die Schnittstelle `WorkflowTypeRepository` (siehe Abb. 6-3). Sie erfüllt außerdem die wichtige Aufgabe der Auflösung von symbolischen Metaobjektbezeichnern in konkrete Objektreferenzen. Möchte man z.B. im Rahmen einer Bestandssichtung die Liste sämtlicher vom WFTR verwalteten Workflow-Schemata für zusammengesetzte Workflows erhalten, liefert ein Aufruf der Operation `get_meta_objects` (`"CompositeWorkflowMetaObject"`) das gewünschte Ergebnis[4]. Ein Aufruf von `get_meta_object_by_name` (`"CompositeWorkflowMetaObject"`, `"ThesisProcedure"`) dagegen gibt eine Objektreferenz auf das Workflow-Schema des zusammengesetzten Workflows aus unserem Anwendungsbeispiel (Abschn. 1.4) zurück, falls dessen Name im Repository bekannt ist.

---

[4] Die Parameter sind eigentlich vom Typ `CosNaming::Name`, werden aber hier der Lesbarkeit halber als einfache Zeichenketten dargestellt.

```
module WFTR {
      interface WorkflowTypeRepository {
             . . .
             WFTR::MetaObjects get_all_meta_objects();
             WFTR::MetaObjects get_meta_objects (
                          in CosNaming::Name
                              meta_meta_object_name);

             WFTR::MetaObjects get_meta_object_by_name(
                          in CosNaming::Name
                              meta_meta_object_name,
                          in CosNaming::Name
                              meta_object_name);
             . . .
      }
};
```

Abb. 6-3:   Elementare Operationen zum Zugriff auf Workflow-Metaobjekte

Natürlich ist in die vollständige Spezifikation der Schnittstelle WorkflowType-Repository erheblich umfangreicher [Weis96], deren Wiedergabe trägt allerdings nichts zum weiteren Verständnis bei. Wir wollen uns statt dessen nachfolgend auf zwei Schwerpunkte konzentrieren: Die Anreicherung von Workflow-Schemata durch Deskriptoren und das Anlegen neuer Workflow-Schemata.

6.2.2   Indexierung und Klassifikation von Workflow-Schemata

Jedem Metaobjekt im WFTR kann eine beliebige Anzahl von Schlagworten (*Deskriptoren*) zugeordnet werden. Da diese Deskriptoren (DescriptiveTerms) nicht als untergeordnete Attribute, sondern als „First-Class"-Objekte ausgeführt sind, sind sie erstens unabhängig von konkreten Workflow-Schemata definierbar, und zweitens kann ein Deskriptor mehreren Metaobjekten zugeordnet werden. Nur auf diese Weise läßt sich ein unternehmensweit verbindlicher, systematischer Klassifikationsrahmen bzw. ein *Thesaurus* (s. [Meye91, S. 34]) für die Beschreibung der Gesamtheit der Workflow-Schemata erstellen, ohne die Workflow-Schemata im voraus kennen zu müssen.

Für die Verwaltung der Verknüpfungen zwischen den Workflow-Metaobjekten und ihren Deskriptoren wird der OMG Relationship Service verwendet; aus diesem Grund müssen beide die Schnittstelle CosGraphs::Node realisieren. Um Deskriptoren zuordnen zu können, unterstützen Metaobjekte im WFTR die in Abb. 6-4 gezeigten Schnittstellen. Die Schnittstellen verzichten bewußt auf eine üppige Ausstattung mit Metainformation; Beispiele für die Vielfalt verschiedener Typen von Metadaten werden in Kap. 4 genannt. Es sollte jedoch klar sein, daß eine dahingehende weitere Anreicherung keine prinzipielle Hürde darstellt.

```
interface RepositoryObject : CosLifeCycle::LifeCycleObject,
                             CosGraphs::Node
{
    ...
    readonly attribute HumanResourceBusinessObject
                    designer;
    readonly attribute CosNaming::Name name;
    attribute string description;
    ...
};

interface DescriptiveTerm : CosLifeCycle::LifeCycleObject,
                            CosGraphs::Node
{
    readonly attribute CosNaming::Name term;
    attribute string meaning;
}

interface BasicMetaObject : RepositoryObject
{
    ...
    attribute BasicMetaMetaObject meta_meta_object;

    boolean add_descriptive_term (in CosNaming::Name term)
    raises (TermInvalid, FactoryUnavailable);

    boolean remove_descriptive_term (in CosNaming::Name
                                        term)
    raises (TermInvalid);

    WFTR::DescriptiveTerms get_descriptive_terms();
    ...
};
```

Abb. 6-4 : Schnittstellen von Objekten im WFTR

Abschließend muß darauf hingewiesen werden, daß die gezeigten Schnittstellen
im Detail nicht konform mit der endgültigen MOF-Spezifikation [OMG97h,
OMG97i] sind. Zur Umsetzung der Reflexivität (s. Kap. 4.2.2) sollte beispielsweise die Schnittstelle BasicMetaObject von der Schnittstelle MOF::Reflec-
tive::RefBaseObject abgeleitet werden, anstatt selbst ein Attribut meta_me-
ta_object anzubieten, das eine Referenz auf das zugehörige Meta-Metaobjekt
liefert. Diese Inkompatibilität ist darauf zurückzuführen, daß mit der Konzeption
des WorCOS WFTR zu einem Zeitpunkt begonnen wurde, als die heutige MOF-
Spezifikation der OMG erst im Entstehen begriffen war. Entscheidend ist jedoch,
daß der prinzipielle Gedanke auch unter Verwendung der jetzt gültigen MOF-Spezifikation Gültigkeit behält. Eine Anpassung ist daher zwar als aufwendig, aber
nicht als problematisch einzustufen.

6.2.3   Einbringen neuer Workflow-Schemata

Workflow-Schemata bestehen aus einer großen Anzahl von Metaobjektexemplaren, die gemäß den Integritätsbedingungen des Workflow-Metaschemas korrekt miteinander verknüpft werden müssen. Aus diesem Grund ist die Erzeugung eines neuen Workflow-Schemas im WFTR eine relativ aufwendige Angelegenheit, bei der eine Vielzahl von Regeln beachtet werden muß. Mechanismen, die die Einhaltung der Regeln bei der Erstellung von Workflow-Schemata kontrollieren und Inkonsistenzen verhindern, sind in der jetzigen WFTR-Implementierung jedoch nur in Ansätzen vorhanden. Es wird beispielsweise überprüft, ob auch alle Komponenten-Workflows eines zusammengesetzten Workflows korrekt mit mindestens einem Kontrollflußkonstrukt verbunden sind.

Zur Veranschaulichung der Problematik wird der Ablauf des Hinzufügens eines Workflow-Schemas für einen zusammengesetzten Workflow aus der Sicht eines Client-Programms skizziert. Die Darstellung macht im wesentlichen drei Vereinfachungen: Erstens wird nur der Funktionsaspekt dargestellt, zweitens wird das Vorhandensein der Meta-Metaobjekte für das ExtRA-Workflow-Metaschema unterstellt und drittens wird vorausgesetzt, daß die Workflow-Schemata für die einzufügenden Komponenten-Workflows bereits im Repository vorhanden sind:

1) Ermittlung der Objektreferenz auf das Metaschema-Objekt für Workflow-Schemata zusammengesetzter Workflows, mit der Operation `get_meta_meta_object_by_name` (`"CompositeWorkflowMetaObject"`) des WFTR.

2) Im Kontext dieses Metaschema-Objekts kann nun mit der Operation `add_meta_object` (`"ThesisProcedure"`) eines neues Metaobjekt für das Workflow-Schema eines zusammengesetzten Workflows angelegt werden. Damit wird eine Exemplarbeziehung zwischen `"CompositeWorkflowMetaObject"` und `"ThesisProcedure"` etabliert.

3) In den Kontext von `"ThesisProcedure"` werden nun die Komponentenschemata für die vier Hauptabschnitte dieses Workflows eingefügt. Hierfür ist die Operation `add_component_workflow` zu verwenden, die in der Schnittstelle von Metaobjekten für Workflow-Schemata zusammengesetzter Workflows (`CompositeWorkflowMetaObject`) enthalten ist:

```
interface CompositeWorkflowMetaObject :
        BasicWorkflowMetaObject
{
  boolean add_component_workflow (
          in CosNaming::Name role_identifier,
          in CosNaming::Name meta_meta_object_name,
          in CosNaming::Name meta_object_name);
  raises (WorkflowTypes::IdentifierInvalid,
          WFTR::NameInvalid,
          WFTR::FactoryUnavailable);
  ...
};
```

Abb. 6-5:   Schnittstelle eines Metaobjekts für Schemata zusammengesetzer Workflows

Der erste Parameter der Operation `add_component_workflow` bestimmt einen eindeutigen Rollennamen innerhalb des Kontexts, der zweite den Typ des einzufügenden Subworkflows und der dritte den Namen, unter dem das Workflow-Schema beim WFTR vorher eingebracht wurde. Der Rollenname ist notwendig, weil innerhalb eines Workflow-Schemas für einen zusammengesetzten Workflow mehrere Exemplare des gleichen Subworkflow-Typs vorkommen dürfen, die voneinander zu unterscheiden sind. In unserem Beispiel müssen die folgenden vier Operationen auf dem Metaobjekt von ThesisProcedure aufgerufen werden, um dessen Menge der Schemata für Subworkflows korrekt zu bestücken.

```
add_component_workflow ("ThesisInception",
                        "CompositeWorkflowMetaObject",
                        "ThesisInception");
add_component_workflow ("ThesisCreation",
                        "CompositeWorkflowMetaObject",
                        "ThesisCreation");
add_component_workflow ("ThesisRating",
                        "CompositeWorkflowMetaObject",
                        "ThesisRating");
add_component_workflow ("ThesisFinalization",
                        "CompositeWorkflowMetaObject",
                        "ThesisFinalization");
```

4) Nachdem nun feststeht, aus welchen Subworkflows ThesisProcedure besteht, kann in weiteren Schritten z.B. spezifiziert werden, wie diese Komponenten durch einen Kontrollfluß miteinander zu verknüpfen sind. In unserem Anwendungsbeispiel sollen die vier Phasen unmittelbar nacheinander ausgeführt werden, d.h., sie sind durch ein elementares Kontrollflußkonstrukt vom Typ CHAIN miteinander zu verknüpfen. Dies geschieht in drei Phasen: Zuerst muß ein neues Metaobjekt für ein CHAIN-Kontrollflußkonstrukt angelegt werden. Dieses CHAIN-Metaobjekt wird benötigt, um das Wissen über den gewünschten Kontrollfluß zu repräsentieren. Trivialerweise gehört dazu die Festlegung, in welcher Reihenfolge die Subworkflows auszuführen sind. Zu diesem Zweck werden mit Hilfe der `setStep`-Operation alle Subworkflows an die gewünschten Position eingefügt. Zur Kontrollflußspezifikation gehören weiterhin Angaben über deren *Ausführungsqualität*, also z.B. die Festlegung, ob zur Laufzeit eine Modifikation der einzelnen Teilschritte oder das Einfügen zusätzlicher Schritte zulässig sein soll. In unserem Beispiel wird beides nicht gewünscht, folglich werden die Attribute `step_replacement_allowed` und `insert_-steps_allowed` beide auf den Wert `FALSE` gesetzt. Abschließend wird das neu erzeugte und parametrisierte CHAIN-Metaobjekt dem Metaobjekt für den zusammengesetzten ThesisProcedure-Workflow als Wurzelkontrollflußobjekt (Operation `setRootControl()`) bekanntgemacht. Als Resultat entsteht die in Abb. 6-6 dargestellte Objektkonfiguration. Weitere Details über diese Verknüpfungen sowie Schnittstellen von Kontrollflußkonstrukt-Metaobjekten sind in [Dona99] nachzulesen.

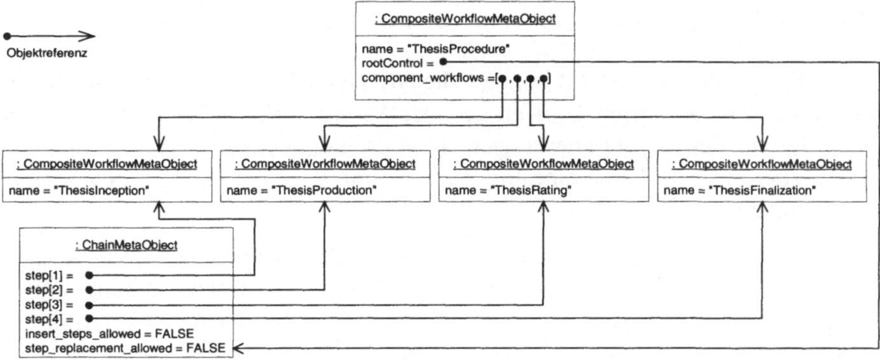

Abb. 6-6:   Workflow-Schema des Anwendungsbeispiels als Objektkonfiguration

Entsprechend dem gültigen Workflow-Metaschema ist eine Vielzahl weiterer
Schritte nötig. In der Praxis muß diese Komplexität von einem geeigneten Werkzeug unterstützt werden. So wurde in [Thai97] ein Werkzeug entwickelt, das die
Erstellung von Workflow-Schemata im WFTR erleichtert, indem es die oben nur
angedeuteten komplexen Manipulationen unter einer graphischen Oberfläche
„versteckt". Mit Hilfe des Editors ist es möglich, Workflow-Schemata auf einfache Weise – und vor allem interaktiv – zu erstellen. Abb. 6-7 zeigt einen Ausschnitt aus der graphischen Benutzerschnittstelle des WFTR-Editors:

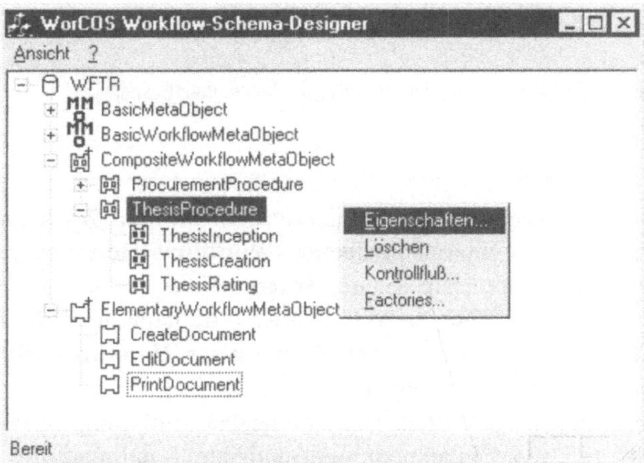

Abb. 6-7:   Graphischer Editor zur Erstellung von Workflow-Schemata

Notwendig ist eine komfortable Unterstützung des Workflow-Schema-Designers
vor allem, weil dies einem hohen Wiederverwendungsgrad zuträglich ist.

6.2.4 Nutzung von CORBAservices bei der Implementierung

Bei der Konzeption des WFTR konnten die NEO CORBAservices erfolgreich verwendet werden. Weiterhin kam erstens der Persistenzdienst *ODF Persistence* von NEO zum Einsatz, der allerdings nicht vollständig der POS-Spezifikation entspricht, zum zweiten wurde eine Implementierung des Object Collection Service vorgenommen.

- Der Naming Service wird verwendet, um die Objekt-Server des WFTR unter einem symbolischen Namen systemweit zugänglich zu machen. Darüber hinaus wird er vom WFTR genutzt, um Objektreferenzen von Factories zu ermitteln, die ihm das Anlegen von Metaobjekten auf entfernten Rechnerknoten erlauben (s. [Weis96, S. 75]).
- Sämtliche Objekte im Repository unterstützen die Schnittstellen des Life Cycle Service. So existieren nicht nur für jeden Objekttyp innerhalb des WFTR eigene Object Factories, sondern auch für sämtliche Workflow- und Aspektobjekt-Server. Mit Hilfe der nachfolgend gezeigten Schnittstelle können bei den Workflow-Metaobjekten Factory-Objekte registriert werden, die in der Lage sind, Objektexemplare des gewünschten Typs anzulegen.

```
interface BasicWorkflowMetaObject : WFTR::BasicMetaObject
{
    ...
    boolean add_workflow_factory
            (in BasicWorkflowFactory a_factory);
    boolean remove_workflow_factory
            (in BasicWorkflowFactory a_factory);

    WorkflowFactories get_workflow_factories();
    ...
}
```

Hat ein Client-Programm eine Objektreferenz auf ein Workflow-Metaobjekt erlangt und möchte es ein entsprechendes Workflow-Exemplar erzeugen, kann es zu diesem Zweck die Liste der registrierten Factories erfragen (`get_work-flow_factories()`). Eine dieser Factories wird dann mit Hilfe der Operation `create_object(...)` dazu veranlaßt, ein neues Workflow-Exemplar-Objekt des gewünschten Typs zu erzeugen.

- Der Relationship Service erwies sich als ideales Mittel, um die Verknüpfungen von Deskriptoren und Metaobjekten zu realisieren, und auch für verschiedene andere Beziehungstypen innerhalb des Workflow-Metaschemas.
- Das Object Development Framework (ODF) erlaubt es, CORBA-Objekte in NEO auf komfortable Weise persistent zu machen. Hierzu sind die persistenten Attribute mit Hilfe einer Data Definition Language (DDL) zu beschreiben; die Verknüpfung mit der restlichen in IDL beschriebenen Schnittstelle sowie die Umsetzung in ein Datenbankschema der zugrundeliegenden ObjectStore-Datenbank geschieht transparent.

- Von einer Eigenimplementierung des Object Collection Service [OMG96h] hat die Entwicklung des WFTR ausgesprochen profitiert. Dieser Dienst konnte mehrfach sinnvoll verwendet werden, um Kollektionen von Objektexemplaren auf standardisierte Wiese zu verwalten – und insbesondere zu traversieren. So wird beispielsweise die Menge der Komponenten-Workflow-Schemata innerhalb des Schemas von zusammengesetzten Workflows als Kollektion realisiert. Als besonders komfortabel erwies sich die Möglichkeit, mit Hilfe der `Command`-Schnittstelle Operationen auf Mengen von Objektexemplaren auszuführen. Zu diesem Zweck bietet jede `Collection` die Operation `all_elements_do(in Command command)` an [OMG96h, S. 17-127].

Die Aufzählung macht deutlich, daß ein beträchtlicher Anteil des WFTR unter Verwendung von CORBAservices implementiert wurde. Vergleichbare Funktionalität wäre an manchen Stellen mit geringerem Aufwand durch Programmbibliotheken zu realisieren gewesen, allerdings unter weitestgehendem Verlust der Portabilität. Der Idealfall, wonach C++-Objektimplementierungen ausschließlich auf genormte Standardbibliotheken (z.B. STL) und CORBAservices zurückgreifen und damit vollständig plattformunabhängig sind, konnte allerdings aus pragmatischen Erwägungen heraus nicht durchgehalten werden. Ohnehin ist eine starke Abhängigkeit der Objektimplementierungen vom NEO ORB gegeben, da dieser keine *Portable Object Adapters (POA)* gemäß dem CORBA 2.2 Standard [OMG-98g] unterstützt.

6.2.5 Zusammenfassung

Die Möglichkeit der Verwaltung von Workflow-Schema, die in Form von verteilten Objekten repräsentiert sind, wurde mit dem WFTR nachgewiesen. Der WFTR-Server speichert und verwaltet Workflow-Schemata und erlaubt sowohl assoziativen als auch navigierenden Zugriff darauf. Auch die Klassifikation und die Indexierung unter Verwendung von Deskriptoren werden unterstützt. Das Workflow-Metaschema kann durch Registrierung neuer Metaobjekttypen auf einfache Weise erweitert werden. Das WFTR ist in der Lage, über die momentan unterstützten Objekttypen sowohl des Workflow-Metaschemas als auch der einzelnen Workflow-Schemata Auskunft zu geben, und bietet damit eine wertvolle Unterstützung für den Workflow-Schemata-Designer.

Bei der Implementierung des WFTR wurden sehr positive Erfahrungen bei der Wiederverwendung der *NEO* CORBAservices gemacht. Leider hat SunSoft 1997 die Weiterentwicklung und den Support von *NEO* eingestellt. Aus diesem Grund wurde im WorCOS-Projekt ab diesem Zeitpunkt von einem weiteren Ausbau der Implementierung auf dieser Plattform abgesehen. Da eine Portierung auf einen anderen ORB nur mit hohem Aufwand möglich ist, dabei aber keine grundlegend neuen Erkenntnisse zu erwarten sind, wurden ursprünglich vorgesehene Erweiterungen um komfortablere Zugriffspfade, Multischemafähigkeit und Versionierung von Workflow-Schemata nicht mehr in Angriff genommen.

6.3 Implementierung von Workflow-Objekten

Die Implementierung einer WFMA entsteht im gezeigten Ansatz aus dem Zusammenwirken verteilter, eigenständiger Software-Komponenten, die Modellelemente des Workflow-Metaschemas realisieren. Oder mit anderen Worten: Die Implementierung der Workflow-Sprache erfolgt durch Komponenten, die über mehrere Rechnerknoten *fragmentiert* sein können. In diesem Abschnitt wird gezeigt, wie konkrete Workflow- und Aspektobjekte zu implementieren und wie dabei die vorhandenen Elemente des entwickelten Frameworks wiederzuverwenden sind. Angesichts dieses Ziels ist eine gewisse Implementierungsnähe unvermeidlich, aber nur durch detaillierte Darstellung an dieser Stelle wird deutlich, wie die Umsetzung in eine konkrete Implementierung vor sich geht und wie die Erweiterbarkeit des Workflow-Metaschemas erreicht wird. Zum besseren Verständnis wird konsequenterweise auch hier das Beispiel aus Abschn. 1.4 aufgegriffen.

6.3.1 Implementierung von Workflow-Exemplar-Objekten

Um Workflow-Exemplare erzeugen und ausführen zu können, muß in der Laufzeitumgebung des WFMD zu jedem Element des Workflow-Metaschemas eine Implementierung vorliegen. Wird beispielsweise in einem Workflow-Schema durch ein CHAIN-Metaobjekt spezifiziert, daß Teilschritte eines zusammengesetzten Workflows nacheinander abgewickelt werden sollen, muß in der Laufzeitumgebung eine CHAIN-Objekt-Implementierung vorhanden sein, die dieses Verhalten effektiv umsetzt, also die Komponenten-Workflows der Reihe nach ausführt. Aus Sicht des CHAIN-Metaobjekts ist es jedoch vollkommen gleichgültig, auf welche Weise die CHAIN-Objekt-Implementierung dieses Verhalten bewerkstelligt. Abb. 6-8 verdeutlicht die unterschiedlichen Aufgaben der beiden Ebenen. Aus konzeptioneller Sicht besteht zwischen jedem Objekt und seinem Metaobjekt eine Exemplarbeziehung, die durch eine gestrichelte Linie angedeutet ist. In der praktischen Implementierung wird diese Beziehung durch eine Objektreferenz repräsentiert, d.h., jedes Objektexemplar „kennt" sein Metaobjekt.

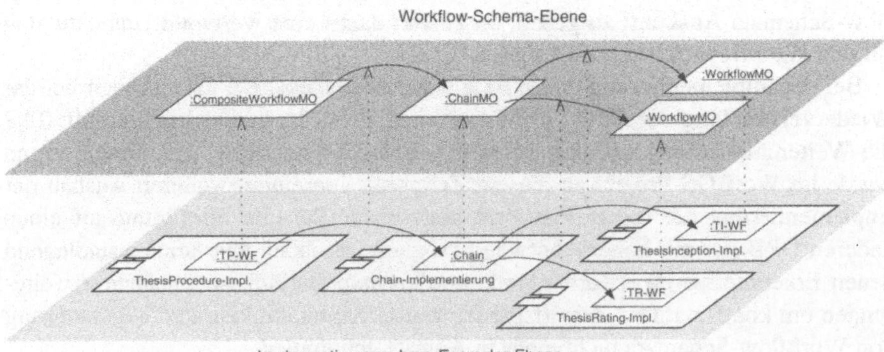

Abb. 6-8: Workflow-Schemata und ihre Implementierung

Potentiell kann jede Komponente der Implementierungsebene als eigener Objekt-Server realisiert und demzufolge auf einem anderen Rechnerknoten plaziert sein. Die sich dann stellende Frage der Aufteilung von Objektimplementierungen auf Objekt-Server ist allerdings eine nicht unerhebliche Design-Entscheidung: Einerseits gilt, daß der Programmieraufwand sinkt, wenn Objekttyp-Implementierungen in einem gemeinsamen Objekt-Server zusammengefaßt werden, denn viele Kommunikationsvorgänge können in diesem Fall innerhalb des gleichen Adreßraums geschehen. Andererseits muß bei jeder Änderung an der Implementierung auch nur eines Objekttypen der gesamte Objekt-Server ausgetauscht werden; die Flexibilität ist also eingeschränkt. Aus diesem Grund wurde in der prototypischen Realisierung eine maximale Partitionierung mit je einem Objekttyp pro Objekt-Server realisiert. Abb. 6-9 zeigt den prinzipiellen Aufbau der Objekt-Server:

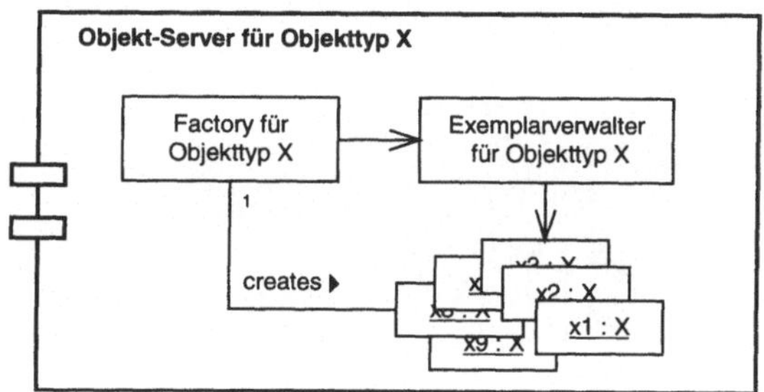

Abb. 6-9:   Prinzipieller Aufbau eines Objekt-Servers

Für eine initiale Kontaktaufnahme stellt jeder Objekt-Server zwei Schnittstellen zur Verfügung: eine Factory (gemäß dem Life Cycle Service), mit der ein Client neue Exemplare des realisierten Objekttyps erzeugen kann, und einen Exemplarverwalter (gemäß der Systems Management Facility), der einen wahlfreien Zugriff auf die Gesamtheit der bisher erzeugten Objektexemplare ermöglicht. Für beide Schnittstellen ist innerhalb des Objekt-Servers eine Realisierung bereitzustellen.

Um dem ORB mitzuteilen, auf welchem Rechnerknoten welche Objektimplementierungen zur Verfügung stehen, müssen sich neue Server-Komponenten beim ORB bekannt machen. D.h., die Server-Komponente muß neben dem eigentlichen Nutz- bzw. Implementierungscode für die Operationen des realisierten Objekttyps auch diese Funktion beinhalten. Folgende Funktionen sind zu implementieren:

- Anmeldung beim ORB: Objekt-Server müssen vor ihrer ersten Verwendung beim ORB registriert, d.h., in dessen Implementation Repository eingetragen werden. Nur dann kann der ORB beim Eintreffen einer Dienstanforderung entscheiden, welche Implementierung zu verwenden — und ggf. erst einmal zu starten — ist. Wird eine Server-Implementierung gestartet, muß sie dem ORB nach ihrer Initialisierung durch Aufruf der Operation `CORBA::BOA::impl_is_ready(ImplementationDef server_name)` mitteilen, sobald sie bereit ist, Dienstanforderungen für die durch sie realisierten Objektexemplare zu bearbeiten.

- Kontaktaufnahme mit dem Namensdienst und Veröffentlichung eines Eintrags: Es genügt nicht, wenn sich Objektimplementierungen gegenüber dem ORB bekannt machen. Damit Client-Programme in einer dynamischen verteilten Umgebung die Dienste eines Objekts nutzen können, müssen sie zunächst dessen Objektreferenz kennen.

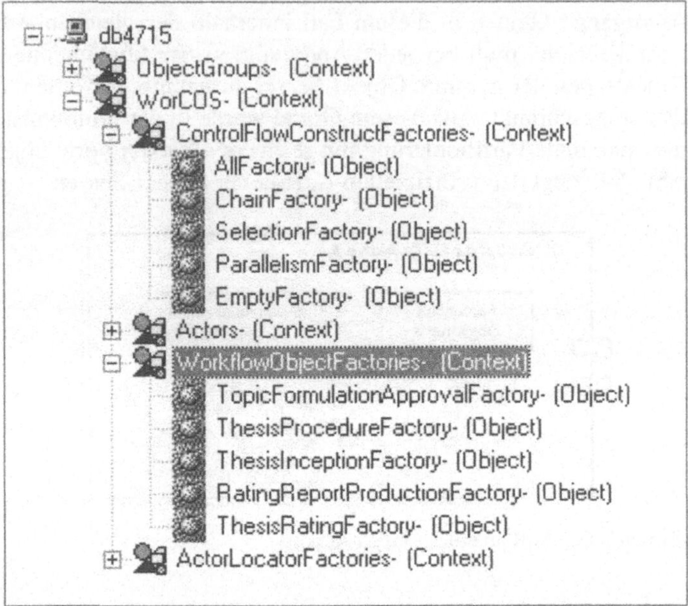

Abb. 6-10: Ausschnitt des WorCOS-Namensraums (Browser von *OrbixNames*)

Ein standardisierter Weg zur Verbreitung von Objektreferenzen ist deren Eintrag in den Naming Service. Wie Abb. 6-10 zeigt, tragen sich in der prototypischen Implementierung die Object Factories sämtlicher Komponenten in Namenskontexte des verwendeten Namensdienstes (*OrbixNames*) ein.

Möchte ein Client-Programm ein Objektexemplar vom Typ CHAIN erzeugen, kann es sich nun vom Namensdienst die Objektreferenz einer ChainFactory mitteilen lassen und darauf die Operation `create_object()` aufrufen, ohne deren Lokation zu kennen.

Die Implementierung der Workflow-Objekte bzw. der Workflow-Objekt-Server erfolgte in C++. Jeder IDL-Schnittstelle wird dabei gemäß der vorgeschriebenen Sprachabbildung [OMG95f] eine Implementierungsklasse in C++ zugeordnet. Für die Verknüpfung der Implementierungsklasse mit den IDL-Schnittstelle wurde der Weg über Basic Object Adapter gewählt („BOAImpl"-Ansatz, s. [Bake97, S. 156] und [OMG95f, S. 18-3]). Zur Unterstützung dieses Ansatzes erzeugt der *Orbix* IDL-Compiler automatisch für jede Schnittstelle eine Klasse mit der Endung BOA-Impl. Die eigentliche Implementierungsklasse (z.B. `ThesisProcedure_i`) ist von dieser automatisch erzeugten Basisklasse (hier: `ThesisProcedureBOAImpl`) abzuleiten, und muß – im Minimalfall – Methoden für alle Operationen der

Schnittstellen enthalten, die sie implementiert (hier: `ThesisProcedure`). Die Implementierungsklasse darf darüber hinaus beliebig viele weitere Methoden besitzen, die intern zur Realisierung des gewünschten Verhaltens gebraucht werden, die aber nicht in der Schnittstelle des CORBA-Objekts auftauchen.

Die Implementierungsklasse für einen speziellen Workflow-Typ muß nicht nur dessen eigene (Workflow-Typ-spezifische) Operationen implementieren, sondern auch all diejenigen, die in dessen Basisschnittstellen, also z.B. in `BasicWorkflow`, enthalten sind, was großen Aufwand bedeutet. Man kann sich jedoch den Umstand zunutze machen, daß die Implementierung dieser Funktionen in der Regel typunabhängig und damit hochgradig wiederverwendbar ist. Würde man einen anderen Workflow-Typ implementieren, so ist mit hoher Wahrscheinlichkeit bei den Basisfunktionen dort das gleiche Verhalten gewünscht. Diese Sachlage ließ sich in der Implementierung mit Hilfe der Implementierungsvererbung gut ausnutzen. In der Folge entstand eine C++-Quellcode-Bibliothek, die sinnvolle Default-Implementierungen für viele Basisfunktionen von Workflow-Objekten enthält und dadurch dem Programmierer eines neuen Workflow-Objekt-Servers einen großen Teil der Implementierungsarbeit abnimmt. Ist ein neuer Workflow-Typ zu implementieren, dessen Schnittstelle sich nicht von der eines bereits vorhandenen unterscheidet, kann die Implementierung sogar unverändert wiederverwendet werden.

6.3.2   Implementierung von Aspektobjekten des Verhaltensaspekts

Da hier nicht die Implementierungen sämtlicher Modellelemente des in Kap. 4 eingeführten Basis-Workflow-Metaschemas erläutert werden können, werden stellvertretend die Aspektobjekte des Verhaltensaspekts erörtert. Die Wahl fiel aus zwei Gründen auf diesen Aspekt: Erstens ist genau dieser Aspekt bei bestehenden WFMS am wenigsten anpaßbar und erweiterbar, zweitens läßt sich daran das in WorCOS verwendete Erweiterungsprinzip besonders gut verdeutlichen. Wir wollen die Implementierung von zwei Kontrollflußkonstrukten vorstellen: Zur Einführung wird mit dem CHAIN-Konstrukt zunächst ein Vertreter der „klassischen" Kontrollflußprimitive vorgestellt. Dies geschieht in der Absicht, dem Leser zu verdeutlichen, daß sich mit den gezeigten Mechanismen ohne weiteres das Verhalten bekannter WFMS nachempfinden[5] läßt. Sodann wird am Beispiel des ALL-Konstrukts gezeigt, wie mit der in diesem Buch gezeigten Methode neuartige, benutzerdefinierbare Kontrollflußkonstrukte realisierbar sind, die über das hinausgehen, was in heutigen Produkten vorzufinden ist.

In Abb. 6-11 wird das vorgesehene Verhalten einiger Konstrukte (s. S. 154) durch UML-Zustandsdiagramme angegeben. Das CHAIN-Konstrukt (links) gewährleistet eine streng sequentielle Ausführungsreihenfolge der dadurch verknüpften Komponenten. Die Verkettung besteht aus mehreren Teilschritten (steps), die vom Typ ControlledComponent zu sein haben und die der Reihe nach ausgeführt werden. Die freie Ausführung von Komponenten durch das ALL-Konstrukt (Mitte)

---

[5]   Es wäre es durchaus denkbar, einen Satz von Kontrollflußkonstrukt-Implementierungen zu entwickeln, der in seinen Ausdrucksmöglichkeiten die Fähigkeiten von Produkt XYZ nachbildet.

realisiert eine reihenfolgeunabhängige Ausführung – alle Komponenten müssen ausgeführt werden. Beim rechts dargestellten Selection-Konstrukt ist für jede Alternative zu prüfen, ob ihre Ausführungsbedingung (Condition) erfüllt ist.

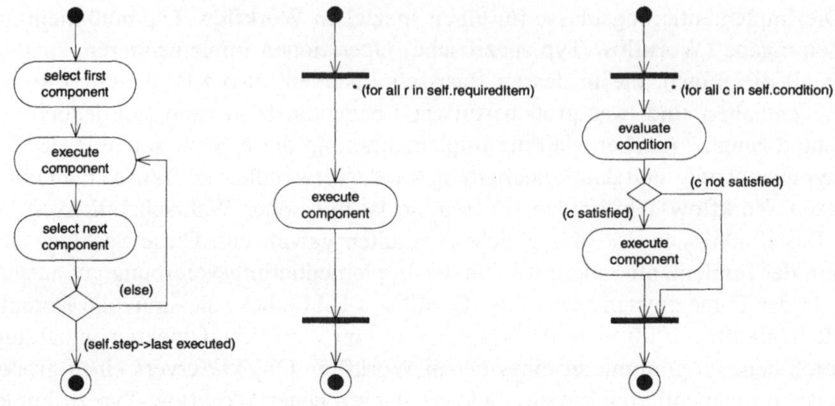

Abb. 6-11: Zustandsdiagramme für CHAIN, ALL und SELECTION

Die vollständige Spezifikation dieser Konstrukte, insbesondere die Darstellung der Semantik in OCL, findet sich in [Dona99, S. 32 f.].

Basisschnittstellen von Kontrollflußkonstrukten

Sämtliche Konstrukte arbeiten bezüglich der Weiterleitung des Kontrollflusses nach einem gemeinsamen Grundprinzip und müssen daher die gleiche Basisschnittstelle unterstützen. Auf diese Weise ist es möglich, daraus die in Kap. 4 beschriebenen Kontrollflußausdrücke zu konstruieren, die sich auch als Baum darstellen lassen. Dessen innere Elemente sind Kontrollflußkonstrukte und zusammengesetzte Workflows, Blattknoten sind entweder elementare Workflows oder das „leere" Kontrollflußkonstrukt EMPTY. Jedes Objekt in einer solchen Hierarchie muß zwei Grundfunktionen erfüllen, die in Abb. 6-12 angedeutet sind:

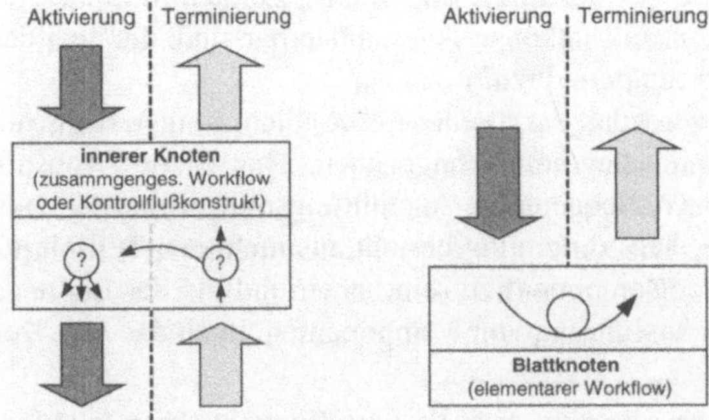

Abb. 6-12: Aktivierungs- und Terminierungsverarbeitung in Kontrollflußhierarchien

- **Aktivierungsverarbeitung**: Innere Knoten sind für die Steuerung ihrer untergeordneten Knoten verantwortlich. Werden sie aktiviert (Aufruf ihrer Operation `PushActivation`, s. nachstehende Schnittstelle), müssen sie die Aktivierungsnachricht gemäß ihrer inhärenten Semantik an untergeordneten Kontrollflußkonstrukte bzw. Subworkflows weiterleiten. Der Kontrollfluß durchläuft so den gesamten Kontrollflußbaum, bis er an den Blattknoten ankommt. Häufig müssen von einem Kontrollflußkonstrukt mehrere untergeordnete Elemente gleichzeitig aktiviert werden, beispielsweise die potentiell nebenläufigen Pfade eines `ALL`-Konstrukts. Damit später unterscheidbar ist, welcher dieser Pfade seine Fertigstellung vermeldet, vergibt der Aufrufer eindeutige Identifikatoren, die er im Parameter `callBackKey` bei der Aktivierung mitteilt. Das aktivierte Element ist verpflichtet, sich diesen Identifikator zu merken.
- **Terminierungsverarbeitung**: Ist ein Element fertig bearbeitet, hat es dies demjenigen übergeordneten Element mitzuteilen, das seine Aktivierung veranlaßt hat. Dies geschieht durch Aufruf der Operation `pushTermination` mit dem zuvor zwischengespeicherten `callBackKey`. Das übergeordnete Element kann nun über die weitere Verarbeitung entscheiden und ggf. weitere untergeordnete Elemente aktivieren. Erkennt es seine eigene Fertigstellung (alle von ihm aktivierten Elemente sind ausgeführt, und es sind keine weiteren zu aktivieren), vermeldet es seine eigene Terminierung.

```
interface ControlledComponent :: MOF::RefBaseObject
{
    void pushActivation( in KeyType callBackKey);
    void pushTermination( in KeyType callBackKey);

    attribute ControlFlowConstruct parent;
};

interface ControlFlowConstruct : ControlledComponent
{
    attribute ControlledComponent   compositeWF;
};
```

Abb. 6-13: Schnittstelle gesteuerter Komponenten (`ControlledComponent`)

CHAIN-Konstrukte

CHAIN-Objekte sind so gestaltet, daß sie eine beliebige Anzahl untergeordneter Schritte steuern können. Die Implementierung verwaltet dazu intern eine geordnete Kollektion aus Schritten, die durch wiederholte Aufrufe der Operation `insertStep` bestückt wird. Die Implementierung einer `pushTermination`-Operation besteht schlicht darin, jeweils den nächsten anstehenden Teilschritt zu aktivieren.

```
interface Chain : BasicBehaviour::ControlFlowConstruct
{
    void insertStep(in IndexT pos,
                    in BasicBehaviour::ControlledComponent
                    step);
    void removeStep(in IndexT pos);
    BasicBehaviour::ControlledComponent getStep(in IndexT
                                                pos);

    IndexT stepSize();
};
```

Abb. 6-14: Schnittstelle von CHAIN-Konstrukten

ALL-Konstrukte

Das ALL-Konstrukt pflegt eine Kollektion von erforderlichen Teilschritten. Bei einer Aktivierungsnachricht werden alle gleichzeitig aktiviert. Wann immer eine Terminierungsnachricht eintrifft, wird das entsprechende Element aus der Liste der zur Verarbeitung ausstehenden Elemente entfernt.

```
interface All : BasicBehaviour::ControlFlowConstruct
{
    void addRequiredItem(in BasicBehaviour::
                         ControlledComponent requItem);
    void removeRequiredItem(in BasicBehaviour::
                            ControlledComponent requItem);
    BasicBehaviour::ControlledComponents getRequiredItems();
};
```

Abb. 6-15: Schnittstelle von ALL-Konstrukten

Eine ausführliche Implementierungsbeschreibung dieser und weiterer Kontrollflußkonstrukte aus dem WorCOS-Projekt findet sich in [Dona99].

6.3.3   Erzeugung und Ablauf eines Workflows

Die Implementierung eines Workflow-Objekts besteht in WorCOS aus einem Implementierungsrumpf, der einem Client gegenüber die Workflow-Typ-spezifische Schnittstelle realisiert, und einer Menge von dynamisch gebundenen Aspektobjekten, an die der Implementierungsrumpf jeweils klar abgegrenzte Aufgaben delegiert. Dabei steht vor Beginn der Workflow-Ausführung weder fest, mit welchen Aspektobjekten im späteren Verlauf im einzelnen kooperiert wird (späte Bindung), noch auf welchen Rechnerknoten sich diese befinden. Zur Realisierung der Workflow-Objekt-Schnittstelle bilden also mehrere Fragmente eine gemeinsame „virtuelle Implementierung", die für jedes Workflow-Exemplar anders aussehen kann und die in Abb. 6-16 durch die gestrichelte Linie angedeutet wird.

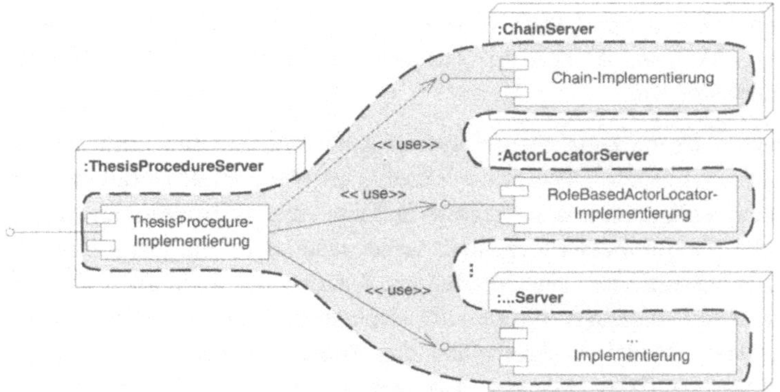

Abb. 6-16: „Virtuelle Implementierung" einer Workflow-Schnittstelle

Da also keine starre Verbindung zwischen diesen Komponenten existiert, wird in diesem Unterabschnitt gezeigt, wie die Komponenten, die zusammen die virtuelle Implementierung eines Workflows bilden, miteinander verknüpft werden und wie sie anschließend den eigentlichen Ablauf gemeinsam bewerkstelligen. In nachstehender Ablaufskizze wird in vier Phasen der Lebenszyklus eines Objekts beschrieben, das einen zusammengesetzten Workflow realisiert. Die Schilderung setzt voraus, daß sich ein Client-Programm durch Befragung des Namensdienstes die Objektreferenz einer Factory für `ThesisProcedure`-Objekte beschafft und deren `create_object()`-Operation aufgerufen hat.

1. Erzeugungsphase

Zur Implementierung der `create_object()`-Operation muß im ThesisProcedure-Server ein neues Objektexemplar angelegt werden. Konkret heißt das, es ist Speicherplatz zu reservieren, Variablen sind mit Default-Werten zu belegen und abhängige Objekte sind zu erzeugen. Abhängige Objekte sind im Fall eines zusammengesetzten Workflows vor allem die Objekte für untergeordnete Subworkflows, also beim Diplomverfahren z.B. für ThesisInception und ThesisRating.

2. Konfigurationsphase der Komponenten

Allein mit der Erzeugung der abhängigen Komponenten ist es nicht getan. Diese müssen auch auf die im Workflow-Schema spezifizierte Art miteinander zu einer konkreten, ablauffähigen Konfiguration verknüpft („verzeigert") werden. Die nachfolgend aufgezählten Punkte sind als Beispiele zu verstehen; aufgrund der Erweiterbarkeit ist eine vollständige Aufzählung ohnehin nicht möglich.

- Für den Verhaltensaspekt ist das Wurzelkontrollflußobjekt nach dem ihm zueigenen Protokoll mit den zuvor erzeugten Subworkflows zu bestücken.
- Für den Informationsaspekt sind die Platzhalter der Ein- und Ausgangskontexte miteinander zu verknüpfen. Dabei bietet sich eine automatische Erzeugung von Adaptern überall dort an, wo Verbindungen zwischen Parameterobjekten unterschiedlichen Typs hergestellt werden müssen.

- Für den historienbezogenen Aspekt ist ein Workflow-Recorder auszuwählen oder zu erzeugen, an den die Zustandsänderungen des Workflow-Exemplars vermeldet werden.

Zur korrekten Bestückung dieser und weiterer Werte kann, muß aber nicht, das dem zusammengesetzten Workflow zugehörige Metaobjekt herangezogen werden. Da in einem vollständigen Workflow-Schema alle Informationen hinterlegt sein müssen, die hierfür notwendig sind, ließe sich sogar durchaus eine generische Factory implementieren, die dies leistet. Darauf wurde in WorCOS verzichtet, denn dies ist mit folgenden Nachteilen verbunden: Erstens muß für die Erzeugung jedes einzelnen Workflow-Exemplars das Workflow-Schema eingelesen und interpretiert werden. Dies bedeutet, daß sich das Workflow-Schema bei steigenden Exemplarzahlen zu einem Hot-Spot entwickeln wird. Zweitens ist die erneute Interpretation überflüssig, so lange sich das Workflow-Schema nicht ändert; das Verfahren verursacht also unnötigen Rechenaufwand.

```cpp
BasicWorkflow_var          thesis_inception_workflow_var;
BasicWorkflow_var          thesis_rating_workflow_var;
BasicWorkflowFactory_var      workflow_fact_var;
Behaviour::ChainFactory_var   chain_fact_var;


/* ... obtain object references for ThesisInceptionFactory
       and ChainFactory from Naming Service ...*/


// Create ThesisInception and CHAIN object
thesis_inception_workflow_var =
      workflow_fact_var->create_object();
Behaviour::Chain_var chain_var =
      chain_fact_var->create_object();


/* ... obtain object references for
       ThesisRating from Naming Service ...*/


// Create ThesisRating Object
thesis_rating_workflow_var =
      workflow_fact_var->create_object();


// insert steps
chain_var->insertStep (0, thesis_inception_workflow_var);
chain_var->insertStep (1, thesis_rating_workflow_var);


// link the chain object to myself
chain_var->compositeWF(ThesisProcedure::_duplicate(this));


// save object reference of own root control object
m_rootControl_ptr = Behaviour::Chain::_duplicate
                        (chain_var);
```

Abb. 6-17: Ausschnitt aus dem C++-Quellcode des Beispiels

Der voranstehende Ausschnitt aus dem C++-Konstruktor unseres Beispiel-Work-flows wird – im Gegensatz dazu – nur ein einziges Mal übersetzt und kann für jedes Workflow-Exemplar vergleichsweise[6] effizient abgearbeitet werden. Diese Vorgehensweise ist nicht nur ressourcenschonend, sondern auch weniger anfällig für Manipulationen.

Erst nach Fertigstellung des Konstruktors ist der zusammengesetzte Workflow betriebsbereit. Erhält er nun eine Aktivierungsnachricht, braucht er diese nur an sein Wurzelkontrollflußobjekt zu delegieren `m_rootControl_ptr->pushActivation (ROOT_KEY)`, das die Steuerung des weiteren Ablaufs übernimmt.

3. Ausführungsphase

Eine große Schwierigkeit entsteht bei der Implementierung der geschilderten Kommunikationsmuster durch die Notwendigkeit zur Asynchronität, denn die in CORBA gegebenen synchronen Operationsaufrufe reichen nicht aus, um das gewünschte Verhalten zu implementieren. Zur Verdeutlichung dient Abb. 6-18:

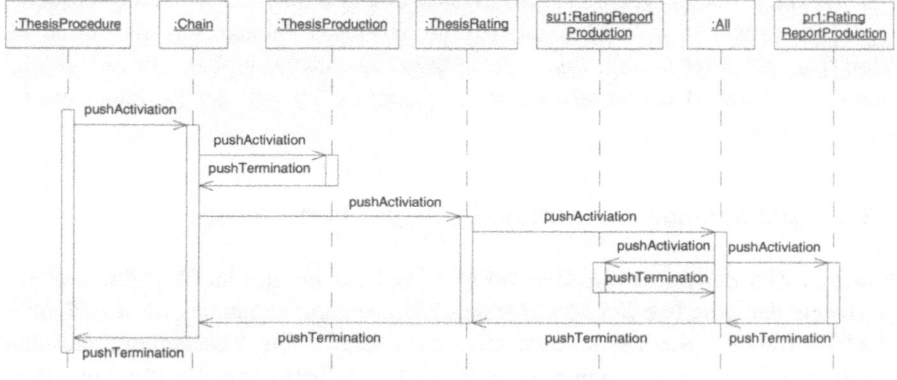

Abb. 6-18: Beispielhaftes Sequenzdiagramm für die Ausführungsphase

Würde das CHAIN-Konstrukt (links) die Aktivierung von ThesisProduction mit Hilfe eines synchronen Aufrufs vornehmen, so wäre seine Implementierung dadurch blockiert. Sie wäre weder imstande, externe Zustandsabfragen zu bearbeiten, noch die Terminierungsnachricht zu empfangen. Auch die simultane Aktivierung von zwei Subworkflows durch das ALL-Konstrukt (rechte Seite) ist mit synchronen Aufrufen nicht lösbar. Für eine Lösung dieses Problems kommt nur eine asynchrone Verarbeitung in Frage, die sich hier auf zwei Arten lösen läßt:

- Unter Einsatz von Multithreading könnte man für jedes aktivierte Unterobjekt einen eigenen Thread starten, innerhalb dessen ein synchroner Operationsaufruf im Gegensatz zu oben unproblematisch wäre. Allerdings erfordert eine derartige Implementierung erheblichen Programmieraufwand.

---

[6] Die Kommunikation mit dem Namensdienst und mit den Factories der abhängigen Objekte ist auch hier unvermeidbar, wenn die Flexibilität nicht eingeschränkt werden soll.

- Bei einer Implementierung auf der Grundlage des Event Service entfällt die Notwendigkeit zum Multithreading. Statt das Ergebnis eines Operationsaufrufs abwarten zu müssen, wird hier die Zuständigkeit zur Zustellung der Nachrichten dem Event Service überlassen.

Die zweite Lösung ist unter den Gesichtspunkten der Sprach- und Plattformneutralität und der OMG-Konformität eindeutig vorzuziehen; die Verwendung von Multithreading geht in der Regel mit einer hohen Abhängigkeit vom Betriebssystem einher und wird nicht von allen Programmiersprachen unterstützt. Berücksichtigt man weiterhin, daß das Angebot vorhandener Implementierungen von Workflow-Objekten nicht immer ausreicht und es vorkommen kann, daß diese in speziellen WFMA auch von Entwicklern selbst realisiert werden müssen, spricht auch dies für die programmiertechnisch einfachere, zweite Lösung. Eine Erörterung der hier nur angerissenen Implementierungsdetails findet sich in [Dona99].

4. Ausführungsabschluß

Der Abschluß der Ausführung eines Workflow-Exemplars bedarf keiner besonderen Maßnahmen. In dem Moment, wo ein Workflow-Objekt, das als Top-level-Workflow gestartet wurde, von seinem Wurzelkontrollflußobjekt dessen Fertigstellung signalisiert bekommt (`PushTermination()`), gilt der Top-level-Workflow als beendet.

6.3.4 Maßnahmen zur Verbesserung der Performance

Primäres Ziel der prototypischen WFMD-Implementierung in WorCOS war der Nachweis der prinzipiellen Machbarkeit. Effizienzbetrachtungen wie in [Hein96, Hoch97, Baue98, Schi98] standen nicht zur Debatte. Die Feststellung, daß eine auf die geschilderte Art vorübersetzte Workflow-Schema-Implementierung effizienter ist als eine zur Laufzeit interpretierte, ist auch ohne explizite Verifikation plausibel. Um Realisierungsvarianten methodisch sinnvoll bezüglich ihrer Effizienz zu vergleichen, müßte man nach dem Vorbild von [Mill96] ein und dasselbe Workflow-Metaschema auf unterschiedliche Architekturmodelle abbilden. Performance-Nachteile gegenüber einer engine-basierten Lösung sind dabei lediglich für den Fall zu erwarten, wo die Ausführungs-Performance einer zentralisierten Workflow-Engine auf einem Rechnerkonten mit der einer WorCOS-Konfiguration verglichen wird, deren Komponenten nicht alle auf einem Rechnerknoten plaziert sind. Die Workflow-Engine erzielt hier Vorteile, da sie innerhalb des gleichen Adreßraums arbeitet, während die WorCOS-Komponenten eine rechnerübergreifende Kommunikation erfordern. Durch die grundsätzlich verteilte Konzeption wird jedoch im Fall von WorCOS der Grundstein für eine feingranulare Verteilbarkeit der Last auf mehrere Rechner gelegt, wie sie in dieser Form mit einer engine-basierten Lösung nicht möglich ist.

Nachfolgend wird eine Liste von Maßnahmen zur Performance-Verbesserung ausgearbeitet. Diese Maßnahmen können unabhängig voneinander, aber auch in Kombination eingesetzt werden, um auf erhöhte Lastanforderungen zu reagieren:

- **Lastverteilung**: In WorCOS wurden Experimente mit einem Lastverteilungsdienst (s. Unterabschn. 5.8.2) durchgeführt. Genutzt wurde dabei die (nicht OMG-konforme) Fähigkeit der *OrbixNames*, unter einem logischen Namen nicht nur eine einzige, sondern eine Gruppe von Objektreferenzen zu registrieren [IONA98, S.43 f.]. *OrbixNames* implementiert im Rahmen seiner Namensauflösung zwei einfache Auswahlstrategien, die eintreffende Dienstanforderungen auf die Menge der registrierten Objekte gleichmäßig verteilen: Wählt man die Round-robin-Strategie, kommt reihum jedes Objekt zum Einsatz, bei Random-choice wird nach einem Zufallsalgorithmus ausgewählt. In ersten Tests wurden bereits mit diesen einfachen Strategien deutliche Performance-Steigerungen gegenüber der Verwendung einer einzigen Objektimplementierung nachgewiesen. Im Rahmen einer Diplomarbeit [Thai99] wurde ein erweiterter Lastverteilungsdienst realisiert, der zusätzliche Strategien implementiert und zweitens den Auslastungsgrad der einzelnen Ressourcen berücksichtigt.
- **Vermeidung unnötiger Objekte**: In WorCOS wurde für die Erzeugung von Workflow-Exemplar-Objekten zusammengesetzter Workflows eine simple Strategie gewählt, nach der bei der Erzeugung grundsätzlich alle enthaltenen Substrukturen angelegt werden. Dies schließt z.B. die Erzeugung von Workflow-Exemplar-Objekten für Subworkflows ein, die später (z.B. aufgrund bedingter Ausführung im Kontrollfluß) nicht zur Ausführung gelangen. Eine intelligentere Erzeugungsstrategie legt benötigte Objekte erst bei Bedarf an und verbraucht auf diese Weise keine unnötigen Ressourcen. Darüber hinaus wird durch eine „späte Erzeugung" gewährleistet, daß die Entscheidung über die Plazierung der neuen Objektexemplare (s. oben) erst zu diesem späteren Zeitpunkt fällt und die dann aktuellen Lastzustände des verteilten Systems berücksichtigt werden.
- **Pufferung**: Wird in der Implementierung von Workflow-Exemplar- und Aspektobjekten häufig hintereinander auf dasselbe entfernte Objekt zugegriffen und ist eine Änderung von dessen Zustand in der Zwischenzeit nicht zu erwarten, können Puffer helfen, den Kommunikationsaufwand zu senken. Manche ORB-Implementierungen unterstützen diese Vorgehensweise, z.B. *Orbix* durch die sog. SmartProxies (s. [IONA97, S. 325]).
- **Replikation des WFTR**: Es ist zu erwarten, daß Zugriffe auf den Inhalt des WFTR sehr häufig auftreten. Dies ist insbesondere dann der Fall, wenn Workflow-Objekt-Implementierungen nicht vollständig „hart codiert" werden, sondern mit reflexiven Techniken (s. Abschn. 4.2.2) arbeiten und im Verlauf ihrer Ausführung auf ihr Workflow-Schema, d.h., auf Metaobjekte im WFTR zugreifen. Sollte sich der entfernte Zugriff auf ein WFTR in derartigen Fällen als Engpaß erweisen, ist es denkbar, auf den Rechnerknoten der Workflow-Objekt-Implementierungen jeweils ein lokales WFTR zu plazieren. In diesem lokalen WFTR werden dann Replikate der benötigten Workflow-Schema-Objekte vorgehalten, auf die sich die Lesezugriffe lokal gestalten lassen. Da Workflow-Schema-Objekte eher statischen Charakter haben und selten geändert werden, ist der Replikationsaufwand bei Änderungen durchaus vertretbar.
- **Verwendung von „persistenten Servern"**: Die Aktivierung eines Objekt-Servers beim Eintreffen einer Dienstanforderung verursacht eine gewisse Verzögerung. Unnötige Deaktivierung und anschließende Aktivierung sind daher nach

Möglichkeit zu vermeiden. Für die Aktivierung von Objekt-Servern gibt es in CORBA eine ganze Reihe von Standardverfahren. Für Dienste, die eine besonders häufige Verwendung erwarten lassen (z.B. Kontrollflußkonstrukte vom Typ CHAIN) kommt nur eine dauerhafte Aktivierung als persistent server (s. z.B. [Pope98, S. 116 f.]) in Frage. Diese Aktivierungsstrategie sieht vor, daß der Objekt-Server – vergleichbar einem Betriebssystem-Dämon – systemseitig ein einziges Mal gestartet wird. Er wird nicht deaktiviert und ist stets ohne Verzögerung erreichbar.

Ein weiteres Verfahren, das zur Performance-Verbesserung in Frage kommt, ist die Migration von Objektexemplaren. Ausgangspunkt kann zum einen der Wunsch sein, Objekte auf einen Ziel-Rechnerknoten zu migrieren, von dem aus keine entfernten Zugriffe mehr notwendig sind. In [Schu97f, S. 97] wird ein Beispiel gezeigt, wo ein Workflow-Exemplar von einem Rechnerknoten in Frankfurt auf einen Rechnerknoten nach New York migriert, um dort lokal bearbeitet zu werden. Eine andere Anwendung der Objektmigration ist die dynamische Lastverteilung, wo Objektexemplare auf einen Rechnerknoten verschoben werden, um dort vorhandene Rechenkapazität auszunutzen.

Bei der Implementierung des WorCOS-Prototyps zeigte sich, daß das Architekturmodell außerordentlich flexibel ist und gute Eigenschaften bezüglich der Skalierbarkeit aufweist. Neue Server-Komponenten auf zusätzlichen Rechnern können zur Laufzeit hinzugefügt werden, wobei sich die Verarbeitungslast ab diesem Zeitpunkt gleichermaßen auf die neuen Objekt-Server verteilt. Wird im Anwendungsumfeld für bestimmte Aufgaben eine hohe Performance benötigt, kann mit Hilfe der vorgestellten Maßnahmen gezielte Optimierung betrieben werden. Es gilt jedoch, daß die Erhöhung der Performance mit Kosten und in der Regel mit Flexibilitätseinbußen einhergeht.

6.3.5 Ausblick auf weiterführende Implementierungsarbeiten

Der Aufwand zur Erzeugung von typspezifischen Objekt-Servern für Aspekt- und Workflow-Objekte ist relativ hoch. Die stets gleiche innere Struktur dieser Server (s. Unterabschn. 6.3.1) macht es jedoch möglich, sie zumindest teilweise automatisch zu generieren. Ein Generierungsansatz erspart dem Entwickler Aufwand, verhindert Inkonsistenzen innerhalb der Implementierung und ist insbesondere dann notwendig, wenn die Anforderung besteht, Implementierungen auf mehreren unterschiedlichen Rechnerplattformen verfügbar zu machen. Nachfolgend wird der Ablauf skizziert, der zu durchlaufen ist, um ausgehend von einer Beschreibung eines Workflow-Schemas im WFTR zu einer ablauffähigen binären Implementierung zu kommen, die Workflow-Exemplare gemäß diesem Schema ausführt. Es lassen sich vier Phasen unterscheiden, die in Abb. 6-19 verdeutlicht sind. Die in eckigen Klammern genannten Kleinbuchstaben erleichtern das Auffinden der Artefakte in dieser Abbildung.

1. Generierungsphase

In der ersten Phase wird aus dem WFTR das Workflow-Schema ausgelesen. Das Workflow-Schema [a] bildet die Arbeitsgrundlage für einen Programmgenerator, der daraus einen großen Anteil desjenigen Quellcodes [g] erzeugen kann, der für einen Objekt-Server gebraucht wird. Das Workflow-Schema liefert nicht nur das Wissen über die vorgesehene Workflow-Typ-spezifische Schnittstelle, sondern vor allem auch über die innere Struktur des Workflow-Typs und kann daher für die automatische Erzeugung eines Konstruktors verwendet werden. Unter Kenntnis eines Workflow-Metaschemas lassen sich Quellcode-Templates [b] definieren und Regeln aufstellen, wie diese zu verknüpfen sind.

Ist z.B. im Workflow-Schema eines zusammengesetzten Workflows spezifiziert, daß das Wurzelkontrollflußobjekt vom Typ CHAIN ist, könnte im Konstruktor ein Template eingesetzt werden, das das in Unterabschn. 6.3.3 geschilderte Verfahren automatisiert. Ein derartiges Template hat Codefragmente zur Erzeugung eines neuen CHAIN-Objekts und zur Bestückung der Teilschritte zu enthalten und braucht lediglich mit den Namen der Komponenten-Workflows parametrisiert zu werden.

In der prototypischen Realisierung wird die Generierungsphase nicht durch Werkzeuge unterstützt, die manuelle Handhabung folgt allerdings genau dem geschilderten Prinzip. Um dies zu erleichtern, wurde der C++-Code einer generischen Objekt-Server-Implementierung als Vorlage für neue Implementierungen definiert. Soll ein Server für einen neuen Workflow-Typ implementiert werden, wird eine Kopie dieser Vorlage erstellt und danach daraus mit einfachen Werkzeugen (Manipulation von Zeichenketten durch awk) ein initiales Programmgerüst für den neuen Objekt-Server erzeugt.

Natürlich lassen sich nur diejenigen Anteile des Codes automatisch generieren, für die im Workflow-Metaschema ausreichend Informationen vorhanden sind. Dieser Anteil ist um so höher, je weniger die Schnittstellen von Workflow-Objekten um Anwendungsspezifika erweitert werden. Läßt sich das Anwendungsproblem ausschließlich unter Einsatz vorhandener Elemente des Workflow-Metaschemas lösen, ist sogar eine vollständige Generierung möglich. Da dies in aller Regel nicht der Fall ist, wird sich an die Generierungsphase eine Entwicklungsphase anschließen, in der die automatisch erzeugten Teile von einem Programmierer um die Spezifika des jeweiligen Workflow-Typs ergänzt werden.

2. Übersetzungsphase

In der Übersetzungsphase werden aus den zuvor erzeugten – und ggf. überarbeiteten – Quelldateien Objektdateien [h] erzeugt. Es ist offensichtlich, daß vom Übersetzer dazu neben dem Quellcode der eigentlichen Workflow-Typ-Implementierung diejenigen Bibliotheken benötigt werden, die die Implementierung der Basisklassen (s. Unterabschn. 6.3.1) beinhalten. Verwendet die Server-Implementierung eine statische Bindung der Aspektobjekte, werden darüber hinaus die vom IDL-Compiler aus den Schnittstellendefinitionen der Aspektobjekte erzeugten Client-Stubs [f] benötigt. Macht die Implementierung Gebrauch weiterer Bibliotheken [e], so müssen auch diese zur Verfügung stehen.

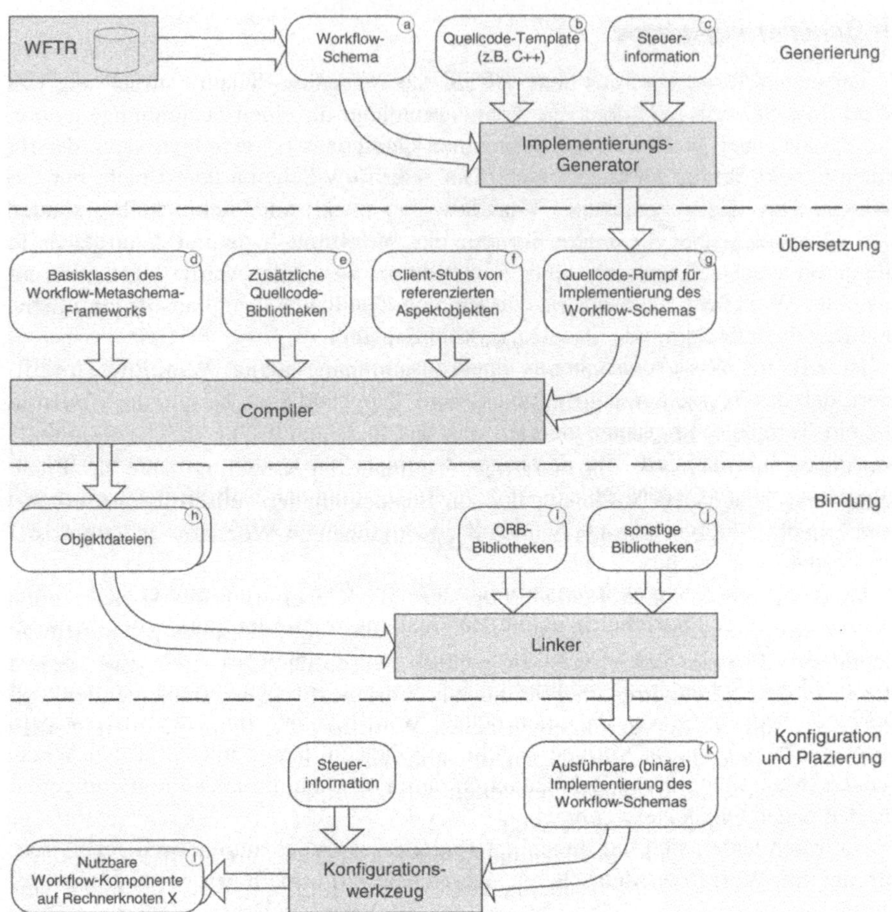

Abb. 6-19: Generierung von Workflow-Schema-Implementierungen

3. Bindungsphase

Aus den vorher erzeugten Objektdateien [h] wird nunmehr von einem Linker eine ausführbare Komponente, der eigentliche Objekt-Server [k], erzeugt. Damit der Objekt-Server Kontakt mit dem ORB aufnehmen kann, ist – in Abhängigkeit der gewählten ORB-Plattform – eine Bindung an diverse ORB-Bibliotheken [i] erforderlich. Im Fall von *Orbix* wären dies etwa `itm.lib`, `initsrv.lib` und `itiiop.lib`. Nicht zuletzt sind selbstverständlich auch Betriebssystembibliotheken [j], z.B. für Multithreading, erforderlich.

4. Konfigurations- und Plazierungsphase

Bevor ein neu erzeugter Objekt-Server als Teil einer WFMA in Betrieb gehen kann, muß über die Frage seiner Plazierung auf einem konkreten Rechnerknoten entschieden werden. Mit Hilfe eines Konfigurationswerkzeugs werden ggf. Kopien der Originalkomponente erzeugt, auf verschiedenen Rechnerknoten installiert und dort jeweils in die lokale Umgebung eingefügt [l].

Die Ablaufskizze in Abb. 6-19 dient der Verdeutlichung der Verarbeitungsschritte und der notwendigen Artefakte und darf nicht als Vorgehensmodell mißverstanden werden. Hierfür wäre eine erhebliche Erweiterung, z.B. um Rückkopplungen und Testphasen, notwendig.

6.4 Zusammenfassung

In die Realisierung der beschriebenen Komponenten des Prototyps wurden mehrere studentische Arbeiten mit einem Gesamtumfang von 5-6 Mannjahren investiert. Der hohe Einarbeitungsaufwand in die Thematik und in die komplexen Entwicklungswerkzeuge bringen es mit sich, daß in einzelnen Arbeiten meist nur Teilaspekte realisiert werden konnten. Leider ging durch die mangelhafte Qualität der ORB-Implementierungen viel Zeit verloren. Probleme bei der Implementierung zeigten sich in folgenden Punkten:

1. In bezug auf die mangelhafte Interoperabilität verschiedener ORB-Implementierungen – hier ist Besserung zu erwarten, sobald alle Hersteller die Version 2.0 der CORBA-Spezifikation korrekt umgesetzt haben.
2. Beim Versuch, C++-Objektimplementierungen zwischen verschiedenen ORB zu portieren. Da die POA-Spezifikation bisher nicht von allen ORB unterstützt wird, bringt ein Wechsel zwischen verschiedenen ORB hohen Anpassungsaufwand mit sich.
3. Im fehlenden Komfort der begleitenden Entwicklungswerkzeuge.

Insgesamt konnte jedoch in WorCOS die prinzipielle Tauglichkeit der Idee eines WFMD auf der Basis verteilter, eigenständiger Objekte, und damit des Architekturkonzepts aus Kap. 4 und 5 erfolgreich unter Beweis gestellt werden. In diesem Kapitel wurden die grundlegenden Ideen einer konkreten Realisierung von Workflow- und Aspektobjekten erörtert. Das ExtRA-Workflow-Metaschema konnte ohne Schwierigkeiten in eine Implementierung auf der Grundlage eines ORB überführt werden. Die erreichte Trennung zwischen den Schnittstellen und der Implementierung führt zu einer hohen Modularität der einzelnen Komponenten. Der wesentliche Vorteil des gezeigten Ansatzes besteht darin, daß man – sofern das im Metaschema erlaubt ist – Implementierungen von Workflow- und Aspektobjekten dynamisch zur Laufzeit austauschen kann, ohne die restlichen Teile des Systems neu übersetzen oder binden zu müssen. Ein solcher Austausch wirkt sich unmittelbar auf das Verhalten des WFMD aus und kann genutzt werden, um einzelne Teile des Systemverhaltens gezielt zu konfigurieren und zu erweitern (funktionale Flexibilität). Darüber hinaus besteht die Möglichkeit, daß die neuen Implementierungen zwar die gleiche Funktionalität, aber höhere Qualität liefern (nichtfunktionale Flexibilität).

Auf der Grundlage des WFMD wurde eine WFMA für das Universitäts-Szenario realisiert. Die in Kap. 4 postulierte Trennung zwischen einem generischen Basis-Workflow-Schema und anwendungsspezifischen Erweiterungen konnte damit demonstriert werden. Das Basis-Workflow-Metaschema erwies sich als hinreichend abstrakt, um Ansatzpunkte für alle erforderlichen Erweiterungen zu bieten; die Erweiterung um fachspezifische Elemente war relativ einfach machbar. Im Ergebnis konnten anwendungsspezifische Workflow-Objekte realisiert werden, die die positiven Eigenschaften des Workflow-Management mit der nahezu beliebigen Erweiterbarkeit von Programmiersprachen verbinden.

7 Zusammenfassung und Ausblick

Das abschließende Kapitel faßt die wesentlichen Punkte des vorgelegten Vorschlags für einen verteilten WFMD zusammen und gibt einen Ausblick auf mögliche fortführende Arbeiten und weiteren Forschungsbedarf.

7.1 Zusammenfassung

Workflow-Management-Technologie wird heute vielfach nur als Werkzeug verstanden, mit dem Geschäftsprozesse effizient und flexibel unterstützt werden können. Daß hinter der grundsätzlichen Idee noch größeres Potential und hinter dem Einsatz eines solchen Systems weitreichende Auswirkungen stecken, wird dabei verkannt. WFMS stellen einen ähnlich großen Schritt für die Software-Technologie dar, wie es vor dreißig Jahren die DBMS waren. Der Einsatz von DBMS brachte für Anwendungsprogramme die *Datenunabhängigkeit* – WFMS können die *Ablaufunabhängigkeit* bringen [Leym97]. Dies können WFMS aber nur leisten, wenn man ihnen eine ähnlich integrierende Rolle wie den DBMS zubilligt. Daraus leitet sich der Anspruch ab, daß WFMS die integrierte Verwaltung der Abläufe eines gesamten Unternehmens – oder zumindest eines größeren Anwendungsbereichs – überlassen wird, um damit den Problemen der redundanten, inflexiblen und einzelprogrammabhängigen Ablaufsteuerung zu begegnen. Damit sich diese Erkenntnis durchsetzen kann, müssen noch viele Probleme gelöst werden. Als Gradmesser der Bemühungen können dabei die Praxistauglichkeit und die Akzeptanz der WFMS gelten. Der potentielle Nutzen von WFMS ist augenfällig; nur der Aufwand für die Einführung bisher zu groß.

Ausgangspunkt dieses Buches war eine Reihe von Defiziten heutiger WFMS, die sich besonders beim Versuch ihrer Integration in größere Software-Projekte problematisch auswirken. Anforderungen aus der Praxis belegen, daß in vielen umfangreichen Software-Entwicklungsprojekten der Wunsch besteht, neu zu entwickelnde Software mit Workflow-Management-Funktionen auszustatten. Es ist wünschenswert, hierfür bestehende Komponenten einzusetzen, da dies im Vergleich zur Eigenentwicklung schneller geht und im Ergebnis höhere Qualität bietet.

Weil aber

- die vorhandenen, „konventionellen" WFMS in sich geschlossen und monolithisch sind und weder auf eine Verschmelzung mit Mitteln der klassischen Anwendungsentwicklung noch auf die Koexistenz mit anderen CSCW-Werkzeugen vorbereitet sind,

- die durch die WfMC standardisierten Schnittstellen einer Interoperabilität nur bedingt zuträglich sind,
- WFMS-Hersteller glauben, ihr System sei der alleinige Mittelpunkt einer Software-Architektur, und daher keinen Bedarf für eine weitgehende Öffnung ihrer Produkte sehen,

kann man mit der Rolle, die WFMS – als Werkzeug zur Entwicklung verteilter Anwendungen – heute zukommt, nicht zufrieden sein. Noch immer werden Workflow-Management-Funktionen von Anwendern größtenteils selbst implementiert. Fairerweise muß an dieser Stelle erwähnt werden, daß auch das Verhalten der Software-Architekten und -Entwickler korrekturbedürftig ist. In deren Einschätzung stellt eine mittelmäßige Eigenentwicklung immer eine „bessere" Lösung dar als die Wiederverwendung einer fremden Komponente. Als potentielle Nutznießer dieser Technologie haben sie nur wenig dazu beigetragen, deren Weiterentwicklung und Standardisierung zu fördern. Statt dessen wurde der wichtige Bereich der Standardisierung bisher ausschließlich den WFMS-Herstellern überlassen.

Ergebnis ist ein neuartiger Ansatz, der Ideen der Objektorientierung, komponentenorientierter Architekturen und des Workflow-Managements verbindet. Es wird beschrieben, wie die OMA um einen verteilten Workflow-Management-Dienst (WFMD) angereichert werden kann, die sich harmonisch in die Gesamtarchitektur einfügt. Der resultierende verteilte WFMD vermeidet Schwächen klassischer WFMS besonders im Hinblick auf seine Erweiterbarkeit, Skalierbarkeit und Offenheit. Durch seine Konzeption als plattformneutraler Dienst ist eine gute Integrationsfähigkeit auch in solche Software-Entwicklungsprojekte gewährleistet, die nicht als reine WFMA angelegt sind. Dies stellt einen erheblichen Vorteil gegenüber bisherigen Ansätzen dar.

- Der wesentliche Beitrag dieses Buches besteht darin, eine fundierte konzeptionelle Vorlage für die Realisierung eines WFMD zu liefern, die den Anspruch einer hohen Allgemeingültigkeit erfüllt – und sich deswegen auf die wesentlichen Inhalte beschränkt. Aus diesem Grund wurde ausführlich erläutert, was Inhalt eines Basis-Workflow-Metaschemas sein darf – und was nicht. Weil die Implementierungen der Modellelemente nicht starr im Code einer Workflow-Engine eingelagert, sondern zur Laufzeit durch separate Komponenten realisiert sind, steht einer Erweiterung und Anpassung des Workflow-Metaschemas an individuelle Anforderungen nichts im Wege.
- Der zweite wichtige Leistung besteht in einer ausführlichen Untersuchung, wie weit sich vorhandene Infrastrukturdienste der OMA für die Realisierung von WFMS eignen. Es konnte nachgewiesen werden, daß nicht nur die CORBA selbst, sondern auch CORBAservices und -facilities wertvolle Hilfsmittel sind, wenn auch mit gewissen Einschränkungen, was deren Verfügbarkeit und Portabilität betrifft.
- Das dritte Ergebnis ist eine funktionale Gliederung in klar definierte Architekturkomponenten, deren Dienste und gegenseitige Nutzungsbeziehungen beschrieben wurden. Sämtliche Komponenten, die zur Realisierung eines WFMD benötigt werden, wurden systematisch und nachvollziehbar eingeführt. Das re-

sultierende Architekturmodell ist unabhängig von der konkreten Ausgestaltung des Workflow-Metaschemas und kann bei Erweiterungen des Workflow-Metaschemas unverändert beibehalten werden.

Generell wurde großer Wert auf eine umfassende Zusammenstellung von funktionalen und nichtfunktionalen Anforderungen an einen WFMD gelegt. Die Ausarbeitung der Entwurfsprinzipien und Anforderungen stellt einen eigenen Wert dar, denn sie sind unabhängig vom konkreten eigenen Lösungsansatz gestaltet. Da an vielen Stellen darauf hingewiesen wird, welche Folgen und ggf. Nachteile bestimmte Design-Entscheidungen haben, sind die Ausführungen eine nützliche Hilfestellung für jeden, der ein WFMS oder einen WFMD implementieren möchte.

Der Prototyp WorCOS – als beispielhafte Realisierung (Demonstrator) der wesentlichen Konzepte – zeigt, daß sich bereits mit heutiger Technologie ein Teil der Vision durchaus realisieren läßt, wenn auch mit gewissen Einschränkungen. Ziel war es, die zentralen Prinzipien zu verdeutlichen, und nicht, einen funktional vollständigen WFMD zu realisieren.

Selbstverständlich ist der vorgestellte Ansatz nicht frei von Schwächen und offenen Fragen. Durch die Fokussierung auf grundlegende Fragen der Architekturkonzeption konnten Themen wie die fehlertolerante Verarbeitung von Workflows oder die formale Spezifikation der Semantik von Workflow-Metaschemata entweder gar nicht oder nur am Rande behandelt werden. Außerdem ist die Implementierung des Workflow-Metaschemas rudimentär; schließlich konnte sie nicht großen Maßstab betrieben werden. Der Prototyp realisiert auf Seiten der Workflow-Ausführung lediglich den Funktionsaspekt, den Verhaltensaspekt und den Organisationsaspekt des ExtRA-Workflow-Metaschemas.

Abschließend kann festgestellt werden, daß ein gangbarer Weg aufgezeigt wurde, verteilte Objektverwaltungssysteme und Workflow-Management zu verschmelzen. Es ist sehr wahrscheinlich, daß die Akzeptanz eines WFMD bei Anwendungsentwicklern höher liegen wird, als dies bei heutigen Ansätzen der Fall ist, da der Konfigurierbarkeit stärker Rechnung getragen wird. Der konzipierte WFMD geht zwangsläufig funktional weit über das hinaus, was der derzeit gültige OMG Workflow-Management-Standard („jFlow") leistet. Die in diesem Buch erbrachte konzeptionelle Arbeit ist ein guter Ausgangspunkt, falls in den nächsten Jahren eine Vervollständigung von „jFlow" zu einem vollwertigen WFMD in Angriff genommen werden soll.

7.2 Ausblick

Zum Abschluß werden einige Gebiete angerissen, auf denen weiterer Forschungsbedarf besteht. Die Auswahl erfolgte unter dem besonderen Gesichtspunkt, daß sich dabei speziell die im WorCOS-Projekt gewonnenen Erfahrungen gewinnbringend einsetzen lassen sollen. Die nachfolgend aufgelisteten Themen lassen sich in zwei Gruppen einteilen: Die Punkte 1) bis 4) zeigen eher konzeptionellen Forschungsbedarf auf, während die Punkte 5) bis 7) eher anwendungsbezogene Themen zum Gegenstand haben.

1. Die **systematische Konstruktion von Workflow-Schemata** gewinnt an Bedeutung, wenn man sicherstellen möchte, daß die am Ende eines Entwurfsprozesses entstehenden Workflow-Schemata bestimmte Qualitätskriterien erfüllen.
   Beispiele für solche Qualitätskriterien sind Portierbarkeit und Effizienz, aber
   auch Garantien, daß im Verlauf der Ausführung anwendungsspezifische Kor-
   rektheitskriterien erfüllt und unerwünschte Zustände ausgeschlossen sind. In
   Kap. 4 wurden zwar einige nützliche Gestaltungsgrundsätze angedeutet, allerdings nicht mit dem Anspruch, daraus eine vollständige Entwurfsmethodik ableiten zu wollen. Ein Vorschlag für eine solche findet sich in [Böhm99a], wo
   mit WorCRAFT ein Werkzeug implementiert wurde, mit dem sich aus Workflow-Metaschema-neutralen Aufgabentypstrukturen automatisch Workflow-
   Schemata generieren lassen, die vorgegebene Eigenschaften erfüllen. In [Hein-
   99] wird der Versuch unternommen, Workflow-Schemata zu generieren, die
   dem jeweils gültigen Workflow-Metaschema von WorCOS entsprechen. Zu
   diesem Zweck kommt der Workflow-Metaschema-Verwaltungsdienst von
   WorCOS zum Einsatz, der Auskunft über die verfügbaren Modellelemente gibt.
2. Noch weiter geht die Forderung nach der **Erweiterung vorhandener Entwick-
   lungsmethodologien**. Heutige Methodologien orientieren sich vielfach zu stark
   an programmiersprachlichen Ansätzen. Allgemeine Vorgehensmodelle zur Anwendungsentwicklung müssen um Schritte erweitert werden, die Workflow-
   Management-Technologie berücksichtigen. Ein erster Ansatz findet sich in
   [Leym97], wo unter der Bezeichnung *„process-based CASE"* ein zweistufiges
   Vorgehen vorgeschlagen wird: In der ersten Phase werden ablaufunabhängige
   Komponenten entwickelt, die in der zweiten Phase durch Workflow-Schemata
   verbunden werden. Eine derart rigide Trennung des „programming-in-the-
   small" und des „programming-in-the-large" dürfte sich jedoch in umfangreichen Projekten nicht immer durchhalten lassen.
3. **Kombinationsfähigkeit und Sprachmix**: Bei der Realisierung von Programm-
   mierprojekten gehört heute die Idee des Sprachmix bereits zum Alltag. Verschiedene Teilprobleme eines Software-Systems werden dabei mit der jeweils
   adäquaten Programmiersprache gelöst. Um im letzten Schritt mit einem Linker
   ein Gesamtsystem erstellen zu können, müssen sich dafür die Komponenten
   nach außen hin an gemeinsame Konventionen halten. Dieses Prinzip ist leicht
   auf die Gestaltung von Geschäftsprozessen übertragbar. Der Sprachmix entsteht
   dort, weil für verschiedene Teile der Geschäftsprozeß-Realisierung unterschiedliche Workflow-Sprachen geeignet sind. Es besteht jedoch bisher keine Klarheit darüber, woraus hier die „gemeinsamen Konventionen" bestehen, die deren
   Integration zu einem Ganzen erleichtern.
4. **Integration der verhaltensbeschreibenden Typsysteme**: Werden Programmsysteme aus einem Mix klassisch entwickelter Programmteile und einem WF-
   MD realisiert, entstehen bei der Frage, an welcher Stelle das gewünschte Verhalten des Systems niedergelegt wird, erhebliche Gestaltungsspielräume. Man
   kann davon ausgehen, daß in der Regel mehrere Alternativen bestehen, ein Verhalten zu realisieren, nämlich immer dann, wenn sich die Ausdrucksmöglichkeiten der Programmiersprache und der Workflow-Sprache überschneiden. Eine sequentielle Ausführung kann durch eine Abfolge von Befehlen, aber eben

auch durch den Einsatz eines Kontrollflußkonstrukts bewerkstelligt werden[7]. Die Semantik der verhaltensbeschreibenden Elemente in Programmiersprachen und WFMS differiert jedoch erheblich. Einerseits wird ein Workflow-Metaschema in der Regel Kontrollflußkonstrukte besitzen, die in der jeweiligen Programmiersprache unbekannt sind. Andererseits kann es sein, daß umgekehrt die Programmiersprache Konstrukte kennt, für die im Workflow-Metaschema kein Pendant existiert. Um eine nahtlose Integration zu erlauben, wäre ein Zusammenwachsen der verhaltensbeschreibenden Typsysteme wünschenswert, wie es in nachstehender Skizze gezeigt ist. Dort sind auch DBMS aufgenommen, aus dem einfachen Grund, weil auch die im DBMS ggf. vorhandenen aktiven Mechanismen wie Trigger und Stored Procedures mit in die obigen Erwägungen einbezogen werden müssen.

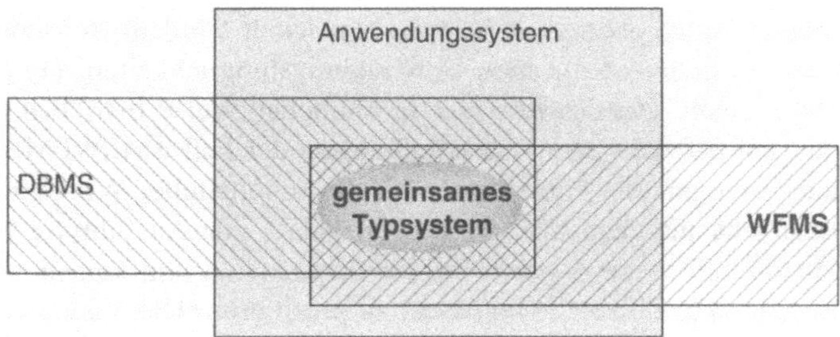

Abb. 7-1:   Integration der verhaltensbeschreibenden Typsysteme

5. Die Problematik einer **Integration von WFMS mit herkömmlichen Büromitteln** und -geräten wird in der Literatur kaum angesprochen. So erscheint z.B. die Integration von WFMS und telefonischer Sprachsteuerung (Voice processing) äußerst reizvoll. Zwar werden schon heute Abläufe aus dem Bereich des telefonischen Kundenservice häufig durch eine enge Sprach- und Datenintegration (Computer Telephony Integration, CTI) unterstützt. Eine Ankopplung an WFMS, die beim Betrieb hochgradig automatisierter Telefonzentralen („Call-Centern") eine große Bereicherung darstellen würden, ist jedoch bisher selten.

6. Wie in Kap. 4 gezeigt, erscheint es aussichtsreich, in Erweiterung des Basis-Workflow-Metaschemas **fachspezifische Workflow-Metaschemata** für bestimmte Anwendungsgebiete zu entwickeln. Auch wenn WFMS von der Idee her anwendungsneutral sind, so führt die hohe Allgemeingültigkeit der Modellelemente doch dazu, daß bei der Modellierung ein großer Abstand zur jeweiligen Anwendungswelt zu überbrücken ist. Dieser Abstand ließe sich durch das Angebot vorgefertigter, fachspezifischer Modellelemente im Workflow-Metaschema verringern. Um die Idee zu verdeutlichen, ist ein Vergleich mit Anwendungen aus dem Computer-Aided-Design (CAD) hilfreich: Auch diese Werkzeuge (z.B. AutoCAD) sind per se generisch, aber dennoch verwendet z.B. ein

---

[7] Angesichts des erheblich höheren Aufwands wird man die zweite Alternative nur dann wählen, wenn man sich davon langfristig einen Vorteil verspricht, z.B. einfachere Wartbarkeit, s. Unterabschn. 4.3.1

Architekt beim Zeichnen eines Grundrisses Modellelemente aus anderen Zusatzpaketen als ein Elektrotechniker, der ein Schaltbild entwirft. Übertragen auf WFMS heißt das, daß sich Workflow-Schema-Designer, der eine WFMA für eine Behörde realisiert, andere Modellelemente braucht als sein Kollege, der eine WFMA für ein Krankenhaus erstellt. Konkrete Anforderungen hierfür lassen sich nur aus einem breiten Praxiseinsatz von WFMS gewinnen, der momentan noch nicht zu beobachten ist.

7. Auch wenn der Bedarf zur **Internet-Integration** von Workflow-Management-Funktionen in diesem Buch nirgends explizit angesprochen wurde, so ist doch offensichtlich, daß der WFMD den dort zu stellenden Anforderungen in idealer Weise entspricht. Gemeint ist aber keineswegs nur die Verwendung eines Browsers für das World Wide Web (WWW) als Benutzerschnittstelle zur Teilnahme an der Workflow-Ausführung. Dies leisten einige WFMS bereits heute. Vielmehr müssen weitergehende Konzepte entwickelt werden. Besonders attraktiv erscheinen die beiden folgenden Entwicklungsmöglichkeiten: (1) Ein WFMD könnte von einem Internet-Provider in ähnlicher Weise betrieben werden wie dies heute mit E-Mail- oder Kalenderdiensten der Fall ist („WFMD Hosting"). Anwender können, mit Hilfe einer WWW-Schnittstelle, Workflow-Schemata entwickeln und auf dem WFMD des Providers zur Ausführung bringen. Sie brauchen folglich keine eigenen Rechnerkapazitäten und keinen eigenen WFMD, um vom Workflow-Management zu profitieren. Die Vision eines kostenpflichtigen Workflow-Management-Teledienstes wurde bereits in [Böhm96b] skizziert, und erscheint unter Einsatz eines WFMD auf CORBA-Basis inzwischen in greifbarer Nähe. Einzig notwendige Erweiterung hierfür ist die Mandantenfähigkeit des WFMD, da in diesem Fall natürlich die Inhalte unterschiedlicher Nutzer strengstens voneinander getrennt werden müssen. (2) Ein WFMD erscheint gut geeignet als Basisdienst für E-Commerce-Lösungen, bei denen Anwender nacheinander mehrere Schritte ausführen müssen, etwa, um eine Bestellung auszulösen. Derartige Aufgabenstellungen werden heute vielfach mit Kombinationen verschiedener Skript-Sprachen realisiert, die die Ablaufsteuerung mit vielen anderen technischen Aspekten vermengen. Die mangelnde Übersichtlichkeit und Wartungsfreundlichkeit derartiger Systeme dürfte COBOL-Programmen auf Dauer in nichts nachstehen. Der Einsatz von Workflow-Management-Technologie und speziell eines WFMD verspricht hier eine erhebliche Qualitätsverbesserung.

Die Liste offener Probleme und interessanter Forschungsansätze ließe sich weiter fortsetzen, s. hierzu [Schu98b]. Das breite Spektrum der in diesem Ausblick genannten Punkte zeigt nochmals eindrucksvoll, wie vielseitig Workflow-Management-Technologie sein kann. Damit schließt sich der Kreis zur Aussage im ersten Kapitel, nach der Workflow-Management wie kaum ein anderes ein interdisziplinäres Querschnittsthema ist, das viele Bereiche der angewandten Informatik tangiert. Das vorliegende Buch bietet Lösungen und trägt dazu bei, ein besseres Verständnis für diese Vielschichtigkeit aufzubauen.

Literaturverzeichnis

[Aals94]   VAN DER AALST, W. M. P; VAN HEE, K. M.; HOUBEN, G.J.: "Modelling work-flow management systems with high-level Petri nets". In: DE MICHELIS, G; ELLIS, C.; MEMMI, G. (eds.): *Proceedings of the second Workshop on Computer-Supported Cooperative Work, Petri nets and related formalisms*, 1994, pp. 31-50

[Aals96]   VAN DER AALST, W. M. P.: "Three Good Reasons for Using a Petri-net-based Workflow Management System". In: NAVATHE, S.; WAKAYAMA, T. (eds.), *Proceedings of the International Working Conference on Information and Process Integration in Enterprises (IPIC'96)*, Cambridge, MA, November 1996, pp. 179-201

[Aals97]   VAN DER AALST, W. M. P.: "Verification of Workflow Nets". In: AZEMA, P.; BALBO, G. (eds.): *Application and Theory of Petri Nets 1997*, Lecture Notes in Computer Science 1248 (1997), Springer-Verlag, Berlin, pp. 407-426

[Abbo94]   ABBOTT, K. R.; SARIN S. K.: "Experiences with Workflow Management: Issues for the Next Generation". In: *Proceedings of the 1994 ACM Conference on Computer Supported Cooperative Work (CSCW '94)*, Chapel Hill, NC, October 22-26, 1994, pp. 113-120

[Abec98]   ABECK, S.; LOCKEMANN, P.: „Kommunikation und Datenhaltung“, Universität Karlsruhe, Institut für Telematik, Skript zur Vorlesung Sommersemester 1998

[Ader97]   ADER, Martin: "Seven Workflow Engines Reviewed". In: *Document World*, May/June 1997, Volume 2, Issue 3, Association for Information and Image Management (AAIM)

[Agos93]   AGOSTINI, Alessandra: "Reengineering a Business Process with an Innovative Workflow Management System: a Case Study". In: KAPLAN, S. (ed.): *Proceedings of the Conference on Organizational Computing Systems 1993 (CO-OCS'93)*, Miliptas, CA, November 1-4, 1993, pp. 154-165

[Alon94a]   ALONSO, G.; EL ABBADI, A.: "Integrating Constraint Management and Concurrency Control in Distributed Databases". In: *Data Engineering Bulletin* 17 (1994), No. 2, pp.18-22

[Alon94b]   ALONSO, G.; KAMATH, M.; AGRAWAL, D.; EL ABBADI, A.; GÜNTHÖR, R.; MOHAN, C.: "Failure Handling in Large Scale Workflow Management Systems", IBM Almaden Research Center, IBM Research Report RJ 9913, November 1994

[Alon95]   ALONSO, G.; GÜNTHÖR, R.; KAMATH, M.; AGRAWAL, D.; EL ABBADI, A.; MOHAN, C.: "Exotica/FMDC: Handling Disconnected Clients in a Workflow Management System". In: *Proceedings of the 3rd International Conference on Cooperative Information Systems (CoopIS-95)*, Vienna, Austria, May 1995

[Alon96]   ALONSO, G.; SCHEK, H.-J.: "Research Issues in Large Workflow Management Systems". In: *Proceedings of the NSF Workshop on Workflow and Process Automation in Information Systems: State-of-the-Art and Future Directions*, May 8-10, 1996, The State Botanical Garden of Georgia, Athens, GA

[Alty94]   ALTY, J. L.; GRIFFITHS, D.; JENNINGS, N. R.; MAMDANI, E. H.; STRUTHERS, A.; WIEGAND, M. E.: "ADEPT – Advanced Decision Environment for Process Tasks: Overview and Architecture". In: *Proceedings of the BCS Expert Systems 94 Conference (Applications Track)*, Cambridge, UK, 1994, pp. 359-371

[Ambl97]   AMBLER, B.: "A Software Component Model for a Manufacturing Business". Response to the OMG CBO RFI by Lucent Technology, OMG Document bom/97-10-06

[ANSI88]   American National Standard X3.138-1988: Information Resource Dictionary System, American National Standardization Institute, New York 1988

[Appe96]   APPELFELLER, Wieland: „Phasenübergreifende Wiederverwendung durch den Einsatz von OO-Konzepten". In: *OBJEKTspektrum*, 1996, Nr. 1, S. 28 f.

[Atki89]   ATKINSON, M.; BANCILHON, F.; DEWITT, D.; DITTRICH, K.; MAIER, D.; ZDONIK, S.: "The Object-Oriented Database System Manifesto". In: *Proceedings 1st Int. Conference on Deductive and Object-Orientated Databases (DOOD '89)*, Kyoto, Dec. 4-6, 1989, Elsevier Science Publishers B. V., Amsterdam, 1989

[Aver98]   Averkamp, P.; Puder, A.; Römer, K.; Auel, K.: "Urbi et ORBi – Von Big Blue bis GPL: Object Request Broker". In: iX 10/1998, S. 74-85

[Baba95]   BABATZ, U.; PRINZ, W.: „POLITeam: Telekooperation für verteilte Organisationen". In: *GMD-Spiegel*, 1995, Nr. 1, S. 14 f.

[Bach86]   BACH, Maurice J.: *The Design Of The UNIX Operating System*, Prentice Hall International Editions, Englewood Cliffs, NJ, 1986, First Edition

[Bake97]   BAKER, Seán: *CORBA Distributed Objects – Using Orbix*, ACM Press, Addison Wesley Longman Ltd., Harlow/Essex, UK, 1997

[Bald95]   BALDI, B.; HOYER, D.; HOFMANN, R.: „BTÖV – Eine Methode für die bedarfsgerechte Gestaltung von Telekooperation in der öffentlichen Verwaltung". In: *Proceedings des Fachgruppentreffens '95 (Requirement Engineering für Informationssysteme)*, In: *EMISA-Forum*, 1996, Nr. 1, S. 31-35

[Bapa96]   BAPAT, A. ET AL.: "The VORTEL Project", De.Te.Berkom-Projekt Vorgangsbearbeitungs-Teleservice (VORTEL) – 6. Meilenstein: Final Report, The VORTEL Consortium, Berlin 1996

[Barb94]   BARBARA, D.; MEHROTRA, S.; RUSINKIEWICZ, M.: "INCAS: A Computation Model for Dynamic Workflows in Autonomous Distributed Environments", Matsushita Information Technology Laboratory, Princeton, May 2, 1994, In: *Journal of Database Management, Special Issue on Multidatabases* 7 (1996), pp. 5-15

[Bart97]   BARTL, Peter: „Actor-basierte Realisierung von Workflow-Management-Systemen". In: [Jabl97a], S. 335-349

[Bati96]   BATINI, C.; LENZIRINI, M.; NAVATHE, S. B.: "A Comparative Analysis of Methodologies for Database Schema Integration". In: *ACM Computing Surveys* 18 (1996), No. 4, pp. 323-364

[Baue94]   BAUER, M.; KOHL, C.; MAYR, H. C.; WASSERMANN, J.: "Enterprise Modeling Using OOA Techniques". In: *Proceedings Connectivity-94: Workflow Management – Challenges, Paradigms and Products*, Oldenbourg Verlag, Wien, München, 1994, pp. 96-111

[Baue98]   BAUER, T.; DADAM, P.: „Architekturen für skalierbare Workflow-Management-Systeme – Klassifikation und Analyse", Universität Ulm, Ulmer Informatik-Berichte, Nr. 98-02, 1998

[Beck96]   BECKER, M.: „Workflow-Management – Szenarien und Potentiale". In: [Öste-96a], S. 319-342

[Beck98]   BECKER, M.; VOGLER, P.; ÖSTERLE, H.: „Workflow-Management in betriebswirtschaftlicher Standardsoftware". In: *Wirtschaftsinformatik* 40 (1998), Heft 4, S. 318 f.

[Ben95]   BEN-NATAN, Ron: *CORBA – A Guide to the Common Object Request Broker Architecture*, First Edition, McGraw-Hill, New York, 1995

[Bern94]   BERNSTEIN, P. A.; DAYAL, U.: "An Overview of Repository Technology". In: BOCCA, J. B; JARKE, M.; ZANIOLO, C. (eds.): *Proceedings of the 20th International Conference on Very Large Databases (VLDB'94)*, September 12-15, 1994, Santiago de Chile, Chile, Morgan Kaufmann Publishers, 1994

[Bern95]   BERNSTEIN, A.; DELLAROCAS, C.; MALONE, T.; QUIMBY, J.: "Software Tools for a Process Handbook". In: *Bulletin of the Technical Commitee on Data Engineering*, IEEE Computer Society, March 1995, Vol. 18, No. 1, pp. 41-48

[Bern96]   BERNSTEIN, Philip A.: "Middleware: A Model for Distributed System Services". In: *Communications of the ACM*, 39(1996), No.2, pp. 86-98

[Bern98]   BERNSTEIN, Philip A.: "Repositories and Object Oriented Databases". In: *SIGMOD Record*, Vol. 27, No. 1, March 1998, pp. 88-96

[Bert96]   BERTRAM, Martin: „Das Unternehmensmodell als Basis der Wiederverwendung der Geschäftsprozeßmodellierung". In: [Voss96a], S. 81-100

[Beut96]   BEUTER, T.; DADAM, P.: „Anwendungsspezifische Anforderungen an Workflow-Management-Systeme am Beispiel der Domäne Concurrent-Engineering", Universität Ulm, Interner Bericht UIB-96-04, Juni 1996

[Beys94]   BEYSCHLAG, Ulf: "Office Document Architectures / Office Document Interchange Format (ODA/ODIF) und Electronic Data Interchange for Administration, Commerce and Transport (EDIFACT)". In: *DATACOM – OSI in der Anwendungsebene*, S. 44-55

[Bild96]   BILDSTEIN, H.; SCHREYJAK, S.: „Der Einsatz von Workflow-Transaktionen in FlowMark", Stuttgart, Universität, Software-Labor, Projekt 1.1, Fakultätsbericht vom 29.11.96

[Blah96]   BLAHUSCH, H.: „Konzeption und Pilotierung eines Workflow-Systems in der Bayerischen Landesbank". In: [Öste96], S. 199–214

[Blah98]   BLAHA, M.; PREMERLANI, W.: *Object-Oriented Modeling and Design for Database Applications*, Prentice Hall, New Jersey, 1998

[Blas96]   BLASER, H.; MEILER, A.: „Von der Strategie bis zum Workflow – Praxisbericht der Secura-Versicherungen". In: [Öste96a], S. 19–34

[Böhm95a]   BÖHM, M.; SCHULZE, W.: „Grundlagen von Workflow-Managementsystemen". In: *Wissenschaftliche Beiträge zur Informatik*, Heft 2/1995, TU Dresden, S. 50-65

[Böhm95b]   BÖHM, M.; SCHULZE, W.; MEYER-WEGENER, K.: „DOPAS – Abschlußbe-
            richt", 6. Meilenstein am 12. Oktober 1995, Berkom-Projekt Nr. 2046

[Böhm96a]   BÖHM, M.; MEYER-WEGENER, K.; SCHULZE, W.: „Formale Beschreibung und
            Transformation von Realisierungsalternativen für Geschäftsprozesse". In:
            Workshop „Workflow-Management" des GI-Arbeitskreises „Workflow-Ma-
            nagement", GI-Jahrestagung „Informatik '96", 25.–27.9.96, Klagenfurt, Öster-
            reich

[Böhm96b]   BÖHM, M.; DEITERS, W.; FRIEDRICH, M.; LINDERT, F.; SCHULZE ,W.: "Work-
            flow Management as Teleservice". In: *The international Journal of Computer
            and Telecommmunications Networking*, Special issue on Computer Networks
            and ISDN Systems, Elsevier Publishing, 28 (1996), pp. 1961-1969

[Böhm97a]   BÖHM, M.; MEYER-WEGENER, K.; SCHULZE, W.: „Unterstützung der Work-
            flow-Entwicklung durch ein unternehmensweites Repository für Geschäftspro-
            zeßrealisierungen". In: *Tagungsband zur Wirtschaftsinformatik 1997*, Physica
            Verlag, 1997, S. 225–240

[Böhm97b]   BÖHM, Markus: „Einführung von Workflow-Management-Anwendungen durch
            schrittweise Entwicklung von Realisierungsalternativen für Geschäftsprozes-
            se", EMISA-Fachgruppentreffen 1997. In: ORTNER, E. (Hrsg.): Arbeitsbericht
            97/03 des Fachgebiets Wirtschaftsinformatik I, TH Darmstadt, 1997

[Böhm97c]   BÖHM, Markus: „Entwurf und Bewertung von Varianten zur Geschäftsprozeß-
            unterstützung mit Workflow-Management-Systemen". In: *Proceedings zum
            Workshop „Arbeitsplatzrechner-Integration zur Prozeßverbesserung"*, GI-
            Jahrestagung 23.9.97, Aachen, erschienen in: Softwaretechnik-Trends,
            17 (1997), Heft 3

[Böhm97d]   BÖHM, Markus: „Modellierung von Workflows". In: [Jabl97a], S. 65-114

[Böhm98a]   BÖHM, Markus: „Integration externer Applikationen im Workflow-Manage-
            ment". In: *INFORMATIK/INFORMATIQUE*, Themenheft Workflow-Manage-
            ment-Systems, 1998, Nr. 2, S. 23-28

[Böhm98b]   BÖHM, Markus: *Ein konstruktiver Ansatz zur systematischen Entwicklung von
            Ausführungsanweisungen für Workflows*, Gemeinsamer Technischer Bericht
            der TU Dresden, der Universität Zürich und der Universität Erlangen-Nürn-
            berg, TUD / FI / 98 / 05 – April 1998

[Böhm99a]   BÖHM, Markus: *Systematische Konstruktion von Workflow-Typen*, Dresden,
            Technische Universität, Fakultät Informatik, Dissertation, 1999

[Böhm99b]   BÖHM, Markus, *Konstruktion von Workflow-Typen*, Reihe Informationstechnik
            für die Praxis, JABLONSKI, S.; DEITERS, W. (Hrsg.), Springer-Verlag, Heidel-
            berg, 1999

[Bohr98]   BOHRER, K.; JOHNSON, V.; NILSSON, A.; RUBIN, B.: "Business Process Com-
            ponents for Distributed Object Applications". In: *Communications of the ACM*
            41 (1998), No. 6, pp. 43-48

[Booc91]   BOOCH, Grady: *Object Oriented Design with Applications*, The Benjamin /
            Cummings Publishing Company, 1991

[Booc98]   BOOCH, G.; RUMBAUGH, J.; JACOBSON, I.: *The Unified Modeling Language
            User Guide*, Addison-Wesley, Reading, MA, 1998

[Borg95]   BORGHOFF, U.; SCHLICHTER, J. H.: *Rechnergestützte Gruppenarbeit: eine Ein-
            führung in verteilte Anwendungen*, Springer-Lehrbuch, Springer-Verlag, Ber-
            lin, Heidelberg, New York, 1. Auflage, 1995

[Brod95a]   BRODIE, Michael L.: "Putting Object to Work on a Massive Scale – The Empe-
             ror's Clothes Are Object-Oriented (and Distributed)", slides of Keynote
             Address ObjectWorld'95, Frankfurt, 7/8.10.1995

[Brod95b]   BRODIE, Michael L.: "OMG Technology In Support Application Interopera-
             bility Under OMG's Proposed Re-organization". BODTF, White paper from
             June 22, 1995

[Brod97]   BRODIE, Michael L.: "The Emperor's Clothes are Object Oriented and Distri-
             buted". In: Cooperative Information Systems: Current Trends and Directions",
             PAPAZOGLOU, SCHLAGETER (eds.), Academic Press, 1997

[Brow96]   BROWN, N.; KINDEL CH.: "Distributed Component Object Model Protocol –
             DCOM 1.0", Internet-draft, Microsoft Corporation, November 1996

[Brow99]   BROWN, E. G.; SCHADLER, T; CIARDELLI, A. J. WORTHEN, B.; SMITH, S.: *In-
             ternet Middleware*, Forrester Research Report, July 1999

[Bußl94]   BUßLER, C.; JABLONSKI, S.: "Implementing Agent Coordination for Workflow
             Management Systems Using Active Database Systems". In: *Proceedings on
             research Issues in Data Engineering: Active Database Systems (RIDE – ADS
             '94)*, Houston, TX, USA, February 1994

[Bußl95]   BUßLER, C.; JABLONSKI, S.: "Policy Resolution for Workflow Management Sy-
             stems". In: *Proceedings of the Hawaii International Conference on System
             Sciences*, Maui, Hawaii, January 3-6, 1995

[Bußl97a]   BUßLER, C.; STEIN, K.: „Workflow-Metaschema-Modelle". In: [Jabl97a],
             S. 120-134

[Bußl97b]   BUßLER, Christoph: "Workflow Interoperability: Company-wide Position of
             The Boeing Company on Workflow Interoperability", OMG document
             bom/97-11-22

[Bußl98a]   BUßLER, Christoph: "Towards Workflow Type Inheritance", First International
             Workshop on Object Oriented Workflow Management Systems, OOPSLA
             '98, October 18th, Vancouver, Canada

[Bußl98b]   BUßLER, Christoph: *Organisationsverwaltung in Workflow-Management-Sy-
             stemen*, Erlangen, Friedrich-Alexander-Universität, Dissertation, Deutscher
             Universitäts Verlag, Wiesbaden, 1998

[Byrn96]   BYRNE, B.: "IRDS Systems and Support for Present and Future CASE Tech-
             nology". In: *Proceedings of CaiSE'96 DC*, W4, Heraklion, 1996

[Carl97]   CARLSEN, Steinar: *Conceptual Modeling and Composition of Flexible Work-
             flow Models*, Norwegian University of Science and Technology, Department
             of Computer and Information Science, Doctoral Thesis, 1997

[Carr97]   CARR, David F.: "CORBA and DCOM: How Each Works". In: *Web Week*, 3
             (1997), Issue 7, March 24, Mecklermedia Corp.

[Casa95]   CASANAVE, Cory: „Business-Object Architectures and Standards". Position
             Paper for the OOPSLA'95 Workshop on Business Object Design and Imple-
             mentation. In: [Suth97], pp. 7-28

[Catt94]   CATTELL, Rick G. (ed.): *The Object Database Standard: ODMG-93*, Version
             1.0, Morgan Kaufmann Publishers, San Mateo, CA, 1994

[Chen76]   CHEN, Peter P.-S.: "The Entity-Relationship Model – Toward a Unified View
             of Data". In: *ACM Transactions on Database Systems* 1 (1976), No.1, pp. 9-35

[Chun97]   CHUNG, P. E.; HUANG, Y.; YAJNIK, S.; LIANG, D.; SHIH, J. C.; WANG C.; WANG, Y.: "DCOM and CORBA Side by Side, Step by Step, and Layer by Layer", In: *C++ Report*, 10 (1998), No. 1, pp. 18-30

[Cich98]   CICHOCKI, A.; HELAL, A.; RUSINKIEWICZ, M.; WOELK, D.: *Workflow and Process Automation: Concepts and Technology*, Kluwer Academic Publishers, Boston, Dordrecht, London, 1998

[Coad96]   COAD, Peter: "Object Models: Strategies, Patterns, and Applications", Tutorial Notes, Conference on Object-Oriented Programming, Systems, Languages and Applications, OOPSLA96, San Jose, California, October 6-10, 1996

[Codd72]   CODD, E. F.: "Further normalization of the data base relational model". In: *Data Base Systems*, 1972, S. 33-64

[Craw98]   CRAWLEY, S.; MCBRIDE, S.; RAYMOND, K.: "The Meta-Object Facility: Meta-Information in a CORBA World", Tutorial Notes for Middleware'98, IFIP International Conference on Distributed Systems Platforms and Open Distributed Processing, The Lake District, England, 15-18 September 1998

[Curt92]   CURTIS, B.; KELLNER, M., OVER, J.: "Process Modeling". In: *Communications of the ACM*, 35(1992), No. 9

[CZ98]   „SAP-Kunden bekommen die Organisationsstruktur geliefert". In: *Computer-Zeitung*, 1998, Nr. 38, 17. September 1998, S. 2

[Dada96]   DADAM, P.: *Verteilte Datenbanken und Client/Server-Systeme – Grundlagen, Konzepte und Realisierungsformen*, Springer-Verlag, Berlin, Heidelberg, New York, 1996

[Das97]   DAS, S.; KOCHUT, K.; MILLER, J.; SHETH, A.; WORAH, D.: "ORBWork: A Reliable Distributed CORBA-based Workflow Enactment System for METEOR$_2$", University of Georgia, Department of Computer Science, Technical Report #UGA-CS-TR-97-001, February 1997

[Daya88]   DAYAL, U.; BUCHMANN, A.; MCCARTHY, D.: "Rules are Objects Too: A Knowledge Model for an Active, Object-oriented System". In: DITTRICH, K. R. (ed.): *Advances in Object-oriented Database Systems, Proceedings 2nd International Workshop*, Bad Münster am Stein-Ebernburg, 1988, erschienen als: *Lecture Notes on Computer Science* 334 (1988), Springer-Verlag, Berlin, pp. 129-143

[Deit84]   DEITEL, Harvey M.: *An Introduction to Operating Systems*, Addison-Wesley, Reading, Massachusetts, Revised First Edition, 1984

[Deit93]   DEITERS, Wolfgang: *A View Based Approach to Software Process Management*“, Dortmund, Universität Dortmund, Fachbereich Informatik, Dissertation, 1993, erschienen als: Forschungsbericht Nr. 467/1993

[Dere76]   DEREMER, F. L.; KRON, H.: „Programming-in-the-large versus programming-in-the-small". In: *IEEE Transactions of Software Engineering*, Vol. SE-2, No. 2, June 1976, pp. 80-86

[Deut89]   DEUTSCH, Peter: "Design reuse and frameworks in the Smalltalk-80 system". In: BIGGERSTAFF, T., PERLIS, A. (eds.): *Software Reusability, Volume II: Applications and Experience*, Addison-Wesley, Reading, MA, 1989, pp. 57-71

[DIN96]   DEUTSCHES INSTITUT FÜR NORMUNG: „Geschäftsprozeßmodellierung und Workflow-Management; Forschungs- und Entwicklungsbedarf im Rahmen der entwicklungsbegleitenden Normung“, DIN-Fachbericht 50, Beuth-Verlag, Berlin, 1996

[Ditt95]   DITTRICH, Erik: *Entwurf und Implementierung von Services zur Bereitstellung von Organisations- und Personalstrukturen für ein Workflow-Management-System (WFMS)*, Dresden, Technische Universität, Fakultät Informatik, Professur für Datenbanken, Diplomarbeit, 1995

[Ditt96]   DITTRICH, K. R.; GATZIU, S.: *Aktive Datenbanksysteme, Konzepte und Mechanismen*, International Thomson Publishing, Bonn, 1. Auflage, 1996

[Dona99]   DONATH, Uwe: *Realisierung ausgewählter Aspekte des WorCOS Workflow-Metamodells durch CORBA-Objekte*, Dresden, Technische Universität, Fakultät Informatik, Professur für Datenbanken, Diplomarbeit, 1999

[Dörn89]   DÖRNER, Dietrich: *Die Logik des Mißlingens. Strategisches Denken in komplexen Situationen*, Rowolt Verlag, Reinbek, 1989, 1. Auflage

[Drew93]   DREW, P.; KING, R.; MCLEOD, D.; RUSINKIEWICZ, M., SILBERSCHATZ, A.: "Report of the Workshop on Semantic Heterogeneity and Interoperation in Multidatabase Systems". In: *SIGMOD Record* 22 (1993), No. 3, pp. 47-56

[Dudd97]   DUDDY, K.; RAYMOND, K.; VOGEL, A.: "Trader Down Under: Upside Down and Inside Out". DSTC Technical Report No. 25, 1995, appeared in: *TAPOS - Theory and Practice of Object Systems* 3 (1997), Special issue "Research Directions: The Future of CORBA", No. 1, pp. 15-29

[Eder95]   EDER, J.; LIEBHART, W.: "The Workflow Activity Model WAMO". In: LAUFMANN, S.; SPACCAPIETRA, S.; YOKOI, T. (Eds.): *Proceedings of the Third International Conference on Cooperative Information Systems (CoopIS-95)*, May 9-12, 1995, Vienna, Austria, pp. 87-98

[Edwa97]   EDWARDS, Jeri: *3-Tier Client/Server At Work*, John Wiley & Sons, New York 1997

[Eele98]   EELES P., SIMS O.: *Building Business Objects*, Wiley Computer Publishing, Wiley & Sons Inc., New York, Chichester, 1998

[Ehle94]   EHLERS, Peter: "The GroupProject System: Integrated Application Framework for distributed Project Management". Pavone White Paper, Universität GH Paderborn, Wirtschaftsinformatik, Juli 1994

[EIA94]   ELECTRONIC INDUSTRIES ASSOCIATION, "Case Data Interchange Format CDIF – Integrated Meta-model – Foundation Subject Area", EIA/IS-111, CDIF Technical Committee, January 1994

[Elli91]   ELLIS, C. A.; GIBBS, S. J.; REIN, G. L.: "Groupware: Some Issues and Experiences". In: *Communications of the ACM* 34 (1991), No. 1, pp. 39-58

[Elli94]   ELLIS, C.; WAINER, J.: "A Conceptual Model of Groupware". In: *Proceedings of the ACM 1994 Conference on Computer Supported Cooperative Work*, October 22-26, 1994, Chapel Hill, NC, USA, pp. 79-88

[Emme96]   EMMERICH, W.; FERRANDINA, F.; ARLOW, J.: „Die CORBAservices der OMG – ein Überblick". In: *OBJEKTspektrum*, 1996, Nr. 6, S. 46 f.

[Eng98]   ENG, Ben: „CORBAservices Feature Matrix", Collection of features of current implementations, at http://www.vex.net/~ben/corba/cosmatrix.html, Page last modified Nov 21, 1998

[Erdl92]   ERDL, G.; SCHÖNECKER, H. G.: „Geschäftsprozeßmanagement", Studie, Hrsg.: B.BIT Consult GmbH, München, FBO – Fachverlag für Büro und Organisationstechnik, 1992

[Erdl93]   ERDL, G.; SCHÖNECKER, G.: „Vorgangssteuerungssysteme im Überblick". In: *Office Management*, 1993, Nr. 3, S. 13-21

[Fast94]   FAST e. V.: „Modellierung von Geschäftsprozessen", München, Forschungs-
           institut für Angewandte Software-Technologie (FAST) e.V., Projektergebnis
           Teil 1, 28. November 1994

[Fers93]   FERSTL, Otto K.: „Geschäftsprozeßmodellierung". In: *Wirtschaftsinformatik* 35
           (1993), Heft 6, S. 589-592

[Fers96]   FERSTL, O. K; SINZ, E. J.: „Geschäftsprozeßmodellierung im Rahmen des Se-
           mantischen Objektmodells". In: [Voss96a], S. 47-61

[Fisc97]   FISCHER, Mike: *Persistente Objekte und verteilte Transaktionen*, Dresden,
           Technische Universität, Fakultät Informatik, Professur für Datenbanken, Di-
           plomarbeit, 1997

[Fitz96]   FITZPATRICK, G.; KAPLAN, S. M.; MANSFIELD, T.: "Physical spaces, virtual
           places and social worlds: A study of work in the virtual". In: *Proceedings of
           the ACM 1996 Conference on Computer Supported Cooperative Work (CSCW
           '96)*, Boston, MA, USA, November 1996, pp. 334-343

[Fowl97]   FOWLER, M.; SCOTT K.: *UML Distilled. Applying the Standard Object Mode-
           ling Language*, Addison-Wesley Object Technology Series, Addison-Wesley
           Publishers, 1997

[Fürp96]   FÜRPAß, Hannes: „Integriertes Prozeßmanagement mit CSE/Workflow und
           UBIS/Bonapart: Die Überführung von Modellinformationen von Bonapart 2.0
           nach Workflow 4.0 basierend auf dem Interface 1 der WfMC". In: [Jabl96d],
           S. 25-48

[Gamm95]   GAMMA, E.; HELM, R.; JOHNSON, R.; VLISSIDES, J.: *Design Patterns – Ele-
           ments of Reusable Object-Oriented Software*, Addison-Wesley, professional
           computing series, Reading, Massachusetts, 1995

[Gapp92]   GAPPMEIER, Markus: „Kooperative Vorgangsbearbeitung: Eine empirische
           Untersuchung". In: NASTANSKY, Ludwig (Hrsg.): Workgroup Computing '92
           – Computer Supported Cooperative Work (CSCW), S+W Steuer- und Wirt-
           schaftsverlag, Hamburg, 1992

[GdV96a]   GESAMTVERBAND DER DEUTSCHEN VERSICHERUNGSWIRTSCHAFT: „VAA – Die
           Anwendungsarchitektur der Versicherungswirtschaft – Die VAA im Über-
           blick", Arbeitskreis VAA, Dezember 1996, 2. Auflage

[GdV96b]   GESAMTVERBAND DER DEUTSCHEN VERSICHERUNGSWIRTSCHAFT: „VAA – Die
           Anwendungsarchitektur der Versicherungswirtschaft – Technische Beschrei-
           bung", Arbeitskreis VAA, Dezember 1996, 2. Auflage

[GdV96c]   GESAMTVERBAND DER DEUTSCHEN VERSICHERUNGSWIRTSCHAFT: „VAA – Die
           Anwendungsarchitektur der Versicherungswirtschaft – Workflow-/Vorgangs-
           steuerung", Arbeitskreis VAA, Dezember 1996, 2. Auflage

[GdV96d]   GESAMTVERBAND DER DEUTSCHEN VERSICHERUNGSWIRTSCHAFT: „VAA – Die
           Anwendungsarchitektur der Versicherungswirtschaft – Fachliche Beschrei-
           bung", Arbeitskreis VAA, Dezember 1996, 2. Auflage

[Gehl94]   GEHLERT, Ulrich: *Dynamische Typkonzepte in RPC-Systemen*, Erlangen, Fried-
           rich-Alexander-Universität, Lehrstuhl für Betriebssysteme, Diplomarbeit, 1994

[Geih93]   GEIHS, Kurt: „Infrastrukturen für heterogene verteilte Systeme". In: *Informa-
           tik-Spektrum* 16 (1993), S. 11-23

[Geih95]   GEIHS, K. ET AL: „Systemunterstützung für offene verteilte Dienstemärkte".
           In: *KIVS-95, Kommunikation in Verteilten Systemen: Neue Länder – Neue
           Netze - Neue Dienste*, Informatik-Aktuell, Springer-Verlag, 1995, pp. 445-459

[Geor94]   GEORGAKOPOULOS, D.; HORNICK, M.; SHETH,A.: "An Overview of Workflow Management: From Process Modeling to Workflow Automation Infrastructure". University of Georgia, Dept. of CS, LSDIS Lab., Technical Report TR-CS-94-003, November 1994, also in: *Journal of Distributed and Parallel Databases* 3 (1995), No. 2, pp.119-152

[Gepp97a]   GEPPERT, A.; TOMBROS, D.: „Ereignisgesteuerte Workflow-Ausführung in verteilten Umgebungen". In: [Jabl97a], S. 307-322

[Gepp97b]   GEPPERT, A.; KRADOLFER, M.; TOMBROS, D.: "Market-Based Workflow Management", In: *International IFIP Conf. on Distributed Systems for Electronic Commerce*, Hamburg, Germany, June 1998. Hier als Technischer Bericht 97/15.

[Gerp95]   GERPOTT, T.; WITTKEMPER, G.: „Business Process Redesign – Der Ansatz von Booz, Allen & Hamilton". In: [Nipp95a], S. 144-164

[Goes98]   GOESMANN, T.; STRIEMER, R.: „Entwicklung von Workflow-Management-Anwendungen in der Praxis – Erfahrungen und Konsequenzen", Dortmund, Fraunhofer-Institut für Software- und Systemtechnik, ISST-Bericht 44/98, Januar 1998

[Gold83]   GOLDBERG, A.; ROBSON, D.: *Smalltalk 80: The Language and its Implementation*, Addison-Wesley Publishing Company, Reading, MA, 1983

[Golm97]   GOLM, M.; KLEINÖDER, J.: „MetaJava". In: *Proceedings of the STJA '97*, September 10, 1997, Erfurt

[Gray93]   GRAY, J.; REUTER, A.: *Transaction Processing: Concepts and Techniques*, Morgan Kaufmann Publishers, San Mateo, CA, 1993

[Gren98]   GRENZHEUSER, Angelika: „Nur die Schnellsten überleben – Workflow im Netz". In: *Office Management*, 1998, Nr. 3, S. 22-23

[Gruh93]   GRUHN, Volker: „Entwicklung von Informationssystemen in der LION-Entwicklungsumgebung". In: SCHESCHONK, G., REISIG, W. (Hrsg.): *Petri-Netze im Einsatz für Entwurf und Entwicklung von Informationssystemen*, GI-Bericht, Technische Fachhochschule Berlin, 20.-22. September 1993, Springer-Verlag, Berlin, Heidelberg

[Gruh94]   GRUHN, V.; WOLF, S.: „Software-Entwicklung auf der Basis von Geschäftsprozeß-Management", In: *HMD-Hefte zur Theorie und Praxis der Wirtschaftsinformatik* (1994), Heft 180, S. 116–125

[Gulb88]   GULBINS, Jürgen: *UNIX – Eine Einführung in Begriffe und Kommandos*, Dritte, überarbeitete und erweiterte Auflage, Springer-Verlag, Berlin, Heidelberg, New York, 1988

[Gutt95]   GUTTMAN, M.; MATTHEWS, R.: *The Object Technology Revolution*, John Wiley & Sons, Inc., New York, 1995

[Habe93]   HABERMANN, H. J.; LEYMANN, F.: *Repository – Eine Einführung*, Handbuch der Informatik, Band 8.1., R. Oldenbourg Verlag, München Wien, 1993

[Hage98a]   HAGEN, C.; ALONSO, G.: "Flexible Exception Handling in the OPERA Process Support System". In: *18th International Conference on Distributed Computing Systems (ICDCS 98)*, Amsterdam, The Netherlands, May 1998

[Hage98b]   HAGEMEYER, J.; STRIEMER, R.: „Anforderungen an die Erweiterung von Metamodellen für die Geschäftsprozeßmodellierung und das Workflow Management". In: [Herr98], S.161-180

[Hale91]   HALES, K.; LAVERY, M.: "Workflow Management Software: the Business Op-
            portunity", Special report of Ovum Ltd., London, England, 1991

[Halt96]   HALTER, U.: „Workflow-Integration im Kreditbereich". In [Öste96], S. 171-
            198

[Hamm94]   HAMMER, M.; CHAMPY, J.: *Business Reengineering: die Radikalkur für das
            Unternehmen*, Campus Verlag, Frankfurt/Main, New York, 1994

[Han97]   HAN, Yanbo: *Software Infrastructure for Configurable Workflow Systems*,
            Berlin, Technische Universität, Fachbereich 13 (Informatik), Dissertation,
            1999, erschienen im Wissenschaft und Technik-Verlag, Berlin, 1997

[Härd87]   HÄRDER, Theo: „Realisierung von operationalen Schnittstellen". In: [Lock87],
            S. 167-335

[Hase87]   HASENKAMP, U.: *Konzipierung eines Bürovorgangssystems*, Köln, Universität
            zu Köln, Wirtschafts- und Sozialwissenschaftlichen Fakultät, Habilitations-
            schrift, 1987

[Hein96]   HEINL, P.; SCHUSTER, H.: "Design and Architecture of High Performance
            Workflow Management Systems". In: [Jabl96d], S. 60-78

[Hein97]   HEINL, P.; SCHUSTER, H.: „Anwendung von Implementierungstechniken zur
            Integration von externen Applikationen". In: [Jabl97a], S. 365-374

[Hein99]   HEINEMANN, Björn. *Konzeption und Realisierung einer Entwicklungsumge-
            bung zur systematischen Konstruktion von Workflow-Typen*, Dresden, Techni-
            sche Universität, Fakultät Informatik, Professur für Datenbanken, Diplomar-
            beit, 1999

[Henn98]   HENNING, Michi: "Binding, Migration, and Scalability in CORBA". In: *Com-
            munications of the ACM* 41 (1998), No. 10, pp. 62-71

[Herb94]   HERBST, H., KNOLMAYER, G., MYRACH, T., SCHLESINGER, M.: "The Specifica-
            tion of Business Rules: A Comparison of selected methodologies". In: VERIJN-
            STUART, A. A.; OLLE, T.-W. (eds.): *Methods and Associated Tools for the In-
            formation System Life Cycle*, Elsevier Publ., Amsterdam, 1994, pp. 29–46

[Herr98]   HERRMANN, Th., SCHEER, A.-W., WEBER, H. (Hrsg.): *Verbesserung von Ge-
            schäftsprozessen mit flexiblen Workflow-Management Systemen*, Band I: Von
            der Erhebung zum Sollkonzept, Physika-Verlag, Heidelberg, 1998

[Heue92]   HEUER, Andreas: *Objektorientierte Datenbanken*, Addison-Wesley Longman,
            Bonn, 1. Auflage, 1992

[Heue95]   HEUER, A.; SAAKE, G.: *Datenbanken, Konzepte und Sprachen*, International
            Thomson Publishing, Bonn, 1. Auflage, 1995

[Heus95]   HEUSER, L.; SCHILL, A.: *Verteiltes objektorientiertes Programmieren mit
            C++. Das Programmsystem DC++*, Thomson's Aktuelle Tutorien, Interna-
            tional Thomson Publishing, Bonn, 1995

[Hilp94]   HILPERT, W.: „Workflow Management im WAN und LAN – Architekturen
            und Lösungen für flexible Prozeßketten", Paderborn, Universität-GH Pader-
            born, Fachbereich Wirtschaftsinformatik, Projektgruppe Client Server Distri-
            buted Systems, August 1994

[Hoch97]   HOCHGESANG, G.; R. CARDONE, H. AGHILI: "Embedded Workflow Manager
            System Design Overview", IBM Research Division, T. J. Watson Research
            Center, Yorktown Heights, NY, IBM Research Report. RC 20869 (92341)
            3JUN97

[Hogg85]   HOGG, J.: "Intelligent message systems". In: TSICHRITZIS, D. (ed.): *Office Automation*, , Springer-Verlag, New York, 1985, pp. 113-133

[Holl98]   HOLL, M.; MITTERBAUER, CH.: „Wiederverwendung: Visionen und Illusionen". In: *OBJEKTspektrum*, 1998, Nr. 2, S. 62-69

[Horn95]   HORNIG, P.: „Die Kinder der OMA – Ein Einblick über CORBA-Implementierungen". In: *HMD-Hefte zur Theorie und Praxis der Wirtschaftsinformatik* (1995), Heft 186, S. 44–59

[Horn97]   HORN, E.; KUPRIES, M.; GLÖDE, D.: „Eigenschaften und Modelle von Software-Agenten und Agenten-Systemen", Potsdam, Universität, Institut für Informatik, Technischer Bericht, Preprint 006/1997, Dezember 1997

[Hube99]   Hubert, Richard: „Die 'Convergent Architecture'". In: *OBJEKTspektrum* 4 (1999), S. 42-47

[Hung98]   HUNG, K.; SIMONS, T.; ROSE, T.: "The Truth Is Out There?: A Survey of Business Objects". In: *Proceedings of the 5th International Conference on Object-Oriented Information Systems (OOIS98)*, Paris, France, 9-11 September 1998

[IBM95]   INTERNATIONAL BUSINESS MACHINES: "IBM FlowMark for OS/2 – Installation and Maintenance", Version 2.1, SH19-8244-00, First Edition (March 1995)

[Illi90]   ILLIK, Anton: *Programmieren in C unter UNIX*, Sybex-Verlag, Düsseldorf, 1. Auflage 1990

[IONA97]   IONA TECHNOLOGIES PLC.: *Orbix Programmer's Guide*, Version for Orbix 2.3c, Dublin, October 1997

[IONA98]   IONA TECHNOLOGIES PLC.: *OrbixNames Programmer's Guide*, Version for OrbixNames 1.1, Dublin, January 1998

[Jabl90]   JABLONSKI, Stefan: *Datenverwaltung in verteilten Systemen*, Informatik Fachberichte 233, Springer-Verlag, Berlin, Heidelberg, 1990

[Jabl94a]   JABLONSKI, Stefan: "MOBILE: A Modular Workflow Model and Architecture". In: *Proceedings of the 4th International Working Conference on Dynamic Modelling and Information Systems*, Noordwijkerhout, Netherlands, September 1994

[Jabl94b]   JABLONSKI, Stefan: „Modelle und Prozesse". In: *Business Computing*, November 1994, S. 46-48

[Jabl95a]   JABLONSKI, Stefan: „Workflow-Management-Systeme: Motivation, Modellierung, Architektur". In: *Informatik Spektrum* 18 (1995), Springer-Verlag, Berlin, S. 13-24

[Jabl95b]   JABLONSKI, Stefan: „AVM – Allgemeines Vorgangsmodell", Beitrag zum VORTEL-Projekt, Zwischenversion vom März 1995

[Jabl95c]   JABLONSKI, Stefan: *Workflow-Management-Systeme*, Thomson's Aktuelle Tutorien (TAT) Nr. 9., ITP Verlag, 1995

[Jabl95d]   JABLONSKI, Stefan: "On the Complementary of Workflow Management and Business Process Modeling". In: *SIGOIS Bulletin* 16 (1995), No. 1, pp. 33–38

[Jabl95e]   JABLONSKI, S.; STEIN, K. „Die Eignung objektorientierter Analysemethoden für das Workflow Management". In: *HMD-Hefte zur Theorie und Praxis der Wirtschaftsinformatik*, (1995), Heft 185, S. 94–115

[Jabl96a]   JABLONSKI, S.; BUßLER, C.; SCHUSTER, H.: "Architecture of the MOBILE Workflow Management System". In: [Jabl96d], S. 60-78

[Jabl96b]   JABLONSKI, Stefan: "Workflow Management Systems", Notes for Tutorial 2B on IFIP/IEEE International Conference on Distributed Platforms (ICDP) 1996, Dresden, Germany

[Jabl96c]   JABLONSKI, S.; BUßLER, C.: *Workflow Management – Modeling Concepts, Architecture and Implementation*, International Thomson Publishing, Bonn, 1996

[Jabl96d]   JABLONSKI, S. (Hrsg.): *Database Support for open Workflow Management Systems*, Friedrich-Alexander Universität Erlangen-Nürnberg, Technische Fakultät, Arbeitsberichte des IMMD 29 (1996), Nr. 5

[Jabl97a]   JABLONSKI, S; BÖHM, M.; SCHULZE, W. (Hrsg): *Workflow-Management: Entwicklung von Anwendungen und Systemen. Facetten einer neuen Technologie*, d-punkt-Verlag Heidelberg, 1997

[Jaco92]   JACOBSON, Ivar: *Object-Oriented Software Engineering – a Use Case Driven Approach*, ACM Press, Addison-Wesley, Wokingham, UK, 1992

[Jaco95]   JACOBSON, I.; ERICSSON, M; JACOBSON, A.: *The Object Advantage - Business Process Reengineering with Object Technology*, Addison-Wesley Publishing Company, 1995

[Jenn96]   JENNINGS, N. R.; FARATIN, P.; JOHNSON, M. J.; O'BRIEN, P.; WIEGAND, M. E.: "Using intelligents agents to manage business processes". In: *Proceedings of the 1st Intern. Conference on The Practical Application of Intelligent Agents and Multi-Agent Technology (PAAM96)*, London, UK, 1996, pp. 345-360

[John97]   JOHNSON, Ralph E.: "Frameworks = (Components + Patterns)". In: *Communications of the ACM* 40 (1997), No. 10, pp. 39-42

[Joos97]   JOOS, B.; WERNET, C.: „WorkFlow, Staffware und InConcert im praktischen Vergleich". In: [Jabl97a], S. 429-455

[Kama96]   KAMATH, M.; ALONSO, G.; GÜNTHÖR, R.; MOHAN, C.: "Providing High Availability in Very Large Scale Workflow Management Systems", In: *The Fifth International Conference on Extending Database Technology (EDBT96)*, Avignon, France, March 1996, also as: *IBM Research Report RJ 9967*, IBM Almaden Research Center, July 1995

[Kapp95a]   KAPPEL, G.; PRÖLL B.; RAUSCH-SCHOTT, S.; RETSCHITZEGGER, W.: "Active Object-Oriented Workflow-Management". In: *28th Hawaii International Conference on System Science (HICSS '95)*, January 1995

[Kapp95b]   KAPPEL, G., LANG, P., RAUSCH-SCHOTT, S., RETSCHITZEGGER, W.: "Workflow Management Based on Objects, Rules and Roles". In: *Bulletin of the Technical Commitee on Data Engineering* 18 (1995). IEEE Computer Society, No. 1, pp. 11-18

[Kara96]   KARAMANOLIS, CH.; MAGEE, J.: "A Replication Protocol to Support Dynamically Configurable Groups of Servers". In: *Proc. of 3rd International Conference on Configurable Distributed Systems (CDS '96)*, Annapolis, MD, USA, May 1996, IEEE Computer Society Press, pp. 44-51

[Karb90]   KARBE, B.; RAMSPERGER, N.; WEISS, P.: "Support of Cooperative Work by Electronic Circulation Folders". In: *ACM Conference on Office Information Systems, SIGOIS*, Cambridge, MA, 25.-27. April 1990

[Karb91]   KARBE, B.; RAMSPERGER, N.: "Concepts and Implementation of Migrating Office Processes". In: BRAUER, W.; HERNANDEZ, D. (Hrsg.): *Verteilte Künstliche Intelligenz und Kooperatives Arbeiten: 4. Internationaler GI-Kongress Wissensbasierte Systeme*, Informatik-Fachberichte 291, Springer-Verlag, 1991

[Karb94] KARBE, B.: „Flexible Vorgangssteuerung mit ProMInanD". In: HASENKAMP, U.; KIRN, S.; SYRING, M. (Hrsg.): *CSCW – Computer Supported Cooperative Work*, Addison-Wesley, 1994, 1. Auflage

[Karl94] KARL, R.; DEITERS, W.: *Workflow Management – Groupware Computing*, Studie, dsk Beratungs-GmbH für Bürokommunikation und Computertechnik, Pfaffenhofen, 1994

[Kasc97a] KASCHEK, R.; PAECH, B. „Grundlagen der Modellierung von Vorgängen". In: [Jabl97a], S. 33-44

[Kasc97b] KASCHEK, R.; PAECH, B.: "Metamodellierung von Arbeitsabläufen". In: [Jabl-97a], S. 47-64

[Katz90] KATZ, Randy: "Toward a Unified Framework for Version Modeling in Engineering Databases". In: *ACM Computing Surveys* 22 (1990), No. 4, pp. 375-408

[Kell95] KELLER, G.; POPP, K.: „Referenzmodelle für Geschäftsprozesse". In: *HMD-Hefte zur Theorie und Praxis der Wirtschaftsinformatik*, (1995), Heft 187, S. 95–115

[Khal97] KHALINA, S.: *Verwendung von Object Request Brokern für Client/Server-Kommunikation im MOBILE-System*, Erlangen, Friedrich-Alexander-Universität, Technische Fakultät, IMMD VI, Studienarbeit, 1997

[Kicz91] KICZALES, G.; DES RIVIERES, J.; BOBROW, D. G.: *The Art of the Metaobject Protocol*, MIT Press, September 1991

[Kilo97a] KILOV, H.; RUMPE, B. (eds): Proceedings of the Workshop on Precise Semantics for Object-Oriented Modeling Techniques, 11th European Conference on Object-Oriented Programming, ECOOP'97, Jyväskylä, Finland, 9-13 June 1997, published as Report of Technische Universität München, Institut für Informatik, TUM-I9725, Mai 1997

[Kilo97b] KILOV, H.; RUMPE, B.; SIMMONDS, I. (eds.): Proceedings of the Workshop on Object-Oriented Behavioral Semantics with an Emphasis on Semantics of Large OO Business Specifications, 12th Annual Conference on Object-Oriented Programming Systems, Language and Applications, OOPSLA'97, Atlanta, Georgia, 5-9 October, 1997, published as Report of Technische Universität München, Institut für Informatik, TUM-I9737, September 1997

[Kind99] KINDLER, Th.; KULENDIK, O.; SCHNEIDER, K.; SIEBERT, R.; SOYEZ, T.; ROTHERMEL, K.: „PoliFlow Abschlußbericht (IPVR)", Universität Stuttgart, Fakultät Informatik, Institut für Parallele und Verteilte Höchstleistungsrechner, Fakultätsbericht 1999/03

[Klei95] KLEINDIENST, J.; PLASIL, F.; TUMA, P.: "Implementing CORBA Persistence Service", Technical Report No. 117, Charles University Prague, December 1995

[Klei96] KLEINDIENST, J.; PLASIL, F.; TUMA, P.: "What We Are Missing in the CORBA Object Service Specification", Charles University Prague, Faculty of Mathematics and Physics, 1996

[Knol93] KNOLLMAYER, G.; HERBST, H.: "Business Rules". In: *Wirtschaftsinformatik* 30 (1993), Heft 4, S. 386-390

[Koch96] KOCH, O. G.; ZIELKE, F.: *Workflow Management – Prozeßorientiertes Arbeiten mit der Unternehmens-DV*, Markt & Technik, Buch- und Software-Verlag GmbH, 1996

[Koop96]　KOOPMANN, F.: „Workflow – ein Instrument für strukturierte Büroprozesse mit hohem Durchsatz", Interview mit Staffware-Geschäftsführer Walter Emmert in: *Client/Server-Magazin*, 1996, Nr. 1-2, S. 104 f.

[Kosi62]　KOSIOL, E.: *Organisation der Unternehmung*, Die Wirtschaftswissenschaften, Reihe A, Gabler-Verlag, Wiesbaden, 1962

[Kotz97]　KOTZ-DITTRICH, A.; MUTH, P.; WEIKUM, G.; WEIßENFELS, J.: „Partitionierungs- und Sychronisationstechniken für verteilte Workflow-Management-Systeme". In: [Jabl97a], S. 252-276

[Krad97]　KRADOLFER, M.; GEPPERT, A.: "Modeling Concepts for Workflow Specification", Technical Report 97.05 of the University of Zurich, Department of Computer Science, University of Zurich, May 1997

[Krad98]　KRADOLFER, M.; GEPPERT, A.: "Dynamic Workflow Schema Evolution based on Workflow Type Versioning and Workflow Migration", Technical Report 98.02, Department of Computer Science, University of Zurich, April 1998

[Kral96]　KRALLMANN, H.; DERSZTELER, G.: "Workflow Management Cycle - An Integrated Approach to the Modelling, Execution, an Monitoring of Workflow-Based Processes". In: [Scho96], S. 3–22

[Kram94]　KRAMER, J.: "Distributed Software Engineering – Invited State-of-the-Art Report". In: *Proceedings of the 16th ICSE Conference*, Sorrento, Italy, May 1994

[Kric95]　KRICKL, Otto: *„Business Redesign: Neugestaltung von Organisationsstrukturen unter besonderer Berücksichtigung der Gestaltungspotentiale von Workflowmanagementsystemen"*, Habilitationsschrift, FBO-Verlag, Wiesbaden, 1995

[Kris94]　KRISHNAKUMAR, N.; SHETH, A.: "Specifying Multi-system Workflow Applications in METEOR", Bellcore Technical Memorandum TM-24198, May 1994. A version appeared as a short/poster paper in VLDB'94, Chile.

[Kris95]　KRISHNAKUMAR, N.; SHETH, A.: "Managing Heterogeneous Multi-system Tasks to Support Enterprise-wide Operations", In: BUKHRES, O. A. (ed.): *Journal on Distributed and Parallel Database Systems* 3 (1995), No. 2, pp. 155-186

[Kuen95]　KUENG, P; SCHREFL, M.: „Spezialisierung von Geschäftsprozessen am Beispiel der Bearbeitung von Kreditanträgen", Institut für Wirtschaftsinformatik, Data & Knowledge Engineering, Universität Linz, Institutsbericht 95.01, März 1995

[Künz94]　KÜNZLI, M.; KÜNZLI, R.: *Konzeption und Implementierung der Sprache Petril*, Zürich, Universität, Institut für Informatik, Semesterarbeit, 1994

[Lang95]　LANG, P.: *Entwicklung eines Workflow Systems auf Basis eines aktiven objektorientierten Datenbanksystems*, Linz, Universität Linz, Diplomarbeit, 1995

[Laus96]　LAUSEN, G.; VOSSEN, G.: *Objekt-orientierte Datenbanken: Modelle und Sprachen*, Oldenbourg-Verlag GmbH, München, Wien, 1996

[Lawr97]　LAWRENCE, Peter (ed.): *Workflow Handbook 1997*, The Workflow Management Coalition, John Wiley and Sons, New York, 1997

[Lehn91]　LEHNER, F.: *Organisationslehre für Wirtschaftsinformatiker*, Carl Hanser Verlag, München, Wien 1991

[Leym92]　LEYMANN, Frank: "A Meta Model to Support Modelling and Execution of Processes". In: *Proceedings of the 11th European Meeting on Cybernetics and System Reseach*, Vienna, Austria, April 21-24, 1992, pp. 287-294

[Leym94a] LEYMANN, F.; ALTENHUBER, W.: "Managing business processes as an information resource", *IBM Systems Journal* 33 (1994), No. 2, pp. 326-348

[Leym94b] LEYMANN, F.; ROLLER, D.: "Business Process Management With FlowMark". In: *COMPCON Spring 1994*, San Francisco, CA, February 28-March 4, 1994, Digest of Papers, IEEE-CS 1994, ISBN 0-8186-5380-9, pp. 230-234

[Leym95] LEYMANN, Frank: "Workflows Make Objects Really Useful". In: *Proceedings des Fachgruppentreffens `95 (Requirement Engineering für Informationssysteme)*, In: *EMISA-Forum*, 1996, Nr. 1, S. 90-99

[Leym96] LEYMANN, Frank: „Transaktionskonzepte für Workflow-Management-Systeme". In: [Voss96a], S. 335-351

[Leym97] LEYMANN, F.; ROLLER, D.: "Workflow-based Applications". In: *IBM Systems Journal* 36 (1997), No.1, pp. 102-123

[Lieb98] LIEBHART, Walter: *Fehler- und Ausnahmebehandlung im Workflow Management*, Klagenfurt, Universität, Dissertation, 1998

[Liu96] LIU, CH.; LI, H.; ORLOWSKA, M.: "Object-Oriented Design of Repository for Enterprise Workflows", Technical Report of the CRC for Distributed Systems Technology, University of Queensland, Australia, June 15, 1996

[Loch88] LOCHOVSKY, F. H.; HOGG J. S.; WEISER, S. P.; MENDELZON, A. O.: "Specifying Office Tasks". In: *SIGOIS Bulletin* 9 (1988), No. 2 & 3, April & July 1988 (Proceedings Conference on Office Information Systems), pp. 46-54

[Lock87] LOCKEMANN, P. C.; SCHMIDT, J. W. (HRSG.): *Datenbank-Handbuch*, Springer-Verlag, Berlin u. a., 1987

[Lock93] LOCKEMANN, P. C.; KRÜGER, G.; KRUMM, H.: *Telekommunikation und Datenhaltung*. Carl Hanser Verlag, München, Wien, 1993

[Lodd95] LODDERSTEDT, T.; MÜLLER, S.; SOMMERFELD, K.: *Agentensystem zur Modellierung und Bearbeitung formalisierbarer Geschäftsabläufe und dessen prototypische Implementierung BPAFrame*, Dresden, Technische Universität, Fakultät Informatik, Professur für Rechnernetze, Belegarbeit, 1995

[Long96] LONG, G. "Advantages of a 3-Tier Software Architecture for Distributed TP", White Paper by Magna Software Corporation, April 1996, Fairfax/VA, USA

[Lotu94] LOTUS DEVELOPMENT GMBH, „Die Kommunikationsstrategie von Lotus", Strategie-Papier von Lotus Development, 1994

[Lotu96] LOTUS DEVELOPMENT GMBH, „Der offizielle Lotus-Notes-Anwendungskatalog", International Thompson Publishing, Bonn, 1996, 5. Auflage

[Lutz88] LUTZE, R. "Customizing Cooperative Office Procedure by Planning". In: ALLEN, R.(ed.): *Proc. of the Conference on Office Information Systems* (Palo Alto, CA), *SIGOIS Bulletin* 9 (1988) 2/3, pp. 63-77

[Magg97] MAGG, T. S.: "Reusing Tasks Between Workflow Applications". In: [Lawr97], pp. 173-183

[Malc96] MALCHEREK, Eckhard: *Spezifikation und prototypische Implementierung von standardisierten Geschäftsobjekten*, Dresden, Technische Universität, Fakultät Informatik, Professur für Datenbanken, Diplomarbeit, 1996

[Malo97]   MALONE, T. W.; CROWSTON,K.; LEE, J.; PENTLAND, B.; DELLAROCAS, CH.; WYNER, G.; QUIMBY, J.; OSBORNE, CH.; BERNSTEIN, A.: "Tools for inventing organizations: Towards a handbook of organizational processes", Massachusetts Institute of Technology, Center for Coordination Science, June 24, 1997, Updated version of the paper at the 2nd IEEE Workshop on Enabling Technologies Infrastructure for Collaborative Enterprises, Morgantown, WV, 1993

[Mano93]   MANOLA, Frank: "MetaObject Protocol Concepts for a 'RISC' Object Model", Technical Report TR-0244-12-93-165, GTE Laboratories Inc., Waltham, December 30, 1993

[Mars92]   MARSHAK, Ronni T.: "Requirements for Workflow Products". In: *Proceedings of Groupware 92*, San Mateo, CA, Morgan-Kaufmann Publishers, pp. 281-285

[Maur97]   MAURER, Gerd: „CORBA-basierte Workflow Architekturen – Die objektorientierte Kernanwendung der Bausparkasse Mainz AG", Mainz, Universität Mainz, Lehrstuhl für Allgemeine BWL und Wirtschaftsinformatik, Arbeitspapiere WI, Nr. 12, 1997

[McCl97]   MCCLATCHEY, R.; BAKER, N.; HARRIS, W.; LEGOFF, J.-M.; KOVACS, Z.; BAZAN, A.; LEFLOUR, T.: "Version Management in a Distributed Workflow Application". In: *Proceedings of the Workshop "Scientific Workflow Management"*, 8th ACM International Conference on Database & Expert System Applications (DEXA97), Toulouse, France. September 1997

[Meit94]   MEITNER, H.: „Büroleitstand – ein Weg zur Prozeßbeherrschung im Bürobereich". In: *Office Management*, 5/1994, S. 30-33

[Melt94]   MELTON, J. (ed.): "SQL3 Part 2: Foundation", ANSI X3H2-94-329, August 1994

[Merz95]   MERZ M.; MÜLLER-JONES K.; LAMERSDORF W.; „Petrinetz-basierte Modellierung und Steuerung unternehmensübergreifender Geschäftsprozesse". In: *GI-SI'95 Herausforderungen eines globalen Informationsverbundes für die Informatik*, Zürich, Springer-Verlag 1995, S. 215–222

[Meye88]   MEYER-WEGENER, Klaus: *Transaktionssysteme. Funktionsumfang, Realisierungsmöglichkeiten, Leistungsverhalten*, Leitfäden der angewandten Informatik, Teubner-Verlag, 1988

[Meye91]   MEYER-WEGENER, Klaus: *Multimedia-Datenbanken*, Leitfäden der Angewandten Informatik, Teubner-Verlag, Stuttgart, 1991

[Meye94]   MEYER, Bertrand: *Reusable Software – The Base Object-Oriented Component Libraries*, Prentice Hall International, Hemel Hempstead, 1994

[Mill96]   MILLER, J. A.; SHETH, A. P.; KOCHUT, K. J.; WANG, X.: „CORBA-Based Run-Time Architectures for Workflow Management Systems". In: *Journal of Database Management* 7 (Winter 1996), Special Issue on Multidatabases, No. 1, pp.16-27

[Mill97]   MILLER, J. A; PALANISWAMI, D.; SHETH, A.; KOCHUT, K., SINGH, H.: "WebWork: METEOR$_2$'s Web-based Workflow Management System". UGA-CS-TR-97-002, Technical Report, University of Georgia, Department of Computer Science

[Mitr98]   MITRE CORPORATION, Defense Information Systems Agency (DISA): "Recommendations for Using DCE, DCOM, and CORBA Middleware", McLean, VA, DII COE Distributed Applications Series, MITRE Document ID: MITRE-DAS-C1, April 13, 1998

[Mitt96a]   MITTASCH, C.; MÜLLER, S.; SOMMERFELD, K.; LODDERSTEDT, T.: „Entwurf und Realisierung eines Frameworks für die Automatisierung von Geschäftsabläufen", In: *Tagungsband zur GI-Jahreskonferenz 1996*, Klagenfurt, S. 83-102

[Mitt96b]   MITTASCH, C.; IRMSCHER, K.; ZIEGERT, T.; LODDERSTEDT, T.; MÜLLER, S., SOMMERFELD, K.: "User Services in BPAFrame – a Framework for Workflow-Management-Systems", IFIP World Computer Congress, Canberra, September 1996. In: TERASHIMA, N.; ALTMAN, E. (eds.): *Advanced IT Tools*, Chapman & Hall, 1996, S. 303-310

[Mitt97a]   MITTASCH, Christian.: "BPAFrame Phase 2 – a Framework for Workflow Management", ARCS'97 Rostock, Germany, September 1997. In: TAVANGARIAN, D. (Hrsg.): *Architektur von Rechensystemen,* VDE-Verlag, Berlin, 1997, S. 241-250

[Mitt97b]   MITTASCH, Christian: „Workflow-Management mit BPAFrame", Business Information Systems (BIS'97), Poznan (Polen) April 1997. In: ABRAMOWICZ, W. (ed.): *Business Information Systems '97*, pp. 565-582

[Mitt98a]   MITTASCH, CH.; SCHILL A.: "Brokerage Service". In: *Encyclopedia of Distributed Computing*, Kluwer Academic Publishers, 1998

[Mock94]   MOCK, M.; SCHILL, A. B.: "Case Study: Client/Server Approach versus Distributed Object-Oriented Computing on top of OSF DCE", In: *Computer Communications Journal*, Butterwoth-Heinemann, 1994

[Moha95a]   MOHAN, C.; ALONSO, G.; GÜNTHÖR, R; KAMATH, M.: "Exotica: A Research Perspective on Workflow Management Systems". In: *Bulletin of the Technical Commitee on Data Engineering* 18 (1995), No. 1, IEEE Computer Society, pp. 11-18

[Moha95b]   MOHAN, C.; AGRAWAL, D.; ALONSO, G.; EL ABBADI, A.; GÜNTHÖR, R.; KAMATH, M.: "Exotica: A Project on Advanced Transaction management and Workflow Systems". In: *SIGOIS Bulletin* 16 (1995), No. 1, Special Issue on Business Process Management Systems: Concepts, Methods and Technology,

[Mosi97]   MOSIER, J. N.; TAMMARO, S. G.: "When are Group Scheduling Tools Useful?". In: *Computer Supported Cooperative Work: The Journal of Collaborative Computing*, 1997, No. 6, Kluwer Academic Press, pp. 53-70

[Mowb95]   MOWBRAY, T.; ZAHAVI, R.: *The Essential CORBA: Systems Integration Using Distributed Objects*, John Wiley & Sons Inc., New York, 1995

[Mowb97]   MOWBRAY, TH.; MALVEAU, R. C.: *CORBA Design Patterns*, Wiley Computer Publishing, New York, 1997

[Moxo99]   MOXON, P.; RASMUSSEN, B.: "OpenFusion CORBA Service", PrismTech Corporation, 2901 Wilcrest, Houston, TX, March 1999, fetched from: http://www.prismtechnologies.com/products/corba-services/dot-whitepaper.html

[Mühl96]   ZUR MÜHLEN, M; ROSEMANN, M.: „Der Lösungsbeitrag von Metadatenmodellen beim Vergleich von Workflowmanagementsystemen". In: *Workflowmanagement - State-of-the-Art aus Sicht von Theorie und Praxis*, Proceedings zum Workshop 10. April 1996, Arbeitsberichte des Instituts für Wirtschaftsinformatik, Nr. 47, Westfälische Wilhelms-Universität Münster, S. 12 f.

[Mühl97]   ZUR MÜHLEN, M.; ROSEMANN, M.: „Diagrammsprachliche Methoden". In: [Jabl97a], Kap. 10.3.2

[Müll95] MÜLLER-JONES, K.; MERZ, M.; LAMERSDORF, W.: „Kooperationsanwendungen: Integrierte Vorgangskontrolle und Dienstevermittlung in offenen verteilten Systemen", In: *Proceedings der 25. GI-Jahrestagung GISI'95*, Zürich, September 1995, S. 518-525

[Mull97] MULLER, Pierre-Alain: *Instant UML*, Wrox Publishers, December 1997

[Nati99] NATIS, Y.; PESSINI, M., SCHULTE, R.: *Middleware Deployment Trends: Survey of Real-World Enterprise Applications*, Gartner Group, Strategic Analysis Report, Order Code R-07-4976, April 1999

[NEC97] NEC CORPORATION: "XCMF Services – Common Facilities for CORBA-based Management Applications", White Paper of NEC Systems Laboratory, August 1997

[Nier88] NIERSTRASZ, O. M.; TSICHRITZIS, D. C.: "Integrated Office Systems". In: KIM, W.; LOCHOVSKY, F. (eds.): *Object-Oriented Concepts and Databases*, ACM Press and Addison-Wesley, 1988, pp. 199-215

[Nipp95a] NIPPA, M.; Picot A. (Hrsg): „Prozeßmanagement und Reengineering: Die Praxis im deutschsprachigen Raum", Campus-Verlag, Frankfurt, New York, 1995

[Nipp95b] NIPPA, Michael: „Anforderungen an das Management prozeßorientierter Unternehmen". In: [Nipp95a], S. 39-58

[Nipp95c] NIPPA, Michael: „Bestandsaufnahme des Reengineering-Konzepts – Leitgedanken für das Management". In: [Nipp95a], S. 61-77

[Ober96] OBERWEIS, Andreas: *Modellierung und Ausführung von Workflows mit Petri-Netzen*, Teubner-Reihe Wirtschaftsinformatik, B. G. Teubner Verlagsgesellschaft Stuttgart, 1996

[Oest97] OESTEREICH, Bernd: *Objektorientierte Softwareentwicklung mit der Unified Modeling Language (UML)*, R. Oldenbourg Verlag, München, Wien, 1997, 3. Auflage

[Oest98] OESTEREICH, Bernd: „Objektorientierte Geschäftsprozeß-Modellierung mit der UML". In: *OBJEKTspektrum*, 1998, Nr. 2, S. 48–52.

[Oki93] OKI, B.; PFLUEGL, M.; SIEGEL, A.; SKEEN, D.: „The Information Bus – An Architecture für Extensible Distributed Systems". In: *Proceedings of the 14th Symposium on Operating System Principles*, ACM, December 1993, Asheville, NC

[OMG92] OBJECT MANAGEMENT GROUP: *Object Services Architecture*, Revision 6.0, OMG Document 92.8.4, August 1992

[OMG94a] OBJECT MANAGEMENT GROUP: "OMG White Paper on Security", FAIRTHORNE, B. (ed.), Issue 1.0, April 1994

[OMG94b] OBJECT MANAGEMENT GROUP: "Common Facilities RFP1: Compound Presentation Facility and Compound Interchange Facility", OMG TC Document 94-09-13

[OMG95a] OBJECT MANAGEMENT GROUP: *Common Facilities Architecture*, Revision 4.0, OMG Document 95-01-02, January 1995

[OMG95b] OBJECT MANAGEMENT GROUP: "OMG Reference Model For Business Applications", BOMSIG White Paper, Draft 2, June 22, 1995

[OMG95c] OBJECT MANAGEMENT GROUP: *Object Management Architecture Guide*, SOLEY, R. M. (ed.), Third Edition, June 13, 1995, John Wiley & Sons, New York

[OMG95d] OBJECT MANAGEMENT GROUP: "CORBAservices: Common Object Services Specification", Revised Edition, March 31, 1995, last updated July 15, 1996

[OMG95e] OBJECT MANAGEMENT GROUP: "X/Open Systems Management: Common Management Facilities, Volume 1, Version 2", Submission to OMG RFC, OMG Documents 95-12-03 to 95-12-05

[OMG95f] OBJECT MANAGEMENT GROUP: "The Common Object Request Broker: Architecture and Specification", Revised Edition 2.0, July 1995, updated July 1996

[OMG95g] OBJECT MANAGEMENT GROUP: "Compound Presentation and Compound Interchange Facilities", Submission to the CF RFP1 by Apple Computer, CI Laboratories, IBM Corporation and Novell Inc., OMG Documents 95-12-30 to 95-12-34

[OMG95h] OBJECT MANAGEMENT GROUP: "Common Facilities RFP3: Common Facilities Data Interchange Facility and Mobile Agent Facility RFP", OMG Document 1995/95-11-03

[OMG96a] OBJECT MANAGEMENT GROUP: "Common Facilities RFP-5 (Meta-Object Facility) ", OMG TC Document cf/96-02-01, Revision 2, May 1996

[OMG96b] OBJECT MANAGEMENT GROUP: "Common Facilities RFP-4 (Common Business Objects and Business Object Facility) ", OMG TC Document 96-01-04

[OMG96c] OBJECT MANAGEMENT GROUP: "Manufacturing Enterprise Systems", White Paper by the Manufacturing Special Interest Group, Version 1.0, February 1996, OMG Document MFG/96-01-02

[OMG96d] OBJECT MANAGEMENT GROUP: "Object Management Architecture", Chapter 5.2. of the new OMA Guide, August 1996, OMG Document AB/96-08-01

[OMG96e] OBJECT MANAGEMENT GROUP: "Common Facilities RFP-8 (Rules Management Facility)", OMG Document cf/96-07.01

[OMG96f] OBJECT MANAGEMENT GROUP: "Data Interchange Facility Commentary", Architecture Board, OMG Document ab/96-12-01:

[OMG96g] OBJECT MANAGEMENT GROUP: "Revised Submission to CF RFP3: Data Interchange Facility", Joint Submission by MITRE, Objectivity and I-Kinetics, OMG Document cf/96-08-03

[OMG96h] OBJECT MANAGEMENT GROUP: "Object Collection Service", Second revised version, adopted November 30, 1996, OMG-Document orbos/96-05-05

[OMG97a] OBJECT MANAGEMENT GROUP: "Towards an OMG-style Workflow Facility", Presentation by Wolfgang Schulze to the Common Facilities Task Force, OMG Technical Meeting, Tampa, 14.1.97, OMG Document cf/97-01-22

[OMG97b] OBJECT MANAGEMENT GROUP: "Workflow Management Facility RFP", Issued on May 9, 1997, OMG Document cf/97-05-06

[OMG97c] OBJECT MANAGEMENT GROUP: "Comparing ActiveX and CORBA/IIOP", OMG white paper, anonymous author, 1997

[OMG97d] OBJECT MANAGEMENT GROUP: "OMG Workflow Management Facility", Submission by Intelligent Systems Technology Inc., OMG TC Document bom/97-08-07, submitted August 29, 1997

[OMG97e] OBJECT MANAGEMENT GROUP: "Unified Modeling Language Proposal", Submission to the OMG OA&D RFP-1, Version 1.1, September 1997, OMG TC Documents ad/97-08-02 to ad/97-08-10

[OMG97f] OBJECT MANAGEMENT GROUP: "Workflow Management Facility Specification", Submission by Northern Telecom and University Newcastle upon Tyne, submitted August 29, 1997, OMG Document bom/97-08-04

[OMG97g] OBJECT MANAGEMENT GROUP: "Workflow Management Facility", Inititial Submission by the "jFlow" Consortium, August 1997, Revision 0.5, OMG Document bom/97-08-05

[OMG97h] OBJECT MANAGEMENT GROUP: "Meta Object Facility (MOF) Specification", Joint Revised Submission, September 1997, OMG Document ad/97-08-14

[OMG97i] OBJECT MANAGEMENT GROUP: "Meta Object Facility Appendices", Joint Revised Submission, September 1, 1997, OMG Document ad/97-08-15

[OMG97j] OBJECT MANAGEMENT GROUP: "Meta-Object Facility", Submission to the Common Facilities RFP-5 by Cooperative Research Center for Distributed Systems Technology (DSTC), OMG Document cf/97-01-01

[OMG97k] OBJECT MANAGEMENT GROUP: "Persistent State Service, Version 2.0, Request For Proposals", OMG Document orbos/97-06-07

[OMG97l] OBJECT MANAGEMENT GROUP: "Trading Object Service Specification", OMG Document 97-12-23

[OMG97m] OBJECT MANAGEMENT GROUP: "Mobile Agent System Interoperability Facilities Specification", OMG TC Document orbos/97-10-05

[OMG97n] OBJECT MANAGEMENT GROUP: "Common Business Objects", White Paper, Version 1.5, Business Object Domain Task Force, OMG Document bom/97-12-04

[OMG97o] OBJECT MANAGEMENT GROUP: "Workflow Management Facility Specification – Interrim Revised Meta-model", Submission by Nortel and University of Newcastle upon Tyne, OMG Document bom/97-11-18

[OMG97p] OBJECT MANAGEMENT GROUP: „Finance/Insurance Party Management Facility RFP", OMG Document Finance/97-06-04

[OMG98a] OBJECT MANAGEMENT GROUP: "OMG Workflow Roadmap", Draft, Version 1.2, Januar 27th 1998

[OMG98b] OBJECT MANAGEMENT GROUP: "Organizational Structure Facility RFP", OMG Document bom/98-03-06

[OMG98c] OBJECT MANAGEMENT GROUP: "Business System Application Architecture DRAFT RFP", bom/98-04-02

[OMG98d] OBJECT MANAGEMENT GROUP: "Business Object Component Architecture", Combined RFP Submission by Data Access, Electronic Data Systems, National Industrial Information Infrastructure Protocols (NIIIP), SEMATECH, Genesis Development Corp. and Prism Technologies, Revision 1.2, OMG Document bom/98-07-01

[OMG98e] OBJECT MANAGEMENT GROUP: "Business Object Facility – Interoperability Specification", Submission by Data Access, Electronic Data Systems, National Industrial Information Infrastructure Protocols (NIIIP), Genesis Development Corp., OMG Document bom/98-05-03

[OMG98f] OBJECT MANAGEMENT GROUP: "Task and Session CBO", Revised Submission, Response to BODTF RFP-1 by NIIP Consortium, adopted November 10, 1998, OMG Document bom/98-07-05

[OMG98g] OBJECT MANAGEMENT GROUP: "The Common Object Request Broker: Architecture and Specification", Revised Edition 2.2, February 1998

[OMG98h] OBJECT MANAGEMENT GROUP: "Messaging Service", Revised Messaging Submission, adopted November 10, 1998, OMG Document orbos/98-05-05

[OMG98i]　OBJECT MANAGEMENT GROUP: "Workflow Specification", Joint Workflow RFP Revised Submission, adopted November 10, 1998, OMG Document bom/98-06-07

[OMG98j]　OBJECT MANAGEMENT GROUP: „Stream-based Model Interchange Format", XMI SMIF Revised Submission by DSTC et al., OMG Document ad/98-10-07

[OMG99a]　OBJECT MANAGEMENT GROUP: "Workflow Resource Assignment Interfaces RFP", Draft RFP, CUMMINS, Fred (ed.), September 6, 1999, OMG Document bom/99-10-01

[Open97]　THE OPEN GROUP: "Systems Management: Common Management Facilities (XCMF)", Open Group CAE Specification, C423 ISBN 1-85912-174-8 October 1997

[Orfa94]　ORFALI, R.; HARKEY, D.; EDWARDS, J.: *Essential Client/Server Survival Guide*, John Wiley & Sons, New York, 1994

[Orfa96]　ORFALI, R.; HARKEY, D.; EDWARDS, J.: *The Essential Distributed Objects Survival Guide*, John Wiley & Sons, New York, 1996

[Ortn97a]　ORTNER, Erich: „Begriffe". In: [Jabl97a], S. 23-26

[Ortn97b]　ORTNER, Erich: „Abgrenzung nach außen". In: [Jabl97a], S. 7-28

[Öszu91]　ÖSZU, T.; VALDURIEZ, P.: *Principles of Distributed Database Systems*, Prentice-Hall International, London, 1991

[Parr95]　PARRINGTON, G. D.; SHRIVASTAVA, S. K.; WHEATER, S. M.; LITTLE, M. C., "The Design and Implementation of Arjuna". In: *USENIX Computing Systems Journal* 8 (1995), No. 3

[Papa97]　PAPAZOGLOU, M.; DELIS, A.; BOUGUETTAYA, A.; HAGHJOO, M.: "Class Library Support for Workflow Environments and Applications". In: *IEEE Transactions on Computers* 46 (1997), No. 6, pp. 673-686

[Pate98]　PATEL, D.; SUTHERLAND, J.; MILLER, J. (eds): *Business Object Design and Implementation II: Proceedings of the Workshops on Business Object Design and Implementation OOPSLA 1996, 1997, 1998*, Springer-Verlag, London, 1998

[Paul97a]　PAUL, S., PARK, E., CHAAR, J.: "Essential Requirements for a Workflow Standard". OOPSLA'97, 3rd Workshop on Business Object Design and Implementation, Altanta, GA, In: [Pate98], pp. 100-108

[Paul97b]　PAUL, S.; PARK, E.; HUTCHES, D.; CHAAR, J.: "RainMaker: Workflow Execution Using Distributed Interoperable Components", IBM Research Report RC 21008(94083)17OCT97

[Pico95]　PICOT, A.; FRANCK, E.: „Prozeßorganisation – Eine Bewertung der neuen Ansätze aus Sicht der Organisationslehre". In: [Nipp95a], S. 13-38

[Pill97]　PILLER, Frank: „Das Produktivitätsparadoxon der Informationstechnologie – Stand der Forschung über die Wirkung von Investitionen in Informations- und Kommunikationstechnologie", Würzburg, Universität, Arbeitspapiere des Lehrstuhls für Industriebetriebslehre, 2., überarb. Auflage, Oktober 1997

[Pope98]　POPE, Alan: *The CORBA Reference Guide*, Addison-Wesley, Reading, Massachusetts, 1998

[Prin96]　PRINS, Robert: *Developing business objects: a framework driven approach*, McGraw-Hill Publishing Company, Maidenhead, 1996

[Prob95]   PROBST, CH.: „Ad-hoc-Workflows und Exception Handling", Münster, Univer-
           sität, Lehrstuhl für Wirtschaftsinformatik und Informationsmanagement, Aus-
           arbeitung zum Projektseminar „Workflowmanagement" am 16. Oktober 1995

[Pürz97]   PÜRZER, T.; STEIN, K.; NEEB, J.: „Analyse und Bewertung der Standardisie-
           rungsbemühungen der Workflow Management Coalition", Erlangen, Fried-
           rich-Alexander-Universität Erlangen-Nürnberg, Technischer Bericht, TR-I6-
           1997-2, 1997

[Puus97]   PUUSTJÄRVI, J.; TIRRY, H.; VEIJALAINEN, J.: "Reusability and modularity in
           transactional workflows". In: *Information Systems, Special Issue on Informa-
           tion Systems Engineering* 22 (1997), No. 2/3, Elsevier Science Ltd., pp. 101-
           120

[Rack97]   RACKL, Günther: *Load Distribution for CORBA Environments*, München,
           Technische Universität München, Institut für Informatik, Diplomarbeit, 1997

[Rann97]   RANNO, F.; SHRIVASTAVA, S. K.; WHEATER, S. M., "A System for Specifing
           and Coordinating the Execution of Reliable Distributed Applications", Uni-
           versity of Newcastle upon Tyne, Department of Computing Science, Technical
           report #644, 1997

[Rann98]   RANNO, F.; SHRIVASTAVA, S. K.; WHEATER, S. M., "A Language for Speci-
           fying the Composition of Reliable Distributed Applications", *The 18th Inter-
           national Conference on Distributed Computing Systems (ICDCS ,98)*, Am-
           sterdam, The Netherlands, May 26 – 29, 1998

[Redl96]   REDLICH, Jens-Peter: *CORBA2.0 – Praktische Einführung für C++ und Java*,
           Addison-Wesley Publishing Company, Reading, Massachusetts, 1996

[Reic96]   REICHELT, Thoralf.: *Vergleichende Analyse verteilter, objektorientierter Sy-
           steme*, Dresden, Technische Universität, Fakultät Informatik, Professur für
           Rechnernetze, Belegarbeit, 1996

[Rein93]   REINWALD, Berthold: *Workflow-Management in verteilten Systemen*, Erlangen,
           Friedrich-Alexander-Universität Erlangen-Nürnberg, Dissertation, 1993, er-
           schienen als: Teubner-Texte zur Informatik, Band 7, B. G. Teubner Verlagsge-
           sellschaft, Stuttgart, Leipzig, 1993

[Rein94]   REINERMANN, Heinrich: „Vorgangssteuerung in Behörden". In: *HMD-Hefte
           zur Theorie und Praxis der Wirtschaftsinformatik*, (1994), Heft 176, S. 22-34

[Rein96]   REINERT, Joachim: *Ein Regelsystem zur Integritätssicherung in aktiven rela-
           tionalen Datenbanksystemen*. Kaiserslautern, Universität Kaiserslautern, Fach-
           bereich Informatik, Dissertation, 1996, In: *Dissertationen zu Datenbanken und
           Informationssystemen* 11 (1996), infix-Verlag, Sankt Augustin

[Reut95]   REUTER, A.; SCHWENKREIS, F.: "ConTracts – A Low-Level Mechanism for
           Building General-Purpose Workflow Management-Systems". In: *Bulletin of
           the Technical Commitee on Data Engineering* 18 (1995), IEEE Computer So-
           ciety, No. 1, pp. 4-10

[Rigg96]   RIGGERT, Wolfgang: „Workgroup-Systeme übernehmen immer mehr Work-
           flow-Merkmale". In: *Computerwoche*, Nr. 14, 5. April 1996, S. 36 f.

[Ritt97]   RITTER, Norbert: *DB-gestützte Kooperationsdienste für technische Entwurfs-
           anwendungen*, Kaiserslautern, Universität Kaiserslautern, Dissertation, 1997,
           In: *Dissertationen zu Datenbanken und Informationssystemen* 33 (1997), infix-
           Verlag, Skt. Augustin

[Ritz93]   RITZMANN, K.-H. (Hrsg.): „IT-Unterstützung im Informationsverbund Berlin-Bonn (IVBB)", Studie der DeTeCon, der GMD und der Kienbaum Unternehmensberatung, erstellt im Auftrag des Bundesministerium des Innern, O13-195 100-1/2, August 1993

[Roge97]   ROGERSON, Dale: *Inside COM*, Microsoft Press, Redmond, WA, 1997

[Ronz85]   RONZANI, S., TISATO, F., ZICARI, R.: "An Office Specification Language Based on Path Expressions". In: *ACM SIGSMALL Symposium on Small Systems*, 1985, p. xiii+255,128, pp. 108-127

[Rose96a]   ROSEMANN, M.; PÜTTMANN, M.: „Konzeption und Realisierung eines Prozeß-informationssystems". In: *Workflowmanagement – State-of-the-Art aus Sicht von Theorie und Praxis*, Proceedings zum Workshop 10. April 1996, Arbeitsberichte des Instituts für Wirtschaftsinformatik, Nr. 47, Westfälische Willhelms-Universität Münster, S. 66 f.

[Rose96b]   ROSENTHAL, A.; SCIORE, E.: "Description, Conversion and Planning for Semantic Interoperability", In: MEERSMAN, R., MARK, L. (Eds.): *Database Applications Semantics. Proceedings of the Sixth IFIP TC-2 Working Conference on Data Semantics (DS-6)*, Stone Mountain, Atlanta, Georgia, USA, May 30 - June 2, 1995, Chapman & Hall, London, 1995/1996

[Rose96c]   ROSEMANN, Michael: *Komplexitätsmanagement in Prozeßmodellen: Methodenspezifische Gestaltungsempfehlungen für die Informationsmodellierung.* In: SCHEER, August-Wilhelm (Hrsg.): Schriften zur EDV-orientierten Betriebswirtschaft, Gabler-Verlag, Wiesbaden, 1996.

[Rose97]   ROSEMANN, Michael: „Arbeitsablauf-Monitoring und -Controlling". In: [Jabl97b], Kap. 12, S. 201-210

[Rost97]   ROST, Johann: „Wiederverwendbare Software". In: *Wirtschaftsinformatik* 39 (1997), Heft 4, S. 357-365

[Rumb93]   RUMBAUGH, J.; BLAHA, M.; PREMERLANI, W.; EDDY, F.; LORENSEN, W.: *Objektorientiertes Modellieren und Entwerfen*, Coedition von Carl Hanser Verlag, München und Prentice-Hall International, London, 1993, Übersetzung: D und C. Märtin

[Rumb99]   RUMBAUGH, J.; JACOBSON, I.; BOOCH, G.: *The Unified Modeling Language Reference Manual*, Addison Wesley Longman, Reading, Massachusetts, 1999

[Ryme96]   RYMER, John: "The Muddle in the Middle". In: *BYTE*, April 1996, pp. 68-70

[Sadi98]   SADIQ, W.; CUMMINS, F.: *Developing Business Systems with CORBA*, Cambridge University Press, April 1998

[Schä93]   SCHÄL, Thomas.: „Workflow Management Systems for Financial Services". In: KAPLAN, S. (ed.): *Conference on Organizational Computing Systems 1993 (COOCS '93)*, November 1-4, 1993, Miliptas, CA, pp. 142-153

[Schä96]   SCHÄL, Thomas: *Workflow Management Systems for Process Organisations.* Aachen, RWTH Aachen, Dissertation, 1996, *Lecture Notes in Computer Science*, No. 1096, Springer-Verlag, Berlin, Heidelberg, 1996

[Scha97a]   SCHALLER, T.; SCHWAB, K.: „Integration von asynchronen CSCW-Anwendungen". In: [Jabl97a], Kap. 16.2, S. 374-399

[Scha97b]   SCHALLER, T.; SCHWAB, K.: „Das Schnittstellenmodell der Workflow Management Coalition" in: [Jabl97a], Kap. 14.2.3, S.243-247

[Sche94a] SCHEER, A.-W.; HOFFMANN, W.; WEIN, R.: „Customizing von Standardsoftware mit Referenzmodellen". In: *HMD-Hefte zur Theorie und Praxis der Wirtschaftsinformatik*, (1994), Heft 180

[Sche94b] SCHEER, August-Wilhelm: *Wirtschaftsinformatik – Referenzmodelle für industrielle Geschäftsprozesse*, 5. Auflage, Springer-Verlag, 1994

[Sche96] SCHEER, A.-W.; JOST W.: „Geschäftsprozeßmodellierung innerhalb einer Unternehmensarchitektur". In: [Voss96a], S. 29–46.

[Sche98] SCHEER, August-Wilhelm: *ARIS – Vom Geschäftsprozeß zum Anwendungssystem*, Band I, 3. Auflage, Springer-Verlag, Berlin, Heidelberg, 1998

[Schi90] SCHILL, Alexander: "A Facility for Representation an Management of Distributed Office Procedures", IBM Research Report RC 16249, 1990

[Schi92a] SCHILL, Alexander: „Remote Procedure Call: Fortgeschrittene Konzepte und Systeme – ein Überblick. Teil 1: Grundlagen", In: *Informatik-Spektrum* 15 (1992), S. 79-87

[Schi92b] SCHILL, Alexander: „Remote Procedure Call: Fortgeschrittene Konzepte und Systeme – ein Überblick. Teil 2: Erweiterte RPC-Ansätze", *Informatik-Spektrum* 15 (1992), S. 145-155

[Schi93] SCHILL, Alexander: *Das OSF Distributed Computing Environment: Einführung und Grundlagen*. In: *Lecture Notes on Computer Science*, Nr. 731, Springer-Verlag, Berlin, Heidelberg, 1993

[Schi94] SCHILL, Alexander: "The Design of an Object-Oriented Distributed Computing Environment Based on C++ and OSF DCE", Universität Karlsruhe, Institut für Telematik, 1994

[Schi95] SCHILL, Alexander: *Cooperative Office Systems*, Prentice Hall International, London, New York, First edition, 1995

[Schi96] SCHILL, A.; MITTASCH CH.; "Workflow Management Systems on Top of OSF DCE and OMG CORBA". In: *Distributed Systems Engineering Journal* 3 (1996), No. 4, pp. 250-262

[Schi97a] SCHILL, A.; MITTASCH, CH.: "CodAlf: A Decentralized Workflow Management System on Top of OSF DCE and DC++". In: *Proceedings of the 3rd International Symposium on Autonomous Decentralized Systems (ISADS'97)*, Berlin, April 1997, IEEE Computer Society Press, 1997, S. 205-212

[Schi97b] SCHILL, Alexander: *Anwendungsunterstützung für Rechnernetze*, Dresden, Technische Universität, Fakultät Informatik, Professur für Rechnernetze, Skript zur Vorlesung im Wintersemester 1997/98

[Schi98] SCHILL, A.; MITTASCH, Ch.: "A Generic Workflow Environment based on CORBA Business Objects". In: DAVIES, N.; RAYMOND, K.; SEITZ, J. (eds.): *Middleware'98: IFIP International Conference on Distributed System Platforms and Open Distributed Processing*, The Lake District, England, September 1998, Springer-Verlag, London, 1998, pp. 19-34

[Schl98] SCHLUND, M.; SCHAMBURGER, R.; NEEB, J., JABLONSKI, S.; BÖHM, M.: „Workflow-Operationen als Bereicherung funktionaler Dekomposition in Workflow-Schemata". In: POHL, K.; SCHÜRR, A.; VOSSEN, G. (Hrsg): *Proceedings zur MODELLIERUNG '98*, Münster, 11.-13. März 1998

[Schm91] SCHMIDT, Duri: *Persistente Objekte und objektorientierte Datenbanken: Konzepte, Architekturen, Implementierung und Anwendung*, Hanser-Verlag, 1991

[Schm97] SCHMIDT, Rainer: „Komponentenbasierte Realisierung von Workflow-Management-Systemen". In: [Jabl97a], S. 355-364

[Schm98a] SCHMIDT, Marc-Thomas: "Building Workflow Business Objects". OOPS-LA'98, 3rd Workshop on Business Object Workshop IV", Vancouver, Canada, 1998, In: [Pate99a], S. 64-76

[Schm98b] SCHMITZ-LENDERS Joachim: „Anforderungen an Workflowmanagementsysteme aus der Sicht von Geschäftsprozessen in der Einzel- und Kleinserienfertigung". In: [Uthm98], S. 38-49

[Scho95] SCHOTT, E.; WARWITZ, C.: „Der Markt für IV-Outsourcing in Deutschland — Begriffe, Daten und Entwicklungen", Frankfurt am Main, Johann Wolfgang Goethe-Universität, FB Wirtschaftswissenschaften, Arbeitspapier Nr. 6

[Scho96] SCHOLZ-REITER, B.; STICKEL, E. (Hrsg.): *Business Process Modelling*, Springer-Verlag, 1996

[Schu94a] SCHULZE, W.; BÖHM, M.; MEYER-WEGENER, K.: „Stand der Wissenschaft in den Bereichen Dokumentverwaltung und Vorgangsbearbeitung", 2. Meilenstein BERKOM-Projekt DOPAS vom 9. Mai 1994

[Schu94b] SCHULZE, W.; BÖHM, M.; MEYER-WEGENER, K.: „Vergleichende Bewertung objektorientierter Datenbanksysteme für die Speicherung von Vorgängen und Dokumenten", 3. Meilenstein BERKOM-Projekt DOPAS, 1. August 1994

[Schu94c] SCHUSTER, H.; JABLONSKI, S.; KIRSCHE, T.; BUßLER, CH.: "A Client/Server Architecture for Distributed Workflow Management Systems". In: *Proceedings of the International Conference On Parallel and Distributed Information Systems*, Austin, September 28-30, 1994, p. 253-256

[Schu96a] SCHUSTER, H.; JABLONSKI, S.; HEINL, P.; BUßLER, C.: "A General Framework for the Execution of Heterogeneous Programs in Workflow Management Systems". In: [Jabl96d], S. 39-57

[Schu96b] SCHULZE, Wolfgang: „Realisierung von Workflows durch CORBA-Objekte". In: *Wissenschaftliche Beiträge der Fakultät Informatik*, Heft 1/1996, Technische Universität Dresden, S. 107f.

[Schu96c] SCHULZE, W.; BÖHM, M.; MEYER-WEGENER, K.: "Services of Workflow Objects and Workflow Meta-Objects in OMG-compliant Environments". OOPS-LA'96, 2nd Workshop on Business Object Design and Implementation, San José, CA, In: [Pate98], pp. 118-125

[Schu96d] SCHUSTER, Hans: "Middlewareunterstützung für das verteilte Workflow-Management-System MOBILE". In: [Jabl96d], S. 121-137

[Schu96e] SCHULZE, W., BÖHM, M.: „Klassifikation von Vorgangsverwaltungssystemen". In: [Voss96a], S. 279-293

[Schu97a] SCHULZE, Wolfgang.: „Towards an OMG-style Workflow Facility", Presentation to the Common Facilities Task Force, OMG Technical Meeting, Tampa, 14.1.97, OMG Document cf/97-01-22

[Schu97b] SCHULZE, Wolfgang: "Relationship of Business Objects and the Workflow Facility", Presentation to the Business Object Domain Task Force, OMG Technical Meeting, Tampa, FL, 16.1.97, OMG Document bom/97-01-16

[Schu97c] SCHULZE, Wolfgang: „Objektorientierte Implementierungstechniken für Workflow-Management-Systeme in OMA-konformen Architekturen". In: [Jabl97a], S. 276-303

[Schu97d]   SCHULZE, Wolfgang: "Fitting the Workflow Facility into the Object Management Architecture". OOPSLA'97, 3rd Workshop on Business Object Design and Implementation, Atlanta, GA, In: [Pate98], pp. 109-117

[Schu97e]   SCHULZE, Wolfgang: "Evaluation of the submissions to the Workflow Management Facility RFP", OMG Document bom/97-09-02

[Schu97f]   SCHUSTER, Hans: *Architektur verteilter Workflow-Management-Systeme*, Erlangen, Universität, Technische Fakultät, Dissertation, 1997

[Schu97g]   SCHUSTER, Hans: „Architektur von Workflow-Management-Systemen". In: [Jabl97a], S. 231-242

[Schu98a]   SCHULZE, W.; BUSSLER, CH.; MEYER-WEGENER, K.: "Standardising on Workflow-Management – The OMG Workflow Management Facility". In: *ACM SIGGROUP Bulletin* 19 (1998), No. 1, pp. 24-30

[Schu98b]   SCHULZE, Wolfgang: "Implementation and Application of Object Oriented Workflow Management Systems". Report on the First International Workshop on Object Oriented Workflow Management Systems. In: *Addendum to the Proceedings of the OOPSLA'98*, 1999

[Schu99]   SCHULZE, Wolfgang: *Ein Workflow-Management-Dienst für ein verteiltes Objektverwaltungssystem*, Dresden, Technische Universität, Fakultät Informatik, Dissertation, 1999

[Shel97]   SHELTON, Robert: "Business Objects – Definition, Taxonomy and Abstraction. A briefing for OMG BODTF CBO Working Group", Presentation slides of the OMG Meeting in Stresa, Italy, March 11th, 1997

[Shet96]   SHETH, A.; KOCHUT, K. J.; MILLER, J.; WORAH, D.; DAS, S.; LIN, C.; PALANISWAMI, D.; LYNCH, J.; SHEVCHENKO, I.: "Supporting State-wide Immunization Tracking using Multi-Paradigm Workflow Technology". In: Vijayaraman, T. M.; Buchmann, A. P.; Mohan, C.; Sarda, N. L. (eds.): *VLDB'96, Proceedings of 22th International Conference on Very Large Data Bases*, September 3-6, 1996, Mumbai (Bombay), India, pp. 263-273

[Shet97a]   SHETH, A.; KOCHUT, K. J.: "Workflow Applications to Research Agenda: Scalable and Dynamic Work Coordination and Collaboration Systems". In: *Proceedings of the NATO ASI on Workflow Management Systems and Interoperability*, Istanbul, Turkey, August 1997

[Shet97b]   SHETH, A.; WORAH, D.; KOCHUT, K.; MILLER, J.; ZHENG, K.; PALANISWAMI, D.; DAS, S.: "The METEOR Workflow Management System and Its Use in Prototyping Significant Healthcare Applications" , *Proceedings of the "Towards An Electronic Patient Record (TEPR '97)" Conference*, April - May 1997, Nashville, TN.

[Shul95]   SHULTE, Roy: "Two-Tier vs. Three-Tier Trade-offs", Application Development and Management Strategies, Gartner Group, Research Note K-560-1114, January 1995

[Sieb95]   SIEBERT, Reiner: „Anpassungsfähigkeit in Workflow-Systemen — Modellierung und Beschreibung anpassungsfähiger Workflows", Universität Stuttgart, IPVR, Abteilung Anwendersoftware, Projektbericht, 30.06.95

[Sieg95]   SIEGMUND, Martin: *Konfigurierbare Ablaufsteuerung in Workflow-Management-Systemen*, Erlangen, Universität Erlangen-Nürnberg, IMMD VI, Studienarbeit, 1995

[Sieg96]   SIEGEL, Jon: *CORBA Fundamentals and Programming*, John Wiley and Sons, New York, 1996

[Sims94]   SIMS, Oliver: *Business Objects: Delivering Cooperative Objects for Client-Server*, IBM McGraw-Hill Series, London, 1994

[Somm97]   SOMMERVILLE, Ian: *Software Engineering*, Addision Wesley Longman Limited, Harlow/Essex, Fifth Edition, Reprinted 1997

[Staf94]   STAFFWARE PLC. "Staffware – Technical Handbook for Version 5.0", First Edition published 1994, Staffware Plc, London

[Staf97]   STAFFWARE PLC. "Staffware – Technical Overview", Staffware Plc., London

[Stan97]   STANOEVSKA, K.; HOMBRECHER, A.; HANDSCHUH, S.: "Evaluation and Comparisation of CORBA and DCOM for the Realisation of Integrated Planning Documents", University of St. Gallen, Institute for Information Management, Working Paper 10/97

[Star95]   STARK, H.; LACHAL, L.: "Ovum Evaluates Workflow", Ovum Ltd, 1 Mortimer Street, London W1N 7RH, September 1995

[Star97]   STARK, Heather: "Understanding Workflow". In: [Lawr97], pp. 5-25

[Stei97]   STEIN, Katrin: „Aspektorientierte Workflow-Modellierung: Ein Erfahrungsbericht". In: BECKER, J.; ROSEMANN, M. (Hrsg.): *Organisatorische und technische Aspekte beim Einsatz von Workflowmanagementsystemen*, Workshop vom 10.4.97, Institut für Wirtschaftsinformatik, Universität Münster

[Stro95]   STRONG, D. M.; MILLER, S. M.: "Exceptions and Exception Handling in Computerized Information Processes". In: *ACM Transaction on Information Systems* 13 (1995), No. 2, pp. 206-233

[Such83]   SUCHMANN, Lucy A.: "Office Procedures as Practical Action: Models of Work an System Design". In: *ACM Transaction on Office Information Systems* 1 (1983), No. 4, pp. 320 –328

[SUN85]   SUN MICROSYSTEMS INC.: "Remote Procedure Call Specification", DDN Network Information Center, SRI International, Menlo Park, CA, RFC-1094, 1985

[Suth97]   SUTHERLAND, J.; PATEL, D.; CASANAVE, C.; HOLLOWELL, G.; MILLER, J. (Eds.): *Business Object Design and Implementation*, Proceedings of the OOPSLA'95 Workshop, 16 October 1995, Austin, Texas, Springer-Verlag, London, 1997

[Swen97]   SWENSON, Keith: "Workflow Scenario: Trouble Ticket", Scenario provided to the OMG Workflow Working Group by Netscape Communication, December 2, 1997

[Tann94]   TANNENBAUM, A.: *Implementing a corporate repository: the models meet reality*, John Wiley & Sons, 1994

[Taru97]   TARUMI, H.; KIDA, K.; ISHIGURO, Y.; YOSHIFU, K.; ASAKURA, K.: "WorkWeb System - Multi-Workflow Management with a Multi-Agent System". In: *Proceedings of ACM International Conference on Supporting Group Work (Group '97)*, November 1997, pp. 299-308

[Tayl92]   TAYLOR, David A.: *Object-Oriented Information Systems: Planning and Implementation*, John Wiley & Sons, New York, 1992

[Tayl95]   TAYLOR, David A.: *Business Engineering with Object Technology*, Wiley & Sons, 1995

[Tayl97]   TAYLOR, Lloyd: "The (authoritative) Client/Server FAQ", compiled from USENET NEWSGROUP comp.client-server, http://www.abs.net/~lloyd/cs-faq.txt

[Teuf96]   TEUFEL, Stefanie: „Computerunterstützte Gruppenarbeit - eine Einführung". In: [Öste96a], S. 35-63

[Thai97]   THAIN, Charles C.: *Entwurf und Implementierung einer Benutzeroberfläche für WorCOS*, Dresden, Technische Universität, Fakultät Informatik, Professur für Datenbanken, Belegarbeit, 1997

[Thai99]   THAIN, Charles C.: *Verteilungsstrategien für CORBA-Objekte zur Realisierung verschiedener Aspekte des WorCOS Workflow-Metaschemas*, Dresden, Technische Universität, Fakultät Informatik, Professur für Datenbanken, Diplomarbeit, 1999

[Unga91]   Ungar, D.; Smith, R. B.: "SELF: The Power of Simplicity". In: *Lisp and Symbolic Computation* 4(3), Kluwer Academic Publishers, June, 1991, pp. 187-205

[Uthm98]   UTHMANN, C. V.; BECKER, J.; BRÖDNER, P.; MAUCHER, I.; ROSEMANN, M. (Hrsg): "PPS meets Workflow", *Proceedings zum Workshop vom 9. Juni 1998, Institut für Wirtschaftsinformatik*, Universität Münster, Arbeitsbericht Nr. 64

[Völt99]   VÖLTER, Markus: „Dr. med. CORBA – Verteilte Anwendungen in der medizinischen Informatik". In: *iX-Magazin* 10 (1999), S. 144-151

[Voss96a]   VOSSEN, G.; BECKER, J. (Hrsg.): *Geschäftsprozeßmodellierung und Workflow-Management*, 1. Auflage, International Thomson Publishing, Bonn, 1996

[Voss96b]   VOSSEN, G.; BECKER, J.: „Geschäftsprozeßmodellierung und Workflow-Management: Eine Einführung". In: [Voss96a], S. 17-22

[Voss99]   VOSSEN, Gottfried: *Datenbankmodelle, Datenbanksprachen und Datenbank-Management-Systeme*, 3. vollständig überarbeitete Auflage, Oldenbourg Verlag, München, Wien, 1999

[Wäch90]   WÄCHTER, H.; REUTER, A.: „Grundkonzepte und Realisierungstrategien des ConTract-Modells". In: *Informatik Forschung und Entwicklung* 5 (1990), S. 202-212

[Wäch92]   WÄCHTER, H.; REUTER, A.: "The ConTract Model". In: ELMAGARMID, A. K. (ed.), *Database Transaction Models Advanced Applications*, Morgan Kaufmann, Chapter 7, February 1992

[Wäch96]   WÄCHTER, Helmut: *Fehlertolerantes Workflow-Management - Eine Architektur für die zuverlässige Ausführung verteilter Geschäftsprozesse*, Stuttgart, Universität Stuttgart, Fakultät Informatik, Dissertation, 1996, erschienen im Verlag Dr. Kovac, Hamburg, 1996

[Wede92a]   WEDEKIND, Hartmut: „Die drei Konstruktionsprinzipien für komplexe Kontrollbereiche (spheres of control)". In: *Informatik-Spektrum* 15 (1992), S. 326-328

[Wede92b]   Wedekind, Hartmut: *Objektorientierte Schemaentwicklung: ein kategorialer Ansatz für Datenbanken und Programmierung*, In: BÖHLING, K. H.; KULISCH, U.; MAURER, H. (Hrsg.): *Reihe Informatik*, Band 85, BI Wissenschaftsverlag, Mannheim, Wien, 1992

[Wede94]   WEDEKIND, Hartmut (Hrsg.): *Verteilte Systeme: Grundlagen und zukünftige Entwicklung*, BI-Wissenschaftsverlag, Mannheim, Leipzig, Wien, Zürich, 1994

[Weis96]   WEISE, Dirk: *Verwaltung von Vorgangstypen in einem Repository als Basisdienst einer objekt- und dienstorientierten Workflow-Architektur*, Dresden, TU Dresden, Fakultät Informatik, Professur für Datenbanken, Diplomarbeit, 1996

[Weis97]   WEISE, Thomas: *Persistenz-Dienst für BPAFrame*, Dresden, Technische Universität, Fakultät Informatik, Professur für Rechnernetze, Belegarbeit, 1997

[Weiß94]   WEIß, D.: „Workflow-Systeme sollten eher Assistenten als Polizisten sein". In: *ComputerWoche* 22, 3. Juni 1994, Jahrgang 21, S. 15 f.

[Weiß96]   WEIß, D.; KRCMAR, H.: „Workflow-Management: Herkunft und Klassifikation". In: *Wirtschaftsinformatik* 38 (1996), Heft 5, S. 503-513

[Welk95]   WELKER, T.: *Integration von Werkzeugen zur Vorgangsanalyse und -steuerung am Beispiel von ARIS und ProMInanD*, Dresden, Technische Universität, Fakultät Informatik, Professur für Rechnernetze, Diplomarbeit, 1995

[Wesk96]   WESKE, M.; VOSSEN, G.; MEDEIROS, C. B.: "Scientific Workflow Management: WASA Architecture and Applications", Universität Münster, Fachbericht Angewandte Mathematik und Informatik 03/96-I, 1996

[Wesk97]   WESKE, M.; HÜNDLING, J.; KUROPKA, D.; SCHUSCHEL, H.: „Konzeption eines flexiblen Workflow-Management-Systems für Corba-Architekturen", Universität Münster, Fachbericht Angewandte Mathematik und Informatik 18/97-I, 1997.

[Wesk98a]   WESKE, M.; HACKER M.; HÜNDLING, J.; KUROPKA, D.; SCHUSCHEL, H., SERRIES, T.: „Designentscheidungen für ein flexibles, CORBA-basiertes Workflow-Management-System", Universität Münster, Fachbericht Angewandte Mathematik und Informatik 12/98-I, 1998

[Wesk98b]   WESKE, M.; VOSSEN, G.; BAUZER MEDEIROS, C.; PIRES, F.: „Workflow Management in Geoprocessing Applications", Universität Münster, Fachbericht Angewandte Mathematik und Informatik 04/98-I, 1998.

[Whea98]   WHEATER, S. M.; SHRIVASTAVA, S. K.; RANNO, F.: "A CORBA Compliant Transactional Workflow System for Internet Applications". In: *Proceedings of IFIP International Conference on Distributed Systems Platforms and Open Distributed Processing (MIDDLEWARE'98)*, September 15-18, The Lake District, England

[Wiec96]   WIECZERTYCKI, W.: "Process Modelling and Execution in Workflow Management Systems by Event-Driven Versioning". In: [Scho96], S. 43–66

[Wied92a]   WIEDERHOLD, G.; WEGNER, P.; CERI, S.: "Towards Megaprogramming". In: *Communications of the ACM* 35 (1992), No. 11, pp. 89

[Wied92b]   WIEDERHOLD, Gio: "Mediators in the Architecture of Future Information Systems". In: *IEEE Computer* 25 (1992), No. 3, pp. 38–48

[Wodt95a]   WODTKE, D.; KOTZ-DITTRICH, A.; MUTH, P.; SINNWELL, M; WIEKUM, G.: „Mentor: Entwurf einer Workflow-Management-Umgebung basierend auf State- und Activitycharts". In: LAUSEN, G. (Hrsg.): *Datenbanksysteme in Büro, Technik und Wissenschaft*, GI-Fachtagung, Dresden, 22.-24. März 1995, Springer-Verlag, Berlin, 1995

[Wodt96a]   WODTKE, Dirk: *Modellbildung und Architektur von verteilten Workflow-Management-Systemen*, Saarbrücken, Universität des Saarlands, Technische Fakultät, Dissertation, 1996, In: *Dissertationen zu Datenbanken und Informationssystemen* 31 (1997), infix-Verlag, Sankt Augustin, 1997

[Wodt96b]   WODTKE, D.; WEISSENFELS, J.; WEIKUM, G.; KOTZ-DITTRICH A.: "The Mentor Project: Steps Towards Enterprise-Wide Workflow Management". In: *Proceedings of the 12th IEEE International Conference on Data Engineering*, New Orleans, LA, March 1996

[Wolf95]   WOLF, Gritta: *Integration von Werkzeugen zur Vorgangsanalyse und -steuerung am Beispiel von Bonapart und ProMInanD*, Dresden, Technische Universität, Fakultät Informatik, Professur für Rechnernetze, Diplomarbeit, 1995

[Wolf97]   WOLF, Stefan: „Workflow-Management in der Wohnungswirtschaft". In: [Jabl97a], S. 471–482

[Wora97]   WORAH, D.; SHETH, A.; KOCHUT, K.; MILLER, J.: "An Error Handling Framework for the ORBWork Workflow Enactment Service of METEOR", University of Georgia, Dept. of Computer Science, LSDIS Lab., Technical Report, June 1997

[Work94]   WORKFLOW MANAGEMENT COALITION: "The Workflow Reference Model", Document Number WFMC-TC-1003, Version 1.1, November 29, 1994

[Work96a]   WORKFLOW MANAGEMENT COALITION: "Interface 1: Process Definition Interchange", Document Number WFMC-TC-0020, Draft 5.0, February 5, 1996

[Work96b]   WORKFLOW MANAGEMENT COALITION: "Terminology & Glossary", Document Number WFMC-TC-1011, Issue 2.0, June 1996

[Work96c]   WORKFLOW MANGEMENT COALITION: "Workflow Facility Specification", Document Number WFMC-TC-2101, Internatl. Working Draft 1, November 1996

[Work96d]   WORKFLOW MANAGEMENT COALITION: "Workflow Client Application Application Programming Interface (WAPI) Specification", Document Number WFMC-TC-1009, Version 1.2, October 1, 1996

[Work96e]   WORKFLOW MANAGEMENT COALITION: "Interoperability – Abstract Specification", WFMC-TC-1012, Version 1.0, October 20, 1996

[Work98a]   WORKFLOW MANAGEMENT COALITION, WORK GROUP 1: "Interface 1 : Process Definition Interchange Process Model". Document Number WFMC-TC-1016-P, Version 7.04 Official Release, Issued on November 12, 1998

[Work98b]   WORKFLOW MANGEMENT COALITION: "Workflow Security Considerations - White Paper". Document Number WfMC TC-1019, Issue 1.0, February 1998

[Wyne95]   WYNER, G.; LEE, J.: "Applying Specialization to Process Models", MIT Center for Coordination Science, Technical Report No. 187, September, 1995

[XOpe91]   X/OPEN COMPANY LTD.: "X/Open Common Application Environment. Distributed Transaction Processing: Reference Model", X/Open Document C193, Reading, Berkshire, UK

[Yang96]   YANG, Z.; DUDDY, K.: "CORBA: A Platform for Distributed Object Computing (A State-of-the-Art Report on OMG/CORBA)". In: *ACM Operating Systems Review* 30 (1996), No. 2, pp. 4-31

[Zend95]   ZENDLER, Andreas: *Konzepte, Erfahrungen und Werkzeuge zur Software-Wiederverwendung.* In: HAGGENMÜLLER, R.; SCHWÄRTZEL, (Hrsg.): Reihe Softwaretechnik, Band 1, TECTUM Verlag, Marburg, 1995

[Zern95]   ZERNDT, Axel: *Untersuchung ausgewählter Vorgangssteuerungssysteme mit dem Ziel der Erstellung eines umfassenden Datenbankschemas,* Dresden, Technische Universität, Fakultät Informatik, Professur für Datenbanken, Diplomarbeit, 1995

[Zöll95]   ZÖLLNER, Jan: *Integration von Werkzeugen zur Vorgangsanalyse und -steuerung am Beispiel von StructWare und ProMInanD,* Dresden, Technische Universität, Fakultät Informatik, Professur für Rechnernetze, Diplomarbeit, 1995

Abkürzungsverzeichnis

API	Application Programming Interface
BPR	Business Process Reengineering
BOA	Basic Object Adapter
BOCA	Business Object Components Architecure
BODTF	Business Object Domain Task Force
BOF	Business Object Facility
CBO	Common Business Object
CDL	Component Definition Language
CDIF	CASE Data Interchange Format
CTI	Computer Telephony Integration
CORBA	Common Object Request Broker Architecture
DBMS	Datenbank-Management-System
DCOM	Distributed Component Object Model
IDL	Interface Description Language
IIOP	Internet Inter-ORB-Protokoll
IRDS	Information Resource Dictionary System
MOF	Meta-Object Facility
OCL	Object Constraint Language
OMA	Object Management Architecture
OOSE	Object-Oriented Software Engineering
ORB	Object Request Broker
PDM	Produktdaten-Management
POA	Portable Object Adapter
RFP	Request For Proposals
RMF	Rule Management Facility
RPC	Remote Procedure Call
SMIF	Stream-based Model Interchange Format
UML	Unified Modeling Language
WAPI	Workflow Management Application Programming Interface
WFMA	Workflow-Management-Anwendung
WfMC	Workflow Management Coalition
WFMD	Workflow-Management-Dienst
WFMS	Workflow-Management-System
WFTR	Workflow Type Repository
WorCOS	Workflow-Management based on Components and Object Services
WPDL	Workflow Process Description Language
XMI	XML Metadata Interchange
XML	eXtensible Markup Language

Stichwortverzeichnis